都江堰市考古资料集

都江堰市文物局　编

四川科学技术出版社

图书在版编目（CIP）数据

都江堰市考古资料集／都江堰市文物局编. —成都：
四川科学技术出版社，2018.12

ISBN 978－7－5364－9242－4

Ⅰ．①都… Ⅱ．①都… Ⅲ．①考古发现－资料－汇编
－都江堰市 Ⅳ．①K872.713

中国版本图书馆 CIP 数据核字（2018）第 289222 号

都江堰市考古资料集
DUJIANGYAN SHI KAOGU ZILIAOJI

编　　者	都江堰市文物局编
出 品 人	钱丹凝
策　　划	谢伟
责任编辑	廖羽含　康永光
封面设计	墨创文化
责任出版	欧晓春
出版发行	四川科学技术出版社

成都市槐树街 2 号　邮政编码 610031
官方微博：http://e.weibo.com/sckjcbs
官方微信公众号：sckjcbs
传真：028－87734035

成品尺寸	210mm × 285mm
印　　张	34.5
字　　数	900 千
印　　刷	成都市拓展印务有限公司
版　　次	2018 年 12 月第 1 版
印　　次	2018 年 12 月第 1 次印刷
定　　价	280.00 元

ISBN 978－7－5364－9242－4

邮购：四川省成都市槐树街 2 号　邮政编码：610031

电话：028－87734035　电子信箱：sckjcbs@164.com

《都江堰市考古资料集》编委会

自 1974 年以来，文物考古部门在都江堰市先后发掘了都江堰水利工程汉代渠首遗址、芒城遗址、玉堂窑遗址、青龙潭宋墓群等重要遗址及墓葬。其中以都江堰渠首李冰石像为代表的一批石质文物的出土，对都江堰水利工程的缘起和演变乃至整个天府之国的形成等有着重要的学术价值；芒城遗址作为成都地区已发现的 8 个史前古城址之一，对四川西部的史前文化面貌、城市的形成研究等均有重大的意义；玉堂窑遗址是成都平原唐宋时期较具规模的烧窑基地，其现存的 17 个窑包及丰富的出土遗物对研究西南瓷系等有着重大的价值；其余的墓葬，以及其他遗址等的发掘也对四川盆地及都江堰市历史文化的研究有着重要的作用。因此，有必要对都江堰市这么多年的考古资料予以整理并结集出版，一方面利于学界的研究，另一方面利于普及广大读者对都江堰市历史文化的了解。

《都江堰市考古资料集》分三个部分：第一部分为发掘简报类，主要以都江堰市历年的发掘简报为主，资料不按发表时间排序，以遗址距今年代进行排列，以便于读者研究参阅；第二部分为学术研究类，主要为和都江堰市考古等相关的学术类文章，其排序参照第一部分；第三部分为纪要通讯类，主要为学术会议的纪要及若干抢救性发掘通讯，以时间顺序排列。需要说明的是，由于年代跨度较大而论文发表的期刊又较为多样化，若有未收集到的相关资料以及编辑方面的错漏，编委会在此致歉。

在此，特别感谢四川省和成都市文博单位多年来数次在都江堰市开展科学调查和发掘，才有这些发掘简报以及学术文章等重要考古资料。同时，欢迎有兴趣的部门和学者关心、支持都江堰市的文博事业，不断深入研究、解读都江堰市的历史文化。

都江堰市遗迹遗物及文物保护工作综述

都江堰市文物局

都江堰市位于成都平原西北边缘，距成都市区 48 千米，以著名的都江堰水利工程而得名，是中国国家历史文化名城之一。都江堰市的历史可追溯到夏禹时代的"导江"，传说夏禹治水导江至此而得名。早在四千多年前，川西北高原的古蜀先民先后南迁至近芒城遗址附近的河谷地带，逐渐结束了游牧、渔猎生活方式，开始从事农耕。而建于战国时期的都江堰，历经两千多年风雨仍发挥着越来越巨大的作用，千年无坝古堰堪称人与自然和谐统一，成为"天府之国"成都平原的繁荣基石。也使得都江堰市本身成为延续两千余年的宜居之地，积淀了悠久的历史和厚重的文化底蕴。并在自芒城遗址至今四千余年的发展过程中，形成了一批重要的遗迹遗物，对研究都江堰以及成都平原的历史有重要的意义。

都江堰市有丰富的文化遗迹，包括遗址、摩崖造像、建筑、墓葬等遗存和典籍中有记载今已不存的古迹。

芒城遗址发掘出的房址、城墙、壕沟，以及石器、陶制生产工具和生活用具等表明，早在四千多年前，蜀人的祖先从川西北高原逐渐进入成都平原边缘，定居在平原河谷地带，改变了渔猎、游牧生活习俗，开始农耕。为防止自然灾害，先民们用夯土筑城来与频繁发生的水灾做斗争。这一史前城址的发现，填补了四川盆地新石器时代的一项空白，再一次证明了川西平原是长江上游文明的中心。对研究古代社会的演进、中华文明的起源、各民族的文化交流都具有重要的作用。

古窑址以横山子窑址、玉堂窑址、高碑堡窑址、瓦岗坝窑址和金凤窑址为主。从出土器物的时代特征看，各窑址创烧从南齐、隋、唐、五代、宋、元各代一直延续，之间互有承接关系，反映出各时代烧造技术的演变，其中横山子窑址出土器物多为隋唐时代，并一直延续至宋、元时期；玉堂窑址出土多为唐、宋青釉器物；瓦岗坝窑址、金凤窑址则主要为北宋、南宋时期烧造器物。众多窑址的发现，反映了都江堰市在唐、宋时期人口众多、经济繁荣的景象。特别是瓦岗坝窑址，以烧造黑釉瓷为主，推翻了早期四川陶瓷史"川西无黑釉"的论断，为四川陶瓷史研究提供了新的实物依据。玉堂窑烧制器物中省油灯最具特色，宋陆游在《老学庵笔记》中记载："省油灯盏，盖夹灯盏也，一端作小窍，注清冷水于其中，每夕一易之，寻常盏为火灼而燥，故速干，此独不然，其省油几半。"体现了古代窑工的聪明才智。

建筑遗存中的都江堰，是战国末期秦国蜀郡守李冰带领西蜀各族人民所创建，是集灌溉、防洪、水运诸多功能为一体的大型水利工程。由鱼嘴、飞沙堰、宝瓶口三大主体工程组成的渠首枢纽，互为作用，依次调节，科学地构成了具备分流、防洪、排沙、航运、引水灌溉等多重功能的大型水利设施，其包含的系统工程学、流体力学、地形学等多方面的科学技术，在今天仍然处在科技的前沿。我国与都江堰同时代修建的漳河引水渠、郑国渠等著名水利工程都早已湮没无存；古巴比伦王国两河流域的古老灌渠早已沦为沙漠，古罗马人工渠道也早已荒废。唯独都江堰永葆青春，它不仅长期膏润川西千万亩土地，养育天府之国的数千万人民，而且为人类顺应自然、与自然和谐相处提供了良好的范例和宝贵经验，也为研究水利科学史和明天的事业提供了宝贵的科研资料和现实借鉴。

都江堰的创建，为秦王朝的统一大业和以后历代王朝的政治、经济、文化发展发挥了重大作用。楚汉相争，汉高祖以巴蜀汉中为根据地，"出三秦伐楚，萧何发蜀汉米万船而给军粮"（《华阳国志·蜀志》）。汉代，"天府之国"不时赈济全国灾荒，据《汉书·食货志》载："汉兴，接秦之敝，诸侯并起，民失作业而大饥，凡米石五千，人相食，死者过半，高祖乃命民卖子，就食蜀汉。"武帝时，山东河水泛滥成灾，"乃岁不登数年，方一二千里……下巴蜀粟赈之。"元鼎二年（公元前115年），"水潦移于江南，下巴蜀之粟致之江陵"。三国蜀汉政权也凭借四川丰富的人力财力与吴、魏鼎足而立。唐、宋时代成都就有"扬一益二"的美誉，成为全国有名的繁荣地区。

都江堰市建筑遗存中的祠堂、庙宇、宫观、寺塔、民宅、桥梁、楼亭等较为常见，其中祠堂多为民间祀奉祖先的殿堂，也有纪念前代具有丰功伟绩之贤哲的殿宇。宫观、庙宇、寺塔多为道教、佛教、伊斯兰教的宗教建筑，其建筑形制、结构及建筑艺术反映了一定时期的社会经济、文化发展状况，显示了优秀的民族文化传统和高超的修造技艺。

二王庙、常道观等为代表的道教建筑群在选址、平面布局、建筑空间的处理、使用功能及艺术特色方面，都具有很高的成就。二王庙灌澜亭下乐楼，房为三间，楼分三重，台阶三层，是一组以三为模数，合"五行"之说的典型道教建筑。层层飞檐、横眉、雀替、撑拱等雕刻技艺精湛，为现存古建筑之精品，让人叹为观止。伏龙观、城隍庙十殿建筑布局，在统一中富于变化，显示了庄重、典雅的格调。奎光塔为17层密檐式六角砖塔，高52.69米，是我国古塔中层数最多的塔，其设计造型更是十分完美。千佛塔通高3米，底围7.5米，为石刻钟式，共分13层，上刻佛像800余尊，其形制奇特，雕刻技艺精细，为蜀中罕见，是研究我国古代石塔艺术的重要实物例证。官家花园设计有房舍120间，24个天井，至今保存完好，为川西少见的大型民居建筑。

古墓葬是重要的历史文化遗迹。不同的墓葬自身反映了本地各个历史时期人口分布状况和葬制、葬俗的特点。其出土物反映本地各历史时期生产工艺水平及社会文化、风俗。墓志、地券弥补了地方建制变化、古今地名的变迁以及部分历史事件等方面史料的或缺。

遗物，即我们通常所指的可移动文物，分雕塑、碑刻、器饰、书画、货币五大类。其中器饰含祭器、葬具、明器、兵器，生产工具、生活用具及其他用品，包含石、玉、骨、陶、瓷、漆、金银、铁器等各种器物。

雕塑中，1974年出土的东汉建宁元年（公元168年）的李冰石像，为研究都江堰历史、河道变迁及汉代石刻艺术提供了可靠的实物证据，是距今有1800多年历史的艺术珍品。东汉淡水养殖画像石使用浮雕、线刻手法，刻绘三口水塘，塘间有水缺相通。左图展现农夫捕捞作业，有小船、荷叶，堤埂上一妇人怀抱小孩倚伞观望。右图上方养殖鸭、蛙、莲实，下方养殖鱼龟等。石刻生动反映了都江堰建成后，川西平原自流灌溉、农业兴旺的景象。

都江堰市自汉唐以来碑碣较多，尤以清代为盛。碑文兼具石刻、书法艺术，是记述历史、人物的重要资料。碑刻中，以2005年3月4日出土的东汉建安四年（公元199年）正月中旬故监北江堋太守守史郭择、赵汜碑为最早，是研究汉代碑刻形制、雕刻艺术和书法的珍贵实物资料。

清光绪年间出土的唐代藏经洞石刻佛经，现已知有佛经16种，经20余家笔力而成，《灌州金石录》有"字画之间咸六朝气味……非有高流绝学之辈，何能臻之经文"的评价。

《大唐开元神武皇帝书》碑（简称"唐碑"），又称"延庆观手诏碑"，碑文为唐玄宗解决青城山佛、道两家争端的敕诏，其书法艺术更是罕见的珍品。

1989年4月，在大观镇（原两河乡）境发现的南宋绍定元年（公元1228年）《薛仙洞记》碑，记叙了青城山八大洞、七十二小洞的古迹奇观，反映了唐宋时期这里道观林立、宗教兴盛的状况。

馆藏文物中的各种器饰，是先民们在各个历史时期生产、生活中存留下来的遗物，这些器物有出土文物和传世文物之分，按质地分为玉、石、骨器、金属、陶瓷器、丝织品及其他各类器物。

石器以芒城遗址出土的新石器时代晚期磨制石器年代最早，有石斧、石锛、石凿、石矛等，约距今4 300年。1982年9月，翠月湖镇（原民兴乡）出土的东汉画像石棺，棺身正面挡板外侧刻浮雕庭院图案，左侧刻一斗三升阙门，阙旁各拴一马，门前线刻二人头戴冠、着长衫、握手作交谈状，右侧刻双重檐干阑式房屋，对研究汉代社会生活史具有重要参考价值。1957年崇义镇（原土桥乡）团林村出土的清代《白蛇传》剧情石刻浮雕墓圈，造型技法为圆雕加阳线刻，墓圈由八个横向挡板与八柱扣结而成，戏剧场景以《白蛇传》中舟船借伞、水漫金山等故事的典型场面展开刻画。其雕刻精美，线条流畅，形象逼真，展示了高超的雕刻技艺。

金属器中以兵器、祭器、生活用具为主。兵器以战国柳叶铜剑、铜钺、铜矛、长胡三穿戈，西汉铜弩机，西汉铜柄铁剑，东汉鱼形戟，清代龙头格四棱铁铜为代表。祭器以明代龙纹铁炉、明代万历马祖寺铭文铁钟为代表。生活用具以铜镜为主，如东汉博局鸟兽纹镜、八角铭文镜，唐代海马葡萄镜，八卦生肖镜以及宋、金、西夏所铸铭文镜等。

芒城遗址出土的各种陶器，多为泥质灰陶，少量夹砂陶，陶质较软，火候不高。纹饰以绳纹、几何纹、戳卯纹为主，代表性器物有喇叭口高领平底罐、绳纹边口罐等。其后的代表性陶器有商周绳纹圆底釜、战国双耳罐、战国喇叭形圈足豆、东汉网纹罐、东汉布纹圆底罐等。瓷器在馆藏文物中数量最多，其中不少为本地窑址烧造，代表性器物有隋代酱釉双耳罐，唐代酱釉饼底碗、青釉盘口彩绘四耳罐、青釉瓷省油灯，宋代黑釉兔毫盏、黑釉喇叭口瓶、青釉四系盘口罐、青釉带盖执壶，宋代淳熙白釉铭文水盂，五代青釉水匜，元代青釉高足碗等，反映了不同历史时期器物的造型、纹饰及烧造技法。器物体型由早期的厚重逐渐向后期轻、薄过渡，且器型更臻完美。

馆藏文物中的"东汉二年"纪年砖、隋代"仁寿二年"款信州佛塔砖、清代道光皇帝追封郑尊仁夫妇诏书、清代杨国祯陀罗金被、清代宣统二年（公元1910年）川汉保路同志会合影照片等，都具有较高的文物价值。清代寿喜镂雕木如意、铁石圆雕如意、芭蕉仕女象牙雕版，螺钿徽七弦琴等，都具有造型美观、雕刻技艺精湛的艺术特色。

由于都江堰市山清水秀的特殊地理位置，明清以来，文人墨客曾在这里留下了大量的书法、绘画作品。他们中有清代的张问陶、刘墉、何绍基、翁同龢、桐云、郑燮、黄云鹄、康有为、商衍鎏、董其昌、庄裕崧、胡启全、刘锡玲、吴琨、张笏、仇英、赵钫等；民国时期的张大千、徐悲鸿、黄宾虹、王恩隆、刘既明、董寿平、谢无量、赵熙、于右任、黄炎培，以及现代的范曾、杨子长、陆俨少、曾晓浒等。他们的书法作品，绢本、纸本均有，行、楷、隶、篆、草书一应俱全。绘画作品中，有山水、花鸟、人物，有漫画、扇面画、木刻画，还有独辟蹊径的指墨画。这些作品，都极大地丰富了都江堰市的文物宝库。

图书手稿有民国本地著名金石家张夔阶研究《说文解字》的手稿——《改订说文部首》，上为篆书，下为楷书注释其义。《畸庐随录》《吉金文补遗》《畸庐草释手稿》则是张夔阶研究古代文学、名人作品考证心得的手稿。《灌州金石录》为清末邑人蒲种芋将本地古金石文字辑录成书的手抄本。民国《时贤文综》集近代知名人士和政要人物数十人题词。

碑帖，史称"拓墨之传"，是古代碑刻文字保存、流传的重要载体，也是研究古文学、文字的重要资料。馆藏文物中碑帖有2 000多件。其中有些碑文对证史、补史有着不可替代的作用，如大唐左屯卫将军姜行本勒石纪功碑，记述了秦、汉及唐时朝廷对新疆地区的征伐、管辖治理和开发。

馆藏文物中有钱币百余种，包括银锭、银币、铜币、铁钱、镍币、布币等各种质地，种类齐全，从西汉到民国时期的均有收藏。主要有西汉八铢半两、汉五铢、十泉五十，蜀汉直百五铢，隋代五铢，唐代各种开元钱币，宋代元祐通宝、淳化元宝，元代至正通宝，西夏天圣元宝，金代至正元宝，明代洪武通宝，李自成永昌通宝，张献忠大顺通宝，清代康熙、乾隆等铜币，乾隆、嘉庆等银锭，太平天国圣宝钱币，川陕苏维埃银币、铜币、布币，中华民国开国纪念币等等。亦有外籍货币如日本的宽永通宝，朝鲜的通宝，高丽的长平，越南的安南景盛、景兴通宝，印度的发币等。以上货币流通充分显示了成都平原在历史上对外交流广泛、经济繁荣发达的盛况。

都江堰市的文物保护和管理工作始于中华人民共和国成立以后。1951年2月成立"灌县古代文物名胜古迹管理委员会青城山分会、二王庙分会"，负责管理全县宫观寺庙。5月，灌县人民政府颁布《灌县名胜区古代文物建筑保护管理办法》，成立"灌县古代文物名胜古迹保护管理委员会"，1952年改组为"灌县文物保管委员会"，负责全县文物古迹调查、保护、管理协调工作。1953年6月，成立"灌县文物保护管理所"，作为文物收藏、保护管理的专职机构。1990年2月，成立都江堰市文物局。

六十多年来，都江堰市文物工作者深入基层，足迹遍布田野、深山，调查了解地上、地下文物的现状，并举办文物法宣传月、宣传周、宣传日活动，通过报刊、广播、电视宣传文物保护管理的法律法规，动员全市人民群众自觉保护现存古遗址、古墓葬、摩崖石刻、古建筑等各类文物，提高了群众的文物保护意识。在向社会征集、收购文物的同时，也接收了不少群众捐赠，其中不乏珍贵文物，如战国长胡三穿戈、西汉菱形首齿状格铜柄铁剑、明代宗教画屏等。

六十多年来，都江堰市文物管理部门在各级政府和上级文物管理部门的支持下，按照"修旧如旧"的原则，先后对二王庙、伏龙观、安澜索桥、灵岩寺及千佛塔、奎光塔等古建筑，两河三佛洞石窟寺进行了有效的保护维修。

六十多年来，都江堰市文物管理部门联合上级部门在考古发掘方面也做了很多工作，仅1977年至2005年间，都江堰市文物管理部门就会同中国社会科学院考古研究所、四川大学、四川省文物管理委员会、成都文物考古研究所、中日联合考古调查队等单位，先后对芒城遗址、玉堂窑址、会庆建福宫遗址、瓦岗坝窑址、金凤窑址、安澜索桥外江一号桥汉代遗存、明顺庆郡主墓等进行考古发掘，出土了大量珍贵文物。

在保护、管理的同时，都江堰市文物管理部门充分利用都江堰这一旅游胜地特色，先后举办多次、多项专题陈列、展览，将馆藏、出土文物铜、铁、陶、石器、生物化石及货币、古玩、字画等向世人展出，以此唤起人们的文物保护意识。

1991年成都市文物鉴定专家组和1996年国家文物局文物鉴定专家组两次对馆藏文物进行鉴定，全馆47800余件藏品中，属国家一级文物18件、二级文物28件、三级文物1462件。

在多次文物普查的基础上，各级政府按各类遗迹在历史文化领域中的地位和功能，分别核实公布为各级文物保护单位。截至2013年10月底，都江堰市文物保护单位计为70处，其中全国重点文物保护单位8处，四川省文物保护单位7处，成都市文物保护单位3处，都江堰市文物保护单位52处，使都江堰市地上、地下具有文物价值的遗迹都受到了应有的保护。

目录

发掘简报类

纪要通讯类

发 掘 简 报 类

都江堰市芒城遗址调查简况

樊拓宇

都江堰市青城乡有一个叫"芒城子"的地方。据民国《灌县志》载："忙城子。在治南太平场东三里。明季，蜀藩广符王泰锜召土司董卜、韩胡勤王驻兵，仓促筑城，故名。"1989年10月，都江堰市文物局派员前往调查，发现其址不晚于东汉的古文化遗址，遂会同成都市文物管理委员会、中国社会科学院考古研究所四川工作队数次前往调查，并分别于1989年12月和1990年12月，两次探测该遗址的文化堆积层和分布状况，现将调查情况简述如下：

一、地理环境

芒城遗址位于岷江冲积扇西缘的一个高于四周 0.3 米以上的台地上，海拔 658 米。北、东、南三面均为广阔的平原，西距青城乡驻地太平场 1.6 公里、距青城山支脉药王山 2.4 公里，五里沟出药王山东流 1.5 公里，在孙家湾汇合来自青城山的清溪沟，自西而东从遗址北部流过①。遗址内外均为稻田，竹木、农舍散布其间；乡村机耕道从遗址东边、南部穿过（图一）。

二、遗址现状、地层堆积和出土标本

遗址呈不很规则的正方形，南北长约 360 米、

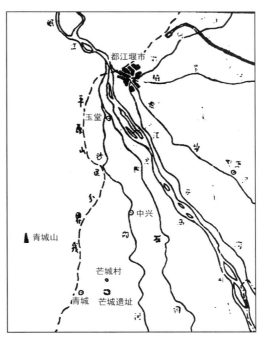

图一　芒城遗址位置示意图

东西宽约 340 米，面积约 12 万平方米（图二）。

遗址地面遗存黄泥夯筑的城墙两层。经实地测量：内层。南北长约 290 米、东西宽约 270 米；内城原周长约为 1 070 米；现存北墙 262 米、东墙 36 米、南墙 224 米、西墙 244 米，共 766 米；残宽 8～13 米、残高 1～2.2 米。外层。南北长约 360 米、东西宽约 340 米；外墙原周长约 1 360 米，现存北墙 238 米、南墙 100 米、

---

① 20 世纪 70 年代农田基本建设后，五里沟改道，仅存冲沟。

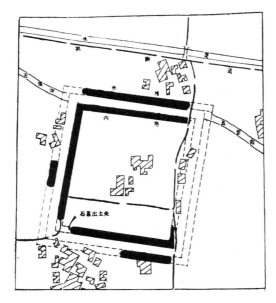

图二　芒城遗址平面图

西墙 51 米，东墙无存，计 389 米；残宽 6～14 米、残高 1～2.5 米。内外城墙间距约 20 米，其间地面较城外、城内低，似护城壕。五里沟从内、外北墙中通过，沟底比城内外地面低 1.3 米以上。

城墙系黄黏土夯筑，土中夹杂着一定数量的红、黑陶片。不规则的夯层明显，未见夯窝，以内层西墙南段为例，层厚分别为 14、15、18 厘米。通过调查还了解到在 20 世纪 70 年代初的农田基本建设中，在已挖的墙内曾发现东汉墓葬，出土有大量几何纹砖，至今村民家中还有很多。此外，墙侧表面时有唐宋瓷片发现。

1989 年 12 月，曾在内层南墙西端缺口外试开探沟 1 条，长 8（同墙宽）米、宽 0.5 米、深 0.8 米，出土磨制石斧残刃 1 件，石料为本地常见的青石，刃宽 6 厘米、厚 2.3 厘米、长 2.2 厘米，有使用痕迹，还有红、黑陶器残片若干，胎质有泥质，也有夹砂，表面分为素面和绳纹两种。

1990 年 12 月，在 1989 年探沟西侧和内层

西墙南段东侧墙根处，又分别试开 4 米×2 米、3 米×2 米探方各 1 个。两次出土磨制石器残件和红、黑陶片若干。其中：石器残件，残长 4.9 厘米、宽 5.4 厘米、厚 3.1 厘米；石器残件，残长 7.6 厘米、宽 6.9 厘米、厚 3.4 厘米。出土陶片与 1989 年大致相同。

三、遗址的时代和性质

关于遗址的时代，中国社会科学院考古研究所四川工作队专家认为，用遗址出土的陶片与绵阳边堆山新石器时代遗址出土的陶片比较，两者有一些相似之处，其年代为距今三千年左右，约当新石器时代晚期。

关于遗址的性质。该遗址面积很大，而探测仅限于遗址西南角的很小范围内，出土器物，不仅少，且均为残件、残片，讨论其文化性质为时尚早。但从遗址所处优越地理环境和自然条件看，这里是适宜古人生存的地方，因而可以肯定，该遗址至少是早期蜀人的聚居地。又从遗址占地达 12 万平方米，有着厚达 14 米的城墙，宽达 20 米，并有引入山溪水的壕沟，想见该遗址或为蜀国早期的一个王城。（至于墙体侧表的唐宋瓷片，当为后人为了防御兵灾匪害、抵御洪水侵袭，修补、加固墙体时带入的。）所有这些，均有待今后正式发掘，方能得出一个正确的结论。

总之，芒城遗址的调查和今后的正式发掘，将有助于研究巴蜀文化的发展、演变和蜀人迁徙路线，有助于连接蜀文化的缺环和补充四川地区新石器时代的文化序列。

（参与调查人员：王仁湘、叶茂林、樊拓宇、罗仲国、罗开玉等）

（原文发表于《成都文物》1992 年第 4 期）

四川都江堰市芒城遗址调查与试掘

成都市文物考古工作队　都江堰市文物局

都江堰市位于成都市区西北 52 公里处，芒城遗址位于距离都江堰市区南约 12 公里的青城乡芒城村，地处川西平原的西部边缘，西距青城山支脉的药王山仅 2.4 公里，东去约 1.4 公里有泊江河由北向南流，地理位置为东经 105°35′，北纬 30°52′（图一）。

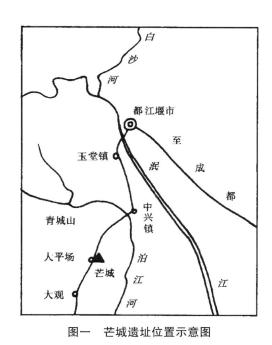

图一　芒城遗址位置示意图

遗址区地面存有明显的土垣，其断面夯层可见，应为人工夯筑而成。土垣呈较规则的长方形，方向 10 度，与泊江河基本平行。土垣分内外两圈，内圈土垣较外圈保存完整，仅东垣因近年修机耕道遭破坏而只剩下南段与南垣相接。外圈土垣除南、北两垣保存较好外，东、西两垣已基本不见。内圈南北长约 300 米，东西宽约 240 米，面积约 7.2 万平方米。内圈西垣现存长约 270 米、北垣 185 米、南垣 210 米，土垣残宽 5～20 米，残高 1～2.2 米。内外土垣间距 20 米，其间地面较城内外都低，据此推测，外圈东西宽约 300 米，南北长约 350 米，整个城址的面积约为 10.5 万平方米。外圈北垣现存长度约 180 米、南垣 130 米，土垣残宽 7～15 米，残高 1～2.5 米（图二）。

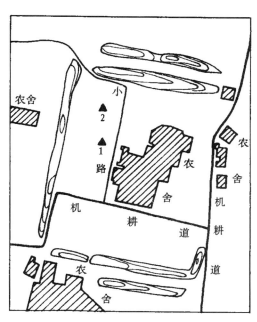

图二　芒城遗址平面示意图

1. 第一地点（T1、T2、T4～T5）　2. 第二地点（T3）

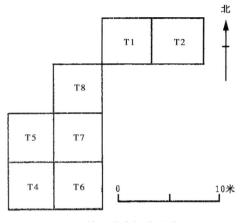

图三　第一地点探方分布图

1989 年和 1990 年，中国社会科学院考古研究所四川工作队、都江堰市文物局曾两次对芒城遗址作过调查，但收效甚微。为了进一步弄清该遗址的时代、文化性质、堆积情况及分布范围，1996 年 11 月，成都市文物考古工作队会同都江堰市文物局对遗址进行了一次较为详细的调查，并在调查的基础上先后进行了两次试掘。第一次试掘时间为 1996 年 11 月 5 日 ~ 11 月 15 日，在遗址的西部偏北共布 5 米 × 5 米探方 3 个，编号 96CDMT₁ ~ T3，其中 T1 和 T2 相邻，T3 位于 T1 北 50 米处。第二次试掘是对第一次试掘工作的补充，时间为 1997 年 3 月 14 日 ~ 4 月 1 日，在 T1 西南共布 5 米 × 5 米探方 5 个，编号 97CDMT4 ~ T8（图二；图三）。两次试掘面积共 200 平方米，出土了较为丰富的文化遗物及遗迹，为初步研究该遗址的文化面貌、性质、年代及其他相关问题提供了可靠的实物资料。现将这两次试掘情况介绍如下。

一、地层堆积

试掘分南、北两个地点，第一地点包括 T1、T2、T4 ~ T8 共 7 个探方，地层较统一。第二地点仅 T3 1 个，相去甚远，地层堆积情况略有差异。分别介绍如下。

第一地点发掘深度 0.6 ~ 1.1 米，以 T4、T6 北壁剖面为例说明其堆积情况（图四）。

第 1 层，分三个亚层。

1A 层：灰黑土，土质疏松，厚 15 ~ 25 厘米，为现代农耕土。此层下开口遗迹单位有 G1，打破 1B 层。

1B 层：浅黄土，土质紧密，距地表深 15 ~ 25 厘米、厚 15 ~ 30 厘米。此层出有青花瓷片等，为明清时期文化层。

1C 层：黑土，土质松散，距地表深 35 ~ 45 厘米、厚 10 厘米，除西南部外，发掘区均有分布。此层出有宋代瓷片、碎砖块等，应为宋代文化堆积。此层下开口的遗迹单位有 G2、G3、QJ1 ~ 4，其中 G2、G3 出有宋代瓷片等，为宋代文化遗迹，而 QJ1 ~ 4 仅出有少量夹砂、泥质陶片，可辨器形有绳纹花边罐、敞口圈足尊等，它们之间互有打破关系，且均打破第 3 层。

第 2 层：黄土，土质紧密，距地表深 60 ~ 90 厘米、厚 30 厘米，仅分布于 T2 南部。此层出土有少量碎陶片，器形有绳纹花边罐、喇叭口高领罐等。

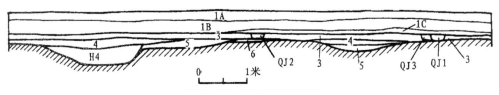

图四　T4、T6 北壁剖面图

1A. 灰黑土　1B. 浅黄土　1C. 黑土　3. 褐土　4. 红褐土　5. 黑褐土　6. 浅黄褐土

第3层：褐土，略含沙，距地表深45～50厘米、厚10～15厘米，发掘区内均有分布。此层出土有绳纹花边罐、敞口圈足尊、喇叭口高领罐、宽沿平底尊等。此层下开口的单位有H2、H3、H5、H10，其中H2、H3、H5打破第4层，H10直接打破生土。

第4层：红褐土，土质黏性，距地表深55～60厘米、厚23厘米，分布零散。此层出有绳纹花边罐、盘口圈足尊、喇叭口高领罐、宽沿罐、浅盘豆等。此层下开口的遗迹有H4、H7、H9、H11等，其中H4、H7、H9打破第5层，H11直接打破生土。

第5层：黑褐土，土质松软，略含沙性，距地表深60～70厘米，厚20厘米，在发掘区作零星分布。此层出土器物有绳纹花边罐、敞口圈足尊、喇叭口高领罐、盆等。此层下开口的遗迹单位有H1、H6、H8，其中H8打破第6层，H1、H6直接打破生土。

第6层：浅黄褐土，土质紧密，距地表深60～65厘米、厚8厘米，仅分布于发掘区南部。此层出有少量碎陶片，可辨器形有绳纹花边罐、喇叭口高领罐等。

第6层下为生土层，为黄红色沙隆性土。

第二地点发掘深度为0.9～1.46米，以T3南壁剖面为例说明其堆积情况（图五）。

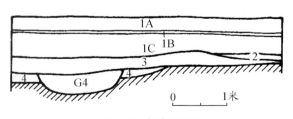

图五 T3南壁剖面图

1A. 灰黑土 1B. 浅黄土 1C. 青灰土 2. 褐土
3. 红褐土 4. 深褐土

第1层，分三个亚层。

1A层：灰黑土，土质疏松，厚25～30厘米，为现代农耕土。

1B层：浅黄土，土质紧密，距地表深25～30厘米、厚5～8厘米。此层出有青花瓷片等，为明清文化层。

1C层：青灰土，土质紧密，距地表深30～35厘米、厚35～50厘米。此层出有宋代瓷片、碎砖块等，为宋代文化层。

第2层：褐土，土质疏松，略含沙性，距地表深65～70厘米、厚15厘米。此层出有夹砂、泥质陶片，器形有绳纹花边罐、喇叭口高领罐、宽沿盆等。

第3层：红褐土，土质黏性，距地表深65～80厘米、厚5～30厘米。此层出土有绳纹花边罐、盘自圈足尊、喇叭口高领罐、壶等。此层下开口遗迹有G4，打破第4层。

第4层：深褐土，土质疏松，夹杂大量红烧土块，距地表深95～110厘米、厚20厘米。此层出土器物有绳纹花边罐、敞口圈足尊、喇叭口高领罐、宽沿平底尊等。

第4层下为生土层，为黄红色沙性黏土。

二、遗　迹

两次试掘共发现灰坑11个、灰沟1条、房基4座。我们未对城垣进行解剖，有待将来进一步工作。

（一）灰坑

共11个，均发现于第一地点。按平面形状可分为长方形、椭圆形和不规则形，而其中绝大多数为不规则形，椭圆形者2个，长方形者1个。灰坑大多较浅，出土遗物也不甚丰富。现举例介绍如下。

H10　位于T6东南部，开口于第3层下，直接打破生土。坑口距地表深48厘米，平面形状为长方形，直壁，平底。坑口长142厘米、宽68厘米，坑深42厘米。坑内填土为红褐土，土质略紧，出土陶片少且碎。此坑为人工开挖，其用途尚不明确（图六）。

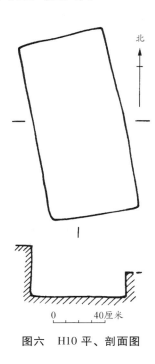

图六 H10 平、剖面图

H11 位于 T7 南部偏西，开口于第 4 层下，直接打破生土。坑口距地表深 85 厘米，平面形状为近椭圆形，长 330 厘米、宽 90 厘米，坑深 35 厘米。坑内填土为黑土夹杂少量黄土，含灰烬、炭屑。出土陶片可辨器形者有绳纹花边罐、敞口圈足尊、喇叭口高领罐、宽沿平底尊等，另外还出斧、凿、锛等石器（图七）。

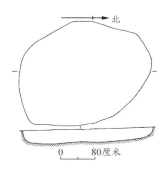

图七 H11 平、剖面图

H7 位于 T6 南部，开口于第 4 层下，打破第 5 层。坑口距地表深 60 厘米，平面形状为不规则形，长约 200 厘米、宽约 154 厘米，坑

深 30 厘米。坑内填土为黑土夹杂少量红烧土块，出土器物有绳纹花边罐、盘口圈足尊、喇叭口高领罐、宽沿盆等（图八）。

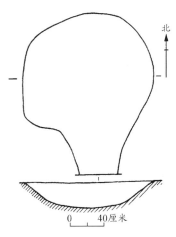

图八 H7 平、剖面图

（二）灰沟

G4 位于 T3 西南部，开口于第 3 层下，打破第 4 层。沟口距地表深 110 厘米，西北—东南走向，长约 525 厘米、宽约 150～200 厘米，沟深 35 厘米。沟内填土为褐土夹杂大量红烧土块，出土陶片较多，器形有喇叭口高领罐、宽沿盆、平底尊、绳纹花边罐、盘口圈、足尊等（图九）。

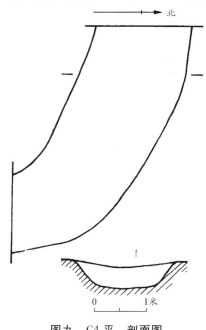

图九 G4 平、剖面图

（三）房基

共 4 座，仅残存墙基槽（QJ1～4），基槽内皆有较密集的柱洞（图一〇）。均开口于第1C 层下，它们之间的关系为 QJ2

QJ1 ┐
　　├→ QJ3 （箭
QJ2 ┘
　　└→ QJ4

头表示叠压或打破）。我们根据地层及灰坑内常出带柱状痕迹的红烧土块，推测这些房屋应是木骨泥墙建筑，其建造方法是先挖墙基槽，槽内埋木骨，然后内外抹泥，并经火烘烤。因这几间房基跨度较大，我们未能对其进行大面积的揭露，其平面布局尚不明确。现以 QJ2 为例介绍如下。

QJ2　位于 T4、T6、T7、T8 内，开口于第1C 层下，打破 QJ3 和 QJ4。从其现状来看，平面可能为长方形，方向约 10 度。现有三条墙基槽，其中两条南北向的基槽分别长为 15.25 米，宽 30～40 厘米，残深 12～15 厘米，两条基槽间距 260 厘米。另外一条东西向基槽长 425 厘米、宽 32～35 厘米、残深 14 厘米。基槽内共发现柱洞 107 个，皆圆形，直壁，平底，洞径一般为 8～16 厘米、残深 10～12 厘米。在西侧南北向基槽的南部有一缺口，宽 70 厘米，推测为一门道。基槽内填土为青灰褐土，土质紧密，出土有少量碎陶片，可辨器形者有绳纹花边罐、盘口圈足尊、敞口圈足尊等（图一一）。

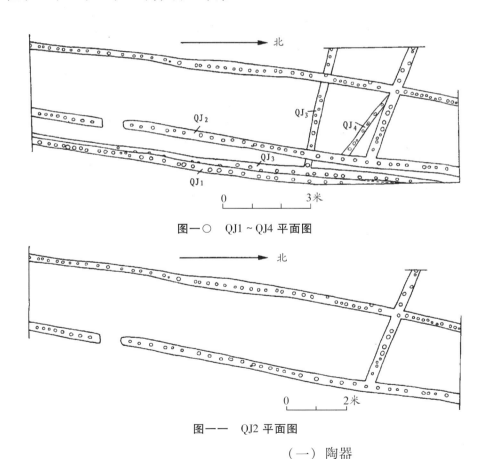

图一〇　QJ1～QJ4 平面图

图一一　QJ2 平面图

三、遗　物

出土遗物有陶器和石器。

（一）陶器

陶器分泥质陶和夹砂陶两大类，其中泥质陶所占比例较大，约占 60%，夹砂陶约占40%。夹砂陶分灰、褐和外褐内灰三种，三种所占比例较接近，灰陶和褐陶略多于外褐内灰陶。泥质陶中以灰黄陶为主，其次是灰白陶和褐陶。陶质较软，表面多风化。陶器制法以手制加慢轮修整为主，圈足器多分体制作，然后粘接而成。夹砂陶器的器底多为二次套接，有些泥质陶的内壁领肩交接处有接痕。

1. 纹饰　夹砂陶中多绳纹，其次是划纹、戳印纹，还有少量附加堆纹、凹弦纹、凸弦纹，圈足上多见镂孔装饰。其中绳纹多交错成网状

纹样，装饰部位有唇部、颈部、腹部及器底。戳印纹按其平面形状又可分为坑点纹、新月纹等，多见于器底与器腹。附加堆纹多有戳痕，见于器物的肩、腹部。泥质陶中以划纹为主，还有少量的戳印纹、瓦棱纹、凹弦纹、细线纹、附加堆纹等。其中划纹以平行线和平行线组成的几何纹为主，偶见水波纹图（图一二，1～20）。

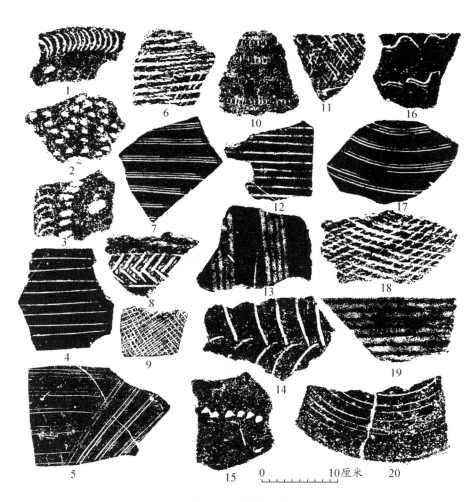

图一二　纹饰拓本

1～3、10、15. 戳印纹（T7④：67、H1：33、T2⑤：315、H5：37、T4④：33）　4、5、7、8、11、14. 刻划纹（T1⑤：161、G4：264、T2③：128、T2⑤：164、T2⑤：117、H5：35）　6、9、18. 绳纹（H11：26、T1③：13、G4：71）　12、17、20. 凹弦纹（G4：152、T4④：31、T7④：50）　13、19. 瓦棱纹（F2：9、H5：36）　16. 水波划纹（H5：41）

2. 器类　所出陶器均很残破，几乎无法复原，现选出标本 272 件。分平底和圈足器两大类。夹砂陶中的平底器以绳纹花边罐为主，还有少量的卷沿罐。泥质陶中的平底器以喇叭口高领罐和盆为主，还有少量的壶、宽沿平底尊和宽沿罐等。夹砂陶中的圈足器有盘口圈足尊、敞口圈足尊。泥质陶圈足器数量较少，有矮圈足豆和带柄的高圈足豆。另外泥质陶中还有少量的腰沿器、筒形器、器盖等。

绳纹花边罐　38 件。均为夹砂陶。依沿部及肩部的不同分四型。

A 型：23 件。侈口，宽沿斜直，方唇。唇部及器身饰绳纹。依肩部的变化分二式。

Ⅰ式：21 件。鼓肩，肩径大于口径。H1：41，灰陶，口径 32 厘米、残高 6.3 厘米（图一三，4）。G4：86，外褐内灰陶，口径 30 厘米、残高 8.5 厘米（图一三，7）。

Ⅱ式：2 件。溜肩，肩径小于口径。T6④：22，灰陶，口径 39.9 厘米、残高 6.8 厘米（图一三，1）。QJ2：3，外褐内灰陶，口径 18 厘米、残高 5.6 厘米（图一三，12）。

B 型：10 件。侈口，宽沿斜折，方唇，沿面微凹，肩微鼓。G4：217，褐陶，口径 32 厘米、残高 6 厘米（图一三，6）。H7：4，褐陶，口径 25.8 厘米、残高 10 厘米（图一三，14）。

C 型：3 件。器形较其他小，侈口，束颈，溜肩。器身饰绳纹。G4：197，褐陶，口径 16 厘米、残高 9.9 厘米（图一三，13）。

D 型：2 件。平沿，沿较窄。H5：22，灰陶，唇部及器身饰绳纹。口径 35.8 厘米、残高 2.4 厘米（图一三，2）。H4：13，灰陶，沿面、唇部及器身饰绳纹。口径 36.2 厘米、残高 3.2 厘米（图一三，3）。

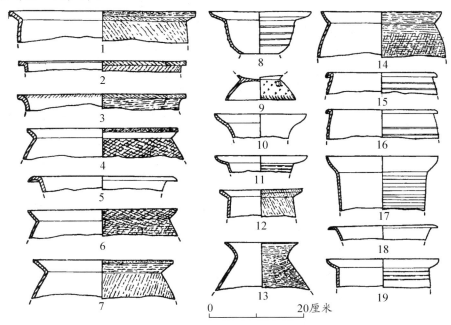

图一三　出土陶器

1、12. A 型Ⅱ式绳纹花边罐（T6④：22、QJ2：3）　2、3. D 型绳纹花边罐（H5：22、H4：13）　4、7. A 型Ⅰ式绳纹花边罐（H1：41、G4：86）　5、18. 敞口圈足尊（H11：15、T4④：28）　6、14. B 型绳纹花边罐（G4：217、H7：4）　8、11. Ⅱ式盘口圈口尊（H4：9、H11：11）　9. B 型Ⅰ式夹砂陶圈足（H8：7）　10、17. Ⅲ式盘口圈足尊（H5：17、G4：156）　13. C 型绳纹花边罐（G4：197）　15、16. 卷沿罐（T5③：6、T5④：25）　19. Ⅰ式盘口圈足尊（H1：39）

敞口圈足尊　21件。均为夹砂陶。宽沿微卷，圈唇，斜腹。H11：15，外褐内灰陶，口径32厘米、残高3.2厘米（图一三，5）。T4④：28，外褐内灰陶，口径24厘米、残高3.2厘米（图一三，18）。

盘口圈足尊　34件。均为夹砂陶。盘口，依器腹部变化分三式。

Ⅰ式：2件。腹微鼓。H7：15，褐陶，沿外饰绳纹。口径12厘米、残高3.8厘米（图一四，4）。H1：39，外褐内灰陶，肩部饰三周凹弦纹。口径24.6厘米、残高6.2厘米（图一三，19）。

Ⅱ式：30件。斜腹内收。H11：11，褐陶，腹饰凹弦纹。口径20厘米、残高3.6厘米（图一三，11）。H4：9，灰陶，器身完整，圈足残，腹饰四周凸弦纹。口径32厘米、肩径15.2厘米、残高9.4厘米（图一三，8）。

Ⅲ式：2件。沿斜直，微凹，腹斜直内收。G4：156，灰陶，腹饰凹弦纹。口径34厘米、残高11.5厘米（图一三，17）。H5：17，灰陶。口径20厘米、残高5.2厘米（图一三，10）。

卷沿罐　7件。均为夹砂陶。敛口，卷沿，圆唇，弧腹。T5④：25，外褐内灰陶，腹饰两周凸弦纹。口径24厘米、残高6.4厘米（图一三，16）。T53：6，褐陶，肩饰两周凸弦纹。口径24厘米、残高6.8厘米（图一三，15）。

夹砂陶圈足　42件。依圈足上有无镂孔装饰分两型。

A型：2件。无镂孔装饰，圈足较矮。H4：8，足壁微外弧。直径8厘米、残高2厘米（图一四，2）。H4：18，足壁微内弧。直径10厘米、残高2.8厘米（图一四，3）。

B型：40件。有镂孔装饰，可分三式。

Ⅰ式：2件。圈足大而矮，足壁外弧。H8：7，褐陶，足缘戳印新月纹，足身戳印三角坑点纹并有4个圆形镂孔。直径15.2厘米、残高4.2厘米（图一三，9）。

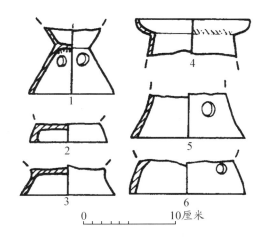

图一四　出土陶器

1. B型Ⅲ式夹砂陶圈足（H5：5）　2、3. A型夹砂陶圈足（H4：8、H4：18）　4. Ⅰ式盘口圈足尊（H7：15）　5、6. B型Ⅱ式夹砂陶圈足（T8⑤：51、T5⑤：48）

Ⅱ式：7件。很残，圈足较Ⅰ式小。T8⑤：51，褐陶，有4个圆形镂孔。直径12厘米、残高4.8厘米（图一四，5）。T5⑤：48，褐陶，有4个圆形镂孔。直径12.2厘米、残高3.7厘米（图一四，6）。

Ⅲ式：31件。均很残，圈足小，高直。H5：5，褐陶，外底圈足粘接处有戳痕，装饰3个圆形镂孔。直径9厘米、残高7厘米（图一四，1）。

喇叭口高领罐　45件。均为泥质陶，依口沿的变化分三型。

A型：2件。唇部有锯齿装饰，分二式。

Ⅰ式：1件（T1⑤：152）。灰白陶，卷沿，锯齿密集。口径26.2厘米、残高3.8厘米（图一五，15）。

Ⅱ式：1件（T1③：43）。灰白陶，平沿，锯齿浅小而稀疏。口径32.2厘米、残高3厘米（图一五，12）。

B型：19件。大多为泥质灰黄陶。个别泥质灰白陶，无锯齿装饰，依沿部变化分三式。

Ⅰ式：7件。斜直沿。H8：5，灰黄陶，口径 28 厘米、残高 10.8 厘米（图一五，13）。
H8：10，灰黄陶，口径 32.2 厘米、残高 5.2 厘米（图一五，10）。

Ⅱ式：8 件。沿外翻成平沿。G4：65，灰黄陶，口径 24 厘米、残高 9.2 厘米（图一五，6）。H5：12，灰黄陶，口径 24 厘米、残高 6.6

厘米（图一五，5）。

Ⅲ式：4 件。卷沿。T1④：100，灰白陶，口径 20.2 厘米、残高 3.8 厘米（图一六，9）。
H4：11，灰黄陶，口径 20 厘米、残高 3.9 厘米（图一五，25）。

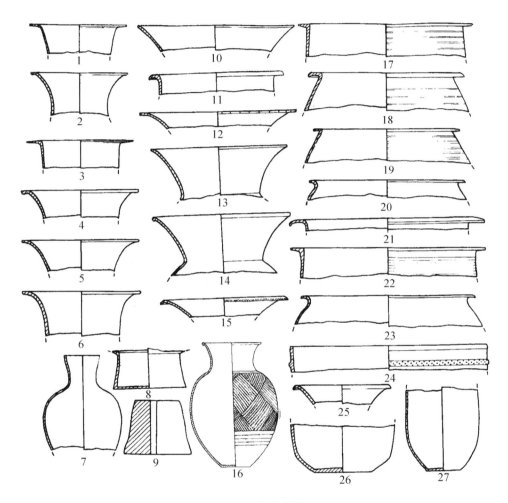

图一五　出土陶器

1、3. Ⅱ式宽沿平底尊（G4：110、G4：215）　　2、4. C 型Ⅱ式喇叭口高领罐（G4：179、T1⑤：124）　　5、6. B 型Ⅱ式喇叭口高领罐（H5：12、G4：65）　7. Ⅲ式壶（T7④：41）　8. 筒形器（G4：176）　9. 陶纺轮（T8⑤：1）　10、13. B 型Ⅰ式喇叭口高领罐（H8：10、H8：5）　11. Ⅰ式宽沿平底尊（T1⑤：13）　12. A 型Ⅱ式喇叭口高领罐（T1③：43）　14、16. C 型Ⅰ式喇叭口高领罐（H8：3、G4：265）　15. A 型Ⅰ式喇叭口高领罐（T1⑤：152）　17、22. A 型Ⅱ式盆（G4：50、H5：3）　18、19. A 型Ⅰ式盆（H11：7、G4：165）　20、23. 宽沿罐（G4：19、G4：49）　21. B 型盆（G4：117）　24. 缸（H7：5）　25. B 型Ⅲ式喇叭口高领罐（H4：11）　26、27. 泥质陶器底（H5：1、H8：11）（9. 约 1/2，16. 约 1/3，余皆约 1/7）

C型 24件。以泥质灰黄陶为主，有个别泥质灰白陶。外叠唇，依沿部的变化分二式。

I式：3件。沿斜直。H8：3，灰黄陶。口径28厘米、残高12.4厘米（图一五，14）。G4：265，灰白陶，高领，弧腹，最大径在腹中部。颈肩交接处饰三周凹弦纹，腹饰两根一组的划纹组合成的几何纹，似竹编样，下腹饰5周凹弦纹。口径24厘米、腹径36.4厘米、底径12厘米、高52厘米（图一五，16）。

II式：21件。沿外翻成平沿。G4：179，灰黄陶。口径20厘米，残高8.4厘米（图一五，2）。T1⑤：124，灰黄陶，口径24厘米、

残高5.6厘米（图一五，4）。

壶 6件。均为泥质陶。喇叭口，高领，依领部的变化分三式。

I式：2件。领上部内弧。T2⑤：252，灰白陶，口径20厘米，残高5.2厘米（图一六，13）。T4⑤：42，灰黄陶，口径16厘米、残高6厘米（图一六，15）。

II式：2件。领上部外弧。T8⑤：46，灰黄陶，施黑衣。口径16.2厘米、残高8.9厘米（图一六，14）。T2⑤：224，灰黄陶。口径15.8厘米、残高9.6厘米（图一六，18）。

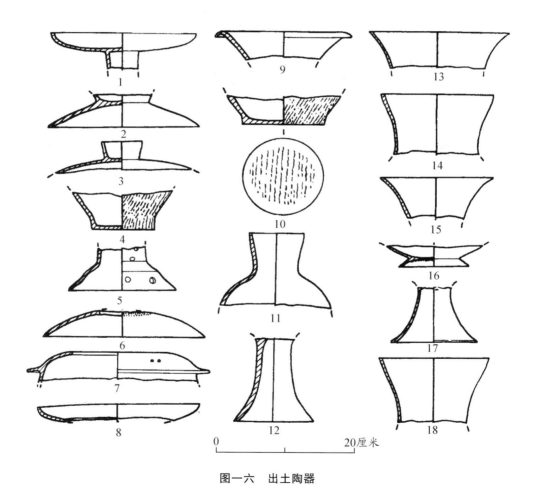

0 ————— 20厘米

图一六 出土陶器

1、8. 浅盘豆（H4：1、T8④：31） 2、6. A型器盖（T3③：75、H11：9） 3. B型器盖（G4：201）
4、10.夹砂陶器底（H4：3、H5：6） 5. C型豆圈足（T6③：2） 7. 腰沿器（G4：7） 9. B型III式喇叭口高领罐（T1④：100） 11. III式壶（T2②：32） 12、17. A型豆圈足（G4：213、H11：6） 13、15. I式壶（T2⑤：252、T4⑤：42） 14、18. II式壶（T8⑤：46、T2⑤：224） 16. B型豆圈足（T4⑤：46）

Ⅲ式：2 件。领部变细，溜肩，鼓腹。T7④：41，灰白陶。口径 7.2 厘米、腹径 16 厘米、残高 19.6 厘米（图一五，7）。T2③：32，灰白陶，能明显看出领部是二次粘接上的。口径 8 厘米、残高 11.7 厘米（图一六，11）。

宽沿平底尊　7 件。均为泥质陶。依腹部变化分二式。

Ⅰ式：1 件（T1⑤：13）。灰黄陶。卷沿，腹外鼓。口径 27.6 厘米、残高 3.8 厘米（图一五，11）。

Ⅱ式：6 件。宽平沿，腹斜直内收，器壁较薄。G4：110，灰黄陶，口径 20 厘米、残高 5.8 厘米（图一五，1）。G4：215，灰黄陶，口径 22 厘米、残高 5.7 厘米（图一五，3）。

盆　45 件。均为泥质陶。宽沿，依口沿的不同分两型。

A 型：42 件。宽沿较平，多灰黄陶，个别灰陶，依腹部的变化分二式。

Ⅰ式：7 件。鼓腹。H11：7，灰黄陶，沿微卷，腹饰凹弦纹。口径 32 厘米、残高 7.6 厘米（图一五，18）。G4：165，灰黄陶，腹饰凹弦纹。口径 30 厘米、残高 6.6 厘米（图一五，19）。

Ⅱ式：35 件。腹斜直。G4：50，灰黄陶，腹饰两根一组的凹弦纹。口径 36 厘米、残高 6.7 厘米（图一五，17）。H5：3，灰陶，腹饰瓦棱纹。口径 39.8 厘米、残高 5.8 厘米（图一五，22）。

B 型：3 件。很残，器形较大，卷沿特宽。多泥质灰黄陶，施黑衣。G4：117，口径 40 厘米、残高 2.4 厘米（图一五，21）。

宽沿罐　3 件。均为泥质灰黄陶。敛口，圆唇，外翻沿，鼓肩。G4：19，口径 32 厘米、残高 3.6 厘米（图一五，20）。G4：49，口径 35.7 厘米、残高 6.8 厘米（图一五，23）。

浅盘豆　4 件。均为泥质陶。敞口，方唇，弧腹，浅盘。T8④：31，灰黄陶，施黑衣。口径 24 厘米、残高 2.4 厘米（图一六，8）。H4：1，灰黄陶，施黑衣，残存有柄。口径 21 厘米、

盘深 2.5 厘米、柄径 4.8 厘米、残高 5.6 厘米（图一六，1）。

豆圈足　9 件。均为泥质陶，可分三型。

A 型：6 件。圈足高，带短柄。H11：6，灰黄陶。圈足径 12.8 厘米、残高 8 厘米（图一六，17）。G4：213，褐陶，圈足部分完整。圈足径 11.7 厘米、高 12.6 厘米（图一六，12）。

B 型：2 件。矮圈足，器壁很薄。T4⑤：46，灰黄陶，外底圈足粘接处有加固戳痕。圈足径 10.2 厘米、残高 3 厘米（图一六，16）。

C 型：1 件（T6③：2）。灰黄陶。台状式圈足，装饰较多的圆形镂孔。圈足径 16 厘米、残高 6.4 厘米（图一六，5）。

筒形器　1 件（G4：176）。泥质灰黄陶。敛口，外折沿，斜直壁，底径大于口径。口径 14.4 厘米、底径 15.2 厘米、残高 8 厘米（图一五，8）。

器盖　3 件，分两型。

A 型：2 件。圈钮较大，弧壁较浅。

T3③：75，泥质灰黄陶。口径 22.1 厘米、钮径 8 厘米、残高 4.9 厘米（图一六，2）。H11：9，泥质灰黄陶，靠钮处有两周戳印的小坑点纹。口径 24 厘米、残高 3.7 厘米（图一六，6）。

B 型：1 件（G4：201）。泥质褐陶，施黑衣。残，圈钮较小。钮径 6 厘米、残高 4.5 厘米（图一六，3）。

缸　1 件（H7：5）。泥质灰黄陶。敞口，见附加泥条上戳印小坑点纹。口径 40.2 厘米、残高 5.3 厘米（图一五，24）。

腰沿器　1 件（G4：7）。泥质灰黄陶，施黑衣。敛口，方唇，鼓肩，肩部有一周凸出的沿，残存 2 个圆形穿孔。口径 14 厘米，残高 4 厘米（图一六，7）。

器底　均为平底，数量较多，一般都较小。夹砂陶器底大多能看出粘接痕，近底的腹壁线向外折。H5：6，夹砂褐陶，器身与外底饰绳纹。底径 12.2 厘米、残高 4.2 厘米（图一六，

10）。H4：3，夹砂灰陶，器身和外底饰绳纹。底径9.4厘米、残高5.2厘米（图一六，4）。H8：11，泥质灰陶。底径7.2厘米、残高17.2厘米（图一五，27）。H5：1，泥质灰黄陶。底径11.9厘米、残高9.7厘米（图一五，26）。

纺轮　1件（T8⑤：1）。夹砂灰陶。平面呈梯形，腰微束。顶径2.2厘米、底径3.4厘米、穿径0.8厘米、高2.8厘米（图一五，9）。

（二）石器

计18件，均为磨制，有斧、锛、凿和锤。

斧　10件，可分三型。

A型：8件。大多残断，平面为顶窄刃宽的梯形。H11：2，青灰石质。弧顶，弧刃，双面刃。顶宽3.6厘米、刃宽4.9厘米、长7.6厘米、厚2.5厘米（图一七，8）。T2③：3，青灰石质，刃口稍残。顶宽3厘米、刃宽6.2厘米、长7.5厘米、残厚1.4厘米（图一七，11）。H7：1，青灰石质，刃端残。顶宽4.6厘米、残长8厘米、厚2.9厘米（图一七，5）。

B型：1件（G4：1）。浅黄石质。体形较大而厚重，刃部残，平面仍为顶窄刃宽的梯形。顶宽4.2厘米、残长15.2厘米、厚4.6厘米（图一七，9）。

C型：1件（T3③：2）。利用天然卵石磨制刃口，青灰石质，刃口两侧残。长10.2厘米、厚2厘米（图一七，3）。

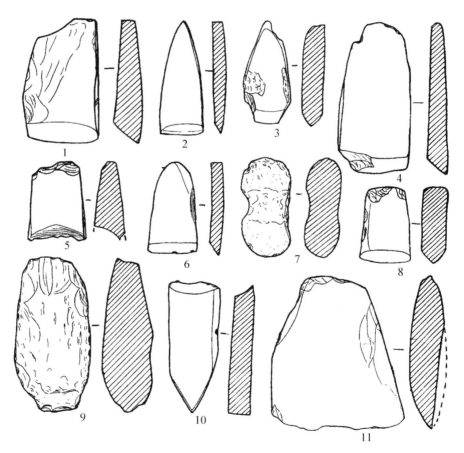

图一七　出土石器

1、4. 锛（G4：3、T8⑤：2）　2、10. B型凿（T7⑥：3、T1③：2）　3. C型斧（T3③：2）　5、8、11. A型斧（H7：1、H11：2、T2③：3）　6. A型凿（T7⑥：1）　7. 锤（T3③：1）　9. B型斧（G4：1）（7. 约1/7，3、5、8、9. 约1/3，余皆约1/2）

锛　4件。平面呈梯形，单面刃。T8⑤：2，褐色砂质岩。四面磨制整齐，刃端残，弧顶、弧刃。顶宽1.9厘米、刃残宽2.5厘米、长7.6厘米、厚1厘米（图一七，4）。G4：3，青灰石质，顶端略残，弧形刃。刃宽3.3厘米、长6.2厘米、厚1.4厘米（图一七，1）。

凿　3件，分两型。

A型：1件（T7⑥：1）。灰白石质。弧顶、平刃，单面刃。刃宽2.3厘米、长4.6厘米、厚0.6厘米（图一七，6）。

B型：2件。两端均为刃，一端为圭形刃，一端为弧刃。T7⑥：3，灰白石质，长5.7厘米、弧刃宽2厘米、厚0.6厘米（图一七，2）。T1③：2，灰白石质，弧刃端略残。长6.4厘米、弧刃宽2.5厘米、厚1.1厘米（图一七，10）。

锤　1件（T3③：1）。黄砂石质。为自然卵石加工而成，腰部有绑扎凹槽。长20厘米、宽9.6厘米、厚6.4厘米（图一七，7）。

四、结　语

通过调查和试掘，我们对芒城遗址的文化堆积情况和文化面貌有了初步的认识。该遗址的文化堆积较薄，厚处多在60厘米左右，发现的灰坑大多较浅。出土遗物以陶器为主，另外有一定数量的石器。陶器皆残破。我们通过对相关地层及遗迹单位所出陶器的比较研究，发现无论是陶系、纹饰、器物群还是器物形态都较为一致，没有太大的变化。因此我们认为该遗址延续的时间不长，应属同一考古学文化的同一时期。

该遗址的文化内涵与宝墩遗址[1]比较一致，主要表现在以下几个方面。（1）陶器中泥质陶所占比例较大，略多于夹砂陶。（2）陶器的制法以手制加慢轮修整为主，底部和圈足的粘接方式一致。（3）纹饰中常见绳纹、划纹、戳印纹、瓦棱纹、细线纹、镂孔等。（4）该遗址能见到的器形在宝墩遗址中几乎都有。（5）石器以磨制的斧、锛、凿为主。（6）房屋建筑为木骨泥墙。由此我们认为该遗址与宝墩遗址属于同一考古学文化，即"宝墩文化"的范畴。但是该遗址与宝墩遗址相比也存在一定的差异，从陶质陶色看，宝墩遗址泥质陶中以灰白陶为主，且火候较高，陶质较硬，且灰黄陶少于灰白陶；而芒城遗址的泥质陶中以灰黄陶为主，灰白陶较少。芒城遗址出土的陶片中，灰黄陶约占35%，灰白陶仅占18%左右，泥质褐陶也较宝墩遗址多。宝墩遗址的夹砂陶以灰陶为主，有少量的褐陶和外褐内灰陶；而芒城遗址的夹砂陶中褐陶和外褐内灰陶的比例增大，三种陶色的比例接近。从纹饰来看，宝墩遗址的陶器纹饰较芒城发达而精细，宝墩遗址中常见的水波纹、附加泥条戳印纹等在芒城遗址中极为少见。从器物群来看，宝墩遗址的陶器种类明显较芒城遗址丰富。芒城遗址中能见到的器形在宝墩遗址中几乎都有，而宝墩遗址中常见的锯齿喇叭口高领罐在芒城遗址中偶见，绳纹花边罐的种类芒城遗址远不如宝墩遗址丰富。我们通过对该文化的总体发展趋势和两个遗址的器形排比研究，认为时间早晚是造成上述差异的根本原因，即芒城遗址晚于宝墩遗址，理由如下。

1. 宝墩遗址的泥质灰黄陶从早到晚有明显增多的趋势；表面风化、陶质较软的灰白陶在宝墩遗址的晚期也有明显增多的趋势，而芒城遗址泥质陶正好以灰黄陶为主，灰白陶多表面风化、陶质较软。

2. 宝墩遗址的纹饰从早到晚有逐渐变简单、粗率的趋势，而芒城遗址的纹饰已远不如宝墩遗址发达。

3. 芒城遗址中所见的C型喇叭口高领罐，在该类器中数量最多，其主要特征为外叠唇，而在宝墩遗址中基本见于晚期。宝墩遗址中常见的锯齿喇叭口高领罐晚期数量明显减少，而芒城遗址中此类器就极为少见。芒城遗址中的浅盘豆在宝墩遗址中主要见于晚期，芒城遗址所见的筒形器也见于宝墩遗址的晚期。

4. 宝墩遗址早期圈足上方形镂孔所占比例较大，晚期方形镂孔明显减少，而圆形镂孔却明显增多；芒城遗址的圈足几乎不见方形镂孔，几乎全部是圆形镂孔。

从上述情况看芒城遗址的文化特征与宝墩遗址的早期差异相对较大，与宝墩遗址的晚期接近一些，但又不完全相同。依据这一文化发展的总体趋势，我们推测芒城遗址的时代应紧接宝墩遗址的晚期。由于出土的陶器太碎，无法从类型学的角度上更好地把握其文化早晚的发展演变脉络，有待将来进一步深入研究。

由于此次未对城垣进行发掘，对城垣的情况不甚清楚，不过根据地面调查和铲削自然断面观察，该城垣的布局及夯筑形式与宝墩古城很相似，城垣夯土内也见少量陶片，且与遗址中出土的宝墩文化时期陶片相同，不见更晚的遗物。加之该遗址宝墩文化时期的堆积之上为宋代堆积和明清堆积，不见其他时期的文化堆积，而该城垣的建筑形式绝不属宋元明清时期的，因此综合考虑，我们认为城垣的年代应与遗址中宝墩文化时期堆积基本相当。

从目前成都平原发现的几个史前遗址的文化特征看，芒城遗址与宝墩遗址两者最为接近，但又存在一定的差异，与郫县古城[2]，温江鱼凫村古城遗址[3]的文化面貌也不尽相同，但它们都同属一个考古学文化，主要因为它们有一组相同的器物群。芒城遗址代表了这一文化的一个发展阶段，因此进一步探明该遗址的文化面貌和特征是很有必要的。

（附记：参加发掘的人员有樊拓宇、徐军、颜劲松、江章华、荣远大、王仲雄、张炳奎、陈洪、李平、姜世良；文中插图由曾雳、李付秀绘制；戴堂才制拓本）

执笔：颜劲松 江章华 樊拓宇

注 释

[1] 中日联合考古调查队：《四川新津宝墩遗址 1996 年发掘简报》，《考古》1997 年第 1 期。

[2] 成都市文物考古工作队、郫县博物馆：《四川省郫县古城遗址调查与试掘》，《文物》1999 年第 1 期。

[3] 成都市文物考古工作队等：《四川省温江县鱼凫村遗址调查与试掘》，《文物》1998 年第 12 期。

（原文发表于《考古》1999 年第 7 期）

都江堰市芒城遗址 1998 年度发掘工作简报

中日联合考古调查队

都江堰市位于成都市区西北52公里处,芒城遗址位于距离都江堰市区南约12公里的青城乡芒城村,地处川西平原的西部边缘,西距青城山支脉和药王山仅2.4公里,东去约1.4公里有

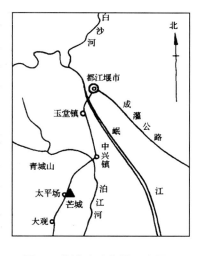

图一 芒城遗址位置示意图

泊江河由北向南流,地理位置为东经105°35′、北纬30°52′(图一)。

遗址区地面存有明显的土垣,其断面可见夯层,应为人工夯筑而成。土垣呈较规则的长方形,方向10度,与泊江河基本平行。土垣分内外两圈,内圈土垣较外圈保存完整,仅东垣因近年修机耕道遭破坏而只剩下其南段与南垣相接,但机耕道仍明显高于周围的农田。外圈土垣除南、北两垣保存较好外,西垣保存较差,东垣地表不存。现存土垣宽约5~20米、高约1~3米,内外土垣间距约20米,其间地面较城内外都显得较为低洼。整个城址南北长约350米,东西宽约310米,面积约11万平方米(图二)。

1989年和1990年中国社会科学院考古研究

所四川工作队、都江堰市文物局曾两次对芒城遗址作过调查试掘,但收效甚微。为了探明该遗址的文化面貌、时代、堆积情况及分布范围,1996年11月,成都市文物考古工作队会同都江堰市文物局对遗址进行了一次较为详细的调查,并在调查的基础上,于1996年11月和1997年3月在遗址的西北部先后进行了两次试掘[1],共布5米×5米探方8个,编号为97CDMT1~T8,发掘总面积为200平方米(图二),出土了较为丰富的文化遗物及遗迹。对该遗址的文化面貌、时代和性质有了初步的认识,即芒城遗址与新津宝墩、郫县古城、温江鱼凫城、崇州双河古城等遗址的总体文化面貌较为一致,虽互有早晚,但其文化一脉相承,属同一考古学文化,我们已将其命名为"宝墩文化"[2],并初步分为四期,绝对年代大约在距今4 700~3 800年,芒城遗址为第二期遗存。为了进一步弄清该遗址的文化面貌、时代、性质以及城墙和壕沟是如何形成的,探寻重要遗迹,了解芒城遗址的布局结构等一系列问题,经国家文物局批准,成都市文物考古工作队与日本早稻田大学合作拟在芒城遗址进行三年(1998~2000年)的发掘工作。1998年10月18日至12月28日,中日联合考古调查队对该遗址进行了较大规模的勘探发掘,发掘总面积达1 350平方米,现将此次发掘工作及主要成果简报如下。

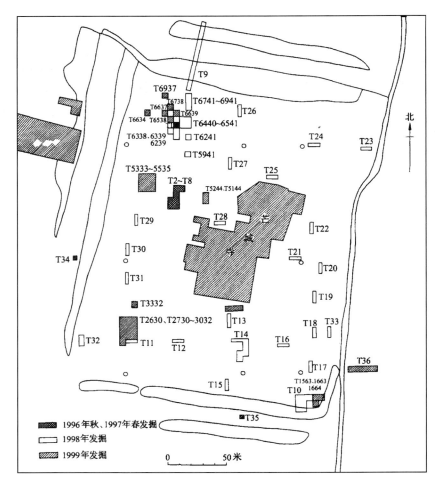

图二　芒城遗址平面图

（图例）
■ 1996年秋、1997年春发掘
□ 1998年发掘
▨ 1999年发掘

0　　　50米

一、发掘工作的思路

由于芒城遗址面积不大，我们把整个城址纳入一个象限统一布方，总基点选择在城址外的西南部。

1996年和1997年成都市文物考古工作队对芒城遗址进行了试掘，对该遗址的地层堆积状况和文化面貌有了一定的认识；但由于发掘面积较小，所出土的遗物也不够丰富，对该遗址的认识不够深刻，所以我们的首要想法就是进一步对该遗址地层堆积比较好的区域再度进行发掘。经过钻探，确认遗址的西北部堆积较好，因而在该区域进行了大面积的发掘。

我们把芒城遗址作为一个4 000多年前龙山时代的城址，只是一种推测。因而这次发掘把解剖城墙作为工作的重点。经过实地勘测，发现北城墙的西段保存较好，于是决定在此进行发掘。发掘的目的是：一是确认城墙及壕沟的年代；二是了解城墙的构筑方法；三是了解内城墙、外城墙、壕沟三者间的相互关系。于是开了一条纵贯内外城墙的探沟（T9）进行解剖发掘。

T9的发掘没有发现有宝墩文化时期的地层叠压在城墙体之上，叠压城墙的最近地层为宋代堆积，也就是说没有直接的层位依据证明城墙是属于宝墩文化时期的。于是又沿着城墙的内侧进行钻探，寻找堆积比较好的地方，最后在城址的东南角发现有大量的红烧土堆积，于是决定在此再开一条探沟（T10）解剖城墙。

T10 的发掘仍然没有解决城墙的年代问题，但有另一重要发现，就是在此处发现一座完整的竹骨泥墙房屋基址。

为进一步了解芒城遗址的布局结构和探寻重要遗迹，并为下一年度的发掘提供线索，于是围绕着遗址中部的芒城寺开了 23 条探沟进行发掘。

为了复原芒城遗址在宝墩文化时期的自然环境和了解该遗址 4 000 多年来的环境变迁情况，我们对各发掘区各层位采集了土样和植物标本。

二、城址西北部的调查发掘

在该区域布 5 米 ×5 米探方 12 个，编号为 T6741 ~T6941、T6540、T6541、T6440、T6441、T6338、T6239、T6339、T6241 和 T5941，发掘面积为 300 平方米（图二）。该区域的发掘除 T5941 由中方负责外，其余探方则由日方负责。

1. 地层堆积

现以 T5941 西壁剖面为例加以说明（图三）。

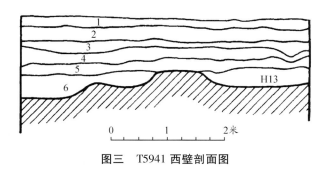

图三　T5941 西壁剖面图

第 1 层：耕土层，土色深灰，结构疏松。厚 10 ~20 厘米。

第 2 层：青黄色黏土，土质较硬，结构较紧密。深 10 ~20 厘米、厚 25 ~37 厘米。该发掘区内均有分布。出土有近代青花瓷片、白瓷片及酱釉瓷片等，为明清堆积。

第 3 层：灰黄色黏土，土质较硬，结构较紧密。深 40 ~53 厘米、厚 10 ~15 厘米。该发掘区内均有分布。出土有宝墩文化陶片以及宋代酱釉瓷片及砖块，为宋代堆积。

第 4 层：灰色沙性土，土质较软，结构疏松。深 45 ~65 厘米、厚 25 ~40 厘米。该发掘区内均有分布。出土物与第 3 层相同，为宋代堆积。

第 5 层：红褐色沙性土，土质较硬，结构较紧密。深 75 ~87 厘米、厚 10 ~20 厘米。该发掘区内均有分布。出土有宝墩文化时期的陶片和石器等，为宝墩文化时期的堆积。

第 6 层：暗褐色土，含沙，夹杂有少量碳屑，土质较硬，结构较紧密。深 95 ~100 厘米、厚 20 ~40 厘米。该发掘区内均有分布。出土物与第 5 层相近，为宝墩文化时期的堆积。

第 6 层以下为黄色生土。

2. 遗迹

H13，位于 T5941 的西北角，部分伸出探方的西壁和北壁之外，未扩方。开口于第 5 层

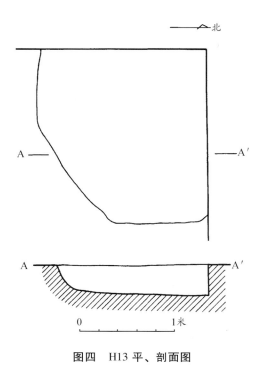

图四　H13 平、剖面图

下，打破生土层。坑口距地表 110 厘米。平面大

致呈圆形，在探方内呈扇形，弧壁、平底。坑口暴露的长度东西长约182厘米、南北宽约180厘米、深26~32厘米（图四）。坑内填土为黑褐土，土质较疏松，夹杂有灰烬、碳屑。出土有少量的陶片，有夹砂灰黑陶、褐陶、红陶和泥质灰白陶等，纹饰有绳纹、划纹和戳印纹等。

3．遗物

我们把T5941内第6、5层所出土陶片的陶质、陶色、纹饰的状况列成表一。

出土的陶片较多，没有能复原者。主要是平底器和圈足器两大类。夹砂陶中有绳纹花边罐、敞口圈足尊、盘口圈足尊和圈足以及纺轮等，泥质陶器中有喇叭口高领罐、宽沿平底尊、壶、宽沿盆、豆、筒形罐和圈足等。

第6层 选取了6件标本。

绳纹花边罐 1件。标本T6441⑥：20，夹砂褐陶，唇部压印绳纹，器身饰斜向绳纹。残高5.5厘米（图五，5）。

敞口圈足尊 2件。标本T5941.⑥：8，夹砂外褐内灰陶，卷沿圆唇。口径25厘米、残高3.4厘米（图五，1）。

表一 T5941 第6、5 层陶片统计表

地层	陶片数量	夹砂陶（%）					泥质陶（%）				
		比例	灰陶	褐陶	外褐内灰陶	红陶	比例	灰白陶	灰黄陶	黑皮陶	红陶
⑥	914	47	16	16	11	4	53	11	34	4	4
⑤	384	66	8	44	11	3	34	19	7	5	3

地层	纹 饰（%）					
	比例	绳纹	划纹	戳印纹	凹弦纹	其他
⑥	8.9	4	3.2	0.9		0.8
⑤	11.5	3.4	5.2		2.3	0.6

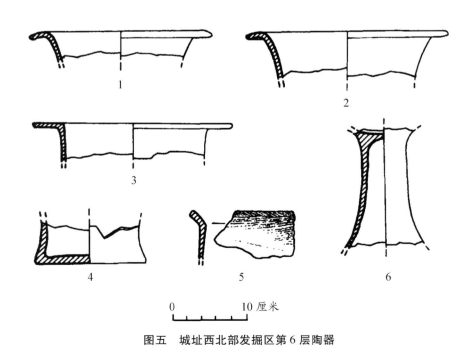

0　　　　　10 厘米

图五 城址西北部发掘区第6层陶器

1、2. 敞口圈足尊（T5941⑥：8、21） 3. 宽沿平底尊（T5941⑥：9） 4. 筒形器（T5941⑥：3）
5. 绳纹花边罐（T6441⑥：20） 6. 豆圈足（T5941⑥：2）

标本 T5941⑥：21，夹砂外褐内灰陶，卷沿圆唇。口径 28 厘米、残高 6 厘米（图五，2）。

宽沿平底尊　1 件。标本 T5941⑥：9，泥质灰黄陶，宽折沿、直腹。口径 27 厘米、残高 4.4 厘米（图五，3）。

筒形器　1 件。标本 T5941⑥：3，泥质黑皮陶，饰白色陶衣。平底、腹部微内弧。底径 15.2 厘米、残高 5.6 厘米（图五，4）。

豆圈足　1 件。标本 T5941⑥：2，泥质灰白陶，喇叭状高圈足。圈足上径 6 厘米、残高 15.2 厘米（图五，6）。

第 5 层　选取了 23 件标本。

绳纹花边罐　4 件。唇部皆压印绳纹、鼓腹。

标本 T6440⑤：2，夹砂灰陶，卷沿、圆方唇、腹部微外鼓。沿内壁压印成组的短绳纹。口径 32 厘米、残高 4.2 厘米（图六，1）。

标本 T6540⑤：25，夹砂外褐内灰陶，鼓腹。口径 27 厘米、残高 7.6 厘米（图六，2）。

标本 T6440⑤：43，夹砂外褐内灰陶，鼓腹，腹部饰竖向绳纹。口径 30 厘米、残高 6.8 厘米（图六，3）。

标本 T6440⑤：50，夹砂外褐内灰陶，鼓腹，沿内壁压印成组的短绳纹，腹部饰交错绳纹。口径 35 厘米、残高 12.4 厘米（图六，18）。

敞口圈足尊　2 件。均为夹砂外褐内灰陶，卷沿、圆唇、弧腹。

标本 T6540⑤：31，腹部微弧，饰网格状划纹。口径 29 厘米、残高 4 厘米（图六，4）。

标本 T6440⑤：31，弧腹。口径 28 厘米、残高 3.2 厘米（图六，12）。

盘口圈足尊　2 件。均为夹砂外褐内灰陶，盘形口、弧腹。

标本 T6540⑤：36，口径 22 厘米、残高 4.4 厘米（图六，9）。

标本 T6338⑤：4，盘口的外壁饰压印椭圆形窝状纹和绳纹。口径 24 厘米、残高 3.2 厘米（图六，17）。

盘口罐　1 件。标本 T6540⑤：44，夹砂灰陶，盘形口，鼓腹。口部外壁饰附加泥条堆纹和绳纹，器身饰斜向绳纹。口径 23 厘米、残高 4 厘米（图六，19）。

喇叭口高领罐　5 件。喇叭形口、卷沿、束颈、鼓腹、小平底。

标本 T6338⑤：26，泥质灰白陶，火候较高。唇部压印成锯齿状。口径 36 厘米、残高 4 厘米（图六，5）。

标本 T6338⑤：5，卷沿较甚。唇部压印锯齿纹，颈部饰水波划纹。口径 20 厘米、残高 4.4 厘米（图六，20）。

标本 T6338⑤：10，泥质灰黄陶，尖圆唇。口径 24 厘米、残高 6.4 厘米（图六，14）。

标本 T6540⑤：24，叠唇。口径 25 厘米、残高 2.8 厘米（图六，13）。

标本 T6440⑤：33，叠唇。口径 20 厘米、残高 11.2 厘米（图六，21）。

宽沿平底尊　4 件。标本 T6441⑤：5，泥质灰白陶，火候较高，卷沿、圆唇、腹部微鼓。口径 30 厘米、残高 4 厘米（图六，6）。

标本 T6441⑤：13，泥质灰白陶，火候较高，折沿圆唇，腹近直。口径 30 厘米、残高 4 厘米（图六，7）。

标本 T6339⑤：30，泥质黑皮陶，平折沿、圆唇、斜直腹。口径 25 厘米、残高 3.6 厘米（图六，15）。

标本 T6540⑤：4，泥质黑皮陶，平折沿、尖圆唇，腹部内弧。口径 26 厘米、残高 4.8 厘米（图六，16）。

宽沿盆　2 件。器形较大，大口、宽折沿。

标本 T6339⑤：18，泥质灰白陶，饰黑衣。平折沿、圆唇，腹部外鼓。口径 44 厘米、残高 4.4 厘米（图六，8）。

标本 T6541⑤：7，泥质灰黄陶，饰黑衣，腹部内弧。口径 36 厘米、残高 2.6 厘米（图六，23）。

筒形器　1 件。标本 T6339⑤：2，泥质灰白陶，敞口、尖圆唇，弧腹，平底。口径 21.6 厘米、底径 16.4 厘米、高 10.4 厘米（图六，22）。

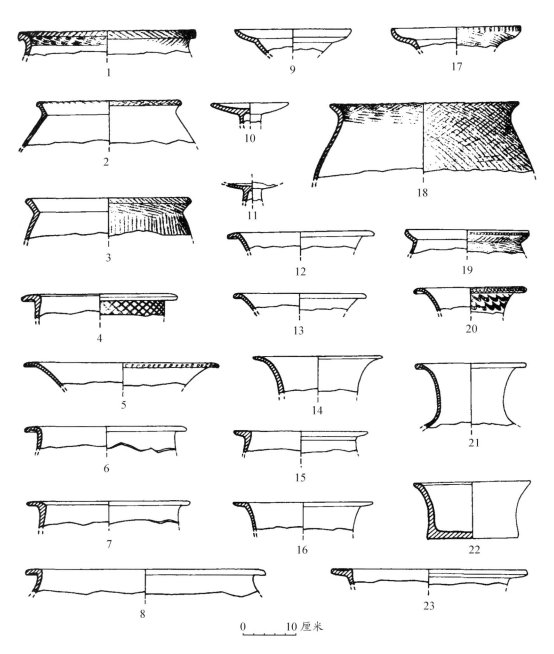

0　　　10 厘米

图六　城址西北部发掘区第 5 层陶器

1、2、3、18. 绳纹花边罐（T6440⑤：2、T6540⑤：25、T6440⑤：43、T6440⑤：50）　4、12. 敞口圈足尊（T6540⑤：31、T6440⑤：31）　5、13、14、20、21. 喇叭口高领罐（T6338⑤：26、T6540⑤：24、T6338⑤：10、T6338⑤：5、T6440⑤：33）　6、7、15、16. 宽沿平底尊（T6441⑤：5、T6441⑤：13、T6339⑤：30、T6540⑤：4）　8、23. 宽沿盆（T6339⑤：18、T6541⑤：7）　9、17. 盘口圈足尊（T6540⑤：36、T6338⑤：4）　10、11. 豆（T6441⑤：2、T6339⑤：6）　19. 盘口罐（T6540⑤：44）　22. 筒形器（T6339⑤：2）

豆　2件。均为泥质黑皮陶。浅盘、高柄。

标本 T6441⑤：2，口径 14 厘米、圈径 4 厘米、残高 3.6 厘米（图六，10）。

标本 T6339⑤：6，圈径 3.2 厘米、残高 3.2 厘米（图六，11）。

三、T11～T33 的调查发掘

由于成都平原特殊的地理环境，土层中卵石较多，用洛阳铲钻探经常遇到卵石钻探不下去的情况；地下水位较高，洛阳铲不易带上土；加之成都平原为潮湿黏土，钻探认识到的情况与实际有时出入很大，有鉴于此，我们主要采取了探沟的方法，按象限法统一布方。每条探沟长 10 米、宽 2.5 米，即发掘两个相邻探方的一半，共计发掘探沟 23 条，编号为 98CDMT11～T33，实际发掘面积约 727 平方米。

1. 地层堆积

现以 T13、T15、T16、T27 为例加以说明。

T13 位于芒城遗址的中南部。现以 T13 西壁剖面为例加以说明（图七）。

第 1 层：耕土层，土色深灰。厚 15～25 厘米。此层下有明清坑。

第 2 层：青黄色黏土，土质较硬，结构较紧密。深 15～25 厘米、厚 5～25 厘米。几乎分布于全探沟。出土有青花瓷片、白瓷片及酱釉瓷片等，为明清堆积。此层下有宋代坑和宋代沟。

第 3 层：褐色沙性土，土质较硬，结构较紧密。深 25～40 厘米、厚 0～30 厘米。几乎分布于全探沟。出土有宝墩文化时期的陶片和石器等，为宝墩文化时期的堆积。此层下有一宝墩文化时期的灰沟。

第 4 层：黑色沙性土，土质较硬，结构较紧密。深 32～45 厘米、厚 5～15 厘米。主要分布于探沟的南半部。出土有宝墩文化时期的陶

片和石器等，为宝墩文化时期的堆积。此层有一宝墩文化时期的房址。

第 5 层：黄褐色黏土，土质较硬，结构较紧密。深 20～55 厘米、厚 0～15 厘米。主要分布于探沟的南半部。出土有宝墩文化时期的陶片和石器等，为宝墩文化时期的堆积。

第 5 层以下为黄色生土。

T15 位于芒城遗址的南部。现以 T15 东壁剖面为例加以说明（图八）。

第 1 层：耕土层，土色深灰，结构疏松。厚 15～20 厘米。

第 2 层：青黄色黏土，土质较硬，结构较紧密。深 15～20 厘米、厚 10～20 厘米。分布于全探沟。出土有青花瓷片、白瓷片及酱釉瓷片等，为明清堆积。

第 3 层：黄灰色黏土，土质较硬，结构较紧密。深 30～35 厘米、厚 10～23 厘米。分布于全探沟。出土有宋代酱釉瓷片及宝墩文化时期的陶片等，为宋代堆积。

第 4 层：可分为三小层。

第 4A 层：灰黄色黏土，土质较硬，结构较紧密。深 40～65 厘米、厚 0～23 厘米。分布于探沟的中北部。

第 4B 层：灰黑色沙性土，土质较硬，结构较疏松，含有大量的碳粒。深 70～80 厘米、厚 0～20 厘米。分布于探沟的中部。

第 4C 层：黄灰色黏土，土质较软，结构较紧密。深 60～95 厘米、厚 0～70 厘米。分布于探沟的中北部。

第 4 层出土有汉代陶片及宝墩文化陶片，为汉代堆积。此层下有宝墩文化时期的灰坑。

第 4 层以下为黄色生土。

T16 位于芒城遗址的东南部。现以 T16 南壁剖面为例加以说明（图九）。

第 1 层：耕土层，土色深灰，结构疏松。厚 15～20 厘米。

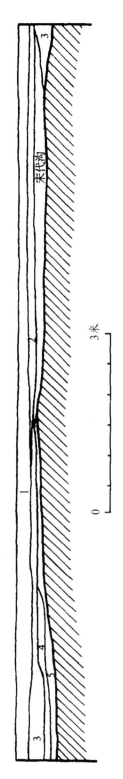

图七 T13 西壁剖面图

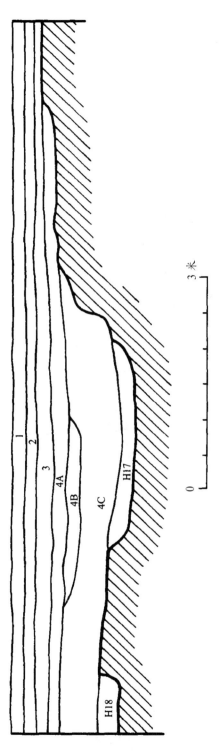

图八 T15 东壁剖面图

第2层：青黄色黏土，土质较硬，结构较紧密。深15～20厘米、厚15～20厘米。分布于全探沟。出土有青花瓷片、白瓷片及酱釉瓷

片等，为明清堆积。

第3层：褐色沙性土，土质较硬，结构较紧密。深35厘米、厚15～20厘米。分布于全

探沟。出土有宝墩文化时期的陶片和石器等，为宝墩文化时期的堆积。此层下有一宝墩文化时期的灰坑。

第4层：黑色沙性土，土质较硬，结构较紧密。深50~55厘米、厚0~18厘米。主要分布于探沟的东部。出土有宝墩文化时期的陶片

和石器等，为宝墩文化时期的堆积。

第5层：黄褐色黏土，土质较硬，结构较紧密。深50~75厘米、厚10~45厘米。几乎分布于全探沟。出土有宝墩文化时期的陶片等，一为宝墩文化时期的堆积。

第5层以下为黄色生土。

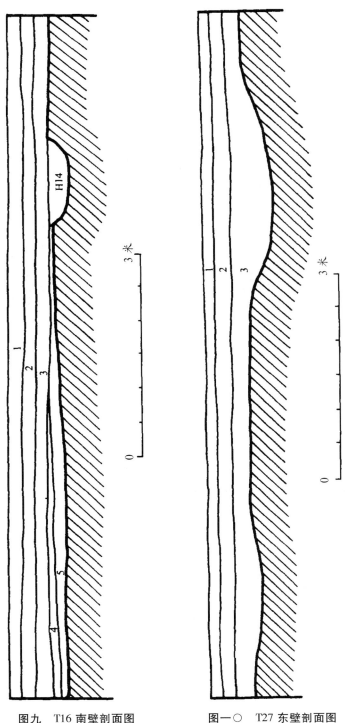

图九　T16 南壁剖面图　　　图一○　T27 东壁剖面图

T27 位于芒城遗址的北部。现以 T27 东壁剖面为例加以说明（图一○）。

第 1 层：耕土层，土色深灰，结构疏松。厚 15 ~ 20 厘米。

第 2 层：青黄色黏土，土质较硬，结构较紧密。深 15 ~ 20 厘米、厚 15 ~ 25 厘米。分布于全探沟。出土有青花瓷片、白瓷片及酱釉瓷片等，为明清堆积。

第 3 层：褐色沙性土，土质较硬，结构较紧密。深 32 ~ 40 厘米、厚 25 ~ 63 厘米。分布于全探沟。出土有宝墩文化时期的陶片和石器等，为宝墩文化时期的堆积。此层下有一宝墩文化时期的灰沟。

第 3 层以下为黄色生土。

通过 23 条探沟的发掘，使我们对整个遗址的堆积情况有了一个初步的认识，芒城遗址的地层可以统一划分为 7 个大的地层。

第 1 层：现代农耕土层。

第 2 层：青黄色黏土，为明清堆积。

第 3 层：黄灰色黏土，为宋代堆积。

第 4 层：有的区域可分为几个小层，但主要是深灰色土和灰黄黏土，为汉代堆积。

第 5 层：褐色和暗褐色沙性土，为宝墩文化时期的堆积。

第 6 层：黑色或黑褐色沙性土，为宝墩文化时期的堆积。

第 7 层：黄褐色黏土，为宝墩文化时期的堆积。

第 7 层以下为黄色生土。

遗址的西部和西北部的堆积最厚，地层也最为丰富，基本上涵盖了我们所发现的芒城遗址的各个地层；其他区域的堆积情况较差。由晚及早，明清层在遗址内均有分布；宋代层除北部、中部没有发现以外，其他区域都有存在；汉代层是该遗址中保存最差的地层，仅在遗址的西部和南部有分布；宝墩文化时期的堆积第 5 层分布较为广泛，第 6 层和第 7 层基本上分布在遗址的西部、中南部和东南部。

2. 遗迹

共发现宝墩文化时期的灰坑 25 个、灰沟 9 条、房址 1 座。

灰坑 25 个，编号为 98CDMH14 ~ H24、H26 ~ H39，其中有 H19 ~ H235 个灰坑没有清理。按平面形状可分为椭圆形、圆形、长方形、不规则形等，其中椭圆形灰坑 13 个、圆形灰坑 3 个、长方形灰坑 1 个、不规则形灰坑 8 个。

H14，椭圆形，位于 T16 的南部，部分伸出探方的南壁之外，未扩方。开口于第 3 层下，打破第 5 层。坑口距地表 55 厘米。平面大致呈椭圆形，弧壁、圆底。坑口暴露的长度东西长约 130 厘米、南北宽约 50 厘米、深约 20 厘米。坑内填土为黑色沙性土，土质较硬，结构较松散，夹杂有灰烬、炭屑和红烧土颗粒。出土有少量陶片（见表二），有夹砂灰黑陶、褐陶、红陶和泥质灰白陶等，纹饰有绳纹、划纹等（图一一）。

表二　H14 陶片统计表

陶片数量	夹砂陶（%）					泥质陶（%）				
	比例	灰陶	褐陶	外褐内灰陶	红陶	比例	灰白陶	灰黄陶	黑皮陶	红陶
	35	27	8			65	14	44		7
584	纹饰（%）									
	素面	绳纹	划纹	戳印纹	弦纹	黑衣	镂孔			
	89.4	3.8	6.8							

绳纹花边罐　1 件。标本 H14：6，夹砂灰陶，折沿、鼓腹。唇部压印绳纹，沿内壁的上部饰成组的短绳纹，器身饰交错绳纹。口径 27 厘米、残高 6 厘米（图一二，3）。

折沿直腹罐　1 件。标本 H14：15，夹砂灰陶，折沿、直腹，器身饰绳纹。口径 26 厘米、残高 3.6 厘米（图一二，1）。

折沿鼓腹罐　1 件。标本 H14：21，夹砂褐陶，折沿、鼓腹，器身饰绳纹。口径 30 厘米、残高 6.8 厘米（图一二，2）。

喇叭口高领罐　3 件。均为泥质灰白陶，喇叭形口。

标本 H14：3，尖圆唇。口径 29 厘米、残高 5.4 厘米（图一二，4）。

标本 H14：5，陶器的火候较高，卷沿、尖圆唇。口径 20 厘米、残高 5 厘米（图一二，5）。

标本 H14：19，陶器的火候较低，尖圆唇。口径 23 厘米、残高 6.8 厘米（图一二，6）。

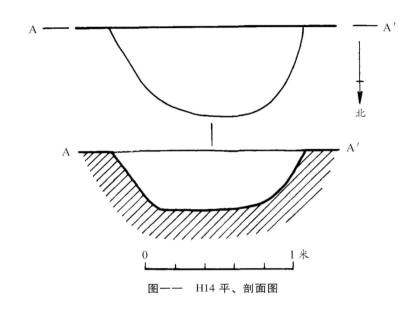

图—— H14 平、剖面图

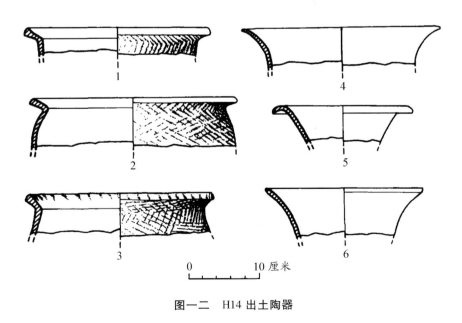

图一二　H14 出土陶器

1. 折沿直腹罐（H14：15）　2. 折沿鼓腹罐（H14：21）　3. 绳纹花边罐（H14：6）　4、5、6. 喇叭口高领罐（H14：3、H14：5、H14：19）

H17，椭圆形，位于 T15 的东北部，部分伸出探方的东壁之外，未扩方。开口于第 4C 层下，打破生土层。坑口距地表 150 厘米。平面大致呈椭圆形、弧壁、圆底。坑口暴露的长度南北长约 290 厘米、东西宽约 120 厘米、深20～25 厘米。坑内填土为黑褐色沙性土，土质较软，结构较松散。出土有一定数量的陶片（见表三），有夹砂灰黑陶、褐陶、红陶和泥质灰白陶等，纹饰有绳纹、划纹等。

表三　H17 陶片统计表

陶片数量	夹砂陶（%）				泥质陶（%）			
	比例	灰陶	褐陶	外褐内灰陶	红陶比例	灰白陶	灰黄陶	黑皮陶	红陶
435	26	3	18	5		74	15	52	6
	纹　饰（%）							
	素面	绳纹	划纹	戳印纹	弦纹	黑衣	镂孔
	95.8	1.4	2.8				

绳纹花边罐　2 件。唇部压印绳纹。

标本 H17：20，夹砂灰陶、折沿、斜直腹。残高 4 厘米（图一三，5）。

标本 H17：1，夹砂外褐内灰陶，宽折沿、鼓腹，沿外壁和器身饰绳纹。残高 7.6 厘米（图一三，6）。

喇叭口高领罐　1 件。标本 H17：2，泥质灰白陶，火候较低，喇叭形口、叠唇。口径 30 厘米、残高 6.4 厘米（图一三，3）。

宽沿平底尊　2 件。标本 H17：6，泥质灰白陶，宽平折沿、尖圆唇、直腹，有黑衣。口径 27 厘米、残高 3.2 厘米（图一三，4）。

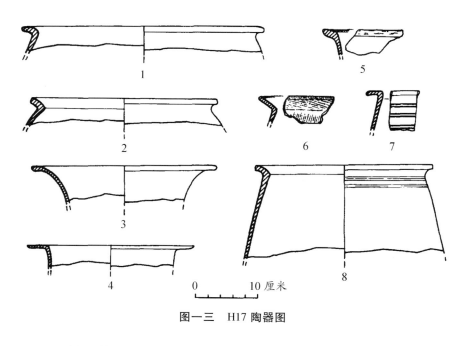

图一三　H17 陶器图

1、2、8. 泥质折沿鼓腹罐（H17：8、H17：7、H17：14）　3. 喇叭口高领罐（H17：2）

4、7. 宽沿平底尊（H17：6、H17：4）　5、6. 绳纹花边罐（H17：20、H17：1）

标本 H17：4，泥质灰白陶，火候较低，宽平折沿、斜直腹，器身饰三组弦纹。残高 7.6 厘米（图一三，7）。

泥质折沿鼓腹罐　3 件。斜折沿或卷沿、鼓腹。

标本 H17：8，泥质灰黄陶，卷沿、圆唇。口径 38 厘米、残高 3 厘米（图一三，1）。

标本：H17：7，泥质灰黄陶，斜折沿、方唇。口径 30 厘米、残高 4 厘米（图一三，2）。

标本 H17：14，泥质灰黄陶，斜折沿、方唇。口径 28 厘米、残高 17 厘米（图一三，8）。

H34，圆形，位于 T30 的北部。开口于第 5 层下，打破生土层。坑口距地表 75 厘米。平面大致呈圆形、直壁、平底。坑口东西长约 66 厘米、南北宽约 56 厘米、深约 28 厘米。坑内填土为黑色沙性土，土质较硬，结构较松散，夹杂有大量的草木灰。出土有少量的陶片，有夹砂灰黑陶、褐陶、红陶和泥质灰白陶等，纹饰有绳纹、划纹和戳印纹等。

H32，长方形，位于 T26 的西北部，部分伸出探方的西壁之外，未扩方。开口于第 3 层下，打破生土层。坑口距地表 45～50 厘米。平面大致呈长方形、弧壁、圆底。坑口暴露的长度东西长约 170 厘米、南北宽 85～115 厘米、深 18～22 厘米。坑内填土为黑色沙性土，土质较软，结构较松散，夹杂有少量的灰烬。出土有少量的陶片和石器，有夹砂灰黑陶、褐陶、红陶和泥质灰白陶等，纹饰有绳纹、划纹和戳印纹等。

H15，不规则形，位于 T11 的西北角，部分伸出探方的西壁和北壁之外，未扩方。开口于第 3 层下，打破生土层。坑口距地表 40 厘米。平面呈不规则形，南壁为弧壁，东壁为直壁，斜底。坑口暴露的长度东西长约 185 厘米、南北宽约 100 厘米、深 40～78 厘米。坑内填土为褐色土，结构较紧密，夹杂有卵石、灰烬和

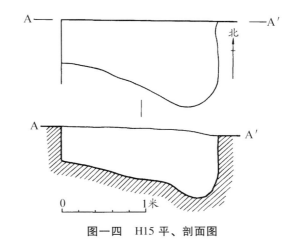

图一四　H15 平、剖面图

红烧土颗粒。出土有少量陶片，有夹砂灰黑陶、褐陶、红陶和泥质灰白陶等，纹饰有绳纹、划纹和戳印纹等。在坑底发现有厚约 15 厘米的灰白色陶土（图一四）。

H35，不规则形，位于 T32 的中部。开口于第 4 层下，打破第 5 层。坑口距地表 60 厘米。平面呈不规则形、弧壁、平底。坑口南北长约 210 厘米、东西宽 45～90 厘米、深约 25 厘米。坑内填土为浅褐色土，土质较软，结构较松散，夹杂有卵石、灰烬和红烧土颗粒。出土有一定数量的陶片（见表四），有夹砂灰黑陶、褐陶、红陶和泥质灰白陶等，纹饰有绳纹、划纹和戳印纹等（图一五）。

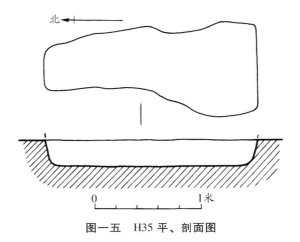

图一五　H35 平、剖面图

绳纹花边罐　1 件。标本 H35：5，夹砂灰陶，折沿、圆方唇、鼓腹，唇部压印绳纹，器

身饰绳纹。残高5厘米（图一六，1）。

盘口罐 1件。标本H35：7，夹砂外褐内灰

陶，盘形口、尖圆唇、鼓腹，器身饰平行划纹。口径14厘米、残高5.2厘米（图一六，5）。

表四 H35陶片统计表

陶片数量	夹砂陶（%）					泥质陶（%）				
	比例	灰陶	褐陶	外褐内灰陶	红陶	比例	灰白陶	灰黄陶	黑皮陶	红陶
280	40	13	20	4	3	60	9	42	9	
	纹 饰（%）									
	素面	绳纹		划纹	戳印纹		弦纹	黑衣		镂孔
	93.5	0.4		5.7	0.4					

喇叭口高领罐 1件。标本H35：3，泥质灰白陶，喇叭形口、圆唇。口径22厘米、残高4厘米（图一六，3）。

宽沿平底尊 1件。标本H35：2，泥质灰白陶，卷沿、尖圆唇、垂腹，有黑衣。口径33

厘米、残高6.4厘米（图一六，4）。

泥质卷沿罐 1件。标本H35：4，泥质灰白陶，卷沿、尖圆唇、腹部外斜。残高4.5厘米（图一六，2）。

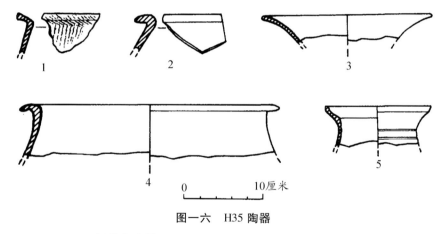

0   10厘米

图一六 H35陶器

1. 绳纹花边罐（H35：5） 2. 泥质卷沿罐（H35：4）
3. 喇叭口高领罐（H35：3） 4. 宽沿平底尊（H35：2） 5. 盘口罐（H35：7）

灰沟9条，编号为98CDMG5～G13。平面形状均为长条形。

G5 位于T13的西北部。开口于第3层下，打破生土层。坑口距地表40～45厘米。G5南北向，平面呈长条形、直壁、平底。坑口南北长470厘米、东西宽36厘米、深40厘米。坑内填土为暗褐色土，土质较硬，结构较紧密。出土有少量陶片，有夹砂褐陶和泥质灰白陶等

（图一七）。

G11 位于T31的南部，灰沟向东西两面延伸。开口于第3层下，打破第4层。坑口距地表45厘米。G11东西向，平面呈长条形、弧壁、圆底。坑口暴露的东西长度为250厘米、沟口宽120～130厘米、底宽110厘米、深30厘米。坑内堆积可分为两层：第一层为褐色土，土质较硬，结构较紧密，夹杂少量灰烬；第二

层为暗褐色土，土质较软，结构较松散，夹杂有大量灰烬和少量红烧土颗粒及卵石。出土有少量陶片和石器，有夹砂褐陶和泥质灰白陶等。

G13 位于 T29 西扩方的西北部，灰沟向南北两面延伸。开口于第 4 层下，打破第 5 层。坑口距地表 45 厘米。G13 东北—西南向，平面呈长条形，斜壁、平底。坑口暴露的南北长度为 550 厘米、沟口宽 60 厘米、底宽 35 厘米、深 20 厘米。坑内堆积为褐色土，土质较硬，结构较紧密。出土有少量陶片和石器，有夹砂褐陶和泥质灰白陶等（图一八）。

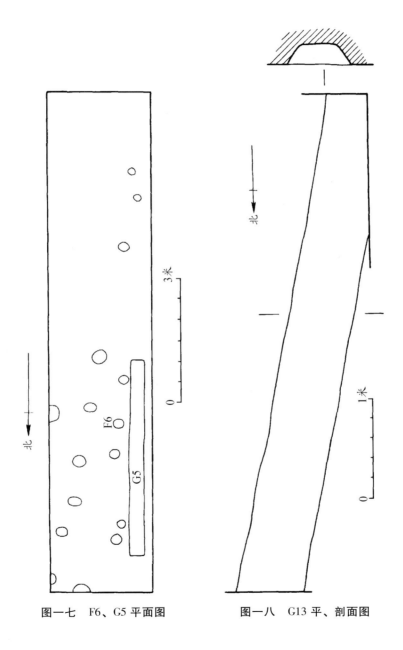

图一七　F6、G5 平面图　　　　　图一八　G13 平、剖面图

房址 1 座，编号为 98CDMF6。位于 T13 内，大部分伸出探沟外，未扩方。开口于第 4

层下，打破第 5 层。坑口距地表约 45 厘米。F6 仅发现了 16 个柱洞，其中 15 个柱洞在南北方

向上呈双排排列。柱洞直径为 20~40 厘米，深 23~35 厘米。但其整个房屋的形状还不清楚。柱洞内的填土为暗褐色土，土质较软。出土有少量的陶片，有夹砂褐陶和泥质灰白陶等（图一七）。

3．遗物

我们把统第 7、6、5 层所出土陶片的陶质、陶色、纹饰的状况列成表五、表六。

表五　统第 7、6、5 层陶片陶质、陶色统计表

统一地层	地层单位	陶片数量	夹砂陶（%）					泥质陶（%）				
			比例	灰陶	褐陶	外褐内灰陶	红陶	比例	灰白陶	灰黄陶	黑皮陶	红陶
⑦	T16⑤	535	57	7	44	6		43	5	34	4	
	T13⑤	125	67		54	13		33	10	23		
	合计	660	59	5	46	7	1	41	6	31	3	1
⑥	T16④	729	39	14	15	7	3	61	22	38		1
	T13④	351	59		43	15	1	41	10	31		
	T19④	465	47	7	25	6	9	53	8	40	2	3
	合计	1 545	46	8	24	9	5	54	15	37	1	1
⑤	T16③	902	49	6	40	3		51	10	38		3
	T13③	104	64		41		23	36	5	31		
	T19③	690	44	4	26	13	1	56	6	49		1
	T27③	604	47	7	25	12	3	53	12	38	3	
	T29⑤	388	46	11	28	6	1	54	10	41	3	
	合计	2 688	47	6	31	8	2	53	10	41	1	1

统第 7 层（黄褐土层）出土的陶器以 T16 第 5 层和 T21 第 4 层为代表。

表六　统第 7、6、5 层陶片纹饰统计表

统一地层	地层单位	比例（%）	绳纹（%）	划纹（%）	戳印纹（%）	凹弦纹（%）	其他（%）
⑦	T16⑤	11.4	6.9	2.6			1.9
	T13⑤	14.4	14.4				
	合计（%）	12	8.3	2.1			1.6
⑥	T16④	2.9	2.1	0.8			
	T13④	8.8	6.3	2.5			
	T19④	11.2	3.4	6.2	0.3	0.3	1
	合计（%）	6.8	3.4	2.8	0.1	0.1	0.4
⑤	T16③	2.8	2	0.8			
	T13③	7.7	2.9		1	2.8	1
	T19③	3.2	2	1.7	0.3		0.2
	T27③	2.5	0.7	0.5	0.2		0.1
	T29⑤	1	0.5	0.5			
	合计（%）	2.8	1.7	0.7	0.1	0.2	0.1

敞口圈足尊　1 件。标本 T16⑤：22，夹砂外褐内灰陶，平折沿、圆唇、腹部内弧。残高 3 厘米（图一九，3）。

喇叭口高领罐 2 件。喇叭形口。

标本 T16⑤：19，泥质灰白陶，胎心为青色，叠唇。口径 35 厘米、残高 3.6 厘米（图一九，1）。

标本 T16⑤：24，泥质灰黄色，饰灰白色陶衣，叠唇。残高 4 厘米（图一九，2）。

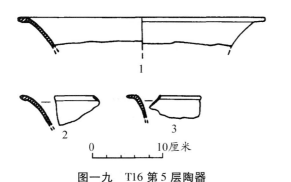

图一九　T16 第 5 层陶器

1、2. 喇叭口高领罐（T16⑤：19、T16⑤：24）

3. 敞口圈足尊（T16⑤：22）

绳纹花边罐　1 件。标本 T21④：10，夹砂外褐内灰陶，折沿、方唇、鼓腹，唇部压印绳纹。残高 5.8 厘米（图二〇，5）。

绳纹盆形器　1 件。标本 T21④：16，夹砂灰陶，平折沿、沿面微凹、内弧腹，唇部压印绳纹，器身饰绳纹。残高 3.6 厘米（图二〇，6）。

盘口罐　1 件。标本 T21④：13，夹砂外褐内灰陶，盘形口、下垂腹。口径 13 厘米、残高 6 厘米（图二〇，3）。

喇叭口高领罐　1 件。标本 T21④：9，泥质灰白陶，卷沿、圆唇。口径 28 厘米、残高 4 厘米（图二〇，1）。

宽沿平底尊　2 件。泥质灰白陶，宽沿平折、直腹或微鼓腹。

标本 T21④：3 直腹。口径 28 厘米、残高 2.8 厘米（图二〇，2）。

标本 T21④：8，微鼓腹。残高 5.5 厘米（图二〇，4）。

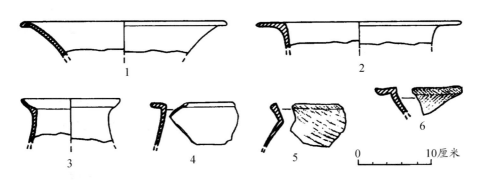

图二〇　T21 第 4 层陶器

1. 喇叭口高领罐（T21④：9）　　2、4. 宽沿平底尊（T21④：3、T21④：8）　　3. 盘口罐（T21④：13）　　5. 绳纹花边罐（T21④：10）　　6. 绳纹盆（T21④：16）

统第 6 层（黑色或黑褐色土层）出土的陶器以 T19 第 4 层为代表。

绳纹花边罐　1 件。标本 T19④：10，夹砂外褐内灰陶，斜折沿、圆唇、直腹。口径 45 厘米、残高 3.6 厘米（图二一，7）。

盘口圈足尊　2 件。夹砂外褐内灰陶，盘形口、内弧腹。

标本 T19④：14，圆唇。残高 3.6 厘米（图二一，3）。

标本 T19④：30，尖圆唇。残高 3.5 厘米（图二一，6）。

喇叭口夹砂罐　1 件。标本 T19④：11，夹砂褐陶，喇叭形口、圆唇，器形与泥质陶中的喇叭口高领罐相似。口径 18 厘米、残高 4.8 厘米（图二一，1）。

宽沿平底尊　2件。宽平折沿、圆唇、直腹。

标本T19④：13，泥质黑皮陶。口径27厘米、残高3.2厘米（图二一，4）。

标本T19④：6，泥质灰白陶。残高3.5厘米（图二一，5）。

壶　1件。标本T19④：22，泥质灰黄陶，喇叭形小口、尖圆唇。口径15厘米、残高6厘米（图二一，2）。

统第5层（褐色和暗褐色土层）出土的陶器以T32第6层为代表。

绳纹花边罐　1件。标本T32⑥：8，夹砂灰陶，折沿、方唇、鼓腹，唇部压印绳纹，颈部饰绳纹。残高2.6厘米（图二二，4）。

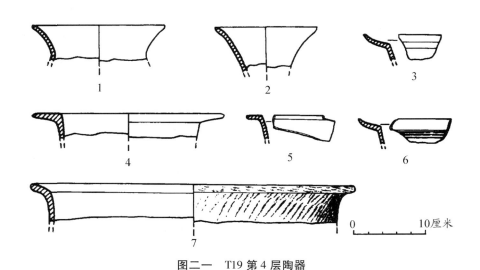

图二一　T19第4层陶器

1. 喇叭口夹砂罐（T19④：22）　2. 壶（T19④：22）　3、6. 盘口圈足尊（T19④：14、T19④：30）　4、5. 宽沿平底尊（T19④：13、T19④：6）　7. 绳纹花边罐（T19④：10）

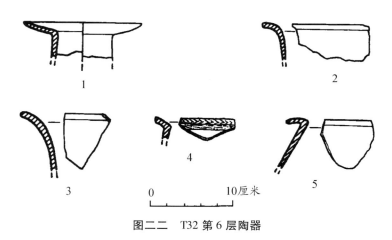

图二二　T32第6层陶器

1. 宽沿器（T32⑥：2）　2. 敞口圈足尊（T32⑥：6）　3. 喇叭口高领罐（T32⑥：9）　4. 绳纹花边罐（T32⑥：8）　5. 宽沿盆（T32⑥：4）

敞口圈足尊　1件。标本 T32⑥：6，夹砂灰陶，卷沿、圆唇，腹近直。残高 4.3 厘米（图二二，2）。

喇叭口高领罐　1件。标本 T32⑥：9，泥质灰白陶，喇叭形口、圆唇。残高 6.7 厘米（图二二，3）。

宽沿盆　1件。标本 T32⑥：4，泥质灰黄陶，宽折沿、圆唇，外斜直腹。残高 6 厘米（图二二，5）。

宽沿器　1件。标本 T32⑥：2，泥质灰白陶，宽折沿、直颈。口径 14 厘米、残高 4.4 厘米（图二二，1）。

四、T9 的调查发掘

为了弄清城墙的构筑方法、内外城墙和壕沟的年代及其相互关系，我们在保存较好的北城墙的西段开了一条垂直于城墙的探沟，方向为北偏东 10 度。探沟南北长 61 米、东西宽 3 米，发掘面积为 183 平方米。

1. 地层堆积情况

T9 的地层关系图

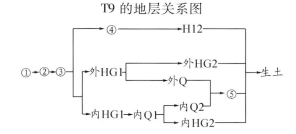

现以 T9 的西壁剖面为例加以说明（图二三）。

第 1 层：现代耕土层，土色深灰，结构疏松。厚 0 ~ 95 厘米。

第 2 层：青黄色黏土，土质较软，结构疏松。深 10 ~ 60 厘米、厚 0 ~ 125 厘米。分布于探沟南部的农田内、内外城墙的南北两侧。出土有青花瓷片、白瓷片及酱釉瓷片等，为明清堆积。

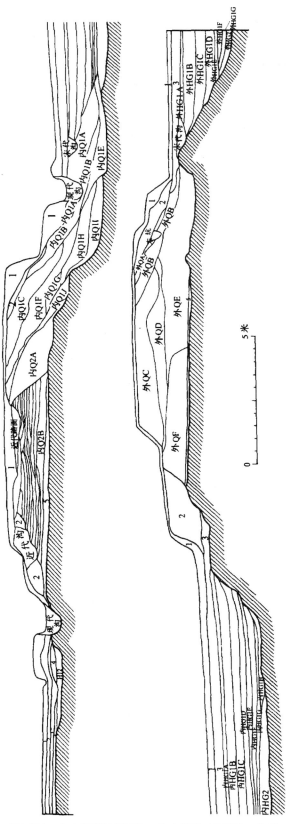

图二三　北内城墙剖面图、北内壕沟剖面图，北外城墙剖面图、北外壕沟剖面图

第3层：黄灰色黏土，夹杂有大量的卵石，土质较硬，结构较紧密。深20～125厘米、厚0～40厘米。分布于探沟的南部、中部和北部的农田内。出土有宋代酱釉瓷片及宝墩文化时期的夹砂陶片、泥质陶片等，为宋代堆积。

第4层：黑褐色沙性土，土质较硬，结构较紧密。深40～65厘米、厚0～20厘米。分布于探沟南部农田内。出土有宝墩文化时期的陶片和石器等，为宝墩文化时期的堆积。

第5层：黄褐色黏土，土质较硬，结构较紧密。深30～200厘米、厚0～25厘米。分布于探沟的内外城墙下。出土有宝墩文化时期的陶片等，为宝墩文化时期的堆积。

第5层以下为黄色生土。

2. 遗迹

T9内发现的遗迹有灰坑、城墙和壕沟。

灰坑1个，编号为98CDMH12。位于T9南部的农田内，部分伸出探方的西壁之外，未扩方。开口于第4层下，打破生土层。坑口距地表34～54厘米。平面大致呈椭圆形、弧壁、平底。坑口暴露的南北长度340厘米、东西宽120～150厘米、深15～28厘米（图二四）。坑

内填土为黑褐色沙性土，土质较硬，结构紧密，夹杂有灰烬。出土有少量陶片，有夹砂灰黑陶、褐陶、红陶和泥质灰白陶等，纹饰有绳纹、划纹和戳印纹等。

内城墙可分为两个时期的墙体：内Q1和内Q2层位关系为：

$$③ \rightarrow 内HG1 \rightarrow 内Q1 \begin{bmatrix} \rightarrow 内Q2 \rightarrow ⑤ \\ \rightarrow 内HG2 \end{bmatrix} \rightarrow 生土$$

内Q1顶宽7.7～10米、底宽19米、高1～2米，相对高度达3.8米。可分为10小层。

内Q1A：浅黄褐色沙夹石。卵石普遍较小，直径3～5厘米，个别较大者，直径约15厘米。该层长550～780厘米、厚0～70厘米。分布在内城墙的北坡。出土有极少量的宝墩文化陶片。

内Q1B：浅黄色沙夹石。卵石普遍较小，直径3～5厘米。该层长300～680厘米、厚0～55厘米。分布在内城墙的北坡。出土有极少量的宝墩文化陶片。

内Q1C：红褐色土，夹杂有大量的小红烧土颗粒，土质较硬，结构紧密。该层长约540厘米、厚0～60厘米。分布在内城墙北坡的西部。出土有大量的宝墩文化陶片。

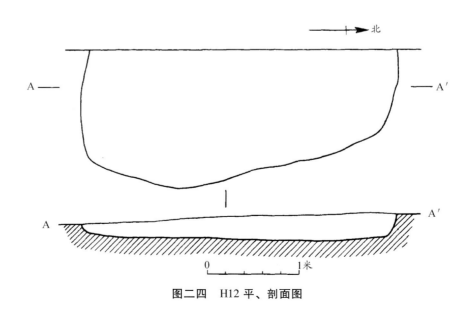

图二四　H12平、剖面图

内 Q1D：棕红色沙夹石。卵石普遍较小，直径 3~5 厘米。该层长约 415 厘米、厚 0~60 厘米。分布在内城墙北坡的东部。出土有极少量的宝墩文化陶片。

内 Q1E：浅褐色沙夹石。卵石普遍较小，直径 3~5 厘米，个别较大者，直径约 20 厘米。该层长 400~840 厘米、厚 0~115 厘米。分布在内城墙的北坡。出土有极少量的宝墩文化陶片。

内 Q1F：黑褐色沙性土，土质较硬，结构紧密。该层长约 700 厘米、厚 0~60 厘米。分布在内城墙北坡的西部。出土有较多的宝墩文化陶片。

内 Q1G：黄褐色沙夹石，结构较紧密。卵石普遍较小，直径 3~5 厘米。该层长约 180 厘米、厚 0~30 厘米。分布在内城墙北坡的西部。出土有少量的宝墩文化陶片。

内 Q1H：黑褐色沙性土，土质较硬，结构紧密。该层长约 410 厘米、厚 0~55 厘米。分布在内城墙北坡的西部。出土有一定数量的宝墩文化陶片。

内 Q1I：黑色黏土，土质较软，结构紧密。该层长约 410 厘米、厚 0~45 厘米。分布在内城墙北坡的底部。出土有较多的宝墩文化陶片。

内 Q1J：黄褐色沙夹石，结构紧密。卵石普遍较小，直径 3~5 厘米。该层长 450~575 厘米、厚 0~55 厘米。分布在内城墙的北坡。出土有极少量的宝墩文化陶片。

内 Q2 顶宽 4.5~7 米、底宽 7.5~10 米、高 1~1.45 米。可分为两层。

内 Q2A：黄色黏土，土质较硬，结构紧密。该层长 360~475 厘米、厚 0~120 厘米。分布在内城墙的中北部。出土有极少量的宝墩文化陶片。

内 Q1B：五花土，土质硬，结构紧密。该层长 440~775 厘米、厚 0~135 厘米。分布在内城墙的南部。该层可分很多平行的小夯层，小层厚度一般为 10 厘米，个别厚者达 30 厘米，

似平夯而成；局部地方可见夯具的痕迹，夯具痕迹的边长约 13 厘米，夯窝不清。出土有较多的宝墩文化陶片。

外城墙的层位关系为：

③→外 HGI→外 Q→⑤→生土

外墙顶宽 6 米、底宽 12.5 米、高 2 米。

外 Q 可分为六小层。

外 QA：灰白色沙性土，夹杂有大量的小颗粒卵石，土质较软，结构疏松。该层长 325~345 厘米、厚 0~20 厘米。分布在外墙的北坡。出土有极少量的宝墩文化陶片。

外 QB：黄色沙性土，土质较硬，结构紧密。该层长 535~575 厘米、厚 0~55 厘米。分布在外墙的北坡。出土有极少量的宝墩文化陶片。

外 QC：褐色沙夹石。卵石普遍较小，直径 3~5 厘米，个别较大者，直径 15~20 厘米。该层长 650~700 厘米、厚 0~95 厘米。分布在外墙的中南部。出土有极少量的宝墩文化陶片。

外 QD：黄色黏土，夹杂有少量的小卵石，土质较硬，结构紧密。该层长 220~775 厘米、厚 0~70 厘米。分布在外墙的中部。出土有极少量的宝墩文化陶片。

外 QE：褐色沙夹石。卵石普遍较小，直径 3~5 厘米，个别较大者，直径约 15 厘米。该层长 360~850 厘米、厚 0~105 厘米。分布在外墙的中北部。出土有极少量的宝墩文化陶片。

外 QF：灰褐色黏土，夹杂有大量的小卵石，卵石直径 1~3 厘米。该层长 540~945 厘米、厚 0~90 厘米。分布在外墙的南部。出土有极少量的宝墩文化陶片。

墙体内所出土的陶器有：

绳纹花边罐　2 件。均为夹砂灰黄陶，敞口、圆唇、唇部压印绳纹、颈部亦饰绳纹。

标本 T9 内 Q2B：9，沿外壁饰绳纹，残高 5 厘米（图二五，2）。

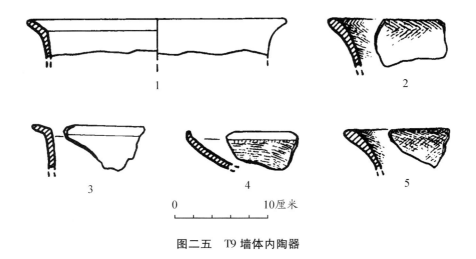

0　　　　　　　10厘米

图二五　T9 墙体内陶器

1. 折沿直腹罐（T9 内 Q2B：24）　　2、5. 绳纹花边罐（T9 内 Q2B：9、T9 内 Q2B：22）　3. 敞口圈足尊（T9 内 Q2B：13）　4. 盘口圈足尊（T9 外 QE：40）

标本 T9 内 Q2B：22，沿外壁饰交错绳纹，残高 4 厘米（图二五，5）。

敞口圈足尊　1 件。标本 T9 内 Q2B：13，夹砂外褐内灰陶，折沿、腹近直。残高 4.8 厘米（图二五，3）。

盘口圈足尊　1 件。标本 T9 外 QE：40，夹砂外褐内灰陶，盘形口、圆唇。残高 4 厘米（图二五，4）。

折沿直腹罐　1 件。标本 T9 内 Q2B：24，夹砂褐陶，胎心为青色，斜折沿、圆唇、直腹。口径 28 厘米、残高 3.6 厘米（图二五，1）。

内壕沟位于内外城墙之间，可分为内 HG1 和内 HG2。其层位关系为：

③ → 内 HG1 → 内 Q1 ┬→ 内 Q2 → ⑤ ┐→ 生土
　　　　　　　　　　　└→ 内 HG2 ────┘

内 HG1 沟口宽约 16 米、底宽约 10 米、深约 2.4 米（其中淤土厚约 1.8 米）。沟底与内外城墙顶间的相对高差约 4 米。

可分为八小层。

内 HG1A：灰黄色黏土，土质软，结构疏松。厚 0～15 厘米。

内 HG1B：灰色沙性土，土质呈粉状，结构疏松。厚 0～35 厘米。

内 HG1C：黄灰色沙性土，土质软，结构疏松。厚 0～35 厘米。

内 HG1D：深灰黄色黏土，土质软，结构疏松。厚 0～25 厘米。

内 HG1E：深灰色沙性土，土质呈粉状，结构疏松。厚 0～20 厘米。

内 HG1F：青灰色黏土，土质软，结构疏松。厚 0～25 厘米。

内 HG1G：深灰色黏土，土质软，结构疏松。厚 0～15 厘米。该层出土有大量的树木、树枝、树叶和草本植物的种子。该层有两个碳测数据，绝对年代分别为距今 2 380 年和 2 190 年，大体相当于战国时期。

内 HG1H：灰黑色黏土，土质软，结构疏松。厚 0～20 厘米。出土有少量的树枝等。

通过与 1999 年西内壕沟 T34、南内壕沟 T35、东内壕沟 T36 内淤积层的对比分析，内 HG1A～C，为宋代淤积层；内 HG1D～H，为战国—汉代时期的淤积层。

内 HG2 沟口宽约 24 米、底宽约 16 米、深约 2.4 米。沟底与内外城墙顶间的相对高差 4.3～4.4 米。

仅有一层淤土。浅红色黏土，土质软，结构疏松。厚 0～40 厘米。为宝墩文化时期的淤积层。

外壕沟位于外城墙的北侧，可分为外 HG1，和外 HG2，分别与内 HG1 和内 HG2 相对应。其层位关系为：

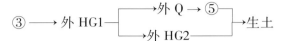

根据钻探的情况，整个外壕沟沟口宽约 17 米、底宽约 9 米、深约 2.5 米（其中淤土厚约 1.8 米）。沟底与外城墙顶间的相对高差约 4 米。

外 HG1 可分为七小层。

外 HG1A：灰黄色黏土，土质软，结构疏松。厚 0～15 厘米。

外 HG1B：灰色沙性土，土质呈粉状，结构疏松。厚 0～50 厘米。

外 HG1C：黄灰色沙性土，土质软，结构疏松。厚 0～40 厘米。

以上三层为宋代淤积层。

外 HG1D：深灰黄色黏土，土质软，结构疏松。厚 0～35 厘米。

外 HG1E：深灰色沙性土，土质呈粉状，结构疏松。厚 0～15 厘米。

外 HG1F：青灰色黏土，土质软，结构疏松。厚 0～20 厘米。

外 HG1G：深灰色黏土，土质软，结构疏松。厚 0～15 厘米。该层出土有大量的树木、

树枝、树叶和草本植物的种子。

以上四层为战国—汉代时期的淤积层。

外 HG1 没有发现内 HG1 内的 H 层，这可能有两方面的原因：一是根本就不存在；二是外壕沟仅发掘了其南部的一小部分，H 层堆积可能分布于外 HG1 的北部。

外 HG2 仅有一层淤土。浅红色黏土，土质软，结构疏松。厚 0～20 厘米。为宝墩文化时期的淤积层。

3. 遗物

第 5 层出土的陶片少而碎，这里仅介绍第 4 层出土的部分陶器。

绳纹花边罐　1 件。标本 T9④：43，夹砂灰陶，折沿、鼓腹、唇部压印绳纹。残高 4.3 厘米（图二六，3）。

折沿直腹罐　1 件。标本 T9④：31，夹砂灰陶，斜折沿微内弧、尖圆唇、直腹。口径 20 厘米、残高 3.6 厘米（图二六，4）。

宽沿平底尊　2 件。卷沿、尖圆唇、下垂腹。

标本 T9④：19，泥质灰白陶，口径 31 厘米、残高 3.6 厘米（图二六，1）。

标本 T9④：4，泥质灰黄陶，口径 26 厘米、残高 6.5 厘米（图二六，2）。

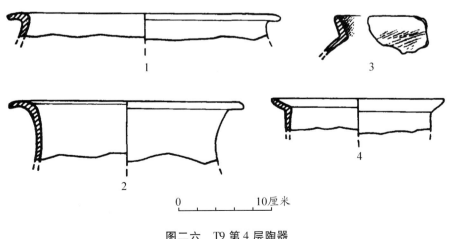

0　　　　　　10厘米

图二六　T9 第 4 层陶器

1、2. 宽沿平底尊（T9④：19、T9④：4）　3. 绳纹花边罐（T9④：43）　4. 折沿直腹罐（T9④：31）

五、城址东南角的调查发掘

为了进一步弄清城墙的时代，通过钻探，发现城址东南角的下部有红烧土堆积，文化堆积也较好，于是选择了该处对城墙进行解剖发掘。共开探沟1条，编号为98CDMT10；探方6个，编号为 98CDMT1461、T1561、T1661、T1460、T1560、T1662，部分探方未全部发掘，实际发掘面积约140平方米（图二）。

1. 地层堆积

该区域的地层关系图

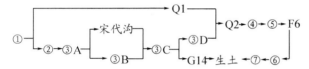

地层堆积情况现以 T1461～T1661 的东壁为例加以说明（图二七）。

第1层：现代耕土层，土色深灰，结构疏松。厚10～30厘米。

第2层：青黄色黏土，土质较硬，结构较紧密。深10～25厘米、厚10～25厘米。分布于该发掘区的北半部。出土有青花瓷片、白瓷片及酱釉瓷片等，为明清堆积。

第3层：可分为四小层。

第3A层：浅灰黄色黏土，夹杂少量的小卵石。土质较硬，结构较紧密。深35～45厘米、厚0～30厘米。分布于该发掘区的北半部。此层下有一宋代沟。

第3B层：黄灰色黏土，夹杂少量小卵石。土质较硬，结构较紧密。深55～60厘米、厚0～25厘米。分布于该发掘区的北部。

第3C层：浅黄色沙性土。土质较硬，结构较紧密。深55～60厘米、厚0～25厘米。分布于该发掘区的北部。此层下有一宋代沟和宝墩文化的灰沟。

第3D层：浅灰黄色黏土。土质较硬，结构

较紧密。深15～55厘米、厚0～45厘米。分布于该发掘区的北部。

第3层出土有宋代陶瓷片和宝墩文化陶片，为宋代堆积。

第4层：暗褐色沙性土，土质较硬，结构较紧密。深55～70厘米、厚0～15厘米。分布于该发掘区的北部。出土有少量的宝墩文化陶片，为宝墩文化时期的堆积。

第5层：红烧土，土质硬，结构较紧密。深65～150厘米、厚0～10厘米。该发掘区内几乎都有分布。出土有少量宝墩文化时期的夹砂陶片、泥质陶片和石器等。为宝墩文化时期的堆积。此层下有宝墩文化时期的房址。

第6层：红褐色沙性土，土质较硬，结构较紧密。深75～290厘米、厚0～15厘米。该发掘内几乎都有分布。出土有少量宝墩文化时期的陶片等。为宝墩文化时期的堆积。该层未全部发掘。

第7层：黄褐色黏土，未发掘。

第7层以下为黄色生土。

2. 遗迹

城墙只解剖了部分，现以 T1461～T1561 的东壁为例加以说明（图二七）。

SQ1A：褐灰色土沙夹石。卵石普遍较小，直径1～3厘米。该层长约200厘米、厚0～83厘米。分布在南内城墙的南部。出有极少量的宝墩文化陶片。

SQ1B：浅黄色沙性土。土质较软，呈粉状。该层长约250厘米、厚0～15厘米。分布在南内城墙的南部。出有极少量的宝墩文化陶片。

SQ1C：浅黄褐色沙性土。土质较软，呈粉状。分布在南内城墙的南部。在该剖面上没有分布。

SQ1D：灰褐色沙夹石。夹杂有灰白色粉状土块。卵石普遍较小，直径1～3厘米。该层长约460厘米、厚0～80厘米。分布在南内城墙

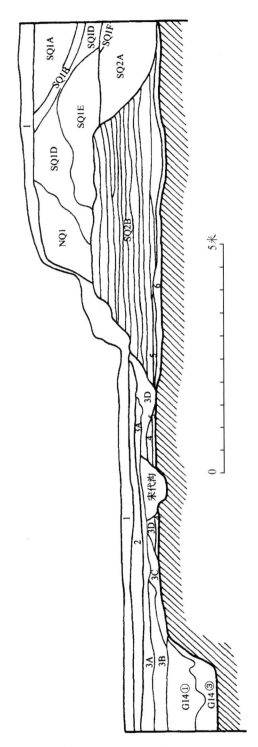

图二七　T1461～T1661 东壁剖面图

的南部。出有极少量的宝墩文化陶片。

SQ1E：灰白色土，夹杂少量的小卵石。土质较软，结构较松散。卵石普遍较小，直径1～3厘米。该层长约330厘米、厚0～95厘米。

分布在南内城墙的南部。出有极少量的宝墩文化陶片。

SQ1F：灰褐色土沙夹石。卵石普遍较小，直径1～3厘米。该层长约60厘米、厚0～15厘米。分布在南内城墙的南部。出有极少量的宝墩文化陶片。

NQ1：黄褐色土。土质较硬，结构紧密。该层长约250厘米、厚0～105厘米。分布在南内城墙的北部。出有极少量的宝墩文化陶片。

SQ2A：灰黄色沙性土。土质较硬，结构较紧密。该层长约225厘米、厚0～120厘米。分布在南内城墙的南部。出有极少量的宝墩文化陶片。

SQ2B：五花土。土质硬，结构紧密。该层长约250厘米、厚0～105厘米。分布在南内城墙的北部。该层可分很多平行的小夯层，小层厚度一般为1厘米，个别厚者达25厘米，似乎夯而成。出有少量的宝墩文化陶片。

灰沟1条，编号为98CDMG14。位于T1662、T1661和T10的北部，在发掘区外向东西两面延伸，未扩方。开口于第3C层下，打破生土层。坑口距地表70～80厘米。平面呈长条形、弧壁、圆底。坑口暴露的东西长度约1 210厘米、南北宽160～315厘米、深约70厘米。坑内填土分为三层：第一层为浅黄色沙性土。土质较软，结构较松散。厚30～70厘米。整个灰沟均有分布。出土有宋代砖块、陶瓷片和宝墩文化陶片，为宋代堆积。第二层为浅黄褐色土，含有大量的草木灰和炭粒。厚0～25厘米。分布于灰沟的西部。出土有少量的宝墩文化陶片，为宝墩文化时期的堆积。第三层为黄褐色沙性土，土质较硬，结构较紧密。厚0～62厘米，分布于灰沟的西部。出土有少量陶片，为宝墩文化时期的堆积。G14与内城墙相距约4米，并且这条大灰沟一直向西延伸到与T10相距约60米的T15内，距内城墙4～5米，因此我们推测G14很可能是一条与南内城墙平行的，因修筑城墙而取土形成的大灰沟。果真如此，

G14 的形成年代当与内城墙的修筑年代相一致，G14 的形成年代为遗址的早期末。

绳纹花边罐　1 件。标本 G14③：1，夹砂褐陶，折沿、圆唇、腹近直，唇部压印绳纹。残高 5.5 厘米（图二八，2）。

宽沿平底尊　1 件。标本 G14③：3，泥质灰白陶，饰黑衣，宽折沿、圆唇，内斜腹。口径 25 厘米、残高 4 厘米（图二八，1）。

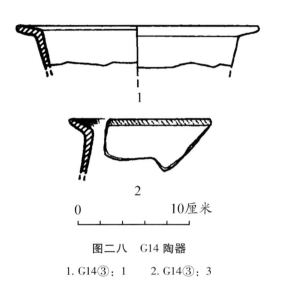

图二八　G14 陶器
1. G14③：1　　2. G14③：3

房址 1 座，编号为 98CDMF5。位于 T1461～T1661、T1460、T1560 和 T10 内，房址的西南角，由于上部被现代墓葬所压，未清理。开口于第 5 层下，打破 6 层。F5 平面呈长方形，系双间套房，南北宽 8.8 米、东西进深 5.6 米、总面积约 50 平方米；北边的一间（即外间）较大，宽 5 米；南边的一间（即内间）较小，宽 3.8 米。门向西，开在外间西墙的中部，方向为 290 度，门道宽 0.83 米；内外间有门道相通，开在隔墙的东部，门道宽 0.8 米。外间内普遍有一层垫土，厚 5～20 厘米，尤其是外间的东北部垫土较厚，明显高于 F5 内的其他地方，其上有一 60 厘米×50 厘米的灶址。内间没有发现垫土。F5 的修建方法是先挖基槽，基槽宽 16～23 厘米，基槽内埋设有密集的圆竹，竹子的直径 3～5 厘米。没有发现柱洞（图二九）。此外，

整个房址的上面覆盖有一层厚约 10 厘米的红烧土，即第 5 层，为墙体倒塌所形成，据此我们推测这些竹子当经过编扎，其外再涂抹一层泥；然后再用火烘烤，成为红烧土墙体，即竹骨泥墙。顶部可能是两面坡式的屋顶。关于该房址的时代，根据其上下地层关系和垫土中的遗物分析，F5 是早于城墙的，当建于遗址的早期，废弃于遗址的早期末。

六、环境考古学研究

对发掘区的各个层位采集土样和植物标本的工作主要由日方的过本崇夫和马场健司负责。

（1）采集了 T9 内 Q2B 各小夯层的土样，内 Q2B 内包含有竹子的碳化物。

（2）采集了 T9 内壕沟各堆积层次的土样及植物标本。

通过对内 HG1G 采集的标本进行分析表明，该层次内的硅藻包含有少量的植物硅酸体，这可能是因洪水快速冲积而形成的。

内 HG1G 内包含有丰富的孢粉、树木、树叶、种子等，植物有柳树属、接骨木属等。

通过对内 HG1G 所采集的两个树枝标本进行 ^{14}C 的测定，一个标本的绝对年代为距今 2 190 年，另一个标本的绝对年代为距今 2 380 年，考虑到误差，这两个标本的测定年代大体在战国至西汉时期。

通过与 1999 年西内壕沟 T34、南内壕沟 T35、东内壕沟 T36 内淤积层的对比分析，HG1A～C 为宋代淤积层；HG1D～H 为战国—汉代淤积层；HG2 为宝墩文化时期淤积层。

（3）采集了 T5941 内 H13 的土样，对土样的测试表明该灰坑内有水稻硅酸体的存在。H13 为宝墩文化时期的灰坑，据此推测，成都平原在龙山时代可能已有稻作农业，这对研究宝墩文化时期的农业无疑是一重大发现。

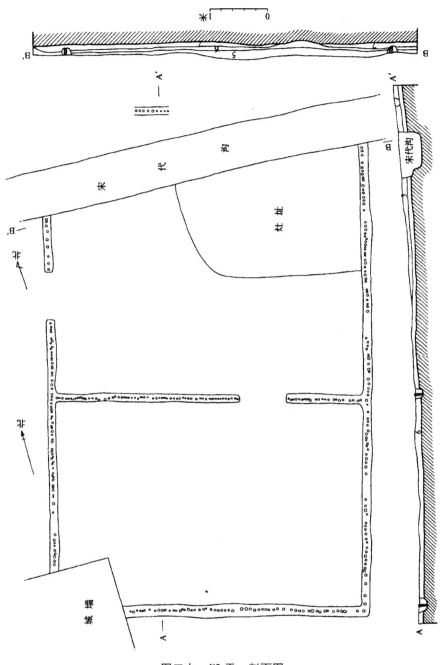

图二九　F5 平、剖面图

七、遗址出土的工具

芒城遗址各地层所出土的石质和陶质工具早晚没有明显的变化，包括整个宝墩文化早晚

的变化亦不显著，所以我们把芒城遗址所出土的石器集中在这里介绍。该遗址出土的石器较多，有斧、锛、凿、钺、镞、刀和石料等，还出土了较多的陶纺轮。石器基本上通体磨光，有的制作还特别精细，如三角形石斧、有凹槽

的石锛和圭形石凿等。

1. 石器

石斧　27 件。能够分类的有 24 件，可分为四型。

A 型：11 件。平面为梯形，横断面呈弧边长方形，顶部略小于刃部、刃部较窄。以器身的厚薄又可分为厚重型和轻薄型两类。

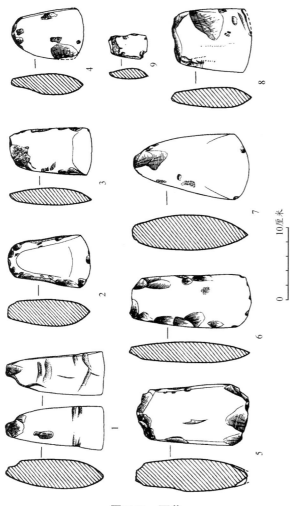

图三〇　石斧

1、2. Aa 型（T11③：13、T1561⑤：2）　3、4、8. Ab 型（T26③：1、T11③：5、T11③：12）　5. Ba 型（T26③：3）　6. Bb 型（T11③：10）　7. C 型（T11③：2）　9. D 型（T1461⑤：9）

Aa 型：厚重型，5 件。标本 T11③：13，浅黄色石质，近刃处有用绳子绑扎的痕迹。长 12 厘米、宽 3 ~ 5.4 厘米、厚约 4.6 厘米（图

三〇，1）。

标本 T1561⑤：2，灰黑色石质。长 10 厘米、宽 4 ~ 6.4 厘米、厚约 4.4 厘米（图三〇，2）。

Ab 型：轻薄型，6 件。标本 T11③：5，灰色石质。长 8.6 厘米、宽 4 ~ 6 厘米，厚约 2.4 厘米（图三〇，4）。

标本 T26③：1，浅黑色页岩。长 10 厘米、宽 4.4 ~ 6 厘米、厚约 2 厘米（图三〇，3）。

标本 T11③：12，灰白色石质。长 10 厘米、宽 6 ~ 7.7 厘米、厚约 2.4 厘米（图三〇，8）。

B 型：8 件。平面为长方形，横断面为椭圆形。以器身的厚薄又可分为厚重型和轻薄型两类。

Ba 型：厚重型，4 件。标本 T26③：3，灰色石质，刃部残。长 14 厘米、宽 6.4 ~ 7.4 厘米、厚约 4 厘米（图三〇，5）。

Bb 型：轻薄型，4 件。标本 T11③：10，灰黄色石质。长 15 厘米、宽 5.5 ~ 6.6 厘米、厚约 2.6 厘米（图三〇，6）。

C 型：4 件。平面呈三角形，横断面为椭圆形，刃部较宽，器身厚重。

标本 T11③：2，青色石质磨制精细。长 14.2 厘米、宽 3 ~ 8.2 厘米、厚约 4.2 厘米（图三〇，7）。

D 型：1 件。平面为梯形，器形很小。

标本 T1461⑤：9，灰色石质。长 4.7 厘米、宽 2.4 ~ 3 厘米、厚约 1.2 厘米（图三〇，9）。

石锛　17 件。可分为四型。

A 型：3 件。平面为梯形，横断面为长方形，器形较大，器身的中部有一纵向凹槽。

标本 T6540⑤：2，灰色石质，长 8.6 厘米、宽 3.7 ~ 5 厘米、厚 1.4 厘米（图三一，1）。

B 型：2 件。平面为梯形，横断面为弧边长方形，器形较大。

标本 T11③：14，灰色石质。长 11 厘米、宽 4 ~ 6.7 厘米、厚约 1.9 厘米（图三一，2）。

C 型：5 件。平面为梯形，横断面为弧边长方形，器形中等。

标本 T6541⑤：6，灰白色石质。长 7 厘米、宽 2.5~4 厘米、厚约 1.2 厘米（图三一，3）。

D 型：7 件。平面近长方形，横断面为长方形，器形较小。

标本 T6841⑤：1，灰色石质。长 4.3 厘米、宽 2.2~4.8 厘米、厚约 0.9 厘米（图三一，5）。

H13：1，灰黄色石质。长 5 厘米、宽 2~3 厘米、厚约 0.7 厘米（图三一，4）。

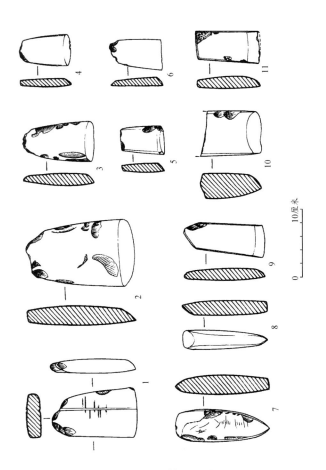

图三一　石锛、石凿

1. A 型石锛（T6540⑤：2）　2. B 型石锛（T11③：14）　3. C 型石锛（T6541⑤：6）　4、5、6. D 型石锛（H13：1、T6841⑤：1、T6440⑤：1）　7、8. A 型石凿（T19③：1、T6540⑤：5）　9、11. B 型石凿（T32⑤：1、T24③：1）　10. C 型石凿（H34：1）

标本 T6440⑤：1，灰白色石质。长 5 厘米、宽 2.2~3 厘米、厚约 0.8 厘米（图三一，6）。

石凿　12 件。可分为三型。

A 型：6 件。圭形，横断面为长方形，两端皆有刃口，一端为圭形，一端为单面刃，可称为两端刃形器。

标本 T6540⑤：5，灰白色石质。长 8.6 厘米、宽约 2 厘米、厚约 1.4 厘米（图三一，8）。

标本 T19③：1，灰色石质。长 9.5 厘米、宽约 3 厘米、厚约 1.9 厘米（图三一，7）。

B 型：5 件。平面为长方形，横断面为长方形，器身较薄。

标本 T32⑤：1，灰色石质。长 8 厘米、宽 2.5~3.2 厘米、厚约 1.1 厘米（图三一，9）。

标本 T24③：1，灰色石质。长 6.4 厘米、宽 2.6~3.1 厘米、厚约 1.2 厘米（图三一，11）。

C 型：1 件。平面为长方形，横断面为长方形，器身较厚，刃部有凹槽。

标本 H34：1，上部残断，黄砂石，质地较软。残长 6 厘米、宽约 4.5 厘米、厚约 2.5 厘米（图三一，10）。

石钺　1 件。标本 T6541⑤：1，平面为长方形，横断面为长方形，顶部有单面钻的双孔，刃部残，浅红色砂石，硬度不高。残长 15.5 厘米、宽 8.4~9.4 厘米、厚 1 厘米，孔径 0.8 厘米（图三二，1）。

石矛　1 件。标本 T16④：3，锋部残，近骹部处有一单面钻孔，骹部两边各有一弧形凹口，灰色石质。残长 6.4 厘米、宽约 4 厘米、厚 0.7 厘米，孔径 1 厘米（图三二，10）。

石镞　1 件。标本 T19③：1，柄部残，三角形锋，锋部横断面为长方形，柄部横断面为椭圆形，褐色石质。长 9.2 厘米、锋部厚 0.2 厘米、柄部厚 0.4 厘米（图三二，3）。

柱状石 2件。标本T5941⑤：1，灰色石质，横断面近三角形。残长6.8厘米（图三二，4）。T6338⑤：5，灰白色石质，横断面为不规则六边形。残长4.2厘米（图三二，9）。

石料 1件。标本T6338⑤：41，浅红砂石，平面形状为梯形，两端平整。长7～12厘米、宽2.1～3.3厘米、厚3.2厘米（图三二，2）。

2. 陶质工具

陶质工具只有纺轮，共10件，可分为四型。

A型：3件。器形较大，形状为上大下小，最大径近顶部，平顶。

标本T1561⑤：3，夹砂红陶。上径2厘米、下径4厘米、最大径5厘米、高3厘米、孔径0.6厘米（图三二，5）。

B型：3件。器形较大，形状为上小下大，如一倒置的敛口碗，最大径近底部。

标本T1461⑤：6，夹砂红陶。上径2厘米、下径4厘米、最大径4.6厘米、高3厘米、孔径0.8厘米（图三二，6）。

C型：1件。器形较小，形状为上小下大，如一倒置的深腹钵，最大径近底部。标本T6541⑤：5，夹砂灰陶。上径1.2厘米、下径3厘米、最大径3.6厘米、高2.8厘米、孔径0.4厘米（图三二，8）。

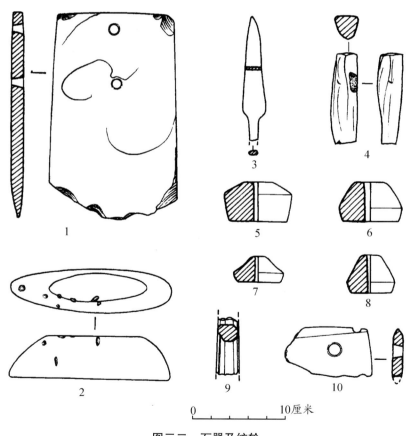

图三二 石器及纺轮

1. 石钺（T6541⑤：1） 2. 石料（T6338⑤：41） 3. 石镞（T19③：1） 4、9. 柱状石（T5941⑤：1、T6338⑤：5） 5. A型纺轮（T1561⑤：3） 6. B型纺轮（T1461⑤：6） 7. D型纺轮（T6338⑤：1） 8. C型纺轮（T6541⑤：5） 10. 石矛（T16④：3）

D 型：3 件。器形较小，形状为上小下大，如一倒置的浅腹钵，最大径近底部。

标本 T6338⑤：1，夹砂红陶。上径 1 厘米、下径 3 厘米、最大径 3.7 厘米、高 1.9 厘米、孔径 0.4 厘米（图三二，7）。

八、结　语

1998 年对芒城遗址的大规模发掘，使我们对该遗址有了较为全面的认识。

1. 遗址的文化面貌

生产工具以石器为主，另有少量的陶器。石器基本上都是通体磨光，制作较精致；器形以斧、锛、凿为主，另有少量的镰、钺、矛等。斧的数量最多，有长方形、梯形、三角形和小型四类，其中前两者又可分厚重型和轻薄型两种，但磨制最为精细的是三角形石斧。石斧的长度多在 10～15 厘米。锛比斧小，形制为梯形，分大、中、小和有凹槽四类。其中有凹槽的梯形石锛最具特色。石凿有圭形、长条形、长方形凹刃三类，其中圭形石凿最具特色。石钺为长方形，上部钻有双孔。石矛较残，有一钻孔。石镰为扁平柳叶形。陶质的生产工具主要是纺轮。

生活用具主要是陶器。陶器分夹砂陶和泥质陶两大类。夹砂陶的数量略少于泥质陶，夹砂陶约占总数的 45%，泥质陶约占总数的 55%。夹砂陶以褐陶为主，另有少量的灰陶、外褐内灰陶和红陶。泥质陶中绝大部分为灰黄陶，另有少量的灰白陶、红陶和黑皮陶；其中灰白陶有极少一部分火候较高，陶质较硬；其余的灰白陶和灰黄陶陶质较软，灰黄陶有的施有黑衣，但出土时大多脱落。

陶器制法以泥条盘筑加慢轮修整为主，有些泥质陶片内壁手制痕迹明显，甚至能见泥条痕和指纹。圈足大多分体制作，然后粘接。夹砂陶器的器底多为二次粘接。部分器物为掩饰接痕，于接痕处饰绳纹，部分圈足器外底粘接处有加固的戳痕。夹砂陶器内壁近口沿部分多磨光，尤其是尊一类的器物特别明显。

纹饰不发达，有纹饰的陶片约占总数的 10%。夹砂陶器中以绳纹为主，另有少量的划纹、戳印纹、镂孔等；泥质陶中以划纹为主，另有少量的戳印纹、凹弦纹、镂孔等。夹砂陶器的器表多装饰有绳纹；泥质陶器中常见的宽沿平底尊和壶多素面，而喇叭口高领罐、宽沿盆则多有纹饰。绳纹多施于夹砂陶器中的绳纹花边罐上，包括唇部、沿面、器身和圈足。划纹中有水波纹、交错划纹、网格状纹、平行线纹等，其中水波纹和交错划纹分别装饰在泥质陶器中的喇叭口高领罐的颈部和腹部；网格状划纹和平行线划纹分别装饰在夹砂陶器中的敞口圈足尊和盘口圈足尊的腹部。戳印纹有泥条纹、指甲形纹、新月形纹和锯齿纹等，其中泥条戳印纹主要装饰在夹砂陶器中的盘口圈足尊的口部和器身上；指甲形和新月形戳印纹多见于盘口圈足尊的圈足上；锯齿形戳印纹见于泥质陶器中的喇叭口高领罐的唇部。镂孔见于夹砂陶器中的盘口圈足尊和泥质陶器中的豆的圈足上。凹弦纹多见于泥质陶器中的宽沿盆的腹部。

盛行平底器和圈足器，不见圆底器和三足器。陶器的唇部喜作花边，主要是夹砂陶器中的绳纹花边罐和泥质陶器中的喇叭口高领罐。代表性的器物有夹砂陶器中的绳纹花边罐、敞口圈足尊、盘口圈足尊和泥质陶器中的喇叭口高领罐、宽沿平底尊、宽沿盆等。

建筑遗存发现有 F5，位于遗址的东南角，为一座完整的竹骨泥墙式房址。各种迹象表明 F5 是先挖基槽，基槽内埋设圆竹，竹子经过编扎，其外再涂抹一层泥；然后再用火烘烤，成为红烧土墙体，即竹骨泥墙。顶部可能是两面坡式的屋顶。F5 的发现，在成都平原史前城址群中首次证实了竹骨泥墙的存在，并且初步了解了其构造方法，为探索成都平原先秦时期房屋的形状与结构提供了实物依据。此外，成都市文物考古工作队在 1996 年和 1997 年的试掘中也发现有 4 座房屋的基槽，槽内有密集的小柱洞，我们推测其构造方式与 F5 基本相同，为竹（木）骨泥墙式建筑。

2．遗址的分期与年代

根据各区域的各个层位所出土的遗物，我们把各区域的层位统一如下，列为表七。

从表一至表七可以看出，统第 7 层不论是从陶质陶色，还是从纹饰方面来看，与统第 6、5 层的区别较大；从前面的叙述中还可以看出两者在器形方面也有比较明显的区别；而第 6 层与第 5 层的区别不大，比较相近，由此我们将宝墩文化时期的堆积分为早、晚两期。

早期：以勘探发掘区的统第 7 层为代表，包括东南角区域的第 4、5、6、7 层和 T9 第 5 层。

表七　各发掘区层位统一表

时代 区域	现代层	明清层	宋代层	汉代层	宝墩文化层		
					晚期		早期
统一地层	1	2	3	4	5	6	7
西北部区域	①	②	③	④	⑤⑥		
勘探发掘区	①	②	③	④	⑤	⑥	⑦
东南角区域	①	②	③				④⑤⑥⑦
T9	①	②	③				⑤

晚期：以西北部区域的第 6、5 层和勘探发掘区的第 6、5 层为代表，包括 T9 第 4 层。

早晚两期陶器的器类基本相同，但在陶质陶色、纹饰、器形上有一定的差别。

在陶质、陶色上，从早到晚，夹砂陶所占的比例逐渐减少，泥质陶的比例则相应增加。早期夹砂陶所占的比例为 59%，晚期则下降到 47%，这一变化主要体现在夹砂褐陶上，早期为 46%，晚期则下降到 29%。从早到晚，泥质陶的增多主要体现在灰黄陶和灰白陶的增加上，其所占比例早期分别为 31% 和 6%，晚期增加到 39% 和 12%。

从纹饰上看，有纹饰的陶片所占的比例越来越少，早期为 12%，晚期下降到 4%。

在器形上，由于出土的陶器多残破，完整器极少，多依据一些口沿，但早晚的变化仍然较明显。绳纹花边罐的腹部由鼓腹→微鼓腹→直腹；敞口圈足尊由侈沿→卷沿；盘口圈足尊由深腹→浅腹；喇叭口高领罐中叠唇型的越来越多；宽沿平底尊由折沿微卷、垂腹→平折沿、直腹、下腹部内折；壶由鼓腹→鼓肩（最大径由腹部上移至肩部）。

根据我们对宝墩文化的研究，芒城遗址为宝墩文化的第二期遗存，其绝对年代大约为距今 4 500～4 300 年[3]。

3．遗址的城墙与壕沟

通过对城墙的解剖发掘，证实了城墙的构筑方法与新津宝墩、温江鱼凫城、郫县古城等成都平原早期城址的城墙基本一样，为斜坡堆筑法；但芒城遗址的城墙有两个显著的特点：①内城墙的墙心部分修筑得特别好，夯层明显可见，每层的厚度为 8～10 厘米，局部地方可见夯窝的痕迹，并且墙心部分就是整个内城墙的主体。②内城墙的外皮和外城墙基本上都是用小卵石堆筑而成，但堆筑得不紧密，比较松散。这与其他几个城址的城墙的墙心部分堆筑得特别松散，而外皮堆筑得很紧密形成鲜明的对比。

发掘结果还表明内外城墙和内外壕沟为挖壕取土，是一个系统工程，并有明确的层位关系表明内城墙曾经过第二次修筑，内外壕沟内的淤土均是经过两次淤积而成，与内城墙的两次修筑相对应，由此将内城墙及内外壕沟分为两期。外城墙由于没有确切的层位关系，我们根据其所用的土方来源、堆筑的方法及内外壕沟的淤土对应关系，将其推定为第一期遗存。第一期：内墙顶宽 7 米、底宽 10 米、高 1.45 米；外墙顶宽 6 米、底宽 12.5 米、高 2 米；内壕沟口宽 24 米、底宽 16 米、深 2.4 米；外壕沟口宽 17 米、底宽 9 米、深 2.5 米。内壕沟沟底与内墙顶间的相对高差达 4.3~4.4 米。第二期：内墙顶宽 10 米、底宽 19 米、高 2 米；由于内墙的增筑部分在内壕沟内，因而内壕沟变窄，口宽 16 米、底宽 10 米、深 2.4 米；外城墙和外壕沟没有变化。

通过发掘和钻探，我们认识到遗址内的生土为黄色黏土，黄色黏土下为褐色卵石层；在城址外西北部、北部的生土为褐色卵石层，这就是说，芒城遗址在第四纪形成的黄色黏土的厚度是与该遗址地势西北高、东南低相对应的，黄色黏土堆积的厚度随着地势增高而变薄，甚至没有。内城墙下的生土为黄色黏土，经钻探了解其厚度约为 1 米；而外城墙下的生土也为黄色黏土，但其厚度只有 0.2 米，其下为卵石层。那么，介于内外城墙间的内壕沟在宝墩文化之前的生土则处于过渡区，也就是说，黄色黏土的厚度较遗址内的要薄一些，厚度取中间值 0.6 米；外壕沟的生土则为卵石层。第一期内城墙是用黄色黏土筑成，而内壕沟所挖出来的正是黄色黏土，两者的土方量也基本吻合；外城墙是用褐色土夹杂大量的卵石筑成，而外壕沟所挖出的也正是褐色卵石土层，两者的土方量也比较接近。据此，我们认为城墙是用挖壕沟的土来堆筑的。下面我们来计算一下几者的土方量。

第一期内城墙的土方量为：$(7+10) \div 2 \times$ 1.45×3≈37（立方米）。第一期内壕沟所挖出的黄色黏土的土方量为：$(24+16) \div 2 \times 0.6 \times 3 = 36$（立方米）。两者基本相当。

外城墙的土方量为：$(6+12.5) \div 2 \times 2 \times 3 = 55.5$（立方米）。外壕沟所挖出的土方量为：$(17+9) \div 2 \times 1.8 \times 3 = 70.2$（立方米）。两者比较接近。

由于内外壕沟的淤积层相互对应，且均有第一期淤层，因此内外壕沟是同时形成的。那么，外城墙也当与第一期内城墙同时筑成。

第二期内城墙有一部分的土是取城内的文化堆积层堆筑而成，这就是说在增补内城墙时，由于壕沟已形成，在城墙附近没有足够的土，这从另一个侧面说明了修筑第一期城墙的土就是来源于挖壕沟的土。

关于城墙与壕沟的年代，我们从以下几方面加以说明。

（1）叠压墙体的最近地层为宋代堆积，遗址内在宝墩文化堆积上有汉代和宋代的堆积层，但墙体内所包含的陶片全部属于宝墩文化，没有发现汉代陶片和宋代瓷片，由此我们推测墙体应属于宝墩文化时期。

（2）T9 内外城墙下压着的第⑤层，根据土质土色和出土的陶片分析，应相当于勘探探沟的第⑦层（表七），内外城墙的修筑年代当晚于第⑦层，即晚于早期。

（3）T9 第二期内城墙大部分是用小卵石堆筑而成，其中夹杂有四个全部是用土堆筑的层次，这四层的层位关系为：内 Q1C→内 Q1F→内 Q1H→内 Q1I。内 Q1C 为红褐色土，夹杂有大量的小红烧土颗粒，出土有大量的宝墩文化陶片；内 Q1F 和内 Q1H 均为黑褐色沙性土，出土有一定数量的宝墩文化陶片；内 Q1I 为黑色黏土，出土有较多的宝墩文化陶片。这四层很明显是遗址文化层的堆积，根据其土质、土色及所出土的陶片分析，内 Q1C 相当于遗址中的第⑤层；内 Q1F 和内 Q1H 相当于第⑥层。第⑥、⑤层为遗址分期中的晚期。此次发掘在遗址中没有发现与内 Q1I 相当的地层，不过在 1996 年和 1997 年的发掘中，在红褐色土层上还有一层宝墩文化时期的堆积（黑色黏土），内 Q1I 应与此层相当。黑色黏土层既然晚于第⑤层（红褐土层），其时代当然为晚期。这就是说内城墙第一期的修筑年代要早于晚期，第二期的修筑年代要晚于晚期。

综上所述，第一期内城墙的修筑年代当在早期末，内外壕沟的形成年代与之同时；第二期内城墙要晚于遗址的晚期，其修筑年代当在晚期末。城墙的废弃年代应与遗址的废弃年代相一致，壕沟则一直到宋代才被自然淤积和人为堆积填平。

4. 遗址发掘的意义

成都平原迄今已发现了 6 座龙山时代的城址，芒城遗址是其中最小的 1 座，仅 10 万平方米，对其大面积的揭露，探寻其布局、结构，这无疑是解剖麻雀。

成都平原早期城址群中各城址的形状不完全一致，其中有 3 座城址是双城墙，内外城墙间有一壕沟，芒城遗址是这 3 座双城墙城址中保存最完整的 1 座，对该遗址的发掘无疑具有典型意义。

日本早稻田大学将在芒城遗址与成都市文物考古工作队进行三年的联合发掘，这为成都市文物考古工作队与国外的一些考古学研究机构进行长期合作提供了经验。

（附记：1998～2000 年，由成都市文物考古工作队、日本早稻田大学、都江堰市文物局组成的中日联合考古调查队对芒城遗址进行了为期 3 年的合作，调查队队长为王毅，副队长为工藤元男〔日方队长〕，学术顾问为四川大学的马继贤教授。1998 年中方参加人员有蒋成、江章华、卢丁、张擎、付秀斌、倪林忠、何强、党国松、杨兵、徐军、汪颖，共 11 人；日方参加人员有昆彭生、大协洁、小泽正人、荒川正夫、铃木稔、内田纯子、渡边清志、古屋雅子、大西邦明、布施智水、田中保土、辻本崇夫、马场健司，共 13 人）。

绘图：李福秀

执笔：王　毅　张　擎　江章华　卢　丁

注　释

[1] 成都市文物考古工作队、都江堰市文物局：《四川都江堰市芒城遗址调查与试掘》，《考古》1999 年第 7 期。

[2] 江章华、李明斌：《宝墩文化初论》，《中华文化论坛》1997 年第 4 期。

[3] 江章华、王毅、张擎：《成都平原早期城址及其考古学文化的研究》，《苏秉琦与当代中国考古学》，待刊。

（原文发表于《成都考古发现 1999 年》）

都江堰市芒城遗址 1999 年度发掘工作简报

中日联合考古调查队

　　成都文物考古研究所和日本早稻田大学、都江堰市文物局组成的中日联合考古调查队在芒城遗址进行了连续三年（1998～2000 年）的考古发掘工作，1998 年进行了第一次大规模的合作发掘，收获颇丰。1999 年 10 月 15 日至 12 月 25 日，中日联合考古调查队再次对芒城遗址进行了较大规模的发掘，共开探方 37 个、探坑 2 个和探沟 1 条，实际发掘总面积达 1 032 平方米。

　　1997、1998 年在城址内都没有发现比较重要的遗迹现象，对芒城遗址的布局结构认识还比较模糊，于是我们对前两年的发掘工作进行了分析，认为还是有一些线索可寻。1997 年初，在遗址的西部发现有几座房屋的基槽，如果能在这一区域找到成组的房屋遗迹也是比较重要的收获，于是在此布了 9 个探方进行发掘。1998 年，在遗址西南部的 T11 内出土有白鳝泥陶土和很多石斧，我们推测周围可能有作坊遗迹，于是在此布了 13 个探方进行大面积的揭露。1998 年在遗址的中南部发现有房屋遗迹，且面积可能较大，位置也靠近城址的中心，于是又在此布了 3 个探方进行试探性的发掘。此外，还在城址的中部和西北部进行了发掘。

　　随着 1999 年发掘工作的进展，表明芒城遗址晚期被破坏较严重，要发现重要或成组的遗迹现象、探明芒城遗址的布局结构比较困难，于是决定把工作的重心转移到对遗址环境考古的研究。我们在环境考古方面做了三项工作：一是探寻壕沟的水源及去向，对城址的四角及其外部进行了详细的钻探；二是在城址的西、南、东三条内壕沟共开了 2 个探坑和 1 条探沟，采集各个层位的土样及植物标本；三是采集城址内各发掘区域各地层的土样及植物标本，由日方工作人员辻本崇夫、马场健司、佐佐木由香对这些标本进行对比分析和研究，以期复原芒城遗址 4 000 年来的环境变迁情况和确认壕沟的淤积年代。

　　从现今的地形还看不出芒城遗址有东外城墙和东内壕沟的存在，究竟有没有，这一问题从对芒城遗址的调查时就在开始思索，不过，种种推测最后还是得通过考古发掘来加以证实，于是在东内城墙南段的东部开了一条东西向 24 米×5 米的探沟进行发掘。

　　1998 年两次对城墙的发掘都没有发现明确的层位关系直接证明该遗址的城墙是属于宝墩文化，日方工作人员想解决这一问题，于是再次解剖城墙，地点选在城址的东南角，在此布了 3 个探方进行发掘，遗憾的是由于时间关系没有把发掘工作做完，余下的发掘工作留在 2000 年秋季继续进行。

一、城址西部的 T5333～T5535 的发掘

　　该区域布了 9 个探方，实际发掘面积为 215

平方米，为中方第一发掘地点。

1. 地层堆积

现以 T5435 的东壁剖面为例加以说明（图一）。

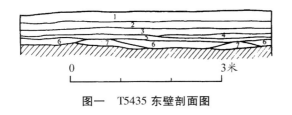

图一　T5435 东壁剖面图

第 1 层：现代农耕土层。厚 15～20 厘米。

第 2 层：青黄色黏土，夹杂有小卵石。深 15～20 厘米、厚 10～15 厘米。在发掘区内均有分布。出有明清瓷片，为明清堆积。

第 3 层：浅灰黄色黏土，结构较紧密，夹杂有小卵石。深约 35 厘米、厚 10～15 厘米。在发掘区内均有分布。出有宋代陶瓷片，为宋代堆积。该层下有很多宋代沟。

第 4 层：深灰色沙性土，结构较紧密。深约 45 厘米、厚 0～10 厘米。主要分布在发掘区内的东南部。出有汉代陶片，为汉代堆积。该层下有汉代沟。

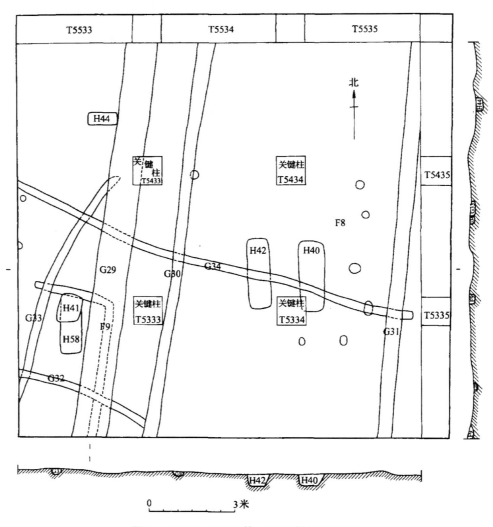

图二　T5333～T5535 第 4 层下遗迹总平面图

第5层：红褐色沙性土。深45～55厘米、厚0～10厘米。在发掘区内均有分布。出有大量的宝墩文化陶片和少量的石器，为宝墩文化时期的堆积。

第6层：黑褐色沙性土，夹杂有大量的小卵石。深55～60厘米、厚0～10厘米。除个别探方外，在发掘区内基本上都有分布。出有大量的宝墩文化陶片，为宝墩文化时期的堆积。

第7层：红褐色沙性土。深55～70厘米、厚0～15厘米。主要分布在发掘区内的东部。出有少量的宝墩文化陶片，为宝墩文化时期的堆积。

第7层下为黄色生土。

2. 遗迹

共发现灰坑5个（H40～H42、H44、H58）、

灰沟6条（G29～G34）、房址2座（F8、F9），其中有3条灰沟（G29～G31）为汉代沟，其余均为宝墩文化遗迹（图二）。这些遗迹间大部分有打破关系，其层位关系如下：

灰坑均为长方形圆角灰坑。

灰坑H40，位于T5435的西南角，部分压在T5434的东隔梁下。开口于第4层下，打破黄色生土，坑口距地表55厘米。平面为长方圆角形，长250厘米、宽85厘米、深36～44厘米。坑内堆积为褐色沙性土，土质较紧密，出土有少量的宝墩文化陶片（图三）。

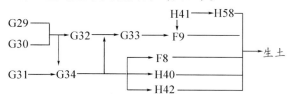

H40出土的陶片统计列为表一。

表一　H40陶片统计表

陶片数量	夹砂陶（%）					泥质陶（%）				
	比例	灰陶	褐陶	外褐内灰陶	红陶	比例	灰白陶	灰黄陶	黑皮陶	红陶
289	38	7	28		3	62	5	26	25	6
	纹饰（%）									
	素面		绳纹		划纹		戳印纹	弦纹	黑衣	镂孔
	85.5		13.5		0.3		0.7			

表二　T5535第7层陶片统计表

陶片数量	夹砂陶（%）					泥质陶（%）				
	比例	灰陶	褐陶	外褐内灰陶	红陶	比例	灰白陶	灰黄陶	黑皮陶	红陶
169	42	13	18	11		58	21	31	6	
	纹饰（%）									
	素面		绳纹		划纹		戳印纹	弦纹	黑衣	镂孔
	97		2		1					

房址F8，位于T5335～T5435内，开口于第6层下，打破第7层。该房址仅发现6个柱洞，平面形状呈一曲尺形，其居住面为褐色沙性土夹杂有大量的小卵石硬面。柱洞内填土为褐色沙性土，柱洞大者直径约35厘米、深约25

厘米，小者直径约25厘米、深约18厘米。在该房址的西部T5434内有1个柱洞，T5433内有2个柱洞，不知是否与F8有关（图二）。

房址F9，位于T5333内，开口于汉代沟G29下，打破生土。平面形状呈一曲尺形，在

探方内南北长约 5 米、东西宽约 2.8 米，基槽宽 25～30 厘米，内填褐色沙性土（图二）。

3. 遗物

（1）陶器

第 7 层出土的陶片统计列为表二。

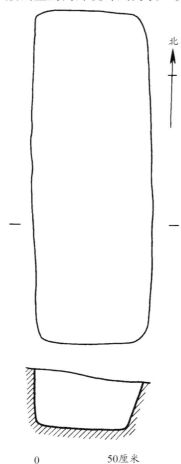

图三　H140 平、剖面图

敛口罐　1 件。标本 T5535⑦：9，泥质灰黄陶，卷沿较厚、圆唇、敛口、鼓腹，饰黑衣。残高 2.5 厘米（图四，3）。

第 6 层各探方出土的陶片较少。T5334、T5433、T5533～T5535 五个探方第 6 层出土的陶片统计列为表三。

喇叭口高领罐　2 件。喇叭形口。

标本 T5334⑥：7，泥质灰白陶，质地较软，胎心为青色（图四，1）。

标本 T5533⑥：4，泥质灰黄陶，沿微卷、圆唇。口径 17.6 厘米，残高 7.2 厘米（图四，2）。

敛口罐　1 件。标本 T5534⑥：15，泥质黑皮陶，口沿微残。折沿、敛口、鼓腹，腹部饰划纹。残高 6 厘米（图四，4）。

绳纹花边罐　2 件。折沿、鼓腹，唇部压印绳纹，器身饰绳纹，均为夹砂灰陶。

标本 T5333⑤：15，残高 5.2 厘米（图五，1）。

标本 T5334⑤：16，残高 3.6 厘米（图五，2）。

盘口圈足尊　2 件。盘形口、腹部近直，均为夹砂灰陶。

标本 T5334⑤：17，器身饰绳纹。残高 5.2 厘米（图五，3）。

标本 T5533⑤：6，残高 4 厘米（图五，4）。

喇叭口高领罐　2 件。喇叭形口。

标本 T5535⑤：7，泥质灰白陶，火候较高、卷沿、圆唇，唇部压印成锯齿状，颈部饰划纹。口径 25.6 厘米、残高 4 厘米（图五，5）。

表三　T5334、T5433、T5533～T5535 第 6 层陶片统计表

陶片数量	夹砂陶（%）					泥质陶（%）				
	比例	灰陶	褐陶	外褐内灰陶	红陶	比例	灰白陶	灰黄陶	黑皮陶	红陶
1693	41	18	11	12		59	14	29	13	3
	纹饰（%）									
	素面		绳纹		划纹		戳印纹	弦纹	黑衣	镂孔
	92		3		1.7		0.4	2.8		0.1

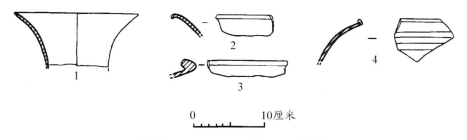

图四　T5533～T5535 第 6、7 层陶器

1、2. 喇叭口高领罐（T5334⑥：7、T5533⑥：4）　3、4. 敛口罐（T5535⑦：9、T5534⑥：15）

T5334、T5433、T5533～T5535 五个探方第 5 层出土的陶片统计列为表四。

表四　T5334、T5433、T5533～T5535 第 5 层陶片统计表

陶片	夹砂陶（%）				泥质陶（%）				
数量	比例	灰陶	褐陶	外褐内灰陶	红陶	比例	灰白陶	灰黄陶	黑皮陶	红陶
	40	23	11	5	1	60	16	35	6	3
1115	纹饰（%）								
	素面	绳纹	划纹	戳印纹	弦纹	黑衣		镂孔	
	96.6	1.7	0.9	0.6	0.1			0.1	

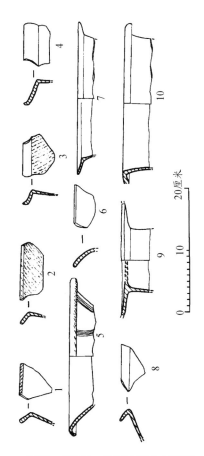

图五　T5333～T5535 第 5 层陶器

1、2. 绳纹花边罐（T5333⑤：15、T5334⑤：16）

3、4. 盘口圈足尊（T5334⑤：17、T5533⑤：6）

5、6. 喇叭口高领罐（T5335⑤：7、T5335⑤：13）

7. 宽沿盆（T5335⑤：11）　8. 泥质折沿鼓腹罐（T5534⑤：9）　9. 泥质圈足（T5335⑤：4）　10. 宽沿平底尊（T5335⑤：9）

标本 T5335⑤：13，泥质灰黄陶。残高 3.6 厘米（图五，6）。

宽沿平底尊　1 件。标本 T5335⑤：9，泥质灰白陶，卷沿、圆唇，腹近直。口径 26.4 厘米、残高 4.4 厘米（图五，10）。

宽沿盆　1 件。标本 T5335⑤：11，泥质灰白陶，质地较软，斜折沿、尖圆唇、斜直腹。口径 25 厘米、残高 2.4 厘米（图五，7）。

泥质折沿鼓腹罐　1 件。标本 T5534⑤：9，泥质灰黄陶，斜折沿、鼓腹。残高 4 厘米（图五，8）。

泥质陶圈足　1 件。标本 T5335⑤：4，泥质灰白陶，质地较软。圈径 10 厘米、残高 4.4 厘米（图五，9）。

（2）石器

由于出土的石器较少，各层位石器的变化亦不明显，我们把该发掘区内所出土的石器统一放在这里进行介绍。

石凿　2件。圭形，一端为圭形，另一端为凹刃，又可称为两端刃形器，通体磨光。

标本 T5334⑥：2，灰白色石质。长 8.4 厘米、宽约 1.5 厘米、厚约 1 厘米（图六，3）。

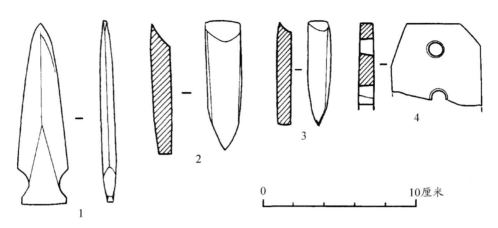

图六　T5333～T5535 出土石器

1. 石矛（T5335⑤：1）　　2、3. 石凿（T5335⑤：2、T5334⑥：2）　　4. 石钺（T5534⑥：1）

标本 T5335⑤：2，灰色石质。长 6.8 厘米、宽约 2.4 厘米、厚约 1.2 厘米（图六，2）。

石矛　1件。标本 T5335⑤：1，灰色石质，三角形锋，锋部横断面为菱形，扁铤，磨制精细。长 11.8 厘米、最宽 3.2 厘米、厚约 1 厘米（图六，1）。

石钺　1件。标本 T5534⑥：1，灰白色石质，下部残断，平面近长方形、平顶、直边，上部有单面钻的双孔，通体磨光。残长 5.4 厘米、顶宽 3.4 厘米、器身宽约 5.8 厘米、厚约 1 厘米（图六，4）。

二、城址西南部的 T2630、T2730～T3032 的发掘

该区域布了 13 个探方，实际发掘面积为 325 平方米，为中方第二发掘地点。

1. 地层堆积

现以 T2731 西壁剖面为例加以说明（图七）。

第 1 层：现代农耕土层，土质疏松。厚约

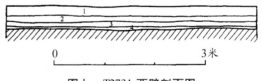

图七　T2731 西壁剖面图

20 厘米。

第 2 层：青黄色黏土，土质较紧密。深约 20 厘米、厚 10～12 厘米。在发掘区内均有分布。出有明清瓷片，为明清堆积。

第 3 层：浅黄灰色黏土，土质较紧密。深 30～32 厘米、厚 7～12 厘米。在发掘区内均有分布。出有宋代陶瓷片，为宋代堆积。

第 4 层：深灰色沙性土，土质较紧密。深约 40 厘米、厚约 5 厘米。在发掘区内均有分布。出有汉代陶片，为汉代堆积。该层发现大量的灰沟。

第 4 层下有黑褐色沙性土的坑状堆积，没有进行发掘。

生土为黄褐色黏土。

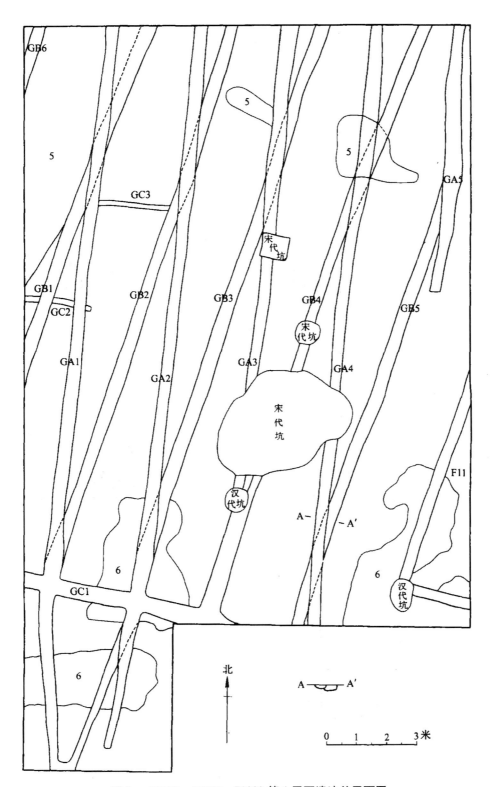

图八　T2630、T2730～T3032 第 4 层下遗迹总平面图

2. 遗迹

共发现灰沟 14 条、房址 1 座。

灰沟南北向 5 条、东北—西南向 6 条、东

西向 3 条（图八）。除 2 条很短的东西向灰沟外，其余 12 条灰沟都还在向四面延伸，没有继续进行扩方。这 14 条灰沟开口于第 4 层下，打

破第 5 层。我们将这 14 条灰沟分成三组：GA 组有 5 条，近南北向；GB 组有 6 条，东北—西南向；GC 组有 3 条，为东西向，与 GA 垂直。除 GC2、GC3 比较短，也较窄，仅宽 15 厘米外，其他灰沟宽度均为 40～50 厘米，两者性质可能不同。每组内的灰沟又相互平行，间距一般都在 3 米左右。灰沟内的堆积为灰褐色沙性土，出有少量的宝墩文化陶片。局部的解剖表明，GA 组打破 GB 组，GA 组又与 GC 组垂直，这表明 GA 组和 GC 组可能为一组遗迹现象。但是其性质不明。GB 组的性质应与 GA、GC 组一样，只不过要早一些而已。

日方在该发掘区北边 10 米处开了一个探方，编号为 T3332，在第 4 层下发现了 5 条灰沟，我们经过对比，发现 T3332 内的 G25 与 GB2、G27 与 GB3、G23 与 GA3、G26 与 GA4 是相通的，这些灰沟最长者已达 40 米以上，其性质都应是相同的。

1998 年在遗址的南部 T14 内也发现过几条这样的灰沟，亦没有弄清其性质。

房址 F11，位于 T2732、T2832 内，开口于第 4 层下，打破第 6 层。部分被压在探方的东壁外，没有扩方。平面呈一曲尺形，南北长约 7.6 米、东西宽约 2.6 米、宽约 0.4 米。基槽内填土与上述灰沟一样，为灰褐色沙性土（图八）。

三、城址中南部的 T3248～T3250 的发掘

该区域布了 3 个探方，实际发掘面积为 65 平方米，为中方第三发掘地点。

1. 地层堆积

现以 T3250 的西壁剖面为例加以说明（图九）。

第 1 层：农耕土层，深灰色土。厚约 20 厘米。

第 2 层：青黄色黏土。深约 20 厘米、厚 5～10 厘米。分布于整个发掘区。出有明清瓷

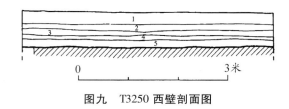

图九　T3250 西壁剖面图

片，为明清堆积。

第 3 层：浅灰黄色黏土。深 30～35 厘米、厚 10～13 厘米。分布于整个发掘区。出有宋代瓷片，为宋代堆积。

第 4 层：深灰色沙性土。深约 45 厘米、厚 5～10 厘米。分布于整个发掘区。出有汉代陶片，为汉代堆积。

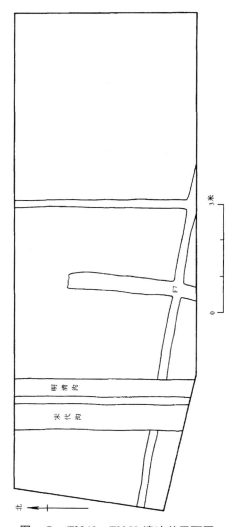

图一〇　T3248～T3250 遗迹总平面图

第 5 层：褐色沙性土。深 50～55 厘米、厚 10～15 厘米。分布于整个发掘区。出土有少量的宝墩文化陶片，为宝墩文化时期的堆积。

第 5 层下为黄色生土。

2. 遗迹

发现房址 1 座，编号为 F7。位于 T3248～T3250 内，开口于第 5 层下，打破生土。该房址还在向四面延伸，没有扩方。F7 整体似为一排房。在发掘区内，东西向的基槽长 10 米、宽 0.25 米。南北向有 2 条基槽，东边的 1 条长 5 米、宽 0.25 米，西边的一条长 3.5 米、宽 0.40 米（图一〇）。

3. 遗物

T3250 第 5 层出土的陶片统计列为表五。

表五　T3250 第 5 层陶片统计表

陶片数量	夹砂陶（%）				泥质陶（%）				
	比例	灰陶	褐陶	外褐内灰陶	红陶	比例	灰白陶	灰黄陶	黑皮陶	红陶
	7		3	4		93	16	67	8	2
179	纹饰（%）							
	素面	绳纹	划纹	戳印纹	弦纹	黑衣	镂孔
	97.2	2.2	0.6				

喇叭口高领罐　1 件。标本 T3250⑤：6，泥质灰黄陶，喇叭形口、圆唇，饰黑衣。口径 32 厘米、残高 10 厘米（图一一，1）。

宽沿器　1 件。标本 T3250⑤：5，泥质灰黄陶，斜折沿微外弧、圆唇、直腹，饰黑衣，转折处饰一周点状纹。口径 25 厘米、残高 3.2 厘米（图一一，2）。

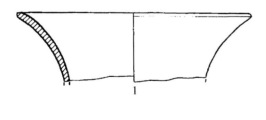

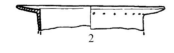

图一一　T3250 第 5 层陶器

1. 喇叭口高领罐（T3250⑤：6）　2. 宽沿器（T3250⑤：5）

四、城址中部的 T5244、T5144 的发掘

该区域布了 2 个探方，实际发掘面积为 50 平方米，为中方第四发掘地点。

1. 地层堆积

现以 T5244 的西壁剖面为例加以说明（图一二）。

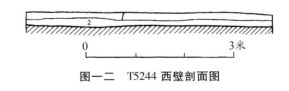

图一二　T5244 西壁剖面图

第 1 层：农耕土层，深灰色土。厚 10～15 厘米。

第 2 层：青黄色黏土。深 10～15 厘米、厚 10～15 厘米。分布于整个发掘区。出有明清瓷片，为明清堆积。

第 2 层下为一片红褐色小卵石层，该卵石层面可能为人工铺垫而成，没有进行发掘。

2. 遗迹

仅发现 1 处灰坑，编号为 H43，位于 T5244

的西北角，有小部分伸出探方北壁外。开口于第2层下，打破红褐色卵石层，坑口距地表18厘米。平面形状近圆形，南北长约360厘米、东西宽约300厘米、深10~38厘米。填土为黑褐色沙性土，结构较紧密。出土有少量的陶片，有夹砂褐陶、外褐内灰陶、灰陶和泥质灰白陶、灰黄陶、黑皮陶等，器形有绳纹花边罐、宽沿平底尊等（图一三）。

H43出土的陶片统计，列为表六。

绳纹花边罐　1件。标本H43：6，夹砂外褐内灰陶，斜折沿、方唇、鼓腹，唇部压印绳纹，器身亦饰绳纹。口径23厘米、残高4厘米（图一四，1）。

宽沿平底尊　1件。标本H43：5，泥质灰陶，折沿、圆唇，腹部外斜。口径36厘米、残高3.6厘米（图一四，2）。

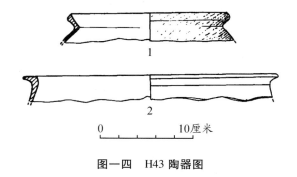

图一四　H43陶器图

1. 绳纹花边罐（H43：6）　2. 宽沿平底尊（H43：5）

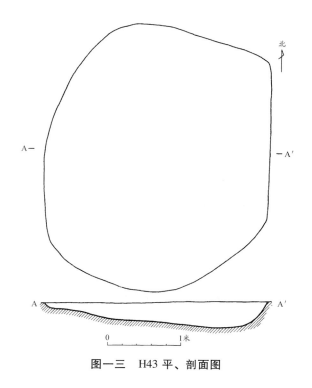

图一三　H43平、剖面图

五、城址西北部的发掘

该区域布了6个探方，编号为T6634、T6637、T6639、T6738、T6538、T6937，实际发掘面积为150平方米，为日方第一发掘地点。

1. 地层堆积

现以T6738的北壁为例加以说明（图一五）。

表六　H43陶片统计表

陶片数量	夹砂陶（%）				泥质陶（%）				
	比例	灰陶	褐陶	外褐内灰陶	红陶	比例	灰白陶	灰黄陶	黑皮陶	红陶
	45	2	16	24	3	55	11	42		2
388	纹饰（%）								
	素面	绳纹	划纹	戳印纹		弦纹		黑衣		镂孔
	97	2	1							

第 1 层：农耕土。厚约 15 厘米。

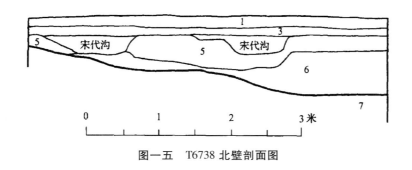

图一五　T6738 北壁剖面图

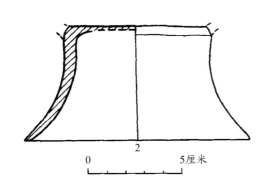

图一六　日方第一发掘地点第 5 层陶器

1. 绳纹花边罐（T6738⑤：1）　2. 泥质陶圈足（T6538⑤：1）

第 3 层：灰黄色黏土，结构较紧密。深约 15 厘米、厚约 10 厘米。分布于整个发掘区。出有少量的宋代瓷片，为宋代堆积。该层下发现有大量的宋代沟。

第 5 层：褐色沙性土，结构较紧密。深 25～50 厘米，厚 0～35 厘米。出土有少量的宝墩文化陶片，为宝墩文化时期的堆积。

第 5 层以下为红褐色生土，含有大量锈斑和卵石。

2. 遗物

绳纹花边罐　1 件。标本 T6738⑤：1，夹砂灰陶，斜折沿、圆方唇、腹部外斜，唇部压印绳纹，器身亦饰绳纹。残高 2.6 厘米（图一六，1）。

泥质陶圈足　1 件。标本 T6538⑤：1，泥质灰白陶，质地较软，喇叭形圈足。圈足下径 12 厘米、上径 8 厘米、残高 6.2 厘米（图一六，2）。

六、城址西南部 T3332 的发掘

该区域只布了 1 个探方，向南扩方 1 米，实际发掘面积为 30 平方米，为日方第二发掘地点。

1. 地层堆积

现以 T3332 的北壁剖面为例加以说明（图一七）。

第 1 层：耕土层，土色深灰，结构疏松。厚 6～12 厘米。出土少量的青花瓷片及近现代陶瓷片等。

第 2 层：青黄色黏土，土质较硬，结构较紧密。深 6～12 厘米、厚 12～18 厘米。分布于全探方。出土有明清青花瓷片等。为明清堆积。

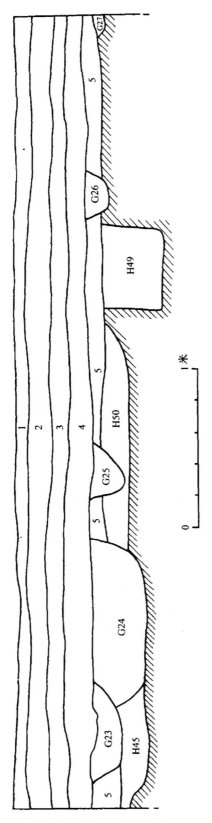

图一七　T3332 北壁剖面图

第 3 层：浅黄灰色黏土，土质较硬，结构

较紧密，夹杂有小卵石。深 18～27 厘米、厚 12～14 厘米。分布于全探方。出土有宝墩文化的夹砂陶片和泥质灰白陶片以及宋代的酱釉瓷片及砖块。为宋代堆积。

第 4 层：灰色沙性土，土质较软，结构较疏松。深 28～36 厘米、厚 12～20 厘米。分布于全探方。出有汉代陶片，为汉代堆积。该层下发现有 5 条大体为南北向的灰沟。

第 5 层：褐色沙性土，土质较硬，结构较紧密。深 44～50 厘米、厚 0～20 厘米。分布于全探方。出土有宝墩文化时期的夹砂陶片、泥质陶片和石器等。为宝墩文化时期的堆积。该层下发现有 17 个宝墩文化灰坑。

第 5 层以下为黄色生土。

2. 遗迹

在第 4 层下发现有 5 条灰沟，编号为 G23～G27。在第 5 层下，发现有 17 个灰坑，编号为 H145～H57、H59～H62（图一八）。

5 条灰沟均开口于第 4 层下，打破第 5 层。南北向灰沟 2 条（G23、G26），东北—西南向灰沟 3 条（G24，G25、G27），其中南北向的灰沟打破东北—西南向的灰沟。除 G24 宽 100 厘米外，其他 4 条灰沟的宽度为 35～60 厘米。灰沟内的填土为灰褐色沙性土。前面我们已经提到这 5 条灰沟中的 4 条与 T2630、T2730～T3032 内的部分灰沟是相通的，其性质也应相同。

椭圆形灰坑 9 个，圆形灰坑 2 个，长方形圆角灰坑 2 个，长条形灰坑 1 个，不规则形灰坑 3 个。

灰坑 H51，位于 T3332 的南部，部分在南扩方内。开口于第 5 层下，打破第 6 层，并被 H53 所打破。平面形状为椭圆形，长约 260 厘米、宽约 130 厘米、深约 20 厘米。坑内填土为黑褐色沙性土，土质较硬，结构较松散。出土有一定数量的宝墩文化陶片（图一八）。

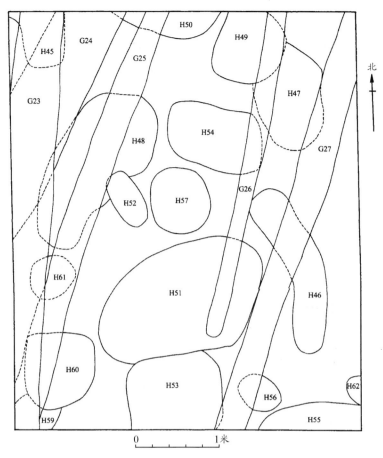

图一八　T3332 第 4 层下遗迹总平面图

3. 遗物

T3332 第 5 层出土的陶片统计列为表七。

表七　T3332 第 5 层陶片统计表

陶片数量	夹砂陶（%）				泥质陶（%）				
	比例	灰陶	褐陶	外褐内灰陶	红陶	比例	灰白陶	灰黄陶	黑皮陶	红陶
252	42	6	16	20		58	26	28	4	
	纹饰（%）								
	素面	绳纹	划纹	戳印纹	弦纹		黑衣		镂孔
	95.6	0.8	2.8	0.8					

绳纹花边罐　2 件。斜折沿、鼓腹或微鼓腹，唇部压印绳纹，器身亦饰绳纹，均为夹砂灰陶。

标本 T3332⑤：6，鼓腹。口径 18 厘米、残高 6 厘米（图一九，1）。

标本 T3332⑤：3，腹部微鼓。残高 4.4 厘米（图一九，2）。

敞口圈足尊　1 件。标本 T3332⑤：2，夹砂褐陶，敞口、卷沿、圆方唇，腹近直，沿外壁饰绳纹。残高 5.6 厘米（图一九，3）。

宽沿平底尊　1 件。标本 T3332⑤：5，泥质灰白陶，宽折沿微下卷、圆唇、腹部微外斜。

残高4.8厘米（图一九，4）。

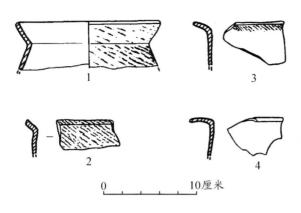

图一九　日方第二发掘地点 T3332 第 5 层陶器

1、2. 绳纹花边罐（T3332⑤：6、T3332⑤：3）

3. 敞口圈足尊（T3332⑤：2）　4. 宽沿平底尊
（T3332⑤：5）

灰坑 H59 陶器有

绳纹花边罐　2件。斜折沿、鼓腹或微鼓腹、方唇，唇部压印绳纹，器身亦饰绳纹，均为夹砂灰陶。

标本 H59：1，口径 36 厘米，残高 6 厘米（图二〇，1）。

标本 H59：3，残高 4.5 厘米（图二〇，2）。

夹砂陶圈足　1件。标本 H59：4，夹砂褐陶。圈足径6.6厘米、残高2.8厘米（图二〇，4）。

喇叭口高领罐　1件。标本 H59：2，泥质灰黄陶，饰黑衣。喇叭形口、叠唇。口径46厘米、残高8厘米（图二〇，3）。

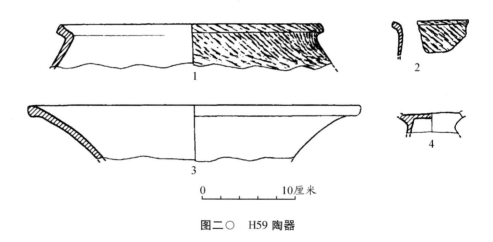

图二〇　H59 陶器

1、2. 绳纹花边罐（H59：1、H59：3）　3. 喇叭口高领罐（H59：2）　4. 夹砂陶圈足（H59：4）

七、环境考古研究

1. 对城址的四角及其外部的钻探工作

在发掘之前，我们对城址的四角及其外部进行了为期 7 天的钻探，目的是了解四条内壕沟的堆积情况及走向，该项工作由中方负责。这次钻探有以下几方面的收获。

（1）确认了北内壕沟与西内壕沟在遗址的西北角是不相连的，其间被灰褐色沙夹石隔断，这有可能是出入城址的一个通道。

（2）北内壕沟与北外壕沟在北外墙的西端相连，朝西北方向走。

（3）西内壕沟、南内壕沟、东内壕沟是相通的。

（4）东外墙外是一大片黑色的泥炭层，里面包含有大量的植物腐殖质，原应是一片洼地、湖沼，我们推测在东外墙处可能有缺口通向东边的湖沼。

2. 对西、南、东三条内壕沟的探查

西内壕沟的 T34 发掘面积为 6 平方米，由中方负责。地层堆积以南壁剖面为例加以说明（图二一）。

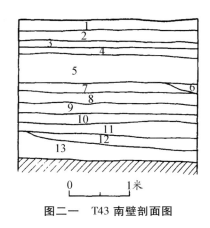

图二一　T43 南壁剖面图

第 1 层：农耕土层，土色深灰，结构疏松。厚 10～20 厘米。

第 2 层：该层厚 15～20 厘米。出有明清青花瓷片，为明清堆积。又可分为两小层。

第 2A 层：红褐色黏土，夹杂少量的小卵石。

第 2B 层：灰褐色黏土，夹杂少量的小卵石。

第 3 层：黄灰色黏土，夹杂少量的小卵石。厚 10～12 厘米。出有宋代瓷片，为宋代堆积。

第 4 层：深灰色黏土，夹杂少量的小卵石。厚 10～12 厘米。出有宋代瓷片，为宋代堆积。

第 5 层：灰色沙性土，夹杂有大量褐色锈斑。厚 40～50 厘米。出土有少量的汉代陶片，为汉代堆积。

第 6 层：灰黄色沙性土，夹杂有大量的灰沙、青灰沙、小颗粒卵石。厚 0～15 厘米。

第 7 层：深灰色沙性土，夹杂有锈斑。厚 0～16 厘米。

第 8 层：深灰黄色黏土。厚 15～18 厘米。

第 9 层：青灰沙层，夹杂有灰黄色黏土。厚约 15 厘米。

第 10 层：灰黄色黏土，夹杂有灰黄沙层。厚 12～17 厘米。

第 11 层：深灰色黏土。厚 15～28 厘米。出土有大量的树木、树叶、种子等，还发现有一棵大树，树木的直径 50～60 厘米。

第 12 层：黑褐色黏土。厚 0～20 厘米。出土有树木、树叶、种子等。

第 13 层：浅红色黏土。厚 20～45 厘米。

第 13 层以下为卵石层。

南内壕沟的 T35 发掘面积为 6 平方米，由日方负责。地层堆积以西壁剖面为例加以说明（图二二）。

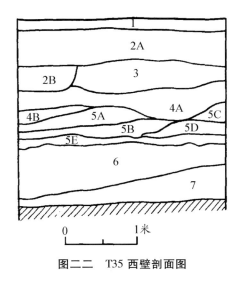

图二二　T35 西壁剖面图

第 1 层：农耕土层，土色深灰，结构疏松。厚约 15 厘米。

第 2 层：红褐色黏土，土质较疏松。厚 45～90 厘米。出土有明清时期的青花瓷片，为明清堆积。该层又可分两小层：

第 2A 层：红褐色黏土，结构疏松。厚 45～55 厘米

第 2B 层：灰褐色黏土。厚 0～35 厘米。

第 3 层：灰色沙性土，夹杂有小卵石。厚 20～47 厘米。出有宋代陶瓷片，为宋代堆积。

第 4 层：该层出有宋代陶瓷片，为宋代堆

积。又可分为两小层。

第4A层：浅黄灰色黏土，夹杂有少量的小卵石和锈斑。厚20～50厘米。

第4B层：灰褐色沙性土。厚0～20厘米。

第5层：该层出土有唐代陶瓷片，为唐代堆积。又可分为五小层。

第5A层：黄沙层，夹杂有大量的大卵石。厚0～23厘米。

第5B层：灰黄沙层。厚0～20厘米。

第5C层：灰褐色沙性土。厚0～30厘米。

第5D层：灰色沙性土。厚0～18厘米。

第5E层：灰黄沙性土。厚10～15厘米。

第6层：黑褐色沙性土。厚35～70厘米。出土有大量的树枝、树叶、种子等以及汉代陶片，为汉代堆积。

第7层：浅红色黏土。厚10～50厘米。

第7层以下为卵石层。

东内壕沟的T36的地层堆积可分为11层，第11层以下为卵石层生土。

1999年我们对西、南、东三条内壕沟进行了发掘，加上1998年发掘的北内壕沟，到此，芒城遗址的四条内壕沟都进行了不同程度的发掘，发掘表明各内壕沟的堆积层次不完全一样，我们将其对应关系列为表八。

表八　T9、T34、T35、T36 堆积层次对应关系表

统一层次	土质土色	T9	T34	T35	T36	时代
1	深灰色土	1	1	1	1	现代
2	红褐色黏土，夹杂有小卵石		2A	2	2	明清
	灰褐色黏土，夹杂有小卵石		2B		3	
3	黄灰色黏土，夹杂有小卵石	3	3			宋代
	灰色黏土，夹杂有小卵石		4			
4	灰黄色黏土	内HG1A				宋代
5	灰色沙性土，夹杂有小卵石	内HG1B		3	4	
6	浅黄灰沙性土，夹杂有锈斑	内HG1C		4	5	
7	灰黄沙土，夹杂有锈斑和小卵石			5	6	唐代
8	灰色沙性土		5、6、7			汉代
9	深灰黄色黏土	内HG1D	8、9、10			
10	深灰色沙层	内HG1E				
11	青灰色黏土	内HG1F				
12	深灰色黏土，夹杂有大量的树枝、树叶等植物腐质殖	内HG1G	11		7	
13	黑褐色泥炭层，夹杂有大量的树枝、树叶等植物腐质	内HG1H	12		8	汉代
14	灰褐色沙性土			6	9	汉代
15	黑色泥炭层，夹杂有大量的树枝、树叶等				10	汉代
16	浅青灰色黏土，夹杂有少量泥炭				11	汉代
17	浅红色黏土	内HG2	13	7		

从表八可以看出，芒城遗址的内壕沟的淤积层可分为四个大的时代：

第一期：统第 17 层，除东内壕沟没有外，其余三条内壕沟都有分布。该层虽没有出土遗物确认其时代，但 T9 内 HG2 的层位关系清楚地表明该淤积层晚于内 Q2，而早于内 Q1，其形成年代当与内 Q1 同时。因此统第 17 层是芒城遗址筑成内 Q2 后，在修筑内 Q1 之前形成的宝墩文化淤积层。

第二期：统第 16～8 层，在四条内壕沟内均有分布。T34 第 5 层、T35 第 6 层、T36 第 7～11 层均出土有汉代陶片，T9 内 HG1G 层两个树枝标本的 ^{14}C 测年分别为距今 2 380 年和 2 190 年，这表明第二期淤积层是战国—汉代时期形成的。统第 12、13、15、16 层出有大量的树木、树枝、树叶、种子等，它至少说明了三个问题：①遗址在汉代时，周围的植被比较多，气候比较湿润；②在内壕沟的两侧有大量的植被，遗址可能已被废弃了相当长的一段时间；③在此期间曾有过四次洪水泛滥。辻本崇夫等对 T9 内 HG1G 的土样进行测试表明，该层内有硅藻，但只包含有少量的硅酸体，据此推测，该层很可能是由于洪水冲积而快速形成的，这与我们的推测是一致的。

但这里有一个问题，就是与内 Q1 形成年代一致的内 HG1 内为什么没有宝墩文化时期的堆积，这可能是因内 HG1 的形成年代在遗址的晚期末，在筑成内 Q1 后，没过多久，遗址由于某种原因就被废弃了，这样内 HG1 便很难有宝墩文化淤积层。

第三期：统第 7 层，仅在 T35、T36 内有分布。T35 第 5 层、T36 第 6 层都出有唐代瓷片，表明第三期淤积层是在唐代形成的。

第四期：统第 4～6 层，除西内壕沟没有外，其余 3 条内壕沟都有分布。T35 第 3、4 层和 T36 第 4、5 层都出土有宋代瓷片，表明第四期淤积层是在宋代形成的。

T9 的层位关系清楚地表明：第一期淤积层是内 HG2 的堆积，第二、三、四期淤积层是内 HG1 的堆积。

八、城址东城墙的发掘（T36）

为了确认东内壕沟和东外墙的存在与否，我们在东内墙南段外边开了 1 条 24 米 ×5 米的探沟（T36），实际发掘面积为 120 平方米，该项工作由中方负责。

1. 地层堆积

T36 的地层堆积以北壁剖面为例加以说明（图二三）。

第 1 层：农耕土层，土色深灰，结构疏松。

第 2 层：红褐色沙性土，结构略紧，夹杂有少量的小卵石。出有明清瓷片及宋代瓷片，为明清堆积。

第 3 层：灰褐色黏土，夹杂有小卵石和铁锈斑。出有明清瓷片，为明清堆积。

第 4 层：灰色沙性土，结构紧密，夹杂有大量的卵石，出有大量的宋代陶瓷片和砖块，为宋代堆积。

第 5 层：浅黄灰色沙夹石，夹有锈斑，结构紧密。出有少量的宋代陶瓷片，为宋代堆积。

第 6 层：黄灰色沙土，夹杂有小卵石。出有唐代瓷片，为唐代堆积。

第 7 层：深灰色泥炭土，呈沙性，结构紧密，夹有锈斑。出有大量的树木、树枝、树叶等植物标本及少量的汉代陶片，为汉代堆积。

第 8 层：褐色沙性土，见空气后变为黑褐土，结构较紧密，当地老百姓称为泥炭层。该层出有大量的树木、树叶、种子等。

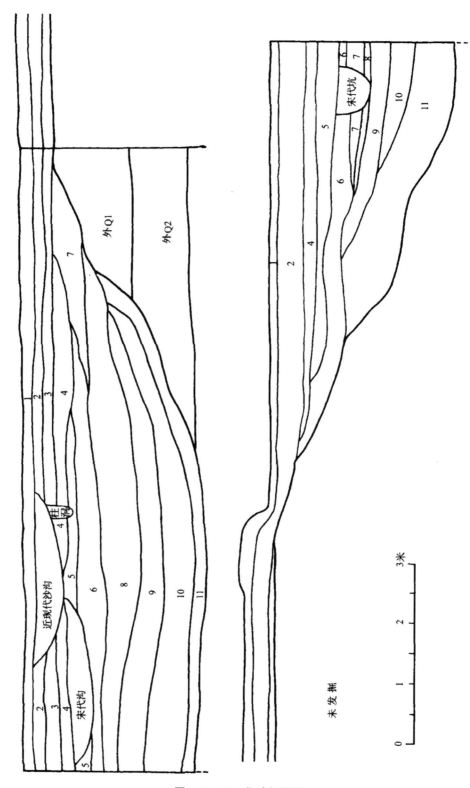

图二三　T36 北壁剖面图

第9层：灰褐色沙性土，结构紧密。出有大量的汉代陶片，为汉代堆积。

第10层：黑色泥炭层，结构紧密。出有大量的树木、树枝、树叶等。

第11层：浅青灰色黏土，结构紧密，夹有大量的卵石和少量的泥炭、灰烬等。出有少量的汉代陶片和宝墩文化陶片，为汉代堆积。

2. 城墙与壕沟

1998年我们对北城墙和南城墙都进行了解剖，城墙的结构比较清楚，因此，在发掘T36时，我们只是把城墙的整体形状揭露了出来，对其局部进行了发掘。T36的发掘取得了两项重要的成果：

（1）确认了东外墙的存在。东外墙的层位关系为：第11层→Q1→Q2→生土，叠压城墙的最近地层为汉代地层，东外墙大体可分为两个大的层次（Q1和Q2），基本上都是用大卵石和小卵石掺和着褐色沙性土修筑而成。墙顶宽6~7.5米、底宽约15米、高约2米。墙体的修

筑方法及宽度、高度都与T9外城墙基本一致。墙体内出土了少量的宝墩文化陶片，从器形上看，为泥质陶喇叭口高领罐，没有发现晚于宝墩文化的遗物。

（2）确认了东内壕沟的存在。东内壕沟口宽约17米、底宽约10米，深约2.4米。壕沟内的堆积可分为11层，第4、5层为宋代淤积层；第6层为唐代淤积层；第7~11层为汉代淤积层，没有发现宝墩文化时期的淤积层。

据东内壕沟与东外墙外的堆积层次基本对应，在东外墙外可能还有东外壕沟存在。

九、城址东南墙的发掘

该区域共布了3个探方，编号为T1563、T1564、T1664，实际发掘面积为65平方米，为日方第三发掘地点。

1. 地层堆积

现以T1563西壁为例加以说明（图二四）。

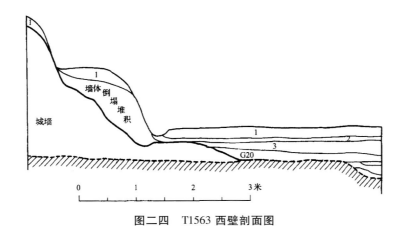

图二四　T1563 西壁剖面图

第1层：现代农耕土层，厚0~45厘米。

第2层：青黄色黏土，夹杂有小卵石。深0~45厘米，厚10~15厘米。在发掘区内均有分布。出有明清瓷片，为明清堆积。

第3层：灰黄色黏土，结构较紧密，夹杂有小卵石。深15~45厘米，厚10~40厘米。

在发掘区内均有分布。出有宋代陶瓷片，为宋代堆积。该层下有很多宋代沟。

第3层以下未发掘。

2. 遗迹

共有灰沟8条、房址1座及城墙。

只对T1563内的内城墙进行了局部解剖，

开口于第3层下，其修筑方法与T9和T10内城墙一样。

房址F10，位于T1563内，部分伸出探方南壁、东壁之外，未扩方；由于时间关系，只揭露出了房址的形状，没有继续进行发掘。F10叠压在墙体之下，平面形状在T1563内为曲尺形，基槽内为红烧土。1998年在西距F10约8米处也在城墙之下发现1座完整的竹骨泥墙房址，编号为F5。F10与F5基本平行，相距不远，说明在修筑城墙之前此处可能有一组房屋，这将有助于对芒城遗址的聚落研究。

在第3层下发现了8条宋代沟，编号为G15～G22。这些宋代沟都呈弧线，与城墙一样在此拐弯，与城墙相距3～4米。1998年在此西边发现了一条大灰沟，编号为G14，G14一直向西延伸，现探明的长度为75米，与城墙平行，相距约4米。G14内的堆积有宝墩文化、汉代、宋代三个时期的堆积层，该发掘区内的这些宋代沟很可能就是G14向东延伸部分的最上层堆积。

十、结　语

芒城遗址在经过1996年秋和1997年春的试掘，1998年和1999年的大规模发掘，揭露总面积已达2 582平方米，对该遗址的认识达到了一定的深度，但同时也存在着一些尚待解决的问题。

1．认识与收获

（1）遗址的宝墩文化堆积普遍较薄，除遗址西部、西北部堆积较厚，厚约50厘米，地层也最为丰富，基本上涵盖了迄今所发现的该遗址各个地层；其他区域的堆积情况较差。第5层褐色土分布较为广泛，第6层黑褐色土或黑色土和第7层黄褐色土主要分布在遗址的西部、东南部。

（2）遗址的文化内涵相对比较单纯，属宝墩文化二期，绝对年代约为距今4 500～4 300年。有明确的层位关系表明遗址本身存在着两个时期：在修筑城墙之前，已经有聚落存在，其堆积为早期；筑成第一期墙后形成的堆积为晚期。

（3）城墙为双圈城墙，其构筑方法与成都平原其他早期城址的城墙基本一样，为斜坡堆筑法，但芒城遗址的城墙有两个显著特点：①内城墙的墙心部分修筑得特别好，夯层明显可见，是整个内城墙的主体；②内城墙的外皮和外城墙基本上是用小卵石堆筑而成，但堆筑得不紧密，比较松散。这与其他几个城址的城墙墙心部分堆筑得特别松散，而外皮堆筑得很紧密形成鲜明的对比。

（4）城墙与壕沟是一个系统工程，就是"挖壕取土筑墙"。

（5）北外墙之外还有一条外壕沟，东外墙外可能也有一条外壕沟。

（6）城墙与壕沟可以分两期：第一期的城墙和壕沟形成于早期末；第二期的城墙和壕沟形成于晚期末。

（7）壕沟内有宝墩文化、战国—汉代、唐代、宋代四个时期的淤积层，至宋代才被自然淤积和人为堆积填平。

（8）在遗址晚期的灰坑中发现有水稻硅酸体的存在，这说明成都平原在龙山时代可能已种植水稻。

（9）遗址在汉代时期气候比较湿润，从壕沟内的淤积情况看，在汉代时期可能有过4次洪水。

（10）在遗址的早期发现一座完整的竹骨泥墙房址（F5），在成都平原史前城址群中首次证实了竹骨泥墙的存在，并且初步了解了其构造方法，为探索成都平原先秦时期房屋的形状与结构提供了实物依据。

2．存在的问题

（1）由于遗址保存较差，堆积较薄，后期破坏较厉害，发现的房屋遗迹较少，且不成组，没有探明城址的布局结构。

（2）在城址的西南部发现了十多条间距约3米的平行灰沟，但没有弄清其性质。

（3）在城址东南角发现了2座相距约8米平行的早期房址，其关系如何、是否成组，还需进一步的发掘。

以上这些问题是我们下一步进行考古发掘所首要考虑的，是我们的目标和努力的方向。

（附记：该次发掘队队长为王毅、副队长为工藤元男〔日方队长〕、学术顾问为四川大学的马继贤教授。中方参加人员有成都文物考古研究所蒋成、江章华、毛求学、颜劲松、张擎、徐龙、付秀斌、倪林忠、党国松、程远福10人，四川大学文学艺术学院的卢丁、余春2人，都江堰市文物局的罗仲国、唐前明、高志春3人。日方参加人员有荒川正夫、小泽正人、大协洁、内田敬久、友广哲也、山本高照、内田纯子、佐佐木由香、细田胜、辻本崇夫、马场健司、桥本真纪夫、铃木瑞穗共13人)

绘图：党国平

执笔：蒋　成　张　擎　江章华　颜劲松

（原文发表于《成都考古发现1999年》）

都江堰出土东汉李冰石像

四川省灌县文教局

都江堰位于四川灌县城西。1974 年 3 月 3 日，修建都江堰枢纽工程的民工，在渠首鱼嘴附近的外江里，发现一座 1800 年前的李冰石像，现已安全运到伏龙观。

石像的出土地点，北距安澜索桥（即珠浦桥）130 米，东距外金刚堤 40 米，埋在河床面以下 4.5 米深的卵石层中（图一）。出土时，石像横伏江心，面部朝下，头顶向西（图二）。石像除个别地方碰伤稍有剥落外，基本保存完好，风化程度也不严重。石像背部有些冲蚀痕迹，前身线条仍很清晰。

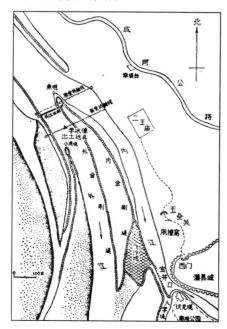

图一　李冰石像出土位置示意图

图二　李冰石像出土情况

李冰石像是一座直立全身的大型圆雕，身高 2.90 米，肩宽 0.96 米，肩至足高 1.90 米，用灰白色砂岩琢成，重约 4 吨。像的底部有一个方榫头，残长 18 厘米。石像头上戴冠，冠带系至颈下。面部肌肉丰满，微带笑容，神态自然。身穿长衣，腰间束带。两手袖在胸前，衣袖宽大下垂。双脚前部露出衣外。整个石像造型粗壮稳重，雕刻朴实洗练，线条简洁有力，唯头部比例略大。这是四川发现的最早一座大型圆雕人像，是我国古代石刻艺术的优秀作品之一。

在石像的两袖和衣襟上，有浅刻隶书题记三行。字内填朱色，大部已剥落。题记为：

故蜀郡李府君讳冰（衣襟中间）

建宁元年闰月戊申朔廿五日都水掾（左袖上）

尹龙长陈壹造三神石人珍水万世焉（右袖

上）

"建宁元年"为东汉灵帝在位第一年，即公元168年。都水长丞是秦汉时"主陂池灌溉，保守河渠"的官吏，"掾"是帮助办事的官吏（见《通典》）。"㻬"，古珍字。"府君"是东汉时对太守的一种称呼。题记表明，这是东汉后期都水掾尹龙长陈壹所造的"三神石人"中的一个，是过去蜀郡守李冰的像。古"㻬"字又通"镇"，"㻬水"有"镇江"的含意。更为重要的是，它实际上起着测量水位的"水则"的作用。"三神石人"中另外两个是谁？这三个石像和古书中记载的李冰造的"三石人"有什么关系？尚待今后继续研究。

李冰为战国末年人。秦灭蜀后，李冰在公元前250年左右担任蜀郡守。他遵照秦国变法革新的路线，适应生产关系的变革和生产力发展的需要，总结了劳动人民长期治水斗争的经验，在广大群众的积极支持下，主持修建了都江堰，使川西地区"水旱从人""沃野千里"，被称为"天府之国"。都江堰的修建反映了秦统一事业在历史上的进步作用，它是古代劳动人民高度智慧和创造力量的光辉体现。

这座石像的发现，为我们研究都江堰的建堰情况和河道变化，以及水文考古等方面，提供了重要的历史资料。

和石像有关的其他文物，尚待进一步清理。

（原文发表于《文物》1974年第7期）

都江堰又出土一躯汉代石像

四川省博物馆　灌县工农兵文化站

1975 年 1 月 18 日，修建都江堰水利工程的民工，在鱼嘴附近的外江中，发现了一躯持锸石人像。当即进行清理，并将石像运至伏龙观大殿，与李冰石像存放在一起。这是当地继 1974 年 3 月 3 日出土李冰石像后的又一重要发现。

持锸石人像在外江河床中心出土，北距外江闸约 84 米，东距金刚堤约 40 米，东南距李冰石像出土地约 37 米。石像横伏沙石之中，头部向西，距河床深 3.5 米（图一）。石像头已断缺，高 1.85 米，肩宽 0.70 米，像底宽 0.90 米，重约 2 吨。宽衣垂袖，腰束带，两足露出衣外，双手持锸而立（图二、三）。锸高 0.28

米、宽 0.25 米，有金属刃口的线条，锸全长 1.62 米，柄长 1.34 米。锸的形状，与马王堆三号汉墓填土中的铁口木锸相似。石像的背部和底部，冲蚀、磨损比较严重，唯正面的衣纹凿痕比较清晰。锸柄下部似有题记痕迹，但模糊不清，难以辨认。

图二　持锸石人像出土情况

持锸石人像同李冰石像一样为灰白色砂岩琢成，造型浑厚稳重，线条简朴有力。从造型、手法和石质上看，显然两躯石像是同时的作品。在同时期的四川汉墓中也有不少持锸陶俑和石俑出土，不过像这躯高达 1.85 米的持锸石人像还很少见。李冰石像题记说"建宁元年闰月戊申朔廿五日都水掾尹龙长陈壹造三神石人珍水万世焉"。根据这一题记，持锸石人像应是"三神石人"中的一个。

在石像旁边还发现有四块长方形的石块，长 0.90～1.30 米，宽 0.72 米～0.75 米，厚

图一　持锸石人像出土位置（箭头指处）

0.28 米。其中与石像相距 0.30 米的一块石头的边沿上有四个凹形榫槽，并经过人工截角，平面上有直径为 0.08 米的小圆孔，这四块长方形石块的石质与石像一样是灰白色砂岩，可能是与石像同时的建筑物或祠庙中神台一类的基石。

从同治戊辰年（公元 1868 年）的《四川成都府水利全图》和光绪丙戌年（公元 1886 年）的《四川成都水利全图》看来，出土李冰石像和持臿石人像的地方，是原金刚堤的中心部位。因此，我们推测古代金刚堤上，可能建有纪念李冰等人的专祠。塑造"三神石人"的用意，应如李冰石像题记所说，是"珎水"（"镇水"）的意思。

李冰石像与持臿石人像的出土，为我们研究法家的"耕战"政策，研究都江堰的变迁和生产工具的发展，提供了重要的实物资料。

图三　持臿石人像

（原文发表于《文物》1975 年第 8 期）

都江堰渠首出土的汉碑、石像

何江涛

2005年3月4日上午9点，都江堰市文物局接到报告：在加固都江堰渠首外江索桥桥墩时，发现了石碑、石像等文物。我们立即赶到施工现场，调查了解发现文物的情况，采取措施，对出土的文物进行保护，并配合成都市考古队对施工场地进行抢救性清理发掘。这次考古发掘历时半个多月，共出土东汉"建安四年"石碑1通，圆雕石刻造像2尊，铸铁榫卯构件4个和石构件几十个。这是都江堰发现李冰石像后的又一次重大考古发现，不仅为都江堰的历史文化和水利文化增添了新的佐证实物，丰厚了文化内涵，同时也为深入研究都江堰历史文化和水利文化提出了新的课题。

一、重要的实物和文献资料

这次在都江堰外江索桥桥基下发掘的汉碑，它虽然在地下深埋了1800多年，但汉代石碑那种浑厚凝重、古朴典型的风格仍显露无遗。此碑为弧顶长方形石碑，通高约212厘米、下宽103厘米、厚约25厘米，弧形顶碑额上刻有浅浮雕朱雀图案和一个孔径约10厘米的穿眼。碑上有15行共414个字（重庆市三峡出土的东汉《巴郡胞忍令景云碑》只有13行367字）。隶书体碑文字体清秀，镌刻工整。由于挖掘机的野蛮施工，原本完好的石碑被断为两块，部分字迹已模糊不清，经清理后粘接修复，目前

能识别的约350个字。此碑体量大、文字多、书法美，保存较好，为研究汉末的社会生活、民风民俗提供了宝贵的实物和文献资料，具有十分重要的历史价值、艺术价值和文物研究价值，是不可多得的国家珍贵文物。

汉碑首行碑名为《建安四年正月中旬故监北江堋太守守史郭择赵汜碑》。"建安四年"是东汉末年献帝刘协的年号，至今已有1800多年。该碑立于公元199年正月，是由当时任北江堋的堋吏李安等官员、堰工和老百姓100多人，共同捐钱为郭择和赵汜两人立的纪念碑，目的是为了"勒石纪行，刊示后贤，以劝为善"。这100多人为什么要自发地为两位名不见经传的小官吏树碑立传呢？

碑文中不仅记载了郭择和赵汜两人"礼履仁义，结交修善"，为了葬兄养孤"单尽家财""轻财重义，乡党所称"的优良品质。同时还记载了他俩在受太守之任，监督修建都江堰北江堋水利工程时，虽然天气是"冬寒凉慄"，但仍"以身帅下"争时抢修，不坐车犁、体恤百姓的感人事迹，他俩的行为在群雄纷争、灾疫横行、弱肉强食、动荡不安的汉代末期是难能可贵、可歌可泣的壮举。对于当前提倡帮扶贫困、赡养孤老，说善话、做善事，共建和谐社会具有十分深远的历史意义和现实意义。

在汉代末期，由于连年不断的战争、瘟疫和灾荒，人们不是被杀死，就是被病死、饿死。

据《续汉书·五行志》记载，在汉灵帝时全国就发生过五次大瘟疫，大医学家张机在他所著的《伤寒论序》中说：我的宗族原来很大，人数在二百人以上，建安纪元以来，还不到十年，族人死了三分之二，其中伤寒病患占十分之七。那时，家家有死人，户户有哭声，有的一门尽毙或举族灭亡。建安七年（公元202年），曹操在一道军令中说："吾起义兵，为天下除暴乱，旧土人民死丧略尽，国中终日行，不见所识，使吾凄怆伤怀。"讲述了大名鼎鼎的曹操在他的家乡整整走了一天的路，居然没有见过一个熟人。

汉末文学家王粲（公元177～217年）曾经写过一首《七哀诗》描述了当时的惨状："出门无所见，白骨蔽平原。路见饥妇人，抱子弃草间。顾闻号泣声，挥涕独不还。未知生死所，何能两相完。"这些事实都证明了汉末的民不聊生。因此，社会需要安定与和平，不需要战争与瘟疫，不需要互相残杀与掠夺，老百姓倡导全社会都要向郭择和赵氾那样积德行善，帮贫扶困。这与当今所弘扬的社会主旋律具有异曲同工之处。

碑中记载："陈留高君下车，闵伤犁庶，民以谷食为本。"在古代，犁是耕牛代名词。据《后汉书》记载：在西汉时，因为战争需要，马匹就十分珍贵，偷马要处死刑，偷牛只以盗窃罪罚刑。但在东汉时，战争减少，牛与农业耕种的关系十分重要，凡偷别人的牛或私自宰杀自家的牛，都要判处死刑。在近年出土的东汉墓画像石和画像砖中，就有很多牛的图案，而且还有"牛直十万"的文字，此画像砖证明了汉末时牛的珍贵，体现了陈留高君等官员在视察都江堰北江埝修筑工程时，宁可步行，不坐车马，体恤百姓的行为。

图一

石像 A　　　身着燕尾式朝服
　　　　　　的出土石像 B

二、揭不开的"三神石人"神秘面纱

据《华阳国志》记载：李冰"于玉女房下白沙邮作三石人，立三水中。与江神要：水竭不至足，盛不没肩"。先后出土的三尊无头石像，使人们自然联想到"三神石人"的传说。这三尊无头石像是不是李冰在建堰时所造的"三神石人"呢？

李冰作"三石人"是立在岷江出山口的三条河道上，主要具有观测水量大小的作用，是我国历史上最早的"水则"，以此祈求洪水时不能超过石人的肩，枯水时不能低过石人的脚。根据岷江古时的水流量测算，石人高度应在4米以上，从这三尊石像的体量和出土石像的位置与"立三水中"的位置相差较远等因素来看，它们都不是李冰所立的三石人。

在1974年出土的李冰石像上刻有"造三神石人珍水万世焉"的铭文，对"三神石人"的猜测和纷争也是众说纷纭。这次出土的2尊石像和1975年出土的"持臿人像"正好为三个石人，这三石像，不仅采用的石质相同，圆雕技法相同，服饰相近，体量相近，而且都在距李冰石像不远的同一地方出土，这三尊无头石像是不是汉代水利官员造来镇水的"三神石人"呢？

李冰是已故的蜀郡守，他是人，而不是神，其体量高大，服饰头部完整，身上有 37 字铭文，与无头的三石像有明显的差异，因此不能列入"三神石人"中。1975 年出土的"持臿人像"有人说他是"岷山导江，东别为沱"的治水英雄大禹，但"持臿人像"穿的却是汉代"深衣"服饰，显然不是夏代的人文始祖大禹。2005 年出土的两尊石像中，其中一尊无头石像残高 194 厘米，肩宽 80 厘米，下宽 103 厘米，身着燕尾式朝服，腰系有几何纹饰的宽腰带，其服饰显示其官阶为二千石以上的敕封官员，在等级森严的封建朝代，普通百姓或神人是不敢穿那等服装的，推测应为李冰之后的又一位蜀郡太守，当然他也是人，不是什么神灵。

图二　铁铆

因此，这三尊石像是不是"三神石人"呢？为什么它们都是从肩部残损的"无头石像"？石像的头部是被洪水冲倒后残损的？还是因祭祀的需要被人为断掉呢？这些问题有待进一步的研究和考证。

三、由来已久的都江堰祭祀活动

在这次发掘的石构件中，有人工雕凿的凹槽，其中有一个 1.5 米×1 米×0.28 米的石墩，在正中有 30 厘米×30 厘米的方形孔，可能是用于安放石像的底座石，因为出土石像底部榫头为 28 厘米×20 厘米。石墩四边有燕尾槽的，则是用于镶刊铸铁榫卯构件，用它们就能将相邻的石墩连接在一起，形成坚固平坦、稳定厚重的石地面或石河堤。由此推测：出土石碑、

石像和石墩等文物的地点，可能是汉代修建在江边的一处庙宇或露天祭祀场所，它至少存在了几十年后才被洪水冲毁，深埋于江底之下。同时证明，早在东汉时，都江堰就开始祭祀李冰和"三神石人"等治水先贤与仙家神灵，都江堰每年举办的"清明放水节"和"二王庙庙会"，则是古代水利文化和祭祀活动的传承与延续。

战国末期，蜀郡守李冰率民众建造了都江堰，使成都平原成为"水旱从人，不知饥谨，时无荒年"的天府之国，同时，在秦灭六国，一统天下和刘邦建立汉代政权等历史上，都江堰都发挥了重要作用，因此，李冰深受人们的崇拜。随着时代的延续，李冰逐渐被神化，由人变成了治水神灵长期祭祀。1974 年 3 月 3 日，在迁建都江堰索桥时，发现的汉代李冰石像就证明了这一点。出土的李冰石像面部丰满，神态和蔼，头戴冠冕，身着深衣，腰间束带，拱手垂袖于胸前。石像前襟上的题记："故蜀郡李府君讳冰"说明石像就是蜀郡守李冰，"建宁元年闰月戊申朔廿五日"证明造石像祭祀李冰时间为公元 168 年 3 月 25 日，距李冰建堰已有 400 多年时间。"都水掾尹龙长陈壹造三神石人珎水万世焉"，说明在经过 400 年之后，李冰已逐渐由人变为治水的神，祭祀李冰的习俗，既有民间百姓的自发行动，也有官方政府的祭祀传统。

图三　石构件

这次在李冰石像出土附近又发掘出两尊石像和"建安四年"汉碑，这一大型汉代遗存的发现和石刻群像的出土，证明了在 31 年后的同一地点，仍然在祭祀李冰等治水官员和神灵。

后来，修建在江边的祭祀场所或神庙被洪水冲毁，石像和汉碑被沉卧江底。为了延续对李冰的祭祀，在公元 494～498 年的南朝齐建武年间，益州刺史刘季连将祭祀蜀王杜宇的望帝祠迁到郫县望丛祠，原址上建崇德庙祭祀李冰，唐宋时，李冰多次被统治者封为神王供奉，长期香火不断。清代，道家将崇德庙更名为二王庙，但祭祀李冰治水、为民造福的活动代代传承，相沿至今。

图四　汉碑

（原文发表于《成都文物》2010 年第 3 期）

2014 年都江堰岁修考古调查与收获

成都文物考古研究所　都江堰市文物局

2013 年 11 月 1 日到 2014 年 1 月 8 日，都江堰管理局对都江堰水利工程特别是内江段进行了为期两个多月的岁修，其后，从 2 月到 4 月又进行了 3 个月左右的外江河道疏浚工程。在此期间，都江堰市文物局会同成都文物考古研究院对截留后的水利工程内江段进行了多次考古调查，发现了一批石质文物，并于渠首外江出土了继 1974 年、1975 年及 2005 年发现石人像之后的又一具大型石人造像。现将此次考古调查的收获与出土文物简报如下。

一、石构件

此次发现的石构件均位于内江段河床之上，原内江水流之下，共计 80 件。主要分布于内江今安澜索桥附近至今南桥上游一段（图一），尤以现安澜索桥至宝瓶口一段为多。

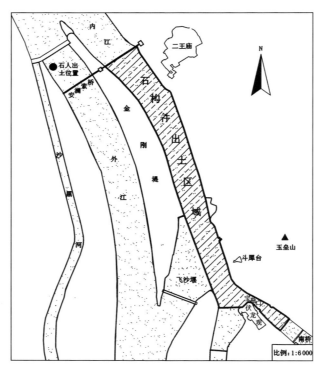

图一　2014 年都江堰渠首出土文物位置图

图二　长方体石构件 1

图三　立方体石构件

图四　长方体石构件 2

图五　素面条石构件

图六　条石构件一面的孔洞

图七　条石构件周边的榫槽

　　发现的石质构件主要有两种类型，一种为条石类构件，共计 72 件，另一种为饼形石构件及石圈构件，共计 8 件。

　　条石类构件主要是呈长方体或立方体的形状较为规整的方块形状石构件（图二～图五），遍布今安澜索桥至宝瓶口的内江段，其中以长条形石构件最多。条石类构件一面或多面周边一般有一到四处数量不等的榫槽，多为 10 厘米左右的梯形榫槽，榫槽窄边均位于构件边沿（图七），呈外小里大状。一些榫槽被水流冲蚀的仅存部分痕迹（图四）。部分构件一面中心或相对的两面有圆柱形孔洞，直径 15 厘米左右，深 10～15 厘米（图六）。亦有部分为没有

榫槽及孔洞的素面构件（图五）。此类条石类构件一般长 0.67～1.56 米不等，宽 0.45～0.75 米，厚 0.3 米左右。具体大小尺寸各不相同，没有定式。只是形状均颇为规整，榫槽尺寸也基本一致。

　　饼形石构件及石圈构件分为圆形饼状的素面圆石（图八）以及外方内圆的中空石圈构件两种（图九），集中发现于宝瓶口内江段。其中饼形石构件 6 件，石圈构件 2 件。饼形石构件直径 0.9～1.07 米，厚 0.22～0.25 米。石圈构件外边长 0.85～0.93 米，内径 0.49～0.54 米，高 0.18～0.26 米。

　　上述两种类型的石质构件，当有不同的用

途。条石类构件在水流中互相固定使用的可能性较大。饼形石构件及石圈构件则可能为地面建筑中的构件，或为地面建筑中的柱础和垫石类遗物。

图八　饼形石构件

图九　石圈构件

二、石　人

2014 年 4 月 24 日，都江堰管理局在实施都江堰水利工程外江河道疏浚施工时，在水利工程渠首外江闸第 7、8 孔下侧减力池内发现石刻圆雕人像 1 件，出土深度距河床地表约 50 厘米（出土位置见图一）。此为都江堰水利工程历年出土的第 5 尊石刻立人像。出土位置与之前发现的 4 尊石人像均相距不远，都发现于外江渠首附近。

此尊石人像为灰白色砂石圆雕而成，头部残缺，周身有少许磕碰残损及冲蚀痕迹，残高 238 厘米，肩宽 65 厘米，厚 46 厘米（图十）。体着单层右衽直裾深衣，垂袖，腰间束带，腰带上有几何形刻画纹样，两手袖于胸前，身后有燕尾形衣饰刻画，正面及背面衣饰上均有交错弦纹表现的平织斜布纹，双足外露。石像底部正中有一圆弧榫头，榫头最宽处 29 厘米，最厚处 11 厘米，长 17 厘米。石像出土位置附近未发现其他遗物。

三、小　结

此次出土的石人，和 1974 年出土的李冰石像[1] 及 1975 年出土的持臿石人像[2] 圆雕风格及雕刻技法一致，更与 2005 年发现的两尊无头石人像[3] 形制几乎一样，当为东汉晚期的石像无疑。调查所发现的石质构件与 1975 年渠首外江段出土持臿石人像时发现的石构件形制一致，亦与 2005 年出土无头石人像时所发现的石构件类似。石构件的榫槽尺寸和 2005 年发现的亚腰形铸铁构件相一致，可见此类构件的用法均类似。此类石质构件其石块四周凿榫槽以及用亚腰形栓铁左右连接固定、用圆柱形栓铁上下固定的做法同战国时期秦国修建灵渠的做法完全一致[4]。这种做法，自战国晚期便已形成，与持臿石人像及 2005 年两尊无头石人像相伴出土的石质构件依然如此，可见此种做法在东汉晚期仍然延续。此次考古调查内江段所发现的此类石质构件，或为东汉时期遗物，或为同类工艺及做法的传承遗留。

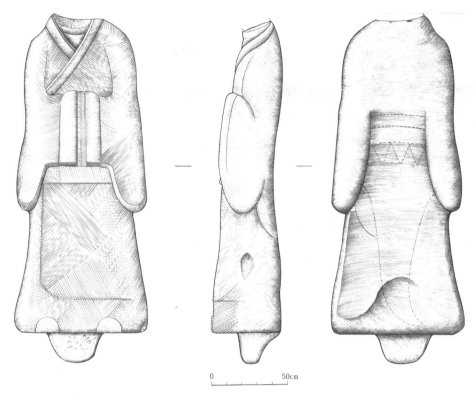

0　　　　　　50cm

图十　石人

（附记：成都文物考古研究所江章华研究员对本文的写作提出宝贵意见，特此致谢！）

执笔：刘文强　徐　军
绘图：卢引科　李艳军

注　释

［1］四川省灌县文教局：《都江堰出土东汉李冰石像》，《文物》1974 年第 7 期。

［2］四川省博物馆、灌县工农兵文化站：《都江堰又出土一躯汉代石像》，《文物》1975 年第 8 期。

［3］何江涛：《都江堰渠首出土的汉碑、石像》，《成都文物》2010 年第 3 期。

［4］黄增庆：《广西兴安县灵渠陡隄调查》，《文物参考资料》1958 年第 12 期；彭鹏程：《灵渠：现存世界上最完整的古代水利工程》，《中国文化遗产》2008 年第 5 期。

四川都江堰市青城山宋代建福宫遗址试掘

中国社会科学院考古研究所四川工作队

成都市文物管理委员会　都江堰市文物局

耸立于成都平原西缘崛江之畔的青城山，系邓峡山的余脉。这里四季幽翠宜人，为游览胜地，又是古今道教名山，在中国道教发展史上占有十分重要的地位。千百年来，这里遗留下众多文物古迹。史载，古代青城山曾是香火不绝、宫观林立，尤其唐宋时期，更是登峰造极。建福宫乃青城山建筑最为庞大辉煌、名闻遐迩的道观之一。据传始建于唐代开元十八年（公元 730 年），初名"丈人观"，南宋淳熙二年（公元 1175 年）朝廷赐名"会庆建福宫"，建福宫由此得名[1]。

建福宫的位置据文献记载，"在丈人峰下"。现今青城山山门附近一带，通称建福宫，当为重建之今建福宫所在。古代建福宫的范围可能要大于此。近年来，在建福宫遗址区以内的居民点，陆续因施工取土发现了若干建筑石构件以及其他古代遗物，并且还挖出了一段建筑台基的雕花石壁。都江堰市文物局和成都市文物管理委员会对此十分重视，作了考察和保护，并邀中国社会科学院考古研究所四川工作队，共同在 1989 年冬季再次进行实地踏查，初步认定这是一处具有历史价值的古代道教宫观建筑遗址。为进一步了解遗址遗迹的保存状况，准确判定其年代、性质及内涵，报请国家文物局批准，遂于次年 12 月，由三家联合对遗址作了一次试掘。地点选择在发现遗物较集中、暴露台基石壁的居民点后坡一小片菜地中，这是保护区中少有的一块疏林地带。共开 3 米×10 米探沟三条和 2 米×3.5 米小探沟一条，发掘面积近 100 平方米，揭露了部分一号台基，出土了一些有参考价值的遗物。现将试掘情况简报于下。

一、地层堆积

建福宫遗址的地层堆积比较简单，在遗址废墟之上，被厚达 3～5 米的沙砾层覆盖。沙砾层呈坡状沉积，结构十分松散，且无层理。湿度较大。组成沙砾层的物质，主要是小砾石与泥沙的混合沉积物，其中夹带着大量沙岩巨块及碎石。从沙砾层的构成来看，很像是一次性造成的某种特殊现象的自然沉积。

现以 T15 东壁剖面为例，予以说明（图一）。

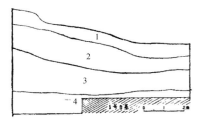

图一　T15 东壁剖面图

1. 表土层　2. 扰土层　3. 沙砾层　4. 瓦砾层

第1层：表土层。厚0.4~0.8米，为现代翻动过的沙砾层，呈褐灰色，含零星的现代遗物，距地表0.2~0.3米深度为耕土，略含腐殖质，色略深。

第2层：扰土层。厚0.7~1.5米，距地表深1.3~2米，该层上下皆无明显界线，因偶尔含有个别晚近的陶瓷片，又发现晚近埋葬的棺木多具，表明其已为晚期扰乱，时代约当明清—近代。

第3层：沙砾层。厚1~2.2米，距地表深达2~4.2米，土质与上层相同，偶见一二宋代瓷器碎片等，而未见更晚的遗物。

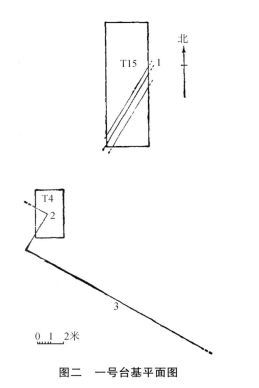

图二 一号台基平面图

1. 台基西壁 2. 台基与西廊结合部 3. 台基南壁

第4层：瓦砾层。为遗址废墟堆积层，含大量瓦砾及其他宋代遗物，厚0.2~0.3米，台基外侧的瓦砾层较台基面上的厚，并与上部沙砾层相混杂。瓦砾堆积中含有灰色淤泥污土。在瓦砾层表面，一般常见厚薄不匀的较纯净的

一层砂子。瓦砾层以下是遗址原地面或基址面。发掘到此，基址以下未及。

二、建筑遗迹

已发现的一座建筑基址，编为"一号台基"。由于揭露面积有限，一号台基只出露很小一部分，全貌难以复原。台基正面在发掘之前已经暴露出较长的一段石壁；在T15中发掘出台基西壁约5米长一段；在T4中发掘出台基与西廊的接合部（图二）。根据显现的部分，可知一号台基为须弥座形式，平面长方形，带廊道。壁面以石板包砌，表面以石板铺砌，基壁有精美的雕刻装饰。一号台基的朝向为210度，是就自然地势而建。

台基正面石壁，现存长度14米，高2米，东端部分已残毁。从残迹看，全长约21米，或者更长。壁面上下雕刻莲座两排。两排莲座中间的束腰，为若干石作壶门。现存五面壶门，均呈横条长方形，长2.2米、高0.7米、进收约1米，其上有剔地浅浮雕动、植物图案。这些浮雕的花卉或动物图案约占壶门正中的大半位置，雕刻手法较为粗犷奔放，形象较生动。从西至东各幅雕刻分别是"菊花与茶花""奔鹿""牡丹""莲荷"，第五幅雕刻已残损，图像难以辨认，从痕迹推测有可能是"龟"（图三，图十一）。束腰上下的莲花座，莲瓣皆朝上方，雕刻细腻、圆润、庄重。整个看来，一号台基表面装饰华丽而不繁缛，雕刻颇为精美，表现了较高的艺术水平。在台基正面圭脚以下，乌板柱位置相对应，可见六个底柱露出少许，可能大部在地面以下，因不便清理，情况不详。在清除台基壁面上的苔藓等脏垢时，于第一与第二壶门之间的板柱中部发现一行竖排凿刻文字，"古郸支尧卿□"共六字。字迹稍显模糊，但尚可辨识。字体楷书，较工整（图四）。

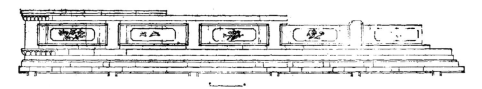

图三　一号台基南壁正面图

图四　台基板柱上
的凿刻文字拓本

台基西侧壁在 T15 发掘出较短的一段，暴露部分长约 5 米，高 0.75 米，没有雕刻，显得较为简单（图五，2）。T4 清理出廊与台基的接合部，位于台基西南部（图五，1）。廊往西伸延，长度不详，暴露仅 1 米许，其高度与台基相等。平面均铺以整齐的方形石板，边缘一线为长条形压阑石。在廊沿压阑石上见有两个长方形小凿孔，应是安放石栏的位置，间距为 1.36 米，小孔长 1.3 厘米、宽 0.7 厘米，深度分别是 5.5 厘米和 6 厘米。廊与台基的接合点位于台基西侧壁进深 3 米处，两者相连形成一个直角转折，压阑石做成斜边互相连接。这 3 米的西壁与正面石壁的雕刻装饰形式、结构完全一样。廊壁面的雕刻不见莲座，其他与台基大体相同。从结构的完整性看，廊与台基实为一整体。在台基正面没有见到台阶，显然应是设置在廊上的。根据中国建筑讲究对称的特点，估计在台基东侧也应有廊。在一号台基的正面，即南侧，可能是天井或有一片空地。

台基所使用的石材，均系红色细砂岩，有的是石条，有些是石板，都是经过预先设计加工，然后按照设计拼砌而成的。经测量，每块石件其大小尺寸并不统一，但经设计安排后，砌合十分严密。表面有雕刻的部分，相互匹配更是珠联璧合。反映了建筑考究的一个侧面。

三、出土遗物

在一号台基上或附近的瓦砾层中，发掘出土了一些建筑物构件及建筑材料等。同时，我们在以前也收集了一些遗物，作为采集品一并予以介绍。这些遗物粗略地可以分为砖瓦、琉璃件、石雕刻件、铁件、陶瓷器皿和钱币等六类。

（一）建筑构件

1. 砖瓦、脊兽

包括瓦当、滴水、灰砖、灰瓦、琉璃瓦和脊兽等。

图五

1. 一号台基西壁与西廊接合部　2. 一号台基西壁之一段

瓦当　5件，均残。可分二型。

A型：灰色。皆为圆形。模制而成，然后粘接于筒瓦上。分三式。

Ⅰ式：莲花纹瓦当。泥质灰陶，制作较粗率，下部略残。T15④：29，直径12厘米、厚1厘米（图六，1）。T15④：18，大小同前，不同之处是在粘接时将纹饰倒置（图六，2）。

Ⅱ式：兽面纹瓦当。泥质黄灰陶。T4④：2，兽面凶煞，面目似人，或可称之为鬼面。制作较规整，下部略残。直径11.6厘米、厚1厘米（图六，3）。

图六　瓦当、滴水

1. 莲花纹瓦当（T15④：29）　2. 莲花纹瓦当（T15④：18）　3. 兽面纹瓦当（T4④：2）　4. 滴水（T15③：4）

Ⅲ式：泥质灰陶，甚残。纹饰不详，边缘处残存芒射状纹。

B型：方型琉璃掾头瓦当。模制。T4④：

3，泥质红陶胎，正面边框四周施黄釉，框内兽面纹施绿釉，兽面怒目獠牙，怪异凶悍，威严慑人。制作类似浮雕，颇为工整。瓦当背面平整，正面兽面略凸起，加之琉璃彩釉，图案的装饰性效果极佳。在瓦当中上部有小孔，以铁钉固定于木掾头上，瓦当孔上尚存锈蚀的铁钉，钉长约5.5厘米、钉帽径0.6厘米。瓦当长11厘米、宽10.5厘米、厚1.7～2.5厘米（图十二，2）。

滴水　1件（T15③：4）。泥质灰陶，表面黑灰色。模制。图案为细线条的瓶花卷叶纹，阳纹线条卷曲流畅，画面洁简而又充实。残高约10厘米、厚1.3～2.1厘米（图六，4）。

瓦　数量极多。均泥质灰陶，有的外表呈黑灰色。分板瓦和筒瓦两种。板瓦的尺寸一般为长35厘米、宽23厘米、厚1厘米。筒瓦一般长25厘米、宽约12.5厘米、厚1.8厘米。

砖　很少见，仅出二残块。T15⑨：30，泥质灰陶，素面，甚残，体较薄，长度不详，残长15厘米、宽18厘米、厚5厘米。

琉璃瓦碎片若干，均无法复原。据观察，多是筒瓦。大多是绿釉，只有个别的可能是黄釉。绿色琉璃瓦中，所见有厚度为2.5厘米、2.0厘米、1.8厘米、1.5厘米、1.1厘米数种。琉璃面均极美观。T15④：8，墨绿色釉，刻画有阴线。细草叶纹，似水草状，中间堆塑爬行类的瑞兽，惜大部已残缺，仅存弯曲的尾巴，可能是脊瓦。残长19厘米、宽16厘米、厚1.5

厘米（图十二，4）。此外，还发现一件琉璃板瓦，在其一端残留有部分琉璃面的残断痕迹，或可能是琉璃滴水。

脊兽　1件（T15④：28）。出自台基西侧。低于台基面，在与沙砾层混杂的瓦砾灰泥堆积中，位置在淤沙之上。泥质灰陶，表面呈灰黑色，胎质作黄灰色。空心，横剖面略呈三角形。模塑。雕刻细腻工整。作兽形，惜已残缺，不能复原。从保存的部分看，口较宽，紧闭，唇薄，獠牙短粗，眼圆凸，怒目而视，下吻刻画斜线纹，面部还有刻画的线条，已不清晰，整个兽首面目狰狞。兽首上方及身体有鱼鳞状饰。弧背，背上有圆齿状脊，两侧刻画圆卷纹，尾端呈尖状。腹底大致较平。首端下部已残。身体两侧有划痕较深的卷曲倒人字形刻纹，边沿部分为宽带斜线刻划纹装饰。体态肥硕敦实。通长约30厘米、宽约18厘米、壁厚一般1～1.5厘米、最厚达3厘米（图十二，5）。放置时，头低尾高，或为鸱吻，但从尺寸看显得太小了些，较大可能是戗脊上的动物装饰，由于残缺不全，尚难断定。

2. 琉璃饰件

出土的琉璃制件，共约16件，全是残块，均为建筑装饰构件。与大量堆积的普通灰色瓦砾相比，琉璃件显得很少，可能只是在屋脊上或其他某些部位上局部使用，而不是大面积采用的。所见标本，有的可以看得出是相当大的制品，厚达4～5厘米；有的从转折处判断可能为空心体；有一些可以拼对起来，琉璃面的图案极其生动繁褥，制作显然是较为考究细致。从现有标本看，主要是绿、黄、赭石三种颜色的釉料，胎质均系泥质红陶，除了瓦以外，其他构件多是手制，或许是属于特制加工，其上常见的刻画、雕塑以及所施釉彩都非常精致。琉璃件可以分为琉璃瓦和琉璃饰件两大类，其中琉璃瓦和琉璃瓦当，已在砖瓦部分叙述。

琉璃饰件均十分残碎，难以辨别究属何物。一般形体较大，有的饰件背面的陶胎上可见到为增加强度而做成的筋骨状条痕或支梁。T15④：15是拼合成的较大一块，似圆形，边缘雕刻鳞体动物，施绿色釉，其内为赭石色地、黄釉涂绘，并有雕刻。残长约27厘米、残宽约16厘米、厚1.8～3厘米（图十二，6）。T4④：1也是若干碎块拼接起来，为一立体造型，使用绿釉较多，制作细致。残长约40厘米。T4④：4残块上遍施绿釉，间以黄釉，残存少部分鱼形动物雕塑。残长23厘米、厚2～2.7厘米（图十二，7）。采：1施以深浅不同的绿色釉，间以赭石或褐色釉，残留几道似火焰状的曲线痕迹，惜图像不全。残长约22厘米、厚1.5～2.5厘米（图十二，3）。

3. 石雕刻件

有原先出土的石柱础、石供具残件和试掘出土的残石栏等，均系浅褐色、浅红色或褐灰色的细砂岩凿制雕刻而成。

石柱础　共5件，出土位置都在一号台基附近。可分三型。

A型：圆形。采：4，形状似鼓，上下基本对称。础身略微鼓起呈弧形，近上下沿处各有一周间距为2～3厘米、直径1.5厘米、突起约0.5厘米的乳钉纹。在础面上方凿有一道浅槽，可能是通风、防潮、防蛀用的。础面直径45厘米、础身径48厘米、高23厘米（图七，2）。

B型：方形。采：5，素面，棱角分明，但保存较差，棱角处多已磨蚀残损。上部为正八边形合面，中心有一小方孔槽，中腰部分横剖面为正方形。础身边长66厘米、通高38厘米（图七，5）。

C型：方座圆台形。均素面。采：6，下部方座略大，上部圆台略小，直壁，并稍偏于方座一边。座宽60厘米、础径54厘米、通高28厘米（图七，1）。采：8，形体较小，制作较粗，上部圆台壁微弧，直径 20～22 厘米、下部方座边长 21 厘米、通高 17 厘米（图七，4）。采：7，也为小型，表面粗糙，在方座与圆台之间有束腰。方座边长 17 厘米、中腰径 15 厘米、上部础面径 17～18 厘米，通高 15 厘米（图七，6）。

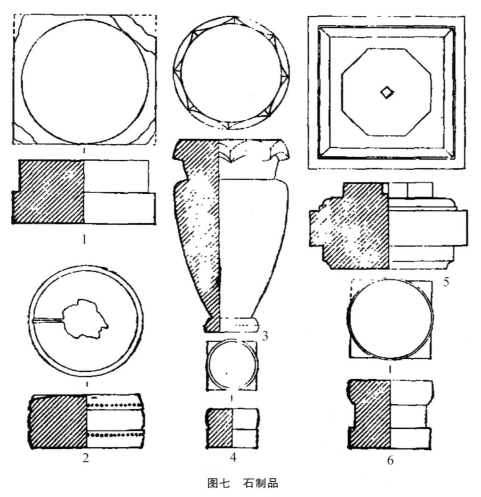

图七　石制品

1、4、6. C 型柱础（采：6、8、7）　2. A 型柱础（采：4）　3. 石供具瓶柱（采：10）　5. B 型柱础（采：5）
（6 为 1/10，余皆 1/20）

石供具瓶柱　1 件（采：10）。据传出土于台基西南外侧，在廊与台基接合部附近。石供具仅存瓶形柱身，其他部分不详。瓶柱为素面，表面较光，似仿瓷器花瓶的样式，瓶形口沿呈花瓣状外翻，瓶体较阔，圆肩以下腹渐收，呈流线型至底，瓶底部为假圈足状凸出一圈。瓶柱上下均为糙面，应有相连接的部分与之配合。在瓶柱体一侧镌刻两排竖行楷书阴文，已有若干字迹模糊不清，尚存（右行）"郫县阎□□造"（左行）"建福宫藏殿供具…"（图八）十一字可辨识，由此可知瓶柱自铭为"供具"，但其上下端部分的形式不详，从瓶柱形态观察，其形制可能类似佛教经幢，但其顶端或许有供台。瓶柱最大径 43 厘米、底径 21 厘米、通高约 84 厘米（图七，3；图十二，1）。

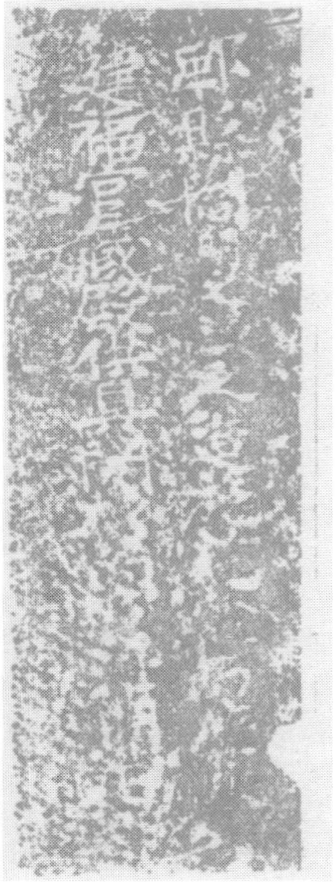

图八　石供具瓶柱
刻文拓本（1/5）

石莲座　1件。据说与供具瓶柱一同出土，但两者显然并不能直接相连。标本采：9，呈圆形，周壁雕刻两重莲瓣，朝上，莲座上面有一圈凸沿，内侧为平面，正中有一直径4.4厘米的圆孔，底面较平。制作较工整，造型美观，外径17厘米、内径10厘米、底径16厘米、高约12厘米（图九，上）。

石栏　1件，已残，素面。标本T15④：21，出土于台基西外侧，作长条形，结构较简单，有一条加工斜边将原有一棱角去平。不能复原。

4. 铁件

铁钉　共3枚，均锈蚀，为四棱锥形，长14～16厘米、最厚者1厘米、钉帽宽约2.5～4厘米，皆出土于瓦砾堆积中，应是置于木头上的。木头已腐朽不存。

（二）生活用具

1. 石雕刻件

石水缸　1件，早年出土，现存于今建福宫内。器形硕大，为整石挖凿成，作圆盆形，弧壁，壁很厚，平底，口沿有一圈宽边，器表面保留累累凿痕，无纹饰。口径210厘米、高140厘米、壁厚18厘米（图九，下）。

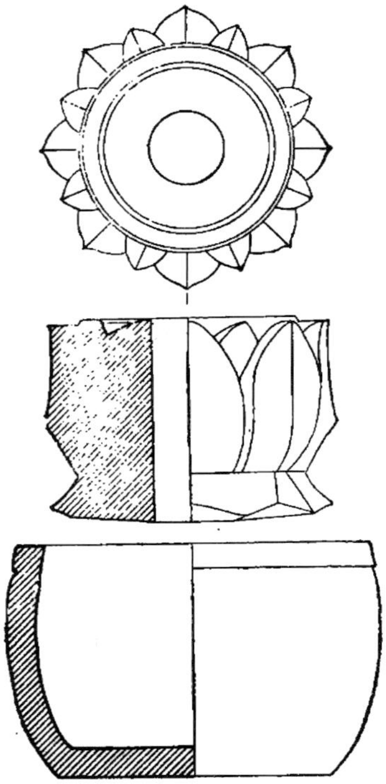

图九　石制品

上　石莲座（采：9）　下　石水缸（上为1/4，下为1/40）

2. 陶瓷器皿

出土的瓷器共十多件，以及若干零碎瓷片，陶器仅一件。瓷器中器形以碗为多，另有茶盏、壶嘴、碟等，陶器为擂钵。这些瓷器大多系当地窑址烧制的质量较低劣的普通粗瓷产品，也有少量质量较优的或接近一些名窑的仿制品，如仿建窑的兔毫黑瓷盏及仿定窑的白瓷器等。出土的约20片仿定窑白瓷残片，均极碎小，所见有薄唇、侈沿、斜直壁、内壁压印重瓣暗纹、外壁有暗弦纹的浅腹碗和内壁有龙纹刻花的器形不明的碎片，以及若干外表有细线暗弦纹的残片。从瓷片观察，除去颜色稍不及，其他已与定窑白瓷很相像。这类仿制品瓷器可能仍是本地产品，或者是四川其他地区的产品。粗瓷器中，有的胎质很差，几近陶胎，往往草率地施一层青釉或其他色釉，少见施两层釉的，器形常常不甚规整。纹饰很少，多素面或仅见一二道弦纹，见有一片浅绿色釉的凸网格纹残片，纹饰较整齐规矩，制作较好。

碗 复原器共5件，均为粗瓷，胎质均较次，施青釉或白、酱（褐）釉，制作较粗率。可分三式。

Ⅰ式：3件。尖圆唇，口略侈，斜弧壁，内底微凹，呈浅圆窝状，圈足一般较小，外壁口沿下隐约可见一周凹弦纹样的痕迹，可能系旋痕遗留。标本T34③：2，器表施两层青釉，外壁仅施于上半部，径16.5厘米、高5.2厘米。T25③：3，白釉，外壁仅施于口沿部，胎质浅褐色，质地明显较差，似陶胎。内底有一圈划痕，不显，似旋痕。径16.2厘米、高52厘米（图一〇，1）。

Ⅱ式：1件。接近于Ⅰ式，在近口沿处有明显转折而成曲壁状，腹壁较斜直，较浅。标本T15③：13，青釉，外壁较粗糙。径17.5厘米、

高4.5厘米（图一〇，6）。

Ⅲ式：1件。圆唇，腹壁较圆，圈足较粗大。标本T4②：5，酱色釉，通体施釉，内底隐约可见二圈浅划痕。器形较规整。径17厘米、高15.2厘米（图一〇，3）。

茶盏 3件。均残片，仿建窑兔毫纹黑瓷，釉色光亮，兔毫纹显得细匀，制作较精致，外表甚美观。标本T34④：3，口沿残片，尖圆唇，口微侈，口沿壁微曲，器壁由口至底逐渐增厚，腹较深，除圈足外通施酱黑色釉，唇部为浅酱色。灰白色胎，质地坚硬。径约12厘米、壁最厚达0.9厘米，高度不详（图一〇，5）。标本T15④：14，口沿残片，尖唇，口略侈，腹壁较前者稍斜，较薄，内壁曲。胎质灰色，坚硬。径约11厘米、壁厚0.3厘米（图一〇，4）。标本T15③：26，圈足残片，底壁较厚，圈足较小、较浅，灰白胎，质硬，内底兔毫纹极为明显，制作规整。底壁厚约0.6厘米、圈足径3.4厘米、足高0.8厘米（图一〇，7）。

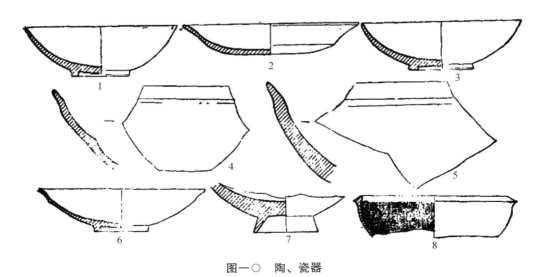

图一〇 陶、瓷器

1、3、6. Ⅰ、Ⅱ、Ⅲ式碗（T25③：3、T4②：5、T15③：13） 2. 小碟（T15③：2） 4、5、7. 茶盏 T15④：14、T34②：3、T15③：26） 8. 擂钵（8为陶器，余皆瓷器。1、3、6、8为1/4，余1/2）

小碟 1件，完整。器形极小，体浅平，平底，外壁有曲折，内壁施赭红色浓釉，较光亮，外壁在折棱下施釉，上部不施釉，作胎质本色。灰白色胎质较硬，外表红白相间，光洁美观。径9厘米、高1.8厘米（图一〇，2）。

擂钵 1件。大部分已残。泥质红陶，呈深红色，火候高，质地坚硬。素面。作盆形，内壁整个刻画成细密成组的竖斜线划纹，与大多数擂钵刻槽相比，显得较细。径17厘米、壁厚0.4厘米（图一〇，8）。

3. 钱币

仅1枚，铁质，已严重锈蚀。方孔圆钱，正面阳文楷书"口元通宝"，对读，素背。直径3.1厘米、孔径0.8~0.9厘米、厚0.2~0.5厘米。

四、结 语

青城山建福宫遗址一号台基的试掘，是首次对道教宫观遗址进行的科学发掘。道教是我国土著宗教，它是中国传统文化的重要组成部分。适应中外兴起的道教研究热，近有学者已经提出了"道教考古"这一专题研究方向。无疑，对古代有价值的道教遗存的考古发掘，必定具有特别的学术意义。下面谈谈试掘中的有关问题。

（一）早在1956年建福宫区域施工中，曾出土过一方《口口山会庆建福宫飞轮道藏记》碑，惜碑已不存，所幸原青城山道长易心莹大师手拓一孤本，传于四川省博物馆著名学者王家祐先生，幸免于失，今得以校录刊出[2]，供研究观瞻。此次出土于一号台基近旁的石雕供具瓶柱上镌刻"郫县阁口口造""建福宫藏殿供具"等文字，为出土的第二件建福宫文字资料。此二石刻，均有"建福宫"之称，足证此处当为南宋淳熙二年（公元1175年）赐名之后

的建福宫所在，藏殿应为一号台基的名称。

这里出土的砖瓦建材、陶瓷器和铁钱等，均属宋代遗物。其建筑雕饰也具有两宋风格特点。综合考古资料与文献记载，可以初步判定，建福宫遗址是南宋后期的遗存。

（二）建福宫名噪一时而毁于一旦，然其毁弃的原因和时间，文献无考。建福宫遗址深埋于厚厚的沙砾层下，却是很值得研究的现象。据试掘中观察，沙砾层是从山上滚落和冲积下来的，显系突发而一次完成的堆积，沉积之厚之速，难以用普通堆积物来解释。沙砾层的沉积性状颇似泥石流，或者山崩滑坡等自然灾害所造成。从地层看，紧靠台基之上的第三层，只发现过零星的宋代遗物，不见更晚之物，可以推测此层形成的年代上限可能是在南宋后期，也就是建福宫毁埋的时间可能就在此时。不过，该宫是否毁于泥石流滑坡，还需要历史文献的印证，特别需要地质学家对沉积现象的分析论证。

（三）从文献记载可知，建福宫规模是相当大的。遗址范围，目前还未及查勘。从周围环境分析，联系到古代有关描写，看来古代建福宫（丈人观）是依山势而建的，整体布局不一定是对称于中轴线，在比较有限的山间沟壑处开辟出比较壮阔的建筑景观，较好地体现了道教建筑依据自然环境取势的特点，也反映了设计建造者的巧妙构思和聪明才智。不过，古人却万万没有想到自然灾害的危险性，这在古建园林史上留下了一次应汲取的深刻教训。

根据地形地貌，结合文献记载，估计建福宫遗址范围，大致北可抵丈人峰侧白岩下面的山坡处，海拔约900米[3]，南边以山涧清溪为止，地势低至750米左右。其西可到今建福宫所处位置，前述《口口山会庆建福宫飞轮道藏记》碑即出土于宫前停车场处，这附近地势平缓较宽。最东或可定在现今居民点的东部，再往前山势已陡。在此范围内，以居民点一带发

现遗迹遗物最多，或是经常动土之故，也可能是地下埋藏丰富，且相对埋藏较浅。一号台基即位于居民点的坡上。

参加发掘和整理的有中国社会科学院考古研究所杨国忠、王仁湘、叶茂林同志，都江堰市文物局汤朝欣、杨忠明、樊拓宇同志。工作中，都江堰市文物局王定富局长和成都市文管会罗开玉处长自始至终给予关怀与指导。青城山管理局及建福宫管理所也予以大力支持。特表谢意。

拓片：罗仲国

执笔：叶茂林　樊拓宇

注　释

[1] 参见王文才：《青城山志》，四川人民出版社，1982年；王纯五主编《青城山志》，四川人民出版社，1989年。都江堰市原名灌县，1988年5月20日改为县级市，隶属成都市。青城山在都江堰市西南10公里左右，建福宫在青城山丈人峰下，因名"丈人观"或"丈人祠"，唐代开元十八年（公元730年）始建。道教是多神教，道教的十大洞天都有一位主治神仙，青城山赤城洞天则龙跻宁封所治，相传宁封乃黄帝时人，封为五岳丈人，丈人峰得名于宁封丈人，比较之下，丈人观应是青城山宫观群中最为重要的一个。南宋淳熙二年（公元1175年），范成大为成都制置使，奏请朝廷赐名"会庆建福宫"。据范成大《吴船录》，"上议曰：按《河图括地象》，岷山之精，上为井络，帝以会昌，神以建福"，典出于此，昌者，庆也。建福宫之名于是有之。建福宫在南宋时盛况空前绝后，各种记载较多，后来建福宫遭毁，却不见文献记载，成为待解之谜。现今青城山建福宫，乃清代光绪十四年（公元1888年）重建，建筑面积仅千余平方米，其建造规模与规格皆远不及昔日之建福宫。

[2] 见王家防《〈青城山道藏记〉校录记》，《成都文物》，1991年第2期。

[3] 见范成大：《吴船录》："观之台殿，上至岩腹。"

补记一：发掘结束后，1991年2月，在吟诗桥附近，有农民于地里劳动时，又挖出一处石砌建筑台基遗迹，同一号台基相似，但台基已残，同时出土了琉璃制品的残件，也有一层瓦砾堆积。地点在一号台基以南（略偏东）相距约200米的公路南侧坡下，台基上缘紧靠公路，埋藏很浅，耕土下即是。目前尚未进行清理。由于被公路所压，若进行发掘便觉困难。据已经暴露的情况，似可以将它定为"二号台基"。二号台基离清澳很近，地势较低，与一号台基高程相差约20~30米。详细情况有待发掘和研究。

补记二：四川大学考古教研室林向先生，从事过成都地区地震考古研究。承蒙林向先生将所掌握的成都地区地震历史灾害资料见告，有关于南宋后期的理宗宝祐三年四月（公元1255年5~6月）"成都地大震"一条记载。根据现代地震科学的研究，成都市和成都平原自身无地震构造因素，其地震多来自北部的龙门山断裂带。因此宝祐三年这次"成都地大震"很可能震中在其他地方而波及成都。成都既已大震，可见地震烈度一定不小。都江堰市和青城山均位在龙门山断裂带通过处，地震的影响必然要强烈于成都。遗憾的是此次地震记载不详，然而从另一方面说，正是其记载不详而与建福宫圮毁的缺乏记载暗自相合。在此谨向林向先生致以谢意。

1. 一号台基正面

2. 由西向东第三壶门浮雕图案

3. 第二壶门浮雕图案

4. 第四壶门浮雕图案

5. 第五壶门浮雕图案

图十一

1. 石供具瓶柱

4. 琉璃瓦

2. 琉璃兽面瓦当

5. 脊兽

6. 琉璃饰件

3. 琉璃饰件

7. 琉璃饰件

图十二　青城山建福宫遗址出土遗物

（原文发表于《考古》1993 年第 10 期）

四川灌县古瓷窑遗址试掘简报

四川省文物管理委员会　灌县文物管理所

1977 年春，在灌县西南 5 公里玉堂公社的岐山、凤鸣、五七三个大队之间发掘古窑址一处，窑址东北与羊马河相邻，西南、西北被青城山、卧牛山、赵公山环抱，地处卧牛山下。窑址面积约 2.5 平方公里，上下分布 18 个窑包，当地群众称为"上九堆、下九堆"（图一）。窑址区内遍布废弃的瓷片和窑具，堆积层厚达 5 ~ 10 米。在有关单位领导和群众的协助下，自 1977 年 11 月 5 日至 12 月 25 日，进行了试掘工作。

试掘点选在罗家窑包和何家窑包，各开 5 米×5 米的探方 1 个，在罗家窑包清理窑炉 1 座。现作如下介绍：

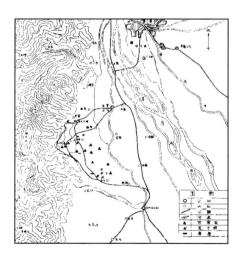

圈一　四川灌县玉堂古窑址分布示意图　（比例 1∶5 000）

一、罗家窑包窑炉结构

窑炉（编号 LE_1）在罗家窑包西侧，前为菜地，后有松林，左右紧靠农舍。窑炉上部已损毁。窑炉建在废弃的瓷片、窑具堆积层上，说明应有更早的窑址。窑炉前缓后陡，坡度在 14° ~ 18° 之间，方向正西。全长 42.92 米，内宽 1.76 米 ~ 2.62 米，残高 1.04 米 ~ 2.08 米。由火膛、前后窑室、隔墙和烟道组成。中部略大，前后稍小（图二）。

图二　罗家窑包窑炉遗址

火膛在窑炉前部，以砖坯及卵石砌筑，与前室紧靠，火门不大。窑底斜平，上铺 0.15 ~ 0.24 米粗河沙。后部有十级台阶。隔墙破坏，烟孔痕迹尚存。烟道明显，存留有约 1 厘米厚的烟灰。两侧壁是用长 34 厘米、宽 18 厘米、厚 7 厘米的双层上坯砌筑，至 1.2 米高起券拱呈弧形顶。内壁涂有一层厚 12～16 厘米的耐火黏土，由于久经高温，已变成红褐色的烧结层。可以看出窑炉历经使用维修，炉底加厚，炉壁增高，墙顶多变异，顶部毁坏。因找不到窑门和投柴孔，无法了解这一龙窑的垒貌。

二、罗家窑包窑炉内出土遗物

在窑底炉沙中清理出窑具、瓷器和铜钱等遗物，列表如后（表一）。

三、罗家窑包出土遗物

罗家窑包一号探方（编号 LT1）在窑包北侧，与窑炉相距约 6 米。探方从表层到生土层深约 6 米，全是废弃的瓷片和窑具，层次不明显。上层窑具以垫圈为主，瓷器内底多沙粒痕迹。胎呈灰色或灰褐色，釉多白或灰白色。以斜直腹、小圈足碗为代表。下层窑具以支钉为主，器物内底多支钉痕。胎以红色和褐色为主，釉多呈青色、青绿色，白色几乎绝迹。印花和釉下彩瓷器为此层特色。执壶大量出现。现将出土遗物列表如后（表二）。

四、何家窑包出土遗物

何家窑包在罗家窑包西北，相距 40 米左右，其间有菜地相隔口探方（编号 HT1）开在窑包的东南侧堆积的腰部，从表土至生土层 3.65～4.21 米，看不出层次变化，出土遗物较为一致，列表介绍如后（表三）。

五、结　语

1. 窑址时代

关于灌县窑，志书中没有记载，仅根据调查和试掘所获资料，从器型特征以及伴随出土的钱币等分析，初步断为唐、宋时期的遗存。

窑炉和两个探方所出的遗物，从器型和烧造工艺的演变规律反映出三者之间的承袭关系。据此，我们将其分为三期。一期包括窑炉和罗家窑包一号探方上层，出土遗物以圈足为主，壁底和平足很少。烧造方法以沙粒加支垫迭烧为主，遗物内底多粗沙痕而极少支钉痕。此期所出小圈足碗具有典型的宋代风格。出土钱币最晚为宋仁宗"皇宋通宝"，因此，此期时代定为北宋中、晚期。二期为罗家窑包下层，壁底和平足器占一定比例，小圈足碗的数量显著减少，大量出现各种印花、划花和釉下彩瓷器，短流执壶也出现较多。烧造方法是以支钉垫烧为主，遗物内底多支钉痕。出土钱币有唐"开元通宝"。因而将这期定为晚唐至北宋初期。三期何家窑包，出土遗物都是壁底和平足，皆为支钉垫烧。各式短嘴直流壶大量出现，口作莲花瓣或以莲花作装饰的碗、盘、水匜等为此期典型遗物，具有唐代风格。伴随出土的钱币只有唐"开元通宝"一种，故将此期定为唐代。

2. 灌县窑的面积大，堆积层厚，内容丰富。这次小规模的试掘，仅接触到 18 个窑包中的极少部分，不能反映整个灌县窑的内涵。上述分期，局限性很大，可能有误，有待今后正式发掘再作补充订正。

3. 灌县窑的试掘，初步解决了四川省过去出土的一些瓷器的窑口问题，同时也为四川陶瓷史的研究提供了新资料。

参加发掘者：陈显双　衡富云　昊世文

执笔：陈显双

摄影：范士林

绘图：彭朝容　徐君熙

表一　罗家窑包窑炉内出土遗物

器类	图号	造型纹饰	胎釉	单位（厘米）
窑具			夹砂粗陶	
支钉	图三：1，2	圆圈形，五齿足	齿尖粘有釉	
垫圈	图三：3			
垫环	图三：4		两面粘有釉	
垫饼				
垫筒	图三：6			
瓷器				
碗 I 式	图三：8	敞口，弧壁，小圈足，内壁印折枝牡丹花卉	红胎、青绿釉	口径 21.4 高 8.4
II 式	图三：9	敞口，斜壁，小圈足	褐胎、酱釉	口径 10.6 高 4.4
III 式	图三：10	侈口，斜壁，小圈足（其中一件内部画六道直线纹）	灰胎、白釉	口径 11.9～12.9 高 3.8～4.3
IV 式	图三：11	宽沿折，直腹，凹底，圈足	褐胎、青黄釉	口径 11 高 6.9
V 式	图三：12	侈口，折腰，圈足	红胎，内外施黄色化妆土，无釉	口径 13 高 4.2
VI 式	图三：13	直口，平唇，弧腹，壁底	褐胎，内施米黄色化妆土，外施酱釉、芒口	口径 11.5 高 3.9
盘		侈口，浅弧壁，圈足，内壁画六道直线纹	灰胎，白釉	口径 15.4 高 4.3
碟 I 式		侈口，斜壁，平足	灰胎，白釉	口径 10.5 高 3.7
II 式		敞口，外折沿，弧壁，平足	褐胎、青绿釉	口径 13.8 高 2.8
III 式	图三：14	与 II 式似，唯浅腹	褐胎、白釉	口径 11.3 高 2
IV 式	图三：15	葵瓣口，平足	褐胎、青绿釉	口径 10.8 高 2.7
盏 I 式		敞口，折腹，凹足	红胎、灰白釉	口径 14.5 高 2.2
II 式		敞口，斜腹，圈足或平足	褐胎、青绿釉	口径 9.6～10 高 2.4～3.2
杯 I 式	图三：17	侈口，直腹，圈足	褐胎，内壁口沿釉色青黄，外壁青釉	口径 8.4 高 5.1
II 式	图三：16	敞口，斜直腹，平底	红胎，素烧无釉	口径 3.1 高 2.8

器类	图号	造型纹饰	胎釉	单位（厘米）
罐 I 式		直口，平唇，短颈，平斜肩，肩部有管状耳	灰胎、白釉	残高 2.7
II 式	图三：18	侈口，鼓腹，平底，肩部双横系	褐胎、米黄釉	口径 3.5 高 5.5
壶 I 式		盘口，长颈，鼓腹	红胎，内外施米黄色化妆土，未施釉	口径 7 残高 7.1
II 式		喇叭口，长颈，鼓腹，颈部有柄痕	灰胎、白釉	口径 7.7 残高 7.2
水盂		直口，直颈，圆腹，腹部施釉下绿彩直线纹	褐胎、青釉	残高 2.6
盒		有子口，直腹，失盖	红胎，内外施白色化妆土，无釉	残高 2.6
炉	图三：19	敞口，宽沿外折，直腹，平足，短柄	褐胎、青釉	口径 12.2 高 7.8
器盖		伞状，乳形钮	褐胎、青绿釉	
铜钱		"开元通宝" "皇宋通宝"		

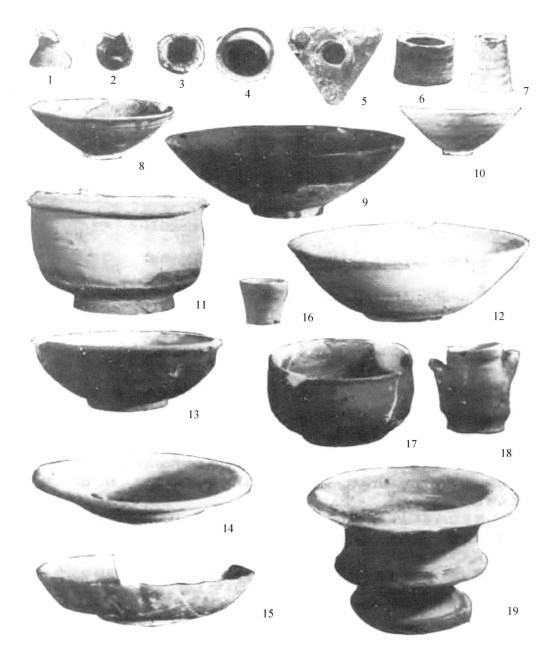

图三 罗家窑包窑炉内出土遗物

1、2．支钉 3．垫圈 4．垫环 5．垫板 6．垫筒 7．支柱 8～13．Ⅰ～Ⅵ式碗 14、15．Ⅱ、Ⅳ式碟
16、17．Ⅱ、Ⅰ式杯 18．Ⅱ式罐 19．炉（5．垫板 7．支柱为窑包出土）

表二　罗家窑包出土遗物

器类	图号	造型纹饰	胎釉	单位（厘米）
窑具		造型多与窑炉所出相同	夹砂粗陶	
支钉	参见图三：1、2	圆形、筒形、杯形五齿与圆形六齿两类十余种		
垫圈				
垫环				
垫饼				
支柱	图三：7	锥形、平底，与垫饼、垫圈、支钉等粘接		
底垫		碗形，底有孔		
垫筒		一称"墩子"，筒形，有的腰部有孔		
垫条		直、弧两种		
垫板	图三：5	三角形，中有孔		
印模		蘑菇形，面阴刻"何"字		
瓷器				
碗Ⅰ式		与窑炉所出Ⅰ式同		
Ⅱ式	图四：1，图五：1	与窑炉所出Ⅱ式同，有印花，画六道直线纹和素面三种		
Ⅲ式	图四：2，图五：2、3	与窑炉所出Ⅲ式同，种类同上		
Ⅳ式	图四：3，图五：4、5	侈口、弧壁、圈足，种类同上	褐胎、青绿釉及灰褐胎白釉	口径13.3～26.2 高4.7～9.3
Ⅴ式	图五：6	敞口、斜壁、小平足，足部有两道凸弦纹	黑褐胎、青釉	口径11 高3.7
Ⅵ式	图五：7	敞口，椭圆腹，圈足	灰胎、白釉	口径15.2 高4.7
Ⅶ式	图五：8	与Ⅵ式相近，坦形	灰胎、白釉	口径17.2 高4.9
Ⅷ式	图五：9	敞口、外折沿、斜壁、折腰、浅圈足	褐胎、青釉	口径13.5 高4.9
Ⅸ式	图五：10	敞口、折沿、弧壁、圈足	褐胎，青釉	口径13.3～27.5 高4.7～6.2
Ⅹ		敞口、斜直腹、圈足	灰胎、白釉，口沿酱黄釉一周	口径13.7
盘Ⅰ式		与窑炉所出相同		

器类	图号	造型纹饰	胎釉	单位（厘米）
II式	图五：11	侈口，折腰，圈足	灰褐胎，灰白釉或青釉	口径15.8～17.6 高4.2
碟I式	图五：12	侈口，斜壁，平足	灰胎、白釉或褐胎青釉，个别施酱釉	口径11～11.2 高3.7～4
II式	图五：13	与I式略同，凹底	胎薄、灰胎、白釉	口径11.6 高3.4
盏I式	图五：14	敞口，平底，平底，坦腹	灰胎、白釉	口径8.7 高1.4
II式	图五：15	敞口，折腰，平底	褐胎、灰白釉或青釉	口径8～9.8 高2.2～2.9
钵	图五：16	敞口，侈唇，直肩，斜腹，圈足	褐胎、青釉	口径24.8 高0.2
壶I式	图四：4	敞口，长颈、鼓腹，平底，管状流，另侧带状柄	褐胎、酱黄釉	口径4.3 高17.4
II式		侈口，长颈、鼓腹，平底，管状流，带柄	灰褐胎、青绿釉	口径6.2 高21.4
III式	图四：5	敞口，平折沿，长颈，鼓腹，平底，管状流，带状柄，两侧附耳	褐胎、青绿釉或青釉	口径7～8.2 高16.4～20.4
IV式	图四：6	直口，短颈，方圆腹，平底，肩部有流，相对称方向有柄	灰褐胎、青釉	口径2 高6.1
V式	图四：7	直口，圈唇，椭圆腹，平底，腹前有流，后有柄	灰褐胎、青釉	口径4.1 高9.6
瓶	图四：8	喇叭口，长颈，圆腹，平底	灰胎、青釉	口径4.8 高9
水盂	图四：9	小口，圆腹，平足	褐胎、青绿釉	口径2.6 高6.9
炉	图四：10	敞口，斜折沿，平底，乳钉状三足	红胎、灰白釉	口径11.5 高4.5
灯I式	图四：11	敞口，斜折沿，直腹，短柱喇叭形圈足	灰褐胎、青釉	口径8.9 高7.6
II式	图四：12	敞口，折沿，直柱，喇叭形圈足，柱间饰莲瓣纹一周		口径8.4 高9.1
盒I式		与窑炉所出相同		
II式	图四：13	缺盖，子口，扁圆腹，圈足	褐胎、灰白釉	口径10.5 高3.6

续　表

器类	图号	造型纹饰	胎釉	单位（厘米）
器盖	图四：14～17	四种形式		
残片		其中有器颈、器柄、器耳		
印花	图六：1～5	印花、划花碗残片，釉下黄、酱、褐、绿彩残片等	碗类残片多红胎	
划花	图六：6～7			
釉下彩	图六：8～14			
铜钱		"开元通宝"		

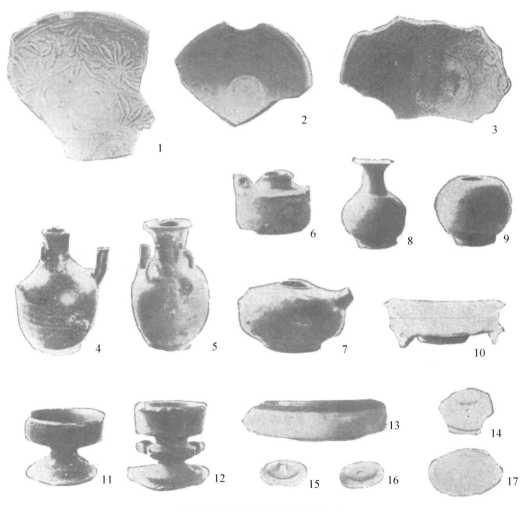

图四　罗家窑包出土遗物（一）

1～3. Ⅱ、Ⅲ、Ⅳ式碗　4～7. Ⅰ、Ⅱ、Ⅳ、Ⅴ式壶　8. 瓶　9. 水盂　10. 炉　11、12. Ⅰ、Ⅱ式灯 13. Ⅱ式盒　14～17. 器垫

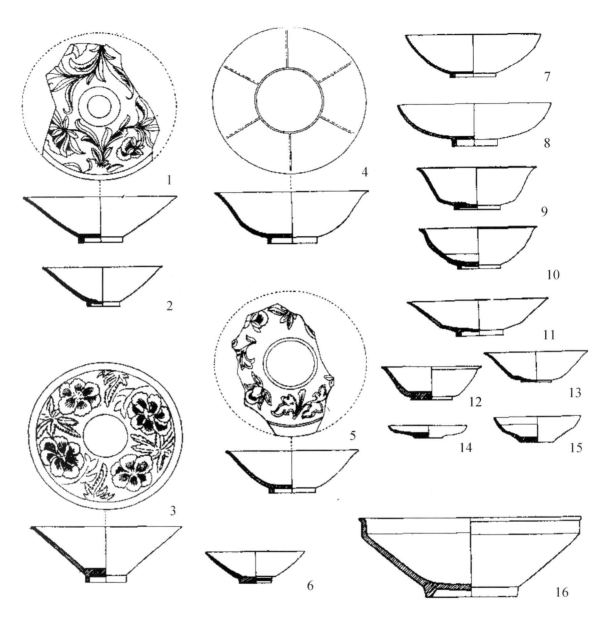

图五　罗家窑包出土遗物图

1. Ⅱ式碗　2、3. Ⅲ式碗　4、5. Ⅳ式碗　6~10. Ⅴ~Ⅸ式碗

11. Ⅱ式盘　12、13. Ⅰ、Ⅱ式碟　14、15. Ⅱ式盏　16. 钵

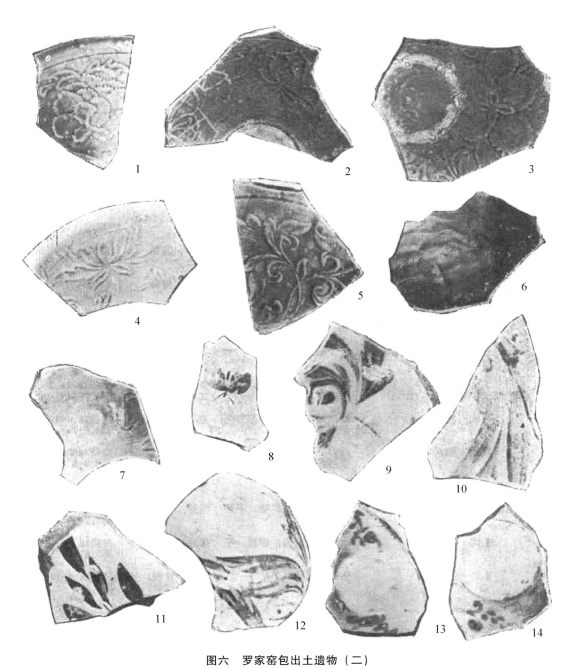

图六 罗家窑包出土遗物（二）

1~5. 印花碗片 6、7. 划花碗片 8、9. 釉下褐彩残片 10、12. 釉下黄褐彩残片 13、14. 釉下绿彩碗片

表三　何家窑包出土遗物

器类	图号	造型纹饰	胎釉	单位（厘米）
窑具			夹砂粗陶	
支钉	图八：1、2	五至七齿十余种		
垫板	图八：3	圆形、六角形两种		
垫环	图八：4	壁形，上有八个凹槽		
垫筒		垫筒等窑具与罗家窑包出土相同，唯略显厚重		
支柱				
垫条				
瓷器				
碗 I 式		敛口，圆弧壁，壁底	褐胎、酱釉	口径 12.6 高 7
II 式	图八：5	敞口，斜壁，折腰，壁底	褐胎、青釉	口径 15 高 6.8
III 式	图八：6	侈口，斜壁，壁底，莲花瓣口	灰胎、青釉	口径 17.8 高 7.5
IV 式		同 I 式似，平足	褐胎、青釉，口沿一周酱釉	口径 18 高 6.1
V 式	图八：7	敞口，弧壁，平足，厚壁与薄壁两种	黄褐胎、青釉，口沿施酱釉	口径 13～14.2 高 4.7～5
VI 式	图八：8、9	敞口微侈，平足，深形与坦形两种	褐胎、青釉	口径 15.6～18.8 高 4.6～7
VII 式	图八：10	敞口，平折沿，平足，深腹与浅腹两种	黄褐胎、青绿釉与红胎、米黄釉两种，个别为青釉	口径 14～20 高 4.9～8
盘 I 式	图八：11	敞口，平唇，斜壁，平足	褐胎、青釉	口径 17.9 高 3.2
II 式		敞口，斜折沿，坦腹，平足	褐胎、青釉	口径 15 高 3.8
III 式	图八：12	侈口，弧壁，平足	褐胎、青釉，另见素烧红胎，内外施米黄色化妆土，无釉一种	口径 16.3～16.4 高 3.4～4
IV 式	图八：13、14	侈口，曲腹，平足，口沿作五出或六出花瓣口及无纹三种	褐胎或红胎、青釉	口径 17.2～23.8 高 3.4～5
盆 I 式	图七：1	敞口，平底，腹上部凸弦纹一道	褐胎、青釉	口径 32 高 11

器类	图号	造型纹饰	胎釉	单位（厘米）
Ⅱ式	图七：2	敛口，平底，见一器腹上部有凸弦纹	红胎、青釉	口径27.6~28.8 高8.2~11
Ⅲ式	图七：3	敛口，平折沿，平底，腹上部有凸弦纹一周	红胎、青釉	口径29.6 高12.4
Ⅳ式	图七：4	侈口，平足	褐胎、青釉	口径36.6 高15
钵Ⅰ式	图七：5	敛口，鼓腹，平足	褐胎、青釉	口径12.1 高6.4
Ⅱ式	图七：6， 图八：15	敛口，唇外侈，平足	褐胎、青釉，口沿及腹部施酱斑	口径14.3 高8.7
Ⅲ式	图七：7	敞口，平足	黄褐色胎、青釉，有酱釉斑点	口径13.6 高7.1
Ⅳ式	图七：8， 图八：16	敞口，曲腹，平足，内饰锥刺纹	褐胎、青釉	口径14.6 高4.7
Ⅴ式	图七：9	直口，圆唇，直腹，颈，腹部各一道凹弦纹，腹部双耳	褐胎、青釉	口径14.6 残高9.2
盏图	图七：17	直口，圆唇，坦腹，平足	褐胎、红胎、青釉、米黄釉、酱釉以及素烧多种，另有施酱斑及褐斑	口径11.2 高3.3
罐Ⅰ式	图八：18	敛口，卷唇，鼓腹，平足	褐胎、青釉	口径9 高8.6
Ⅱ式		敞口，平足，双耳	黄褐胎、青釉	口径8.3 高8.6
Ⅲ式		敛口，圆唇，平足，双耳	褐胎、青釉	口径9.3 高6.1
Ⅳ式	图八：19	敞口，鼓腹，平足，颈肩部饰双耳	褐胎、青釉	口径6.9~7.4 高11.7~12.8
Ⅴ式	图八：20	敞口，平足，肩饰四耳	褐胎、青釉	口径7.2~7.6 高12.1~15.3
Ⅵ式	图八：21	敞口，椭圆腹，平足，肩有四耳	褐胎、青釉	口径7.8 高8.1
Ⅶ式	图八：22	直口，短颈，鼓腹，平足，饰四耳	褐胎、青釉	口径8.2 高12.5
Ⅷ式	图八：23	敞口，肩部有耳，下残	褐胎、青釉	口径13 残高5.6

器类	图号	造型纹饰	胎釉	单位（厘米）
IX式	图八：24	敞口，直颈，肩部四横耳，下残	褐胎、青釉	口径 10.4 残高 9.5
X式	图八：25	敞口，圆唇，肩饰四直耳	褐胎、青釉	口径 10 残高 9.9
XI式	图八：26	小口，鼓腹，肩饰四耳，桥形系	褐胎、青釉	口径 10.6 残高 9.3
XII式				
壶 I式	图九：1	喇叭口，鼓腹，平足，腹前有短直流，后有柄	褐胎、青釉	口径 10 高 18.3
II式	图九：2	鼓腹，平足，腹部有流	褐胎、酱黄釉	底径 4.2 残高 9
III式	图九：3	敞口，外折沿，椭圆形腹，颈肩部饰对称双耳，腹部有短流，平足	褐胎、青釉	口径 8 高 10.3
IV式	图九：4	敞口，斜折肩，直腹，平足，腹安短直流，颈肩部饰对称双耳	褐胎、青釉	口径 7.4 高 14.2
V式	图九：5	小口，圆腹，肩部有短直流	红胎，外施米黄色化妆土，无釉	残高 7.1
VI式	图九：6	长颈，撇足，腹前有流，后有柄，两侧有对称双耳	褐胎、青釉	底径 8.8 残高 18.6
VII式	图九：7	侈口，长颈，鼓腹，平足，颈部三周凸弦纹，腹前有流后有柄，两侧有横耳	褐胎、青釉	口径 8.4 高 23
VIII式	图九：8	敞口，斜折沿，鼓腹，平足，腹部有短直流，两侧有耳，颈部有两道凸弦纹	褐胎、青釉	口径 8.8 高 19.6
IX式	图九：9	敞口，短颈，鼓腹，肩部有流，两侧有耳，下部残	褐胎、青釉	口径 12.3 残高 19.3
X式	图九：10	小劲，鼓腹，平底，腹前有流后有柄	褐胎、酱釉	底径 4.2 残高 8.7
盒 I式	图九：11	子口（失盖），折腹，平足	红胎、青釉	口径 17 高 7
II式	图九：12	子口（失盖），圆腹，璧底	褐胎、酱釉	口径 5.2 高 3.3
匣 I式	图九：13	敞口，斜直腹，平足，口沿有流，腹部有柄	褐胎、青釉	口径 13.6 高 9.6

器类	图号	造型纹饰	胎釉	单位（厘米）
Ⅱ式	图九：14	敛口，折沿，鼓腹，平足，口沿有流，腹部有柄	褐胎、酱釉	口径 11.9 高 8.6
Ⅲ式	图九：15	莲瓣口，唇外折，平足，口有流，口腹间安柱形柄	褐胎、青釉，有酱色釉斑	口径 11.2 高 8.4
炉	图九：16	侈口，平底，下附三足	褐胎、酱釉	口径 8.7 高 6.1
圆球	图九：17	上画圆圈纹	红胎，素烧无釉	直径 3.4
纺轮	图九：18		素烧，无釉	直径 3.4 高 2.9
管饰	图九：19	中有孔	素烧，无釉	长 3.6
器盖	图九：20			
残片		釉下彩		
铜钱		"开元通宝"		

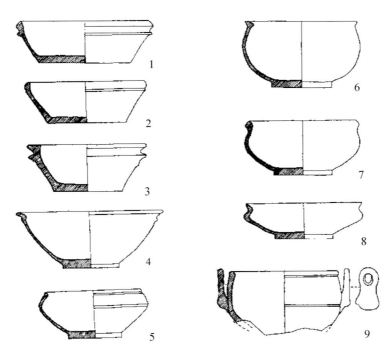

图七　何家窑包出土器物图

1～4. Ⅰ～Ⅳ式盆　5～9. Ⅰ～Ⅴ式钵

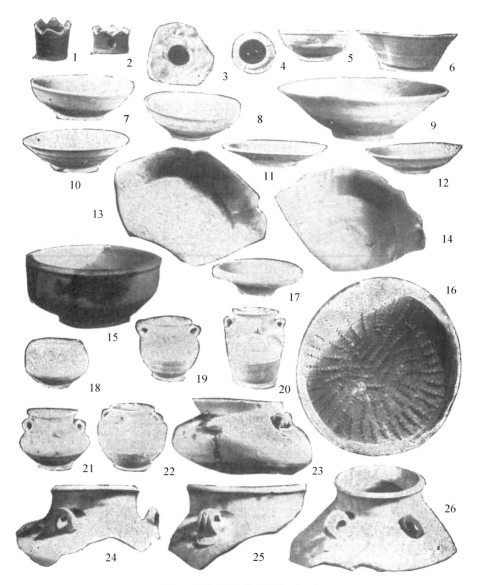

图八　何家窑包出土遗物（一）

1、2. 支钉　3. 垫板　4. 垫环　5~7. Ⅱ、Ⅲ、Ⅴ式碗　8、9. Ⅵ式碗

10. Ⅶ式碗　11、12. Ⅰ、Ⅲ式盘　13、14. Ⅳ式盘　15、16. Ⅱ、Ⅳ式钵

17. 盏　18~26. Ⅰ、Ⅳ、Ⅴ、Ⅵ、Ⅶ、Ⅷ、Ⅸ、Ⅹ、Ⅺ式罐

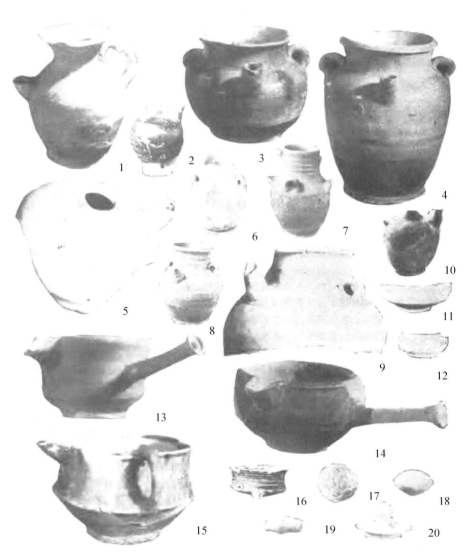

图九　何家窑包出土遗物（二）

1～10. Ⅰ～Ⅹ式壶　11、12. Ⅰ、Ⅱ式盒　13～15. Ⅰ～Ⅲ式匣

15. 炉　17. 球　18. 纺轮　19. 管饰　20. 器盖

（原文载于文物编辑委员会编《中国古代窑址调查发掘报告集》，文物出版社，1984 年）

灌县马家古瓷窑遗址试掘记

四川省文物管理委员会　灌县文物管理所

1977 年春季，四川省陶瓷史编写组在灌县调查时，发现马家古陶窑遗址。1977 年冬季，四川省文物管理委员会考古队（原四川省博物馆考古队）和灌县文物管理所联合进行了试掘，现简记于下：

一、地理环境及遗址状况

马家古瓷窑遗址位于灌县城南约 5 公里的玉堂公社岐山大队。与成都相距约 60 公里。遗址面临金马河，背靠卧牛山，左侧与青城山相依，右侧与赵公山遥相呼应（图一）。

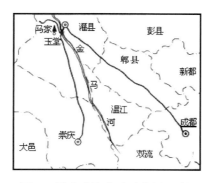

图一　马家古瓷窑遗址位置示意图

遗址外貌为一高出地表 4～10 米、直径 100～120 米的馒头形小丘，当地群众称为"马家窑包"，窑址命名即由此而来。马家窑包是烧制瓷器期间人工堆积起来的，从地表以上到表层以下是窑址烧制瓷器过程中废弃的残破瓷器、窑具和炉渣等的混合堆积。表层是一层耕土，其间含有少许瓷片和窑具。

这次试掘，我们在马家窑的西部边缘地区先开了 5 米×5 米的探方一个，后来又在东南两边扩方，各两米多，实际揭露面积近 50 平方米。虽然这次揭露的面积不大，可是获得的遗物（只包括采集的有代表性的部分）数量较多，品种亦较复杂，据初步统计，有碗、盘、盆、钵、罐、壶、盏、灯、炉、盂、匜、腰鼓等完、残瓷器、釉下彩瓷片和窑具等 1 160 件，尤为难得的是，在探方的下部发现三件有年号标记的遗物，它为确定这个窑址的时代，提供了可靠依据。

二、地层堆积情况和分期

由于探方开在窑址的废品堆上，因而没有发现窑炉和作坊遗迹。堆积情况亦因由上而下倾倒废品之故，而显得很不规则。下面就探方（编号 MT1）的东壁剖面为例（图二），分层介绍于下：

第一层　耕土层，厚 0.32～0.58 米。土色黑褐。土质较松，含沙较多。此层内混入少量瓷片、窑具和近、现代杂物。

第二层　扰乱层，厚 0.78～2.36 米。土色较上层深，含沙较多。此层内除有瓷片、窑具和炉渣外，还有汉代砖瓦、陶片和近代铜钱，现代砖、瓦等。

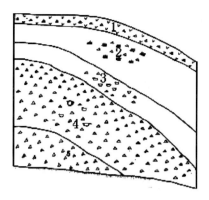

图二 瓷窑遗址探方剖面图（东壁）（比例尺1:120）

第三层 瓷片、炉渣和窑具的混合堆积层，其间有少许黑色淤泥，厚0.64～1.56米。包含遗物的品种单纯，只有碗、盘、壶三类。

第四层 堆积情况与上层相同，其间夹杂的淤泥较少，厚0.76～2.74米。包含遗物数量丰富，品种多样，器形变化较复杂，仅采集到的就有碗、盘、盆、钵、罐、壶、匜、盏等近十种器物，还有一些釉下彩瓷器和瓷片。

第五层 亦是废瓷、窑具和炉渣等的混合堆积层，其间夹杂的淤泥更黑，含沙更重。这层的厚度为0～1.52米。包含的遗物有饼足碗、盘、双耳短流壶、腰鼓等。此层文化堆积较四层薄，遗物的数量和品种都较四层少，而釉下彩瓷器、瓷片的数量却较四层丰富。

从这次试掘探方的地层堆积情况看，地层关系是较为清楚的，各层间遗物的变化是很有规律的，所反映的时代特征也是较为显著的。据此，我们把窑址按地层分为三期：第三层为一期；第四层为二期；第五层为三期。

三、遗 物

（一）第一期出土遗物

1. 生活用具，包括碗、盘、壶三类。

碗 共110件，包括莲瓣纹、菊瓣纹、条线纹和素面碗四种，其基本特征是：内壁全釉，

外壁半釉，釉层薄而不匀，有脱釉和滴釉现象，内底有明显的支烧痕迹。胎、釉之间施白色化妆土一层。

莲瓣纹碗 46件，可分七式。

I式 6件。敞口微外撇，尖唇，上腹斜直，大圈足。外壁划双线莲瓣纹。灰褐色胎，釉色青中泛黄者多，绿釉仅1件。标本MT1③：4，口径16.8厘米、底径7.4厘米、高6.5厘米（图三）。

图三 I式莲花瓣纹碗

II式 8件。敞口，圆唇，弧腹，大圈足。腹较深，腰部微向内收，外壁划双线莲瓣纹。胎色以褐居多，灰褐较少；釉色有青和青中泛黄两种，标本MT1③：11厘米，口径15厘米、底径6.8厘米、高6.2厘米。

III式 10件。敛口，圆唇，浅腹微鼓，大圈足。外壁划单线莲瓣纹。胎色灰褐，个别红胎，釉色青中泛黄居多，泛绿者次之，纯青者极少。标本MT1③：17，口径14.8厘米、底径8.5厘米、高8.2厘米。

IV式 4件。撇口，尖唇，圈足。标本MT1③：25，褐胎，青中泛黄釉。外壁划四线莲瓣纹，口径16.6厘米、底径6.4厘米、高5.2厘米（图四，1）；标本MT1③：27，灰褐色胎，青中泛白釉，外壁划三线莲瓣纹，口径15厘米、底径6.4厘米、高5.1厘米（图四，2）。

V式 5件。敞口微外撇，口以下斜线内收至底，圈足，内底微凹。胎色以褐居多，红

褐者较少，釉色青中泛黄。标本 MT1③：30，外壁划双线莲瓣纹，口径 16.6 厘米、底径 6.4 厘米、高 7.5 厘米；标本 MT1③：33，外壁划三线莲瓣纹，口径 16.4 厘米、底径 6.7 厘米、高 7.5 厘米。

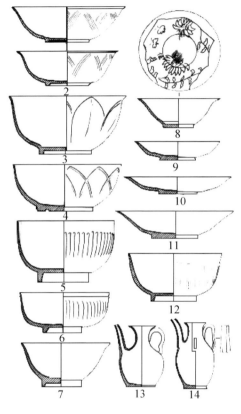

图四　一期瓷器

1~2.Ⅳ式莲瓣碗　3.Ⅵ式莲瓣碗　4.Ⅶ式莲瓣碗

5.Ⅱ式菊瓣纹碗　6.Ⅰ式菊瓣纹碗　7.Ⅲ式素面碗

8.划花碗　9.Ⅱ式盘　10.Ⅲ式盘　11.Ⅰ式盘　12.条线纹碗　13.Ⅱ式壶　14.Ⅲ式壶（8 为 1/8，余为 1/4）

Ⅵ式　1 件（MT1③：34）。撇缘，尖唇，口以下弧线内收至底，圈足，深腹，口径 18 厘米、底径 8 厘米、高 8.6 厘米（图四，3）。

Ⅶ式　12 件。口缘微向外撇，圆唇，腹微向外鼓，璧底。外壁划单线莲瓣纹，胎色有褐和红褐两种，釉色多绿，青中泛黄，泛白者较少，标本 MT1③：40，口径 16.5 厘米、底径

8.1 厘米、高 9.6 厘米（图四，4）。

菊瓣纹碗　共 9 件，可分三式。

Ⅰ式　3 件。敞口，尖唇，腹斜线内收至底，圈足微外撇，内底平坦，器壁厚重。外壁近唇部饰凹弦纹一周，其下划菊瓣纹。褐胎，青中泛绿釉，标本 MT1③：48，口径 13.8 厘米、底径 5.7 厘米、高 6.1 厘米（图四，6、图五）。

图五　Ⅰ式菊瓣纹碗

Ⅱ式　5 件。敞口，尖唇，腹上部较直，下部弧线内收至底，圈足外撇，内底微凹。近唇部饰凹弦纹一周，其下划菊瓣纹。胎色有褐、红褐两种，釉皆青中泛黄。标本 MT1③：50，口径 14.8 厘米、底径 7.5 厘米、高 9.2 厘米（图四，5）。

Ⅲ式　1 件（MT1③：55）。束颈，身划菊瓣纹，褐胎，绿釉。口径 11.4 厘米、底径 5.5 厘米、高 5.2 厘米。

条线纹碗　5 件。敞口，尖唇，腹斜线内收至底，圈足外撇，外壁划条线纹。褐胎，釉色中只有一件绿色，其余四件为青中泛黄。标本 MT1③：57，口径 13.9 厘米、底径 6.6 厘米、高 7.2 厘米（图四，12、图六）。

素面碗　49 件。可分五式。

Ⅰ式　12 件，敞口，圆唇，腹斜线内收至底，圆足。红褐胎，青中泛黄釉，标本 MT1③：64，口径 15.3 厘米、底径 7.2 厘米、高 6.5 厘米（图七）。

图六　条线纹碗

Ⅱ式　15 件。形与Ⅰ式略同，璧底。胎有褐与红褐两种，釉色青中泛黄。标本 MT1③：73，口径 13.9 厘米、底径 6.5 厘米、高 6.9 厘米。

Ⅲ式　7 件。撇缘，尖唇，口以下弧线内收至底，圈足。褐胎，釉色有青中泛黄、泛白和青色三种。标本 MT1③：89，口径 13.8 厘米、底径 6 厘米、高 6.4 厘米（图四，7）。

Ⅳ式　11 件。敞口，唇沿外折，口以下斜线内收至底，饼足。胎色以褐色居多，灰白者较少，釉有青和青中泛黄两种。标本 MT1③：97，口径 13 厘米、底径 5.5 厘米、高 5.3 厘米。

图七　Ⅰ式素面碗

Ⅴ式　4 件。撇缘，腹斜线内收至底，圈足较高。褐胎，青釉，标本 MT1③：106，口径 14.1 厘米、底径 5.6 厘米、高 4.8 厘米。

划花碗　1 件（MT1③：120）。撇缘，尖唇，口以下弧线内收至底，圈足，内底下凹成一圆圈形。内壁、底划蝴蝶、缠枝花卉和"伍月"二字。灰白色胎，青中泛白釉，口径 23.8

厘米、底径 9.1 厘米、高 8.6 厘米（图四，8、图八）。

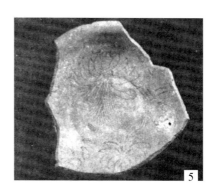

图八　划花碗

盘　29 件，可分三式。基本特征与碗同。

Ⅰ式　12 件。撇缘，尖唇，饼足微向外撇。胎色有褐与红褐两种，釉有青中泛黄和青中泛白两种。标本 MT1③：124，口径 17.5 厘米、底径 6.8 厘米、高 4.3 厘米（图四，11）。

Ⅱ式　7 件。敞口，尖唇，曲腹，饼足微向外撇。胎色有褐与红褐两种，釉有青和青中泛黄两种。标本 MT1③：135，口径 12.6 厘米、底径 5.4 厘米、高 3 厘米（图四，9）。

Ⅲ式　10 件。撇缘，尖唇，口以下斜线内收至底，饼足。胎色皆褐，釉有绿和青中泛黄两种。标本 MT1③：142，口径 15.9 厘米、底径 5.7 厘米、高 2.8 厘米（图四，10）。

壶　14 件，可分六式。基本特征为：腹部有长而曲的管形流，与流对称处附板带形把手。假圈足平实。内壁无釉，外壁釉不及底，有脱釉和滴釉现象。胎、釉间亦施白色化妆土一层。

Ⅰ式　4 件，均残。喇叭形口，球形腹。标本 MT1③：158，器身瘦长，颈、腹间无明显区别。褐胎，青釉，口径 7.6 厘米、底径 6.5 厘米、高 21.2 厘米；标本 MT1③：160，颈较短，褐胎，绿釉，口径 7.6 厘米、残高 13 厘米；标本 MT1③：161，仅存口、颈部分，形与 MT1③：160 相同，灰褐色胎，青中泛白釉，口径 7.1 厘米、残高 7.8 厘米。

Ⅱ式 1件（MT1③：162），形与Ⅰ式略同，颈较短，鼓腹。灰褐色胎，绿釉，口径8.2厘米、底径8.6厘米、高18.2厘米（图四，13）。

Ⅲ式 2件。敞口，圆筒形颈，腹微鼓，腹部有明显的轮旋痕迹，颈、腹间有对称双耳。MT1③：163，器身瘦长。灰褐色胎，青中泛黄釉。口径5.8厘米、底径7.2厘米、高20厘米（图四，14）；标本MT1③：164，器身较前者丰满，灰褐色胎，青中泛白釉，口径8.9厘米、底径7.8厘米、高19.5厘米。

Ⅳ式 2件。敛口，颈短而粗。MT1③：165，腹似椭圆形，颈、腹间无明显区别，腹上部附对称双耳，褐胎，青中泛白釉，口径9.2厘米、底径9.9厘米、高15.9厘米；MT1③：166，斜肩，腹微鼓，无耳，器身瘦长。红褐色胎，青中泛黄釉，口径6.5厘米、底径6.4厘米、残高14.8厘米。

Ⅴ式 4件，均残。盘口，斜肩，斜腹，饼足外撇。标本MT1③：167，褐胎，绿釉，口径7.8厘米、底径8.4厘米、高19厘米（图九）；标本MT1③：169，弧肩，鼓腹。红褐色胎，青中泛白釉，口径7.1厘米、残高8.6厘米。

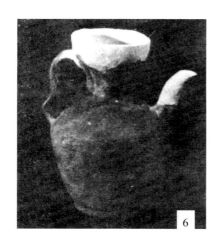

图九 Ⅴ式壶

Ⅳ式 1件（MT1③：171），残。口缘外撇，管状颈，球形腹，颈、腹间有对称双耳。红褐色胎，绿釉，口径3.4厘米、残高12.3厘米。

壶把 1件（MT1③：172），上有突起的花饰和绳饰，绿釉，灰褐色胎。

盏 2件。敞口，圆唇，斜腹，饼足外撇。青釉。褐胎。标本MT1③：173，口径8.9厘米、底径4.6厘米、高3.2厘米。

2. 窑具 36件。包括支钉、垫圈、垫柱和垫板四种，均用黄褐色耐火黏土烧制而成。

支钉 13件。其中有圆柱形五齿支钉、圆饼形五齿支钉、圆锥形六齿支钉、圆圈形八齿支钉等。

垫圈 6件。直筒形，无底。其中一件的外壁有刻画文字（图一〇，1）

图一〇 一期窑具刻文（1/4）

垫柱 5件。筒形，上小下大，剖面呈半椎体，中空无底。这五件中，有高、中、低三种。

垫板 12件。包括三角形和圆形两种，其中的部分板面有刻画文字（图一〇，2～4）。

（二）第二期出土遗物

1. 生活用具，包括碗、盘、钵、盏盆、壶罐、盂、匝等类。

碗 132件，其中有14件莲瓣纹碗与一期的Ⅵ式、Ⅶ式莲瓣纹碗相同。其余118件的基本特征亦与一期碗类相同。依器形可分十一式。

Ⅰ式 17件。口微敛，唇外侈，口以下弧线内收至底，饼足高而平实。红褐色胎，青中泛白釉，标本MT1④：17，口径15.7厘米、底径9.3厘米、高10.3厘米（图一一，1）。

图一一　二期瓷器

1. Ⅰ式碗　2. Ⅶ式碗　3. Ⅲ式盘　4. Ⅳ式钵　5. Ⅲ式盆　6. Ⅳ式壶

Ⅱ式　19件。敞口，腹斜，饼足矮而微向外撇。胎色有红褐、灰褐两种，釉色以青中泛黄为主，青、绿者较少。标本 MT1④：36，口径 11.6 厘米、底径 5.2 厘米、高 5.4 厘米；标本 MT1④：43，饼足微向外突，唇尖腹微折。口径 17.1 厘米、底径 7 厘米、高 6.1 厘米（图一二，2）。

Ⅲ式　24件。撇口，坦腹，饼足。褐胎，釉色有青中泛黄、泛白和绿色三种。标本 MT1④：60，口径 19 厘米、底径 8.5 厘米、高 6.6 厘米。

Ⅳ式　15件。撇口，口以下弧线内收至底，饼足大而平实。胎色灰褐，釉有青和青中泛黄两种。标本 MT1④：78，口径 18.2 厘米、底径 8.6 厘米、高 7.1 厘米。

Ⅴ式　2件，均残。敞口微外撇，口以下弧线内收至底，饼足较矮。褐胎，青中泛黄釉、唇部饰酱彩一周。标本 MT1④：90，口径 17.6 厘米、底径 8.8 厘米、高 7.2 厘米。

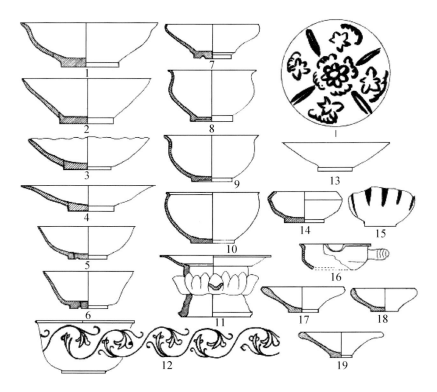

图一二　二期瓷器

1. Ⅷ式碗　2. Ⅱ式碗　3. Ⅲ式盘　4. Ⅰ式盘　5. Ⅹ式碗　6. ⅩⅠ式碗　7. Ⅸ式碗　8. Ⅱ式钵　9. Ⅰ式钵

10. Ⅲ式钵　11. 炉　12. Ⅶ式碗　13. Ⅵ式盘　14. Ⅳ式无耳罐　15. Ⅱ式水盂　16. Ⅱ式匜　17. Ⅱ式盏

18. Ⅰ式盏　19. Ⅱ式盏（5.7 为 1/8，8—10、14、16 为 1/6，余为 1/4）

Ⅵ式　1 件（MT1④：92），残。褐胎，青釉，外壁划花瓣纹。

Ⅶ式　1 件（MT1④：93）。撇口，口以下弧线内收，近底处内折，深腹，大饼足。灰褐色胎，青中泛黄釉。器身外壁用褐、酱、黄三色彩绘缠枝花纹。口径 14.6 厘米、底径 6.3 厘米、高 3.6 厘米（图一一，2、图一二，12）。

Ⅷ式　6 件。撇口，曲腹，饼足。褐胎，青中泛黄釉。标本 MT1④：96，口径 18.3 厘米、底径 7.7 厘米、高 6 厘米（图一二，1）。

Ⅸ式　11 件。敛口，口以下弧线内收至底。璧足。褐胎，青中泛黄釉。标本 MT1④：106，口径 24.8 厘米、底径 10.2 厘米、高 9.2 厘米（图一二，7）。

Ⅹ式　17 件。撇口，口以下弧线内收至底，璧足。灰褐色胎，青中泛绿釉。标本 MT1

④：122，口径 26 厘米、底径 10.5 厘米、高 9 厘米（图一二，5）。

ⅩⅠ式　5 件。敞口，腹身斜，近底内折，璧足。标本 MT1④：129，口径 12 厘米、底径 5.2 厘米、高 5.1 厘米（图一二，6）。

盘　51 件，可分四式。

Ⅰ式　19 件。敞口，腹身微曲，饼足较矮，灰褐色胎，青中泛黄釉。标本 MT1④：136，口径 17.1 厘米、底径 5.5 厘米、高 3.2 厘米（图一二，4）。

Ⅱ式　13 件。撇口，弧腹，饼足较高。褐胎，青中泛黄釉。标本 MT1④：155，口径 15.7 厘米、底径 6.6 厘米、高 3.1 厘米（图一二，17）。

Ⅲ式　18 件。菊瓣形口，弧腹，饼足。褐胎，绿釉。标本 MT1④：167，口径 12 厘米、底径 5.4 厘米、高 3.4 厘米（图十一，3、图一二，3）。

Ⅳ式 1件（MT1④：183）。敞口，斜直腹，饼足较大。褐胎，青中泛黄釉。内壁和内底以酱、褐二色彩绘花、草图案。口径14.5厘米、底径6.3厘米、高3.8厘米（图一二，13）。

盏 31件，可分二式。

Ⅰ式 21件。敛口，弧腹，饼足较矮。褐胎，釉有青和青中泛黄两种。标本MT1④：189，口径8.5厘米、底径3.2厘米、高3厘米（图一二，18）。

Ⅱ式 10件。敞口，斜腹，饼足较小。褐胎，青中泛绿、泛黄釉。标本MT1④：201，口径10.6厘米、底径3厘米、高3.5厘米（图一二，19）。

钵 44件，可分十式。其基本特征是：器壁厚重，胎质粗糙，内壁全釉，外壁半釉，有滴釉现象，内底有支烧痕，胎、釉间施白色化妆土一层。

Ⅰ式 17件。敞口，束颈，鼓腹，浅圈足。褐胎，青釉较少，青绿、青中泛黄较多。标本MT1④：219，口径19厘米、底径8.1厘米、高9.8厘米（图一二，9）。

Ⅱ式 14件。撇口，腹微曲，内底下凹，圈足。灰褐色胎，青中泛绿、泛黄釉。标本MT1④：242，口径17.6厘米、底径8.8厘米、高10.6厘米（图一二，8）。

Ⅲ式 4件。撇口，圆腹，饼足。红褐色胎，青中泛白釉。标本MT1④：242，口径18.8厘米、底径8.8厘米、高10.5厘米（图一二，10）。

Ⅳ式 1件（MT1④：245），残。敞口，平拆沿，斜腹。近口沿处有管状短流。褐胎，青中泛白釉。残高8.2厘米（图一一，4）。

Ⅴ式 1件（MT，④：246）。敞口，卷唇，近唇部有管状短流，流及四周有酱色彩斑。灰褐色胎，青釉，残高5.1厘米。

Ⅵ式 1件（MT1④：247），残。敞口，唇沿微卷，上腹较直，下腹内收。腹部有耳，

近唇部有编索纹一周、凸弦纹一周，腹中、下部各饰凹弦纹一周。灰褐色胎，青中泛黄釉，耳部有酱色彩斑装饰。残高9.2厘米。

Ⅷ式 8件，均残。敞口，上腹较直，下腹内收至底，口沿外折，饼足。红褐色胎，青中泛黄、泛白釉。腹部以酱、绿二色彩绘花纹，口沿亦用酱、绿二色彩绘花纹，标本MT1④：255，口径20.8厘米、残高6.5厘米。

Ⅸ式 1件（MT1④：257），残。敞口，折沿，下部残，足部不明。褐胎，青中泛黄釉，腹部饰酱彩弧圈纹；残高3.3厘米。

Ⅹ式 1件（MT1④：258），残。敞口，折沿，弧腹，底及下部不明。褐胎，青中泛黄釉，口沿部分饰酱色彩点。

盆 16件，可分五式，基本特征与钵相同。

Ⅰ式 9件，均残。敞口，卷唇，斜腹，平底。红褐色胎，青中泛黄、泛绿釉。标本MT1④：266，口径24.2厘米、底径16.1厘米、高7.8厘米。

Ⅱ式 1件（MT1④：268），残。敞口，尖唇，弧腹，平底。近唇部饰凸弦纹一周，腹部饰凹弦纹一周。褐胎，青中泛绿釉，残高12.5厘米。

Ⅲ式 1件（MT1④：269），残。敞口，圆唇，斜腹，平底，近唇部饰凸弦纹一周。红褐色胎，青中泛白釉。口径22.8厘米、底径15.9厘米、高8.3厘米（图一一，5）。

Ⅳ式 3件，均残。敞口，斜腹，平底。近唇部饰凸弦纹两周。褐胎，青中泛黄釉。标本MT1④：272，残高9.5厘米。

Ⅴ式 2件，均残。子口，鼓腹，饼足。灰褐色胎，青中泛黄釉。标本MT1④：273，残高7.3厘米。

壶 81件，可分八式。基本特征与钵同，底无支钉痕。

Ⅰ式 24件。敞口，尖唇，筒颈，椭圆形

腹，假圈足。腹上部出管状短流，肩部饰对称双耳。灰褐色胎，青中泛黄、泛绿釉。标本MT1④：296，口径7.8厘米、底径7.8厘米、高12.8厘米。

Ⅱ式　19件。口微撇，筒颈，斜肩，鼓腹，假圈足。腹部出管形流，与流对称处有弓形把，颈、腹间饰对称双耳。褐胎，青釉。标本MT1④：312，口径7.8厘米、底径7.3厘米、高16.5厘米。

Ⅲ式　7件，均残。敞口，筒颈，斜肩，鼓腹，下部不明。肩部出管形短流，与流对称处有把，肩部附对称双耳。灰褐色胎，青中泛黄釉。标本MT1④：322，口径9.5厘米、残高13.4厘米。

Ⅳ式　13件。形与Ⅲ式略同，假圈足，器身矮小，无把。胎色有褐、灰褐两种，釉背青中泛黄。标本MT1④：233，口径8.3厘米、底径5.4厘米、高11.8厘米（图一一，6）。

Ⅴ式　3件，均残。敛口，鼓腹，假圈足，颈腹间以凸弦纹相隔，腹上部出短流，肩附对称双耳，无把。褐胎，青中泛白釉。标本MT1④：339，耳部及四周有褐色彩斑，口径13.1厘米、底径10.3厘米、高15.4厘米。

Ⅵ式　9件，均残。敞口外撇，圆唇，束颈，鼓腹，平底。腹上部出短流，附单耳。红褐色胎，青中泛黄釉。标本MT1④：348，口径12.8厘米、底径7.2厘米、高15.7厘米。

Ⅶ式　6件，均残。直口，筒颈较短，鼓腹，下部不明。唇沿外卷，饰凹弦纹两周。腹上部出短流。红褐色胎，釉有青和青中泛黄两种。标本MT1④：253，残高8.2厘米。

提梁壶　1件（MT1④：555）。敛口，圆腹，假圈足。腹上部出流，口部起桥形提梁。褐胎，青中泛白釉。口径7.1厘米、底径7.2厘米、高12.8厘米（图一三）。

罐　104件。包括四耳、双耳和无耳罐三种，基本特征与壶相同。

图一三　提梁壶

四系罐　58件，可分六式。

Ⅰ式　12件。敞口，圆唇，矮直领，鼓腹，假圈足，肩附四耳，褐胎，青中泛黄釉。标本MT1④：365，口径9厘米、底径8.5厘米、高14.4厘米（图一四）。

图一四　Ⅰ式四系罐

Ⅱ式　9件，均残。敞口，尖唇，唇外斜折，筒颈，鼓腹，肩附四耳。肩部和腹部都有酱色彩绘花纹。褐胎，青中泛黄釉。标本MT1④：374，口径8.7厘米、残高10.2厘米。

Ⅲ式　14件，均残。直口，卷唇，饰凹弦纹一周，筒颈高而直，鼓腹，肩附四耳。灰褐色胎，青中泛黄、泛白釉。标本MT1④：382，口径7.9厘米、残高10.6厘米。

Ⅳ式　8件，均残。敛口，卷唇，鼓腹，肩附四桥耳。肩及腹部有酱色彩绘花纹。灰褐色胎，青中泛黄釉。标本MT1④：393，口径10.8厘米、残高9.7厘米。

V式 13件，均残。直口，直领，鼓腹，肩附四耳，颈部饰瓦纹。红褐色胎，釉有青和青中泛黄两种。标本MT1：410，口径13.4厘米、残高9.5厘米。

VI式 2件，均残。敛口，卷唇，唇部饰凹弦纹一周，矮领，鼓腹，肩附四耳。耳和耳之周围有酱色彩斑装饰。灰褐色胎，青中泛黄釉。标本MT1④：414，口径14.6厘米、残高8.4厘米。

双耳罐 22件，可分二式。

I式 9件，其中仅有两件完好。敞口，上腹较直，近底内收，平底。腹饰双耳。腹下部有褐、绿相间的彩绘花纹。灰褐色胎，青中泛黄釉。标本MT1④：421，口径9.3厘米、底径7.1厘米、高13.2厘米。

II式 13件，其中有三件完好，余均残。撇口。矮直领，斜腹，饼足外撇，肩附双耳，器身饰酱色彩斑。褐胎，青中泛白釉。标本MT1④：434，口径9.4厘米、底径9.8厘米、高16.3厘米。

无耳罐 16件，可分四式。

I式 6件，只有一件完整。敛口，卷唇，鼓腹，饼足。褐胎，青釉。标本MT1④：440，口径9.9厘米、底径6.5厘米、高7.5厘米（图一五）。

图一五 I式无耳罐

II式 5件，均残。敞口，束颈，鼓腹，饼足。灰褐色胎，青中泛黄釉。标本MT1④：445，口径10.8厘米、底径5.9厘米、高6.4厘米。

III式 2件，均残。直口，直领，鼓腹，饼足。灰褐色胎，青中泛黄釉。标本MT1④：449，口径10.2厘米、底径5.7厘米、高6.1厘米。

IV式 3件，均残。敛口，曲腹，饼足。褐胎，青中泛黄釉。标本MT1④：451，口径12.7厘米、底径7.9厘米、高6.4厘米（图一二，14）。

暖壶 1件（MT1④：453），残。盘口，束颈，椭圆形腹，肩附对称双耳。灰褐色胎，绿釉。口径5.2厘米、残高8.7厘米。

水盂 3件，可分二式。

I式 2件。敛口，圆腹，饼足。褐胎，其中一件青中泛黄釉；一件无釉，器表施白色化妆土一层。标本MT1④：457，口径7.5厘米、底径4.8厘米、高7.4厘米（图一六）。

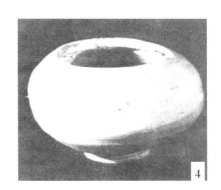

图一六 I式水盂

II式 1件（MT1④：458），残。鼓腹，饼足较矮。腹部饰酱色条线纹。底径2.1厘米、残高2.6厘米（图一二，15）。

匜 14件，可分四式。

I式 9件，只有两件完整。撇口，上腹较直，近底内收，饼足较矮。唇部有流，腹部有空柱形把手。褐胎，釉有青、绿两种。标本MT1④：465，口径13.1厘米、底径6.8厘米、高8.5厘米（图一七）。

II式 1件（MT1④：468），残。敞口微外撇，上腹较直，下腹内折，平底。唇部有流，腹部有把，把饰弦纹。褐胎，青中泛白釉。口径

14.4厘米、底径8.1厘米、高5.3厘米（图一二，16）。

图一七　Ⅰ式匜

Ⅲ式　3件，只有一件完好。敛口，曲腹，饼足，唇部有流，腹部饰凸弦纹一周，灰褐色胎，青中泛白釉。标本MT1④：470，口径17.8厘米、底径8.8厘米、高8.6厘米。

Ⅳ式　1件（MT1④：472），残。敛口，鼓腹，饼足，唇部有流，流及其周围有酱色彩斑。口径11.6厘米、底径8厘米、高11.9厘米。

炉　2件。MT1④：473，直口，平折沿，直腹，平底，喇叭形圈足。炉身有凸起的花瓣装饰。褐胎，青中泛绿釉。口径11.2厘米、足径11.4厘米、高8.2厘米；MT1④：474，喇叭形口，高圈足微向外撇。灰褐色胎，青中泛黄釉。口径14.9厘米、足径8.9厘米、高8.8厘米（图一二，11）。

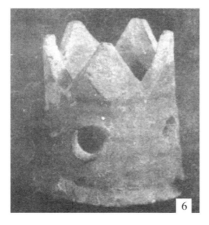

图一八　支钉

2. 窑具，包括支钉、垫圈、垫板三种。

支钉　38件。其中有圆柱形五齿支钉（图一八）；圆筒形六齿支钉；圆圈形七齿、九齿支钉。

垫圈　1件。圆形无齿。

垫板　24件，均残。包括三角形、六边形和圆形三种。少数垫板上有刻画文字，如："金龙县 □□ 封毛""药师佛" 等（图一九，1～5）。还有一件圆形垫板上刻有"广明□年十月五日"（图一九，6）。

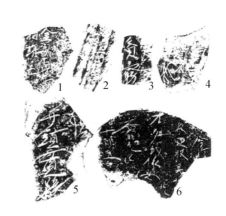

图一九　二期窑具刻文（1/4）

（三）第三期出土遗物

1. 生活用具，包括碗、盘、盏盆、钵、壶罐、腰鼓等，基本特征与上期相同。

碗　50件，可分七式。

Ⅰ式　14件。敞口，圆唇，浅腹，饼足外撇。褐胎，青中泛黄釉。标本MT1⑤：6，口径15.4厘米、底径7.3厘米、高5.3厘米。

Ⅱ式　17件。敞口。斜直腹较浅，饼足外撇。褐胎，青中泛黄、泛白釉。标本 MT1⑤：29，口径15.4厘米、底径7.5厘米、高5.5厘米（图二〇，1）。

Ⅲ式　12件。口微敛，腹微曲，饼足。褐胎，青中泛绿釉。标本MT1⑤：41，口径20厘米、底径8.9厘米、高6.7厘米（图二一，1）。

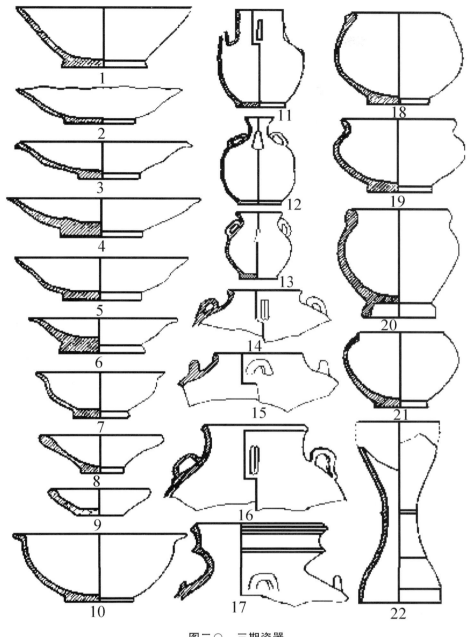

图二〇 三期瓷器

1. Ⅱ式碗 2. Ⅰ式盘 3. Ⅱ式盘 4. Ⅴ式盘 5. Ⅲ式盘 6. Ⅳ式盘 7. Ⅴ式碗 8. Ⅰ式盏 9. Ⅱ式盏 10. Ⅱ式钵 11. Ⅱ式壶 12. Ⅲ式壶 13. Ⅳ式壶 14. Ⅳ式四耳罐 15. Ⅴ式四耳罐 16. Ⅲ式四耳罐 17. Ⅵ式四耳罐 18. Ⅰ式无耳罐 19. Ⅲ式无耳罐 20. Ⅳ式无耳罐 21. Ⅱ式无耳罐 22. 腰鼓（10、14、15、22.为1/6，11～13为1/8，余为1/4）

图二一　三期瓷器

1. Ⅲ式碗　2. Ⅰ式钵　3. 三足盘　4. Ⅰ式四耳罐　5. Ⅰ式壶

Ⅳ式　1件（MT1⑤：44），残。花瓣形口，斜腹，腰部微内凹，饼足，褐胎，青釉，腹部用白彩绘不规则的曲线纹。口径18.4厘米、底径8.4厘米、高9.5厘米。

Ⅴ式　2件。撇口，尖唇，弧腹，饼足。灰褐色胎，青中泛黄釉。标本MT1⑤：45，口径11.4厘米、底径5厘米、高4.1厘米（图二〇，7）。

Ⅵ式　3件，均残。撇口，弧腹，璧足。

外壁用褐色彩绘展翅飞翔的蜻蜓1只。褐胎，青中泛白釉。标本MT1⑤：48，口径10.4厘米、底径5.7厘米、高6.1厘米。

Ⅶ式　1件（MT1⑤：50），残。撇口，弧腹较浅，内底微凹，饼足。内壁饰褐绿二色彩绘花纹。

另外还采集了一批碗底，皆饼足，内底有酱色彩书文字和彩绘图案，如"好""大""古"

"日月""上""十""二"等。

盘　57件，可分五式。

Ⅰ式　13件。花瓣形口，坦腹，内底下凹，饼足。褐胎，青中泛黄、泛白釉。标本MT1⑤：83，口径15厘米、底径6.6厘米、高3.4厘米（图二〇，2）。

Ⅱ式　1件（MT1⑤：85），残。撇口，坦腹，饼足微外撇。褐胎，青中泛黄釉。口径14.6厘米、底径5.6厘米、高3.3厘米（图二〇，3）。

Ⅲ式　20件，均残。敞口，尖唇，曲腹，饼足。褐胎，釉有青和青中泛黄两种。标本MT1⑤：101，口径15.4厘米、底径7.2厘米、高3.9厘米（图二〇，5）。

Ⅳ式　11件。侈口，坦腹，饼足外撇。器身厚重，褐胎，青中泛黄、泛绿釉。标本MT1⑤：109，口径13.4厘米、底径7.2厘米、高3.2厘米（图二〇，6）。

Ⅴ式　12件。侈口，坦腹，饼足。褐胎，青中泛黄、泛白釉。标本MT1⑤：122，口径17.4厘米、底径7.5厘米、高3.1厘米（图二〇，4）。

三足盘　8件，只有两件完好。直口，直腹，平底之下附三个楂T1⑤：134，口径14.2厘米、高9.3厘米（图二一，3）。

盏　9件，可分二式。

Ⅰ式　7件。敞口，圆唇，饼足。褐胎，青中泛黄、泛绿釉。标本MT1⑤：140，口径10.7厘米，底径4厘米、高3.6厘米（图二〇，8）。

Ⅱ式　2件。斜直腹，平底，褐胎，青中泛白釉。标本MT1⑤：145，口径8.7厘米、底径4.2厘米、高2.5厘米（图二〇，9）。

盆　6件，均残。敞口，平折沿，弧腹，饼足。腹部饰瓦纹。红褐色胎，青中泛白釉。标本MT1⑤：149，口径28.9厘米、底径14.2厘米、高10.1厘米。

钵　35，可分五式。

Ⅰ式　12件。敞口，圆唇，曲腹，饼足。褐胎，青中泛黄釉。标本MT1⑤：161，口径

18.3厘米、底径8.5厘米、高6.1厘米（图二一，2）。

Ⅱ式　5件。敞口，平折沿，腹微鼓，饼足。褐胎，青中泛黄釉。标本MT1⑤：164，口径22.8厘米、底径9.5厘米、高9.3厘米（图二〇，10）。

Ⅲ式　1件（MT1⑤：169），残。敞口，卷唇。唇部饰凹弦纹一周，腹部用褐、绿二色彩绘莲瓣纹，口沿饰酱色点彩。

Ⅳ式　11件，均残。形近上式，唇部无弦纹。标本MT1⑤：173，腹部用褐、绿二色彩绘圆圈纹，口沿处亦有酱色点彩；标本MT1⑤：175，腹部用酱色彩绘花瓣纹，口沿处饰酱色彩点。

Ⅴ式　16件，均残。敞口，平折沿，腹微鼓，饼足。胎色有褐与灰褐两种，釉有青中泛黄、泛白两种，个别无釉，表面施白色化妆土一层。唇部和口沿部分有彩绘，彩色有单彩（褐或酱），双彩（褐黄、褐绿，酱黄等），三彩（褐、绿、黄）很少。彩绘内容有花、草、虫、蝶等，口沿施点彩，酱色者多，褐色较少，个别器身有酱色彩斑（图二二，1~6）。

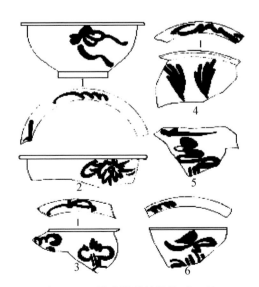

图二二　Ⅴ式钵彩绘纹饰（1/6）

壶 33 件，可分六式。

Ⅰ式 9 件。敞口，尖唇，筒颈，鼓腹，饼足，颈部饰三周凹弦纹，腹部饰对称双耳，出管状短流。灰白色胎，青中泛黄釉。标本 MT1⑤：201，口径 8.5 厘米、底径 8.4 厘米、高 17.2 厘米（图二一，5）。

Ⅱ式 5 件。器形与Ⅰ式相似，颈部饰凹弦纹两周，与流对称处有把。褐胎，青中泛黄、泛白釉。标本 MT1⑤：207，口径 8.6 厘米、底径 9.1 厘米、高 17.6 厘米（图二〇，11）。

Ⅲ式 8 件，均残。撇口，小柱形颈，圆腹，饼足。肩附对称双耳，腹上部有流（残），褐胎，青中泛白釉。标本 MT1⑤：214，口径 4.5 厘米、底径 7.6 厘米、高 16 厘米（图二〇，12）。

Ⅳ式 6 件。敞口，唇沿外卷，束颈，鼓腹，饼足。肩部附对称双耳，腹部出短流。褐胎，青和青中泛黄釉，标本 MT1⑤：222，口径 8.2 厘米、底径 7.1 厘米、高 13.2 厘米（图二〇，13）。

Ⅴ式 4 件。小口，圆腹，饼足，颈、腹之间无明显区别，腹部饰弦纹三周，肩部附对称双耳，腹部出短流（残）。灰褐色胎，青中泛白釉。标本 MT1⑤：226，口径 14.7 厘米、底径 15.2 厘米、高 25.3 厘米。

Ⅵ式 1 件（MT1⑤：229），残。鼓腹出短流，饰酱绿二色彩绘花纹。

罐 90 件，包括四耳和无耳罐两种。

Ⅰ式 13 件。敛口，斜领，椭圆形腹，饼足，肩附四桥耳。腹部遍饰细凹弦纹，上部用酱色彩绘水波纹。标本 MT1⑤：240，口径 13.8 厘米、底径 12.6 厘米、高 26.5 厘米（图二一，4）。

Ⅱ式 4 件，敞口，平折沿，短颈，鼓腹，饼足外撇，最大腹径在器身上部。肩附四耳，褐胎，青中泛黄釉。标本 MT1⑤：245，口径 10.2 厘米、底径 11.3 厘米、高 26.5 厘米。

Ⅲ式 17 件，均残。敛口，卷唇，束颈，鼓腹，肩附四耳，褐胎，青中泛黄、泛白釉。标本 MT1⑤：259，口径 9.3 厘米、残高 11.2 厘米（图二〇，16）。

Ⅳ式 3 件，均残。敛口，卷唇，束颈较Ⅲ式短，斜肩，鼓腹，肩附四耳。褐胎，青中泛黄釉。标本 MT1⑤：265，口径 9.2 厘米、残高 7.3 厘米（图二〇，14）。

Ⅴ式 1 件（MT1⑤：267），残。颈、腹之间无明显区别，唇部饰一周凹弦纹，肩附四耳。褐胎，青中泛黄釉。口径 11.8 厘米、残高 8.2 厘米（图二〇，15）。

Ⅵ式 3 件，均残。盘口，束颈，斜肩，鼓腹。肩附四耳。褐胎，青中泛白釉。标本 MT1⑤：269，口径 11.8 厘米、残高 9.1 厘米（图二〇，17）。

无耳罐 49 件，可分六式。

Ⅰ式 17 件。敛口，卷唇，腹微鼓，饼足。褐胎，青和青中泛黄釉。标本 MT1⑤：281，口径 7.6 厘米、底径 5.5 厘米、高 8.3 厘米（图二〇，18）。

Ⅱ式 3 件。撇口，鼓腹，饼足微外撇。褐胎，青釉。标本 MT1⑤：288，口径 7.5 厘米、底径 4.8 厘米、高 6.9 厘米（图二〇，21）。

Ⅲ式 15 件。敞口，圆唇，束颈，椭圆形腹，饼足外突。褐胎，青和青中泛黄釉。标本 MT1⑤：301，口径 9.8 厘米、底径 5.6 厘米、高 6.8 厘米（图二〇，19）。

Ⅳ式 2 件。敛口，卷唇，腹微鼓，圈足外撇，器壁厚重。褐胎，青中泛黄釉。标本 MT1⑤：307，口径 8.2 厘米、底径 6.6 厘米、高 9.9 厘米（图二〇，20）。

Ⅴ式 1 件（MT1⑤：308）残。直口，卷唇，直领较短，鼓腹。灰褐色胎，青中泛黄釉。肩部用黑、褐、绿三色绘花鸟图案。残高 7.4 厘米。

Ⅵ式 没有发现完整器，只采集到罐身残片 46 片，从这些残片中，可看出它的器形为：

敛口、斜肩，鼓腹，平底。胎色以褐为主，灰褐次之，釉色多青中泛黄，泛白者次之，青、绿釉很少，还有两片无釉，表施白色化妆土一层。此种罐的罐身部分都有彩绘，彩绘内容有花、鸟、虫、草、圆圈、弧线、条线和各种不规则花纹等。彩绘颜色有单彩（酱或褐）、双彩（褐绿、褐黄、酱绿），很少三彩（褐、黄、绿）（图二三，1~9）。

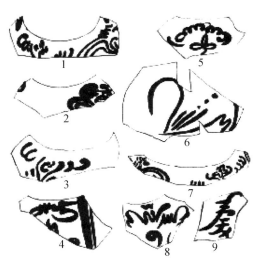

图二三　Ⅵ式无耳罐彩绘纹饰（1/6）

另外还采集到5件彩书文字的罐身残片。

盘口　4件。盘口筒颈，褐胎，青釉。标本MT1⑤：362，口径25厘米、残高9.7厘米。

腰鼓　4件，均残。圆筒形，束腰，中部出棱。褐胎，青中泛白釉。标本MT1⑤：365，鼓的下端有宽、细凹弦纹各一周。口径11.1厘米、高25厘米（图二〇，22）；标本MT1⑤：367，残。鼓之一端用褐色弦纹彩绘四周，残高8.7厘米。

2. 窑具，包括支钉、垫圈、支垫、垫板四种，共44件。

支钉　14件。除有一、二期的支钉外，还有圆筒形六齿支钉。

垫圈　3件。圆圈形。

支垫　1件。长方形，垫身四周有上、下两层圆孔。

垫板　26件，均残。包括三角形、六边形、圆形三种。其中有刻画文字的（图二四，1、3）；有刻画人物、图案的（图二四，2）；有压印"乾元重宝"钱文的（图二五，1）；有刻画"咸通十年"年号铭文的（图二四，4）。

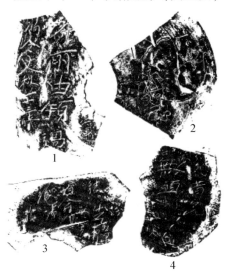

图二四　三期窑具刻文（1/4）

图二五　铜钱及钱文花纹拓本（2/3）

3. 钱币　2件。钱文为"开元通宝"（图二五，2）。

四、结　语

1. 窑址的年代

根据试掘掌握的地层关系和各期遗物的器形特征，结合钱币和垫板上提供的年号综合分析，我们认为马家古瓷窑遗址的烧造年代始于唐中期，废于北宋。下面分述各期的时代。

一期（窑址的上层文化）的碗多敞口、撇口，圈足大而微向外撇，没有喇叭口小圈足碗，但有璧足和饼足碗与之共存，这是五代至北宋早期的碗形特点。莲瓣、菊瓣纹划花碗是五代至北宋时期的常见器物，其中单线莲瓣纹划花碗与晚唐至北宋的绍兴官山窑[1]的Ⅷ式碗完全相同，其时代亦应相近。弓柄曲流壶富有五代至北宋的壶形特征，据此，我们把这期的时代确定为五代—北宋。

二期（窑址的中层文化）的碗，绝大多数为饼足，璧足次之，莲瓣纹大圈足碗很少，这种器型演变情况是合乎时代变化规律的。釉下彩瓷器和短流壶是这期的典型器物，它反映的时代与垫板上的"广明□年十月五日"题记相应，因而，我们把这期的时代定为晚唐—五代。

三期（窑址的下层文化）出土的腰鼓是唐代盛行之物。饼足、璧足碗、盘、短流壶、折沿钵和绚丽多彩的釉下彩瓷器等都富有唐代风格。"咸通十□"年号题记、"**乾元重宝**"印记和"开元通宝"铜钱是断定这期时代的重要依据，其时代应为中唐—晚唐。

2. 烧造方法

在探方中出土了大量支、垫窑具而没有发现匣钵，说明此窑用的是垫柱支撑、垫板承托、支钉间隔的重叠敞烧法，没有用匣钵套烧法。我们在探方内采集的三件标本就是这种烧法的实证。其中一件为上小下大的筒形垫柱。柱的上部有垫饼和支钉，碗俯叠于支钉上，内底接触支钉的齿部，外底承托垫圈，垫圈所叠何物

不明。垫柱的底部有炉沙痕，这是垫柱立于炉底时留下的遗痕。一件为三角形垫板，板面两角叠小碗，仰放，碗与碗间有支钉间隔。支钉的放法是：平面承托上面一件碗的外底，齿部紧压下面一件碗的内底，故碗内底有支钉痕，外底常出现黏附支钉的情况。板面另一角仅见垫饼，其上所叠何物不明。垫板底部有三个圆圈痕，这是它放在立于炉底的三个垫柱上所留下的遗痕。还有一件也是三角形垫板，两角俯叠小碗，一角直立小罐，碗间有支钉间隔。支钉的放法是：平面紧压下面一件碗的外底，齿部承托上面一件碗的内底。小罐之上未叠物。这种炉底立柱，柱上叠物和柱上放垫板，板上叠物的装窑法，增加了窑炉内部空隙，有利于炉火畅通，对提高产品质量有一定作用。但这种烧造方法仍然是较原始的，用此法烧造出的瓷器常出现表面灰雾度大，光洁度差，废品率高和存在难看的支钉痕，既不美观也不经济，不适应瓷器生产发展的需要，因而此后就逐渐淘汰了。

3. 装饰艺术

马家古瓷窑的装饰方法有划花、堆贴和釉下点彩、彩斑、彩绘、彩书等。

划花盛行于一期，二期很少，三期没有发现。划花都作为碗的装饰，其中只有一件饰于碗的内壁、内底，划蝴蝶、缠枝花卉和"五月"二字；其余全部饰于碗外壁，划各式莲瓣、菊瓣、条线纹等。划花线条流畅，富于变化而并不繁缛，风格朴实。

堆贴花饰很少，只在两件瓷炉的炉身部分采用这种装饰方法，堆贴的是花瓣花饰，立体感强，富于写实。

釉下点彩、彩斑、彩绘、彩书是马家瓷窑的特色，它和邛窑[2]、琉璃厂窑[3]的釉下彩相似，与湖南长沙窑[4]的釉下彩也有些雷同。釉下点彩、彩斑与浙江象山窑[5]的釉下点彩、彩斑相似，这说明当时全国瓷器生产技术进行了

交流。

釉下点彩在二期和三期都有发现，包括单彩、双彩两种。单彩多用酱色，褐色较少；双彩以褐、绿二色居多，酱绿二色者次之。在施点彩的器物中，只有一件碗的内底用褐色彩点组成圆圈纹，其余都施于碗、钵等器物的唇部。这种装饰的特点是自然、醒目，它常与釉下彩绘配合使用，其艺术效果更佳。

彩斑装饰出现于二期，三期发现很少。它以单色（酱或褐）斑块状呈现于器物表面，大小不一，形状多变，没有一定的章法，没有一定位置，在器身各部分都有出现的可能。这种装饰方法大方自然，有独特的艺术效果。

釉下彩绘，三期多于二期，有单彩（酱或褐），双彩（酱黄、酱绿、褐绿相间等），三彩（酱、黄、绿，酱、褐、绿三色相间等）之分，内容有花、草、鸟、虫、莲瓣、云朵、波浪、圆弧、条线纹等。它广泛饰于碗、盘、钵、罐等器物身上。构图简单，线条粗放，富有早期釉下彩特色。

釉下彩书文字的装饰方法，在釉下彩瓷器中是不多见的，它常以单色（酱或褐）书写于器物内底和腹部。书写草率，显系工匠随意写成。

在装饰上，马家古瓷窑因其产品的胎质粗劣，呈现多褐、红褐、灰褐胎，很不美观。为了增加产品的外观美，在胎体表面都施了一层白色化妆土，待胎晾干后，再施彩上釉，故称釉下彩。

试掘者：吴世文　衡复荣　陈显双

摄　影：范石林

绘　图：徐君熙　彭朝容　刘　瑛

拓　片：戴福森

执　笔：陈显双

注　释

［1］《绍兴上灶官山越窑调查》，《文物》1981年第10期。

［2］徐鹏章：《川西古代瓷器调查记》，《文物参考资料》1958年第2期。

［3］林坤雪：《四川华阳县琉璃厂调查记》，《文物参考资料》1956年第9期。

［4］肖湘：《唐代长沙铜官窑址调查》，《考古学报》1980年第1期。

［5］李知宴：《浙江象山唐代青瓷窑址调查》，《考古》1979年第5期。

（原文发表于《考古与文物》1984年第6期）

2007 年玉堂窑遗址调查报告

成都文物考古研究所　都江堰市文物局

　　玉堂窑遗址位于都江堰市西南的玉堂镇凤歧村（图一）。1977 年，四川省文物管理委员会、灌县文物管理所曾对遗址进行过调查和小范围的试掘，当时记录了 16 座窑包，并在罗家窑包（二号窑包）清理出龙窑一座[1]。由于环青城山旅游路线规划修建在即，成都文物考古研究所与都江堰市文物局组成联合考古工作队，对玉堂窑遗址进行了一次全面的考古调查和小范围的试掘，主要目的在于明确目前玉堂窑遗址的保存状况和遗迹分布现状，对现存窑包进行比对和分期。考古调查和试掘工作从 2007 年 5 月开始，至 7 月田野工作基本完成，在普遍调查的基础上基本厘清了玉堂窑烧造的时代和产品特征。由于此次玉堂窑考古调查面积大，窑包多，调查和试掘出土的器物都十分丰富，所以将调查报告和试掘报告分别编写。本篇为玉堂窑遗址调查报告。

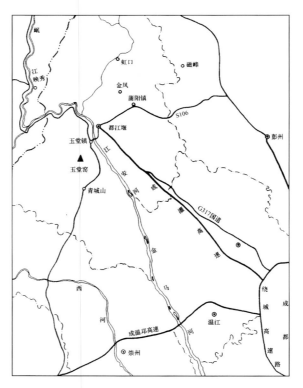

图一　玉堂窑地理位置图

玉堂窑遗址在都江堰市西南的凤凰山浅丘山地中，距市区约 10 公里，山地地势西高东低，海拔在 715 ~ 825 米。在距离遗址约 5 公里处，岷江的支流羊马河由西北向东南从遗址东北边流过。遗址西隔金井沟与龙门山脉的赵公山、卧牛山和青城山相望，环山堰环绕遗址的北面与东部，北距遗址 1 公里，折向南流后流经遗址东沿，在遗址的南边与金井沟汇合。遗址区域内地势较为平坦，植被茂密，分布着竹林和各类观赏类经济林木和果林，以银杏树、桂花树和猕猴桃树为主；山间平地和凹地基本上被开辟为农田，在不同的季节种植油菜、玉米、小麦、水稻。现存的窑包散布在约 2.5 平方公里的范围内，当地素有"上九堆、下九堆"之称（附表）。本次遗址的地面调查以对遗址范围内各个窑包的保存状况的记录、保存范围的勘测和地面标本的采集为主，在用地面踏查的方式对窑包进行复查的过程中，确认了 17 座窑包，新发现的十七号窑包位于十号窑包与十一号窑包之间（图二）。

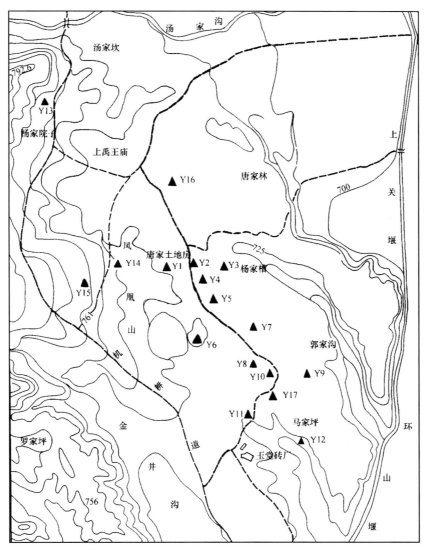

图二　玉堂窑 Y1 ~ Y17 分布图

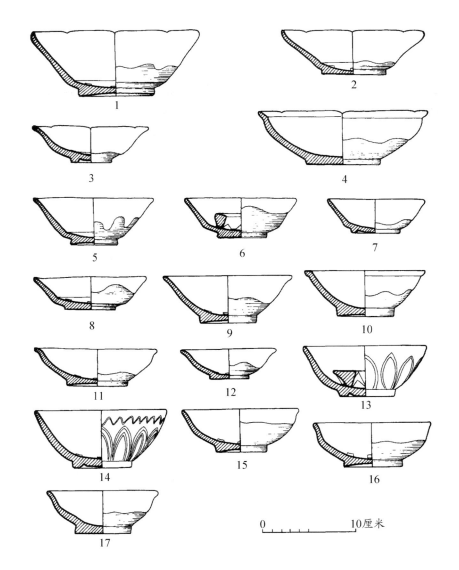

图三　花口碗、小碗（第一组）

1. Aa 型花口碗（Y4：26）　　2. Ab 型花口碗（Y4：31）　　3. B 型花口碗（Y4：41）　　4. C 型花口碗
（Y16：14）　　5、6. Aa 型小碗（Y4：30、Y6：25）　　7. Ab 型小碗（Y4：33）　　8. Ab 型小碗（Y6：
21）　　9、10. Ba 型小碗（Y4：29、Y16：13）　　11. Bb 型小碗（Y4：32）　　12. Be 型小碗（Y4：34）
13、14. Ca 型小碗（Y4：40、Y4：54）　　15. Cb 型小碗（Y4：38）　　16. Da 型小碗（Y4：37）
17. Db 型小碗（Y4：35）

十七个窑包的现状参见附表。通过对各个窑包的调查采集标本的比对和分析，依据产品的造型、釉色等形态上的差异，大致可以将玉堂窑遗址的十七个窑包分为四组，以下按组别对调查所采集的器物进行介绍，器物编号 07DYDYn：n，略记为 Yn：n。

一、第一组

第一组包括四号、六号和十六号窑包。地表采集器物有瓷器和窑具两类。

（一）瓷碗

1. 碗

依据形体的不同分为花口碗、小碗和碗三类。

（1）花口碗

依据腹部和口部的变化分为三型。

A 型　斜腹、直口微敛。依据腹部的深浅分为二亚型。

Aa 型　腹部较深。采集标本 1 件（Y4：26）。尖唇，饼足略凹。内底略平，中心微下凹，外壁与饼足交接处切削修整出折棱。灰色胎，青釉，外壁施釉过半，釉下施化妆土，有流釉现象。口径 18 厘米、足径 8 厘米、高 6.8 厘米、厚 0.4~0.7 厘米（图三，1）。

Ab 型　腹部较浅。采集标本 1 件（Y4：31）。尖唇，敛口，大饼足。内底有支钉痕，外壁与饼足交接处有切削修整痕迹。砖红色胎，黄釉，外壁施釉过半，釉下施米黄色化妆土，釉面木光。口径 15 厘米、足径 7 厘米、高 4.5 厘米、厚 0.4~0.7 厘米（图三，2）。

B 型　斜腹、侈口，下腹略鼓。采集标本 1 件（Y4：41）。尖唇，花口，大饼足。内底有支钉痕，外壁与饼足交接处有切削修整痕迹。砖红色胎，黄釉，外壁施釉过半，釉下施米黄色化妆土，釉面木光。口径 12.4 厘米、足径 4.4 厘米、高 3.9 厘米、厚 0.3~0.7 厘米（图三，3）。

C 型　斜弧腹、束口。采集标本 1 件（Y16：14）。尖圆唇，束口。内底可见支钉痕，浅黄色胎，浅绿色乳浊釉，釉面有开片。口径 18 厘米、足径 8 厘米、高 5.6 厘米、厚 0.5~1.2 厘米（图三，4）。

（2）小碗

依据腹部的变化分为四型。

A 型　斜直腹敞口小碗。依据腹部的深浅变化分为二亚型。

Aa 型　腹部较深。外壁下腹近足部有切削修整痕迹，饼足或饼足略内凹。采集标本 4 件，选介标本 2 件。Y4：30，尖唇，饼足略内凹。内底有五个支钉痕。灰色胎，脱釉，外壁施釉及半，釉下施化妆土。口径 12.8 厘米、足径 5 厘米、高 5 厘米、厚 0.4~0.6 厘米（图三，5）。Y6：25，可复原，饼足平整。内底粘连 1 个五齿支钉。灰色胎，浅绿色乳浊釉，釉面有细小的开片，外壁施釉不及半。口径 12 厘米、足径 5.4 厘米、高 4.2 厘米、厚 0.4~0.8 厘米（图三，6）。

Ab 型　腹部较浅。外壁下腹与足部交接处有轻微的切削修整痕迹，足较浅。采集标本 2 件。Y4：33，圆唇，饼足略作玉璧状。内底有五个支钉痕。橙黄色胎，浅绿色乳浊釉，外壁施釉过半。口径 10.4 厘米、足径 5 厘米、高 3.6 厘米、厚 0.3~0.5 厘米（图三，7）。Y6：21，可复原，饼足平整。内底残留支钉痕。灰色胎，胎体断面可见石英砂粒。浅绿色乳浊釉，外壁施釉及半，流釉，釉下可见化妆土痕迹。口径 12 厘米、足径 5.2 厘米、高 3.4 厘米、厚 0.4~0.9 厘米（图三，8）。

B 型　斜弧腹侈口小碗。依据腹部的变化分为三亚型。

Ba 型　腹部较深。饼足略内凹，有的刻画一圈凹线而略作玉璧足状。采集标本 4 件，选介标本 2 件。Y4：29，圆唇，饼足略呈玉璧足状。内底有五个支钉痕。砖红色胎，青釉，外壁施釉过半，釉下施米黄色化妆土，部分脱釉。口径 14 厘米、足径 6 厘米、高 5 厘米、厚 0.4~0.8 厘米（图三，9）。Y16：13，平沿，内壁有一道弦纹，饼足规整。灰胎，黄釉闪青。口径 13 厘米、足径 6 厘米、高 4.8 厘米、厚 0.5~1.2 厘米（图三，10）。

Bb 型　腹部较浅而上腹部略鼓。饼足略内凹。采集标本 1 件（Y4：32）。尖唇，口部呈平沿状。内底有支钉痕。灰色夹心胎，青釉，外壁施釉过半，釉下施化妆土，釉面有细小开片。口径 12.8 厘米、足径 6.4 厘米、高 4 厘米、厚 0.4~0.7 厘米（图三，11）。

Bc 型 腹部浅而下腹部略鼓。饼足。采集标本 1 件（Y4：34）。尖唇微外侈，足略呈玉璧足状。内底有五个支钉痕，外壁与足部交接处有切削修整痕迹。深灰色胎，绿色乳浊釉，外壁施釉过半。口径 10.2 厘米、足径 4.4 厘米、高 3.2 厘米、厚 0.4~0.6 厘米（图三，12）。

C 型 弧腹敞口小碗。依据腹部的不同分为二亚型。

Ca 型 腹部略深。玉璧底。采集标本 2 件。Y4：40，圆唇，直口，玉璧足。内底粘连一五齿支钉，外壁刻画单层莲瓣纹。深灰色胎，绿色乳浊釉，外壁施釉过半，釉下施化妆土，釉面有细小开片。口径 13.2 厘米、足径 6 厘米、高 5.4 厘米、厚 0.5~0.8 厘米（图三，13）。Y4：54，尖唇，直口，玉璧足。内底有支钉痕，外壁刻画水波纹和单层莲瓣纹。紫红色胎，绿色乳浊釉，外壁施釉过半。口径 14 厘米、足径 6.4 厘米、高 6.2 厘米、厚 0.4~0.8 厘米（图三，14）。

Cb 型 腹部略浅。饼足，外底略凹，足较深。采集标本 3 件，选介标本 1 件。Y4：38，圆唇，弧腹较圆。内底有支钉痕。灰色胎，青黄色釉，外壁施釉及半，釉下施化妆土，釉面有小开片。口径 12.6 厘米、足径 6.6 厘米、高 4.8 厘米、厚 0.4~0.6 厘米（图三，15）。

D 型 弧腹折腹小碗。依据腹部的深浅分为二亚型。

Da 型 腹部略深。采集标本 2 件，选介标本 1 件。Y4：37，圆唇，饼足。内底气泡，有支钉痕。灰色胎，青釉，外壁施釉及半，釉下施化妆土略脱釉。口径 12.5 厘米、足径 6.6 厘米、高 4.8 厘米、厚 0.5~0.8 厘米（图三，16）。

Db 型 腹部略浅。采集标本 1 件。Y4：35，圆唇，饼足。内底下凹，有五个支钉痕。

深灰色胎，青釉，外壁施釉过半。口径 12 厘米、足径 6 厘米、高 4.5 厘米、厚 0.4~0.7 厘米（图三，17）。

（3）碗

依据腹部和口部的变化分为四型。

A 型 弧腹敞口碗。依据腹部的深浅分为二亚型。

Aa 型 腹部较深。采集标本 2 件，选介标本 1 件。Y4：29，圆唇略尖，内沿斜削，大饼足。内底中心略上凸，有支钉痕。灰色胎，青釉散黄，外壁施釉过半，釉下施化妆土。口径 17.2 厘米、足径 8.8 厘米、高 7.8 厘米、厚 0.5~0.8 厘米（图四，1）。

Ab 型 腹部较浅。圆唇略尖，口微侈，圈足较大而浅，内底微下凹，有支钉痕。采集标本 2 件。Y4：47，外底凸凹不平。深灰色胎，脱釉，釉下可见白色化妆土。口径 18 厘米、足径 7.4 厘米、高 6.4 厘米、厚 0.4－0.6 厘米（图四，2）。Y4：45，外壁刻画单层莲瓣纹。深灰色胎，绿色乳浊釉，外壁施釉过半，釉下施化妆土，釉面有细小开片。口径 17.6 厘米、足径 7.6 厘米、高 7 厘米、厚 0.5~0.8 厘米（图四，3）。

B 型 斜弧腹敞口平沿碗。依据平沿的变化分为三亚型。

Ba 型 平沿。斜腹略弧，饼足或玉璧足。采集标本 3 件，选介标本 2 件。Y4：27，大饼足。内底中部下凹，有五个支钉痕。紫红色胎，青黄釉，积釉处有细小开片，外壁施釉及半，釉下施黄色化妆土。口径 20 厘米、足径 8 厘米、高 6.8 厘米、厚 0.4~0.8 厘米（图四，4）。Y6：26，玉璧足较高，足底平整。内底残留支钉痕。砖红色胎，青釉，外壁施釉及半，釉下可见化妆土痕迹，釉面部分脱釉。口径 19.5 厘米、足径 8 厘米、高 6.4 厘米、厚 0.6~1 厘米（图四，5）。

Bb 型　平沿略斜。斜腹较直，外壁有粗凸棱，玉璧足。采集标本 3 件，选介标本 2 件。Y4：39，内底有支钉痕。紫红色夹心胎，青釉，外壁施釉及半，釉下施灰白色化妆土，脱釉。口径 20 厘米、足径 8.4 厘米、高 6.6 厘米、厚 0.5～1 厘米（图四，6）。Y6：27，内

底残留支钉痕。砖红色胎，姜黄色釉，外壁施釉过半，流釉，釉下可见化妆土痕迹。口径 24 厘米、残高 6.5 厘米、厚 0.5～0.9 厘米（图四，7）。

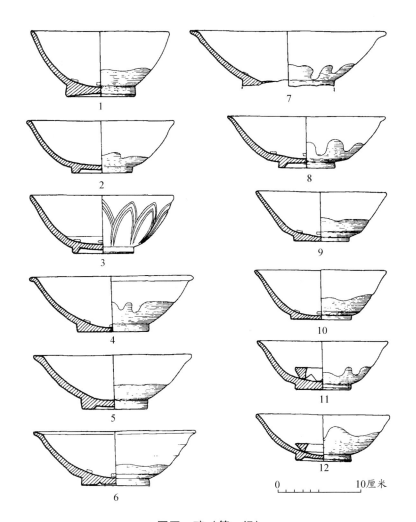

图四　碗（第一组）

1. Aa 型（Y4：29）　　2、3. Ab 型（Y4：47、Y4：45）　　4、5. Ba 型（Y4：27、Y6：26）　　6、7. Bb 型（Y4：39、Y6：27）　　8. Bc 型（Y4：44）　　9～11. Ca 型（Y4：28、Y4：48、Y16：15）　　12. Cb 型（Y6：23）

Bc 型　平沿略斜而较窄。圈足。采集标本 1 件（Y4：44）。尖唇，内底中部下凹，有支钉痕，外壁和圈足交接处有切削修整痕迹。紫红色胎，绿色乳浊釉，外壁施釉过半，釉下施黄

色化妆土。口径 19.8 厘米、足径 6.8 厘米、高 6.4 厘米、厚 0.4～0.9 厘米（图四，8）。

C 型　斜直腹敞口碗。依据腹部的深浅分为二亚型。

Ca 型　腹部较深。圆唇略尖，饼足。采集标本 4 件，选介标本 3 件。Y4：28，内底较平，中部下凹，有细小的支钉痕。橙色胎，青釉，外壁施釉过半，釉下施化妆土。口径 16 厘米、足径 7 厘米、高 6.2 厘米、厚 0.4 ~ 0.7 厘米（图四，9）。Y4：48，内底有支钉痕，外壁与饼足交接处有切削修整痕迹。灰色胎，浅绿色乳浊釉，外壁施釉过半，釉下施化妆土。口径 16 厘米、足径 7.5 厘米、高 6 厘米、厚 0.4 ~ 0.7 厘米（图四，10）。Y16：15，圆唇，敞口微外侈。内底粘连一个五齿支钉，外壁与足部连接处有一圈修整痕迹。浅灰色胎，浅绿色乳浊釉，釉层厚薄不均匀，外壁施釉过半。口径 16 厘米、足径 7 厘米、高 6 厘米、厚 0.5 ~ 1.4 厘米（图四，11）。

Cb 型　腹部较浅。采集标本 4 件，选介标本 1 件。Y6：23，圈足不平。内底粘连一个支钉。深灰色胎，绿色乳浊釉，外壁施釉及半，流釉，釉下可见化妆土痕迹。口径 16 厘米、足径 6.8 厘米、高 5.4 厘米、厚 0.3 ~ 0.6 厘米（图四，12）。

D 型　弧腹敞口碗。依据腹部的深浅和圈足的大小分为二亚型。

Da 型　腹部较深、圈足略小。采集标本 1 件（Y4：46）。尖唇，圈足。内底下凹，圈足较小，外底凸凹不平。灰色胎，浅白色釉，外壁施釉及半，釉下施白色化妆土，脱釉。口径 17.4 厘米、足径 5.6 厘米、高 6 厘米、厚 0.4 ~ 0.6 厘米（图五，1）。

Db 型　腹部略浅、圈足略大。采集标本 3 件，选介标本 2 件。Y4：42，圆唇，玉璧足。内底下凹，有细小的支钉痕。紫红色夹心胎，青釉，外壁施釉近足部，釉下施化妆土，釉面木光，内沿施一圈酱色釉。口径 16 厘米、足径 6.4 厘米、高 4.8 厘米、厚 0.5 ~ 0.8 厘米（图五，2）。Y6：17，圈足较矮，足底平整，外底

挖足很浅。内底残留支钉痕。深灰色胎，浅绿色乳浊釉，釉面有细小的开片，外壁施釉及半，釉下可见化妆土痕迹。口径 17 厘米、足径 7.4 厘米、高 3.7 厘米、厚 0.6 ~ 0.9 厘米（图五，3）。

2. 盘

依据腹部的变化分为四型。

A 型　斜直腹盘。采集标本 1 件（Y4：2）。尖唇，花口，口微敛，大饼足。内底有一圈凹弦纹，中部略下凹，有 5 个支钉痕，外壁与饼足交接处有切削修整痕迹。深灰色胎，青釉散黄，外壁施釉近足部，釉下施化妆土。口径 16 厘米、残高 3.6 厘米、厚 0.4 ~ 0.6 厘米（图五，4）。

B 型　折腹盘。依据口腹部的变化分为四亚型。

Ba 型　敞口，腹部较深。采集标本 2 件，选介标本 1 件。Y4：6，尖唇，浅饼足。内底有支钉痕。灰色胎，浅绿色乳浊釉，外壁施釉近半，釉下施化妆土，釉面有不太明显的开片。口径 16.2 厘米、足径 6 厘米、高 4.2 厘米、厚 0.4 ~ 0.8 厘米（图五，5）。

Bb 型　敞口，腹部较浅。采集标本 1 件（Y4：5）。圆唇，大饼足。紫红色夹心胎，青釉，外壁施釉近足部，釉下施化妆土。口径 16 厘米、足径 7 厘米、高 3.8 厘米、厚 0.5 ~ 0.8 厘米（图五，6）。

Bc 型　侈口，腹部略浅。采集标本 3 件，选介标本 2 件。Y4：1，圆唇，大饼足。内底略下凹，内壁有一道凹弦纹。灰色胎，青釉，外壁施釉及半，釉下施橙色化妆土。口径 15.8 厘米、足径 6.8 厘米、高 4 厘米、厚 0.3 ~ 0.8 厘米（图五，7）。Y4：4，圆唇，饼足内底略下凹，有支钉痕。灰色胎，青釉散黄，外壁施釉过半，釉下施化妆土，釉面较为光洁。口径 15 厘米、足径 6.2 厘米、高 4 厘米、厚 0.4 ~ 0.8 厘米（图五，8）。

Bd 型　敞口，略束腰，下腹略折。采集标本 1 件（Y16：32）。圆唇，斜腹，下腹折，大饼足。深灰色胎，脱釉。口径 17 厘米、足径 6.8 厘米、高 3.8 厘米、厚 0.5～1 厘米（图五，9）。

C 型　弧腹盘。采集标本 1 件（Y4：59）。圆唇，圈足，足底挖削较浅。内底有一圈凹弦纹，可见支钉痕。灰色胎，绿色乳浊釉，外壁施釉近半，釉下施化妆土。口径 18.8 厘米、足径 6.4 厘米、高 4.4 厘米、厚 0.4～0.7 厘米（图五，10）。

D 型　深弧腹盘。采集标本 2 件。Y4：7，尖唇，浅圈足。内底中部下凹，有支钉痕。深灰色胎，浅绿色乳浊釉，外壁施釉过半，釉下施化妆土。口径 15 厘米、足径 6.3 厘米、高 4 厘米、厚 0.4～0.6 厘米（图五，11）。Y6：19，圈足较宽而平整，外底挖足较浅。内底残留支钉痕。深灰色胎，绿色乳浊釉，外壁施釉过半，釉下可见化妆土痕迹，釉面有气泡。口径 19 厘米、足径 6 厘米、高 4.7 厘米、厚 0.5～0.8 厘米（图五，12）。

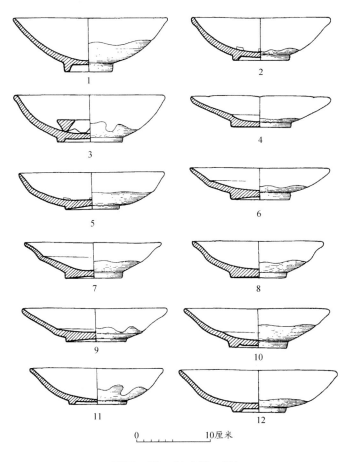

图五　碗、盘（第一组）

1. Da 型碗（Y4：46）　　2、3. Db 型碗（Y4：42、Y6：17）　　4. A 型盘（Y4：2）　　5. Ba 型盘（Y4：6）
6. Bb 型盘（Y4：5）　　7、8. Be 型盘（Y4：1、Y4：4）　　9. Bd 型盘（Y16：32）　　10. C 型盘（Y4：59）　　11、
12. D 型盘（Y4：7、Y6：19）

3. 盏

依据口部的变化分为二型。

A 型　内口沿微敛。依据腹部的不同分为二亚型。

Aa 型　曲腹。采集标本 2 件，选介标本 1 件。Y4：8，圆唇，小饼足。酱色釉。口径 11.2 厘米、足径 4.5 厘米、高 3.5 厘米、厚 0.8～1.2 厘米（图六，1）。

Ab 型　斜直腹。采集标本 2 件。Y4：9，圆唇，小饼足略呈内凹。青釉，外壁施釉近足部，釉下施化妆土。口径 11.4 厘米、足径 4.5 厘米、高 3.6 厘米、厚 0.8～1 厘米（图六，2）。Y16：9，小饼足。橙色胎，酱色釉外壁口沿以下未施釉。口径 12 厘米、足径 6 厘米、高 3.2 厘米、厚 0.8～1.2 厘米（图六，3）。

B 型　敞口。依据腹部的不同分为三亚型。

Ba 型　斜直腹，口沿下略束。采集标本 1 件（Y16：11）。圆唇，小平底。紫红色胎，青釉，釉面有细小开片。口径 12 厘米、足径 4.2 厘米、高 3.8 厘米、厚 1～1.4 厘米（图六，4）。

Bb 型　曲腹。采集标本 1 件（Y4：10）。圆唇，小饼足略呈平底状。酱褐色釉，外壁施釉仅外沿。口径 11.5 厘米、足径 4.4 厘米、高 3.5 厘米、厚 0.7～0.9 厘米（图六，5）。

Bc 型　斜直腹，略束腰。采集标本 1 件（Y16：10）。圆唇略外翻，饼足浅而较小。浅灰色胎，酱色釉。口径 12 厘米、足径 4.2 厘米、高 3 厘米、厚 0.6～1.2 厘米（图六，6）。

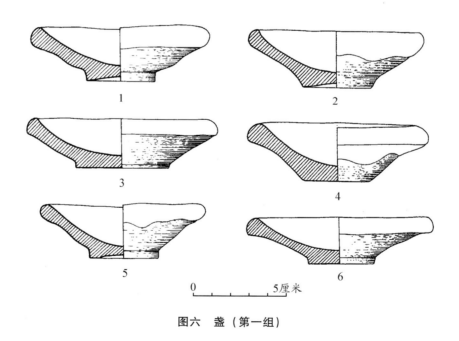

图六　盏（第一组）

1. Aa 型（Y4：8）　　2、3. Ab（Y4：9、Y16：9）
4. Ba 型（Y16：11）　5. Bb 型（Y4：10）　6. Bc（Y16：10）

4. 盆

采集的盆有可复原器和残片两类，其中残片的类型较多，尤其是口沿，在描述时特将其与可复原器分别分型分式。

（1）可复原器

依据口腹部和足部的变化分为三型。

A 型　斜腹双沿大平底盆。依据唇部的变化分为三亚型。

Aa 型　宽双沿。采集标本 1 件（Y4：12）。灰色胎，内底有支钉痕迹。青釉，外壁施釉近半。口径 60 厘米、足径 42 厘米、高 21 厘米、厚 1.2～2 厘米（图七，1）。

Ab 型　双沿较窄。采集标本 1 件（Y4：11）。橙色胎，黄色釉，外壁施釉过半，釉下施米黄色化妆土。口径 40.4 厘米、足径 27 厘米、高 13.5 厘米、厚 0.7～1.4 厘米（图七，2）。

Ac 型　窄双沿。采集标本 1 件（Y4：13）。圆唇，灰色胎，青釉，外壁施釉近足部，釉下施化妆土。口径 46.5 厘米、足径 32 厘米、高 13.7 厘米、厚 0～1.6 厘米（图七，3）。

B 型　斜弧腹玉璧足盆。依据腹部的不同分为二亚型。

Ba 型　斜弧腹较直。采集标本 1 件（Y4：14）。平沿，唇下有一圈带形凸起。内底残留支钉痕。灰色胎，青釉散黄，外壁施釉不及半，釉下施化妆土。口径 32.4 厘米、足径 11 厘米、高 11.7 厘米、厚 0.4～1.8 厘米（图七，8）。

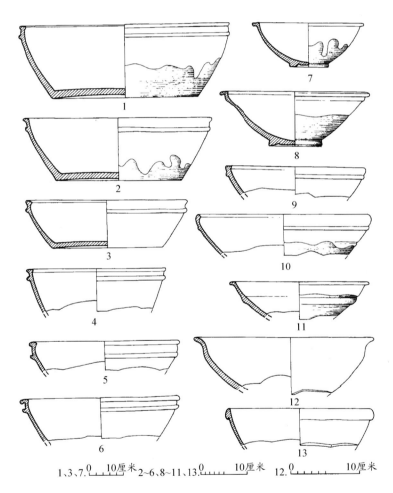

图七　盆及盆残片（第一组）

1. Aa 型盆（Y4：12）　　2. Ab 型盆（Y4：11）　　3. Ac 型盆（Y4：13）　　4. Aa 型盆残片（Y16：4）

5. Ab 型盆残片（Y16：2）　　6. Ac 型盆残片（Y16：6）　　7. Bb 型盆（Y4：16）　　8. Ba 型盆（Y4：14）

9. Ba 型盆残片（Y16：3）　　10. Bb 型盆残片（Y6：32）　　11. Ca 型盆残片（Y4：1）　　12. Cb 型盆残片（Y4：17）　　13. D 型盆残片（Y16：1）

Bb 型　斜弧腹。采集标本 1 件（Y4：16）。平沿，内底残留支钉痕。灰色胎，青釉散黄，外壁施釉不及半，釉下施化妆土。口径 32 厘米、足径 11 厘米、高 12.5 厘米、厚 0.7～1.6 厘米（图七，7）。

（2）残片

依据口部的差异分为四型。

A 型　直口平唇双沿盆。双沿均外突。依据唇部及唇、沿的不同分为三亚型。

Aa 型　唇略尖，唇、沿之间的间隔较小。采集标本 1 件（Y16：4）。平沿较窄。紫红色胎，黄釉。口径 30 厘米、残高 9 厘米、厚 7.5 厘米（图七，4）。

Ab 型　圆唇，唇、沿之间的间隔较大。采集标本 1 件（Y16：2）。口微敛。浅灰色胎，姜黄色釉。口径 32 厘米、残高 6 厘米、厚 0.8 厘米（图七，5）。

Ac 型　圆唇外斜，唇、沿之间的间隔较大。采集标本 2 件，选介标本 1 件。Y16：6，口微敛，斜腹。浅灰色胎，青釉。口径 34 厘米、残高 9 厘米、厚 0.6 厘米（图七，6）。

B 型　敛口凸沿盆。仅口部下沿外突，依据唇部的不同分为二亚型。

Ba 型　平唇。采集标本 1 件（Y16：3）。内沿略内敛，斜腹。灰胎，脱釉。口径 30 厘米、残高 6.9 厘米、厚 0.9 厘米（图七，9）。

Bb 型　圆唇。采集标本 1 件（Y6：32）。深灰色胎，青色釉。口径 50 厘米、高 12 厘米（图七，10）。

C 型　侈口平唇单沿盆。依据唇部及口沿部的不同分为二亚型。

Ca 型　平沿，腹中部有一道宽凸棱。采集标本 1 件（Y4：1）。圆唇，侈口，大饼足。内底略下凹，内壁有一道凹弦纹。灰色胎，青釉，外壁施釉及半，釉下施橙色化妆土。口径 30 厘米、残高 8.1 厘米、厚 0.6～0.9 厘米（图七，11）。

Cb 型　平沿内斜，沿下内束。侈口斜弧腹盆。采集标本 1 件（Y4：17）。圆唇。灰色胎，浅绿色乳浊釉，釉下施化妆土。口径 26 厘米、残高 8 厘米、厚 0.5～0.8 厘米（图七，12）。

D 型　敞口圆唇翻唇盆。采集标本 1 件（Y16：1）。唇口外翻且较宽厘米、厚，敞口，斜弧腹。灰胎，黄釉。口径 32 厘米、残高 8.4 厘米、厚约 0.6 厘米（图七，13）。

5. 钵

采集均为口腹部残片，依据口、腹的变化分为二型。

A 型　敛口丰肩钵。采集标本 1 件（Y4：18）。圆唇。灰色胎，青釉，釉下褐彩。口径 14.4 厘米、最大腹径 19 厘米、残高 7.2 厘米、厚 0.5～1 厘米（图八，1）。

B 型　直口鼓腹钵。依据腹部的变化分为三亚型。

Ba 型　圆鼓腹。采集标本 1 件（Y4：19）。圆唇，口沿略外翻。灰色胎，青釉，外壁施釉过半，釉下施化妆土。口径 19 厘米、残高 11.4 厘米、厚 0.6～0.7 厘米（图八，2）。

Bb 型　腹微鼓，下腹斜收。采集标本 1 件（Y16：7）。残。平沿，直口，深腹。灰色胎，青釉。口径 22 厘米、残高 9.2 厘米、厚 0.6～0.8 厘米（图八，3）。

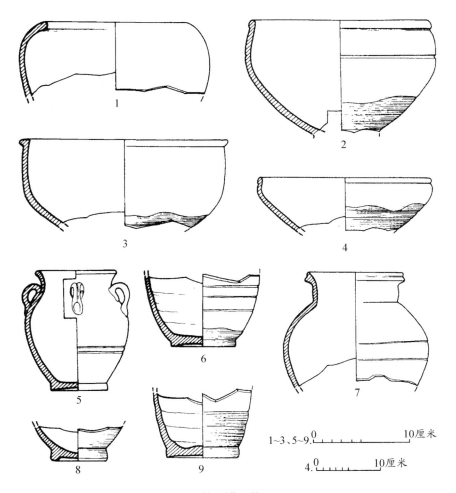

图八　钵、罐（第一组）

1. A 型钵（Y4：18）　　2. Ba 型钵（Y4：19）　　3. Bb 型钵（Y16：7）　　4. Bc 型钵（Y6：28）　　5. A 型罐（Y4：20）　6. Aa 型罐底部残片（Y4：21）　　7. 罐口部残片（Y4：23）　　8. B 型罐底部残片（Y4：25，）　　9. Ab 型罐底部残片（Y4：24）

Bc 型　上腹略鼓，中腹和下腹斜收。采集标本 1 件（Y6：28）。残，圆唇，直口，弧腹斜收。灰色胎，胎体厚重，绿色乳浊釉，略脱釉，外壁施釉及半，流釉，釉下可见化妆土痕迹。口径 28 厘米、残高 8 厘米、厚 0.7～0.9 厘米（图八，4）。

6. 罐

可复原的罐只采集到 1 件，残片有罐的底部残片和口腹部残片。

（1）罐

A 型　四系罐。采集标本 1 件（Y4：20）。口沿外斜，略束颈，丰肩，饼足。橙色胎，黄色釉，外壁施釉过半，釉下施米黄色化妆土，脱釉。口径 8.4 厘米、最大腹径 10.6 厘米、足径 6 厘米、高 12.6 厘米、厚 0.4～0.7 厘米（图八，5）。

（2）罐底部残片

可见长腹罐底部和有领罐口颈部残片。其中罐底部可分为二型。

A 型　大饼足罐。依据腹部的变化分为二亚型。

Aa 型　腹部较圆鼓。采集标本 1 件（Y4：21）。灰色胎，蓝绿色乳浊釉，外壁施釉近足部，釉下施化妆土。足径 6.8 厘米、残高 7.6 厘米、厚 0.4～0.8 厘米（图八，6）。

Ab 型　腹部较直而长。采集标本 1 件（Y4：24）。紫红色胎，青黄色釉，外壁施釉过半，釉下施化妆土。足径 7.6 厘米、残高 7 厘米、厚 0.4～0.8 厘米（图八，9）。

B 型　圈足罐。采集标本 1 件（Y4：25）。深灰色胎，青釉，外壁施釉近足部。足径 6 厘米、残高 3.6 厘米、厚 0.4～0.6 厘米（图八，8）。

（3）罐口腹部残片

采集口沿残片标本 1 件，为有领罐。Y4：23，尖唇，斜沿，鼓腹。深灰色胎，青釉。口径 10 厘米、残高 11 厘米、厚 0.4～0.6 厘米

（图八，7）。

7. 匜

采集的标本有可复原器和口腹部残片和匜柄、匜流。

（1）可复原器

A 型　深腹折腹匜。采集标本 1 件（Y4：49）。尖唇外侈，束腰，折腹，大饼足，空心长杆形柄，柄残。内底下凹。紫红色夹心胎，姜黄色釉，外壁施釉近过半，釉下施米黄色化妆土，脱釉。口径 13.2 厘米、足径 6.7 厘米、高 8.4 厘米、厚 0.4～0.8 厘米（图九，1）。

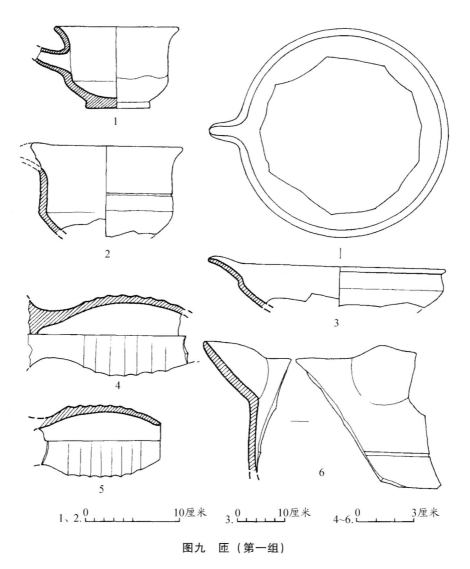

图九　匜（第一组）

1. A 型匜（Y4：49）　2. A 型匜口腹残片（Y16：8）　3. B 型匜（Y6：33）　4、5. 匜柄（Y4：52、Y6：1）
6. 匜流（Y4：50）

（2）匜口腹部残片

依据腹部的差异分为二型。

A型　深腹折腹匜。采集标本1件（Y16：8）。残。侈口，腹略敛，下腹折，腹部外壁有一道凹弦纹。灰色胎，青釉。口径16厘米、残高9.7厘米、厚0.6~0.8厘米（图九，2）。

B型　浅腹斜折腹匜。采集标本2件，均失柄①，选介标本1件。Y6：33，残，平沿，直口，直腹，下腹斜折。匜流黏接在口沿上。紫红色胎，绿色乳浊釉，外壁施釉过半，釉下可见化妆土痕迹。口径44厘米、残高8厘米、厚0.8厘米（图九，3）。

（3）匜柄

均为长圆形，中空，表面为螺旋纹。采集标本2件。Y4：52，残。灰色胎，绿色乳浊釉。柄最大径4.2厘米、残长8.5厘米（图九，4）。Y6：1，残。灰色胎，绿色乳浊釉。柄口径2厘米、最大径3.7厘米、残长6厘米（图九，5）。

（4）匜流

采集标本1件（Y4：50）。残。灰色胎，绿色乳浊釉。流长3.5厘米、厚0.4厘米（图九，6）。

8. 注壶

采集器均为残件。

（1）口颈及上腹部

采集标本1件（Y4：51）。圆唇，直长颈，溜肩。灰色胎，绿色乳浊釉。口径12.8厘米、最大腹径18.6厘米、残高16厘米、厚0.6~0.9厘米（图一〇，1）。

（2）注壶流

采集标本2件，选介标本2件。Y6：29，曲流。灰色胎，酱色釉。流口径1.4厘米、直径约2厘米（图一〇，2）。Y6：34，曲流。灰色胎，绿色乳浊釉。流口径2.2厘米、直径约1.8厘米（图一〇，3）。

9. 器盖

采集标本1件（Y6：31.）。平顶圆形纽，斜形盖面。灰色胎，酱色釉。口径9.2厘米、

纽径3.3厘米、高3.5厘米、厚0.2~0.7厘米（图一〇，4）。

（二）窑具

采集的窑具均为夹砂质胎，表面呈酱紫色，有支钉、支柱、垫筒、垫圈、垫板、垫条以及少量的泥饼状小垫片等。

1. 支钉

主要为五齿支钉，有少量六齿支钉。

（1）五齿支钉

均为三角锥形齿钉，齿钉末端较平。依据器身的形态分为三型。

A型　束腰座式。采集标本3件，选介标本2件。Y4：60，直径6.5厘米、高6.5厘米（图一一，1）。Y6：15，上部直径7.5厘米、高6厘米（图一一，2）。

B型　筒式。依据器身的形态及齿钉的高矮分为二亚型。

Ba型　筒形，筒形身略长。采集标本1件（Y6：11）。壁较薄。直径9.5厘米、高6.7厘米（图一一，3）。

Bb型　短筒形。采集标本4件，选介标本3件。Y6：12，壁较薄。直径8.2厘米、高4.2厘米（图一一，4）。Y4：56，直径10厘米、高5.4厘米（图一一，5）。Y4：63，直径10.5厘米、高5.4厘米（图一一，6）。Y16：28，略束腰，齿钉较矮。直径12厘米、高6厘米（图一一，7）。

C型　圈式。依据形体大小分为三亚型。

Ca型　小型。采集标本2件。Y4：62，直径7厘米、高2厘米（图一一，8）。Y6：13，齿钉浅。直径6.5厘米、高1.4厘米（图一一，9）。Y6：16，上部直径6.5厘米、高4厘米（图一一，10）。

---

① 依据后来试掘的出土器物，这类匜的柄为长圆形螺旋纹柄，即下文所述采集到的柄部残件形状。

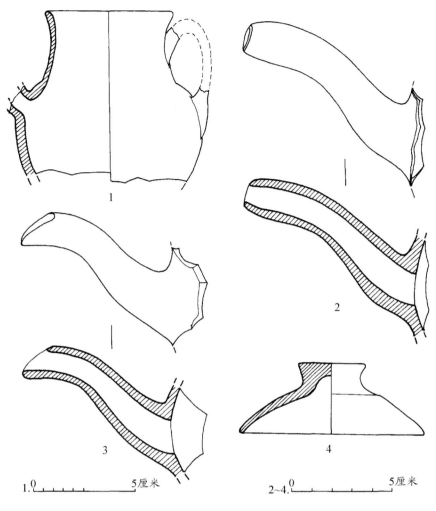

图一〇 注壶、器盖（第一组）

1. 注壶（Y4：51） 2、3. 注壶流（Y6：29、Y6：34） 4. 器盖（Y6：31）

Cb 型 中型。采集标本 6 件，选介标本 4 件。Y4：16，直径 8 厘米、高 2.6 厘米（图一一，11）。Y6：14，与一个 Ca 型支钉相连。直径 7 厘米、高 2 厘米（图一一，12）。Y16：23，不太规整。直径 7.5 厘米、高 2 厘米（图一一，13）。Y16：24，形体略小。直径 7.5 厘米、高 2.5 厘米（图一一，14）。

Cc 型 大型。采集标本 1 件。Y6：10，直径 12.8 厘米、高 3 厘米（图一二，1）。

（2）六齿支钉

依据器身的不同分为二型。

A 型 筒形。略鼓腹，器身上有两个圆孔。采集标本 1 件（Y4：61）。口部直径 19 厘米、最大腹径 19.6 厘米、高 12 厘米（图一二，2）。

B 型 圈状。齿钉略高。采集标本 1 件（Y16：27）。齿钉大而较平。直径 11.5 厘米、高 4 厘米（图一二，3）。

2. 支柱

依据形体的不同分为四型。

A 型 上小下大，呈束腰形，形体较高，中空。采集标本 3 件，选介标本 2 件。Y6：7，上部直径 7.4 厘米、底部直径 11 厘米、高 10 厘米（图一二，5）。Y16：30，残。顶略小。直径 6.8 厘米、残高 8 厘米（图一二，4）。

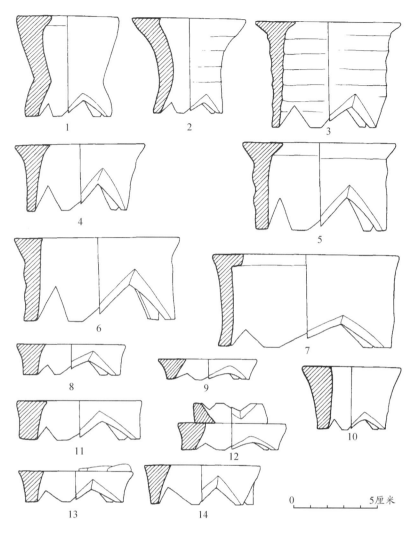

图一一　五齿支钉（第一组）

1、2. A 型（Y4：60、Y6：15）　　3. Ba 型（Y6：11）　　4～7. Bb 型（Y6：12、Y4：56、Y4：63、Y16：28）

8～10. Ca 型（Y4：62、Y6：13、Y6：16）　　11～14. Cb 型（Y4：16、Y6：14、Y16：23、Y16：24）

B 型　直筒形，略有束腰，形体较矮，中空。采集标本 2 件，选介标本 1 件。Y6：9，上部直径 8 厘米、下部直径 9 厘米、高 5 厘米（图一二，6）。

C 型　上小下大。呈束沿状，形体小而较矮，中空。采集标本 1 件（Y4：64）。上部直径 9.6 厘米、底部直径 9.8 厘米、最大腹径 11 厘米、高 6 厘米（图一二，7）。

D 型　上部略小，直筒形，中空。采集标本 1 件（Y4：65）。顶部粘连一个五齿支钉。

上部口径 8 厘米、底部直径 9.4 厘米、高 16 厘米（图一二，9）。

3. 垫圈

采集标本 1 件（Y4：67）。由两个垫圈粘连在一起。直径 6.6 厘米、高 1.5 厘米（图一二，8）。

4. 垫板

采集的垫板均大致呈三角形，一般在中部有一个圆孔，三角的转角多切角。依据形体大小分为二亚型。

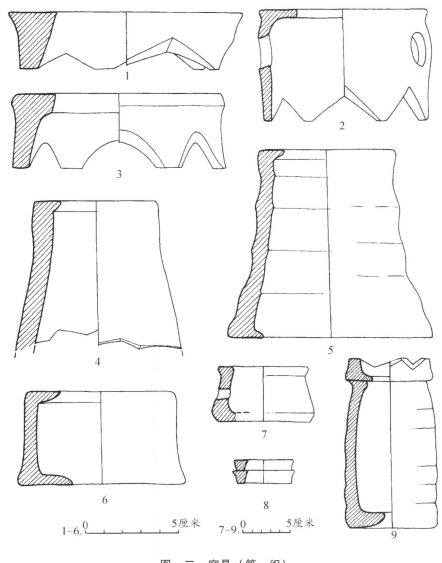

图一二　窑具（第一组）

1. Cc 型五齿支钉（Y6：10）　　2. A 型六齿支钉（Y4：61）　　3. B 型六齿支钉（Y16：27）　　4、5. A 型支柱（Y16：30、Y6：7）　　6. B 型支柱（Y6：9）　　7. C 型支柱（Y4：64）　　8. 垫圈（Y4：67）　　9. D 型支柱（Y4：65）

Aa 型　形体相对较大。采集标本 5 件，选介标本 3 件。Y6：6，中心孔径 5～5.4 厘米、最宽处 24 厘米、厚 1.4～2.2 厘米（图一三，1）。Y16：22，较厚。厚 1.4 厘米（图一三，2）。Y16：19，残。中部圆孔较大，垫板较厚。厚 1.8 厘米（图一三，3）。

Ab 型　形体相对较小、薄。采集标本 1 件。Y6：4，残。厚 1.4～1.7 厘米（图一三，4）。

5. 垫条

为长条形。依据弯曲与否分为二型。

A 型　弯曲。采集标本 2 件，选介标本 2 件。Y6：3，残，上面粘连泥饼。残长 19.8 厘米、厚约 3.1 厘米（图一三，5）。Y6：1，残。残长 13.2 厘米、厚 1.3～2.2 厘米（图一三，6）。

B 型　略直。采集标本 1 件（Y6：2）。残，表面有一些垫压、划痕。残长 12.9 厘米、厚 2.2～2.4 厘米（图一三，7）。

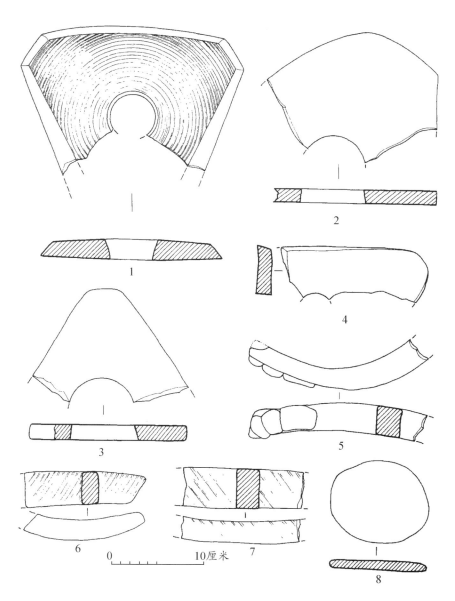

图一三　窑具（第一组）

1～3. Aa 型垫板（Y6∶6、Y16∶22、Y16∶19）　　4. Ab 型垫板（Y6∶4）　　5、6. A 型垫条（Y6∶3、Y6∶1）
7. B 型垫条（Y6∶2）8. 垫片（Y6∶5）

6. 垫片

为随手捏制的泥饼状垫片。

采集标本 3 件，选介标本 1 件。Y6∶5，直径约 5.4 厘米、厚 0.5 厘米（图一三，8）。

二、第二组

第二组包括一号、二号、三号、十三号、

十四号、十五号窑包，地面采集器物分为瓷器、陶器和窑具三类。其中十五号窑包在地表基本上采集不到可以复原的器物，从残片上判断，器形主要是碗类。

（一）瓷器

瓷器的可辨器形有碗、盘、盏、盆、罐、匣、注壶、碟等。

1. 碗

分为小碗和碗两类。

（1）小碗

依据腹部的不同分为三型。

A 型　斜弧腹小碗。依据腹中部的变化分为二亚型。

Aa 型　斜弧腹。敞口略侈，圈足较大而浅，圈足。采集标本 1 件（Y14：3）。尖唇，浅圈足。灰色胎，浅绿色乳浊釉，外壁施釉及半，有落渣。口径 14 厘米、足径 5.8 厘米、高 4.8 厘米、厚 0.4～0.8 厘米（图一四，1）。

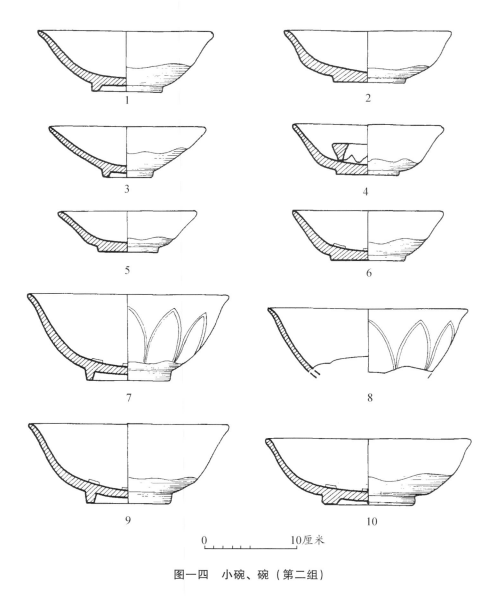

图一四　小碗、碗（第二组）

1. Aa 型小碗（Y14：3）　2. Ab 型小碗（Y2：14）　3. B 型小碗（Y3：20）　4～6. C 型小碗（Y14：4、Y13：8、Y13：7）　7、8. Aa 型碗（Y14：8、Y13：2）　9. Aa 型碗（Y12：10）　10. Ab 型碗（Y1：4）

Ab 型　斜弧腹，腹中部圆折。采集标本 1 件（Y2：14）。灰色胎，浅蓝色乳浊釉，外壁施釉及半。口径 13.5 厘米、足径 5.4 厘米、高 4.2 厘米、厚 0.4～0.8 厘米（图一四，2）。

B 型　斜腹小碗。采集标本 1 件（Y3：20）。敞口，斜腹较略弧，小圈足。内底残留石英砂粒，圈足不平整。灰黑色胎，米黄色釉，外壁施釉及半，流釉。器表有气泡。口径 18.4 厘米、足径 7.4 厘米、高 5.4 厘米、厚 0.4 ~ 0.8 厘米（图一四，3）。

C 型　斜折腹小碗。斜腹较直，下腹圆折。敞口微侈，圆唇略尖，饼足较浅而大。采集标本 4 件，选介标本 3 件。Y14：4，内底有一圈凹弦纹，粘连一个五齿支钉。灰色胎，浅绿色乳浊釉，外壁施釉过半。口径 12 厘米、足径 5 厘米、高 4 厘米、厚 0.4 ~ 0.8 厘米（图一四，4）。Y13：8，可复原。下腹切削修整，饼足平整、矮浅。内底有五个支钉痕。灰色胎，浅绿色乳浊釉，外壁施釉过半，釉面有开片。口径 11 厘米、足径 4.8 厘米、高 3.2 厘米、厚 0.5 ~ 0.7 厘米（图一四，5）。Y13：7，可复原。腹部略深，下腹切削修整较窄，饼足平整而矮浅。内底有支钉痕。灰色胎，浅绿色乳浊釉，外壁施釉及半。口径 12 厘米、足径 6 厘米、高 4 厘米、厚 0.4 ~ 0.8 厘米（图一四，6）。

（2）碗

依据腹部的变化分为三型。

A 型　弧腹碗。依据腹部的深浅分为二亚型。

Aa 型　腹部较深。采集标本 4 件，选介标本 3 件。Y14：8，侈口弧腹碗。内底略下凹，有五个支钉痕，外壁刻画莲瓣纹。橙色胎，浅绿色乳浊釉，釉面有开片，外壁施釉近足。口径 16 厘米、足径 6.5 厘米、高 7 厘米、厚 0.4 ~ 0.8 厘米（图一四，7）。Y13：2，残。绿色乳浊釉。口径 16 厘米、残高 5.2 厘米、厚 0.3 厘米（图一四，8）。Y12：10，可复原。敞口微外侈，弧腹，内底有一圈凹弦纹，可见支钉痕。浅灰色胎，略带白色石英砂粒，浅绿色乳浊釉，釉面木光。口径 16 厘米、足径 6.4 厘米、高 6.4 厘米、

厚 0.5 ~ 0.8 厘米（图一四，9）。

Ab 型　腹部较浅。采集标本 12 件，选介标本 7 件。Y1：4，尖圆唇，内底可见五个支钉痕，足部切削不太规整，外底略外凸。灰色胎，绿色釉，外壁施釉及半，可见釉下黄色化妆土。口径 16.4 厘米、足径 7.6 厘米、高 5.4 厘米、厚 0.4 ~ 0.7 厘米（图一四，10）。Y2：15，残，圆唇，弧腹，腹较深。灰色胎，浅绿色乳浊釉。口径 16 厘米、残高 5.2 厘米、厚 0.5 ~ 0.8 厘米（图一五，1）。Y3：19，内底有支钉痕。紫红色胎，绿色乳浊釉，外壁施釉过半。口径 18 厘米、足径 7.8 厘米、高 5.2 厘米、厚 0.4 ~ 0.6 厘米（图一五，2）。Y13：6，可复原。尖唇，侈口，斜弧腹。内底、外底各粘连一个五齿支钉。灰色胎，浅绿色乳浊釉近月白色，外壁施釉过半，釉面有开片。口径 16 厘米、足径 7.4 厘米、高 6 厘米、厚 0.3 ~ 0.6 厘米（图一五，3）。Y14：7。内底粘连一个五齿支钉，圈足大而浅，足底修整时在中心留下一个圆突。灰色胎，浅绿色乳浊釉，外壁施釉过半。口径 16 厘米、足径 6.7 厘米、高 6 厘米、厚 0.4 ~ 0.6 厘米（图一五，4）。Y14：5。尖唇，浅圈足。深灰色胎，绿色乳浊釉，外壁施釉过半，可见米黄色釉下化妆土。口径 16 厘米、足径 6.4 厘米、高 5.2 厘米、厚 0.3 ~ 0.6 厘米（图一五，5）。Y14：6，内底有五个支钉痕，圈足规整。灰色胎，浅绿色乳浊釉，外壁施釉及半。口径 16 厘米、足径 6.6 厘米、高 5 厘米、厚 0.4 ~ 0.8 厘米（图一五，9）。

B 型　斜腹碗。此类碗在本组的采集标本中只有口沿和底足，一般形体略大。采集标本 4 件，选介标本 3 件。Y13：3，口沿残片。浅绿色乳浊釉，釉面有开片。口径 20 厘米、残高 5.5 厘米、厚 0.3 ~ 0.4 厘米（图一五，6）。Y2：16，底足残片。斜腹，内底有五个支钉痕。灰黑色胎，酱色釉，外壁施釉过半。足径

7.8 厘米、残高 7 厘米、厚 0.4 ~ 0.8 厘米（图
一五，7）。Y3：17，底足残片。内底残留支钉
痕，内壁腹部模印出筋纹饰，足底略外凸，外
壁施釉过半，流釉。灰黑色胎，绿色乳浊釉。
足径 7 厘米、残高 5.2 厘米、厚 0.4 ~ 1 厘米
（图一五，8）。

　　C 型　斜弧腹碗。依据足部的不同分为二

亚型。

　　Ca 型　饼足。采集标本 1 件（Y13：9）。
可复原。尖唇，敞口，斜腹略弧，内底微下凹，
有五个支钉痕。饼足大、浅、平整，下腹有修
整切削痕迹。灰色胎，浅绿色釉，外壁施釉过
半。口径 16 厘米、足径 7 厘米、高 6 厘米、厚
0.4 ~ 0.7 厘米（图一五，10）。

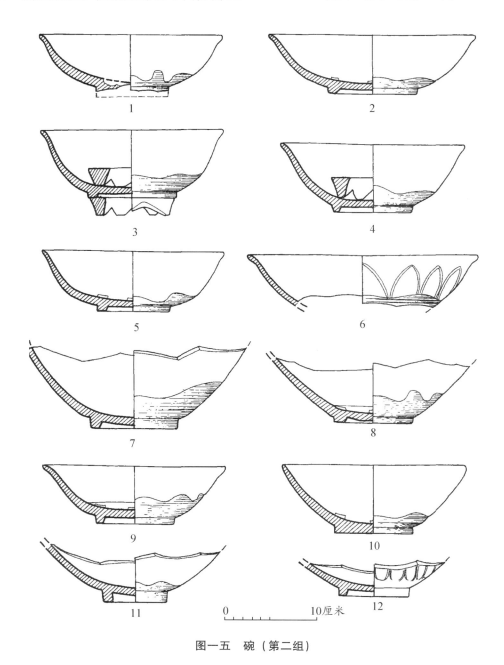

图一五　碗（第二组）

1 ~ 5、9. Ab 型碗（Y2：15、Y3：19、Y13：6、Y14：7、Y14：5、Y14：6）　　6 ~ 8. B 型碗（Y13：3、Y2：16、
Y3：17）　10. Ca 型碗（Y13：9）　11. Cb 型碗（Y14：2）　12. 碗足部残片（Y13：1）

Cb 型　小圈足。仅采集到足底残片。采集标本 2 件。选介标本 1 件。Y14：2，内底有一道凹弦纹，圈足墙较高。灰色胎，白釉，可见釉下化妆土，外壁施釉至足圈。足底施白色化妆土。足径 6 厘米、残高 4.4 厘米、厚 0.5 ~ 0.7 厘米（图一五，11）。

（3）足部残片

采集标本 9 件，选介标本 1 件。均为大而浅的圈足，刻画莲瓣纹瓷片。Y13：1，砖红色胎，白色化妆土。足径 6 厘米、残高 2.8 厘米、厚 0.5 ~ 0.7 厘米（图一五，12）。

2. 盘

均为折腹盘。依据腹部的深浅分为二亚型。

Aa 型　腹部较深。圆唇，侈口，腹部圆折，浅圈足。采集标本 2 件。选介标本 2 件。Y1：3，内底残留一五齿支钉，足部切削较规整，外底略外凸、不平整。深灰色胎，酱色釉，外壁施釉过半，流釉。口径 15 厘米、足径 6 厘米、高 3.8 厘米、厚 0.5 ~ 0.7 厘米（图一六，1）。Y1：6，内、外底各残留一五齿支钉。深灰色胎，酱色釉，外壁施釉过半，流釉。口径 16 厘米、足径 6.5 厘米、高 3.6 厘米、厚 0.4 ~ 0.6 厘米（图一六，2）。

Ab 型　腹部略浅。圆唇，侈口，斜弧腹，浅圈足。采集标本 2 件。Y2：13，内底可见支钉痕。紫红色胎，酱色釉，釉下施米黄色化妆土，外壁施釉及半。口径 16 厘米、足径 6.8 厘米、高 3.2 厘米、厚 0.5 ~ 0.8 厘米（图一六，3）。Y3：18，内底残留支钉痕，圈足平整。灰色胎，绿色乳浊釉，外壁施釉及半，釉下可见米黄色化妆土。口径 15 厘米、足径 6 厘米、高 3.4 厘米、厚 0.5 ~ 0.6 厘米（图一六，4）。

3. 盏

采集标本 1 件（Y2：12）。圆唇，斜直腹，饼足。砖红色胎，酱色釉，釉下施米黄色化妆土。口径 11 厘米、足径 5.2 厘米、高 3.4 厘

米、厚 0.8 ~ 1.2 厘米（图一六，5）。

4. 盆

采集标本 1 件（Y13：10）。口部残片。平唇，双沿，斜腹。灰色胎，青釉。口径 35 厘米、残高 7.5 厘米、厚 0.6 厘米（图一六，6）。

5. 罐

采集标本 1 件（Y1：2）。残，为双系小罐。长圆腹，饼足，腹部可见轮制拉坯的螺旋纹。紫红色胎，酱色釉，内、外壁均施釉，外壁施釉近足部。足径 6.4 厘米、残高 10 厘米、厚 0.5 ~ 1 厘米（图一六，7）。

6. 匜

均为柄部残片。采集标本 2 件，选介标本 1 件。Y3：16，灰色胎，绿色乳浊釉。柄口径 1、最大径 3.5 厘米、残长 7 厘米、厚 0.4 ~ 0.8 厘米（图一六，8）。

7. 注壶

均为残片。

（1）颈肩部残片

采集标本 1 件（Y1：1）。残，颈较细长，肩部圆折，有一道弦纹，颈部可见柄部的痕迹。紫红色胎，绿釉，釉面平整。残高 7.8 厘米、厚 0.4 ~ 0.6 厘米（图一六，9）。

（2）流部残片

采集标本 4 件，选介标本 2 件。Y2：10，灰色胎，蓝绿色乳浊釉。流口径 1.5 厘米、流径最大 2.1 厘米、残长约 7 厘米（图一六，10）。Y3：14，灰色胎，泛蓝色的乳浊釉。流径 1.7 ~ 2.1 厘米、流残长约 5 厘米（图一六，11）。

8. 碟

均为折腹平底碟。采集标本 2 件。Y3：22，可复原。敞口，圆唇，折腹，平底。灰色胎，绿色乳浊釉，外壁施釉过半，釉下可见米黄色化妆土。口径 16.2 厘米、高 3.2 厘米、厚 0.4 ~ 0.6 厘米。Y12：7，可复原，3 件重叠粘连。圆唇，敞口微外侈，斜腹圆折，平底。浅

灰色胎，略带白色石英砂粒，蓝绿色乳浊釉，釉面有缩釉现象。口径 16.5 厘米、残高 3.4 厘

米、厚 0.3 厘米（图一六，12）。

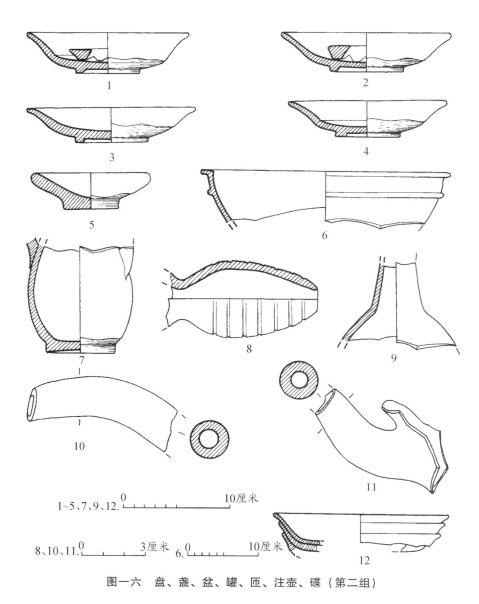

图一六　盘、盏、盆、罐、匜、注壶、碟（第二组）

1、2. Aa 型盘（Y1：3、Y1：6）　　3、4. Ab 型盘（Y2：13、Y3：18）　　5. 盏（Y2：12）　　6. 盆（Y13：10）

7. 罐（Y1：2）　　8. 匜（Y3：16）　　9. 注壶（Y1：1）　　10、11. 注壶流（Y2：10、Y3：14）　　12. 碟（Y12：7）

（二）窑具

采集的窑具有支钉、支柱、垫板、垫条、垫圈和垫片等。

1. 支钉

主要为五齿支钉，有少量六齿支钉。

（1）五齿支钉

依据形状的不同分为二型。

A 型　筒形。采集标本 2 件。Y3：13，口略大，腹壁斜收。口部直径 8 厘米、高 6.5 厘米（图一七，1）。Y13：14，壁较直，螺旋纹，齿钉较高。口部直径 9.3 厘米、高 7.4 厘米（图一七，2）。

B 型　圈形。依据形体的大小不同分为三亚型。

Ba 型　大型。采集标本 3 件，选介标本 2 件。Y3：11，口部直径 8.5 厘米、高 1.8 厘米（图一七，3）。Y13：13，口部直径 12 厘米、高 3.5 厘米（图一七，4）。

Bb 型　中型。采集标本 9 件，选介标本 4 件。Y1：10，口部直径 7.5 厘米、高 1.5 厘米（图一七，5）。Y3：10，口部直径 7 厘米、高

1.5 厘米（图一七，6）。Y14：10，齿钉较矮。口部直径 7.3 厘米、高 1.2 厘米（图一七，7）。Y14：11，略小。口部直径 6.7 厘米、高 1.8 厘米（图一七，8）。

Bc 型　小型。采集标本 4 件，选介标本 3 件。Y2：5，中心孔径约 5.8 厘米、厚 1.8 厘米（图一七，9）。Y3：9，五齿。口部直径 5.5 厘米、高 1.2 厘米（图一七，10）。Y12：5，口部直径 6.3 厘米、高 1.8 厘米（图一七，11）。

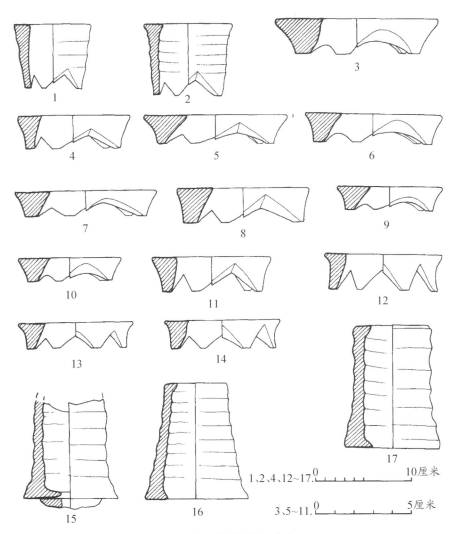

图一七　窑具（第二组）

1、2. A 型五齿支钉（Y3：13、Y13：14）　3～8. Ba 型五齿支钉（Y3：11、Y13：13、Y1：10、Y3：10、Y14：10、Y14：11）　9～11. Bc 型五齿支钉（Y2：5、Y3：9、Y12：5）　12～14. 六齿支钉（Y2：3、Y2：4、Y3：12）　15、17. Aa 型支柱（Y12：8、Y1：7）　16. Ab 型支柱（Y3：8）

（2）六齿支钉

采集标本 4 件，选介标本 3 件。Y2：3，齿钉较高，外撇，壁略薄。口部直径 12 厘米、高 3.7 厘米（图一七，12）。Y2：4，齿钉较矮。口部直径 12 厘米、高 2.6 厘米（图一七，13）。Y3：12，齿钉略高。口部直径 12 厘米、高 3 厘米（图一七，14）。

2. 支柱

均为长筒形，其中三号窑包表面采集的支柱最多，多达 10 件。依据筒身形态的差异分为二亚型。

Aa 型 上小下大，中腰略束。采集标本 3 件，选介标本 2 件。Y1：7，略束腰。口部直径 7.6 厘米、底部直径 10 厘米、高 12 厘米（图一七，17）。

Y12：8，残。斜筒状。底部直径 10 厘米、残高 10.2 厘米（图一七，15）。

Ab 型 上部明显小于底部，筒壁较斜直。采集标本 10 件，选介标本 1 件。Y3：8，口部直径 6.4 厘米、底部直径 10.8 厘米、高 12 厘米（图一七，16）。

3. 垫板

均为三角形垫板，中心有一圆孔，三个角切割成圆角。依据形体的大小可以分为二亚型。

Aa 型 大型。采集标本 14 件，选介标本 5 件。Y3：5，三角形。中心孔径约 6.8 厘米、厚 2.2 厘米（图一八，2）。Y14：9，完整。边略弧，中心有一个圆孔，角部切削成圆角。最宽 22 厘米、中心孔径 6 厘米、厚 1.8～2 厘米（图一八，3）。

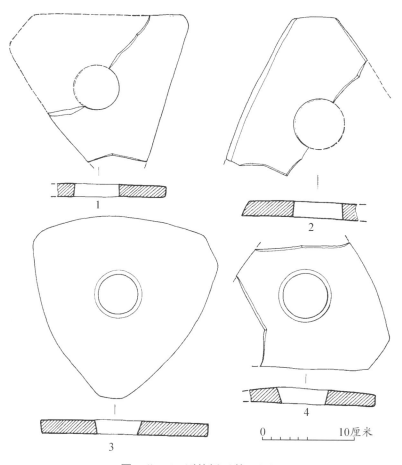

图一八 Aa 型垫板（第二组）

1. Y2：5 2. Y3：5 3. Y14：9 4. Y13：16

Y2：5，三角形垫板，中有一圆孔，面上有两个压印痕。中心孔径 6 厘米、厚 1.6 厘米（图一八，1）。Y13：16，中心孔径 6.6 厘米、厚 1.3～2 厘米（图一八，4）。Y12：12，残，表面有棕红色的窑汗，一面可见碗口沿痕迹。中心孔径 7 厘米、厚 1.2～2 厘米（图一九，1）。

Ab 型　小型。采集标本 2 件。Y1：11，上

有数压印凹痕。中心孔径 3.5 厘米、厚 1.5 厘米（图一九，4）。Y3：4，最宽 15 厘米、中心孔径 3.4 厘米、厚 1.2 厘米（图一九，2）。

4. 垫条

依据形态的不同分为二型。

A 型　长条形，端面呈较规则的长方形，形体较大。依据弯曲与否分为二亚型。

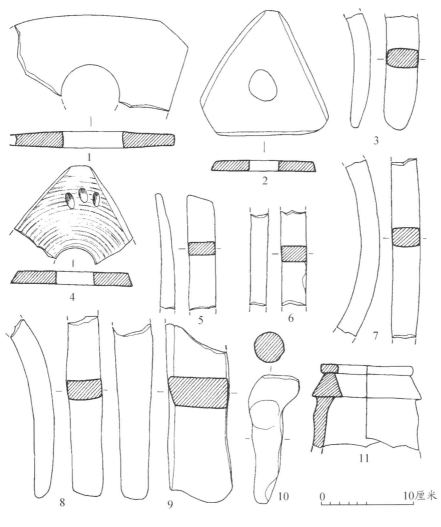

图一九　窑具（第二组）

1. Aa 型垫板（Y12：12）　　2、4. Ab 型垫板（Y3：4、Y1：11）　　3、7、8. Aa 型垫条（Y1：9、Y2：8、Y14：14）　5、6、9. Ab 型垫条（Y2：7、Y3：1、Y1：8）　10. B 型垫条（Y3：3）　11. 垫圈（Y2：2）

Aa 型　弯曲。采集标本 4 件，选介标本 3 件。Y1：9，残，长条形，残长 15 厘米、厚 1.2 ~ 2.2 厘米（图一九，3）。Y2：8，圆弧形。残长 20.4 厘米、厚 2.3 ~ 2.6 厘米（图一九，7）。Y14：14，残。弯曲。残长 21.6 厘米、厚 1.6 ~ 2.6 厘米（图一九，8）。

Ab 型　基本呈直长条形。采集标本 5 件，选介标本 3 件。Y1：8，残长 9.8 厘米、厚 1.6 ~ 2.3 厘米（图一九，9）。Y2：7，略有弯曲，末端较薄。残长 14 厘米、厚 1 ~ 1.6 厘米（图一九，5）。Y3：1，较窄而直。残长 11.3 厘米、厚 1 厘米（图一九，6）。

B 型　手制细长条形，断面为不规整的圆形，形体小。采集标本 1 件（Y3：3）。不规则短条形，表面有压印痕。长约 7.6 厘米（图一九，10）。

5. 垫圈

采集标本 1 件（Y2：2）。斜壁式垫圈，与垫筒、垫圈粘连。口部直径 7 厘米、高 1.4 厘米（图一九，11）。

6. 垫片

均为随意捏制、压制而成的泥饼形。采集标本 9 件，选介标本 5 件。Y13：15，两个粘连的泥饼。直径 5 厘米、厚 0.5 ~ 0.7 厘米（图二〇，1）。Y12：1，圆形，两面都布满指纹。直径约 4.8 厘米、厚 0.7 ~ 0.8 厘米（图二〇，2）。Y12：2，圆形，小而厚。直径约 3.5 厘米、厚约 1.3 厘米（图二〇，3）。Y12：3，小圆形。直径约 3.2 厘米、厚 0.7 ~ 1 厘米（图二〇，4）。Y12：4，圆片形。直径 5.5 厘米、厚 0.4 ~ 0.6 厘米（图二〇，5）。

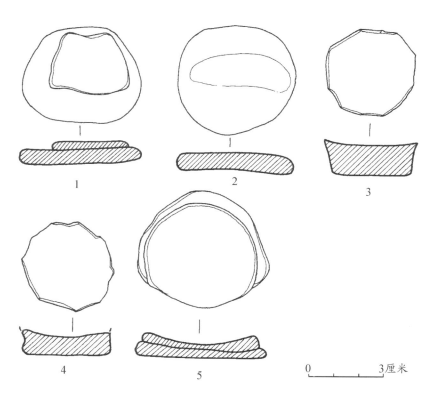

图二〇　垫片（第二组）（略）

1 ~ 5.（Y13：15、Y12：1、Y12：2、Y12：3、Y12：4）

三、第三组

第三组只有十号、十七号窑包；地表采集器物包含瓷器、窑具和陶器。

（一）瓷器

1. 碗

分为花口碗、小碗和碗三类。

（1）花口碗

采集标本1件（Y17：2）。侈口，内底有少量石英砂粒，外底不平整。深灰色胎，白釉，略泛青，外壁施釉不及半，釉下可见化妆土。

口径17厘米、足径5.6厘米、高6厘米、厚0.4厘米（图二一，1）。

（2）小碗

依据腹部的变化分为二型。

A型 折腹小碗。采集标本1件（Y17：10）。敞口微侈，小圈足。深灰色胎，酱色釉，外壁施釉过半。口径13厘米、足径5.6厘米、高4.4厘米、厚0.3~0.6厘米（图二一，2）。

B型 斜直腹小碗。采集标本1件（Y17：12）。侈口，圈足。紫红色胎，白釉，外壁施釉不及半。口径13.5厘米、足径5.2厘米、高4厘米、厚0.3~0.6厘米（图二一，3）。

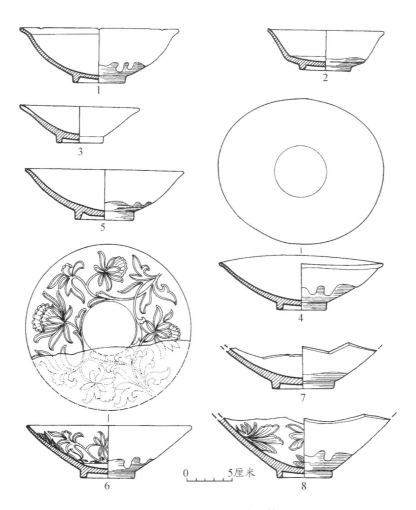

0 5厘米

图二一 花口碗、小碗、碗（第三组）

1. 花口碗（Y17：2） 2. A型小碗（Y17：10） 3. B型小碗（Y17：12） 4、5. A型碗（Y17：1、Y17：4）

6~8. B型碗（Y17：7、Y17：11、Y10：17）

（3）碗

依据腹部的不同分为二型。

A 型　斜弧腹碗。敞口微侈，圈足，足底略下凹。采集标本 3 件，选介标本 2 件。Y17：1，圆口，内壁五出筋，内底有垫石英砂粒和垫圈痕迹。深灰色胎，白釉，釉面光洁，釉下施乳白色化妆土，外壁施釉及半。口径 18 厘米、足径 5.4 厘米、高 5.2 厘米、厚 0.3 ~ 0.6 厘米（图二一，4）。Y17：4，内底可见石英砂粒和垫圈的压印痕迹，外底凸凹不平。深灰色胎，白釉，外壁施釉不及半，可见化妆土。口径 17 厘米、足径 6.4 厘米、高 5.7 厘米、厚 0.4 ~ 0.6 厘米（图二一，5）。

B 型　斜直腹碗。采集标本 4 件，选介标本 3 件。Y17：7，敞口，内壁模印缠枝莲花纹，内底残留石英砂粒。砖红色胎，绿色釉，外壁施釉不及半，釉下施白色化妆土。口径 18 厘米、足径 6 厘米、高 5.7 厘米、厚 0.4 ~ 0.7 厘米（图二一，6）。Y17：11，残，圈足较大，仅存底部，内底有石英砂粒。深灰色胎，白釉。足径 6.5 厘米、残高 5.4 厘米、厚 0.4 ~ 0.7 厘米（图二一，7）。Y10：17，残，内底有少量石英砂粒痕。灰红色胎，绿色釉，釉下施化妆土。内壁模印牡丹花草纹。足径 6 厘米、残高 7 厘米、厚 0.5 ~ 1 厘米（图二一，8）。

（4）碗足部残片

由于本组窑包的圈足足底多有模印符号的装饰纹饰，故在此特将采集到的部分足底进行描述介绍。

A 型　圈足略小。采集标本 3 件。Y10：14，残，内底略下凹，有垫圈和石英砂粒痕。外底心有泥饼压印痕迹。灰色胎，白色釉，积釉的地方呈青色，可见釉下化妆土痕迹。外壁施釉过半，流釉。足径 6 厘米、残高 4.8 厘米、厚 0.4 ~ 0.8 厘米（图二二，1）。Y10：5，残，内底略下凹，有一道细浅的凹弦纹，有少量石英砂粒痕。外底心模印"米"字纹。灰色胎，白色釉。足径 5.2 厘米、残高 2.4 厘米、厚 0.3 ~ 0.7 厘米（图二二，2）。Y10：15，残，内底略下凹，有一道凹弦纹和石英砂粒痕。砖红色胎，白色釉，釉下施米黄色化妆土。外壁施釉过半。足径 5.7 厘米、残高 4.3 厘米、厚 0.4 ~ 0.6 厘米（图二二，3）。

B 型　圈足较大。采集标本 17 件，选介标本 2 件。Y10：11，残，内底略下凹，有一道细浅的凹弦纹，有少量石英砂粒痕。砖红色胎，白色釉，釉下施米黄色化妆土。内壁绘褐色釉下彩花草纹。足径 8.5 厘米、残高 5.6 厘米、厚 0.5 ~ 1.2 厘米（图二二，4）。Y10：2，残，内底有石英砂粒痕。深灰色胎，白色釉。内壁绘褐色釉下彩花草纹。足径 10 厘米、残高 7.2 厘米、厚 0.6 ~ 1 厘米（图二二，5）。

2. 盘

依据腹部的变化分为二型。

A 型　斜弧腹盘。依据上腹部的差异分为二亚型。

Aa 型　腹部略显斜直。尖唇，敞口，小圈足。采集标本 1 件（Y17：6）。尖唇、敞口，内壁有一道凹弦纹，内底可见石英砂粒。砖红色胎，白釉，外壁施釉不及半。口径 16 厘米、足径 5.3 厘米、高 4.4 厘米、厚 0.2 ~ 0.6 厘米（图二二，6）。

Ab 型　弧腹。圆唇略尖，敞口，小圈足。采集标本 1 件（Y10：10）。可复原，内底略下凹，有少量石英砂粒痕，内壁上有一道细浅的凹弦纹。砖红色胎，白色釉，釉下施米黄色化妆土，外壁施釉不及半。口径 16 厘米、足径 6 厘米、高 4.5 厘米、厚 0.4 ~ 0.7 厘米（图二二，7）。

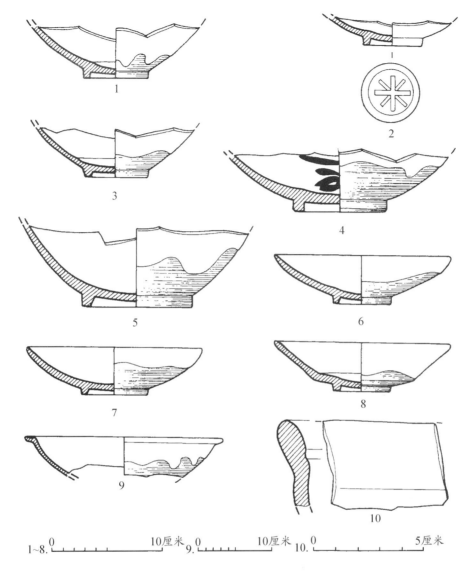

图二二　碗足底残片、盘盆（第三组）

1～3. A 型碗足底残片（Y10：14、Y10：5、Y10：15）　4、5. B 型碗足底残片（Y10：11、Y10：2）　6. Aa 型盘（Y17：6）　7. Ab 型盘（Y10：10）　8. B 型盘（Y17：5）　9. A 型盆（Y10：12）　10. B 型盆（Y10：1）

B 型　斜折腹盘。采集标本 1 件（Y17：5）。尖唇、敞口，内底可见石英砂粒，外地凸凹不平。砖红色胎，白釉，外壁施釉不及半，釉下可见化妆土，釉面有极细小开片，口沿挂一圈酱釉。口径 16 厘米、足径 5 厘米、高 4.4 厘米、厚 0.5～0.7 厘米（图二二，8）。

3. 盆

均为口腹部残片。分为二型。

A 型　平沿翻唇。采集标本 2 件，选介标本 1 件。Y10：12，残，弧腹。砖红色胎，白色釉，釉下施米黄色化妆土。内壁有釉下褐彩花草纹。口径 27 厘米、残高 4.8 厘米、厚约 4.5 厘米（图二二，9）。

B 型　圆唇敞口。采集标本 1 件。Y10：1，残。紫红色胎，姜黄色釉。残高 3.9 厘米、厚 0.7～1.3 厘米（图二二，10）。

（二）窑具

主要为垫圈，另有不少盘形的盖，以及支

柱、垫板等窑具，有极少量的支钉。

1. 支钉

均为圈状的五齿小支钉。采集标本 2 件，选介标本 1 件。Y17：19，圈状，五齿支钉，齿钉矮。圈径 13 厘米、高 2.6 厘米（图二三，1）。

2. 垫圈

均为圈状，形体都不大。依据大小分为二亚型。

Aa 型　略大型。采集标本 2 件，Y10：4，圈外径 6 厘米、高 1.2 厘米（图二三，2）。Y17：3，三件粘连。中间的一件圈外径 12.5 厘米、厚 2.4 厘米（图二三，3）。

Ab 型　小型。采集标本 1 件（Y10：6）。圈外径 5 厘米、高 1.3 厘米（图二三，4）。

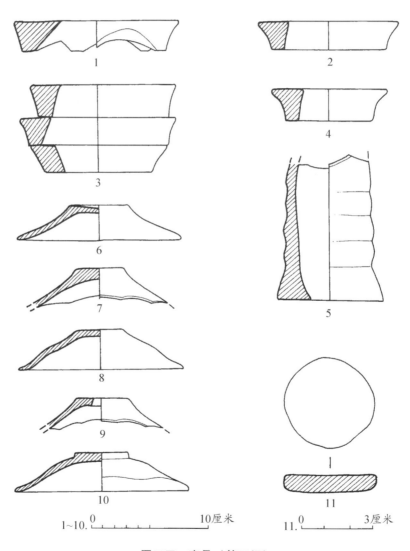

图二三　窑具（第三组）

1. 五齿支钉（Y17：19）　2、3. Aa 型垫圈（Y10：4、Y17：3）　4. Ab 型垫圈（Y10：6）　5. 支柱（Y10：7）　6. Aa 型盖（Y17：8）　7、8. Ab 型盖（Y10：9、Y17：9）　9. B 型盖（Y10：8）　10. C 型盖（Y17：15）　11. 垫片（Y17：21）

3. 支柱

螺旋纹表面，略呈直筒状。采集标本4件，选介标本1件。Y10：7，残，底径9厘米、残高12.8厘米（图二三，5）。

4. 垫板

均为三角形垫板，残。采集标本4件，选介标本2件。Y17：27，厚约1.8厘米。Y10：16，表面有刻画花瓣形纹路。

均为器壁较薄的盘形①，不少遗物两面都有受火烧烤的痕迹。依据顶部的差异分为三型。

A型　平顶。依据顶部的平、凹形态分为二亚型。

Aa型　平顶略下凹。采集标本1件（Y17：8）。尖唇，束腰，内、外壁口沿处均粘连白釉。口径14厘米、盖顶径4.5厘米、高3厘米、厚0.2～1厘米（图二三，6）。

Ab型　平顶。采集标本2件。Y10：9，残，顶径4.2厘米、残高2.9厘米（图二三，7）。Y17：9，尖唇，底略小，内、外壁口沿处均粘连白釉。口径14厘米、盖顶径3.8厘米、高3.4厘米、厚0.2～0.8厘米（图二三，8）。

B型　平顶，中有一孔。采集标本1件（Y10：8）。顶外径4.3厘米、残高2.3厘米（图二三，9）。

C型　顶部为圆饼形纽。采集标本1件（Y17：15）。尖唇，口外侈，内、外壁口沿处均有受火面。口径15厘米、足径4.5厘米、高4厘米、厚0.3～1厘米（图二三，10）。

5. 垫片

均为随意捏制、压制而成的泥饼状，厚薄不一。采集标本2件，选介标本1件。Y17：21，橙红色。直径约7.9厘米、厚1.6厘米（图二三，11）。

6. 垫条

均为搓制的小棍形垫条。采集标本3件，选介标本1件。Y17：28，表面有压扁平的痕

迹，略弯曲，长约5.8厘米。

四、第四组

第四组包括五号、七号、八号、九号、十一号、十二号窑包。本组采集的器物有瓷器、窑具和少量陶器。

（一）瓷器

1. 碗

分为花口碗、小碗和碗三类。

（1）花口碗

依据口部和腹部的不同分为二型。

A型　敛口斜腹花口碗。采集标本1件（Y5：41）。残，尖唇。紫红色胎，浅黄褐色釉。口径16厘米、残高6.1厘米、厚0.5～0.8厘米（图二四，1）。

B型　侈口弧腹花口碗。采集标本2件，选介标本1件。Y7：3，五瓣花口，内底一周凹弦纹，残留五个支钉痕，外壁篦划单层莲瓣纹，挖足较浅，外底略外凸。灰色胎，绿色乳浊釉，外壁施釉过半，釉下可见浅黄色化妆土。口径16.5厘米、足径7厘米、高6.2厘米、厚0.5～0.6厘米（图二四，2）。

（2）小碗

大多数为浅腹小碗，少见深腹者。依据腹部的变化分为五型。

A型　斜腹小碗。下腹略折。依据口部和腹部的变化分为三亚型。

Aa型　敞口，斜腹略弧。采集标本2件。Y7：6，尖唇，敞口，斜腹略弧，内底略下凹，饼足较浅。深灰色胎，蓝色乳浊釉，外壁施釉及半，釉下可见化妆土。口径11厘米、足径5厘米、高3.8厘米、厚0.4～0.8厘米（图二

---

①　此类窑具形状略似支顶具，但器壁很薄，且有两面受火的状况，经观察后认为更具遮盖功能，故命名"盖"。

四，3）。Y9：2，敞口，斜腹，下腹折腹。内底有支钉痕。灰色胎，施浅绿色乳浊釉，釉面有细小开片，口沿釉层薄的部位呈青黄色。外壁施釉过半。口径 12 厘米、足径 6 厘米、高 4.4 厘米、厚 0.4~0.6 厘米（图二四，4）。

Ab 型　敞口略侈，腹部较直。采集标本 2 件。Y5：5，可复原。圆唇，饼足。内底下凹，

有五支钉痕。灰色胎，浅绿色釉，外壁挂釉至下腹部，可见釉下化妆土。口径 11.4 厘米、足径 5 厘米、高 4.2 厘米、厚 0.4~0.7 厘米（图二四，5）。Y5：10，圆唇略尖，圈足。内底略下凹。深灰色胎，绿釉，外壁施釉及半。口径 12.8 厘米、足径 6.4 厘米、高 4.4 厘米、厚 0.4~1 厘米（图二四，6）。

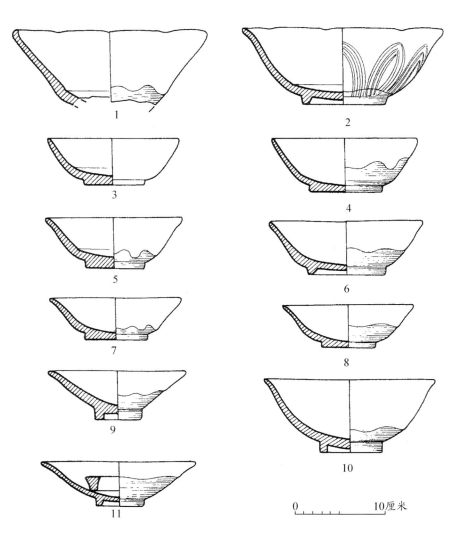

图二四　花口碗、小碗（第四组）

1. A 型花口碗（Y5：41）　2. B 型花 E1 碗（Y7：3）　3、4. Aa 型小碗（Y7：6、Y9：2）　5、6. Ab 型小碗（Y5：5、Y5：10）　7、8. Ac 型小碗（Y5：6、Y8：16）　9. B 型小碗（Y11：11）　10. Ca 型小碗（Y5：12）　11. Cb 型小碗（Y5：11）

Ac 型　侈口，腹部略内收。采集标本 2 件。Y5：6，可复原。内底有五支钉痕。浅绿色釉，外壁挂釉至下腹部，流釉。口径 11 厘米、足径 5 厘米、高 3.5 厘米、厚 0.4～0.6 厘米（图二四，7）。Y8：16，可复原。尖唇，敞口，斜腹下弧折。外壁下腹与饼足交接处有修整痕迹。深灰色胎，浅绿色乳浊釉，外壁施釉及半。釉面较干涩，脱釉。口径 10.6 厘米、足径 4.5 厘米、高 3.5 厘米、厚 0.3～0.5 厘米（图二四，8）。

B 型　斜直腹小碗。采集标本 1 件（Y11：11）。可复原。敞口微侈，圆唇略尖，小圈足。内底残留石英砂粒痕。圈足由于内底挖切较浅呈外墙高、内墙浅的形态。砖红色胎，绿色釉，外壁施釉过半。口径 11.3 厘米、足径 4 厘米、高 4 厘米、厚 0.4～0.8 厘米（图二四，9）。

C 型　弧腹小碗。依据腹部的深浅分为二亚型。

Ca 型　腹部较深。采集标本 2 件，选介标本 1 件。Y5：12，可复原。侈口，圆唇略尖，圈足。内底略下凹，可见垫砂痕。灰色胎，白釉略泛黄，外壁施釉过半，釉下有化妆土。口径 14 厘米、足径 5 厘米、高 6 厘米、厚 0.4～0.6 厘米（图二四，10）。

Cb 型　腹部较浅。采集标本 3 件。Y5：11，可复原。侈口，小圈足，足圈不太规整。内底粘连一垫圈和泥饼，并有石英砂粒残留。深灰色胎，月白色釉，表面可见一层透明釉，外壁白釉施釉不及半，透明釉则施釉近足部。口径 12.8 厘米、足径 4 厘米、高 3.8 厘米、厚 0.3～0.4 厘米（图二四，11）。

D 型　折腹小碗。采集标本 1 件（Y5：4）。可复原。腹部圆折。内底有五支钉痕。紫红色胎，黄色釉，口沿处挂一圈绿釉，外壁挂半釉。口径 14 厘米、足径 6 厘米、高 4.2 厘米、厚 0.5～0.7 厘米（图二五，1）。

E 型　深腹小碗。采集标本 1 件（Y11：12）。可复原。直口，尖唇，上腹较直，下腹圆弧。内底残留石英砂粒痕。圈足较高。深灰色胎，绿色乳浊釉，外壁施釉过半。器表有气泡。口径 13.4 厘米、足径 6 厘米、高 8.7 厘米、厚 0.4～0.8 厘米（图二五，2）。

（3）碗

依据腹部的变化分为五型。

A 型　弧腹碗。侈口，圆唇略尖。采集标本 4 件。Y5：3，可复原。饼足。内底有支钉痕。灰色胎，黄釉，口沿挂一圈浅蓝色釉，外壁挂半釉。口径 18 厘米、足径 7.5 厘米、高 6.2 厘米、厚 0.4～0.8 厘米（图二五，3）。Y5：9，残。圈足足底。内底有一圈凹弦纹，可见五支钉痕。外壁篦划单层莲瓣纹。深灰色胎，浅绿色釉，外壁施釉不规整，且有流釉现象。足径 7 厘米、残高 6 厘米、厚 0.4～0.8 厘米（图二五，4）。Y7：2，可复原。浅圈足。内底残留支钉痕，挖足较浅，外底略外凸。深灰色胎，绿色乳浊釉，外壁施釉过半，釉下可见化妆土。口径 17 厘米、足径 7 厘米、高 5.8 厘米、厚 0.4～0.8 厘米（图二五，5）。Y8：13，可复原。平沿，斜腹略弧，下腹与足部交界处有修整痕迹。内底略下凹，残留支钉痕。圈足平整。深灰色胎，浅绿色乳浊釉，外壁施釉及半，釉下可见化妆土痕迹。釉面干涩，脱釉。口径 18 厘米、足径 6.5 厘米、高 6 厘米、厚 0.4～0.6 厘米（图二五，6）。

B 型　斜直腹碗。采集标本 1 件（Y5：45）。残。平沿，敞口，斜腹，紫红色胎，姜黄色釉。口径 18 厘米、残高 5 厘米、厚 0.5～0.6 厘米（图二五，7）。

C 型　斜折腹碗。侈口，圆唇略尖，折腹位于腹部的中上部，饼足。采集标本 4 件，选介标本 2 件。Y5：2，可复原。内底下凹，有支钉痕。灰色胎，浅绿色釉，外壁施半釉。口径

18 厘米、足径 8 厘米、高 5.8 厘米、厚 0.5 ~
0.9 厘米（图二五，8）。Y5：1，可复原。内底
下凹，有五个支钉痕。灰色胎，釉下施米黄色
化妆土，脱釉，外壁可见少量浅绿色釉。口径
17 厘米、足径 7.6 厘米、高 6 厘米、厚 0.4 ~
0.8 厘米（图二五，9）。

D 型　斜弧腹碗。依据腹部的深浅和足部
的变化分为四亚型。

Da 型　腹部较深、圈足较大。敞口。尖

唇，浅圈足，足圈规整。采集标本 11 件，选介
标本 2 件。Y5：7，可复原。内底有一圈弦纹，
可见五支钉痕。灰色胎，浅绿色釉，外壁施釉
过半。口径 17 厘米、足径 7.5 厘米、高 6 厘
米、厚 0.3 ~ 0.8 厘米（图二五，10）。Y5：
14，残，外底挖足较浅，砖红色胎，酱色釉，
釉下有化妆土。足径 7.4 厘米、残高 3.9 厘米、
厚 0.4 ~ 0.9 厘米（图二六，1）。

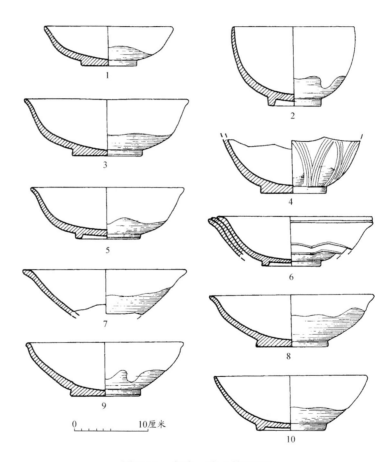

图二五　小碗、碗（第四组）

1. D 型小碗（Y5：4）　2. E 型小碗（Y11：12）　3 ~ 6. A 型碗（Y5：3、Y5：9、Y7：2、Y8：13）　7. B 型
碗（Y5：45）　8、9. C 型碗（Y5：2、Y5：1）　10. Da 型碗（Y5：7）

Db 型　腹部略深、圈足较小。采集标本 4
件。Y11：7，可复原。尖唇，内底略下凹，可
见石英砂粒痕，圈足旋切一周。砖红色胎，姜
黄色釉，外壁施釉不及半，可见釉下化妆土。

口径 16 厘米、足径 5.8 厘米、高 5.4 厘米、厚
0.4 ~ 0.6 厘米（图二六，2）。Y11：8，可复
原。尖唇，内底残留石英砂粒痕。圈足厚而较
高，足墙上粘连石英砂粒痕。深灰色胎，绿色

釉，外壁施釉及半，流釉。器表有气泡。口径16.5厘米、足径6厘米、高6厘米、厚0.4～0.8厘米（图二六，3）。Y8：9，足底残片。斜弧腹。内底有一圈凹弦纹，残留石英砂粒。深灰色胎，白色釉，外壁施釉至圈足外墙，釉下可见化妆土痕迹。釉面有细小开片。足径5.5厘米、残高5厘米、厚0.4～0.6厘米（图二六，4）。Y9：1，可复原。直口，斜腹略弧。其上粘连一件盘，中间间隔一个五齿支钉。足底有一些变形，圈足底有顶压痕迹。深灰色胎，施蓝色乳浊釉，釉面不太均匀，釉层薄的部位呈青黄色。外壁施釉不及半，流釉。器表有气泡。口径16厘米、足径5.6厘米、高4.8厘米、厚0.6～0.8厘米（图二六，5）。

Dc型　腹部较深、圈足小而较高。采集标本2件，选介标本1件。Y8：8，可复原。圆唇，敞口，斜弧腹。内底残留石英砂粒痕。圈足较薄。深灰色胎，白色釉，外壁施釉至圈足外墙，釉下可见化妆土痕迹。釉面有很浅的细小开片。口径16厘米、足径5.2厘米、高7.2厘米、厚0.4～0.9厘米（图二六，6）。

Dd型　腹部较浅、圈足略大而浅。采集标本2件，选介标本1件。Y11：9，可复原。敞口。内底有一圈凹弦纹，可见五支钉痕。外底心略外凸，切削不太规整。深灰色胎，酱色釉，釉下可见米黄色化妆土，外壁施釉过半，流釉。口径16厘米、足径6.5厘米、高4.7厘米、厚0.4～0.8厘米（图二六，7）。

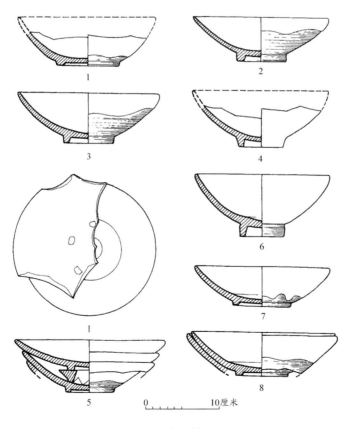

图二六　碗（第四组）

1. Da型（Y5：14）　　2～5. Db型（Y11：7、Y11：8、Y8：9、Y9：1）　　6. Dc型（Y8：8）　　7. Dd型（Y11：9）　　8. E型（Y7：5）

167

E 型　斜腹碗。直口微敛，圆唇略尖，腹直而中部略显束腰，浅圈足。采集标本 1 件（Y7：5）。为两件重叠的残件，尖唇略内敛，内底下凹，残留支钉痕，浅圈足。深灰色胎，绿色乳浊釉，外壁施釉过半，流釉。口径 18 厘米、足径 6 厘米、高 5 厘米、厚 0.5 ~ 0.8 厘米（图二六，8）。

（4）足底残片

分为四型。

A 型　大浅圈足。采集标本 1 件（Y9：13）。内底可见支钉痕迹，圈足规整，外壁与圈足连接处有修整痕迹，足底略外凸。灰色胎，施浅绿色乳浊釉，釉面有细小开片，外壁施釉过及半。足径 7 厘米、残高 3.3 厘米、厚 0.5 ~ 0.6 厘米（图二七，1）。

B 型　大圈足，圈足较高。采集标本 1 件（Y9：14）。内底可见支钉痕迹，圈足规整，足墙较薄，外足底平整。深灰色胎，施浅绿色乳浊釉，釉面有细小开片，外壁施釉过半，流釉。器表有气泡。足径 7.2 厘米、残高 3.8 厘米、厚 0.5 ~ 0.6 厘米（图二七，2）。

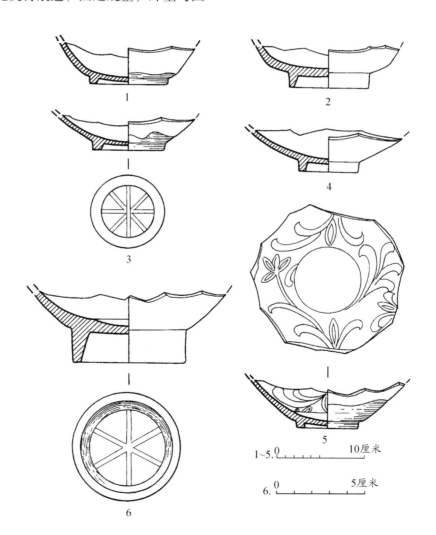

图二七　足底残片（第四组）

1. A 型（Y9：13）　2. B 型（Y9：14）　3 ~ 6. C 型（Y5：13、Y5：16、Y5：39、Y7：1）

C 型　小圈足。此类残片的釉以白釉、草绿色釉和酱釉为主，不见蓝色调的乳浊釉类釉。采集标本 17 件，选介标本 4 件。Y5：13，残。外底模印一"米"字符号。内底有一圈石英砂粒痕。紫红色胎，酱色釉，外壁施釉过半，流釉。足径 6.2 厘米、高 1.8 厘米、厚 0.3 ~ 0.5 厘米（图二七，3）。Y5：16，内底有一道凹弦纹，可见石英砂粒痕，外底凸凹不平，并印一"田"字符。紫红色胎，浅绿色釉近白色，外壁施釉至足部。足径 5.4 厘米、残高 3.7 厘米、厚 0.4 ~ 0.6 厘米（图二七，4）。Y5：39，内底下凹，足部不太规整。砖红色胎，绿釉，流釉。内壁模印莲花花叶纹。足径 5.4 厘米、残高 4.2 厘米、厚 0.3 ~ 0.6 厘米（图二七，5）。Y7：1，残。内底残留石英砂粒和垫圈痕，圈足小而高，足墙直，外底模印"＊"形符号。深灰色胎，通体施白色釉，仅圈足底无釉。足径 5 厘米、残高 3.2 厘米、厚 0.3 ~ 0.6 厘米（图二七，6）。Y9：15，内底可见垫圈和石英砂粒痕迹，圈足不太规整，外底粘有一些石英砂粒。深灰色胎，白色釉，釉面有细小开片，外壁施釉过半。足径 6.1 厘米、残高 2.8 厘米、厚 0.3 ~ 0.7 厘米。

D 型　大饼足。采集标本 1 件（Y9：16）。饼足较浅，规整，外壁和足部交接处有修整痕迹。灰色胎，浅绿色乳浊釉，部分釉面有细小开片。足径 8.2 厘米、残高 3.6 厘米、厚 0.5 ~ 0.8 厘米。

此外，在五号窑包还采集到一些白釉瓷片，与此类小圈足器物应为同类器。采集标本 8 件，选介标本 2 件。Y5：43，内壁有石英砂粒，深灰色胎，白釉，釉面光洁明亮，无开片，器表施一层透明釉，外壁施釉近足部。Y5：44，敞口，斜腹，深灰色胎，白釉，釉面无开片，器表施一层透明釉。口径 14 厘米、残高 4.2 厘米、厚 0.3 厘米（图二八，1）。

2. 盘

依据腹部的变化分为四型。

A 型　斜直腹盘。采集标本 2 件。Y8：12，可复原。尖唇，敞口。内壁装饰一道凹弦纹，内底下凹。深灰色胎，白色釉略泛黄，外壁施白釉及半，釉下可见化妆土。内底残留石英砂粒。口径 16 厘米、足径 5.5 厘米、高 4.4 厘米、厚 0.5 ~ 0.7 厘米（图二八，2）。Y11：10，可复原。尖唇，内底残留石英砂粒痕。圈足较宽而略浅，外底心有拍印痕迹。深灰色胎，绿色釉，外壁施釉不及半。口沿施一周酱釉。口径 16.6 厘米、足径 6 厘米、高 4.5 厘米、厚 0.4 ~ 0.8 厘米（图二八，3）。

B 型　折腹盘。依据腹部的深浅不同分为二亚型。

Ba 型　腹较浅。采集标本 2 件。选介标本 1 件。Y7：4，圆唇，敞口，斜弧腹，内底下凹，残留一五齿支钉，挖足很浅，外底不平整。深灰色胎，蓝色乳浊釉，外壁施釉过半，釉下可见化妆土，流釉。口径 18 厘米、足径 6.6 厘米、高 4 厘米、厚 0.5 厘米（图二八，4）。

Bb 型　腹部略深。采集标本 2 件。Y11：13，可复原。尖唇，下腹圆折。内底残留支钉痕。圈足变形。深灰色胎，酱色釉，外壁施釉不及半，流釉。口径 14 厘米、足径 5 厘米、高 4 厘米、厚 0.4 ~ 0.6 厘米（图二八，5）。Y11：1，可复原。尖唇，内壁模印出筋纹路，内底略下凹，有一道折痕，残留石英砂粒痕。砖红色胎，米黄色釉，外壁施釉及半，可见釉下化妆土，流釉。口径 14 厘米、足径 4.8 厘米、高 4.8 厘米、厚 0.4 ~ 0.6 厘米（图二八，6）。

C 型　斜弧腹盘。依据口部的变化分为三亚型。

Ca 型　直口。采集标本 1 件（Y11：6）。可复原。圆唇，内底有一圈凹弦纹，残留支钉痕，外底心略外凸。深灰色胎，绿色乳浊釉，外壁施釉及半，流釉。口径 16 厘米、足径 6 厘米、高 5 厘米、厚 0.5 ~ 0.8 厘米（图二八，7）。

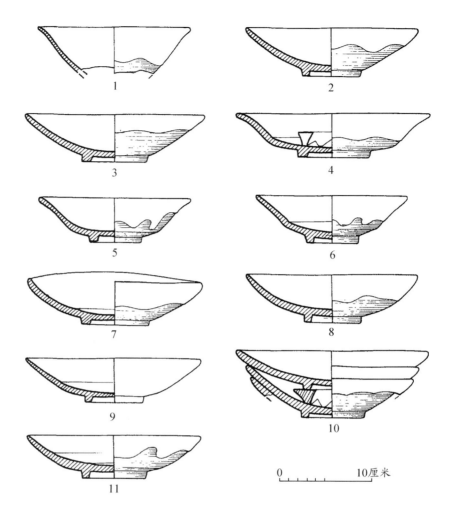

图二八　碗残片、盘（第四组）

1. 碗残片（Y5：44）　　2、3. A 型盘（Y8：12、Y11：10）　　4～6. Ba 型盘（Y7：4、Y11：13、Y11：1）

7. Ca 型盘（Y11：6）　　8～11. Cb 型盘（Y8：10、Y8：11、Y9：1、Y11：2）

Cb 型　敞口。采集标本 6 件。Y8：10，可复原。尖唇，敞口，斜弧腹。内壁装饰一道凹弦纹，内底下凹。深灰色胎，白色釉略泛黄，釉面有细小开片，外壁施白釉及半，釉下可见化妆土，透明釉施至外壁近足部。内底和外底均残留石英砂粒。口径 16 厘米、足径 5.5 厘米、高 4.4 厘米、厚 0.4～0.7 厘米（图二八，8）。Y8：11.，可复原。尖唇，敞口，斜弧腹，下腹略弧折。内壁装饰五出筋，内底下凹。深灰色胎，白色釉，外壁施白釉及半，透明釉至外足墙。釉下可见化妆土，化妆土面干涩，有

脱釉现象。釉面有细小的开片。内底和外底均残留石英砂粒。口径 16.4 厘米、足径 5.5 厘米、高 4 厘米、厚 0.3～0.6 厘米（图二八，9）。Y9：1，与一件碗粘连在一起，中间间隔一个五齿支钉。深灰色胎，施蓝色乳浊釉，釉面不太均匀，釉层薄的部位呈青黄色。外壁施釉不及半，流釉。器表有气泡。口径 18 厘米、足径 5.2 厘米、高 3.4 厘米、厚 0.6 厘米（图二八，10）。Y11：2，可复原。尖唇，内底略下凹，可见残留的石英砂粒，内壁有一道弦纹。外壁与圈足连接处有修整痕迹，外底心有压印

痕。深灰色胎，白色釉略泛黄，外壁施釉不及半，可见釉下化妆土。口径16厘米、足径6厘米、高4厘米、厚0.4～0.8厘米（图，二八，11）。Y11：42，可复原，变形。尖唇，内底略下凹，内壁折腰处有一道弦纹，可见三个略呈"目"字形的釉下彩纹饰。外底、外壁均有白色石英砂粒。深灰色胎，白色釉，釉面有细小开片，外壁施釉不及半，可见釉下化妆土。口沿施一圈酱青色釉。口径17厘米、足径5厘米、高4.4厘米、厚0.4～0.8厘米（图二九，1）。Y11：3，可复原。尖唇。内底略下凹，残留五个支钉痕。深灰色胎，蓝绿色乳浊釉，外

壁施釉及半，流釉。口径16厘米、足径5.5厘米、高4厘米、厚0.4～0.8厘米（图二九，2）。

Cc 型　侈口。侈口斜腹盘。采集标本3件，选介标本1件。Y11：5，可复原。圆唇，下腹圆折。内底有一圈凹弦纹，残留五个支钉痕。圈足外底心略外凸。灰色胎，浅绿色乳浊釉，外壁施釉近足部，釉面不太均匀，釉层薄的部位呈浅褐色。器表有气泡。口径16厘米、足径6.2厘米、高3.9厘米、厚0.6～0.8厘米（图二九，3）。

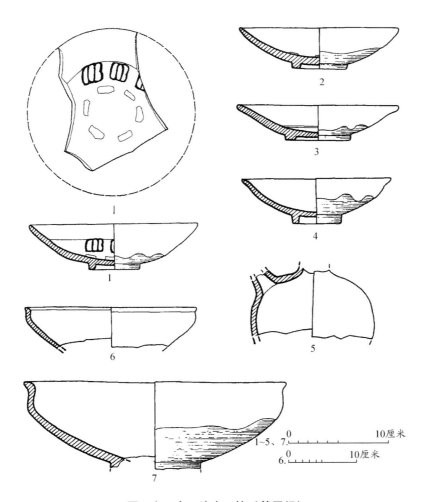

图二九　盘、注壶、钵（第四组）

1、2. Cb 型盘（Y11：42、Y11：3）　3. Cc 型盘（Y11：5）　4. D 型盘（Y11：4）　5. 注壶（Y5：21）
6、7. A 型钵（Y8：15、Y5：17）

D 型 弧腹盘。侈口弧腹盘。采集标本 2 件，选介标本 1 件。Y11：4，可复原。尖唇，微外侈，略束颈，内底略下凹，有一道弦纹，有落渣痕。紫红色胎，白色釉略泛黄，外壁施釉不及半，可见釉下化妆土。口沿施一圈酱色釉。口径 15 厘米、足径 5 厘米、高 4.4 厘米、厚 0.4～0.6 厘米（图二九，4）。

3. 注壶

采集标本 1 件（Y5：21）。残，灰色胎，绿釉。最大腹径 12 厘米（图二九，5）。

4. 钵

均残，不可复原。依据腹部和足部的不同分为四型。

A 型 折腹钵。直口，斜腹圆折。采集标本 2 件。Y5：17，残。灰色胎，绿釉，外壁施釉及半，流釉，绿釉下可见黄褐色护胎釉。口径 26 厘米、残高 8.4 厘米、厚 0.6～1 厘米（图二九，7）。Y8：15，残。灰色胎，酱釉。釉面较干涩，有脱釉现象。口径 26 厘米、残高 6 厘米、厚 0.4～0.6 厘米（图二九，6）。

B 型 弧腹钵。采集标本 1 件（Y11：41）。残，内底残留支钉痕，内壁有一道凹弦纹。灰色胎，绿色乳浊釉，外壁施釉近足部。足径 12 厘米、残高 6 厘米、厚 0.5～1 厘米（图三○，1）。

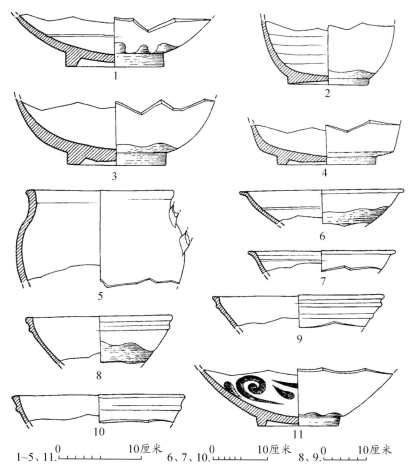

图三○ 钵、罐、盆（第四组）

1. B 型（Y11：41） 2、3. C 型（Y5：20、Y11：40） 4. D 型钵（Y11：15） 5. 罐（Y5：22） 6、7. A 型盆口沿（Y5：19、Y9：4） 8～10. B 型盆口沿（Y5：18、Y7：7、Y9：3） 11. 盆足部（Y8：14）

C 型　深腹钵。采集标本 2 件。Y5：20，残。大饼足内壁满釉，外壁施釉近足部。足径 10 厘米、残高 7.6 厘米、厚 0.4～1.2 厘米（图三〇，2）。Y11：40，残。内底略下凹，可见拉坯产生的弦纹，有落渣痕。圈足内墙斜挖较浅，外墙略高于内墙，外底心修切出一个乳凸。砖红色胎，白色釉略泛黄，外壁施釉近圈足，可见釉下化妆土。足径 12 厘米、残高 8.2 厘米、厚 0.6～1.2 厘米（图三〇，3）。

D 型　樽形圈足钵。采集标本 1 件（Y11：15）。残。圈足外墙高于内墙。砖红色胎，外壁施青绿色釉至折腹处。足径 12 厘米、残高 5.4 厘米、厚 0.6～1 厘米（图三〇，4）。

5. 罐

因过于残损，无法分形制。采集标本 2 件，选介标本 1 件。Y5：22，残，带系罐，平沿，有颈，腹部略鼓。紫红色胎，酱色釉。口径 18 厘米、残高 11.8 厘米、厚 0.7～0.8 厘米（图三〇，5）。

6. 盆

均为残件，分为口部和足部两类。

（1）盆口部

依据沿部的不同分为二型。

A 型　平唇单沿盆。采集标本 2 件。Y5：19，斜弧腹。砖红色胎，米黄色釉。口径 30 厘米、残高 6.6 厘米、厚 0.6 厘米（图三〇，6）。Y9：4，敞口。灰色胎，白釉，釉面有细小的开片。口径 26 厘米、残高 3.3 厘米、厚 0.6 厘米（图三〇，7）。

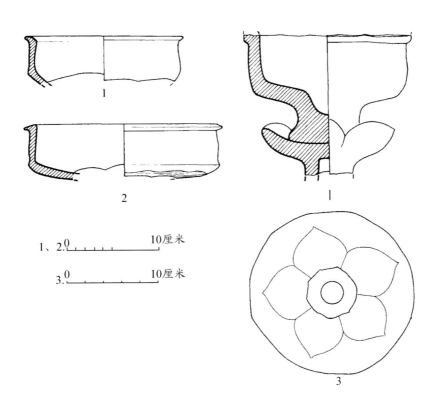

图三一　炉（第四组）

1. Aa 型（Y7：9）　2. Ab 型（Y11：14）　3. B 型（Y7：10）

B 型　平唇双沿盆。采集标本 4 件，选介标本 3 件。Y5：18，斜腹。灰色，浅绿色釉。口径 26 厘米、残高 11.9 厘米、厚 0.8～1.2 厘米（图三○，8）。Y7：7，斜直腹。深灰色胎，青釉。口径 42 厘米、残高 8 厘米、厚 0.8～1 厘米（图三○，9）。Y9：3，直口。灰色胎，青釉。口径 32 厘米、残高 5.1 厘米、厚 0.6～0.9 厘米（图三○，10）。

（2）盆足部

斜弧腹、大圈足盆。采集的残件标本 1 件（Y8：14）。内底和圈足上黏有少量石英砂粒，内壁装饰釉上褐彩卷草花纹。砖红色胎，黄釉，外壁施釉近足部，釉下可见化妆土痕迹。釉面较干涩，有脱釉现象。足径 10 厘米、残高 7.3 厘米、厚 0.5～1 厘米（图三○，11）。

7. 炉

均为残件，分为二型。

A 型　平沿直壁炉。依据口沿和下腹部的不同分为二亚型。

Aa 型　平沿内斜，下腹斜折。采集标本 1 件（Y7：9）。圆唇，平沿外翻呈盘口，斜直腹。深灰色胎，绿色乳浊釉。口径 16 厘米、残高 5 厘米、厚 0.6～0.8 厘米（图三一，1）。

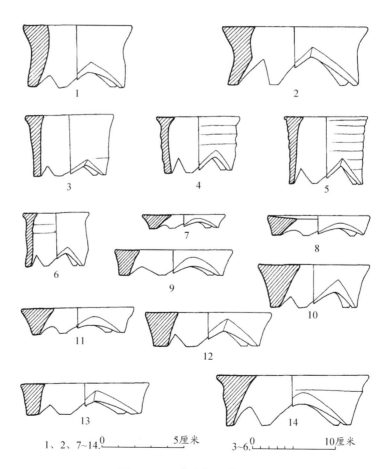

1、2、7～14. ⎿____⎤ 5厘米　　　3～6. ⎿____⎤ 10厘米

图三二　五齿支钉（第四组）

1. Aa 型（Y5：30）　　2. Ab 型（Y9：5）　　3～5. Ba 型（Y5：27、Y5：28、Y8：6）　　6. Bb 型（Y5：29）
7. Ca 型（Y9：8）　　8、9、11. CbⅡ式（Y9：7、Y8：4、Y11：28）　　10. CbⅠ式（Y8：5）　　12～14. Cc 型（Y5：31、Y5：32、Y7：12）

Ab 型　平沿外斜，下腹平折。采集标本 1 件（Y11：14）。残。平沿尖唇，直腹，下腹平折。紫红色胎，白色釉，有少量开片。外壁施釉过折腹处，可见釉下化妆土。口径 20 厘米、残高 5.4 厘米、厚 0.6~0.8 厘米（图三一，2）。

B 型　莲花座炉。采集标本 1 件（Y7：10）。口部残，但可见平沿外翻痕迹，直腹，短柄下接五瓣莲花座，足底残。灰色胎，通体施绿色乳浊釉。口径 8.4、腹径 8 厘米、残高 7 厘米、厚 0.6~0.9 厘米（图三一，3）。

（二）窑具

有支钉、垫圈、支柱、垫板、垫条等。

1. 支钉

依据齿钉的数量分为两类。

（1）五齿支钉

依据器身的差异分为三型。

A 型　座式支钉。依据束腰的深浅分为二亚型。

Aa 型　束腰较浅。采集标本 1 件（Y5：30）。口部直径 6.3 厘米、高 3.7 厘米（图三二，1）。

Ab 型　束腰较深。采集标本 1 件（Y9：5）。齿钉尖。砖红色胎。口部直径 8 厘米、高 3.5 厘米（图三二，2）。

B 型　筒式支钉。依据壁部的变化分为二亚型。

Ba 型　斜壁式。采集标本 4 件，选介标本 3 件。Y5：27，五齿，齿顶平。口部直径 10.5 厘米、高 6.2 厘米（图三二，3）。Y5：28，略矮，五齿。口部直径 10 厘米、高 6.8 厘米（图三二，4）。Y8：6，五齿，齿钉切削不太规整，直筒状。口径 10 厘米、高 8 厘米（图三二，5）。

Bb 型　直壁式。采集标本 2 件，选介标本 1 件。Y5：29，五齿。口部直径 8 厘米、高 6.4 厘米（图三二，6）。

C 型　圈式支钉。依据形体的大小不同分为三亚型。

Ca 型　小型。采集标本 1 件。Y9：8，五齿，齿钉矮浅，平削。砖红色胎。口部直径 5 厘米、高 0.8 厘米（图三二，7）。

Cb 型　中型。依据形体的高矮分为二式。

Ⅰ式：器身略高。采集标本 1 件。Y8：5，五齿。口部直径 6.6 厘米、高 2.5 厘米（图三二，10）。

Ⅱ式：器身矮。采集标本 5 件，选介标本 3 件。Y9：7，五齿，齿钉矮浅。砖红色胎。口部直径 6 厘米、高 1 厘米（图三二，8）。Y8：4，五齿，较薄。口部直径 7 厘米、高 1.5 厘米（图三二，9）。Y11：28，齿钉较矮浅。口部直径 6.7 厘米、高 1.5 厘米（图三二，11）。

Cc 型　大型。采集标本 8 件，选介标本 6 件。Y5：31，口部直径 7.5 厘米、高 2 厘米（图三二，12）。Y5：32，略薄。口部直径 7.5 厘米、高 1.8 厘米（图三二，13）。Y7：12，齿尖几乎没有切削痕迹，略束腰。口部直径 9 厘米、高 3 厘米（图三二，14）。Y8：3，五齿，较厚。口部直径 8 厘米、高 1.8 厘米（图三三，1）。Y9：6，壁较厚，五齿，齿钉平削，表面黏有砂粒。口部直径 7.5 厘米、高 2 厘米（图三三，2）。Y11：27，齿钉较高。口部直径 8.7 厘米、高 2.3 厘米（图三三，3）。

（2）九齿支钉

依据器身的形状不同分为二亚型。

Aa 型　直壁式。采集标本 1 件（Y7：13）。齿尖平切。口部直径 22 厘米、高 5 厘米（图三三，4）。

Ab 型　束腰式。采集标本 1 件（Y7：14）。齿尖较浅，有切削痕迹，略束腰，壁上有椭圆形孔。口部直径 20 厘米、高 6.6 厘米（图三三，5）。

2. 垫圈

依据厚薄的不同分为二型。

A 型 圈状。均为环状，斜壁，断面略呈楔形。依据大小可分为三亚型。

Aa 型 大型。采集标本 1 件（Y11：29）。口部直径 7 厘米、高 6.7 厘米（图三三，6）。

Ab 型 中型。采集标本 3 件。Y11：30，口部直径 5.5 厘米、高 1.5 厘米（图三三，7）。Y5：34，口部直径 6 厘米、高 1.5 厘米（图三三，8）。Y5：35，口部直径 5 厘米、高 1.5 厘米（图三三，9）。

Ac 型 小型。采集标本 2 件。Y11：31，口部直径 5.5 厘米、高 1.5 厘米（图三三，10）。Y7：11，口部直径 5 厘米、高 1.6 厘米（图三三，11）。

B 型 薄片环状。依据表面倾斜与否分为二亚型。

Ba 型 表面平。采集标本 1 件（Y11：23）。表面砂质较重。外径 20 厘米、孔径 8 厘米、厚 1 厘米（图三四，1）。

Bb 型 表面略斜。采集标本 3 件，选介标本 2 件。Y11：22，中间厚，外沿薄，外沿被切割出裂口，斜面上有一圈器物口部粘连的釉痕。外径 14 厘米、孔径 7.6 厘米、厚 0.4～0.8 厘米（图三四，2）。Y11：24，环圈较宽。外径 14 厘米、孔径 5 厘米、厚 0.4～1 厘米（图三四，3）。

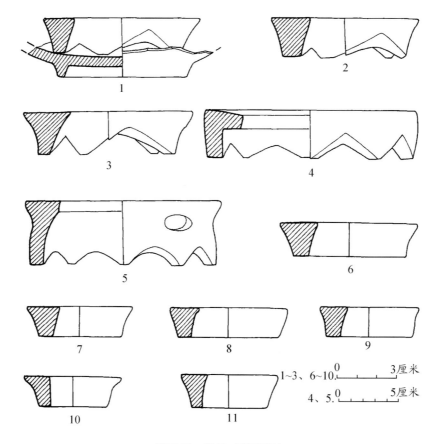

图三三 窑具（第四组）

1～3. Cc 型五齿支钉（Y8：3、Y9：6、Y11：27） 4. Aa 型九齿支钉（Y7：13） 5. Ab 型九齿支钉（Y7：14） 6. Aa 型垫圈（Y11：29） 7～9. Ab 型垫圈（Y11：30、Y5：34、Y5：35） 10、11. Ac 型垫圈（Y11：31、Y7：11）

176

3. 支柱

均为斜壁式支柱，内、外壁都有明显的凹形螺旋圈纹。采集标本 9 件，选介标本 4 件。Y5：33，残，顶部粘连泥饼和泥条，上部口径7.4 厘米、残高 10.5 厘米（图三四，4）。Y8：1，顶部粘连两个重叠的五齿支钉和两个泥饼式垫片。口部直径 7.2 厘米、底部直径 8 厘米、高 8 厘米（图三四，5）。Y11：25，可复原。斜筒状。口部直径 6 厘米、底部直径 10 厘米、高 11 厘米（图三四，6）。Y11：26，残，顶部粘连两个垫圈和四层泥饼式垫片。口径 6.8 厘米、残高 11 厘米（图三四，7）。

4. 垫板

均为三角形，中心有一斜壁圆孔。分为二型。

A 型　三边直或略外弧。采集标本 5 件，选介标本 3 件。Y5：38，中心孔径 7.3 厘米、厚 1.8～2.2 厘米（图三五，1）。Y5：37，最宽 21.3 厘米、中心孔径 6.8 厘米、厚 1.7～2.2厘米（图三五，2）。Y11：35，残，一面刻画文字。厚 1.1～1.8 厘米（图三五，3）。Y11：33，中有一圆孔。中心孔径 4 厘米、厚 1.2 厘米（图三五，6）。

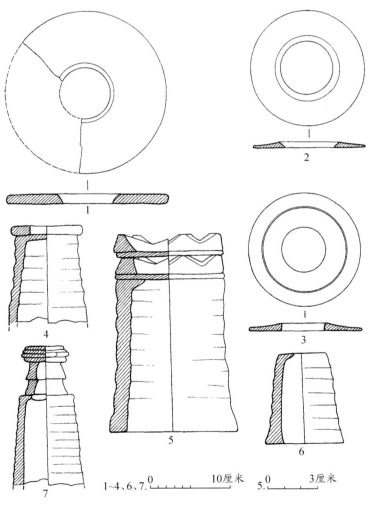

图三四　窑具（第四组）

1. Ba 型垫圈（Y11：23）　　2、3. Bb 型垫圈（Y11：22、Y11：24）　　4～7. 支柱（Y5：33、Y8：1、Y11：25、Y11：26）

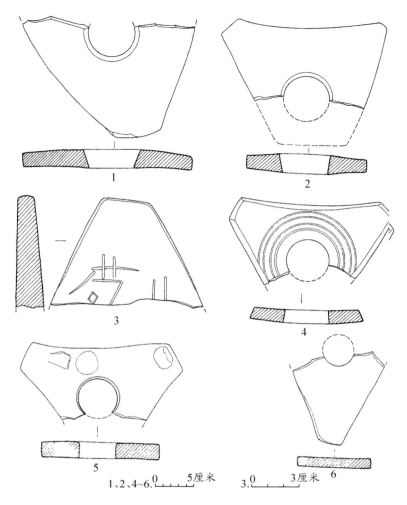

图三五　垫板（第四组）

1～3、6.A 型（Y5：38、Y5：37、Y11：35、Y11：33）　4、5.B 型（Y11：34、Y11：32）

B 型　三边略内收呈束腰形。采集标本 2 件。Y11：34，微弯曲，中有一个大圆孔。最宽 21 厘米、中心孔径 5.8 厘米、厚 1.6～1.8 厘米（图三五，4）。Y11：32，表面积满棕红色的窑汗，一面上粘连三个泥饼，并有两处绿色乳浊釉的滴釉。最宽 20.8 厘米、孔径 4.8 厘米、厚 2 厘米（图三六，5）。

5. 垫条

依据大小和制作方式的不同分为二型。

A 型　大型长条形。依据弯曲与否分为二亚型。

Aa 型　弯曲。采集标本 3 件，选介标本 3 件。Y11：36，残，弯曲度不大，一侧刻画一草书的"李"字。残长 25.4 厘米、厚 1～3 厘米（图三六，1）。Y11：39，弯曲度较大。残长 22 厘米、厚 2～2.5 厘米（图三六，2）。Y8：2，残，略弯曲，斜口。残长 14.8 厘米、厚约 4.1 厘米（图三六，3）。

Ab 型　直条形。采集标本 4 件，选介标本 4 件。Y5：36，直条形，有三个压印痕。残长 15.7 厘米、厚 2.6～3.6 厘米（图三六，4）。Y9：10，直条形，端部略薄。灰红色胎，表面有窑汗痕迹。残长 13.6 厘米、厚 1.8～3.2 厘米。Y11：38，尖头，表面窑汗较明显。残长 20.4 厘米、厚 1～3.3 厘米（图三六，5）。Y11：37，平头。残长 16.3 厘米、厚 2.1～2.7

厘米（图三六，6）。

B 型　捏制小泥条型。扁条形采集标本 2 件，选介标本 1 件。Y11：19，末端较细。直径约 1.7 厘米、残长 7 厘米（图三六，7）。

6. 垫片

均为随意捏制的小圆饼状。采集标本 2 件。Y9：11，灰色胎。直径约 4.5 厘米、厚 0.5~0.8 厘米。Y11：17，圆形，两面都布满指纹。直径约 5 厘米、厚 0.6~1 厘米。

7. 盖

小平顶。采集标本 2 件，选介标本 1 件。Y11：21，残。切割成三片花叶形，内壁有几处

白釉的落釉小点。顶径 4.2 厘米、残高 3.2 厘米（图三七，4）。

（三）陶器

1. 罐

采集标本 2 件，选介标本 1 件。Y5：24，唇口，有颈，表面有黑色陶衣。口径 44 厘米、残高 10 厘米、厚 1~1.2 厘米（图三七，1）。

2. 缸

采集标本 1 件（Y8：17）。残，仅存口部残片。圆唇外翻。红色夹心胎，外壁有黑陶衣。口径 32 厘米、残高 6.9 厘米、厚 0.6~1.2 厘米（图三七，3）。

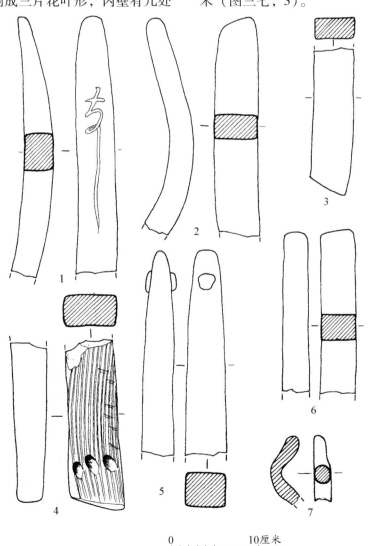

0　　　　　10厘米

图三六　垫条（第四组）

1~3. Aa 型（Y11：36、Y11：39、Y8：2）　　4~6. Ab 型（Y5：36、Y11：38、Y11：37）　　7. B 型（Y11：19）

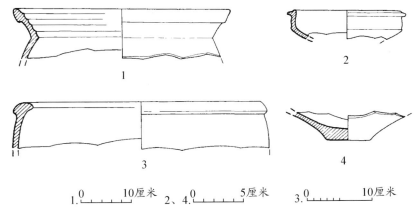

1.0 _____ 10厘米   2、4.0 ____ 5厘米   3.0 _____ 10厘米

图三七　陶器、窑具（第四组）

1. 罐（Y5：25）　2. 炉（Y11：16）　3. 缸（Y8：17）　4. 窑具盖（Y11：21）

3. 炉

采集标本 1 件（Y11：16）。残，平沿尖唇，直腹略鼓，下腹圆折。深灰色陶。口径 12 厘米、残高 2.8 厘米、厚 0.4 厘米（图三七，2）。

4. 瓦

采集标本 1 件（Y9：12）。浅灰色胎，外表平，内表面有布纹。

五、结　语

总体而言，玉堂窑的 17 个窑包的位置相对集中，是属于同一窑业区的不同生产点，所生产的瓷器形态具有一定的一致性和相似度，但从采集的器物观察，各个窑包的器物在造型、釉色特点和使用的窑具等方面又表现出一定的差异性，并呈现分组的趋势，这个现象是由于不同窑包所具有的生产技术特征和生产传统所形成的，也和玉堂窑在不同时期所具有的阶段性特征有必然的关系。

第一组的三个窑包所采集的瓷器器形是四个组别中最丰富的，可辨器形有碗、盘、盏、盆、钵、罐、匜、注壶、盖等。瓷器的胎主要为紫红色、灰色、深灰色，也有少量砖红色；胎质较为坚硬，略含砂。釉色有青、青黄、米黄、酱釉和绿、浅绿色乳浊釉等，以青、黄釉和绿釉乳浊釉较多见。底足有圈足、饼足以及玉璧足，其中圈足多为较宽大的浅圈足，足圈对内斜切。从器物的形态观察，可以将它们大致分为早晚两期，早期的器物主要是碗、盘、盆、钵和酱釉类的罐、盏等器物，典型的有 Aa、Ab 型花口碗，Ba、Ca 型小碗，B 型碗，A 型花口盘，Bc 型盘，Aa 型盏、盆，A 型钵，A 型四系罐等，这些器物与成都平原唐宋时期各类遗址、遗迹中的中晚唐至五代时期的同类器形相同[2]，这组器物以青色、青黄色透明釉类为特征，胎釉之间普遍施白色或浅黄色的化妆土，一般器壁较为厚重，多为大饼足或玉璧足，并有较多的花口器形，装饰手法主要是在器物的外壁绘画釉下褐彩的花草纹。晚期的器物主要有 A、C、D 型碗，Aa 型小碗，D 型盘，B 型盏，B 型匜，注壶等典型器物，多见于成都及周边遗址、墓葬的北宋中期至南宋末期的遗迹单位中[3]，晚期器物组中的碗、盘类器物更多地采用较大的圈足，圈足的足圈多斜切整齐，足墙较矮浅。与早期的器物相比较，晚期除了器形的变化外，釉色上的变化更为显著，乳浊釉类的绿釉、浅绿釉是晚期器物釉类的主流，这类乳浊釉的颜色和形态与邛窑遗址什邡堂非常接近，尽管也有一些青釉产品，但在数量上已经明显不占主流。装饰手法不多，有一些在碗的外壁刻画单层莲瓣纹的标本，但这种装饰似乎并不是特别流行。窑具种类比较多，以支钉和垫板、垫条为主，可见一些支柱，支钉的形态较为丰富，有各类高足的五齿支钉（A、B型支钉）、圈形的 C 型五齿支钉以及六齿支钉。装烧方式主要是使用支钉的叠烧仰烧法，有部分支钉和支柱结合使用的覆烧法[4]。三角形垫板的大量出现十分引人注意，这种垫板在中心都有一个圆孔，在三个角上多有置放器物的痕迹，应该是采用了与支柱共同使用的"伞形支烧"技术[5]。长条形的垫条也是较为独特的窑具，目前在成都平原及其周边的其他窑场的考古资料中还没有见到，国内可见相关的资料有福建泉州的碗窑村窑的垫烧痕迹等[6]。由于采集品中不见匣钵，所以认为本组窑包绝大多数时候采用的是裸烧法生产。

第二组瓷器胎多灰色、紫红色等，胎质较为坚硬，略呈砂质胎。本组窑包所生产的瓷器造型较为单一，主要为碗，其次有盘、盏、匜、盆、注壶等器物，其中的 A 型斜弧腹小碗、C型斜直腹小碗、A 型斜弧腹碗、A 型斜弧腹盘是本组最典型的器类，造型上 C 型斜直腹小碗与第一组的 A 型小碗、A 型斜弧腹碗与第一组的 A 型碗是相同的，A 型盘多为浅圈足盘；另外，碟的造型与磁峰窑南宋中晚期地层出土的 GⅡ式白瓷碟形态相同[7]。本组瓷器的釉以绿釉和浅绿色乳浊釉为主，其中蓝绿色釉为乳浊釉、浅绿色乳浊釉的釉面均有细小的开片，这些釉色特征也与第一组的晚期瓷器一致，有少量青釉器物。不过，采集的瓷器中 A 型斜弧腹碗外壁上刻画莲瓣花纹比第一组的同类器形要多，似乎表明刻画莲瓣花纹在本组的器物装饰上更流行。窑具以五齿支钉、三角形垫板和长条形垫条为主，有少量支柱和筒形的五齿支钉。从产品形态和窑具的组合上看，均与第一组晚

期非常接近，但缺乏第一组的早期组别中的典型器物，如斜腹敛口的花口碗、平沿斜腹大饼足的小碗、玉璧足小碗、平沿斜直腹碗、花口盘、大饼足的折腹盘、敛口钵等，窑具中也没有束腰的高足五齿支钉和较为大型的多齿支钉，所以本组各窑包的生产年代在北宋中期以后，与第一组的晚期器物年代相当。

第三组瓷器的器物在造型和釉色上都比较单一，主要有碗、盘、盆、碟，最典型的器形是 A 型折腹小碗和 B 型斜腹小碗、A 型斜弧腹碗和 B 型斜直腹碗、A 型斜腹盘和 B 型折腹盘。其中的 A 型折腹小碗与第一组晚期的 Ab 型小碗相同，A 型斜弧腹碗也与第一组晚期的 Da 型碗比较接近。最常见的 B 型斜直腹碗器形较大，多在内壁装饰模印花卉纹饰，花纹的造型与布局与 12～13 世纪的定窑白瓷、景德镇窑青白瓷碗类的模印花纹相似。窑具主要为小垫圈和盖形的支顶具。本组的器物不仅在釉色上与第一组、第二组有较大的差别，主要的釉色为白色、草绿色的透明釉和酱色釉，而极少蓝绿色调的乳浊釉，而且在器物的造型、装饰方法、底足的处理以及装烧方法上与一、二组都有着明显的差别。首先，第一组和第二组的器表装饰在早期主要是釉下褐彩装饰，晚期有部分在器物的外壁采用了刻画单层莲瓣纹的装饰手法，而本组器物的装饰主要是在碗的内壁模印花卉纹饰；其次，本组碗、盘类器物几乎都是小圈足，足墙略高而没有切削修整的痕迹，这样的圈足造型与第一组和第二组的较为宽大而浅矮、足圈上切削较为平整的圈足形态有明显的差别；不少器底粘连白色的石英砂粒[8]，而这种现象极少见于第一组和第二组的器物底足。第三，本组窑包的装烧方法主要是小垫圈间隔的仰烧法，与前两组使用支钉间隔的窑具明显不同；本组较多地使用盖状的支顶具，也少见于前两组。此外，由于本组的窑包也没有发现匣钵，

所以这两个窑包也不用匣钵而采用裸烧法。采集的支柱说明这两个窑包可能也采用了垫圈与支柱相结合的"伞形支烧法"。第三组窑包的生产时代在北宋中晚期至南宋晚期。

第四组瓷器的可辨器形有碗、盘、注壶、钵、罐、盆等，以碗、盘类最多。瓷器的胎以紫红色、灰色为主，有一些砖红色胎色的器物。胎质较为坚硬。本组器物也可分为早晚两期。早期的器物较少，器物主要是 A 型花口碗、B 型碗和盆，与第一组早期的同类器物一致，釉色主要是青釉。晚期的典型器物包括了 B 型花口碗，A 型小碗，A、D 型碗以及 A、B 和 C 型盘。其中 A 型小碗与第一组晚期的 A 型小碗造型和釉色一致；B 型花口碗与金凤窑 Cb 型白釉花口碗相同，A 型碗与金凤窑南宋地层的 Bb 型黑釉大碗的造型一致[9]；Db、Dc 型碗为敞口、斜直腹略弧、圈足较高的形态，多见于北宋中晚期的遗迹中，在各地的纪年墓葬中也有不少出土[10]。各类盘在本组窑包中尤其丰富，其中 Bb 型折腹盘与金凤窑北宋中期地层中的 Bc 型白釉盘相似，Cb 型盘则与金凤窑南宋地层的 Aa 型盘造型一致[11]。此外，Cb 型盘标本上的"目"纹，与金凤窑南宋晚期地层出土的盏的内壁上的"目"纹在形态和绘制方式上都非常相似。本组晚期瓷器的釉色是四个组别中最为丰富的，除第一组晚期和第二组常见的蓝色调的乳浊釉外，还有第三组的绿色、白色的透明釉，并可见黄色、青色和酱色等釉色。除釉色外，在器物的造型和装饰上也兼具了一、二、三组中北宋中期到南宋末期的主要瓷器器形，例如器物的底足，不仅有窄小的高圈足和宽大的矮圈足，还有浅饼足。而内壁模印花纹、外壁刻画莲瓣纹、釉下褐彩绘画装饰都在采集标本中有所发现。最后，窑具的种类也是各组窑包中最为丰富的，五齿支钉、多齿支钉、大小垫圈、支柱、三角形垫板、长条形垫条以及盖性的支顶具都有发现，表明本组窑包在装烧技术上也综合使用了前三组各个时期的各种

技法，所以，第四组的各个窑包的生产方式是各组窑包中最复杂的，其生产的时代当在北宋中期至南宋末期。

综上所述，玉堂窑的创烧时间在唐代中期，其生产阶段可分为早晚两期，早期的年代大约在唐代中期至五代，此时玉堂窑的瓷器生产集中在以四号、六号、十六号窑包为中心的区域，而在五号、七号、八号、九号、十一号、十二号等窑包也有瓷器的生产，但这些窑包的生产规模并不大。早期产品为青瓷，主要是碗、盘、盏、壶、盆等日用器皿，釉下多施化妆土。使用齿状支钉做间隔具，采用仰烧、裸烧的装烧方式。晚期的年代在北宋早中期至南宋末期，但北宋早期产品并不习见，似乎存在一个生产的低谷时期。晚期玉堂窑的生产在北宋中期以后发生了很大的变化，首先是生产规模迅速扩大，从早期的 9 个窑包的生产扩大为 17 个窑包的生产；其次，瓷器产品的釉色更加丰富，有白釉、绿釉、青釉等透明釉产品，也有绿色、浅绿色、蓝绿色等乳浊釉类产品，但瓷器的器类却并不丰富，主要是碗、盘、注壶、匜等日常生活用具，而更集中在碗、盘类的生产上；第三，各个窑包的生产并不完全一致，存在三种情况，一类是以生产乳浊釉类瓷器为主的窑包，另一类是以生产白色和绿色透明釉瓷器的窑包，还有兼具前两类器物生产的窑包。

玉堂窑在产品特征上和装烧方法上都有着鲜明的特色，其中又透露出与邛窑、金凤窑和磁峰窑的种种联系，充分体现了这些窑场在生产、贸易过程中的相互交流与影响的关系。

参加调查人员：黄晓枫 樊拓宇 易 立 李 平 高志春 王志勇 杨 丽

绘 图：曹桂梅 卢引科

执 笔：黄晓枫 樊拓宇

注　释

[1] 四川省文物管理委员会、灌县文物管理所：《四川灌县古瓷窑遗址试掘简报》，《中国古代窑址调查发掘报告集》，文物出版社，1984 年。

[2] 与本组早期器物接近的资料较多，在此不一一赘述，列举一些资料作为参考：成都文物考古研究所：《成都邛崃市南街唐宋遗址发掘简报》，《成都考古发现（2000）》，科学出版社，2002 年；成都文物考古研究所、成都杜甫草堂博物馆：《成都杜甫草堂唐—宋遗址发掘报告》[《成都考古发现（2002）》，科学出版社，2004 年] 一文中的 T10 第 3 层 B1、BⅣ式碗，另外该遗址 T14 第 3 层和 T15 第 3 层中的 AⅠ式和 AⅡ式钵与本组的 B 型盆造型非常接近，其年代在中晚唐至五代；四川省文物管理委员会、邛崃县文物保护保管所：《邛窑发掘的初步收获》[《四川古陶瓷研究》（二），四川省社会科学院出版社，1984 年] 一文中的 Ⅱ式饼足碗、葵口碗等；成都文物考古研究所：《成都西郊清江路唐宋墓发掘简报》（《成都考古发现（2000）》，科学出版社，2002 年）一文中的 M4 中的Ⅳ式四系罐、M5 中的Ⅰ式碗以及 M2 中Ⅲ式碗（其中Ⅲ式碗应为折腹盘）、M4 中的盆和碟等器形；成都文物考古研究所：《成都市金沙村唐墓发掘简报》[《成都考古发现（2004）》，科学出版社，2006 年] 一文中的 M1（唐大中四年墓）的 A 型和 B 型碗，以及 M2 中的 A、B 和 C 型碗；成都文物考古工作队：《成都市西郊土桥村简车田唐墓》（《四川文物》1999 年第 3 期）一文中的 M1 中的盏、盘。

[3] 本组器物可以参考的资料也很多，在此不一一列举，其中有：成都文物考古研究所、新津县文物管理所：《新津县邓双乡北宋石室墓发掘简报》，《成都考古发现（2002）》，科学出版社，2004 年；成都文物考古研究所：《成都西郊清江路唐宋墓发掘简报》[《成都考古发现（2000）》，科学出版社，2002 年] 一文中的 M7 的Ⅰ式和Ⅲ式碗；成都文物考古研究所：《成都西郊清江路唐宋墓发掘简报》[《成都考古发现（2001）》，科学出版社，2003 年] 一文中的 M1 的碗；成都文物考古研究所：《成都市双流华阳镇绿水康城小区发现一批砖室墓》[《成都考古发现（2003）》，科学出版社，2005 年] 一文中的 M29 和 M11 中的Ⅰ式碗，M18 和 M36 的Ⅰ式盏。

[4] 对该组窑包的装烧方式在本篇调查中仅就有限的窑具标本进行一些推测，较为详细的分析参见玉堂窑六号窑包的试掘简报。相关的资料参见：河北省文物研究所、内丘县文物保管所等：《邢窑遗址调查、试掘报告》，《考古学集刊·14》文物出版社，2004 年；李铧：《广西桂林窑的早期窑址及其匣钵制烧工艺》，《文物》1991 年第 12 期；福建省博物馆：《德化窑》，文物出版社，1990 年。

[5] 曾凡：《关于德化窑的几个问题》，《中国古陶瓷论文集》，文物出版社，1982 年；熊海堂：《东亚窑业技术发展与交流史研究》，南京大学出版社，1995 年。

[6] 熊海堂：《东亚窑业技术发展与交流史研究》，南京大学出版社，1995 年。

[7] 成都文物考古研究所、彭州市博物馆：《2000 年磁峰窑发掘报告》，《成都考古发现（2000）》，科学出版社，2002 年。

[8] 这种足底粘连白色石英砂颗粒的现象在都江堰市金凤窑的白瓷产品中非常常见，表明了两个窑场之间联系。同时，金凤窑的白瓷产品生产年代主要集中在北宋晚期至南宋早期，也是帮助判断第三组生产年代的一个佐证。

[9] 成都文物考古研究所、都江堰市文物局：《都江堰市金凤窑址发掘简报》，《文物》2002 年第 2 期；成都文物考古研究所、都江堰市文物局：《都江堰市金凤窑址发掘报告》，《成都考古发现（2000）》，科学出版社，2002 年。

[10] 这样的造型可列举的纪年墓葬资料有辽宁义县清河门 M2（辽清宁三年，公元 1057 年）、江苏镇江北宋熙宁二年（公元 1071 年）章岷墓、内蒙古宁城辽咸雍八年（公元 1072 年）萧府君墓、内蒙古库伦旗 M1（辽大康六年，公元 1080 年）以及安徽全椒西石北宋元祐七年（公元 1092 年）张之纥墓。

[11] 同 [9]。

附表　玉堂窑窑包情况一览表

窑包编号	位置	现存面积	保存现状	采集标本	备注
一号窑包	凤岐村10组	5 571平方米	窑包周围有竹林，东南部有高大的乔木，东部为一斜坡耕地，种植玉米、小麦，北部为猕猴桃果园，西部被一条乡村道路占压，道路的西面为村民的住房，也占压了窑包的部分区域	分为瓷器和窑具两类，瓷器的器形可见碗、双耳小罐、注壶等，以碗最多。釉色有绿、白、酱、浅绿和浅蓝色乳浊釉等，以绿釉最多见，釉面多有细小的开片。窑具有垫板、垫圈、支钉、垫条	唐家窑包
二号窑包	凤岐村10组	2 190平方米	窑包上瓷片细碎，几乎没有翻动土地的现象。窑包的西部形成了较陡的三级梯田，东部坡地较为平缓。窑包上生长着高大的乔木	分为瓷器和窑具两类，瓷器的器形可见碗、盘、盏、双耳小罐、注壶等。釉色有青、绿、蓝绿、浅绿、酱、米黄、浅蓝色乳浊釉等，以青釉、绿釉和浅绿色乳浊釉较多见，浅绿色乳浊釉的釉面多有细小的开片。窑具有垫板、垫圈、垫筒、支钉、垫条	罗家窑包
三号窑包	凤岐村10组	5 833平方米	窑包周围取土较多，四周形成了较陡的坡坎。窑包上遍植玉米等耐旱庄稼	分为瓷器和窑具两类，瓷器的器形可见碗、盘、匜、碟、注壶等。釉色有青、黄、酱、白和绿、浅绿乳浊釉等，以绿釉和浅绿色乳浊釉较多见，浅绿色乳浊釉的釉面均有细小的开片。窑具有垫板、垫筒、支钉、垫条	唐家窑包
四号窑包	凤岐村10组	5 327平方米	窑包上遍植猕猴桃树，周围有零星的乔木。乡村公路从窑包西部穿过，农民在耕田和开挖水井时发现了不少器物，出土器物的分布范围较广	分为瓷器和窑具两类，瓷器的器形可见碗、罐、盘、杯、匜、盏、盆、钵、注壶等。釉色有青、青黄、米黄、酱釉和绿、浅绿乳浊釉等，以青、黄釉和绿釉乳浊釉较多见。窑具有垫板、垫筒、支钉、垫圈	何家窑包
五号窑包	凤岐村9组		窑包分布较为密集的乔木、灌木和竹林，有墓葬占压。窑包的东部因后期取土形成了一个"V"字形的缺口	主要为瓷器和窑具两类，有少量陶器。瓷器有碗、盘、注壶、钵、罐、盆等器形，以碗最多。釉色有绿、黄、白、浅绿、酱等，以绿色多见。釉面多有细小的开片。窑具有垫板、垫筒、垫圈、支钉、垫条，以垫筒和支钉最为常见	杨家窑包

窑包编号	位置	现存面积	保存现状	采集标本	备注
六号窑包	凤岐村8组	4 402平方米	窑包北部有高大的乔木，但占地面积不大，其余的部位种植玉米和黄豆，窑包表面散布密集的瓷片、支钉等	主要为瓷器和窑具两类。瓷器有碗、钵、注壶、盆、匜等器形，以碗最多。釉色有姜黄、青、浅绿、酱釉和绿、浅绿色乳浊釉等，以绿色乳浊釉最为多见。瓷片以圈足为主，有少量的饼足，还采集到一片玉璧底残片。窑具有垫板、垫筒、垫圈、支钉、垫条、泥饼等，以垫筒和支钉最为常见	马家窑包
七号窑包	凤岐村9组	3 709平方米	窑包周围有密集的竹林，四周有篱笆墙，围绕着一片猕猴桃果园，部分区域种植了玉米	主要为瓷器和窑具两类。瓷器有碗、盆、炉、盘等器形，以碗最多。釉色有白、青釉和绿、蓝色乳浊釉，以绿、蓝色乳浊釉较为多见。窑具主要有垫圈和支钉	宋家窑包
八号窑包	凤岐村8组	1 127平方米	窑包位于乡村公路旁，大部分区域种植油菜，西部有一片小树林。地面散落瓷片较细碎，在西部的树林内有一植树坑，可见大量瓷片	主要为瓷器和窑具两类，有少量陶器，还可见少量外地窑口的瓷片。瓷器有碗、盆、盘、钵等器形，以碗最多。釉色有白、青、姜黄、酱、绿釉和绿、蓝色乳浊釉，以白釉较为多见。窑具主要有支钉、垫条和垫筒	尚家窑包
九号窑包	凤岐村8组	778平方米	窑包大部分区域种植猕猴桃树，中部有一片玉米地。地面散落瓷片、窑具	主要为瓷器和窑具两类，有少量陶器，还可见少量外地窑口的瓷片。瓷器有碗、盆等器形，以碗最多。釉色有白、青、绿釉和绿、蓝色、浅绿色乳浊釉，以白釉较为多见。窑具主要有支钉、垫条和垫筒	罗家窑包
十号窑包	凤岐村8组	720平方米	位于乡村公路的南侧，窑包上主要种植猕猴桃树，间种玉米。由于长时间的耕种和翻土，窑包表面的瓷片已经比较破碎，窑具相对完整一些	地面采集的器物主要为瓷器和窑具两类，有少量陶。瓷器有盘、盆等器形。釉色有白、绿、青绿、酱釉，以白釉和绿釉较为多见。窑具主要有垫圈和垫筒，还有少量托盘类工具	尚家窑包
十一号窑包	凤岐村8组	2 685平方米	乡村公路穿过窑包的北部。窑包上主要种植猕猴桃树，间种玉米。窑包西侧、北侧分布树林。在北侧靠乡村公路的树林内，由于村民移植树坑木，形成了一个坑，在此处采集了大量瓷片	地面采集的器物主要为瓷器和窑具两类，有少量陶。瓷器有碗、盘、钵、炉等器形，以碗、盘最多。釉色有米黄、姜黄、浅黄、白、青、绿、青绿、浅绿釉和天青、蓝绿色乳浊釉，以浅绿、青绿色釉和绿色乳浊釉较为多见。窑具主要有支钉、垫圈、垫板、垫条和垫筒，还可见托盘和泥饼	李家窑包

窑包编号	位置	现存面积	保存现状	采集标本	备注
十二号窑包	凤岐村8组	757平方米	窑包的保存状况不好，瓷片等的分布范围只有北坡的一条狭长地带，器物也较为破碎。坡地上种植油菜、玉米等庄稼	地面采集的器物较少，分为瓷器和窑具两类。瓷器有碗、碟等器形。釉色主要有浅绿、蓝绿色乳浊釉。窑具主要有支钉、垫圈、垫板、垫筒和泥饼	瓦子凼
十三号窑包	凤岐村8组	3 013平方米	一条乡村公路位于窑包的北边，窑包上主要种植猕猴桃树以及蔬菜，间种玉米。窑包西侧、北侧分布树林，周围是农田，有一些瓷片散落其间	地面采集的器物主要为瓷器和窑具两类。瓷器有碗、盆、匜等器形，以碗最多。釉色有白、青、绿、浅绿釉和蓝绿色乳浊釉，以浅绿、绿色釉较为多见。窑具主要有支钉和垫板	范家窑包
十四号窑包	凤岐村8组	1 500平方米	窑包上主要种植猕猴桃树。窑包四周分布民房，周围是农田，有一条灌溉小渠从侧面流过，地表瓷片散落随处可见	地面采集的器物主要为瓷器和窑具两类。瓷器的可辨器形主要是碗。釉色有白、酱釉和浅绿、绿色乳浊釉，以浅绿、绿色釉较为多见。窑具主要有支钉、垫条、泥饼和垫板	刘家窑包
十五号窑包	凤岐村8组	900平方米	位于乡村公路的右边，窑包呈斜坡状，其南有一小片平地。坡地上面主要种植猕猴桃树。瓷片和窑具在坡地前的平地上很少见，主要散落在坡地上	地面采集的器物主要为瓷器和窑具两类。瓷器的可辨器形主要是碗。釉色有白、酱釉和浅绿、绿色乳浊釉，以浅绿、绿色釉较为多见，窑具主要有支钉、垫条、泥饼和垫板	瓦子坡
十六号窑包	凤岐村10组	5 100平方米	玉堂窑遗址省级重点文物保护碑在窑包的西南角。以前在窑包的范围内有一所小学，现已经废弃。从现在残留的一处黄土堆推测，在窑包南部以前曾经有大范围的黄黏土堆积。现在窑包上主要种植猕猴桃树。窑包四周分布民房、果园、耕地、池塘等。窑包上及四周随处可见瓷片和窑具	地面采集的器物主要为瓷器和窑具两类。瓷器的可辨器形有碗、盏、钵、盆、罐、盘等。釉色有青釉、黄釉、酱釉和浅绿、绿色乳浊釉，以青釉、黄釉和浅绿色乳浊釉较为多见。窑具主要有支钉、泥饼和垫板	刘家窑包

窑包编号	位置	现存面积	保存现状	采集标本	备注
十七号窑包	凤岐村8组。是本次调查新发现的窑包，位于十号窑包与十一号窑包之间	5 100平方米	乡村公路穿过窑包的中部，路的右侧有一条龙窑窑炉的残迹。窑包的顶部已经被削切成平顶状，上面种植杂木，周围分布农田，主要种植耐旱的农作物，如玉米等。在窑包北部较为平坦的区域，曾经有村民在这里开田时挖出了垒砌整齐的石条，估计这里以前曾有作坊的分布	地面采集的器物主要为瓷器和窑具两类。瓷器的可辨器形有碗、盘等。釉色有白釉、绿釉、酱釉，以白釉最为常见。窑具主要有垫筒、垫圈、垫板、泥饼和垫条，仅有少量支钉	

（原文发表于《成都考古发现2007》）

2007 年玉堂窑遗址六号窑包试掘简报

成都文物考古研究所　都江堰市文物局

2007 年 5 月，由成都文物考古研究所与都江堰市文物局组成的联合考古工作队对玉堂窑遗址展开了一次全面的考古调查和小范围的试掘。在对遗址全面调查以及对 17 座窑包的采集器物进行了初步的整理与比对的基础上，选择了六号窑包和十七号窑包做进一步的考古试掘，至 8 月田野工作基本完成。由于此次玉堂窑考古调查面积大，窑包多，调查和试掘出土的器物都十分丰富，所以将调查报告和试掘报告分别编写（图一）。

对玉堂窑的调查显示，17 座窑包在年代和产品上存在一定的分组现象，大致可以分为四组（参见玉堂窑调查报告）。其中第一组和第四组是较为典型的、具有鲜明风格的组别，所以在试掘的时候选择了分别在两组窑包中具有一定代表性的六号窑包和十七号窑包。由于两个窑包的出土的器物都十分丰富，同时在瓷器的釉色、造型及窑具的使用上都存在较大的差异，故将试掘报告分为两篇，本篇为六号窑包的试掘报告（图二）。

六号窑包位于玉堂窑遗址的中心区域，窑包现存面积约 4 402 平方米，窑包上主要种植玉米和黄豆，有少量高大的乔木。窑包表面密布瓷片、支钉等，俯拾皆是，由于长期的耕种，地表的瓷片显得较为细碎。试掘点选择在窑包顶部的东南和窑包中部一处相对较为平坦的位置，编号为 07DYFY6T1 和 07DYFY6T2（后文简称 T1、T2），均按正南北方向布方，T1 位于窑包的顶部东南侧，其位置是六号窑包后期生产的废品堆积点，T1 面积为 3 米×10 米；T2 的位置相对较低，在六号窑包的第二层台地上，是早期生产的地层堆积，T2 最初布方面积为 3 米×7 米，后向南扩方为 5 米×7 米（图三）。

两个探方的高差约 6 米，地层堆积的区别较大。在此将两个探方的地层和出土遗物分别介绍。

一、地层情况

1. T1

以 T1 东壁为例介绍地层（图四，1）。

第 1 层：灰褐色土层，此层为农耕层，较为平整。地层中夹杂较多的瓷片和窑具。器形有碗、罐、壶流、盘、盏、盆等，窑具以大量的支钉为主，有少量的垫条、垫筒及垫饼。厚 13 ~ 20 厘米。

第 2 层：少量红烧土颗粒与大量瓷器、窑具混杂的堆积层。堆积疏松，呈斜坡状，坡度约 38 度。瓷器以浅圈足碗为主，执壶、盘次之，匜、罐、盏、碟、盆较少。瓷器的釉色以乳浊绿釉及浅绿釉为主，有不少釉下绿彩文字与花卉装饰。出土的窑具以万计，支钉最多，支柱、垫板、垫饼次之，有少量垫圈。厚 15 ~ 70 厘米。

第 3 层：红褐色烧土颗粒末，夹杂少许的窑具及瓷器残片，斜坡状堆积，瓷器和窑具特征与第 2 层相近，但瓷片较为破碎、数量较少，属废弃品的间歇堆积层。厚 30 ~ 40 厘米。

第 4 层：多为瓷器残片重叠堆积，有少许的红烧土颗粒、窑汗颗粒掺杂其内，堆积由北向南倾斜。本层堆积中的器物较大，烧制变形、粘连的器物较多。器形以碗为主，多为圈足碗，小碗、盘次之，有匜、罐、壶及很少的盂、钵、洗伴出。此层的窑具明显地减少，有五齿支钉、三角垫板、弧形垫条、泥条盘筑形支柱等出土。

厚 30 ～ 150 厘米。

由于地势的倾斜、堆积疏松，随时面临塌垮方的危险，所以 T1 只发掘到第 4 层。

2. T2

以 T2 北壁为例介绍地层（图四，2）。

第 1 层：灰黑色农耕层，农耕土层比较肥沃湿润，夹杂不少碎瓷片。碎瓷片中可辨器形有圈足、饼足的深腹碗，壶流，罐，盏等。釉色以乳浊浅绿、青白釉为主，蓝色釉次之，釉下多有开片。本层地层分布较平，厚 20 厘米。

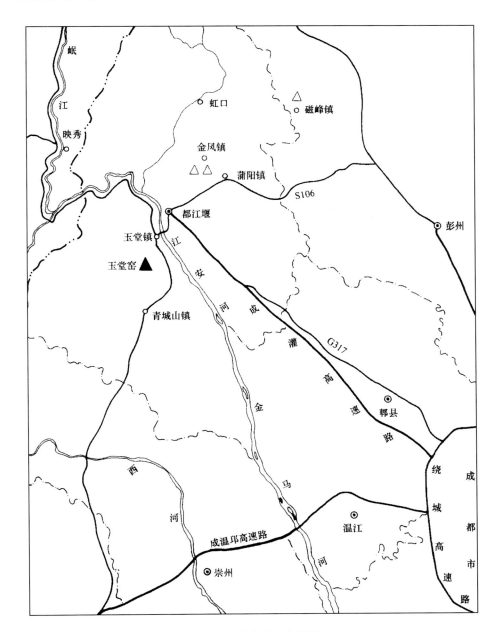

图一　玉堂窑地理位置图

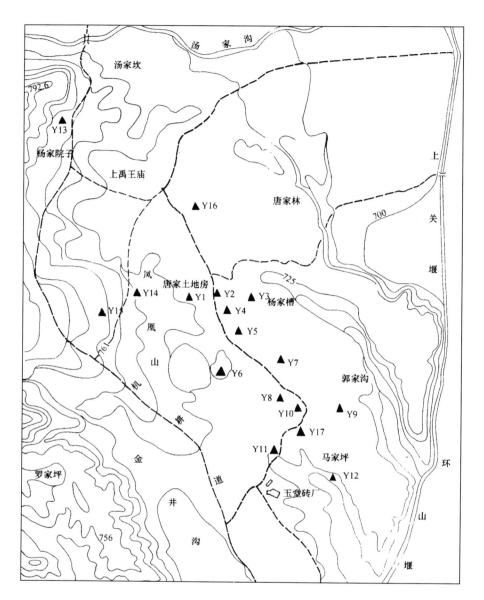

图二 玉堂窑窑包分布图及 Y6 位置图

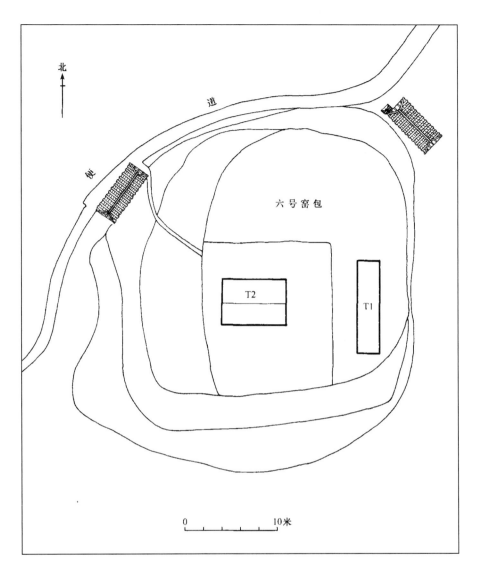

图三 T1、T2 平面分布图

第2层：黄褐色土层，结构较为紧密，泥土中混杂瓷器和窑具残片，包含物中的瓷器大多为器物足底，以圈足为主，小饼足很少；窑具有少许的支钉，垫板残片。地层由西向东倾斜堆积，厚30～110厘米。

第3层：灰黑色土层，结构略疏松，探方西部的地层内夹杂较多的碎瓷片及草木灰灰烬。地层由西向东倾斜堆积。厚0～50厘米。

第4层：灰褐色土层，结构略紧密，包含物有瓷片、窑具、红烧土块及土坯砖块等，在本层出现一些直径20～30厘米的卵石。地层内

包含的瓷片较大较厚，多为底足和口沿，器形主要为碗、罐等，也有一些壶流的残片。窑具以低矮的大支钉为主，个别支钉上有粘釉的现象，垫筒、淡黄胎质细腻的垫板次之，并有匣钵残件。本层地层底部的包含物中酱釉、青灰釉瓷片增多，可见较完整的碗；土坯砖的厚度为10～13厘米，均为红色；地层中还有较多的块状紫色窑汗。厚40～55厘米。

第5层：黑褐色土层，结构疏松，本层在探方的西南部分布略厚，由东北向西南倾斜，底部有一层布纹青灰瓦片的平铺堆积。包含物

为瓷片、窑具，可辨器形的瓷片中以碗为主，罐、壶次之，釉色以青灰釉、酱釉为主，乳浊青白釉的较少；窑具以支钉为主，支柱、垫板较少。本层中的卵石堆积略呈上、中、下三层的分布，卵石的直径为15～28厘米。厚18～40厘米。

第6a层：浅黄黏土层，包含较少的瓷片及窑具。本层呈水平状分布在探方的北部。包含

物中有较多的饼足、玉璧底碗，少见圈足底器，釉色中青黄釉增多。厚5～20厘米。

第6b层：红褐色黏土层，少量夹杂瓷片及窑具。主要分布于探方的北部，瓷片以青白色乳浊釉为主，釉面多有开片；有少许的汝浊绿釉器物，器形以饼足碗为主。地层内包含有少许小卵石与青灰布纹瓦。本层厚度较为均匀，厚5～18厘米。

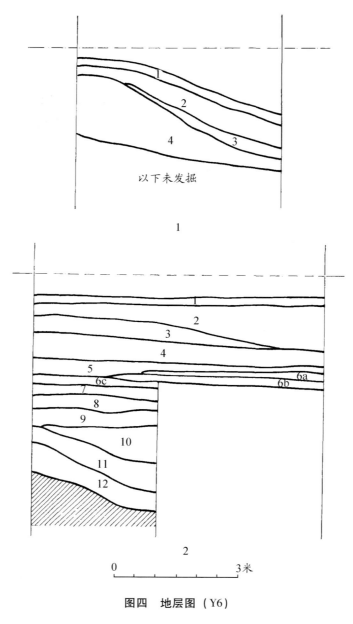

图四　地层图（Y6）

1. T1东壁剖面图　2. T2北壁剖面图

第6h层下仅对探方西北角（约占 T2 面积的 1/4）进行发掘。

第6c层：黑褐色土层，较黏而紧密。地层中包含较多青釉的饼足碗，釉面有开片；地层中还混杂一些红褐烧土颗粒，并有零星、碎小的炭屑。厚 15～25 厘米。

第7层：红褐色土层，包含碎小的瓷片、瓦片、红烧土颗粒混杂，少许的木炭。出土瓷器以残片为主，可辨器形主要是青黄釉的饼足碗。厚 20～30 厘米。

第8层：黄黏土层，本层的包含物有窑具与瓷器残片，有些垫板的质地细腻，胎色多为淡黄泛灰为主，支钉中多以钉角圆滑的为主，有少数支钉的直径约在 10 厘米。厚 25～45 厘米。

第9层：褐色土层，夹杂较多窑具、瓷器残片，较少的窑汗、红烧土块。该层在发掘区域的西北部较薄且紧密；南部较厚且疏松并较大片出土瓷残片，釉色以青黄釉为主。厚 40～50 厘米。

第10层：红褐色土层，较黏，湿度大。混杂红烧土、窑具、残瓷器、炭渣，间歇夹杂黄黏土块。瓷器残片以碗为主，釉面多为青黄色、饼足、折沿，个别者折腹，玉璧底的较少；罐类增多，竖系为主，桥形横系次之，敛口罐外壁多见褐彩装饰，或花卉或点饰图案。壶流多以粗短流为主。地层由西北向东南倾斜堆积。厚 5～95 厘米。

第11层：褐色土层，夹杂较多的碗、罐、盆、匜、窑具等残件，器形上更显厚重。碗类釉面青中泛黄，脱釉现象较常见；罐多施青釉，矮领，卷沿侈口；钵多呈敛口鼓腹状；窑具中的支钉钉齿较尖，不显圆滑，器表有粘釉现象。地层由西北向东南倾斜。厚 40～70 厘米。

第12层：黄褐色土层，土质黏性强，且湿度很大，包含有较多的瓷器残片，可辨器形有青黄釉折腹饼足、玉璧底的碗，釉下彩绘的罐、钵以及支钉、垫筒等窑具。地层由西北向东南倾斜。厚 50～75 厘米。

12 层以下为淡黄色粉状土层，未见包含物。

二、出土遗物

出土的遗物主要分瓷器和窑具两大类。瓷器产品基本都为拉坯成形，个别瓷塑系捏制而成，可辨器形有碗、盏、盘、碟、罐、匜、注壶、瓶、炉、盆、盂、钵、器盖等，均属典型的日常生活用具。瓷器的釉色有透明釉与乳浊釉两类，前者可见青釉、白釉、酱釉等几种，其中青釉制品的年代较早，以素面为主。白釉瓷器数量较少。胎色主要有灰、灰黑两种。胎釉间多施化妆土，较厚且白度高。白釉瓷器的外壁均施釉不及底，釉面光洁匀净，密布大小不一的冰裂纹开片。内底一周常残留有五六堆石英砂粒垫烧痕，圈足底及器外壁亦有粘连。乳浊釉类器物釉色较为丰富，大致可区分为绿釉和青白两类，数量上则以乳浊绿釉占大宗。乳浊釉类器物的胎体主要有砖红、灰、灰黑等色，胎釉间多施米黄色化妆土。外壁施釉不及底，釉面多呈失透状，少见花纹装饰。内底一周常残留有五个支钉痕。窑具常见三角形垫板、垫柱、垫圈、支钉、泥饼等，匣钵的使用并不普遍。由于六号窑包的 T1 和 T2 的地层差异较大，T1 在当时的废品堆积上，而 T2 主要为地层堆积，出土遗物在形制与釉色上的差别都较大，为了尽可能地客观翔实，同时便于研究者了解各窑包的文化面貌，以下将采取按探沟为单位分别进行遗物介绍。

（一）六号窑包一号探沟（编号 20T1）出土遗物

1. 瓷器

T1 由于地形和堆积的关系，没有发掘到生土层。所出土的瓷器主要的釉色装饰和釉下装饰有乳浊绿釉、乳浊青白釉、酱釉、白釉和釉下彩绘等几种。由于 T1 地处窑包的废品堆积部位出土的遗物量非常大，下述文字中数量统计为可复原器物及可辨器形的不可复原器物。

（1）乳浊绿釉类器物

出土的器物有匜、碗、小碗、碟、盏、注壶、瓶、炉、盂、罐、钵以及器盖等。

匜 均为圈足匜，胎体均较厚重。共计 95 件。依据口部、腹部以及柄的有无分为四型。

A 型 无柄圆腹匜。共 8 件，均口径略小，依据腹部深浅分二式。

Ⅰ式：深腹。1 件（T1④：70）。砖红胎，胎釉间施米黄色化妆土，外壁施釉不及底，釉面有光泽。外壁腹中部饰弦纹一道。口径 18 厘米、残高 7.5 厘米（图五，1）。

Ⅱ式：腹部略浅。7 件。T1③：159，砖红胎，胎釉间施米黄色化妆土，内壁无釉，外壁施釉不及底，釉面局部呈灰白色。口径 18 厘米、足径 8 厘米、通高 7 厘米（图五，2）。

B 型 无柄瓜棱腹匜。共 35 件，依据肩部的变化分为三亚型。

Ba 型 斜弧腹，鼓肩。16 件。T1②：582，砖红胎，胎釉间施化妆土，外壁施釉不及底，绿釉，器内底残留五个支钉痕。口径 18 厘米、足径 8 厘米、通高 7.4 厘米（图五，3）。T1②：1216，灰胎，胎釉间施化妆土，外壁施釉不及底，绿釉，釉面局部呈灰白色，器内底残留五个支钉痕。口径 20 厘米、足径 8.2 厘米、通高 7 厘米。

Bb 型 斜直腹，鼓肩。18 件。T1②：1217，腹较深。灰黑胎，胎釉间施化妆土，外壁施釉不及底，蓝绿釉泛青黄，器内底粘连一六齿支钉。口径 24 厘米、足径 12 厘米、通高 10 厘米（图五，4）。

Bc 型 斜直腹，折腹而无肩。1 件（T1②：1219）。足残。深褐色胎，胎釉间施化妆土，外壁施釉不及底，绿釉，釉面泛灰白。口径 18 厘米、残高 6 厘米（图五，5）。

C 型 无柄大口折腹匜。共 22 件，口径均较大。依据折腹的不同分为二式。

Ⅰ式：折腹处凸棱。10 件。T1④：77，灰黑胎，胎釉间施化妆土，外壁施釉至口沿下部，绿釉微闪蓝，器内底粘连一六齿支钉。口径 28 厘米、足径 11.5 厘米、通高 9 厘米（图五，7）。

Ⅱ式：圆折腹。12 件。T1②：1222，灰胎，化妆土，胎釉间施外壁施釉不及底，绿釉，釉面局部灰白。口径 28 厘米、残高 7 厘米（图五，8）。

D 型 有柄折腹匜。共 30 件，柄多残断，从出土的残柄推测此类匜的柄均为中空、表面有螺旋纹的长圆形柄。T1 扩③：38，柄残断。砖红胎，胎面有化妆土，外壁施釉不及底，绿釉，釉面呈灰白色，内底一周留有五个支钉痕。口径 19 厘米、足径 8.5 厘米、通高 8.8 厘米（图五，6）。T1②：1220，灰胎，胎面无化妆土，外壁施釉不及底，釉面泛紫黄，内底一周有五个支钉痕。口径 20 厘米、足径 9 厘米、通高 10 厘米。

碗 共 634 件，均为圆口圈足碗。依据腹部的变化分六型。

A 型 圆弧腹碗。共 16 件。敞口微侈，圈足大而略浅。T1③：299，砖红胎，胎釉间施化妆土，外壁施釉不及底，内壁釉面灰白，器内底残留支钉痕。口径 17 厘米、足径 6.5 厘米、通高 5.4 厘米（图六，1）。T1④：22，灰胎，胎釉间施化妆土，外壁施釉不及底，釉面呈蓝绿色有光泽，内底残留有五个支钉痕。口径 16.5 厘米、足径 6.5 厘米、通高 5.4 厘米。

B 型 弧腹碗。共 156 件，敞口微侈或侈口。依据口腹部的变化分为二亚型。

Ba 型 略束口。89 件。侈口，圈足大而浅。T1②：56，砖红胎，胎釉间施化妆土，外壁施釉不及底，绿釉，釉面泛灰白，内底一周有五个支钉痕。口径 16.4 厘米、足径 6.5 厘米、通高 5 厘米（图六，2）。

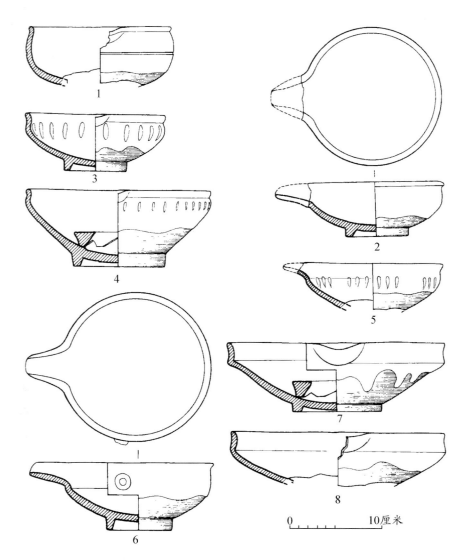

图五　T1 乳浊绿釉匜

1. A I 式（T1④：70）　2. A II 式（T1③：159）　3. Ba 型（T1②：582）　4. Bb 型（T1②：1217）　5. Bc 型（T1②：1219）　6. D 型（T1 扩③：38）　7. C I 式（T1④：77）　8. C II 式（T1②：1222）

Bb 型　口腹交接处略直。67 件。T1③：308，四件相连。灰胎，釉下无化妆土，外壁施釉不及底，蓝绿釉，口沿积釉处呈青黄色，内底残留支钉痕。口径 16.5 厘米、足径 6 厘米、通高 5 厘米（图六，4）。

C 型　斜弧腹碗。共 130 件，直口微敛，圈足大而略高。依据腹部的深浅不同分二亚型。

Ca 型　腹部略浅。8 件，尖唇。T1②：1294，灰黑胎，胎釉间施化妆土，外壁施釉不

及底，蓝绿釉，釉面有光泽，内底有五个支钉痕。口径 16 厘米、足径 6.4 厘米、通高 4.6 厘米（图七，2）。

Cb 型　腹部较深。122 件，圆唇。T1③：313，灰胎，胎釉间施有化妆土，外壁施釉不及底，釉面有光泽，内底一周五个支钉痕。口径 18 厘米、足径 7 厘米、通高 6 厘米（图六，6）。

D 型　斜直腹碗。共 146 件，敞口、尖唇。依据腹部的深浅分为二亚型。

Da 型　腹部较浅。132 件，下腹略弧。T1
④：45，灰胎，胎釉间施化妆土，外壁施釉不
及底，蓝绿釉，器内底残留有支钉痕。口径
17.8 厘米、足径 6.5 厘米、通高 5.6 厘米（图
六，3）。

Db 型　腹部较深。14 件，圈足大而浅，
足墙较窄，下腹部与圈足相接处均切削一周。
T1③：306，灰黑胎，胎釉间施化妆土，外壁施
釉不及底，绿釉泛灰，内底残留五个支钉痕。
口径 20 厘米、足径 6.3 厘米、通高 7 厘米（图

六，5）。

E 型　斜腹出筋碗。共 184 件，圆唇略尖，
圈足略高，内壁模印六出筋。依据口部的差异
分二亚型。

Ea 型　微敛口。117 件。T1③：309，灰
胎，胎釉间施有化妆土，外壁施釉不及底，露
胎处呈棕色，器内底残留支钉痕，圈足内粘连
一泥饼。口径 20 厘米、足径 6.5 厘米、通高 7
厘米（图六，7）。

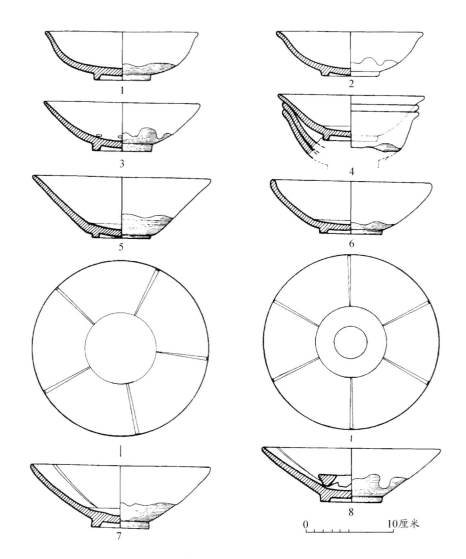

图六　T1 乳浊绿釉瓷碗

1. A 型（TI③：299）　2. Ba 型（T1②：56）　3. Da 型（T1④：45）　4. Bb 型（T1③：308）　5. Db 型（T1
③：306）　6. Cb 型（T1③：313）　7. Ea 型（T1③：309）　8. Eb 型（T1③：312）

Eb 型　敞口。67 件。T1③：312，灰黑胎，胎釉间施化妆土，外壁施釉不及底，绿釉，釉面有光泽，器内底粘连一五齿支钉。口径 20 厘米、足径 7 厘米、通高 6 厘米（图六，8）。T1④：2，棕色胎，胎釉间施化妆土，外壁施釉不及底，釉面灰白，内底一周留有五个支钉痕。口径 20 厘米、足径 7.5 厘米、通高 7.2 厘米。

F 型　斜腹折腰碗。共 2 件。T1③：315，灰胎，釉下无化妆土，外壁施釉不及底，绿釉，釉面光亮，器内底粘连一五齿支钉。口径 16 厘米、足径 6.5 厘米、通高 5.4 厘米（图七，1）。

小碗　共 30 件。依据足部差异分二型。

A 型　饼足小碗。共 12 件，尖唇或圆唇略尖，饼足大而浅，足底中部略内凹，下腹与足部相接处切削一周。依据腹部的不同分二亚型。

Aa 型　斜直腹。5 件。T1②：588，灰胎，胎釉间施化妆土，外壁施釉不及底，绿釉，釉面莹亮局部泛黄，器内底粘连一支钉。口径 11.2 厘米、足径 4.5 厘米、通高 3.6 厘米（图七，3）。

Ab 型　腹中部微束。7 件。T1③：178，灰胎，胎釉间施化妆土，外壁施釉不及底，绿釉，釉面莹亮，器内底粘连一支钉。口径 11 厘米、足径 4.5 厘米、通高 3.4 厘米（图七，4）。

B 型　圈足小碗。18 件。依据腹部的不同分四亚型。

Ba 型　深弧腹。4 件，圈足较高。T1③：167，灰黑胎，胎釉间施化妆土，外壁施釉不及底，釉面呈灰白色，内底残留五个支钉痕。口径 12 厘米、足径 4.5 厘米、通高 5.2 厘米（图七，5）。

Bb 型　上腹斜直，下腹弧内收。6 件，尖唇。T1③：168，灰黑胎，胎釉间施化妆土，外壁施釉不及底，绿釉泛青白色，内底残留五个支钉痕。口径 13 厘米、足径 5.5 厘米、通高 4.2 厘米（图七，6）。T1③：324，灰胎，胎釉间施化妆土，外壁施釉不及底，绿釉釉面莹亮，

内底残留五个支钉痕。口径 12.5 厘米、足径 5.2 厘米、通高 4.8 厘米。

Bc 型　斜弧腹。3 件。T1④：28，灰黑胎，胎釉间施化妆土，外壁施釉不及底，绿釉釉面莹亮，内底残留五个支钉痕。口径 12 厘米、足径 5.5 厘米、通高 4 厘米（图七，7）。

Bd 型　斜直腹。5 件。T1③：325，砖红胎，胎釉间施化妆土，外壁施釉不及底，绿釉，釉面局部灰白，内底残留五个支钉痕。口径 13 厘米、足径 6 厘米、通高 4.5 厘米（图七，8）。

盘　共 162 件，均为圆口盘，多为圈足。依据腹部的变化分四型。

A 型　圆弧腹盘。共 22 件，敞口微侈，圈足大而浅。T1②：1090，灰黑胎，胎釉间施化妆土，外壁施釉不及底，绿釉，釉面光亮，内底残留支钉痕。口径 16 厘米、足径 6.5 厘米、通高 5 厘米（图七，9）。

B 型　弧腹盘。共 30 件，侈口。T1②：1082，灰黑胎，胎釉间无化妆土，外壁施釉不及底，露胎处呈棕红色，绿釉，釉面有光泽，器内底残留支钉痕。口径 16.4 厘米、足径 6.8 厘米、通高 4.7 厘米（图七，10）。

C 型　斜弧腹盘。共 98 件。依据口和足部的不同分二式。

Ⅰ式：敞口，圈足。97 件。T1③：323，圆唇略尖。胎釉间施化妆土，蓝绿釉不及底，釉面有光泽，露胎处呈棕色，器内底粘连一五齿支钉。口径 16 厘米、足径 6.5 厘米、通高 4.6 厘米（图七，11）。

Ⅱ式：侈口，饼足。1 件（T1②：484）。翻唇，斜沿。灰胎，胎釉间无化妆土，外壁施釉不及底，绿釉，釉面灰白，内底一周残留五个支钉痕。口径 16 厘米、足径 6.5 厘米、通高 3.6 厘米（图七，12）。

D 型　折腹盘。12 件，均为圆口、圈足，腹部圆折。依据口腹部的变化分三亚型。

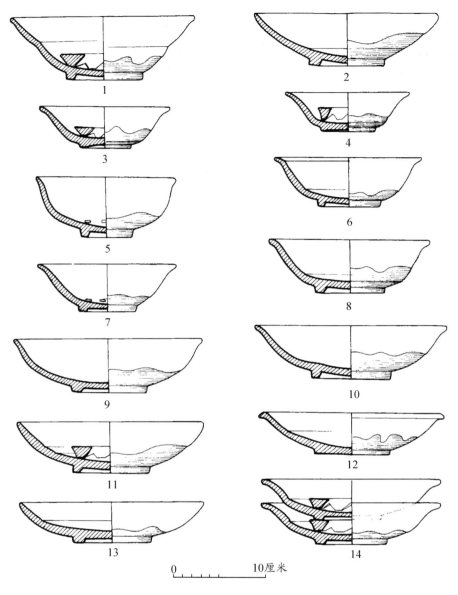

图七　T1 乳浊绿釉瓷器

1. F 型碗（T1③：315）　　2. Ca 型碗（T1②：1294）　　3. Aa 型小碗（T1②：588）　　4. Ab 型小碗（T1③：
178）　5. Ba 型小碗（T1③：167）　6. Bb 型小碗（T1③：168）　7. Be 型小碗（T1④：28）　8. Bd 型小碗（T1
③：325）　9. A 型盘（T1②：1090）　10. B 型盘（T1②：1082）　11. CⅠ式盘（T1③：323）　12. CⅡ式盘（T1
②：484）　13. Da 型盘（T1②：885）　　14. Db 型盘（T1②：1132）

Da 型　敞口。9 件。T1②：885，圆唇略尖。灰黑胎，胎釉间施化妆土，外壁施釉不及底，蓝绿釉，釉面有光泽，内底一周五个支钉痕。口径 16 厘米、足径 7 厘米、通高 3.6 厘米（图七，13）。

Db 型　侈口，上腹略内束。2 件。T1②：1132，两件相连。灰胎，胎釉间施挂化妆土，外壁施釉不及底，绿釉泛黄，器内底各粘连一支钉。口径 15.6 厘米、足径 6 厘米、通高 3.6 厘米（图七，14）。

Dc 型　平沿，上腹斜直。1 件（T1②：873）。灰胎，胎釉间施化妆土，外壁施釉不及底，绿釉较浅，内底留有支钉痕。口径 16 厘米、足径 6 厘米、通高 3.4 厘米（图八，1）。

碟　共 52 件。依据腹部的不同分二型。

A 型　斜弧腹碟。共 41 件，饼足，或饼足略内凹。T1②：908，饼足略内凹。灰胎，胎釉间无化妆土，外壁施釉不及底，绿釉泛黄，釉

面有光泽，器内底粘连一支钉。口径 11 厘米、足径 5 厘米、通高 3 厘米（图八，3）。

B 型　折腹碟。共 11 件，饼足，或饼足略内凹。依据折腹的不同分二亚型。

Ba 型　折腹较缓。9 件。T1②：861，饼足略内凹。灰黑胎，胎釉间无化妆土，外壁施釉不及底，绿釉有光泽，内底残留支钉痕。口径 11 厘米、足径 5 厘米、通高 2.8 厘米（图八，2）。

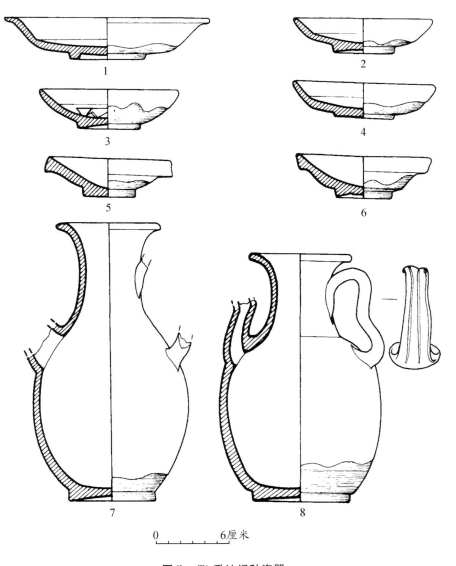

0 ———— 6厘米

图八　T1 乳浊绿釉瓷器

1. Dc 型盘（T1②：873）　　2. Ba 型碟（T1②：861）　　3. A 型碟（T1②：908）　　4. Bb 型碟（T1③：46）
5. A 型盏（T1②：886）　　6. B 型盏（T1②：75）　　7. Aa 型注壶（T1④：10）　　8. AbⅠ式注壶（T1②：557）

Bb 型　折腹略深。2 件。T1③：46，饼足。灰胎，胎釉间无化妆土，绿釉不及底，器表露胎处呈棕色，釉面灰白，器内底一周残留五个支钉痕。口径 11.5 厘米、足径 5 厘米、通高 2.8 厘米（图八，4）。

盏　共 6 件，均为方唇，斜腹略弧。依据足部的不同分为二型。

A 型　饼足盏。1 件（T1②：886）。灰胎，胎釉间无化妆土，外壁施釉不及底，蓝绿釉，釉面局部呈青黄色。口径 10 厘米、足径 4 厘米、通高 3 厘米（图八，5）。

B 型　圈足盏。5 件，圈足，或圈足略呈玉璧状。T1②：75，圈足略呈玉璧状。灰黑胎，胎釉间无化妆土，外壁施釉不及底，器表露胎处呈棕色，绿釉有光泽。口径 10.4 厘米、足径 4.5 厘米、通高 3.2 厘米（图八，6）。T1③：52，圈足。灰胎，胎釉间施米黄色化妆土，外壁施釉至口沿处，绿釉，釉面局部泛灰白。口径 10 厘米、足径 4.5 厘米、通高 3.2 厘米。

注壶　共 14 件。依据领及腹部的变化分三型。

A 型　高领椭圆腹注壶。共 9 件，喇叭口，曲流，多为饼足。依据肩部的差异分作二亚型。

Aa 型　溜肩。1 件（T1④：10）。饼足略内凹。砖红胎，胎釉间无化妆土，外壁施釉不及底，蓝绿釉，口沿处呈青黄色。口径 8 厘米、足径 7 厘米、通高 22 厘米（图八，7）。

Ab 型　丰肩。8 件。依据腹部的变化分二式。

Ⅰ式：圆腹。7 件。T1②：557，灰胎，胎面无化妆土，外壁施釉不及底，绿釉，釉面有光泽。口径 8 厘米、足径 7.6 厘米、通高 19.4 厘米（图八，8）。T1④：12，灰胎，胎釉间无化妆土，外壁施釉不及底，绿釉，釉面局部呈灰白色。口径 7.5 厘米、足径 7 厘米、通高 20.4 厘米。

Ⅱ式：瓜棱腹。1 件（T1 扩②：39）。灰胎，胎面无化妆土，外壁施釉不及底，蓝绿釉。足径 7 厘米、通高 18.5 厘米（图九，1）。

B 型　有颈梨腹注壶。4 件。T1⑧：103，颈口上小下大，肩部两侧各置一纵系，饼足。灰黑胎，胎釉间无化妆土，外壁施釉不及底，蓝绿釉。口径 6 厘米、足径 6.5 厘米、通高 14 厘米（图九，2）。

C 型　矮颈扁腹注壶。1 件（T1②：86）。玉璧足。足灰胎，胎釉间无化妆土，外壁施釉不及底，绿釉泛灰。口径 2.4 厘米、足径 4.5 厘米、通高 6.8 厘米（图九，3）。

瓶　共 3 件。形体上的差异很大，分为三型。

A 型　玉壶春瓶。1 件（T1②：556）。细长颈，垂腹，圈足。砖红胎，胎釉间无化妆土，外壁施釉不及底，绿釉泛灰。足径 7.2 厘米、残高 17.5 厘米（图九，4）。

B 型　长颈瓶。1 件（T1②：1238）。喇叭口残，束颈，折肩，斜弧腹，圈足。砖红胎，胎釉间施化妆土，外壁施釉不及底，露胎处呈棕红色，绿釉釉面泛灰。足径 5 厘米、残高 14 厘米（图九，5）。

C 型　小口双系瓶。1 件（T1④：16）。口微侈，短颈，颈上有一道凸棱，广肩，鼓腹，肩部置横系。灰胎，胎釉间施化妆土，绿釉，釉面有光泽。口径 5.5 厘米、残高 9 厘米（图九，6）。

炉　共 8 件。依据足部的差异分为三型。

A 型　四足炉。共 2 件。T1②：31，翻唇，唇沿外斜，直腹较矮，四蹄足较短，炉底为圈足形底。砖红胎，胎釉间施化妆土，外壁施釉不及底，釉面泛灰。口径 11 厘米、足径 6 厘米、通高 5 厘米（图一〇，1）。

B 型　五足炉。3 件，多残断。折沿，筒形腹较深，五兽足较细而高。T1③：51，炉底粘连一五齿支钉。灰胎，胎釉间施化妆土，通体施绿釉，釉面局部有光泽。口径 10 厘米、底径 10 厘米、残高 9.5 厘米（图一〇，2）。

C 型　圈足炉。共 3 件，圈足均呈座状。　依据足胫部的不同分为二亚型。

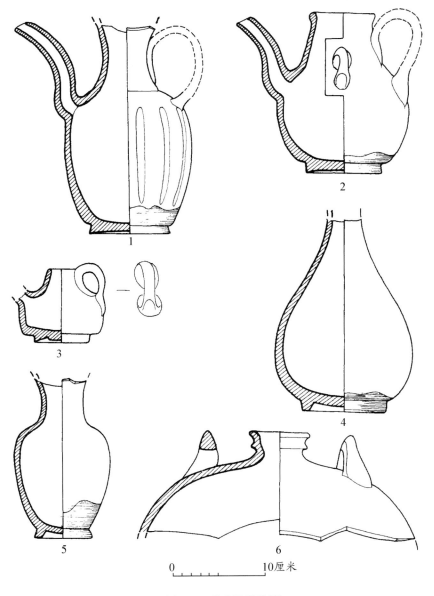

图九　T1 乳浊绿釉瓷器

1. Ab Ⅱ 式注壶（T1 扩②：39）　　2. B 型注壶（T1③：103）　　3. C 型注壶（T1②：86）　　4. A 型瓶（T1②：556）　　5. B 型瓶（T1②：1238）　　6. C 型瓶（T1④：16）

Ca 型　足胫部呈筒状。2 件。T1②：1234，灰胎，胎釉间无化妆土，通体施蓝绿色釉，釉面有光泽。口径 8 厘米、足径 7.8 厘米、通高 7.4 厘米（图一〇，3）。

Cb 型　足胫部为浮雕莲瓣纹。1 件（T1②：1181）。砖红胎，胎釉间无化妆土，通体施釉，釉面有脱落呈灰白色。口径 7.2 厘米、足径 6.8 厘米、通高 8.4 厘米（图一〇，4）。

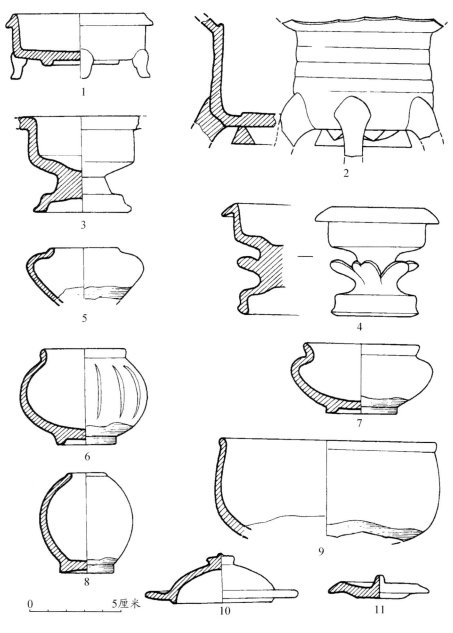

图一〇　T1 乳浊绿釉瓷器

1. A 型炉（T1②：31）　　2. B 型炉（T1③：51）　　3. Ca 型炉（T1②：1234）　　4. Cb 型炉（T1②：1181）
5. Aa 型小罐（T1②：1183）　　6. B 型小罐（T1②：1296）　　7. Ab 型小罐（T1③：143）　　8. C 型小罐（T1②：580）　　9. 钵（T1②：1233）　　10. A 型盖（T1②：74）　　11. B 型盖（T1②：1175）

　　小罐　共8件。依据腹部的差异分为三型。

　　A 型　鼓肩小罐。共3件，依据口颈的不同分为二亚型。

　　Aa 型　颈极短浅、直口微敛。2件。T1②：1183，残。灰黑胎，胎釉间施化妆土，外壁施釉不及底，绿釉微泛黄。口径5厘米、残高4厘米（图一〇，5）。

　　Ab 型　短颈、侈口。1件（T1③：143）。圈足。砖红胎，胎釉间无化妆土，外壁施釉不及底，釉面局部呈灰白色。口径8.5厘米、足径 5.5 厘米、通高 5.4 厘米（图一〇，7）。

B 型　瓜棱状鼓腹小罐。1 件（T1②：1296）。灰胎，胎釉间无化妆土，外壁施釉不及底，釉面呈灰蓝色。口径 7 厘米、足径 4.8 厘米、通高 7.4 厘米（图一〇，6）。

C 型　长圆腹小罐。4 件。T1②：580，无颈，饼足。灰胎，胎釉间无化妆土，外壁施釉不及底，釉面局部泛黄。口径 2.8 厘米、足径 4 厘米、通高 7.8 厘米（图一〇，8）。

钵　1 件（T1②：1233）。圆唇微侈，深腹、下腹圆弧。灰黑胎，胎釉间施化妆土，外壁施釉不及底，绿釉，釉面有光泽。口径 17 厘米、残高 7 厘米（图一〇，9）。

器盖　共 20 件。依据盖顶的不同分为二型。

A 型　弧顶盖。子母口，折沿，盖顶面隆起带纽。15 件。T1②：74，砖红胎，胎釉间施化妆土，绿釉，釉面有光泽。直径 12 厘米、高 3.6 厘米（图一〇，10）。T1②：51，灰胎，胎面无化妆土，绿釉，釉面局部灰白。直径 11 厘米、高 3.2 厘米。

B 型　平顶盖。折沿，平顶略斜，圆纽。5 件。T1②：1175，灰黑胎，胎釉间无化妆土，绿釉微泛蓝。直径 8 厘米、高 1.8 厘米（图一〇，11）。

（2）乳浊青白釉类器物

碗　共 15 件，均为圆口圈足碗，圈足皆大而较浅。依据腹部的变化分为三型。

A 型　圆弧腹碗。共计 9 件。依据口唇部的差异分二亚型。

Aa 型　圆唇、外沿圆凸，敞口 6 件。T1③：245，棕色胎，胎釉间施化妆土，外壁施釉不及底，内壁釉面泛黄，器内底残留五个支钉痕。口径 16 厘米、足径 6.5 厘米、通高 4.8 厘米（图一一，1）。T1④：105，灰黑胎，胎釉间施米黄色化妆土，外壁施釉不及底，器内底及圈足各粘连一五齿支钉。口径 16 厘米、足径

7 厘米、通高 5.8 厘米。

Ab 型　微侈口。3 件。T1③：246，灰黑胎，胎釉间施化妆土，外壁施釉不及底，釉面泛青白色，有开片，内底有五个支钉痕。口径 17 厘米、足径 6.5 厘米、通高 4.5 厘米（图一一，2）。

B 型　弧腹碗。1 件（T1 扩②：111）。灰胎，胎釉间施化妆土，外壁施釉不及底，露胎处呈棕红色，釉面泛黄有脱落，内底残留五个支钉痕。口径 16 厘米、足径 6 厘米、通高 4.4 厘米（图一一，3）。

C 型　斜腹碗。5 件，斜腹较直。依据口唇部的差异分二亚型。

Ca 型　侈口、圆唇。3 件。T1③：252，灰黑胎，胎釉间无化妆土，外壁施釉不及底，釉面青白微闪黄，内底留有五个支钉痕。口径 16.5 厘米、足径 7 厘米、通高 5 厘米（图一一，4）。T1 扩②：114，灰胎，胎釉间施化妆土，外壁施釉不及底，浅绿釉泛黄，内底留有五个支钉痕。口径 16.4 厘米、足径 6.8 厘米、通高 5.5 厘米。

Cb 型　敞口、圆唇略尖。2 件。T1④：35，灰胎，胎面无化妆土，外壁施釉不及底，釉面微泛黄，口沿处一周施酱釉，器内底粘连一支钉。口径 16 厘米、足径 7 厘米、通高 5 厘米（图一一，5）。

盘　共 9 件，均为圆口圈足盘，圈足皆大而较浅。依据腹部的不同分为四型。

A 型　弧腹盘。共 4 件。T1②：724，灰胎，胎釉间施化妆土，外壁施釉不及底，内壁釉面泛青白色，器内底残留支钉痕。口径 15.8 厘米、足径 6 厘米、通高 4.3 厘米（图一一，6）。T1④：57，灰黑胎，胎釉间施化妆土，外壁施釉不及底，釉面莹亮有开片，内底有五个支钉痕，圈足内粘连一泥饼。口径 16 厘米、足径 6 厘米、通高 4 厘米。

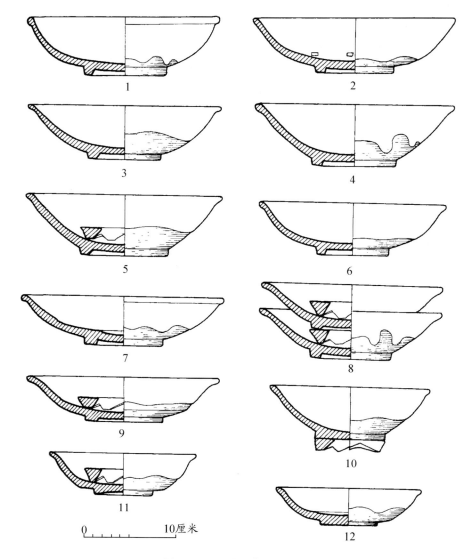

图一一　T1 乳浊青白釉瓷器

1. Aa 型碗（T1③：245）　　2. Ab 型碗（T1③：246）　　3. B 型碗（T1 扩②：111）　　4. Ca 型碗（T1③：252）
5. Cb 型碗（T1④：35）　　6. A 型盘（T1②：724）　　7. B 型盘（T1②：1099）　　8. C 型盘（T1②：1112）　　9. D 型盘（T1②：1113）　　10. Aa 型小碗（T1②：718）　　11. Ab 型小碗（T1②：511）　　12. Ba 型小碗（T1②：783）

　　B 型　斜弧腹盘。共 3 件。T1②：1099，灰黑胎，胎釉间施米黄色化妆土，外壁施釉不及底，釉面有脱落呈灰白色，内底有五个支钉痕。口径 17 厘米、足径 6.5 厘米、通高 4 厘米（图一一，7）。T1 扩②：121，灰黑胎，胎釉间施米黄色化妆土，外壁施釉不及底，釉面微泛黄，内底一周五个支钉痕。口径 16 厘米、足径

6 厘米、通高 3.4 厘米。

　　C 型　斜直腹盘。1 件（T1②：1112）。两件相连。灰胎，胎釉间施化妆土，外壁施釉不及底，釉面灰白有开片，上下两件内底各粘连一支钉。口径 15 厘米、足径 6.5 厘米、通高 4 厘米（图一一，8）。

　　D 型　折腹盘。1 件（T1②：1113）。折腹

较圆。灰胎，胎釉间施化妆土，外壁施釉不及底，釉面局部泛黄，器内底粘连一五齿支钉。口径 16 厘米、足径 6.5 厘米、通高 3.8 厘米（图一一，9）。

小碗　共 14 件。依据口部和腹部的变化分为四型。

A 型　圆口斜腹小碗。共 4 件，斜腹略弧，饼足。依据腹部的深浅分为二亚型。

Aa 型　腹较深。3 件。T1②：718，灰黑胎，胎釉间施化妆土，外壁施釉不及底，釉面局部微泛黄，器内底残留五个支钉痕，外底粘连一五齿支钉。口径 13.5 厘米、足径 6 厘米、通高 5.4 厘米（图一一，10）。

Ab 型　腹较浅。1 件（T1②：511）。下腹与足部相接处有切削修整痕迹。灰黑胎，胎釉间施化妆土，外壁施釉不及底，釉面局部微泛黄，器内底粘连一五齿支钉。口径 12 厘米、足径 5 厘米、通高 3.5 厘米（图一一，11）。

B 型　圆口弧腹小碗。共 4 件，依据足部的不同分为二亚型。

Ba 型　饼足。1 件（T1②：783）。腹较浅。灰胎，胎釉间未施化妆土，外壁施釉不及底，釉面局部微泛黄，器内底残留五个支钉痕。口径 12 厘米、足径 5 厘米、通高 5 厘米（图一一，12）。

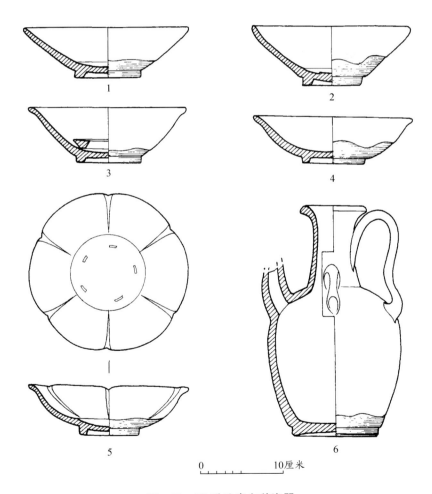

图一二　T1 乳浊青白釉瓷器

1. Ca 型小碗（T1④：39）　　2. Cb 型小碗（T1④：38）　　3. Cc 型小碗（T1②：65）　　4. Bb 型小碗（T1③：181）　　5. D 型小碗（T1②：368）　　6. A 型注壶（T1④：9）

Bb 型　圈足。3 件。T1③：181，腹略深。灰胎，胎釉间施化妆土，外壁施釉不及底，釉面微泛黄，内底残留五个支钉痕。口径 14 厘米、足径 5.5 厘米、通高 4.2 厘米（图一二，4）。

C 型　圆口斜直腹小碗。共 5 件，均为圈足小碗。依据口部的不同分为三亚型。

Ca 型　敞口。2 件。T1④：39，灰胎，胎釉间未施化妆土，外壁施浅绿釉不及底，口沿处一周挂酱釉，器表露胎处呈棕色，内底留有支钉痕。口径 14.5 厘米、足径 6 厘米、通高 4.4 厘米（图一二，1）。

Cb 型　直口微敛。2 件。T1④：38，灰黑胎，胎釉间未施化妆土，浅绿釉泛青白不及底，口沿处一周挂酱釉，器表露胎处呈棕色，内底留有支钉痕，圈足内粘连一泥饼。口径 14 厘米、足径 5.5 厘米、通高 5.2 厘米（图一二，2）。

Cc 型　侈口。1 件（T1②：65）。灰黑胎，胎釉间施化妆土，外壁施釉不及底，釉面局部脱落，器内底粘连一支钉。口径 14 厘米、足径 6 厘米、通高 5 厘米（图一二，3）。

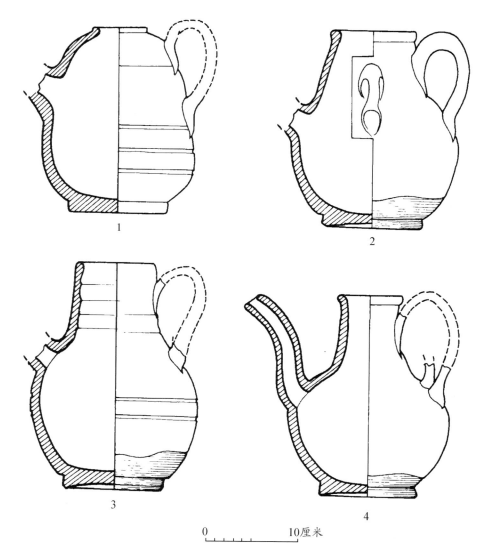

图一三　T1 乳浊青白釉注壶

1. D 型（T1②：548）　　2. B 型（T1②：549）　　3. Ca 型（T1③：112）　　4. Cb 型（T1②：575）

D 型　花口瓜棱腹小碗。1 件（T1②：368）。圈足，内底下凹。灰黑胎，胎釉间施化妆土，外壁施釉不及底，釉面莹亮微泛黄，内底残留五个支钉痕。口径 14 厘米、足径 5.4 厘米、通高 4.2 厘米（图一二，5）。

注壶　共 5 件。依据系的有无和口颈部的差异分为四型。

A 型　双系高领注壶。1 件（T1④：9）。喇叭口，椭圆腹，肩部对置双系，曲流，饼足。灰胎，胎釉间未施化妆土，外壁施釉不及底，釉面有光泽。口径 6 厘米、足径 7 厘米、通高 20 厘米（图一二，6）。

B 型　双系有颈注壶。1 件（T1②：549）。流残。颈略粗，上小下大，鼓腹，平底略内凹。砖红胎，胎釉间未施化妆土，外壁施釉不及底，釉面泛灰。口径 5.6 厘米、足径 6.4 厘米、通高 13 厘米（图一三，2）。

C 型　长颈注壶。共 2 件。依据颈部的不同分为二亚型。

Ca 型　长颈较粗。1 件（T1③：112）。流残。直口，鼓腹灰胎，胎釉间未施化妆土，外壁施釉不及底，腹部刻饰有多道凹弦纹。口径 5 厘米、足径 6.5 厘米、通高 15 厘米（图一三，3）。

Cb 型　长颈较细。1 件（T1②：575）。圆唇，敞口略外侈，曲流，鼓腹略扁，平底内凹。砖红胎，胎釉间未施化妆土，外壁施釉不及底，釉面局部泛青色。口径 4.5 厘米、足径 6.5 厘米、通高 13.5 厘米（图一三，4）。

D 型　无颈注壶。1 件（T1②：548）。卵形腹，曲流，饼足。灰胎，胎釉间未施化妆土，外壁施釉不及底，釉面泛青色。口径 3.6 厘米、足径 6.5 厘米、通高 12.5 厘米（图一三，1）。

（3）酱釉类器物

匜　5 件。圆唇、直口，折腹，下腹斜直，圈足。T1④：75，砖红胎，胎釉间未施化妆土，外壁施釉不及底，酱釉。口径 28 厘米、足径 12 厘米、通高 9 厘米（图一四，1）。

碗　共 44 件，均为圈足碗。依据口部和腹部的差异分为五型。

A 型　圆口圆弧腹碗。共 8 件。依据腹部深浅分作二亚型。

Aa 型　腹较浅。3 件。T1②：1114，口微侈。棕色胎，胎釉间未施化妆土，外壁施釉不及底，釉面有光泽，内底残留五个支钉痕。口径 16.4 厘米、足径 6.5 厘米、通高 4.6 厘米（图一四，2）。

Ab 型　腹较深。5 件。T1②：533，侈口。砖红胎，胎釉间施米黄色化妆土，外壁施釉不及底，酱黄釉，内底一周留有五个支钉痕。口径 16 厘米、足径 6.5 厘米、通高 5.4 厘米（图一四，3）。

B 型　圆口弧腹碗。共 7 件。依据口部的不同分作二亚型。

Ba 型　侈口。2 件。T1②：300，尖唇略圆。灰胎，胎釉间施化妆土，外壁施釉不及底，釉面光亮有开片，内底一周有五个支钉痕。口径 19.6 厘米、足径 8 厘米、通高 5.6 厘米（图一四，4）。

Bb 型　敞口。5 件。T1②：270，尖唇。灰胎，胎釉间未施化妆土，外壁施釉不及底，酱黄釉，内底一周有五个支钉痕。口径 15.8 厘米、足径 7 厘米、通高 5 厘米（图一四，5）。

C 型　圆口斜腹碗。共 12 件。依据口部的不同分作三亚型。

Ca 型　侈口。4 件。T1②：1116，灰胎，胎釉间施化妆土，外壁施釉不及底，酱釉，器内底粘连一五齿支钉。口径 19 厘米、足径 7 厘米、通高 6 厘米（图一四，6）。

Cb 型　口微侈。6 件。T1②：1121，灰胎，胎釉间施化妆土，外壁施釉不及底，酱釉微泛红，内底留有支钉痕。口径 16 厘米、足径 6.5 厘米、通高 5.5 厘米（图一四，7）。

Cc 型　敞口。2 件。T1②：1118，灰胎，胎釉间施化妆土，外壁施釉不及底，器内底粘连一支钉。口径 16 厘米、足径 7.2 厘米、通高 6 厘米（图一四，8）。

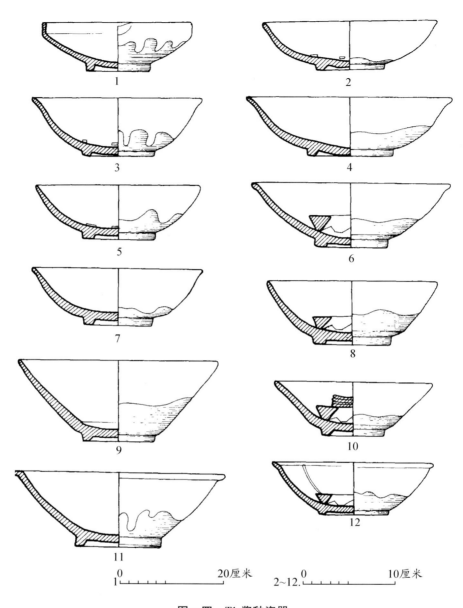

图一四　T1 酱釉瓷器

1. 匜（T1④：75）　2. Aa 型碗（T1②：1114）　3. Ab 型碗（T1②：533）　4. Ba 型碗（T1②：300）　5. Bb 型碗（T1②：270）　6. Ca 型碗（T1②：1116）　7. Cb 型碗（T1②：1121）　8. Cc 型碗（T1②：1118）　9. Da 型碗（T1②：1122）　10. Db 型碗（T1②：295）　11. Dc 型碗（T1②：1278）　12. Ea 型碗（T1②：969）

D 型　圆口斜直腹碗。共 7 件。依据口腹部的差异分作三亚型。

Da 型　敞口、腹直。2 件。T1②：1122，砖红胎，胎釉间施米黄色化妆土，外壁施釉不及底，釉面脱落，内底有支钉痕。口径 19 厘米、足径 7 厘米、通高 7.8 厘米（图一四，9）。

Db 型　侈口、腹略束。3 件。T1②：295，灰胎，胎釉间施米黄色化妆土，外壁施釉不及底，酱黄釉，釉面有脱落，器内底粘连有支钉和泥饼。口径 14.6 厘米、足径 6 厘米、通高 5 厘米（图一四，10）。

Dc 型　敞口平沿、腹略弧。2 件。T1②：

1278，灰胎，胎釉间施化妆土至圈足外墙，外壁施釉不及底，内底有支钉痕。口径 20 厘米、足径 8 厘米、通高 7 厘米（图一四，11）。

E 型　五出筋碗。共 10 件，腹部均较斜直。依据口部的变化分三亚型。

Ea 型　侈口。2 件，略折沿。T1②：969，腹略弧。灰黑胎，胎釉间施化妆土，外壁施釉不及底，酱红釉，器内底粘连一五齿支钉。口径 15.5 厘米、足径 6.5 厘米、通高 5 厘米（图一四，12）。T1②：10 1，腹斜直。灰黑胎，胎釉间施化妆土，外壁施釉不及底，内底残留支钉痕。口径 16 厘米、足径 6.5 厘米、通高 4.4 厘米。

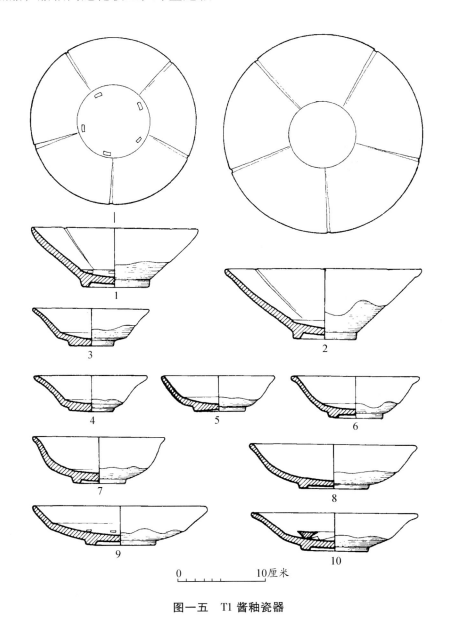

图一五　T1 酱釉瓷器

1. Eb 型碗（T1④：54）　　2. Ec 型碗（T1③：238）　　3. Aa 型小碗（T1②：100）　　4. Ab 型小碗（T1②：531）
5. Ac 型小碗（T1②：95）　　6. Bb 型小碗（T1②：325）　　7. Ba 型小碗（T1②：1150）　　8. A 型盘（T1③：285）
9. Ba 型盘（T1②：1008）　　10. Bb 型盘（T1②：306）

Eb 型　敞口微敛。5 件。T1④：54，灰黑胎，胎釉间施米黄色化妆土，外壁施釉不及底，酱黄釉，内底一周五个支钉痕。口径 16 厘米、足径 6.5 厘米、通高 5.8 厘米（图一五，1）。

Ec 型　敞口。3 件。T1③：238，灰胎，胎釉间未施化妆土，外壁施釉不及底，酱黑釉，内底一周留有五个支钉痕。口径 19 厘米、足径 6 厘米、通高 6.8 厘米（图一五，2）。

小碗　共 26 件。依据足部的差异分二型。

A 型　饼足小碗。共 15 件。依据腹部的不同分三亚型。

Aa 型　斜直腹。7 件。T1②：100，敞口微侈。灰黑胎，胎釉间施化妆土，外壁施釉不及底，酱釉，积釉处泛黑，内底残留五个支钉痕。口径 11.5 厘米、足径 4.5 厘米、通高 3.5 厘米（图一五，3）。

Ab 型　腹中部略束腰。3 件。T1②：531，侈口。灰胎，胎釉间未施化妆土，外壁施釉不及底，积釉处泛黑。口径 10.5 厘米、足径 4.5 厘米、通高 3.3 厘米（图一五，4）。

Ac 型　斜直腹微弧。5 件。T1②：95，敞口。灰胎，胎釉间施化妆土，外壁施釉不及底，釉面局部泛黄，内底残留支钉痕。口径 10.8 厘米、足径 5 厘米、通高 3.4 厘米（图一五，5）。

B 型　圈足小碗。共 11 件。依据腹部的变化分二亚型。

Ba 型　圆弧腹。5 件。T1②：1150，灰胎，胎釉间施化妆土，外壁施釉不及底，酱黄釉，釉面有脱落，内底残留支钉痕。口径 13 厘米、足径 5.2 厘米、通高 5.6 厘米（图一五，7）。

Bb 型　斜腹。6 件。T1②：325，灰黑胎，胎釉间施化妆土，外壁施釉不及底，釉面局部泛棕色，器内底残留五个支钉痕。口径 12.4 厘米、足径 5 厘米、通高 4 厘米（图一五，6）。

盘　共 10 件，均为圆口圈足盘。依据腹部的不同分为二型。

A 型　圆弧腹盘。共 5 件。T1③：285，砖红胎，胎釉间施米黄色化妆土，外壁施釉不及底，酱红釉，内底留有支钉痕。口径 16 厘米、足径 7 厘米、通高 4.4 厘米（图一五，8）。

B 型　折腹盘。共 5 件，依据口部的不同分为二亚型。

Ba 型　敞口。2 件。T1②：1008，灰胎，胎釉间施化妆土，外壁施釉不及底，酱黄釉。内底残留支钉痕。口径 16.8 厘米、足径 7 厘米、通高 4 厘米（图一五，9）。

Bb 型　侈口。3 件。T1②：306，灰黑胎，胎釉间未施化妆土，外壁施釉不及底，釉面有开片，器内底粘连一五齿支钉。口径 16 厘米、足径 6.5 厘米、通高 3.6 厘米（图一五，10）。

碟　共 4 件，均为饼足碟。依据腹部的不同分为二型。

A 型　斜弧腹碟。共 2 件。T1③：208，尖圆唇。灰胎，胎釉间无化妆土，外壁施釉不及底，酱釉，积釉处泛黑，内底残留有支钉痕。口径 10.8 厘米、足径 5 厘米、通高 2.6 厘米（图一六，1）。

B 型　折腹碟。共 2 件。T1③：209，灰黑胎，胎釉间无化妆土，外壁施釉不及底，酱釉，积釉处泛黑，内底残留有支钉痕。口径 10.4 厘米、足径 5 厘米、通高 2.8 厘米（图一六，2）。

盏　共 4 件。T1②：77，方唇，饼足。灰黑胎，胎面无化妆土，外壁施釉不及底，酱釉，釉面有光泽。口径 11 厘米、足径 4.5 厘米、通高 3.4 厘米（图一六，3）。

斗笠盏　共 3 件，圆口，斜直腹，小圈足。T1③：218，灰胎，胎釉间无化妆土，外壁施釉不及底，酱黄釉。口径 12 厘米、足径 3.5 厘米、通高 4.4 厘米（图一六，4）。

注壶　共 4 件。依据系的有无和颈腹部的不同分三型。

A 型　双系有颈注壶。1 件（T1②：84）。口部微侈，颈部较粗，肩部两侧各置一纵系，椭圆形腹。砖红胎，胎釉间施化妆土，外壁施釉不及底，酱黄釉。口径7厘米、足径7厘米、通高19厘米（图一六，7）。

B型　高领椭圆腹注壶。1件（T1②：85）。喇叭口，颈部较细长，曲流，饼足。灰黑胎，胎釉间未施化妆土，外壁施釉不及底，酱黄釉，积釉处泛黑。口径7厘米、足径7厘米、通高19.5厘米（图一六，5）。

C型　矮领扁球腹注壶。共2件，均为曲流，饼足。T1③：100，灰黑胎，胎釉间施化妆土，外壁施釉不及底，酱釉，釉面有脱落。足径10.5厘米、残高16厘米（图一六，6）。

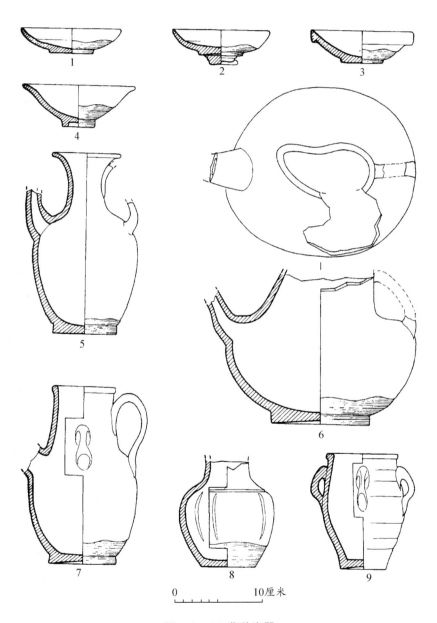

图一六　T1 酱釉瓷器

1. A型碟（T1③：208）　2. B型碟（T1③：209）　3. 盏（T1②：77）　4. 斗笠盏（T1③：218）　5. B型注壶（T1②：85）　6. C型注壶（T1③：100）　7. A型注壶（T1②：84）　8. 瓶（T1②：574）　9. 四系罐（T1②：1237）

瓶 1件（T1②：574）。残。长颈，折肩，瓜棱形弧腹，平底。砖红胎，胎釉间未施化妆土，外壁施釉不及底，酱釉，积釉处泛黑。底径6厘米、残高11厘米（图一六，8）。

四系罐 共4件。近筒形腹，腹中部微鼓，外壁口沿下部对称安置四纵系，平底。T1②：1237，灰黑胎，胎釉间未施化妆土，釉面呈棕色略有光泽。口径7.5厘米、底径5厘米、通高12.5厘米（图一六，9）。

0   5   10厘米

图一七 T1 白釉类、釉下彩绘类瓷器

1. Aa 型白釉盘（T1 扩②：81）   2. Ab 型白釉盘（T1 扩②：80）   3. Aa 型釉下彩绘碗（T1③：61）   4. Ab 型釉下彩绘碗（T1②：1281）   5. B 型釉下彩绘碗（T1②：1292）   6. 釉下彩绘盘（T1②：1295）

（4）白釉类器物

盘 共3件，均为圆口弧腹圈足盘，唇部较圆，圈足大而较浅。胎釉间均施有化妆土。依据腹部的深浅差异分为二亚型。

Aa型 腹部略深。2件。T1扩②：81，灰胎，外壁施釉不及底，釉面莹亮微泛黄，器内底一周残留六堆石英砂粒。口径16.5厘米、足径6.7厘米、通高4.4厘米（图一七，1）。

Ab型 腹部略浅。1件（T1扩②：80）。灰胎，胎釉间施化妆土，通体施釉，釉面莹亮微泛黄，器内底一周残留六堆石英砂粒。口径17厘米、足径6厘米、通高4厘米（图一七，2）。

（5）釉下彩绘类器物

碗 共7件，均为浅绿色乳浊釉下饰绿色彩绘，彩绘花纹在碗的内壁。器形均为圆口圈足碗，圈足大而较浅。依据腹部的不同分为二型。

A型 斜弧腹碗。共2件。依据口沿的差异分作二亚型。

Aa型 平沿。1件（T1③：61）。棕色胎，胎釉间施化妆土，外壁施釉不及底，浅绿釉，釉下饰绿彩花纹，内底残留五个支钉痕。口径22厘米、足径8厘米、通高6.5厘米（图一七，3）。

Ab型 侈口圆唇。1件（T1②：1281）。灰黑胎，胎釉间施米黄色化妆土，外壁施釉不及底，内壁釉下绿彩对书两个"先"字款。口径17.4厘米、足径7厘米、通高5厘米（图一七，4）。

B型 斜腹碗。共5件，斜腹较直。T1②：1292，灰胎，胎釉间施化妆土，外壁施釉不及底，釉面泛青，内壁釉下褐彩对饰麦穗纹，器内底一周残留五个支钉痕。口径18.5厘米、足径7.2厘米、通高5.7厘米（图一七，5）。T1②：1293，灰黑胎，胎面有化妆土，外壁施釉不及底，内壁釉下绿彩饰"先"字款，器内底残留五个支钉痕。口径18厘米、足径6.8厘

米、通高5.8厘米。T1③：14，灰胎，胎面有化妆土，外壁施釉不及底，内壁釉下绿彩对书三个"心"字，器内底残留五个支钉痕。口径16厘米、足径6.5厘米、通高4.8厘米。

盘 共计2件，均为圆口斜弧腹圈足盘。T1②：1295，灰黑胎，胎釉间施化妆土，外壁施釉不及底，内壁釉下绿彩对饰麦穗纹，器内底残留六个支钉痕。口径28.4厘米、足径11.5厘米、通高7厘米（图一七，6）。

炉 1件（T1②：1180）。侈口，展沿，直腹，六蹄足。灰胎，胎釉间未施化妆土，浅绿釉不及底，内壁口沿处釉下饰绿点彩。口径13厘米、底径6厘米、残高6.2厘米（图一八，1）。

2. 窑具

垫板 共6件，通体呈三角形，中心有一圆孔。T1②：570，砖红胎，胎面有窑汗，上下角面粘连有泥饼。边长14.5厘米（图一八，2）。

支钉依据齿丁的数量分为两类。

五齿支钉 六号窑包T1所出的指定数量非常大，其中五齿支钉又占据了最主要的部分，其总量超过了万件。依据齿顶的形状变化分为二式。

Ⅰ式：齿短而钝。T1④：104，夹砂红胎。直径7.5厘米、高1.5厘米（图一八，3）。

Ⅱ式：齿尖长外翻。2件。T1②：1271，夹砂红胎。直径10.5厘米、高4.4厘米（图一八，4）。

六齿支钉 1件（T1②：1283）。筒形较矮。棕色胎，外壁胎面有光泽。直径10.5厘米、高5厘米（图一八，5）。

支柱 共2件。T1②：1250，筒形。灰胎，外壁有多道凸弦纹。顶径7厘米、底径10厘米、高10厘米（图一八，6）。

垫圈 共27件。分为五型。

A型 通体矮宽，束腰。共3件。T1②：564，砖红胎。直径12厘米、高4厘米（图一八，7）。

B型 矮筒形，腹壁穿有气孔。共12件。

分二式。

Ⅰ式：束腰。8件。T1④：21，胎面呈棕色。顶径9.5厘米、底径10.5厘米、高5.5厘米（图一八，8）。

Ⅱ式：斜直腹，截面呈梯形。4件。T1扩②：130，灰胎，胎面局部呈砖红色。直径9.5厘米、高4.5厘米（图一八，9）。

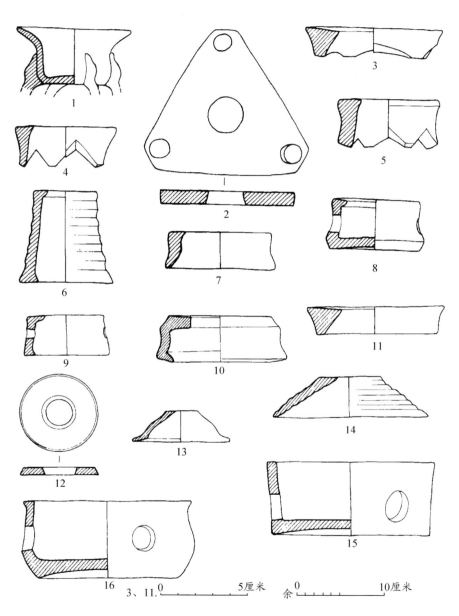

图一八 T1 釉下彩绘炉及窑具

1. 釉下彩绘炉（T1②：1180）　2. 垫板（T1②：570）　3. Ⅰ式五齿支钉（T1④：104）　4. Ⅱ式五齿支钉（T1②：1271）　5. 六齿支钉（T1②：1283）　6. 支柱（T1②：1250）　7. A型垫圈（T1②：564）　8. BⅠ式垫圈（T1④：21）　9. BⅡ式垫圈（T1扩②：130）　10. C型垫圈（T1④：1）　11. D型垫圈（T1②：1291）　12. E型垫圈（T1④：8）　13. B型支顶具（T1②：1259）　14. A型支顶具（T1扩②：129）　15. A型匣钵（T1扩②：41）　16. B型匣钵（TⅠ③：320）

C 型　覆盆形。5 件。T1④：1，棕色胎，胎面局部呈砖红色。顶径 11.5 厘米、底径 14 厘米、高 5 厘米（图一八，10）。

D 型　扁体形。1 件（T1②：1291）。灰胎。直径 7.5 厘米、高 1.5 厘米（图一八，11）。

E 型　玉璧形。6 件。T1④：8，夹砂红胎。直径 8.5 厘米、厚 0.8 厘米（图一八，12）。

支顶具　共 14 件，均为倒盏形，顶面带一穿孔。依据口部的不同分为二型。

A 型　敞口。10 件。T1 扩②：129，砖红胎。顶径 6.5 厘米、口径 17.5 厘米、高 4.4 厘米（图一八，14）。

B 型　折沿。4 件。T1②：1259，灰黑胎，外壁胎面泛棕色。直径 11 厘米、高 3.4 厘米（图一八，13）。

垫条 4 件。均系捏制成型，短呈条形。T1③：322，灰胎，器表有指纹。厚 0.9 厘米。

匣钵　共 3 件。依据腹部的差异分为二型。

A 型　直筒形。1 件（T1 扩②：41）。直壁略斜。灰胎，胎面局部呈黄褐色，腹壁有气孔，器底部粘连一绿釉盘残件。直径 18 厘米、高 8 厘米（图一八，15）。

B 型　鼓腹形。共 2 件。T1③：319，砖红胎，胎面局部呈棕色，腹壁有气孔。口径 18、底径 17 厘米、高 8 厘米。T1③：320，灰黑胎，胎面呈棕色，外壁粘釉有光泽，腹壁有气孔。口径 18 厘米、底径 15 厘米、高 8.5 厘米（图一八，16）。

（二）六号窑包二号探沟（编号 20T2）出土遗物

1. 瓷器

T2 出土的瓷器依据釉色区分有青釉、酱釉、釉下彩绘、乳浊青白釉、乳浊绿釉和白釉类器物等，以下器物的统计依据可辨器形。

（1）青釉类器物

碗类　根据器形和大小不同，分为花口碗、碗、小碗和樽形碗四类。

花口碗　1 件（T2④：94）。六瓣花口，斜腹略束腰，饼足。砖红胎，胎釉间施化妆土，外壁施釉不及底，青釉泛灰，内底有支钉痕。口径 18.4 厘米、足径 8 厘米、通高 6.4 厘米（图二〇，2）。

碗　此类碗均为圆口碗。共 55 件。依据腹部的变化分为八型。

A 型　圆弧腹碗。共 2 件，均为宽圈足碗。T2⑦：29，砖红胎，胎釉间施挂化妆土，青釉泛黄不及底，内壁釉面有脱落，器内底残留支钉痕。口径 25 厘米、足径 10 厘米、通高 9 厘米（图一九，1）。

B 型　斜鼓腹碗。共 15 件，敞口微侈，上腹微鼓，均为饼足碗。T2⑥c：1，圆唇，饼足略内凹。灰胎，胎面挂米黄色化妆土，青釉不及底，内壁釉面泛黄，器内底残留有支钉痕。口径 18 厘米、足径 8 厘米、通高 6.2 厘米（图一九，2）。T2⑩：7，棕色胎，胎面挂化妆土，青黄釉不及底，釉面开片有光泽，内底残留支钉痕。口径 19 厘米、足径 8.6 厘米、通高 7 厘米。

C 型　斜弧腹深腹碗。共 7 件。依据口部的不同分二亚型。

Ca 型　敞口。2 件。T2⑩：70，圆唇。灰黑胎，胎面挂化妆土，青灰釉不及底，露胎处呈棕红色，釉面莹亮有开片，器内底粘连一支钉。口径 18 厘米、足径 8.5 厘米、通高 8 厘米（图一九，3）。

Cb 型　侈口。5 件，碗的形体大小略有不同。T2⑦：5，形体略大。圆唇略尖。砖红胎，胎面有化妆土，外壁施釉不及底，青黄釉，内底残留支钉痕。口径 19.8 厘米、足径 9 厘米、通高 7.2 厘米（图一九，4）。T2⑤：70，形体略小。灰胎，胎面挂有化妆土，青釉不及底，釉面有开片，内底残留支钉痕。口径 17 厘米、足径 8 厘米、通高 6.6 厘米（图一九，6）。

D 型　斜弧腹浅腹碗。共 4 件。依据腹部的不同分为二亚型。

Da 型　斜弧腹较圆。1 件（T2⑩：88）。敞口，圆唇略尖，饼足略内凹。灰胎，胎面挂化妆土，青釉不及底，釉面有脱落，内底一周残留五个支钉痕。口径 18 厘米、足径 9 厘米、通高 5.4 厘米（图一九，5）。

Db 型　斜弧腹较直。3 件。T2⑩：32，饼足略内凹。灰胎，外壁胎面挂化妆土至口沿下部，青灰釉泛黄不及底，器内底一周残留五个支钉痕。口径 17.5 厘米、足径 8.4 厘米、通高 5.4 厘米（图一九，7）。

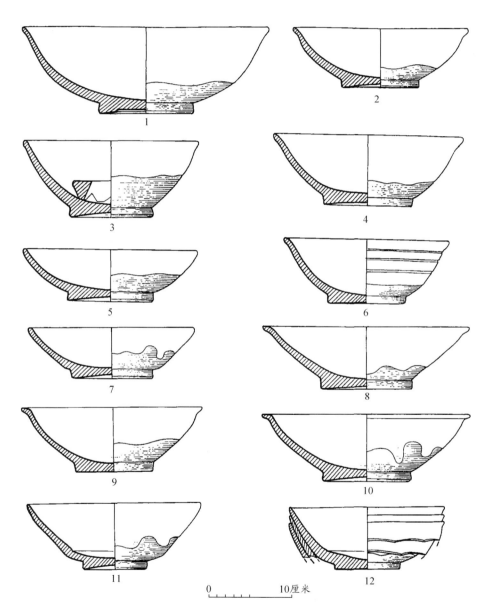

0　　　　　　10厘米

图一九　T2 青釉瓷碗

1. A 型碗（T2⑦：29）　2. B 型碗（T2⑥c：1）　3. Ca 型碗（T2⑩：70）　4. Cb 型碗（T2⑦：5）　5. Da 型碗（T2⑩：88）　6. Cb 型碗（T2⑤：70）　7. Db 型碗（T2⑩：32）　8. EaⅠ式碗（T2⑫：16）　9. EaⅡ式碗（T2⑦：138）　10. Eb 型碗（T2⑦：8）　11. F 型碗（T2⑥：38）　12. G 型碗（T2④：71）

E 型　斜直腹碗。共 18 件，此类碗的形体均偏大，多有平沿或斜沿，均为饼足。依据口部差异分二亚型。

Ea 型　侈口，圆唇。9 件。依据足部的变化分二式。

Ⅰ式：玉璧足。1 件（T2⑩：16）。米黄色胎，胎面挂灰白色化妆土，青釉不及底，釉面有脱落，内底残留支钉痕。口径 21 厘米、足径 9.5 厘米、通高 6.7 厘米（图一九，8）。

Ⅱ式：饼足。8 件。T2⑦：138，灰黑胎，胎面挂米黄色化妆土，青黄釉不及底，釉面莹亮有开片，内底残留支钉痕。口径 19 厘米、足径 8 厘米、通高 6.8 厘米（图一九，9）。

Eb 型　敞口平沿。9 件。T2⑦：8，砖红胎，胎面挂米黄色化妆土，青黄釉不及底，釉面有脱落，内底有支钉痕。口径 21 厘米、足径 9 厘米、通高 7 厘米（图一九，10）。T2⑦：26，灰黑胎，胎面挂化妆土，外壁施釉不及底，露胎处呈棕红色，青灰釉泛黄，器内底一周残留五个支钉痕。口径 21 厘米、足径 8.6 厘米、通高 6.4 厘米。

F 型　斜直腹束腰碗。共 3 件，均为饼足。T2⑥c：38，敞口，尖唇，外壁近足部切削一圈。灰胎，青灰釉不及底，露胎处呈棕红色，釉面有脱落，内底残留支钉痕。口径 18 厘米、足径 7 厘米、通高 7 厘米（图一九，11）。

G 型　上腹斜直、下腹弧折碗。1 件（T2④：71）。饼足。灰胎，胎釉间无化妆土，外壁青黄釉不及底，露胎处呈棕红色，内壁釉面青灰，器内底一周留有五个支钉痕。口径 16 厘米、足径 6.6 厘米、通高 6.6 厘米（图一九，12）。

H 型　折腹碗。共 5 件，均为饼足。T2⑩：7，圆唇，侈口。灰胎，胎釉间施化妆土，外壁施青釉至口沿下部，内壁釉面有脱落，器内底粘连一支钉。口径 18 厘米、足径 8.5 厘米、通高 5.8 厘米（图二〇，1）。

小碗　共 36 件，均为圆口碗，多饼足，少有圈足。依据腹部的变化分为四型。

A 型　斜直腹小碗。25 件。依据口部的不同分三亚型。

Aa 型　敞口。7 件。依据足部的变化分二式。

Ⅰ式：玉璧足。5 件。T2⑩：8，灰胎，胎釉间无化妆土，外壁施釉不及底，露胎处呈棕红色，青黄釉，釉面莹亮有开片，内底一周残留五个支钉痕。口径 14 厘米、足径 6.8 厘米、通高 4.2 厘米（图二〇，3）。

Ⅱ式：饼足。2 件。T2⑩：27，饼足略内凹。灰胎，胎釉间施化妆土，外壁施釉不及底，青灰釉，釉面有脱落，内底粘连一五齿支钉。口径 14 厘米、足径 7 厘米、通高 5 厘米（图二〇，4）。

Ab 型　侈口折沿。11 件。T2④：102，饼足略内凹。灰胎，胎釉间无化妆土，外壁施釉不及底，露胎处呈棕红色，青黄釉，釉面有脱落，器内底残留支钉痕。口径 14 厘米、足径 6.5 厘米、通高 5 厘米（图二〇，5）。T2⑩：21，灰胎，胎釉间无化妆土，外壁施釉不及底，青黄釉，积釉处呈青灰色，内底留有支钉痕。口径 14.5 厘米、足径 6.5 厘米、通高 5 厘米。

Ac 型　直口微敛。7 件。T2⑤：81，饼足。棕色胎，胎釉间施化妆土，灰青釉泛黄不及底，器内底一周留有五个支钉痕。口径 15.8 厘米、足径 6.7 厘米、通高 5 厘米（图二〇，6）。T2⑦：16，两问相连。灰黑胎，胎釉间施黄色化妆土，外壁施釉不及底，青黄釉，器内底个粘连一五齿支钉。口径 15 厘米、足径 6 厘米、通高 5 厘米。

B 型　弧腹小碗。8 件，均为饼足。依据口部变化分二式。

Ⅰ式：口微侈。5 件。T2⑪：125，圆唇。灰黑胎，胎釉间施化妆土，外壁施釉不及底，青黄釉，釉面莹亮有开片，内底粘连一五齿支钉。口径 14 厘米、足径 6.6 厘米、通高 5 厘米（图二〇，7）。

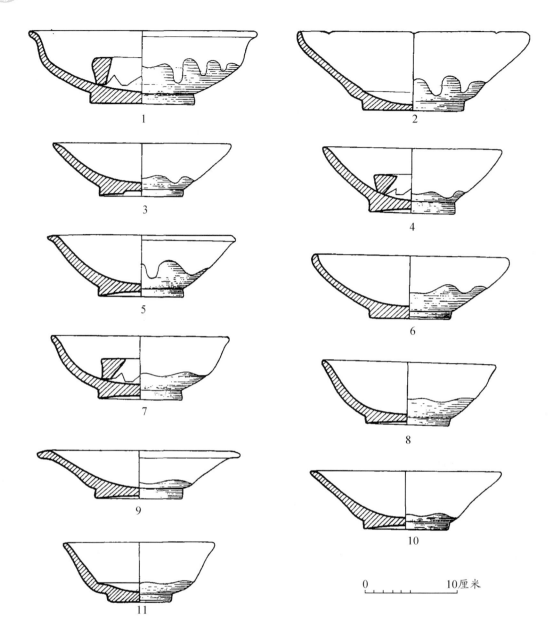

图二〇　T2 青釉瓷器

1. H 型碗（T2⑩：7）　2. 花口碗（T2④：94）　3. AaⅠ式小碗（T2⑩：8）　4. AaⅡ式小碗（T2⑩：27）
5. Ab 型小碗（T2④：102）　6. Ac 型小碗（T2⑤：81）　7. BⅠ式小碗（T2⑪：125）　8. BⅡ式小碗（T2⑦：1）
9. Ca 型小碗（T2⑩：32）　10. Cb 型小碗（T2⑩：10）　11. D 型小碗（T2⑤：94）

Ⅱ式：敞口。3 件。T2⑦：1，圆唇。灰黑胎，胎釉间施黄色化妆土，外壁施釉不及底，露胎处呈棕红色，青黄釉，釉面莹亮有开片，内底一周残留五个支钉痕。口径 13.5 厘米、足径 6.6 厘米、通高 5 厘米（图二〇，8）。

C 型　斜直腹束腰小碗。2 件，均为饼足略

内凹。依据口部的不同分二亚型。

Ca 型　折沿。1 件（T2⑩：32）。灰胎，胎釉间无化妆土，外壁施釉不及底，露胎处呈砖红色，青灰釉，釉面有脱落。口径 16 厘米、足径 7 厘米、通高 4 厘米（图二〇，9）。

Cb 型　敞口微侈。1 件（T⑩：10）。米黄

色胎，胎釉间施化妆土，施釉至饼足，釉面白中泛青绿，器内底残留支钉痕。口径 15 厘米、足径 6.4 厘米、通高 5.2 厘米（图二〇，10）。

D 型　斜腹下腹折收小碗。1 件（T2⑤：94）。外壁近足部斜内折，饼足。灰胎，胎面无化妆土，外壁施釉不及底，露胎处呈棕红色，青釉，釉面局部泛天青色，内底一周有五个支钉痕。口径 12 厘米、足径 5 厘米、通高 4.8 厘米（图二〇，11）。

樽形碗　1 件（T2⑧：1）。残。米黄色胎，胎釉间无化妆土，外壁施釉不及底，釉面泛黄有开片，内底粘连一支钉。足径 8 厘米、残高 8 厘米（图二一，1）。

盘　共 38 件。多为饼足，仅有少量圈足盘。依据口部的装饰不同分为圆口盘和花口盘两类。

花口盘　共 11 件。依据腹部的不同分为二型。

A 型　斜直腹束腰盘。共 8 件。T2⑦：24，外壁近足部斜内折，饼足。内底有一圈凹弦纹。灰胎，胎釉间施化妆土，外壁施釉不及底，釉面光亮有开片，内底残留支钉痕。口径 16 厘米、足径 6.7 厘米、通高 3.5 厘米（图二一，7）。T2⑥c：2，灰胎，胎釉间施化妆土，外壁施釉不及底，青灰釉，釉面局部泛黄。口径 17 厘米、足径 6.5 厘米、通高 3.5 厘米。

B 型　折腹盘。3 件。T2⑦：20，玉璧足，内壁中部有一圈凹弦纹。灰胎，胎釉间施化妆土，外壁施釉不及底，青黄釉，釉面有脱落，器内底残留支钉痕。口径 20 厘米、足径 8 厘米、通高 4 厘米（图二一，9）。

圆口盘　共 27 件。依据腹部的不同分四型。

A 型　弧腹盘。1 件（T2⑩：60）。圆唇，圈足。灰黑胎，胎釉间施有化妆土，外壁施釉至圈足外足墙，青釉泛灰，内壁釉面有脱落，内底残留支钉痕。口径 16 厘米、足径 8 厘米、

通高 4.2 厘米（图二一，2）。

B 型　斜弧腹盘。3 件（T2⑩：78）。侈口，圆唇，口沿下有一周内收的凹纹，饼足。灰胎，胎釉间无化妆土，外壁施釉不及底，露胎处呈棕红色，青灰釉泛黄，釉面有脱落，内底残留支钉痕。口径 17 厘米、足径 7.2 厘米、通高 4.4 厘米（图二一，4）。

C 型　斜直腹盘。共 6 件，均为饼足。依据口部的不同分为二亚型。

Ca 型　侈口。2 件，饼足较大。T2⑩：40，饼足略内凹。灰黑胎，外壁胎面挂化妆土至口沿下部，青黄釉不及底，釉面莹亮有开片，器内底一周残留五个支钉痕。口径 17 厘米、足径 8 厘米、通高 4.2 厘米（图二一，5）。

Cb 型　平沿。4 件。依据腹部的深浅分为二式。

Ⅰ式：腹较浅。2 件，饼足较大。T2⑩：17，砖红胎，胎面挂灰白色化妆土，青灰釉不及底，釉面见有开片，内底粘连一五齿支钉。口径 17 厘米、足径 8 厘米、通高 3 厘米（图二一，3）。

Ⅱ式：腹略深。2 件，饼足较小。T⑦：3，内底有五个支钉痕。灰黑胎，外壁胎面挂化妆土至口沿下部，青灰釉不及底，露胎处呈棕红色，釉面有脱落，器内底一周留有六个支钉痕。口径 15.8 厘米、足径 6 厘米、通高 3.5 厘米（图二一，6）。

D 型　折腹盘。共 17 件，均为饼足。依据腹部的深浅不同分为二亚型。

Da 型　腹部较深。16 件。依据口、腹部的差异分为三式。

Ⅰ式：口微侈、折腹在腹上部。4 件。T2⑩：76，折腹较圆，饼足略内凹。棕色胎，外壁胎釉间施化妆土至口沿下部，青黄釉不及底，口沿处一周施酱釉，釉面光亮有开片，内底一周残留五个支钉痕。口径 16 厘米、足径 6 厘米、通高 4 厘米（图二一，10）。

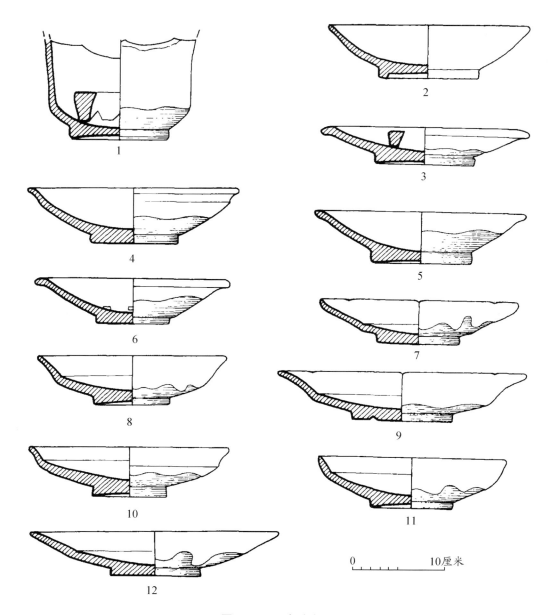

图二一　T2 青釉瓷器

1. 樽形碗（T2⑧：1）　　2. A 型圆口盘（T2⑩：60）　　3. Cb I 式圆口盘（T2⑩：17）　　4. B 型圆口盘（T2⑩：78）　　5. Ca 型圆口盘（T2⑩：40）　　6. Cb II 式圆口盘（T2⑦：3）　　7. A 型花口盘（T2⑦：24）　　8. Da II 式圆口盘（T2⑨：5）　　9. B 型花口盘（T2⑦：20）　　10. Da I 式圆口盘（T2⑩：76）　　11. Da III 式圆口盘（T2⑥c：16）　　12. Db 型圆口盘（T2④：85）

II 式：口微侈、折腹在腹中部。11 件。T⑦：2，灰胎，胎釉间施化妆土，外壁施釉不及底，露胎处呈棕色，釉面泛灰黄色，内底一周残留五个支钉痕。口径 16 厘米、足径 7 厘米、

通高 3.5 厘米。T2⑨：5，砖红胎，胎釉间施化妆土，外壁施釉不及底，青黄釉，釉面可见开片，内底残留支钉痕。口径 15 厘米、足径 6 厘米、通高 4 厘米（图二一，8）。

Ⅲ式：敞口、折腹在腹中部。1件（T2⑥c：16）。灰黑胎，胎釉间施化妆土，青灰釉不及底，釉面开片有光泽，内底留有支钉痕。口径 15.2 厘米、足径 6.5 厘米、通高 4 厘米（图二一，11）。

Db 型　腹较浅。1件（T2：85）。圆口，斜直腹微折，饼足。棕色胎，胎釉间施米黄色化妆土，外壁施釉不及底，青黄釉，内底一周残留五个支钉痕。口径 20 厘米、足径 7.2 厘米、通高 3.6 厘米（图二一，12）。

盏　共 22 件，均为小平底盏。依据腹部的不同分为二型。

A 型　斜弧腹盏。共 12 件。依据口部的不同分为二亚型。

Aa 型　敞口。11 件。T2⑩：30，灰胎，胎釉间施有化妆土，外壁施釉不及底，青黄釉，釉面有脱落。口径 11 厘米、足径 4.5 厘米、通高 3.5 厘米（图二二，1）。

Ab 型　直口微敛。1件（T2⑫：40）。棕红胎，胎釉间施有化妆土，青灰釉，釉面脱落。口径 9 厘米、足径 3.5 厘米、通高 2.6 厘米（图二二，4）。

B 型　斜直腹盏。共 10 件，敞口、圆唇。依据腹部为曲腹与否分为二式。

Ⅰ式：曲腹。8 件。T⑫：90，砖红胎，胎釉间施化妆土，外壁施釉不及底，青釉泛米黄色。口径 11.7 厘米、足径 4.5 厘米、通高 3.5 厘米（图二二，2）。T2⑥c：19，棕色胎，外壁釉间施化妆土至口沿处，施釉不及底，青黄釉，釉面莹亮有开片。口径 11.5 厘米、足径 4 厘米、通高 3.2 厘米。

Ⅱ式：斜直腹。2件。T2⑩：59，小平底略内凹。灰黑胎，胎釉间施化妆土，外壁施釉不及底，青灰釉，釉面有脱落。口径 11.5 厘米、足径 5.5 厘米、通高 3.5 厘米（图二二，3）。

罐　共 21 件。

A 型　四系罐。共 18 件，有颈，纵系。依据口颈部的变化分为二式。

Ⅰ式：小口、颈较长。14 件。T2⑫：168，唇口唇部外斜。灰黑胎，胎釉间施米黄色化妆土，青灰釉，釉面脱落处泛黄。口径 9 厘米、残高 8.8 厘米（图二二，5）。

Ⅱ式：大口、领部较 Ⅰ 式矮。4 件。T2⑪：9，唇口折沿，砖红胎，胎釉间施化妆土，外壁施釉不及底，青釉，釉面呈米黄色。口径 14 厘米、残高 14 厘米（图二二，6）。

B 型　双系罐。1件（T2⑫：65）。横系。灰黑胎，胎釉间施化妆土，青釉，釉面有开片。口径 18 厘米、残高 6.8 厘米（图二二，7）。

C 型　无领无系罐。1件（T2⑪：45）。大口，圆唇，折肩，斜直腹。灰胎，胎釉间施灰白色化妆土，青釉泛黑，釉面有脱落。口径 18 厘米、残高 6 厘米（图二二，9）。

D 型　束颈小罐。1件（T2⑨：22）。小口，圆唇外侈，袋状腹。米黄色胎，胎釉间施化妆土，青釉，外壁釉面有脱落。口径 8 厘米、残高 5.6 厘米（图二二，10）。

钵　共 5 件，均为敛口，圆唇。以腹部特征分二型。

A 型　鼓腹钵。共 4 件。依据唇部的差异分为二亚型。

Aa 型　圆唇。2 件。T2⑪：25，米黄色胎，胎釉间无化妆土，青灰釉，釉面局部呈灰黄色。口径 22 厘米、残高 9 厘米（图二二，12）。

Ab 型　尖唇。2 件。T2⑨：30，灰胎，胎釉间无化妆土，青灰釉，局部泛黄，釉面莹亮有开片。口径 18 厘米、残高 6 厘米（图二二，8）。

B 型　弧腹。1 件（T2⑪：14）。腹部呈长圆形。米黄色胎，胎釉间施化妆土，青釉泛白，釉面有脱落。口径 10 厘米、残高 6 厘米（图二二，11）。

盆　共 3 件，均为折沿。以底足部差异分二型。

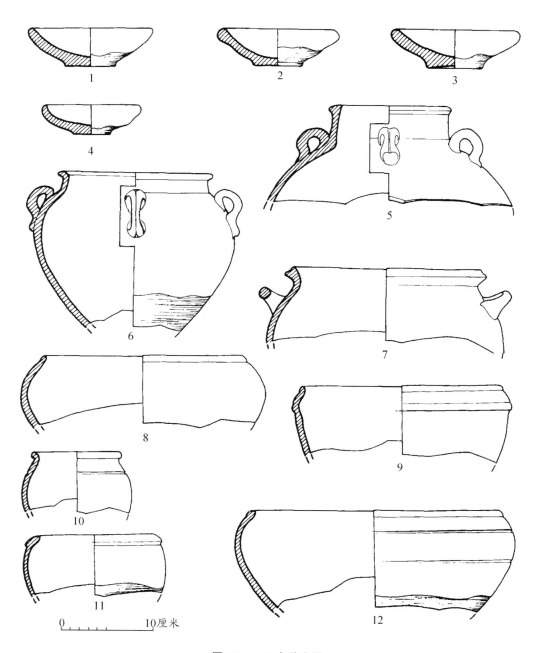

图二二　T2 青釉瓷器

1. Aa 型盏（T2⑩：30）　2. BⅠ式盏（T2⑫：90）　3. BⅡ式盏（T2⑩：59）　4. Ab 型盏（T2⑫：40）　5. A
Ⅰ式罐（T2⑫：168）　6. AⅡ式罐（T2⑪：9）　7. B 型罐（T2⑫：65）　8. Ab 型钵（T2⑨：30）　9. C 型罐
（T2⑪：45）　10. D 型罐（T2⑨：22）　11. B 型钵（T2⑪：14）　12. Aa 型钵（T2⑪：25）

　　A 型　饼足或玉璧足盆。共 2 件。依据腹部的差异分二亚型。

　　Aa 型　斜直腹。1 件（T2⑩：26）。平沿很宽，玉璧足。灰黑胎，胎釉间施化妆土，外

壁施釉不及底，青黄釉，釉面有脱落，器内底一周残留五个支钉痕。口径 26 厘米、足径 9 厘米、高 7.8 厘米（图二三，1）。

　　Ab 型　斜弧腹。1 件（T2⑩：35）。平沿

略窄，饼足内凹。灰胎，胎釉间施化妆土，外壁施釉不及底，青灰釉泛黄，内底残留支钉痕。口径24厘米、足径8.8厘米、高7.5厘米（图二三，2）。

B型 平底盆。1件（T2④：134）。斜沿，上腹有折棱。砖红胎，胎釉间施米黄色化妆土。口径38厘米、底径28厘米、残高9.5厘米（图二三，3）。

匜 1件（T2④：123）。柄残。侈口，圆唇，折腹，饼足。灰胎，胎釉间施化妆土，外壁施釉不及底，青釉，釉面局部呈乳浊状。口

径17厘米、足径8.5厘米、高11厘米（图二三，4）。

研磨器 1件（T2⑫：69）。底残。侈口，圆唇，折腹，内壁戳印有研磨面。灰胎，胎釉间无化妆土，青灰釉泛黄，釉面局部有脱落。口径13.6厘米、残高4.6厘米（图二三，5）。

注壶 1件（T2⑦：47）。敞口，短颈较粗，短直流，柄残。灰黑夹砖红胎，胎釉间施有化妆土，青釉脱落。口径10厘米、残高6厘米（图二三，6）。

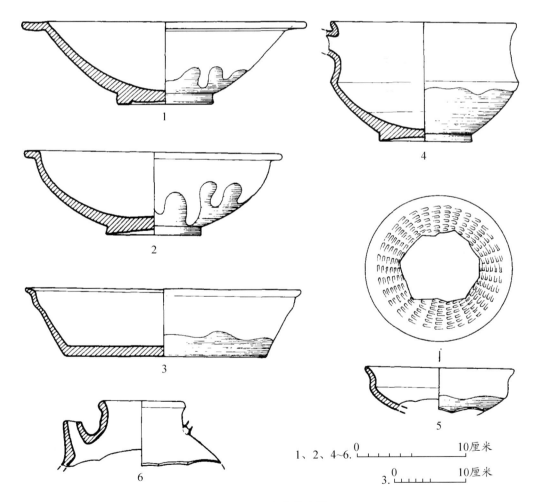

图二三 T2青釉瓷器

1. Aa型盆（T2⑩：26） 2. Ab型盆（T2⑩：35） 3. B型盆（T2④：134） 4. 匜（T2④：123） 5. 研磨器（12⑩：69） 6. 注壶（T2⑦：47）

（2）酱釉类器物

碗 共2件，均为圆口圈足碗。依据腹部的不同分二型。

A型 斜直腹碗。1件（T2④：80）。尖唇，敞口，下腹与足部相接处切削一圈。棕色胎，胎釉间无化妆土，外壁施釉不及底，酱釉，内底一周残留五个支钉痕。口径16厘米、足径6.2厘米、通高5厘米（图二四，1）。

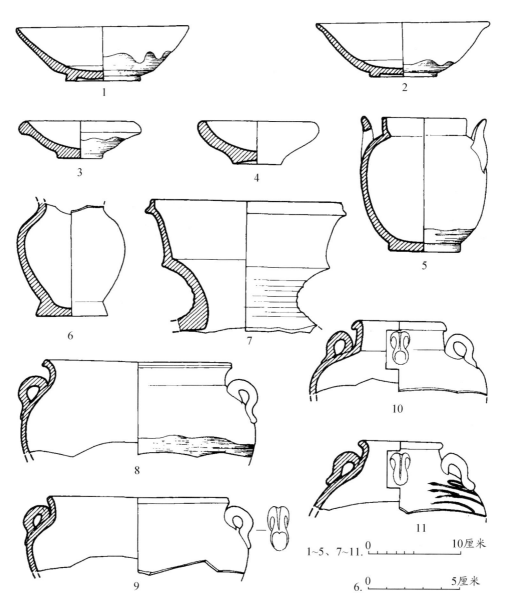

图二四 T2 酱釉及釉下彩绘瓷器

1. A型酱釉碗（T2④：80） 2. B型酱釉碗（T2④：106） 3. A型酱釉盏（T2④：2） 4. B型酱釉盏（T2⑦：6） 5. 酱釉双系罐（T2⑥a：2） 6. 酱釉瓶（T2⑩：4） 7. 酱釉盘口壶（T2⑫：4） 8. Ba型釉下彩绘罐（T2⑩：4） 9. Bb型釉下彩绘罐（T2⑦：113） 10. Aa型釉下彩绘罐（T2⑩：37） 11. Ab型釉下彩绘罐（T2⑩：1）

B 型　斜弧腹碗。1 件（T2④：106）。尖唇，侈口。灰黑胎，胎釉间施米黄色化妆土，外壁施釉不及底，酱釉，内底留有支钉痕。口径 16 厘米、足径 6 厘米、通高 5 厘米（图二四，2）。

盏　共 11 件，均为唇口，斜直腹，小饼足。依据口部差异分二型。

A 型　敞口盏。共 8 件。T2④：2，唇部较厚。棕色胎，胎釉间无化妆土，外壁施釉至口沿处，酱黑釉。口径 10 厘米、足径 4.4 厘米、通高 3.4 厘米（图二四，3）。

B 型　敛口盏。3 件。T2⑦：6，小饼足略内凹。灰胎，胎釉间无化妆土，外壁施釉至口沿处，酱红釉，露胎处呈棕红色。口径 11.5 厘米、足径 4.5 厘米、通高 4 厘米（图二四，4）。

双系罐　1 件（T2⑥a：2）。矮领，椭圆腹，饼足，肩部对称安置双系。灰黑胎，胎釉间无化妆土，外壁施釉不及底，酱釉，露胎处呈棕色。口径 8 厘米、足径 6.5 厘米、通高 12.5 厘米（图二四，5）。

瓶　1 件（T2⑩：4）。口颈部残。丰肩，球形腹，饼足。砖红胎，胎釉间无化妆土，外壁施釉不及底，酱红釉，釉面有脱落。足径 3.4 厘米、残高 5.2 厘米（图二四，6）。

盘口壶　1 件（T2⑫：4）。口部残件，斜方唇口部，颈部多道凸弦纹。棕色胎，胎釉间无化妆土，酱釉，施釉不均，积釉处泛黑。口径 18 厘米、残高 12 厘米（图二四，7）。

（3）釉下彩绘类器物

罐　共 14 件，均为口颈部的残片，依据口颈部的特征及系的有无分为四型。

A 型　矮领四系罐。共 2 件，均为竖形系。依据颈部的差异分为二亚型。

Aa 型　直颈。1 件（T2⑩：37）。唇口唇部外斜，系位于肩部。砖红胎，胎釉间施化妆土，青釉，釉面呈米黄色，釉下饰褐彩花纹。口径 9 厘米、残高 6.4 厘米（图二四，10）。

Ab 型　颈壁斜。1 件（T2⑩：1）。圆唇，侈口，系位于颈肩部。砖红胎，胎釉间施化妆土，青灰釉，釉面有脱落，釉下饰褐彩花纹。口径 8 厘米、残高 6.2 厘米（图二四，11）。

B 型　短颈带系罐。共 9 件，均为大口，圆唇外侈，竖形系。由于没有完整器，无法确认为双系还是四系罐。依据口颈部的差异分为二亚型。

Ba 型　束颈。4 件。T2⑩：4，双唇口。灰黑胎，胎釉间施米黄色化妆土，青釉，釉面脱落泛黄，釉下饰褐彩草叶纹。口径 17.5 厘米、残高 8.5 厘米（图二四，8）。

Bb 型　颈较直。5 件。T2⑦：113，棕色胎，胎釉间施化妆土，青灰釉，釉面局部泛黄，釉下饰褐色点彩。口径 17 厘米、残高 7 厘米（图二四，9）。

C 型　无系无颈罐。1 件（T2⑫：6）。残。袋状腹。棕色胎，胎釉间施化妆土，青黄釉，釉面脱落，釉下饰褐色团彩。口径 12 厘米、残高 6.3 厘米（图二五，1）。

D 型　矮领无系罐。共 2 件。T2④：147，颈口较小，直口。砖红胎，胎釉间施化妆土，青黄釉，釉下饰褐色团彩。口径 10 厘米、残高 7 厘米（图二五，4）。

钵　共 7 件，均残，仅存口沿及上腹部。依据腹部的不同分为二型。

A 型　长腹钵。4 件。T2⑦：46，最大径在肩部，略成折肩状，肩上有一道凹弦纹。砖红胎，胎釉间施化妆土，青灰釉，釉面有脱落，局部泛黄，釉下饰褐彩。口径 15 厘米、残高 8 厘米（图二五，2）。T2⑩：87，灰黑胎，胎釉间施化妆土，釉面脱落，胎面残留有褐彩斑。口径 16 厘米、残高 5 厘米。

B 型　圆鼓腹钵。共 3 件。T2⑫：13，米黄色胎，胎釉间施化妆土，釉面脱落。化妆土上以褐彩绘饰花卉纹样。口径 16 厘米、残高 11 厘米（图二五，3）。

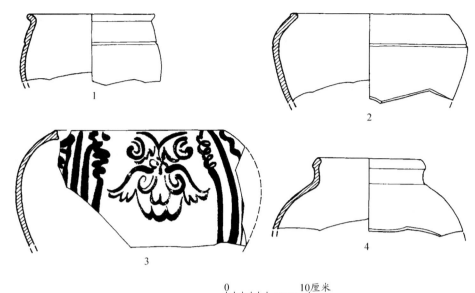

图二五　T2 釉下彩绘瓷罐、钵

1. C 型罐（T2⑫：6）　　2. A 型钵（T2⑦：46）　　3. B 型钵（T2⑫：13）　　4. D 型罐（T2④：147）

（4）乳浊青白釉类器物

碗　共 26 件，均为圆口碗。依据腹部的不同分为五型。

A 型　深弧腹碗。共 5 件。T2④：66，敞口，尖唇，圈足较高。灰黑胎，胎釉间无化妆土，外壁施釉不及底，釉面泛灰，器内底一周残留五个支钉痕。口径 16 厘米、足径 7 厘米、通高 8.5 厘米（图二六，1）。

B 型　弧腹碗。共 4 件，敞口微侈。依据足部的不同分为二亚型。

Ba 型　圈足。3 件。T2④：70，碗外壁刻画莲瓣纹，圈足外墙斜切。灰胎，胎釉间无化妆土，通体施釉，釉面有开片，器内底一周残留五个支钉痕，圈足粘连一五齿支钉。口径 17 厘米、足径 7.8 厘米、通高 8 厘米（图二六，2）。

Bb 型　饼足。1 件（T2⑤：109）。饼足略内凹。灰胎，胎釉间无化妆土，外壁施釉不及底，釉面泛灰，内底留有支钉痕。口径 17 厘米、足径 7 厘米、通高 6.6 厘米（图二六，3）。

C 型　斜弧腹碗。共 2 件。T2⑤：89，圆唇略尖，内底有一圈凹弦纹。灰黑胎，胎釉间无化妆土，外壁施釉不及底，釉面泛灰，内底一周残留五个支钉痕。口径 15.8 厘米、足径 6 厘米、通高 5.2 厘米（图二六，4）。

D 型　斜直腹碗。共 12 件，均为饼足碗。依据腹部的深浅分为二亚型。

Da 型　腹部略浅。2 件。T2④：74，饼足。砖红胎，胎釉间无化妆土，外壁施釉不及底，釉面局部呈青黄色，内底一周残留五个支钉痕。口径 17 厘米、足径 7 厘米、通高 6 厘米（图二六，5）。

Db 型　腹部较深。10 件。T2⑤：78，敞口，尖唇，饼足略内凹。灰胎，胎釉间无化妆土，外壁施釉不及底，釉面呈天青色，内底一周残留五个支钉痕。口径 16.4 厘米、足径 7 厘米、通高 6.6 厘米（图二六，6）。T2④：75，口微侈。灰胎，胎釉间施米黄色化妆土，外壁施釉不及底，釉面有开片，内底一周残留五个支钉痕。口径 16.5 厘米、足径 6.5 厘米、通高 6.8 厘米（图二六，7）。

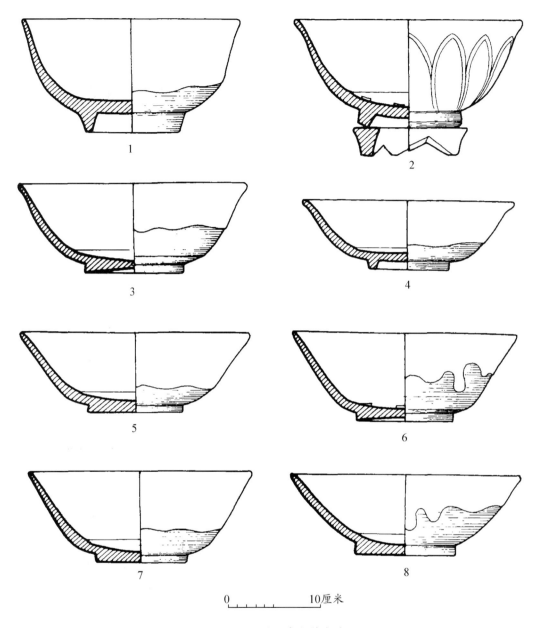

图二六　T2 乳浊青白釉瓷碗

1. A 型（T2④：66）　　2. Ba 型（T2④：70）　　3. Bb 型（T2⑤：109）　　4. C 型（T2⑤：89）　　5. Da 型（T2
④：74）　　6、7. Db 型（T2⑤：78、T2④：75）　　8. E 型（T2④：81）

　　E 型　斜腹碗。共 3 件，均为饼足。T2④：
81，尖唇。灰胎，胎釉间无化妆土，外壁施釉
不及底，釉面呈天青色有开片，内底留有支钉
痕。口径 17 厘米、足径 7 厘米、通高 6 厘米
（图二六，8）。

　　小碗　共 5 件，均为圆口饼足小碗。依据

腹部的差异分二型。

　　A 型　斜弧腹小碗。共 4 件（T2④：112）。
尖唇，敞口微侈。外壁近足部切削一圈。灰胎，
胎釉间施米黄色化妆土，外壁施釉不及底，釉
面灰中泛黄，内底粘连一五齿支钉。口径 12 厘
米、足径 5 厘米、通高 4 厘米（图二七，1）。

B 型　斜直腹小碗。1 件（T2④：68）。尖唇，敞口。灰胎，胎釉间无化妆土，外壁施釉不及底，露胎处呈黄褐色，器内底留有支钉痕。口径 11.8 厘米、足径 5 厘米、通高 4.8 厘米（图二七，3）。

盘　共 8 件，有圆口盘和花口盘两类。

花口盘　1 件（T2④：23）。碗口呈菊花瓣状，内壁有一圈凹弦纹，底残。灰黑胎，胎釉间施米黄色化妆土，外壁施釉不及底，露胎处呈棕红色，口沿处一周绿釉。口径 16 厘米、残高 3 厘米（图二七，5）。

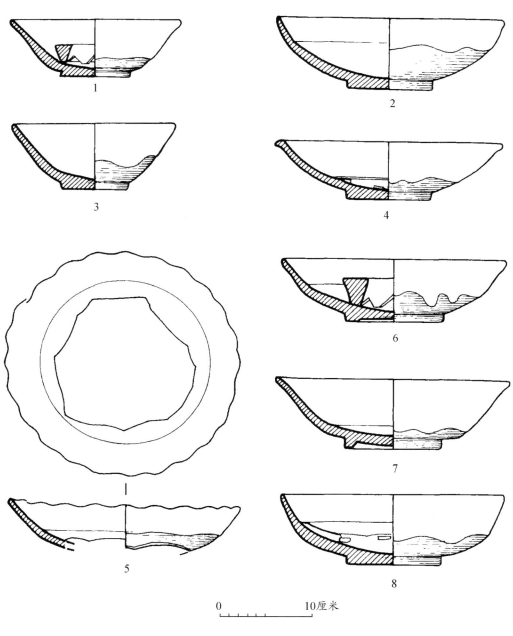

图二七　T2 乳浊青白釉瓷器

1. A 型小碗（T2④：112）　　2. A 型圆口盘（T2⑤：91）　　3. B 型小碗（T2④：68）　　4. B 型圆口盘（T2⑤：80）　　5. 花口盘（T2④：23）　　6. Ca 型圆口盘（T2⑤：90）　　7. D 型圆口盘（T2④：72）　　8. Cb 型圆口盘（T2④：176）

圆口盘　共 7 件。依据腹部的变化分为四型。

A 型　深弧腹盘。1 件。（T2⑤：91）。饼足。灰胎，胎釉间施有米黄色化妆土，外壁施釉不及底，釉面有脱落呈灰黑色，内底一周残留五个支钉痕。口径 16 厘米、足径 6 厘米、通高 5 厘米（图二七，2）。

B 型　斜腹盘。1 件（T2⑤：80）。唇口，内底有一圈凸弦纹，圈足。灰胎，胎釉间施化妆土，外壁施釉不及底，釉面呈灰黑色，内底一周残留五个支钉痕。口径 16 厘米、足径 6 厘米、通高 4 厘米（图二七，4）。

C 型　折腹盘。3 件。依据腹部的深浅差异分二亚型。

Ca 型　腹略浅。2 件。T2⑤：90，圆唇略尖。灰黑胎，胎釉间施化妆土至口沿下部，外壁施釉不及底，釉面泛浅绿色有开片，器内底粘连一五齿支钉。口径 15.8 厘米、足径 7 厘米、通高 4 厘米（图二七，6）。

Cb 型　腹部较深。1 件（T2④：176）。尖唇，内底有残留的支钉痕。灰胎，胎釉间施化妆土，外壁施釉不及底，釉面呈天青色。口径 15.8 厘米、足径 6.5 厘米、通高 4 厘米（图二七，8）。

D 型　斜弧腹盘。2 件。T2④：72，圆唇略尖，敞口微侈，圈足。灰胎，胎釉间施米黄色化妆土，外壁施釉不及底，釉面有脱落泛灰白色。口径 16.5 厘米、足径 6.8 厘米、通高 5 厘米（图二七，7）。

多管器　1 件（T2④：1）。有颈，残。鼓腹，肩部对称安置四个管形流，流残，饼足略内凹。灰黑胎，胎釉间施有化妆土，外壁施釉至近足部，釉面泛浅绿色有开片。足径 6 厘米、残高 9 厘米（图二八，1）。

瓷塑　1 件（T2④：19）。残，头部有冠，两侧附加粘贴圆形眼。砖红胎，胎釉间施有化妆土，乳浊青白釉，釉面有脱落。残高 11.4 厘米（图二八，2）。

香炉残足　1 件（T2④：18）。通体呈圆条形，器表模印有兽面。灰胎，胎釉间施有化妆土，乳浊青白釉。残长 12.8 厘米（图二八，3）。

（5）乳浊绿釉器物

碗　1 件（T2④：77）。尖唇，敞口，弧腹，饼足。灰胎，胎釉间施化妆土，外壁施釉，施不及底，绿釉，器内底粘连一五齿支钉，外底粘一泥饼。口径 15.2 厘米、足径 7 厘米、通高 6.6 厘米（图二八，4）。

小碗　共 4 件，均为圆口小碗。依据腹部的差异分为三型。

A 型　斜腹小碗。1 件（T2⑤：95）。其上粘连一件浅盘形小碗及支钉。饼足。灰黑胎，胎釉间施化妆土，外壁施釉不及底，釉面呈蓝绿色，局部泛青黄，器内底各粘连一五齿支钉。口径 12 厘米、足径 4.5 厘米、通高 4 厘米（图二八，5）。

B 型　斜直腹小碗。共 2 件，依据腹部的深浅差异分二亚型。

Ba 型　腹部略浅。1 件（T2⑤：69）。圈足。灰胎，胎面有化妆土，外壁施釉不及底，釉面泛灰，内底一周留有五个支钉痕。口径 12 厘米、足径 5 厘米、通高 3.5 厘米（图二八，6）。

Bb 型　腹部较深。1 件（T2⑤：72）。尖唇，侈口，玉璧足。灰黑胎，胎釉间无化妆土，外壁施釉不及底，釉面有脱落，内底一周留有五个支钉痕。口径 12.4 厘米、底径 5.5 厘米、通高 4.4 厘米（图二八，8）。

C 型　折腹小碗。1 件（T2④：64）。下腹有一些圆折。灰胎，胎釉间施化妆土，外壁施釉不及底，内底残留支钉痕。口径 14.8 厘米、足径 6 厘米、通高 4 厘米（图二八，7）。

（6）白釉类器物

碗　1 件（12⑤：74）。圆口，斜弧腹，圈足。灰黑胎，通体挂化妆土，外壁施釉不及底，釉面灰白泛黄，内底残留石英砂粒垫烧痕。口径 16 厘米、

足径 5.5 厘米、通高 7 厘米（图二八，9）。

斗笠盏　1 件（T2⑥a：7）。侈口，圈足。灰胎，胎釉间施化妆土，外壁施釉不及底，釉面

灰黄，局部泛青，内底残留垫烧痕。口径 12 厘米、足径 4 厘米、通高 4.6 厘米（图二八，10）。

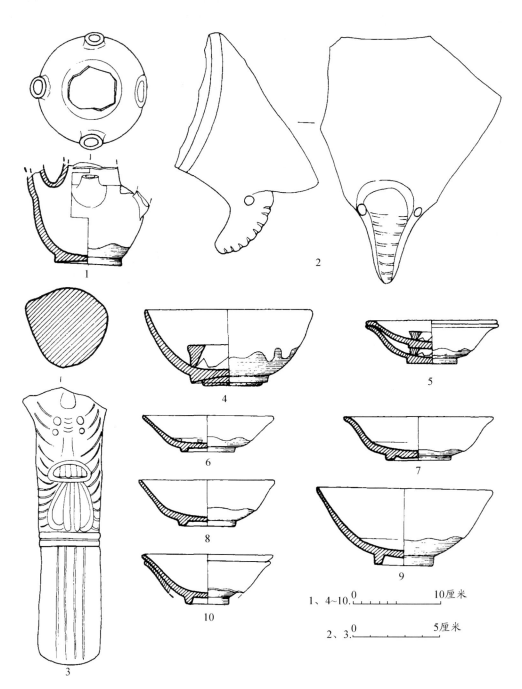

图二八　T2 乳浊青白釉、乳浊绿釉、白釉瓷器

1. 乳浊青白釉多管器（T2④：1）　　2. 乳浊青白釉瓷塑（T2④：19）　　3. 乳浊青白釉香炉残足（T2④：18）
4. 乳浊绿釉碗（T2④：77）　　5. A 型乳浊绿釉小碗（T2⑤：95）　　6. Ba 型乳浊绿釉小碗（T2⑤：69）　　7. C 型乳浊绿釉小碗（T2④：64）　　8. Bb 型乳浊绿釉小碗（T2⑤：72）　　9. 白釉碗（T2⑤：74）　　10. 白釉斗笠盏（T2⑥a：7）

2. 窑具

支钉　共88件，有五齿支钉、六齿支钉、八齿支钉和十齿支钉四类。

五齿支钉　共79件。分为五型。

A型　扁体形。62件。依据齿部差异分二式。

Ⅰ式：齿短而钝。57件。T2④：198，夹砂灰胎。顶径11厘米、底径12厘米、高2.5厘米。T2⑦：107，夹砂胎，胎面有釉，底部粘连一泥饼。直径8厘米、高3厘米（图二九，1）。

Ⅱ式：齿尖长外翻。5件。T2④：234，砖红胎。直径8.5厘米、高4厘米（图二九，2）。

B型　带座式。共7件。依据腰部的变化分二式。

Ⅰ式：略束腰。1件（T2⑦：186）。腹壁穿有三个气孔。夹砂胎。高7厘米（图二九，3）。

Ⅱ式：束腰。6件。T2⑦：218，腹壁无气孔。夹砂胎较粗。顶径6.8厘米、底径4.8厘米、高6.4厘米（图二九，4）。

C型　座圈形。1件（T2⑩：33）。夹砂胎，胎面呈棕色。直径14厘米、高5.5厘米（图二九，5）。

D型　筒形。8件。T2④：210，夹砂胎，胎面呈黄褐色。底径8.8厘米、高6.6厘米（图二九，6）。

E型　盘形。1件（T2⑩：23）。灰胎，胎面呈棕色。直径16厘米、高4.4厘米（图二九，7）。

六齿支钉　共3件。分为三型。

A型　筒形。1件（T2④：226）。夹砂胎，胎面呈棕色。顶径8.4厘米、底径10厘米、高9厘米（图二九，10）。

B型　盘形。1件（T2⑩：24）。灰胎，胎面浅灰黄。底径11厘米、高5.2厘米（图二九，9）。

C型　匣钵形。1件（T2⑨：93）。腹壁镂有穿孔。砖红胎。直径18厘米、高11厘米（图二九，8）。

八齿支钉　共5件。通体近盆，腹壁镂有穿孔。T2⑦：82，灰胎，胎面呈棕色。直径21厘米、高8厘米（图二九，11）。

十齿支钉　1件（T2④：227）。灰黑胎。直径22厘米、高6厘米（图二九，12）。

垫板　共12件，均为三角形垫板，中部有一圆形穿孔。依据中心孔的大小分二式。

Ⅰ式：圆孔较大。3件。T2⑫：152，灰胎，胎面粘连有圈足痕。残长23.6厘米（图三〇，1）。

Ⅱ式：圆孔较小。9件。T2⑤：20，灰胎，胎面呈棕色。边长20厘米、厚1.6厘米（图三〇，2）。

支柱　共16件。通体呈长筒形，依据形体的大小分二型。

A型　个体较小。共11件。依据表面的差异分二亚型。

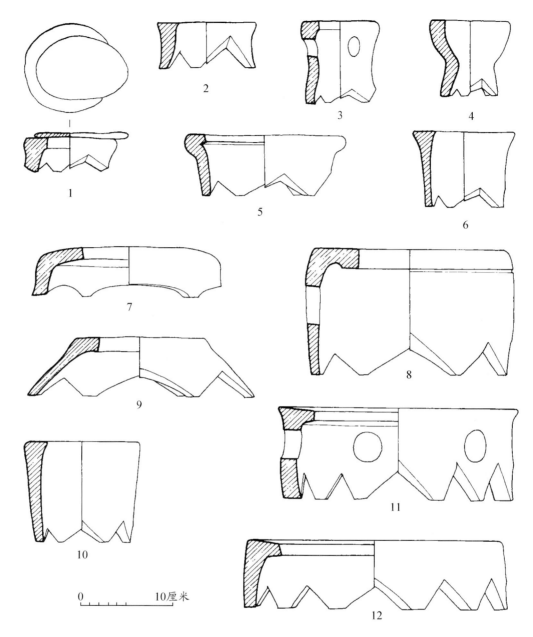

图二九　T2 窑具

1. A I 式五齿支钉（T2⑦：107）　2. A II 式五齿支钉（T2④：234）　3. B I 式五齿支钉（T2⑦：186）　4. B II 式五齿支钉（T2④：218）　5. C 型五齿支钉（T2⑩：33）　6. D 型五齿支钉（T2④：210）　7. E 型五齿支钉（T2⑩：23）　8. C 型六齿支钉（T2⑨：93）　9. B 型六齿支钉（T2⑩：24）　10. A 型六齿支钉（T2④：226）　11. 八齿支钉（T2⑦：82）　12. 十齿支钉（T2④：227）

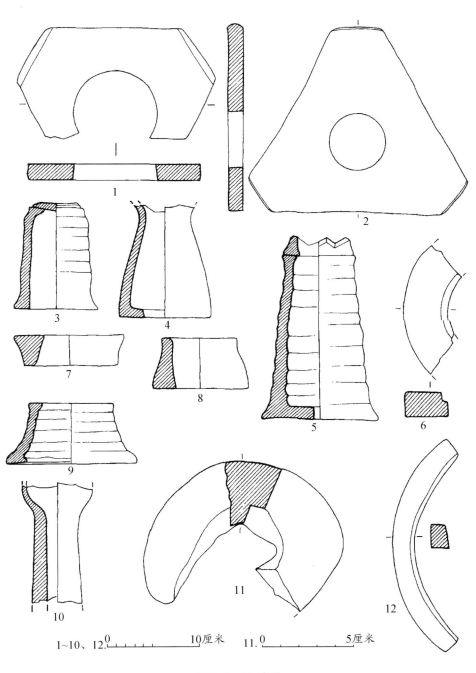

图三〇　T2 窑具

1. Ⅰ式垫板（T2⑫：152）　2. Ⅱ式垫板（T2⑤：20）　3. Aa 型支柱（T2④：37）　4. Ab 型支柱（T2⑤：44）　5. B 型支柱（T2⑦：95）　6. AⅠ式垫圈（T2⑫：151）　7. AⅡ式垫圈（T2④：215）　8. Bb 型垫圈（T2⑤：56）　9. Ba 型垫圈（T2⑦：193）　10. 束腰形器（T2④：199）　11. C 型垫圈（T2⑩：137）　12. 垫条（T2⑤：60）

Aa 型　外壁有多道凸弦纹。8 件。T2④：37，灰胎，顶面粘连泥饼。顶径 6.4 厘米、底

径 10 厘米、高 6 厘米（图三〇，3）。

Ab 型　通体素面。3 件。T2⑤：44，残。灰胎。底径 10.8 厘米、残高 13 厘米（图三〇，4）。

B 型　个体较高大。共 5 件。T2⑦：95，外壁饰多道凸弦纹棕色胎，顶面粘连一五齿支钉。顶径 8.6 厘米、底径 13.6 厘米、高 22 厘米（图三〇，5）。

垫圈　共 8 件。分为三型。

A 型　扁体形。共 3 件。依据截面形状的不同分二式。

Ⅰ 式：截面略呈长方形。1 件（T2⑩：151）。米黄胎泛砖红色。残长 7.8 厘米（图三〇，6）。

Ⅱ 式：截面呈梯形。2 件。T2④：215，夹砂灰胎。顶径 11 厘米、底径 13 厘米、高 3.4 厘米（图三〇，7）。

B 型　喇叭座形。共 4 件。形体大小分二亚型。

Ba 型　个体较大。3 件。T2⑦：193，灰胎，胎面呈棕色。顶径 10 厘米、底径 15.2 厘米、高 7.2 厘米（图三〇，9）。

Bb 型　个体较小。1 件（T2⑤：56）。夹砂胎，胎面呈棕色。顶径 9 厘米、底径 11 厘米、高 6 厘米（图三〇，8）。

C 型　手捏不规则形。1 件（T2⑩：137）。顶面有戳印痕。米黄色胎。直径 11.5 厘米（图三〇，11）。

垫条　共 3 件，均通体弯曲。T2⑤：60，灰胎，胎面呈棕色。厚 1.8～2 厘米（图三〇，12）。

束腰形器　略呈漏斗形。1 件（T2④：199）。残。灰胎，胎面呈棕色。残长 13.4 厘米（图三〇，10）。

三、分期与年代

根据各地层间的叠压关系及出土遗物的形制、胎釉等特征，我们将六号窑包的生产历史划分作前、后两期。

前期包括了 T2 的第 6b 层至第 12 层，这个时期的生产器类以碗、盘、盏占大宗，罐、盆、匜、注壶等次之，釉色主要有青釉、酱釉，并有部分釉下彩绘产品。代表性器物有青釉 Ca 型碗、Da 型碗、Ea 型碗、H 型碗，Aa 型小碗、Ca 型小碗、Cb 型小碗，C 型盘、D 型盘，Aa 型盏，Aa 型罐、Ab 型罐，研磨器；酱釉 B 型盏，盘口壶；釉下彩绘 A 型带系罐，Ba 型带系罐，B 型钵等。其中青釉 H 型碗、研磨器的通体形制与邛窑十方堂五号窑包唐代文化层遗物（如 85QS5YT22④：7）[1] 及广东韶关唐开元二十九年（公元 741 年）张九龄墓青釉碗[2] 相似；Da 型碗与河北文安晚唐墓（西关 M1）[3]、印尼黑石号（Batu Hitam）沉船（公元 826 年或稍晚）[4]、河南偃师杏园村唐会昌三年（公元 843 年）李郃墓[5] 所出邢窑系白瓷碗接近；Aa 型小碗敞口、斜直腹的造型与成都西郊杜甫草堂遗址中晚唐至五代地层[6] 以及金沙村唐大中四年（公元 850 年）鲜腾墓[7] 青瓷碗相同。此外，底足呈玉璧状的特征也一般被认为出现于 8 世纪中叶，流行于 9 世纪前半[8]；B 型盘、C 型盘、Da 型盘、Aa 型盏分别与成都桐梓林唐贞元二年（公元 786 年）爨公墓[9]、梁家巷 M1（98CLM1）[10]、土桥村筒车田 M1（94CXM1）[11] 出土物一致；Aa 型罐矮领、肩部对称置四纵系的做法也常见于四川地区晚唐五代墓遗物上[12]；注壶矮直领、短粗流的形态同样具有晚唐陶瓷器的风格特点[13]。值得一提的是，20 世纪 70 年代四川省文物管理委员会发掘玉堂窑马家窑包时所出的同类瓷器也是与带"咸通""广明"等晚唐年号题记的窑具并存的[14]。此期产品胎体显得较为厚重，胎釉间一般都挂有化妆土，青釉多偏黄或偏灰色，透明度较高，可见冰裂状开片，少数器表因胎釉结合不够牢固出现了一定程度的脱釉现象。通体素面无纹饰者居多，可见到的装饰技法主要是釉下褐彩装饰，图案多为草叶或花卉图案，另有将器口刻压成花瓣口的器形装饰方法。装烧时一般都采用支钉作间隔具，故器内底常见有残留的一圈支烧痕迹。

后期包括了 T1 第 1～4 层及 T2 第 6a 层以上堆积，在 T2 中，后期的地层与前期的地层直接叠压。出土器物类型上仍以碗、盘、盏占大宗，罐、注壶、匜的数量有明显增多，还新出现瓶、炉等器形。釉色品种也更加丰富，其中乳浊釉所占的比重很大，釉面光泽感不强，接近失透状，产品有乳浊绿釉、乳浊青白釉、乳浊绿釉釉下彩绘三种，另有少量透明类白釉及酱釉产品。代表性器物有乳浊绿釉 A 型碗，Ab Ⅰ、Ⅱ 式注壶，A 型、B 型、C 型瓶；乳浊青白釉 Ba 型碗，B 型、D 型注壶；酱釉 Aa 型小碗，四系罐等。其中乳浊绿釉 A 型碗的造型与成都十陵镇青龙村北宋崇宁五年（公元 1106 年）墓（98CLM3）青釉碗[15]十分接近；Ab Ⅱ式注壶高领、曲流、瓜棱状椭圆腹的造型与山西大同金正隆四年（公元 1159 年）陈庆夫妇墓[16]所出同类作品相似；A 型瓶，即所谓的"玉壶春瓶"，类似的器物在江西余干南宋绍兴二十年（公元 1150 年）董氏墓[17]、辽宁朝阳金大定二十四年（公元 1184 年）马令夫妇墓[18]及山西大同金大定三十年（公元 1190 年）阎德源墓[19]中均有发现，且晚至北京元前至元二十二年（公元 1285 年）耶律铸墓中仍见有影青作品[20]；B 型瓶可与河北易县辽天庆五年（公元 1115 年）净觉寺舍利塔地宫出土的影青瓷瓶[21]对应；C 型瓶则与成都青龙乡海滨村北宋绍圣二年（公元 1095 年）刘观墓[22]、石岭村南宋嘉定二年（公元 1209 年）墓酱釉及米黄釉作品[23]相同；乳浊青白釉 Ba 型碗外壁刻画出一周双轮廓线仰体莲瓣，这种做法也见于重庆忠县中坝遗址南宋末至元初窖藏所出龙泉窑瓷碟腹壁[24]；酱釉 Aa 型小碗侈口、斜折腹的形态同江

西樟树南宋景定元年（公元 1260 年）韩氏墓一件龙泉窑碗[25]相仿；四横系罐则是川西一带北宋晚期墓中常见的一类随葬品，典型者可举成都十陵镇青龙村北宋嘉祐七年（公元 1062 年）田世中墓[26]、新津邓双乡北宋元丰四年（公元 1081 年）王府君墓[27]出土物为例。此期产品胎体变得轻薄，胎釉之间大多施有米黄色化妆土。通体素面无纹饰者居多，装饰技法常见褐色彩绘，图案题材有文字、麦穗图案等，另有在碗外壁刻仰莲瓣纹，或在器口、壁位置压槽的花瓣口和瓜棱腹样式。装烧时仍基本沿用支钉作间隔具，故器内底一般都残留一周支钉痕。

综上所述，六号窑包前期的烧造年代大约在中晚唐时期，下限可能到五代，即 8 世纪末至 10 世纪初前后。后期则相当于北宋中晚期至南宋之际，约 11 世纪后半至 13 世纪中叶。

四、初步认识

第一，此次六号窑包的发掘尽管由于揭露面积有限，未发现窑炉与作坊的遗迹，但根据地形地貌和以往的考古资料可知，该窑主要采用的是南方窑场常见的长条斜坡状龙窑。通过对出土窑具及器物表面残留痕迹的观察，我们初步将该窑陶瓷器的装烧方法总结为以下几种：①支钉间隔的仰烧裸烧。这种方法普遍存在于成都平原的隋唐时期的窑场生产中，六号窑包出土大量的支钉而少见匣钵，表明了仰烧裸烧法在这里的盛行。②支钉釉口覆烧。应用较广泛，即先在筒形支柱或支顶钵上正置一枚支钉，然后将碗或盘的坯反扣在支钉上，再于器足底放置支钉，依次反扣坯件（图三〇，5）。这种方法约在南朝晚期至隋代已出现于四川地区的青瓷窑场，典型如邛崃固驿瓦窑山窑址[28]。基于出土层位判断，玉堂窑的"釉口覆烧"技术产生于中晚唐时期。③垫板与支柱配合装烧。即支柱正立于窑床面，将柱体的上端穿于三角

垫板圆孔内，保持平衡后在垫板的拐角位置分别摞放坯件，或先放一枚泥饼后再置坯件，然后用另一个支柱的下端与其下支柱上端相套，并依上述方法再安放垫板、泥饼和坯件，由此重叠数层。这种方法类似所谓的"伞形支烧"技术，后者的相关窑具遗物在固驿瓦窑山南朝晚期至隋代窑址、邢窑北朝时期遗存[29]、广西桂林隋代窑址[30]以及福建德化南宋时期窑址[31]均有发现，日本山口县江户时代的萩烧窑也曾采用这种装烧工艺[32]。④垫圈砂堆釉口覆烧。即先在筒形支柱或支顶钵上正置一枚垫圈，再于垫圈之上放五六堆砂粒，并将碗的坯件反扣在砂堆上，然后在碗圈足上又放五六堆砂粒，接着将下一个碗坯反扣在砂堆上，依次类推，重叠数层或十几层。这种方法同四川彭州磁峰窑器物装烧所采用的釉口砂堆覆烧通底匣钵技术[33]比较接近，后者流行于南宋中晚期之际；这种装烧方法在六号窑包的应用并不普遍，一般只见于少量白釉瓷器的装烧。⑤匣钵仰烧。匣钵以耐火材料预制，为陶瓷烧造过程中装填、保护坯件的主要容器。玉堂窑址出土的匣钵数量极少，完整者仅可见到一种呈浅筒形的样式，系装烧盘类的窑具。具体方法是在匣钵的内底先放一垫具，再将一个盘的坯件正向置于其上，然后再依次重叠数个坯件，为一匣多器的装烧方式。总的来说，前三种方法在玉堂窑六号应用得更为普遍，垫圈砂堆釉口覆烧法主要用于白瓷类器物的生产，由于白瓷在六号窑包并非主流产品，所以这种方法的使用并不普遍。从出土的匣钵数量观察，匣钵仰烧法在六号窑包也非常少见，本次试掘发现了为数有限的几个浅筒形匣钵，推测其使用主要是为了烧造较高档的制品，但并非主流。

第二，出土的众多窑具中包括一种通体略弯曲的条状支垫，其截面略呈方形，长度在20厘米以上，厚2厘米左右，胎体表面常粘有流釉痕迹。类似的条状或棒状支垫在我国南北各地窑址内都有不少发现，但对它的功能和具体使用方式尚无一个明确的看法，有学者曾根据福建泉州碗窑村窑所出大盘底部残留条状支烧痕的情况，推测这类窑具可能是大底面器物的垫托[34]。另外，玉堂窑此次出土的少数垫条两端还粘连有一两块小泥饼，这是今后对该窑做进一步发掘和研究的过程中需要特别引起注意的现象。

第三，基于上一节里对遗物年代的分析和讨论，我们发现六号窑包的烧造历史存在有较明显的缺环，即明确的北宋早期作品竟告阙如。这一方面是由于四川地区出土的北宋早期墓葬数量极少，整理过程中缺乏可资对比的断代材料；另一方面或许也隐约透露出一点信息，即该窑虽创烧于中唐时期，至晚唐五代之际已达到相当的规模，但可能在北宋早期出现了停烧的局面。这一观点目前似还不好断言，在此暂作为问题提出，以供今后探讨。

第四，T1中出土的C型瓶与金凤窑的同类产品造型一致，白釉产品的外观形态也与金凤窑的同类产品非常接近，暗示着两窑存在产品生产的相互影响与交流；同时六号窑包晚期的乳浊绿釉产品与邛窑什邡堂遗址出土的同时期、同类产品在釉色上非常接近，也表明了两窑之间存在一定的联系。但六号窑包在装烧方法上大量采用裸烧的叠烧法，以及它所特有的垫板与支柱配合装烧的"伞形支烧法"等，与金凤窑、邛窑什邡堂窑场大量使用匣钵的装烧方法大相径庭，显示出玉堂窑本身固有的生产传统所具有的强烈的传承性。

参与发掘人员：黄晓枫　樊拓宇　易　立
　　　　　　　　李　平　王志勇　高志春
　　　　　　　　杨　丽
绘　　　图：曹桂梅　卢引科
执　　　笔：黄晓枫　易　立
　　　　　　樊拓宇

注　释

［1］四川省文物管理委员会、邛崃县文物保护保管所：《邛窑发掘的初步收获》，《四川古陶瓷研究》（二），四川省社会科学院出版社，1984 年；陈显双、尚崇伟：《邛窑古陶瓷简论——考古发掘简报》，载耿宝昌主编：《邛窑古陶瓷研究》，中国科学技术大学出版社，2002 年。

［2］广东省文物管理委员会、华南师范大学历史系：《唐代张九龄墓发掘简报》，《文物》1961 年第 6 期。

［3］廊坊市文物管理所：《河北文安县西关唐墓清理简报》，《文物春秋》1997 年第 3 期。

［4］谢明良：《记黑石号（BaT1·Hitam）沉船中的中国陶瓷器》，（台湾大学）《美术史研究集刊》第 13 期，2002 年。

［5］中国社会科学院考古研究所：《偃师杏园唐墓》，科学出版社，2001 年。

［6］成都文物考古研究所、成都杜甫草堂博物馆：《成都杜甫草堂唐—宋遗址发掘报告》，《成都考古发现（2002）》，科学出版社，2004 年。

［7］成都文物考古研究所：《成都市金沙村唐墓发掘简报》，《成都考古发现（2004）》，科学出版社，2006 年。

［8］［日］龟井明德：《唐代玉璧高台の出现と消减时期の考察》，《贸易陶瓷研究》（十三），1993 年。

［9］成都文物考古研究所：《成都市南郊桐梓林唐代爨公墓发掘》，《成都考古发现（1999）》，科学出版社，2001 年。

［10］成都市文物考古工作队：《成都梁家巷唐宋墓葬发掘简报》，《四川文物》1999 年第 3 期。

［11］成都市文物考古工作队：《成都市西郊土桥村简车田唐墓》，《四川文物》1999 年第 3 期。

［12］刘雨茂、朱章义：《四川地区唐代砖室墓分期研究初论》，《四川文物》1999 年第 3 期。

［13］易立：《北方地区出土晚唐至宋初陶瓷器的类型与分期——以邢、定、耀州窑产品为中心》，吉林大学硕士学位论文，2007 年。

［14］四川省文物管理委员会、灌县文物管理所：《灌县马家古瓷窑遗址试掘记》，《考古与文物》1984 年第 6 期。

［15］［26］成都文物考古研究所：《成都市龙泉驿区青龙村宋墓发掘简报》，《成都考古发现（1999）》，科学出版社，2001 年。

［16］大同市博物馆：《大同市南郊金代壁画墓》，《考古学报》1992 年第 4 期。

［17］彭适凡：《宋元纪年青白瓷》，庄万里文化基金会，1998 年。

［18］辽宁省博物馆：《辽宁朝阳金代壁画墓》，《考古》1962 年第 4 期。

［19］大同市博物馆：《大同金代阎德源墓发掘简报》，《文物》1978 年第 4 期。

［20］刘涛：《钧窑瓷器源流及其年代》，《文物》2002 年第 2 期。

［21］河北省文物管理处：《河北易县净觉寺舍利塔地宫清理记》，《文物》1986 年第 9 期。

［22］成都文物考古研究所：《成都市青龙乡海滨村墓葬发掘简报》，《成都考古发现（2003）》，科学出版社，2005 年。

［23］成都文物考古研究所：《成都市青龙乡石岭村宋墓发掘简报》，《成都考古发现（2003）》，科学出版社，2005 年。

［24］四川省文物考古研究所、重庆市文化局三峡办等：《忠县中坝遗址宋代瓷器窖藏发掘简报》，《四川文物》2001 年第 2 期。

［25］薛尧：《江西南城、清江、永城的宋墓》，《考古》1965 年第 11 期。

［27］成都文物考古研究所、新津县文物管理所：《新津县邓双乡北宋石室墓发掘简报》，《成都考古发现（2002）》，科学出版社，2004 年。

［28］四川省文物管理委员会、四川省文物考古研究所等：《四川省邛崃县固驿瓦窑山古瓷窑遗址发掘简报》，《南方民族考古》（第 3 辑），四川科学技术出版社，1990 年。

［29］河北省文物研究所、内丘县文物保管所等：《邢窑遗址调查、试掘报告》，《考古学集刊·14》，文物出版社，2004 年。

［30］李铧：《广西桂林窑的早期窑址及其匣钵制烧工

艺》,《文物》1991 年第 12 期。

［31］福建省博物馆：《德化窑》,文物出版社,1990
年；曾凡：《关于德化窑的几个问题》,《中国古
陶瓷论文集》,文物出版社,1982 年。

［32］［34］熊海堂：《东亚窑业技术发展与交流史研
究》,南京大学出版社,1995 年。

［33］陈丽琼、魏达仪、丁祖春：《四川彭县磁峰窑调
查与试掘的收获》,《中国古代窑址调查发掘报告

集》,文物出版社,1984 年；除磁峰窑外,观台
磁州窑从第四期前段（金末至元初）开始也采用
过这种装烧技术,参见北京大学考古系、河北省
文物研究所等：《观台磁州窑址》,文物出版社,
1997 年。

（原文发表于《成都考古发现 2007》）

2007 年四川都江堰玉堂窑遗址十七号窑包试掘简报

成都文物考古研究所　都江堰市文物局

2007 年 5 月，由成都文物考古研究所与都江堰市文物局组成的联合考古工作队对玉堂窑遗址展开了一次全面的考古调查和选点试掘（图一）。试掘是在对玉堂窑遗址全面考古调查及初步的整理与比对的基础上进行的，试掘点有两个，分别位于六号窑包和十七号窑包，至 8 月田野工作基本完成。由于此次玉堂窑考古调查面积大，窑包多，调查和试掘出土的器物都十分丰富，故将调查报告和试掘报告分别编写。

对玉堂窑的调查显示窑址范围内的 17 座窑包在年代和产品上可以分为四组。其中第一组和第四组是较为典型的、具有鲜明风格的组别，所以在试掘的时候选择了分别在两组窑包中具有一定代表性的六号窑包和十七号窑包。由于两个窑包出土的器物都十分丰富，同时在瓷器的釉色、造型及窑具的使用上都存在较大的差异，故将试掘报告分为两篇，本篇为十七号窑包的试掘报告。

十七号窑包是 2007 年度调查新发现的窑包，位于十号窑包与十一号窑包之间（图二）。现存面积 5 100 平方米，一条南北向的乡村公路穿过窑包的中部，道路的西侧有一条龙窑窑炉的残迹，窑炉的炉身基本上已经被公路切断，只残留了窑尾的部分，从残存的窑炉分析，这是一条斜坡式龙窑，方向大致为南北向，窑门朝南，窑尾的宽度约为 2 米。窑包的顶部已呈平台状，上面种植一些杂木，周围的农田种植水稻和玉米等。窑包的东南部被村民的房屋占压，可见较厚的堆积，在道路的东侧有一片最近被砍伐掉的竹林，从堆积上分析，估计是十七号窑包的废品堆积区域，故将这里选择为第一个点试掘，探方编号 07DYFY17T1，正南北方向布方，试掘面积为 3 米×10 米。由于我们被告之在窑包西北部较为平坦的区域，曾经有村民在开田时挖出了垒砌整齐的石条，估计以前曾有作坊的分布，故在此选择了第二个发掘点，探方编号为 07DYFY17T2，正南北方向布方，布方面积为 5 米×5 米，后在东壁有部分扩方，实际试掘面积为 26.4 平方米（图三）。

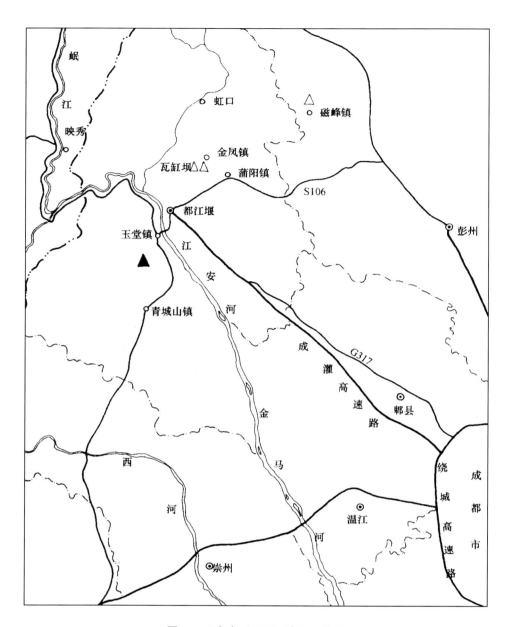

图一　玉堂窑（Y17）地理位置图

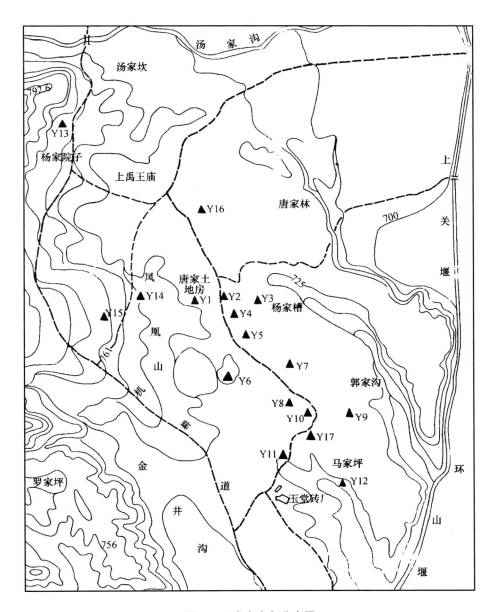

图二 玉堂窑窑包分布图

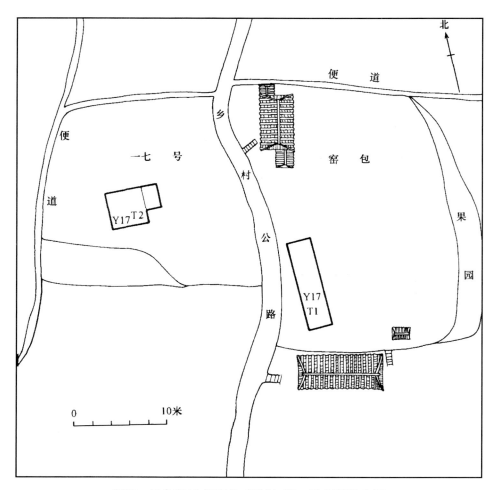

图三　玉堂窑 17 号窑包（Y17）T1、T2 平面分布图

一、地层情况

07DYFY17T1 和 07DYFY17T2 的地层差异较大，分别代表窑包不同区域的地层分布情况，故分别予以介绍。

1. 07DYFY17T1

以 07DYFY17T1 东壁为例进行地层介绍（图四，1）。

第 1 层：灰黑色的农耕土层，杂填积的黄土，该层结构紧密，其内包含有碎小的瓷片与红烧土颗粒、较密集的毛竹根系。在探方的西北有坑状堆积，应为近现代的种植所留下的痕迹。本层厚 20～30 厘米。

第 2 层：灰褐色土层，随地势由北向南倾斜堆积，坡度约为 13°，土层结构较为疏松，地层中包含碗、盏残片以及较少的窑具，并有一些瓦砾堆积和呈颗粒状的红烧泥土。碗、盏残片以白瓷为主，碗内底一般有白色的石英砂附着一周，圈足外底下也有模印的字与符号，如"赵""十"等；盏为斗笠形，绿釉、酱釉的瓷片较少，绿釉器内壁一般有模印花纹。窑具多为垫圈，有一些支柱、垫条、垫板，极少见支钉。该层厚 18～30 厘米。

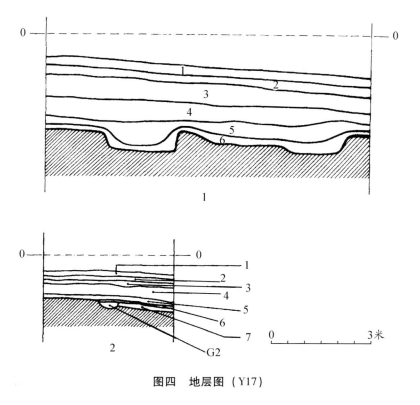

1

2

图四　地层图（Y17）

1. Y17T1 东壁剖面图　2. Y17T2 西壁剖面图

第3层：红褐色土层，结构较为疏松，地层中包含较多的红褐色窑砂与较碎小的瓷片堆积，并夹杂较多的窑渣、炭屑和窑具。瓷片中大多数为白瓷碗、盏，其中有一些高圈足器底，但在圈底未见有字或符号。本层绿釉瓷片比2层略显增多。窑具仍以垫圈为主。本层堆积大致以20厘米为一层呈窑砂与瓷片、窑具的交替填积。本层厚50~100厘米。

第4层：褐色土层，地层中包含大量的白瓷残片和紫红色的窑渣，堆积略呈北厚南薄，但南部瓷片、窑渣较多。窑渣呈块状零星分布，探方的北部有一片炭屑堆积。本层所包含的瓷片仍以白釉和绿釉瓷片为主，窑具多见垫圈。本层厚30~60厘米。

第5层：黄灰色土层，土质黏性较大，局部有坑状堆积，多位于探方的南部。在探方西部偏北的地层中夹杂少量瓷器残片与窑具。出土瓷片以白瓷为主，可辨器形主要为碗，窑具

甚少。本层厚20~75厘米。

第6层：黄色黏土层，几乎没有包含物，有较多的大坑。厚15~30厘米。

其下为次生浅黄黏土层，土质较为细腻。

2. 07DYFY17T2

以 07DYFY17T2 的西壁为例进行地层介绍（图四，2）。

第1层：褐色土层，为近现代耕土层，土质疏松，其中夹杂瓷片、窑具和红烧土块等，分布于整个探方。包含物中的瓷片多为白瓷，胎色为红胎或灰黑胎，主要是碗的圈足部分，窑具残件有垫板、支柱、垫圈、泥饼状的垫片等。本层厚15~20厘米。

第2层：黑褐土层，结构略显疏松，夹杂碎红烧土块堆积，分布于探方北部及西部。包含物为瓷片和窑具，瓷片的可辨器形有碗、注壶、带系罐匜等。碗类基本为圈足底，白瓷居多，另有少量绿釉及酱釉者。窑具则多见垫圈

和垫板。在探方中部偏西，本层下叠压一条沟的遗迹，破坏较为严重，呈东北—西南走向，编号为07DYFY17G1，残长180厘米，宽约25厘米，现存深度为10厘米左右，打破第3层。本层厚10~12厘米。

第3层：褐色土层，结构略显紧密，地层中夹杂红烧土块和瓦砾，探方东部的堆积比西部厚。出土遗物包含瓷器和窑具两大类。瓷器常见白瓷碗、盘及盏，窑具有垫圈、垫板、垫条、支钉等。本层厚8~30厘米。

第4层：红褐色土层，结构较为紧密，地层中包含较多的红烧土块和炭渣，还有一些瓷片和窑具，在探方西部分布较厚。其中瓷器品种以白瓷为多，另有一定数量的绿釉及酱釉器，绿釉瓷片上还见有模印纹样者。碗类出现高圈足器，注壶流、罐、碟、匜等亦有出土。本层厚20~50厘米。

第5层：黄色土层，夹杂红烧土块及少量黄黏土。地层的包含物有较多的瓷器残片、窑具，瓷器品种以白瓷为大宗，器形常见碗、盏、碟等。除白瓷外，另有绿釉和酱釉两种，绿釉器多见碗，印花为特色，酱釉器中可见碗、双系罐、盂、注壶等。窑具中垫板及垫圈数量很多。本层厚10~20厘米。

第6层：黄褐色土层，主要分布于探方西北角，包含较多红烧土块夹杂炭屑堆积，而瓷器残片、窑具包含较少。在探方的中部，此层下叠压一条沟的遗迹，打破7层和黄色黏土的次生土层，编号为07DYFY17G2，呈东北—西南走向，宽度20~30厘米，残存长度约1米，深30厘米。本层厚5~8厘米。

第7层：黄黏土层，夹杂瓷片、窑具堆积，分布于北部。出土瓷片仍以白瓷为主，器形以碗、盏居多。除白瓷外，亦有若干绿釉印花及乳浊蓝绿釉品种，包括碗、罐等。窑具中三角形垫板较常见。本层厚10~20厘米。

7层以下为纯净的黄色黏土堆积。

后期及近现代的耕种对G1、G2破坏较大，被村民告之的石板、石条有可能就是在这两条沟的位置出土的，但由于其保存情况不好，遗迹的原状几乎已经丧失殆尽，故仅在地层堆积中对其作简单的介绍，不再进行遗迹描述。

二、出土遗物

出土的遗物大体分瓷器和窑具两大类。瓷器产品基本都为拉坯成形，个别瓷塑系捏制而成，可辨器形有碗、盏、盘、碟、罐、匜、注壶、瓶、炉、盆、盂、钵、器盖等若干类，均属典型的日常生活用具。釉色品种包括透明釉与乳浊釉两类，前者可见白釉、绿釉、酱釉三种，其中以白釉和绿釉瓷数量上占大宗，胎色主要呈灰、灰黑、砖红等色，胎釉之间一般都施化妆土，较厚且白度高。瓷器釉面光洁匀净，密布大小不一的冰裂纹开片，外壁施釉不及底。器内底常残留有五六堆石英砂粒垫烧痕，有的圈足底及器外壁亦有石英砂砾粘连。器表除素面外，部分碗、盆内壁装饰有刻画、模印或彩绘纹样，题材有缠枝牡丹、草叶、游鱼等，部分圈足内还模印字符或图案。乳浊釉类器物数量较少，釉色有绿、青白之分，胎色主要有砖红、灰、灰黑等色，胎面大多挂米黄色化妆土。施釉不及底，釉面少光泽呈失透状，装饰纹样也极少见到，器内底一周残留有五个支钉痕。窑具中常见三角形垫板、支柱、垫圈、支钉、泥饼状垫片等，匣钵的使用并不普遍。

（一）瓷器

1. 白釉类器物

（1）碗类

共计702件，根据器形和大小不同，分为花口碗、碗和小碗三类。

花口碗 共计155件，均为圈足碗，依据器表的装饰与否分为三型。

A 型 模印花纹花口碗。8 件。斜腹，均内壁模印花卉纹。依据口部的变化分为二式。

Ⅰ式 敞口微侈。5 件。07DYFY17T1③：78，内壁模印荷叶莲花纹，内壁近口沿处一周弦纹。红胎砖，通体挂化妆土，施釉不及底，釉色白中泛黄，内底一周放置六堆石英砂粒。口径 24 厘米、足径 6 厘米、通高 8.2 厘米（图五，1；图二九，1 左）。

Ⅱ式 敞口。3 件。07DYFY17T1②：34，内壁模印缠枝团花纹，内壁近口沿处一周弦纹。四件粘连，最上一件内底残留一垫圈。胎色灰黑，釉下挂化妆土，施釉不及底，釉色白中闪青。口径 17.8 厘米、足径 5.8 厘米、通高 3.7 厘米（图五，2）。07DYFY17T2②：76（图二九，1 右下）。

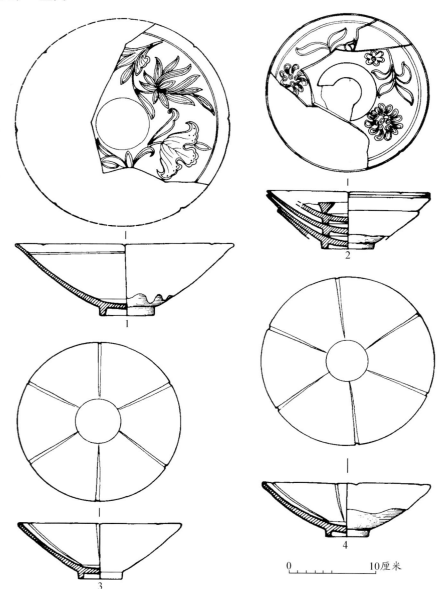

图五 白釉花口碗

1. A 型Ⅰ式（07DYFY17T1③：78） 2. A 型Ⅱ式（07DYFY17T1②：34） 3. Ba 型（07DYFY17T1②：32）
4. Bb 型（07DYFY17T1④：90）

B型 六出筋花口碗。共计140件。依据腹部的变化分为三亚型。

Ba型 斜腹较直。55件。07DYFY17T1②：32，敞口。灰胎，釉下化妆土较厚，通体施釉，白釉泛青黄，釉面有细小开片，光泽度较强，器内底留有五堆石英垫烧痕，圈足内粘连一泥饼。口径18厘米、足径5厘米、通高6.4厘米（图五，3）。

Bb型 斜腹略弧。84件。07DYFY17T1④：90，敞口微敛。灰黑胎，通体挂化妆土，施釉不及底，釉色纯白有光泽，器内底粘连有石英颗粒。口径18.6厘米、足径6厘米、通高4.6厘米（图五，4）。07DYFY17T2⑤：16，砖红胎，通体挂化妆土，釉下较厚，白釉不及底，釉面莹亮有开片，内底一周残留六堆石英砂粒。口径18厘米、足径5.2厘米、通高5.8厘米。

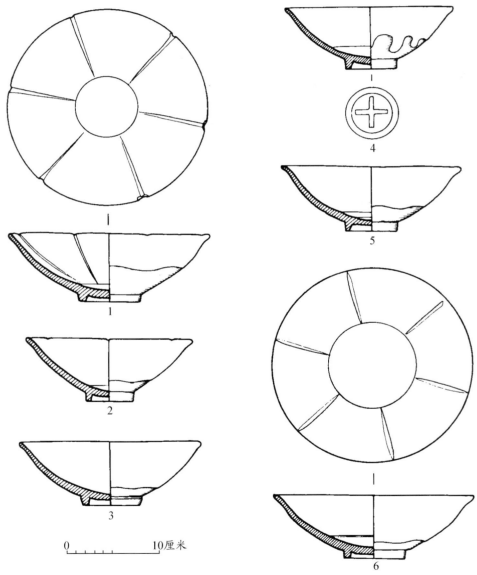

0　　　　　　10厘米

图六　白釉花口碗、碗

1. Bc型花口碗（07DYFY17T1④：138）　　2. C型花口碗（07DYFY17T1③：80）　　3. Aa型碗（07DYFY17T1②：7）　　4. Aa型碗（07DYFY17T1②：25）　　5. Ab型碗（07DYFY17T1②：198）　　6. Ac型碗（07DYFY17T1③：73）

Bc 型　斜弧腹。1 件。07DYFY17T1 ④：138，棕色胎，釉下有化妆土，通体施釉，口沿积釉处泛青黄，内底一周粘连有石英颗粒。口径 20 厘米、足径 6 厘米、通高 7 厘米（图六，1）。

C 型　素面花口碗。共计 7 件。07DYFY17T1 ③：80，侈口。灰红胎，通体挂化妆土，白釉泛灰不及底，口沿一周施酱釉，内壁近口沿处划一周弦纹，器内底残留有石英砂粒。口径 17 厘米、足径 5.2 厘米、通高 6.4 厘米（图六，2）。

碗　共计 525 件，均为圈足碗，但圈足可分为小圈足和高圈足两类。依据腹部的差异分四型。

A 型　斜弧腹碗。共计 104 件。素面，器内有一圈凹弦纹，小圈足。依据口部变化及表面装饰分三亚型。

Aa 型　敞口微侈。85 件。07DYFY17T1 ②：7，砖红胎，胎面化妆土，化妆土覆盖了整个圈足。外壁施釉至中部，白釉泛青，内底一圈石英砂痕。口径 18 厘米、足径 6 厘米、通高 6.7 厘米（图六，3）。07DYFY17T1 ②：25，灰胎泛红，通体挂化妆土，施釉不及底，积釉处泛青，其内底残留有垫烧痕，圈足内印一"十"字符号。口径 17 厘米、足径 5.3 厘米、通高 6.2 厘米（图六，4；图二九，2）。

Ab 型　侈口。12 件。07DYFY17T1 ②：198，砖红胎，胎面有化妆土，施釉至近圈足处，积釉处泛黄，釉面可见开片，内底一周石英砂粒痕。口径 18 厘米、足径 5.5 厘米、通高 6.6 厘米（图六，5）。

Ac 型　侈口六出筋。7 件。07DYFY17T1 ③：73，灰胎泛红，通体有化妆土，未施釉处化妆土呈米黄色，釉不及底，积釉处泛青绿，器内底脱釉无垫烧痕，圈足内印一"王"字。口径 20 厘米、足径 6 厘米、通高 6.6 厘米（图六，6）。07DYFY17T2 ⑤：8，砖红胎，通体挂化妆土，釉下较厚，白釉不及底，釉面有光泽，内底残留五堆石英砂粒。口径 13 厘米、足径 5.8 厘米、通高 5.5 厘米。

B 型　弧腹碗。共计 219 件。素面，内底下凹，且有一周凹弦纹，小圈足。依据口、腹部的变化分三个亚型。

Ba 型　敞口而腹略深。155 件。07DYFY17T1 ②：11，灰黑胎，胎面挂化妆土，施釉不及底，口沿处一圈酱釉，釉面可见细小开片，内底一周放置五堆石英砂粒。口径 18 厘米、足径 5.5 厘米、通高 6.4 厘米（图七，1）。07DYFY17T2 ⑤：1，砖红胎，通体挂化妆土，外壁施釉不及底，白釉微泛黄，内底残留垫烧痕。口径 16.5 厘米、足径 5.6 厘米、通高 6 厘米。07DYFY17T2 ④：14，深腹。砖红胎，胎面挂化妆土，施釉至圈足外足墙，白釉微泛黄，釉面有开片，内底粘连石英砂粒。口径 18 厘米、足径 5.5 厘米、通高 5.6 厘米（图七，2）。

Bb 型　敞口微侈而腹略浅。62 件。07DYFY17T1 ②：14，砖红胎，胎面挂化妆土，施釉至近圈足处，白釉纯净莹亮，口沿处一圈酱釉，内底有石英砂痕。口径 17.5 厘米、足径 5.6 厘米、通高 6.5 厘米（图七，3）。

Bc 型　侈口，腹略圆折。2 件。07DYFY17T1 ③：62，灰黑胎，胎面化妆土有垂流痕，施釉不及底，内底六堆石英砂痕。口径 16.8 厘米、足径 5.2 厘米、通高 6 厘米（图七，4）。

C 型　斜腹碗。16 件。敞口，高圈足。以圈足变化分作二式。

I 式　圈足略宽。7 件。07DYFY17T1 ③：68，砖红胎，胎面挂化妆土至圈足底，通体施釉，釉面泛黄，口沿积釉处泛青且开片明显，内底留一周石英砂痕。口径 16 厘米、足径 5.6 厘米、通高 7.6 厘米（图七，5）。

II 式　圈足窄高。9 件。07DYFY17T2 ④：18，紫色胎，通体挂化妆土，施釉至圈足外足墙，白釉，釉面莹亮有开片。口径 15.7 厘米、足径 4.8 厘米、通高 3.8 厘米（图七，6）。

D 型　斜直腹碗。共计 30 件。小圈足，内底有一周凹弦纹。依据口部变化及器表的装饰分为三个亚型。

Da 型　素面，敞口。21 件。07DYFY17T1②：20，灰黑胎，通体挂化妆土，施釉不及底，釉面白中泛青有开片，器内底一周粘连有石英

砂粒。口径 18 厘米、足径 5.7 厘米、通高 6.5 厘米（图七，7）。07DYFY17T2⑦：10，灰胎，胎面有化妆土，施釉至圈足外足墙，内底有垫烧痕。口径 17 厘米、足径 5.2 厘米、通高 5.5 厘米。

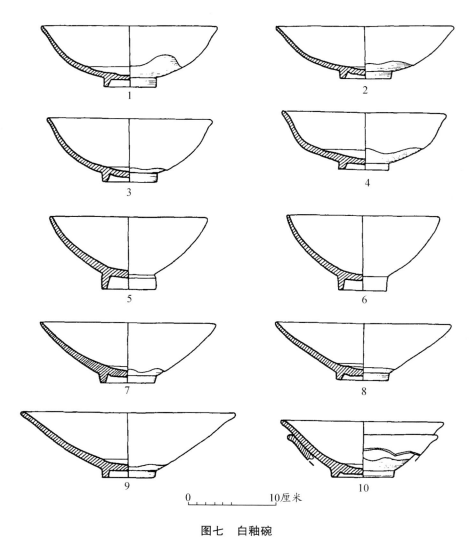

图七　白釉碗

1、2.Ba 型（07DYFY17T1②：11、07DYFY17T2④：14）　　3.Bb 型（07DYFY17T1②：14）　　4.Bc 型（07DYFY17T1③：62）　　5.C 型 Ⅰ式（07DYFY17T1③：68）　　6.C 型 Ⅱ式（07DYFY17T2④：18）　　7.Da 型（07DYFY17T1②：20）　8.Db 型（07DYFY17T2④：29）　9、10.Dc 型（07DYFY17T1③：90、07DYFY17T1②：217）

Db 型　素面，敞口微敛。2 件。07DYFY17T1③：91，砖红胎，胎面挂化妆土至圈足，釉不及底，釉厚处泛青，口沿处一周施酱釉，器内

底一周留有六堆石英砂粒。口径 17.5 厘米、足径 5.5 厘米、通高 6 厘米。07DYFY17T2④：29，内底略下凹。灰胎，通体挂化妆土，釉下较厚，

外壁施釉至圈足外足墙，白釉微泛黄，内底残留垫烧痕。口径 18 厘米、足径 5.5 厘米、通高 6 厘米（图七，8）。

Dc 型　素面，敞口微侈。5 件。07DYFY17T1③：90，灰胎，外壁挂化妆土不及底，通体施釉，釉色莹亮较纯，口沿处一周施酱色釉，内底残留有石英颗粒。口径 22 厘米、足径 5.6 厘米、通高 7 厘米（图七，9）。07DYFY17T1②：217，形体略矮小。棕色胎，釉下有化妆土，施釉至外壁上半部，釉色白中泛灰黄，内底一周有石英颗粒。口径 16.6 厘米、足径 6.2 厘米、通高 6 厘米（图七，10）。

Dd 型　模印花纹，敞口微侈。2 件。07DYFY17T1⑤：16，砖红胎，通体挂化妆土，施釉至圈足，釉色泛青黄，口沿处一周施酱釉，器内壁模印缠枝花卉纹，内底一周粘连有石英颗粒。口径 20 厘米、足径 6 厘米、通高 7.2 厘米（图八，1）。07DYFY17T1⑤：37（图二九，1 右上）。

小碗　共计 22 件，均为圆口圈足小碗。依腹部差异分为三型。

A 型　斜腹小碗。共计 16 件。根据腹部深浅分作两个亚型。

Aa 型　腹部较深。3 件。07DYFY17T1③：93，砖红夹灰黑胎，通体挂化妆土，口沿一周施酱色釉，白釉不及底，釉色白中泛黄，内底残留六堆石英砂粒。口径 12 厘米、足径 3.6 厘米、通高 5 厘米（图八，2）。07DYFY17T2⑦：13，灰胎，通体挂化妆土，釉下较厚，外壁施釉不及底，釉面泛米黄，内底有垫烧痕。口径 12 厘米、足径 3.8 厘米、通高 4 厘米。

Ab 型腹部较浅。13 件。分作二式。

Ⅰ式　敞口。11 件。07DYFY17T1②：105，灰胎，釉下有化妆土，施釉不及底，釉色泛青，口沿处一周酱釉，内底残留有垫烧痕。口径 13 厘米、足径 3.6 厘米、通高 4 厘米（图八，3）。07DYFY17T1②：107，灰黑胎，胎面挂有化妆土，白釉不及底，口沿一周施酱釉，内底有垫烧痕。口径 12 厘米、足径 4.2 厘米、通高 3.7 厘米。

Ⅱ式　敞口微敛。2 件。07DYFY17T2④：7，灰黑胎，釉下有化妆土，白釉泛灰黄不及底，口沿处一周酱釉，内底粘连石英砂粒。口径 12 厘米、足径 3.5 厘米、通高 4.2 厘米（图八，4）。

B 型　斜弧腹小碗。共计 4 件。根据腹部深浅程度分作两个亚型。

Ba 型　腹部略深。2 件。07DYFY17T1③：95，灰黑胎，外壁胎面化妆土不及底，施釉至近圈足处，釉厚处泛青，口沿处一周酱釉，内底残留有垫烧痕。口径 13 厘米、足径 4.4 厘米、通高 4.6 厘米（图八，5）。

Bb 型　腹部较浅。2 件。07DYFY17T1③：98，砖红胎，露胎处发紫，外壁仅口沿处有化妆土，施釉不及底，釉色白中泛黄，口沿一周挂酱釉，内底粘连石英砂粒。口径 14 厘米、足径 4 厘米、通高 3.8 厘米（图八，6）。07DYFY17T2②：3，灰黑胎，胎面有化妆土，外壁施釉至口沿下部，釉面灰黄，口沿处一周酱釉，内底留有垫烧痕。口径 14 厘米、足径 5 厘米、通高 4.2 厘米。

C 型　弧腹小碗。2 件。07DYFY17T1②：106，微侈口砖红胎，通体挂化妆土，釉面脱落，仅口沿处残留酱釉边，内底有石英颗粒。口径 12.8 厘米、足径 4.2 厘米、通高 4.4 厘米（图八，7）。

（2）盏类

共计 488 件，均为斜直腹的斗笠盏。可分为花口盏和盏两类。

花口盏　共计 31 件，依据器表的装饰不同分为二型。

A 型　素面花口盏。共计 8 件。依据口部的不同分为二亚型。

Aa 型　侈口。3 件。07DYFY17T1④：47，砖红胎，通体挂化妆土，灰白釉泛黄不及底，釉面有开片，内底粘连有石英砂粒。口径15厘米、足径3.5厘米、通高4.7厘米（图八，8）。

Ab型 敞口。5件。07DYFY17T1⑤：21，砖红胎，通体挂化妆土，施釉不及底，釉面呈

米黄色有脱落，内底有垫烧痕。口径14厘米、足径4厘米、通高5.6厘米（图八，9）。

B型 六出筋花口盏。共计23件，依据口部的不同分为二亚型。

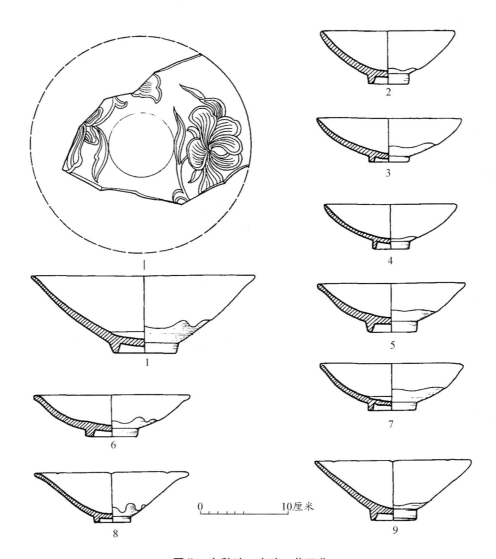

图八 白釉碗、小碗、花口盏

1. Dd型碗（07DYFY17T1⑤：16） 2. Aa型小碗（07DYFY17T1③：93） 3. Ab型Ⅰ式小碗（07DYFY17T1②：105） 4. Ab型Ⅱ式小碗（07DYFY17T2④：7） 5. Ba型小碗（07DYFY17T1③：95） 6. Bb型小碗（07DYFY17T1③：98） 7. C型小碗（07DYFY17T1②：106） 8. Aa型花口盏（07DYFY17T1④：47） 9. Ab型花口盏（07DYFY17T1⑤：21）

Ba型 微侈口。14件。07DYFY17T1③：116，砖红夹灰黑胎，通体挂化妆土，施釉不及底，白釉泛青，釉面莹亮有开片，内底一周残

留有石英砂粒。口径15厘米、足径3.6厘米、通高5厘米（图九，1）。07DYFY17T2②：18，砖红胎，通体挂化妆土，釉下较厚，白釉泛青

不及底，内底一周粘连有石英砂粒。口径 14 厘米、足径 3.5 厘米、通高 4.6 厘米。

Bb 型　侈口。9 件。07DYFY17T1②：196，灰胎，外壁胎面挂化妆土不及底，施釉至近圈足处，釉面莹亮有开片，积釉处泛青黄，内底一周有垫烧痕。口径 18 厘米、足径 5.8 厘米、通高 6 厘米（图九，2）。

盏　共计 457 件，依据腹部和器表装饰的不同分为三型。

A 型　素面斜直腹盏。共计 362 件，这类盏多有形体大小的细小差别。依据口部的不同分为三亚型。

Aa 型　敞口。54 件。依据形体大小的变化分为二式。

Ⅰ式　形体略小。28 件。07DYFY17T1③：151，灰胎，灰白釉泛青不及底，釉下有化妆土，内壁釉面有烟熏痕，器内底粘连石英砂粒。口径 13 厘米、足径 4 厘米、通高 4.6 厘米（图九，3）。07DYFY17T2④：50，砖红夹灰黑胎，胎面有化妆土，白釉泛青不及底，内壁釉面呈米黄色，器内底留有垫烧痕。口径 13.2 厘米、足径 3.6 厘米、通高 4.6 厘米。

Ⅱ式　形体略大。26 件。07DYFY17T1②：96，灰黑胎，胎面挂化妆土不及底，外壁施釉至近圈足处，釉面有光泽，内底一周残留有石英砂粒，圈足内粘连一泥饼。口径 15 厘米、足径 3.8 厘米、通高 4.5 厘米（图九，4）。07DYFY17T2④：9，灰黑胎，胎面有化妆土，外壁施釉不及底，内壁釉面泛灰黄，口沿处挂一周酱釉，内底一周残留六堆石英砂粒。口径 15.2 厘米、足径

4.5 厘米、通高 4.8 厘米。

Ab 型　敞口微敛。37 件。07DYFY17T1②：108，砖红胎，胎面挂化妆土，外壁施釉不及底，釉色白中闪青黄，釉面莹亮，口沿处施一周酱釉，器内底残留有石英砂粒。口径 15.4 厘米、足径 4.4 厘米、通高 5.4 厘米（图九，5）。

Ac 型　微侈口。271 件。依据形体大小的变化分为二式。

Ⅰ式　形体略小。269 件。07DYFY17T1④：55，灰胎，外壁胎面挂化妆土不及底，施釉至近圈足处，釉色灰白闪黄，釉面有光泽，器内底残留六堆石英砂粒。口径 13 厘米、足径 4 厘米、通高 4.6 厘米（图九，6）。07DYFY17T2⑥：16，灰黑胎，胎面有化妆土，施釉至圈足外足墙，白釉泛米黄，内底残留垫烧痕。口径 13 厘米、足径 3.2 厘米、通高 4.4 厘米。

Ⅱ式　形体略大。2 件。07DYFY17T1③：110，灰黑胎，釉下有化妆土，施釉至圈足外足墙，釉色白中闪青黄，釉面莹亮，口沿处施一周酱釉，器内底残留有石英砂粒。口径 16 厘米、足径 4 厘米、通高 4.5 厘米（图九，7）。

B 型　素面斜腹盏。共计 47 件，与 A 型盏相比，这型盏的腹部略有弧曲。依据口部的不同分为二亚型。

Ba 型　侈口。24 件。07DYFY17T1③：141，内壁口沿下有一道凸棱。灰胎，外壁胎面挂化妆土不及底，施釉至圈足外足墙，白釉较纯，釉面可见细小开片，内底一周残留垫烧痕。口径 12.8 厘米、足径 4 厘米、通高 4.8 厘米（图九，8）。

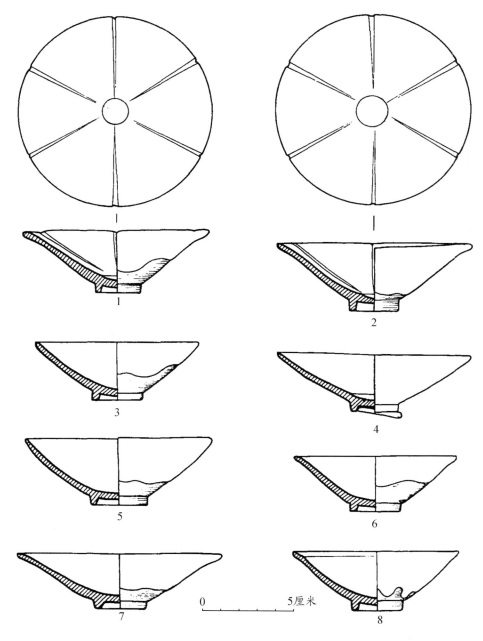

图九　白釉花口盏、盏

1. Ba 型花口盏（07DYFY17T1③：116）　2. Bb 型花口盏（07DYFY17T1②：196）　3. Aa 型I式盏（07DYFY17T1
③：151）　4. Aa 型II式盏（07DYFY17T1②：96）　5. Ab 型盏（07DYFY17T1②：108）　6. Ac 型I式盏（07DYFY17T1
④：55）　7. Ac 型II式盏（07DYFY17T1③：110）　8. Ba 型盏（07DYFY17T1③：141）

Bb 型　敞口微侈。23 件。07DYFY17T1③：126，砖红夹灰黑胎，通体挂化妆土，釉下较厚，白釉泛黄不及底，口沿积釉处偏青，内底粘连有石英砂粒。口径 13.8 厘米、足径 3.6 厘米、通高 4.4 厘米。07DYFY17T2④：53，灰黑胎，胎面挂化妆土，白釉不及底，釉面莹亮局部泛黄，内底一周残留六堆石英砂粒。口径 13 厘米、足径 3.5 厘米、通高 4.5 厘米（图一〇，1）。

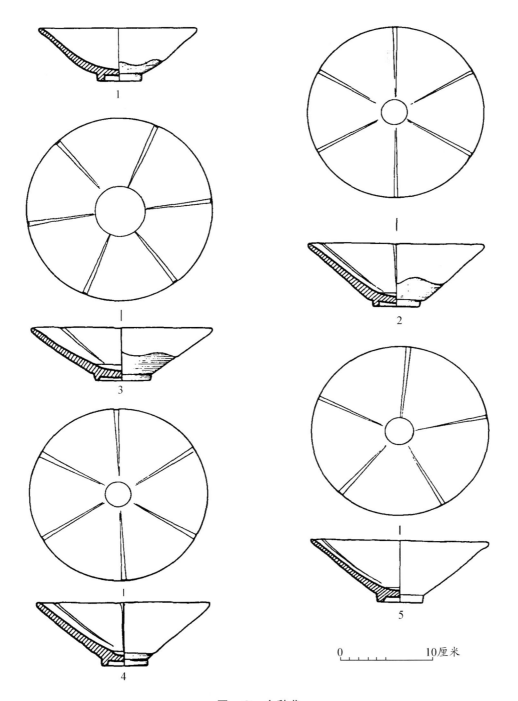

图一○　白釉盏

1. Bb 型（07DYFY17T2④：53）　　2～4. Ca 型（07DYFY17T1③：121、07DYFY17T1③：101、07DYFY17T1③：118）　　5. Cb 型（07DYFY17T2⑤：23）

C 型　出筋斜直腹盏。共计 48 件，依据口部的不同分为二亚型。

Ca 型　敞口。37 件。均为六出筋。07DYFY17T1③：101，腹略浅。灰胎，釉下有化妆土，施釉不及

底，釉色较纯有光泽，口沿处施酱釉，内底残留一周垫烧痕。口径 14.8 厘米、足径 4.4 厘米、通高 4.4 厘米（图一○，3）。07DYFY17T1③：121，腹略深，下腹与足部连接处切削一圈。砖红胎，通体挂

化妆土，施釉不及底，白釉泛青，内底残留一周六堆石英砂粒。口径 14 厘米、足径 3.8 厘米、通高 5.2 厘米（图一〇，2）。07DYFY17T1③：118，内底下凹。砖红胎，通体挂化妆土，白釉较纯不及底，釉面有开片，内底粘连有石英砂粒。口径 14 厘米、足径 3.8 厘米、通高 5.2 厘米（图一〇，4）。07DYFY17T2⑤：44，两件相连。灰黑胎，通体挂化妆土，釉下较厚，白釉，釉面莹亮局部泛青色，其上件内底粘连垫圈和泥饼状垫片。口径 14.4 厘米、足径 4 厘米、通高 5.4 厘米。

Cb 型　敞口微侈。11 件。07DYFY17T1④：53，六出筋。灰胎，灰白釉不及底，釉下有化妆土，釉面密布开片，内底残留一周有石英砂粒。口径 13.8 厘米、足径 3.5 厘米、通高 4.6 厘米。07DYFY17T2⑤：23，五出筋。砖红胎，通体挂化妆土，釉下较厚，白釉泛黄，釉面有光泽，内底残留一周六堆石英砂粒。口径 14 厘米、足径 3.6 厘米、通高 5 厘米（图一〇，5）。

（3）盘类

共计 418 件。分为花口盘、盘两类。

花口盘　共计 115 件。均为小圈足盘。依据腹部的差异分三型。

A 型　斜弧腹花口盘。共计 40 件，依据腹部的深浅分为二亚型。

Aa 型　腹较浅。30 件。07DYFY17T1③：43，内壁中部划一周弦纹。灰黑胎，外壁胎面挂化妆土不及底，施釉至近圈足处，釉色白中闪黄，釉面莹润有开片，内底残留六堆石英砂粒。口径 16.5 厘米、足径 5 厘米、通高 4 厘米（图一一，1）。

Ab 型　腹较深。10 件。07DYFY17T1③：186，灰黑夹砖红胎，釉下有化妆土，施釉至近圈足处，白釉泛黄有光泽，内底一周残留六堆石英砂粒。口径 16 厘米、足径 5.2 厘米、通高 5.6 厘米（图一一，2）。

B 型　斜折腹花口盘。共计 74 件，均为小圈足盘。依据腹部的变化及器表装饰的不同分为三亚型。

Ba 型　六出筋折腹。4 件。07DYFY17T1③：181，侈口。灰胎，通体挂化妆土，施釉至近圈足处，釉色乳白有光泽，釉面可见细小开片，器内底一周放置六堆石英砂粒。口径 17 厘米、足径 5.5 厘米、通高 4.5 厘米（图一一，3）。

Bb 型　素面折腹。53 件。07DYFY17T1③：182，灰黑夹砖红胎，外壁胎面化妆土不及底，施釉至圈足外足墙，灰白釉，积釉处泛青，内底有垫烧痕。口径 16.2 厘米、足径 5 厘米、通高 4.4 厘米。07DYFY17T2②：14，六瓣花口，腹较深。棕色胎，胎面挂化妆土，外壁施釉不及底，白釉，釉面有光泽，内底残留有石英砂粒垫烧痕。口径 16 厘米、足径 5 厘米、通高 4.4 厘米（图一一，4）。07DYFY17T1②：221，腹较浅，与一件腹部较深的折腹盘粘连。灰黑胎，釉下化妆土较厚，施釉不及底，白釉泛青，釉面密布开片，器内底可见石英砂粒。口径 16 厘米、足径 5.2 厘米、通高 4.4 厘米（图一一，5）。

Bc 型　素面圆折腹。17 件。07DYFY17T1③：279，口微侈。砖红胎发紫，釉下化妆土较厚，施釉不及底，灰白釉泛青，内底一周垫烧痕。口径 16 厘米、足径 5 厘米、通高 4.4 厘米（图一一，7）。

C 型　斜直腹花口盘。1 件。07DYFY17T1⑤：55，内壁中部有一周凸弦纹。灰黑胎，施釉至圈足外足墙，釉下有化妆土，白釉泛灰，外壁及圈足内粘连有石英砂粒。口径 17.2 厘米、足径 5.2 厘米、通高 3.5 厘米（图一一，6）。

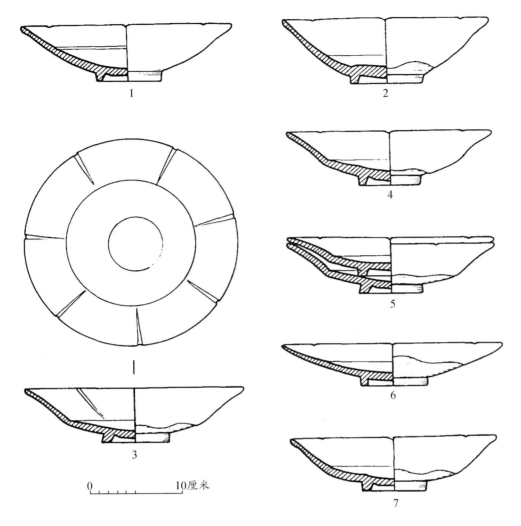

图一一　白釉花口盘

1. Aa 型（07DYFY17T1③：43）　2. Ab 型（07DYFY17T1③：186）　3. Ba 型（07DYFY17T1③：181）　4、5. Bb 型（07DYFY17T2②：14、07DYFY17T1②：221）　6. C 型（07DYFY17T1⑤：55）　7. Bc 型（07DYFY17T1③：279）

盘　共计 303 件。均为小圈足盘。依据腹部的变化分为四型。

A 型　弧腹盘。共计 7 件。07DYFY17T1③：158，内壁中部有一周凹弦纹。灰黑胎，釉下有化妆土，施釉不及底，灰白泛黄，内底残留六堆石英砂粒。口径 16 厘米、足径 5 厘米、通高 4.6 厘米（图一二，1）。

B 型　斜弧腹盘。共计 155 件。依据口部的不同分为二亚型。

Ba 型　敞口。114 件。依据上腹的变化分为二式。

Ⅰ式　上腹斜弧。33 件。07DYFY17T2⑤：32，胎壁较薄。砖红胎，胎面挂化妆土，白釉不及底，积釉处泛青色，内底残留有垫烧痕。口径 16 厘米、足径 2.8 厘米、通高 4.6 厘米（图一二，2）。07DYFY17T2⑤：19，灰黑胎，胎面有化妆土，外壁施釉不及底，釉面呈米黄色，内底粘连一垫圈。口径 16 厘米、足径 5.3 厘米、通高 4 厘米。

Ⅱ式　上腹略鼓。81 件。07DYFY17T1③：173，内壁中部有一道凹弦纹。灰黑夹砖红胎，通体挂化妆土，施釉不及底，釉面泛黄有光泽，内底留有六堆石英砂粒。口径 16 厘米、足径 5.2 厘米、通高 4.4 厘米（图一二，3）。

07DYFY17T1③：163，灰黑胎，外壁胎面挂化妆土不及底，施釉至圈足外足墙，白釉泛青，釉面光泽度强，器内底残留一周石英砂粒。口径 16.5 厘米、足径 5.2 厘米、通高 4.4 厘米。

Bb 型　侈口。41 件。依据腹中部的变化分作二式。

Ⅰ 式　腹中部微鼓。26 件。07DYFY17T1④：101，内壁中部有一道凹弦纹。灰黑胎，外壁胎面挂化妆土不及底，施釉至圈足外足墙，釉色白中泛灰，内底残留有垫烧痕，圈足内印一"全"字。口径 16.8 厘米、足径 5.5 厘米、通高 4.4 厘米（图一二，4）。

Ⅱ 式　腹中部斜弧。15 件。07DYFY17T1②：190，内底下凹，有一圈凸弦纹。灰胎，外壁胎面挂化妆土不及底，施釉至圈足外足墙，白釉有光泽，内底残留有垫烧痕。口径 16 厘米、足径 5.2 厘米、通高 4.6 厘米（图一二，5）。07DYFY17T1②：57，内壁中部有一道凸弦纹。砖红胎，外壁胎面挂化妆土不及底，施釉至近圈足处，釉面泛青黄，器内底有垫烧痕。口径 16 厘米、足径 5 厘米、通高 4.3 厘米（图一二，6）。

C 型　斜腹盘。共计 24 件。依据腹部的深浅分为二亚型。

Ca 型　腹略浅。22 件。依据口部的变化分为二式。

Ⅰ 式　敞口。20 件。07DYFY17T1③：180，内底略下凹。灰胎发紫，釉下化妆土较厚，施釉不及底，釉面莹润有开片，积釉处泛青，内底残留一周石英砂粒。口径 16.5 厘米、足径 4.8 厘米、通高 4.6 厘米（图一二，7）。07DYFY17T2⑤：31，两件相连。灰胎，胎面挂化妆土，施釉至圈足外足墙，白釉，口沿积釉处泛青色，其上件内底一周残留六堆石英砂粒。

口径 16 厘米、足径 5.8 厘米、通高 5.6 厘米。

Ⅱ 式　敞口微敛。2 件。07DYFY17T1②：55，灰黑夹砖红胎，釉下化妆土较厚，白釉泛黄，釉面可见细小开片，内底残留一周石英砂粒。口径 16.2 厘米、足径 5.3 厘米、通高 4.5 厘米（图一二，8）。

Cb 型　腹较深。2 件。07DYFY17T1②：262，灰黑胎，外壁胎面挂化妆土不及底，施釉至圈足外足墙，灰白釉，釉面有开片，内底残留六堆石英砂粒，圈足粘连一垫板残件。口径 16.4 厘米、足径 5.3 厘米、通高 6.4 厘米（图一二，9）。

D 型　折腹盘。共计 217 件。依据器表的装饰差异分为二亚型。

Da 型　素面折腹。51 件。依据腹部的深浅分为二式。

Ⅰ 式　腹较深。41 件。07DYFY17T1②：68，灰黑夹砖红胎，外壁胎面挂化妆土不及底，施釉至近圈足处，釉面泛黄有开片，内底一周放置五堆石英砂粒。口径 16 厘米、足径 5.2 厘米、通高 4.4 厘米。07DYFY17T2④：41，灰黑胎，胎面有化妆土，白釉泛青不及底，口沿处施一周酱釉，内底残留有垫烧痕。口径 17.2 厘米、足径 5.5 厘米、通高 5.6 厘米（图一二，10）。

Ⅱ 式　腹较浅。10 件。07DYFY17T1②：205，微侈口。灰黑胎，通体挂化妆土，釉下较厚，施釉不及底，白釉泛灰，内底有垫烧痕。口径 17 厘米、足径 5.2 厘米、通高 4 厘米（图一三，1）。07DYFY17T2⑦：4，紫红胎，通体挂化妆土，釉下较厚，外壁施釉不及底，釉面呈米黄色，内底残留垫烧痕。口径 16 厘米、足径 5.2 厘米、通高 4 厘米。

Db 型　出筋折腹。108 件。依据口部的变化分为二式。

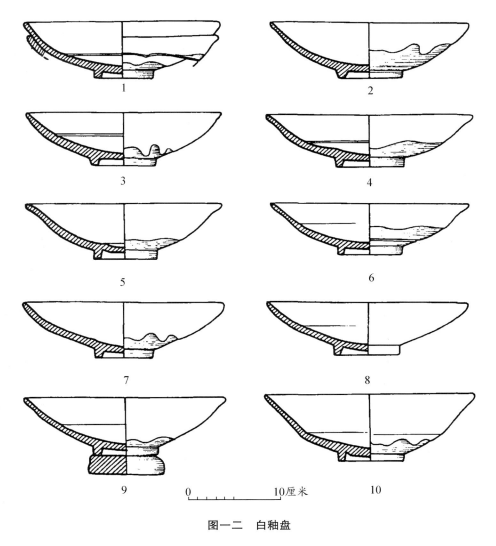

图一二　白釉盘

1. A 型（07DYFY17T1③：158）　　2. Ba 型 I 式（07DYFY17T2：32）　　3. Ba 型 II 式（07DYFY17T1③：173）
4. Bb 型 I 式（07DYFY17T1④：101）　　5、6. Bb 型 II 式（07DYFY17T1②：190、07DYFY17T1②：57）　　7. Ca 型 I
式（07DYFY17T1③：180）　　8. Ca 型 II 式（07DYFY17T1②：55）　　9. Cb 型（07DYFY17T1②：262）　　10. Da 型 I
式（07DYFY17T2④：41）

I 式　敞口或敞口微侈。41 件。07DYFY17T1③：197，灰胎，釉下有化妆土，施釉不及底，釉色灰白有光泽，积釉处泛青，内底有垫烧痕。口径 16 厘米、足径 5.2 厘米、通高 5 厘米。07DYFY17T2⑤：41，五出筋。砖红胎，胎面挂化妆土，施釉至圈足外足墙，白釉，内底残留有垫烧痕。口径 16 厘米、足径 5.6 厘米、通高 4 厘米（图一三，2）。

II 式　侈口。67 件。07DYFY17T1③：193，六出筋。灰胎，外壁胎面挂化妆土不及底，施釉至圈足外足墙，灰白釉泛青色，釉面有光泽，内底有一周垫烧痕。口径 16 厘米、足径 5 厘米、通高 4.5 厘米（图一三，3）。07DYFY17T2④：36，灰黑胎，通体挂化妆土，釉下较厚，外壁施釉不及底，白釉泛青，釉面莹亮有开片。口径 15 厘米、足径 5.2 厘米、通高 4.6 厘米。

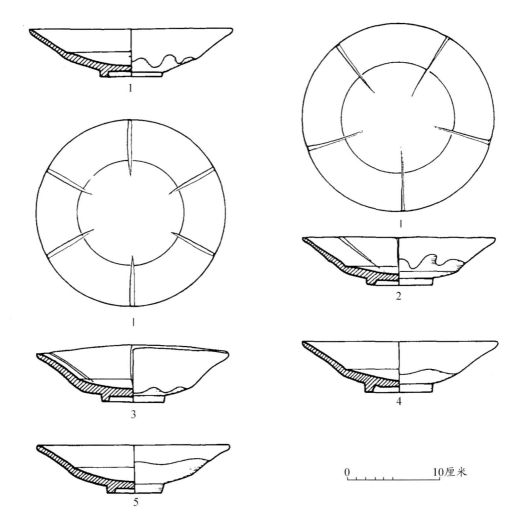

图一三　白釉盘

1. Da 型Ⅱ式（07DYFY17T1②：205）　2. Db 型Ⅰ式（07DYFY17T2⑤：41）　3. Db 型Ⅱ式（07DYFY17T1③：193）　4、5. Dc 型（07DYFY17T1④：115、07DYFY17T2⑦：7）

Dc 型　素面圆折腹。58 件。外壁折腹不明显而呈圆折状，内壁中部有一道凹弦纹。07DYFY17T1④：115，腹略深。灰胎，外壁胎面挂化妆土不及底，施釉至近圈足处，灰白釉泛黄，内底有一周垫烧痕。口径 16.4 厘米、足径 5.6 厘米、通高 4.4 厘米（图一三，4）。07DYFY17T1③：202，紫色胎，外壁胎面挂化妆土不及底，施釉至近圈足处，白釉泛青黄，器外壁粘连炭渣及石英颗粒，内底残留一周垫烧痕。口径 15.8 厘米、足径 5 厘米、通高 4.5 厘米。07DYFY17T2⑦：7，腹略浅。灰黑胎，

胎面有化妆土，施釉至圈足外足墙，白釉，内底粘连石英砂粒。口径 16 厘米、足径 4.5 厘米、通高 4.2 厘米（图一三，5）。

（4）碟

共计 124 件。均侈口，斜折腹。依据底足部差异分为三型。

A 型大平底碟。共计 16 件。依据平底内凹与否分二亚型。

Aa 型　平底略内凹。9 件。07DYFY17T1②：230，砖红胎，外壁胎面挂化妆土不及底，釉面脱落严重。口径 10 厘米、足径 4.4 厘米、

通高 2 厘米（图一四，1）。

Ab 型　平底。7 件。07DYFY17T1②：112，灰黑胎，外壁胎面挂化妆土不及底，灰白釉，积釉处闪青黄，内底有垫烧痕。口径 11 厘米、足径 4 厘米、通高 2.3 厘米（图一四，2）。

B 型　饼状小平底碟。共计 104 件。足底均略内凹。依据口部的变化分为三式。

Ⅰ式　敞口。17 件。07DYFY17T1④：65，砖红胎，外壁胎面挂化妆土不及底，白釉泛黄，釉面有开片，内底残留垫烧痕。口径 10.6 厘米、足径 3.5 厘米、通高 2.5 厘米（图一四，3）。07DYFY17T2⑤：37，灰黑胎，胎面有化妆土，通体施釉，白釉泛青，内底粘连石英砂粒。口径 10 厘米、足径 3.5 厘米、通高 2.4 厘米。

Ⅱ式　敞口微侈。19 件。07DYFY17T1③：213，灰黑胎，白触泛青不及底，釉下有化妆土，釉面莹亮密布开片，器内壁粘连有石英砂粒。口径 10 厘米、足径 3.6 厘米、通高 2.8 厘米（图一四，6）。07DYFY17T2⑤：40，灰胎，胎面有化妆土，白釉泛青，内壁釉面粘连石英砂粒。口径 10.2 厘米、足径 3.2 厘米、通高 2.2 厘米。

Ⅲ式　侈口。68 件。07DYFY17T1②：109，灰黑胎，外壁胎面挂化妆土不及底，白釉，积釉处泛青，釉面有开片，内底残留垫烧痕。口径 10 厘米、足径 3.8 厘米、通高 2.2 厘米（图一四，4）。07DYFY17T2④：2，砖红胎，胎面有化妆土，外壁施釉不及底，釉面呈土黄色，内底残留石英砂粒。口径 10 厘米、足径 3.8 厘米、通高 2.2 厘米。

C 型　玉璧状小平底碟。共计 4 件。07DYFY17T1②：113，灰黑胎，外壁施釉不及底，釉下有化妆土，灰白釉泛青，内底有垫烧痕。口径 10.5 厘米、足径 3.8 厘米、通高 2.4 厘米（图一四，5）。

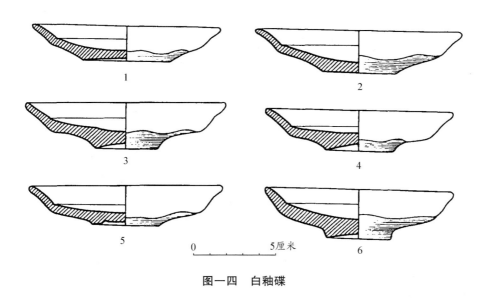

图一四　白釉碟

1. Aa 型（07DYFY17T1②：230）　　2. Ab 型（07DYFY17T1②：112）　　3. B 型Ⅰ式（07DYFY17T1④：65）
4. B 型Ⅲ式（07DYFY17T1②：109）　　5. C 型（07DYFY17T1②：113）　　6. B 型Ⅱ式（07DYFY17T1③：213）

（5）盆　共计 6 件。依据腹部的变化分为二型。

A 型　斜弧腹盆。共计 4 件。依据口沿的不同分为二亚型。

Aa 型　平沿。2 件。07DYFY17T1③：297，圈足。砖红胎通体挂化妆土，外壁施釉不及底，白釉泛黄有光泽，内壁釉下饰褐彩缠枝草叶。器内底留有垫烧痕。口径 30 厘米、足径 10 厘米、通高 9.4 厘米（图一五，1；图版二九，

3）。07DYFY17T2②：36，砖红胎，通体挂化妆土，外壁施釉不及底，内壁釉下饰褐彩，器内底残留垫烧痕。足径 12 厘米、通高 8.8 厘米。

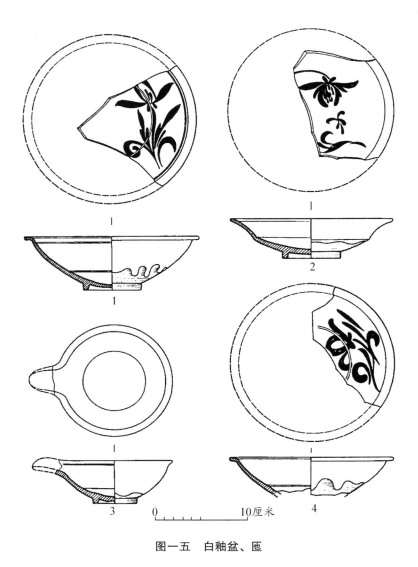

图一五　白釉盆、匜

1. Aa 型盆（07DYFY17T1③：297）　　2. B 型盆（07DYFY17T1③：298）　　3. 匜（07DYFY17T1④：37）　　4. Ab 型盆（07DYFY17T2②：37）

Ab 型　斜折沿。2 件。07DYFY17T2②：37，足底缺。砖红胎，通体挂化妆土，白釉泛米黄色，内壁釉下饰褐彩草叶纹。口径 28 厘米、残高 6.6 厘米（图一五，4）。

B 型　敞口折腹盆。2 件。07DYFY17T1③：298，砖红胎，通体挂化妆土，外壁施釉不及底，白釉泛灰，器内釉上饰紫褐彩花叶纹。

内底残留垫烧痕。口径 28 厘米、足径 10 厘米、通高 7 厘米（图一五，2）。

（6）匜

共计 16 件。均为圆口、斜弧腹、圈足，口沿一侧有一"U"型流，柄皆残断。07DYFY17T1④：37，流部残缺。圆唇口略侈。砖红胎，外壁施釉不及底，釉下挂化妆土，灰白釉泛青，釉面

有开片。口径 20 厘米、足径 7.5 厘米、通高 7.5 厘米（图一五，3）。07DYFY17T2⑦：14，灰黑胎，通体挂化妆土，外壁施釉不及底，白釉泛米黄色。口径 10.6 厘米、足径 8.8 厘米、通高 8.8 厘米（图二九，4）。

（7）注壶

共计 5 件，均残。颈肩部都附双系。依肩部特征分作二型。

A 型　丰肩注壶。共计 3 件。分为二亚型

Aa 型　肩部略斜。2 件。07DYFY17T1②：246，肩领之间附竖形双系，曲柄残，口、底及流部残缺。紫色胎，胎面挂有化妆土，白釉，釉面闪青有开片。残高 7.2 厘米（图一六，1）。07DYFY17T2 扩②：2，灰胎，通体挂化妆土，灰白釉不及底，积釉处泛青。腹径 11.4 厘米、足径 7.8 厘米、残高 19.4 厘米。

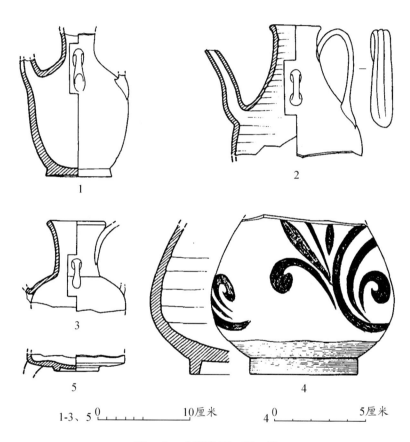

图一六　白釉注壶、瓶、炉

1. Aa 型注壶（07DYFY17T1②：246）　　2. B 型注壶（07DYFY17T1④：22）　　3. Ab 型注壶（07DYFY17T1③：302）　　4. 瓶（07DYFY17T1②：258）　　5. 炉（07DYFY17T2⑤：85）

Ab 型　肩部较平。1 件。07DYFY17T1③：302，肩部以下残缺。砖红胎，胎面挂化妆土，白釉泛黄。口径 5.2 厘米、残高 10.6 厘米（图一六，3）。

B 型　瓶形注壶。2 件。高领，曲流，溜肩，肩领部之间带双系，曲柄，整个瓶身呈玉壶春瓶形。07DYFY17T1④：22，口沿微侈。底残缺。灰胎，胎面挂化妆土，灰白釉泛黄。口径 6 厘米、残高 15.4 厘米（图一六，2）。

（8）瓶

共计 3 件。均为细长颈、溜肩、垂腹的玉壶春瓶造型，多为圈足。07DYFY17T1②：258，

颈、口部残缺。紫色胎，胎面挂化妆土，白釉不及底，外壁釉下饰褐彩草叶纹。足径6.4厘米、残高9.3厘米（图一六，4）。07DYFY17T2④：76，砖红胎，通体挂化妆土，白釉，釉面有脱落，外壁釉下饰褐彩草叶纹。足径7厘米、残高7.8厘米（图二九，5）。

（9）炉

共计4件，均为五足炉，残。07DYFY17T1③：263，口、足残。灰黑胎，胎面有化妆土，通体施釉，釉面灰白可见细小开片。口径6.5厘米、残高4.2厘米。07DYFY17T2⑤：85，口、足均残，器底部带一圈足。灰黑胎，胎面有化妆土，白釉，釉面呈米黄色。口径11.2厘米、足径5.4厘米、残高2.2厘米（图一六，5）。

（10）器盖

共计9件。依据钮和顶部的不同，分为四型。

A型　宝塔形钮盖。3件，均残。07DYFY17T1④：28，紫色胎，胎面挂化妆土，白釉有脱落。残高6厘米（图一七，1）。

B型　柱形盖。1件。07DYFY17T1②：238，顶面有圆折棱，顶部的钮残缺，圆柱盖身的外壁有两个穿孔。砖红胎，胎面挂化妆土，白釉泛黄有脱落。盖径5.5厘米、残高4厘米（图一七，2）。

C型　浅盘形盖。5件。盖顶多类碟，中部下凹，带钮，下为塞子。依据大小分作二亚型。

Ca型　小型盖。2件。07DYFY17T1③：35，棕红胎，胎面挂化妆土，白釉泛黄不及底。直径6.4厘米、通高1.5厘米。07DYFY17T2⑤：87，砖红胎，胎面有化妆土，釉面脱落。口径4.5厘米、顶径2.5厘米、高2厘米（图一七，3）。

Cb型　大型盖。4件。依据盖顶的变化分二式。

Ⅰ式　顶面下凹较深。2件。07DYFY17T1④：27，砖红胎，胎面挂化妆土，釉面呈米黄

色有脱落。盖径9.6厘米、通高3.2厘米（图一七，4）。07DYFY17T2⑤：71，紫黑胎，胎面有化妆土，釉面呈米黄色。盖径10厘米、高2厘米。

Ⅱ式　顶面略平。2件。07DYFY17T1②：239，灰胎，胎面挂化妆土，白釉泛黄，釉面有开片。盖径10厘米、通高2.6厘米（图一七，5）。07DYFY17T2④：103，紫黑胎，胎面有化妆土，釉面呈米黄色有开片。盖径10厘米、高2.5厘米。

D型　弧顶盖。1件。07DYFY17T1②：240，子母口，平沿，弧顶，柱形钮。砖红胎，胎面挂化妆土，内壁无釉，白釉泛黄，釉面有开片。盖径11.5厘米、通高4厘米（图一七，6）。

2. 绿釉类器物

（1）碗类

共计32件。分为花口碗和碗两类。

花口碗　共计4件。均为斜直腹，小圈足，内壁模印缠枝花卉纹。根据口部变化分作二式。

Ⅰ式　侈口。3件。07DYFY17T1③：248，灰胎，通体挂化妆土，绿釉泛白不及底，釉面光亮，内底残留垫烧痕。口径18厘米、足径5厘米、通高6.7厘米（图一八，3；图二九，6右）。

Ⅱ式　敞口。1件。07DYFY17T1②：121，足圈内斜切。砖红胎发紫，通体挂化妆土，釉下较厚，青绿釉不及底，釉面有开片，内底残留三堆石英砂粒。口径18厘米、足径5厘米、通高6厘米（图一八，4）。

碗　共计20件。均为圆口，小圈足。依据腹部的不同分四型。

A型　圆弧腹碗。1件。07DYFY17T1②：126，圆唇，圈足足圈平齐。砖红胎，外壁胎面挂化妆土不及底，施釉至近圈足处，绿釉泛黄。口径15厘米、足径5厘米、通高6.4厘米（图一八，1）。

B型　斜弧腹碗。2件。07DYFY17T1③：247，圆唇略尖，圈足内斜切。砖红胎，外壁施

釉不及底，釉下有化妆土，绿釉泛黄，积釉处偏灰，内底有垫烧痕。口径 15.5 厘米、足径 5.5 厘米、通高 5.2 厘米（图一八，2）。

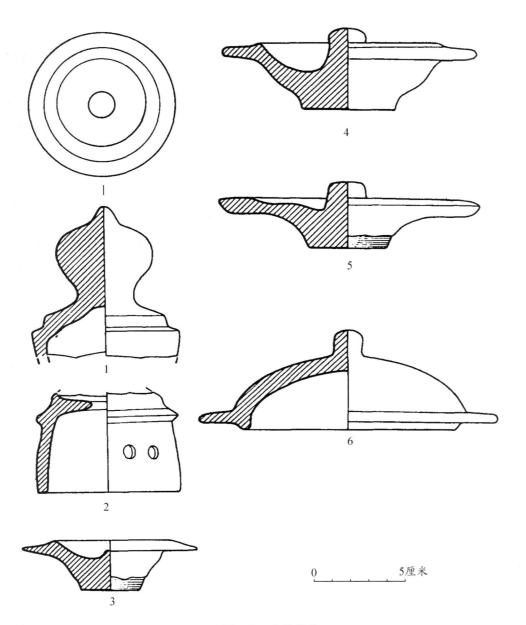

图一七 白釉器盖

1. A 型器盖（07DYFY17T1④：28） 2. B 型器盖（07DYFY17T1②：238） 3. Ca 型器盖（07DYFY17T2⑤：87） 4. Cb 型 I 式器盖（07DYFY17T1④：27） 5. Cb 型 II 式器盖（07DYFY17T1②：239） 6. D 型器盖（07DYFY17T1②：240）

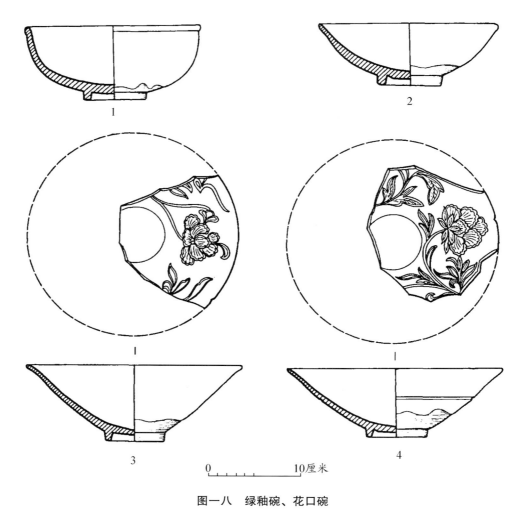

图一八　绿釉碗、花口碗

1. A 型碗（07DYFY17T1②：126）　　2. B 型碗（07DYFY17T1③：247）　　3. Ⅰ式花口碗（07DYFY17T1③：248）　　4. Ⅱ式花口碗（07DYFY17T1②：121）

C 型　斜直腹碗。共计 17 件。根据口部差异分作二亚型。

Ca 型　敞口微敛。12 件。碗的内壁口沿下均有一道凹弦纹，内壁模印花卉纹。依据足部的变化分二式。

Ⅰ式　小圈足底平。7 件。07DYFY17T1③：249，胎壁较薄。砖红胎，通体挂化妆土，青绿釉泛黄不及底，内壁模印荷叶莲花纹，近口沿处划一周弦纹，内底一周残留垫烧痕。口径 20 厘米、足径 6 厘米、通高 6.6 厘米（图一九，1）。07DYFY17T1②：212，砖红胎，通体

挂化妆土，青绿釉泛白不及底，内壁模印缠枝牡丹纹，近口沿处划一周弦纹，内底粘连有石英砂粒。口径 20 厘米、足径 5.6 厘米、通高 7.3 厘米（图一九，2）。

Ⅱ式　小圈足内斜切。5 件。07DYFY17T2④：59，砖红胎，通体挂米黄色化妆土，外壁施釉不及底，青绿釉，内壁模印缠枝牡丹纹，近口沿处划一周弦纹，内底一周残留六堆石英砂粒。口径 19 厘米、足径 6 厘米、通高 5.7 厘米（图一九，3）。

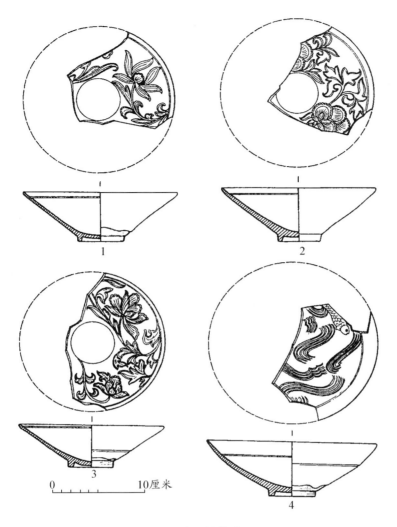

图一九　绿釉碗

1. Ca 型 I 式（07DYFY17T1③：249）　　2. Ca 型 I 式（07DYFY17T1②：212）　　3. Ca 型 II 式（07DYFY17T2④：59）　　4. Da 型（07DYFY17T1②：213）

Cb 型　侈口。5 件。07DYFY17T1②：123，砖红胎，通体挂化妆土，青绿釉泛白不及底，内壁模印缠枝花卉纹，近口沿处划一周弦纹，内底残留垫烧痕。口径 18 厘米、足径 5 厘米、通高 6 厘米（图二〇，1）。07DYFY17T2②：24，砖红胎，通体挂米黄色化妆土，青绿釉不及底，内壁模印缠枝花卉纹，近口沿处划一周弦纹，内底残留垫烧痕。口径 12 厘米、足径 3.5 厘米、通高 4 厘米（图二九，6 左）。

D 型　斜腹碗。共计 8 件，斜腹略有弧度。依据口部的不同分为二亚型。

Da 型　敞口。1 件。07DYFY17T1②：213，砖红胎，通体挂化妆土，施釉至圈足外足墙，青绿釉，内外壁近口沿处刻有弦纹，器内刻画水波游鱼纹，内底粘连有石英砂粒。口径 22 厘米、足径 6 厘米、通高 7.5 厘米（图一九，4）。

Db 型　侈口。7 件。07DYFY17T1②：209，腹壁近口沿处略内束。砖红夹灰黑胎，灰绿釉偏黄，外壁下部及圈足未施釉，釉下有化妆土，口沿处挂一道酱釉，内底残留有垫烧痕。口径 19 厘米、足径 6 厘米、通高 5.4 厘米（图二〇，2）。

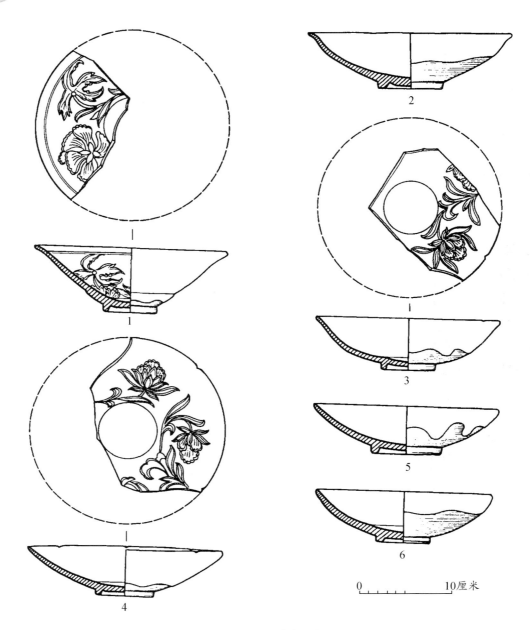

图二〇　绿釉碗、盘

1. Cb 型碗（07DYFY17T1②：123）　　2. Db 型碗（07DYFY17T1②：209）　　3. A 型花口盘（07DYFY17T1③：259）　　4. B 型花口盘（07DYFY17T1②：116）　　5. Ⅰ式盘（07DYFY17T1③：264）　　6. Ⅱ式盘（07DYFY17T1③：265）

　　（2）盘类

　　共计 22 件。分为花口盘、盘两类。

　　花口盘　共计 12 件，均为小圈足盘。依据腹部的不同分为二型。

　　A 型　弧腹花口盘。1 件。07DYFY17T1③：259，口微侈，内底略下凹，内壁模印缠枝

花卉纹。灰黑胎，通体挂化妆土，釉下较厚，青绿釉泛白不及底，内底一周残留石英砂粒，外壁亦有粘连。口径 17 厘米、足径 5 厘米、通高 4.9 厘米（图二〇，3）。

　　B 型　斜腹花口盘。11 件。腹部斜而略有弧度，尖唇，敞口。07DYFY17T1②：116，内

底略下凹，内壁模印牡丹花卉纹。砖红胎，通体挂化妆土，釉下较厚，黄绿釉不及底，釉面有开片，光泽度较差，内底可见一圈六堆石英砂粒。口径18厘米、足径5.4厘米、通高5厘米（图二〇，4）。

盘　共计10件，均为斜腹小圈足盘，尖唇，敞口，腹部斜弧，依据腹部的不同分为二式。

Ⅰ式　腹部略直而较浅。2件。07DYFY17T1③：264，紫色胎，黄绿釉，外壁下部及圈足未施釉，釉下有化妆土，内底残留有垫烧痕。口径17.2厘米、足径6.2厘米、通高4.6厘米（图二〇，5）。

Ⅱ式　腹部略显圆弧度，腹较深。8件。07DYFY17T1③：265，内壁近口沿处一周凸弦纹。灰黑胎发紫，绿釉偏灰，外壁下部及圈足未施釉，釉下可见化妆土，内底有垫烧痕。口径16.2厘米、足径5.2厘米、通高5厘米（图二〇，6）。

（3）盏

1件。圆口，斜腹略弧，小圈足。07DYFY17T2②：27，灰黑胎，胎面有化妆土，外壁施釉不及底，青绿釉泛黄，内底残留垫烧痕。口径12厘米、足径4.2厘米、通高4.2厘米（图二一，1）。

（4）注壶

1件。高领，曲流，球形腹，饼足。07DYFY17T1②：287，口、流部残缺。灰黑胎，胎面无化妆土，施釉不及底，青黄釉，釉面莹润有开片。足径5.5厘米、残高10厘米（图二一，2）。

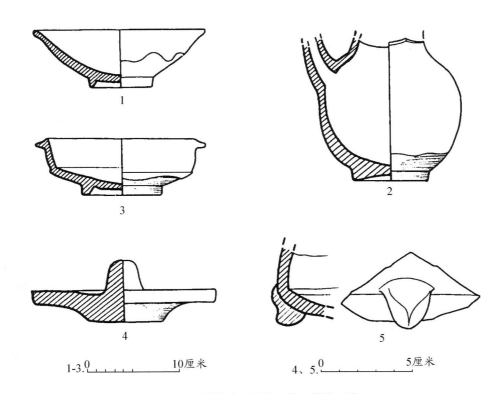

1-3. 0 ——————10厘米

4、5. 0 ——————5厘米

图二一　绿釉盏、注壶、洗、器盖、炉

1. 盏（07DYFY17T2②：27）　2. 注壶（07DYFY17T1②：287）　3. 洗（07DYFY17T2⑤：84）　4. 器盖（07DYFY17T1②：285）　5. 炉（07DYFY17T1②：284）

（5）洗

1件。07DYFY17T2⑤：84，圆口，折沿，平沿外斜，上腹直，下腹斜收，圈足，圈足内斜切。砖红胎，胎面有化妆土，外壁施釉不及底，青绿釉泛黄。口径12厘米、足径5.2厘米、通高4厘米（图二一，3）。

（6）器盖

共计2件。均为平顶柱钮小盖。07DYFY17T1②：285，器形扁平，盖顶中部略下凹。紫色胎，胎面有化妆土，绿釉，釉面有脱落。盖径6.5厘米、通高2.2厘米（图二一，4）。07DYFY17T1④：13，灰胎，胎面无化妆土，绿釉有脱落。直径6.4厘米、通高2厘米。

（7）炉

1件。07DYFY17T1②：284，残件。炉足为锥状小足。黄灰胎，胎面无化妆土，绿釉。残高2.7厘米（图二一，5）。

3. 酱釉类器物

（1）碗类

共计168件，分为碗和小碗。

碗　81件。均为圆口小圈足碗。依据腹部的不同分作四型。

A型　弧腹碗。共计15件。依据器表装饰的不同分为二亚型。

Aa型　素面。14件。圆唇，敞口略外侈。07DYFY17T1④：143，灰黑胎，器表露台处泛紫，胎面无化妆土，酱黑釉不及底，内底留有五个支钉痕。口径15厘米、足径5.5厘米、通高5.8厘米（图二二，1）。07DYFY17T2②：29，砖红胎，胎面无化妆土，酱红釉不及底，内底残留支烧痕。口径16厘米、足径6厘米、通高5厘米。

Ab型　内壁饰模印出筋。1件。07DYFY17T1②：132，侈口，内沿略斜折，腹部较浅，圈足矮。灰黑胎，器表露台处泛紫，胎面无化妆土，酱釉不及底，内底残留五个支钉痕。口径16厘米、足径7.2厘米、通高4.2厘米（图二二，8）。

B型　斜弧腹碗。共计37件。依据口部的不同分为二亚型。

Ba型　敞口。3件。07DYFY17T1②：131，圆唇，斜弧腹略直。灰黑胎，釉下有化妆土，釉面脱落严重，内底留有五个支钉痕。口径16厘米、足径5.2厘米、通高6厘米（图二二，2）。

Bb型　侈口。34件。07DYFY17T1④：147，尖唇，斜弧腹弧度较大，圈足略高。灰胎，胎面无化妆土，姜黄釉不及底，内底一周残留五个支钉痕。口径16厘米、足径5.5厘米、通高5厘米（图二二，4）。

C型　斜腹碗。共计19件。敞口，多为尖唇，斜腹略有弧度。07DYFY17T1②：222，灰胎，胎面未挂化妆土，酱釉偏黄不及底，口沿积釉处泛黑，内底粘连一五齿支钉。口径15厘米、足径5厘米、通高5厘米（图二二，3）。07DYFY1712④：60，灰黑胎，胎面无化妆土，酱黄釉不及底，内底残留五个支钉痕。口径17厘米、足径6厘米、通高5.5厘米。

D型　斜直腹碗。共计10件。依据口部的变化分为二亚型。

Da型　敞口。2件。07DYFY17T1②：135，砖红胎，酱釉不及底，釉下挂化妆土，内壁釉面脱落，内底残留有支钉痕。口径20厘米、足径6.9厘米、通高7厘米（图二二，6）。

Db型　侈口。8件。依据圈足的大小分为二式。

Ⅰ式　圈足较宽矮。2件。07DYFY17T1②：134，砖红胎，酱釉不及底，釉下挂化妆土，釉面有光泽，内底残留五个支钉痕。口径18厘米、足径7.2厘米、通高6.6厘米（图二二，5）。07DYFY17T2④：62，砖红胎，胎面无化妆土，酱釉不及底，釉面脱落，内底残留五个支钉痕。口径18厘米、足径6.5厘米、通高6.5厘米。

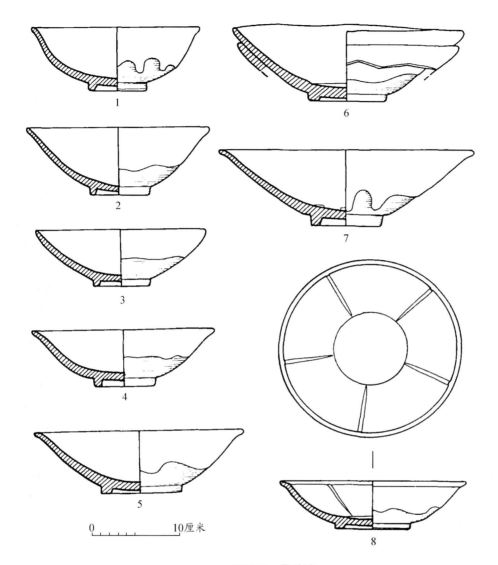

图二二　酱釉碗

1. Aa 型（07DYFY17T1④：143）　　2. Ba 型（07DYFY17T1②：131）　　3. C 型（07DYFY17T1②：222）

4. Bb 型（07DYFY17T1④：147）　　5. Db 型 Ⅰ式（07DYFY17T1②：134）　　6. Da 型（07DYFY17T1②：135）

7. Db 型Ⅱ式（07DYFY17T1②：138）　　8. Ab 型（07DYFY17T1②：132）

　　Ⅱ式　小圈足略高。6 件。07DYFY17T1②：138，砖红夹灰胎，酱釉不及底，釉下挂化妆土，内壁釉面脱落，内底残留五个支钉痕。口径 22 厘米、足径 6 厘米、通高 6.8 厘米（图二二，7）。

　　小碗　共计 87 件。依据底足的差异分作二型。

　　A 型　小圈足小碗。共计 10 件。依据腹部的不同分为三亚型。

　　Aa 型　斜直腹。3 件。近圈足处因切削一圈而略呈折腹状。07DYFY17T1⑤：65，敞口。灰胎，外壁胎面挂化妆土不及底，釉面脱落严重，内底粘连有一支钉。口径 13 厘米、足径 5.3 厘米、通高 4 厘米（图二三，1）。

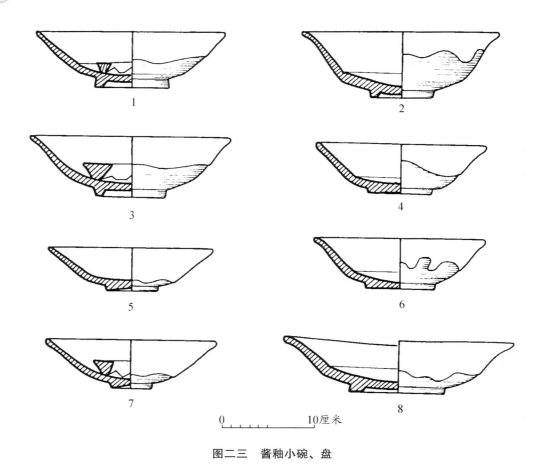

图二三　酱釉小碗、盘

1. Aa 型小碗（07DYFY17T1⑤：65）　　2. Ab 型小碗（07DYFY17T1④：152）　　3. Ac 型小碗（07DYFY17T1②：219）　4. Ba 型Ⅰ式小碗（07DYFY17T1②：178）　5. Ba 型Ⅱ式小碗（07DYFY17T1②：175）　6. Bb 型Ⅰ式小碗（07DYFY17T1④：155）　7. Bb 型Ⅱ式小碗（07DYFY17T1③：236）　8. 盘（07DYFY17T1②：136）

Ab 型　折腹。3 件。腹中部以下折腹。07DYFY17T1④：152，侈口，内壁折腹处有一道凹弦纹，圈足内斜切。灰胎，胎面无化妆土，外壁施釉至口沿下部，酱釉泛黄，釉面有脱落，内底一周残留有支钉痕。口径 14 厘米、足径 4.5 厘米、通高 4.8 厘米（图二三，2）。

Ac 型　斜弧腹。4 件。07DYFY17T1②：219，灰黑胎，器表露台处呈棕红色，胎面无化妆土，外壁施釉至口沿下部，酱釉泛黄，釉面有光泽，内底粘连有半截支钉。口径 14 厘米、足径 5.2 厘米、通高 4 厘米（图二三，3）。

B 型　饼足小碗。共计 77 件。依据腹部的不同分二亚型。

Ba 型　斜直腹。51 件。近圈足因切削一圈

略呈折腹状。依据腹部的深浅变化分二式。

Ⅰ式　腹部略深。44 件。07DYFY17T1②：178，圆唇。灰胎，器表露台处呈棕红色，胎面无化妆土，外壁施釉至口沿下部，酱釉泛黄，釉面有光泽，内底一周残留有支钉痕。口径 12 厘米、足径 4.3 厘米、通高 4.5 厘米（图二三，4）。

Ⅱ式　腹部略浅。7 件。07DYFY17T1②：175，尖唇，小饼足略内凹。砖红胎，胎面无化妆土，酱黄釉不及底，积釉处发黑。口径 11.8 厘米、足径 3.2 厘米、通高 3.2 厘米（图二三，5）。

Bb 型　斜弧腹。26 件。依据口部的变化分二式。

Ⅰ式　侈口。18 件。07DYFY17T1④：155，圆唇略尖，饼足较大。灰胎，器表露台处

呈棕红色，胎面无化妆土，酱黄釉不及底，积釉处发黑。口径 12 厘米、足径 5 厘米、通高 3.8 厘米（图二三，6）。

II 式　敞口。8 件。07DYFY17T1③：236，圆唇，小饼足略内凹。灰胎，器表露台处呈棕红色，胎面无化妆土，酱黄釉不及底，釉面有光泽，内底粘连一五齿支钉。口径 12 厘米、足径 3 厘米、通高 3.6 厘米（图二三，7）。

（2）盘

共计 2 件。均为侈口、折腹、圈足盘。07DYFY17T1②：136，紫色胎，酱黑釉不及底，釉下挂化妆土，内底残留有支钉痕。口径 16 厘米、足径 6.5 厘米、通高 4 厘米（图二三，8）。

（3）罐类

共计 13 件。分为双系罐和无系罐两类。

双系罐　11 件。矮领，肩部两侧各置一横系。依据腹部的差异分为二型。

A 型　长圆腹双系罐。9 件。依据足部的不同分为二亚型。

Aa 型　平底。4 件。07DYFY17T1④：3，平底略内凹。砖红胎，胎面无化妆土，外壁施釉不及底，酱釉有脱落，局部呈黄绿色。口径 5.5 厘米、底径 6.2 厘米、通高 11.5 厘米（图二四，1）。

Ab 型　大饼足。5 件。07DYFY17T1④：179，足底略内凹。灰胎，胎面无化妆土，外壁施酱釉不及底，釉面有光泽。口径 6 厘米、足径 7 厘米、通高 12 厘米（图二四，4）。

B 型　圆腹双系罐。1 件。07DYFY17T1③：322，平底略内凹。棕红胎，胎面无化妆土，酱釉不及底。底径 5.2 厘米、残高 8 厘米（图二四，2）。

C 型　鼓腹双系罐。1 件。07DYFY17T2⑥：3，丰肩，下腹斜收。灰胎，胎面有化妆土，外壁施釉不及底，酱釉，釉面有脱落。口径 5.7 厘米、底径 4.4 厘米、通高 7.4 厘米

（图二四，3）。

无系罐 3 件。依据领的有无分作二型。

A 型　矮领无系罐。2 件，鼓腹，平底。07DYFY17T1②：265，平底略内凹。砖红胎，胎面无化妆土，酱黄釉不及底，釉面光亮有开片。口径 6 厘米、底径 5 厘米、通高 5 厘米（图二四，5）。

B 型　无领无系罐。1 件。07DYFY17T1②：266，圆唇，鼓腹。底部残缺。紫色胎，胎面无化妆土，酱釉不及底，釉面有脱落。口径 8 厘米、残高 6 厘米（图二四，6）。

（4）注壶

共计 7 件。均为高领、曲流、双系注壶，双系位于领、腹间。依腹部特征分作二型。

A 型　球形腹注壶。1 件。07DYFY17T1⑤：2，玉璧足较大，外墙外斜，柄残。灰胎，胎面无化妆土，外壁施釉不及底，酱红釉，局部泛黄。口径 5.5 厘米、足径 6.5 厘米、通高 7 厘米（图二四，7）。

B 型　长圆腹注壶。6 件。均为大饼足，足底略内凹。07DYFY17T1⑤：5，领部残缺。砖红胎，酱釉不及底，釉面有脱落。足径 7 厘米、残高 17 厘米（图二四，8）。07DYFY17T1④：23，领、流及口部残缺。砖红胎，酱釉不及底，釉面有脱落。足径 7.7 厘米、残高 16 厘米。

（5）炉

共计 2 件。均圆口，有沿，杯形腹，下连阶梯状底座。以腹部的不同特征分作二型。

A 型　深腹炉。1 件。07DYFY17T1③：13，平折沿，足底平。砖红胎发紫，胎面无化妆土，通体施酱釉，积釉处泛灰蓝。足径 6 厘米、通高 6 厘米（图二四，12）。

B 型　浅腹炉。1 件。07DYFY17T1③：9，折沿下斜，底座内空。灰黑胎，胎面无化妆土，通体施酱釉，局部呈墨绿色。口径 6.9 厘米、残高 7.4 厘米（图二四，11）。

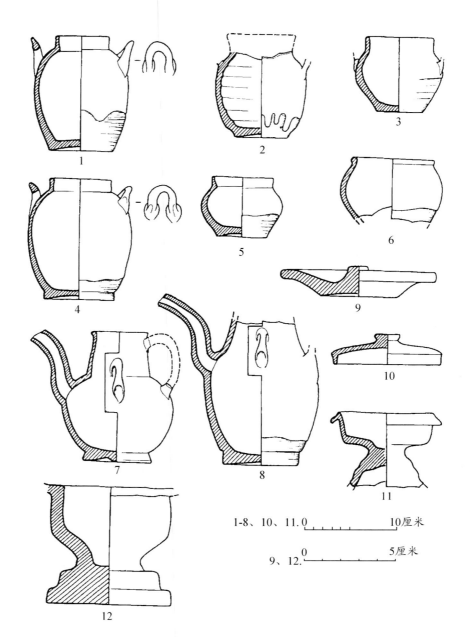

图二四　酱釉罐、注壶、器盖、炉

1. Aa 型双系罐（07DYFY17T1④：3）　　2. B 型双系罐（07DYFY17T1③：322）　　3. C 型双系罐（07DYFY17T2⑥：3）　　4. Ab 型双系罐（07DYFY17T1④：179）　　5. A 型无系罐（07DYFY17T1②：265）　　6. B 型无系罐（07DYFY17T1②：266）　　7. A 型注壶（07DYFY17T1⑤：2）　　8. B 型注壶（07DYFY17T1⑤：5）　　9，A 型器盖（07DYFY17T1④：2）　　10. B 型器盖（07DYFY17T1③：18）　　11. B 型炉（07DYFY17T1③：9）　　12. A 型炉（07DYFY17T1③：13）

（6）器盖

共计 3 件。依据盖顶的不同分为二型。

A 型　浅盘形盖。2 件。07DYFY17T1④：2，顶面下凹，柱形钮。胎面挂米黄色化妆土，

酱黄釉不及底。直径 7.4 厘米、通高 1.5 厘米（图二四，9）。

B 型　斜顶盖。1 件。07DYFY17T1③：18，顶面微隆起，扁圆钮，折沿成直口。灰胎，胎面无化妆土，酱黑釉。口径 10 厘米、通高 3 厘米（图二四，10）。

4. 乳浊绿釉类器物

（1）碗类

共计 32 件，分为碗和小碗。

碗 25 件。均为圆口圈足碗。依腹部特征分作四型。

A 型　圆弧腹碗。1 件。07DYFY17T1 ②：143，尖唇，直口。紫色胎，釉下有化妆土，内壁釉色黄绿，外壁蓝绿釉不及底。口径 22 厘米、足径 8 厘米、通高 9 厘米（图二五，1）。

B 型　弧腹碗。1 件。07DYFY17T1 ③：319，侈口，圈足浅矮。灰黑胎，胎面挂有化妆土，内壁施釉至口沿下部，外壁不及底，青绿釉泛蓝，釉面有光泽。口径 15 厘米、足径 6 厘米、通高 6.6 厘米（图二五，2）。

C 型　斜弧腹碗。11 件。07DYFY17T1 ②：141，尖唇，外沿宽而呈扁带形。砖红胎，通体挂化妆土，外壁施釉至口沿下部，绿釉，釉面有脱落泛灰白，内底一周残留五个支钉痕。口径 17.5 厘米、足径 6 厘米、通高 3.2 厘米（图二五，3）。

D 型　斜直腹碗。12 件。依据口部的不同分二亚型。

Da 型　敞口。3 件。07DYFY17T1 ②：144，内底略下凹，圈足内略有斜切，六出筋。灰黑胎，施釉不及底，釉下挂化妆土，釉色青绿，口沿处泛黄，内底残留五个支钉痕。口径 20 厘米、足径 7 厘米、通高 6.5 厘米（图二五，4）。

Db 型　折沿略敛口。9 件。07DYFY17T1 ②：156，灰胎，器表露台处呈棕红色，青绿釉不及底，釉面少光泽，内底一周残留有支钉痕。口径 16 厘米、足径 6.5 厘米、通高 4.5 厘米（图二五，5）。

小碗 7 件。依据底足的差异分作二型。

A 型　圈足小碗。5 件。根据腹部差异分为三亚型。

Aa 型　圆弧腹。1 件。07DYFY17T1 ③：268，敞口较直。砖红胎，蓝绿釉不及底，釉下有化妆土，内底粘连一五齿支钉。口径 12 厘米、足径 4 厘米、通高 4 厘米（图二五，6）。

Ab 型　斜弧腹。2 件，上腹较直，下腹圆弧。07DYFY17T1 ③：271，侈口，圈足略高。紫色胎，青绿釉不及底，釉下有化妆土，内壁釉面泛灰白，内底一周残留五个支钉痕。口径 12 厘米、足径 4 厘米、通高 4.6 厘米（图二五，7）。

Ac 型　斜腹。2 件。斜腹较直而略有弧度，近圈足处因切削而微折。07DYFY17T1 ②：157，侈口，内底有一圈较浅的凹弦纹。灰胎，青绿釉泛黄不及底，釉下有化妆土，内底残留有支钉痕。口径 12 厘米、足径 5.5 厘米、通高 4 厘米（图二五，8）。

B 型　饼足小碗。1 件。07DYFY17T1 ②：158，尖唇，侈口，上腹斜直，下腹圆弧，饼足底略内凹。灰黑胎，胎面无化妆土，青绿釉不及底，内壁釉面莹亮，内底残留五个支钉痕。口径 12 厘米、足径 4.8 厘米、通高 4.4 厘米（图二五，9）。

（2）盘

共计 15 件。均为圆口圈足盘。依据腹部的不同分二型。

A 型　斜弧腹盘。12 件。均为尖圆唇，敞口。依据腹部的深浅分为二亚型。

Aa 型　腹部较深。9 件。07DYFY17T1 ②：148，器壁较厚，圈足较宽。砖红胎，通体挂化妆土，蓝绿釉不及底，内壁釉面脱落泛灰白，内底一周残留五个支钉痕。口径 17 厘米、足径 5.6 厘米、通高 4.9 厘米（图二五，12）。

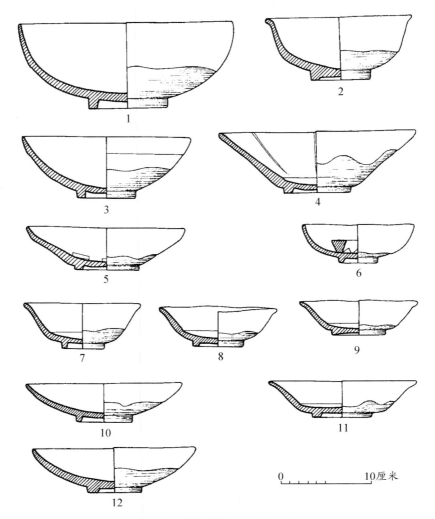

图二五　乳浊绿釉碗、小碗、盘

1. A 型碗（07DYFY17T1②：143）　　2. B 型碗（07DYFY17T1③：319）　　3. C 型碗（07DYFY17T1②：141）
4. Da 型碗（07DYFY17T1②：144）　　5. Db 型碗（07DYFY17T1②：156）　　6. Aa 型小碗（07DYFY17T1③：268）
7. Ab 型小碗（07DYFY17T1③：271）　　8. Ac 型小碗（07DYFY17T1②：157）　　9. B 型小碗（07DYFY17T1②：
158）　　10. Ab 型盘（07DYFY17T1②：150）　　11. B 型盘（07DYFY17T1②：153）　　12. Aa 型盘（07DYFY17T1②：
148）

　　Ab 型　腹部略浅。3 件。07DYFY17T1②：150，器壁较薄。灰胎，胎面无化妆土，外壁施釉至口沿下部，蓝绿釉，器内底残留五个支钉痕。口径 16 厘米、足径 5.8 厘米、通高 4 厘米（图二五，10）。

　　B 型　折腹盘。3 件。07DYFY17T1②：153，侈口，上腹斜直，下腹平折。紫色胎，器表露台处呈棕红色，青绿釉泛黄不及底，釉下挂化妆土，器内底残留五个支钉痕，圈足内粘

连一泥饼。口径 15.5 厘米、足径 6 厘米、通高 3.8 厘米（图二五，11）。

　　（3）匜

　　共计 11 件。均为圆口、斜折腹、圈足匜，口沿一侧有一"U"型流，无柄。07DYFY17T1⑤：1，内底有五个支钉痕。紫色胎，胎面挂有米黄色化妆土，青绿釉不及底。口径 20 厘米、足径 9 厘米、通高 10 厘米（图二六，1）。

　　（4）注壶

共计4件。形态差异较大，分二型。

A型 高领椭圆腹注壶。3件。均曲柄，领腹间带双系。07DYFY17T1②：286，溜肩，流及肩部以下残缺。灰胎，胎面无化妆土，蓝绿釉闪青黄，釉面有光泽。口径4厘米、残高10厘米（图二六，2）。

B型 无颈梨形腹注壶。1件。07DYFY17T1④：177，曲柄残。流及底部残缺。灰胎，胎面无化妆土，青绿釉，釉面泛灰白。口径4厘米、残高9厘米（图二六，3）。

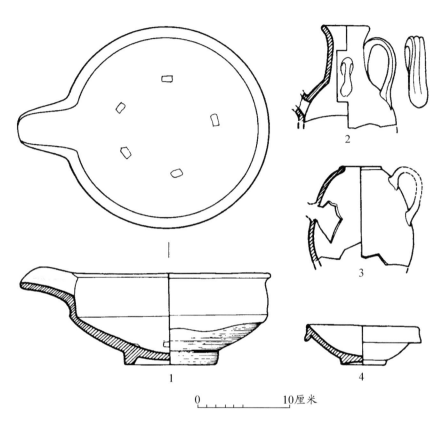

0   10厘米

图二六 乳浊绿釉匜、注壶、盏

1. 匜（07DYFY17T1⑤：1） 2. A型注壶（07DYFY17T1②：286） 3. B型注壶（07DYFY17T1④：177） 4. 盏（07DYFY17T2⑤：65）

（5）盏

1件。07DYFY17T2⑤：65，唇口，唇部外沿下垂，斜腹略弧，饼足略内凹。灰黑胎，胎面挂米黄色化妆土，外壁施釉至唇部，蓝绿色釉，内壁釉面灰白。口径10厘米、足径3.5厘米、通高2.4厘米（图二六，4）。

5. 乳浊青白釉类器物

（1）碗

共计39件。均为圆口圈足碗。依据腹部特征分作二型。

A型 斜弧腹碗。30件。07DYFY17T1②：161，侈口，外壁口部有沿，圈足较宽。紫色胎，浅绿釉泛黄不及底，釉下挂化妆土，釉面开片有光泽，内底粘连一五齿支钉。口径16厘米、足径6.8厘米、通高4.5厘米（图二七，1）。

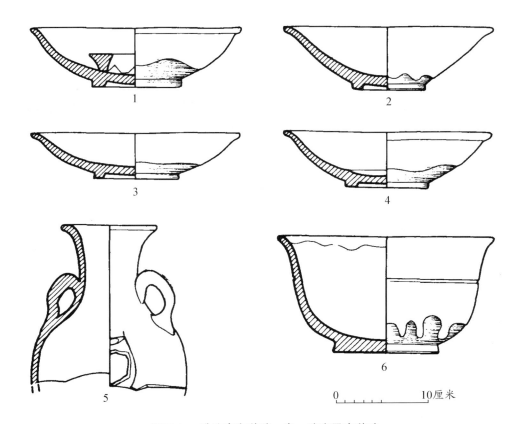

0   10厘米

图二七　乳浊青白釉碗、盘、注壶及青釉碗

　　1. 乳浊青白釉 A 型碗（07DYFY17T1②：161）　　2. 乳浊青白釉 B 型碗（07DYFY17T1②：165）　　3. 乳浊青白釉 Aa 型盘（07DYFY17T1②：170）　　4. 乳浊青白釉 Ab 型盘（07DYFY17T1②：168）　　5. 乳浊青白釉注壶（07DYFY17T1④：21）　　6. 青釉碗（07DYFY17T1④：20）

　　B 型　斜直腹碗。9 件。07DYFY17T1②：165，侈口，圈足较小而窄，灰胎，浅绿釉不及底，釉下挂化妆土，釉面有光泽，内底一周残留五个支钉痕。口径 16 厘米、足径 5.8 厘米、通高 5 厘米（图二七，2）。

　　（2）盘

　　共计 16 件。均为圆口、斜弧腹、圈足盘。斜弧腹略直。依腹部的深浅分作二亚型。

　　Aa 型　腹部略浅。3 件。07DYFY17T1②：170，侈口。灰胎，浅绿釉泛白不及底，釉下挂化妆土，釉面有开片，内底残留支钉痕。口径 16 厘米、足径 6.6 厘米、通高 3.7 厘米（图二七，3）。

　　Ab 型　腹部略深。13 件。07DYFY17T1②：168，侈口，内底下凹。灰胎，器表露台处

呈棕红色，浅绿釉泛黄不及底，釉下挂化妆土，釉面有光泽，内底一周残留五个支钉痕。口径 16 厘米、足径 6.5 厘米、通高 4.4 厘米（图二七，4）。

　　（3）注壶

　　1 件。07DYFY17T1④：21，高领，喇叭口，领、肩之间有对称双系。溜肩，椭圆腹，曲柄。肩部以下残缺。紫色胎，胎面无化妆土，浅绿釉泛黄，釉面有开片。口径 7 厘米、残高 13 厘米（图二七，5）。

　　6. 青釉类器物

　　仅 1 件，为深弧腹饼足碗。07DYFY17T1④：20，圆唇，侈口，外壁中部有一道凹弦纹。砖红胎，青釉泛灰不及底，釉下有化妆土。口径 16.5 厘米、足径 8 厘米、通高 9.5 厘米（图

二七，6）。

（二）窑具

（1）支钉

共计 6 件。均为五齿支钉。按形态分作二型。

A 型　束腰形五齿支钉。5 件。依据形体大小分二亚型。

Aa 型　形体较大。3 件。07DYFY17T1②：301，夹砂胎，器表有粘釉。直径 9.2 厘米、高 3.3 厘米（图二八，1）。07DYFY17T1③：337，砖红胎。直径 10 厘米、高 4 厘米。

Ab 型　形体较小。2 件。07DYFY17T1③：338，夹砂胎，器表有粘釉。直径 8 厘米、高 3.6 厘米（图二八，2）。

B 型　斜壁五齿支钉。1 件。07DYFY17T1③：345，齿短而钝。夹砂胎。直径 6.5 厘米、高 1.5 厘米（图二八，3）。

（2）垫圈

统计数量超过万件。均为圆环形，截面呈梯形。依据形体的不同分二型。

A 型　形体较大而矮。07DYFY17T1③：341，夹砂胎。直径 7.5 厘米、高 1.5 厘米（图二八，4）。

B 型　形体较小而略高。07DYFY17T1.②：303，夹砂胎。上径 4 厘米、下径 5 厘米、高 1.8 厘米（图二八，5）。

（3）支柱

共计 3 件。通体呈上小下大的斜筒形，器表有突弦纹。07DYFY17T1②：292，砖红胎。上径 6 厘米、下径 9.2 厘米、高 12 厘米（图二八，6）。07DYFY17T1③：334，砖红胎。顶径 6.1 厘米、底径 10 厘米、高 12.4 厘米。

（4）垫板

共计 4 件。依据形状的不同分二型。

A 型　圆形垫板。1 件。07DYFY17T1.③：339，垫板的一面有一个矮的支圈。灰胎。直径 28 厘米、厚 2.4 厘米（图二八，7）。

B 型　三角形垫板。3 件。中心均有一圆孔。07DYFY17T1②：279，灰胎，器表有粘釉。边长 18.6 厘米、厚 2～2.4 厘米（图二八，8）。07DYFY17T1③：336，黄灰胎，器表有刻字，难以释读。残长 18 厘米、厚 1.6 厘米。

（5）垫条　共计 4 件。依据横截面及大小的不同分为二型。

A 型　截面为方形的长条状垫条。1 件。07DYFY17T1②：295，略弯曲。灰胎，器表有粘釉。残长 23 厘米、厚 3～3.4 厘米（图二八，9）。

B 型　截面略呈圆形的短小垫条。3 件。均捏制成型。07DYFY17T1③：343，灰胎，器表有指纹。厚 0.9 厘米（图二八，10）。

（6）垫片

统计数量超过千件。均为泥饼装的小垫片。07DYFY17T1③：353，砖红胎，器表有压印指纹。直径 3 厘米、厚 0.5 厘米。

（7）支顶具

共计 12 件，均为倒盏形，依据顶部的变化分二式。

Ⅰ式　平顶。1 件。07DYFY17T1⑤：80，唇口，器壁较直，通体较高。砖红胎。底径 4.4 厘米、口径 12.5 厘米、高 5 厘米（图二八，11）。

Ⅱ式　平顶上有一个圆孔。11 件。器壁略弧，通体较矮。07DYFY17T1②：314，砖红胎。顶径 4.3 厘米、残高 1.7 厘米（图二八，12）。

（8）测试锥

共计 2 件，均搓制成型。07DYFY17T1②：298，黄灰胎，器表有捏印指纹。残长 9.2 厘米（图二八，13）。

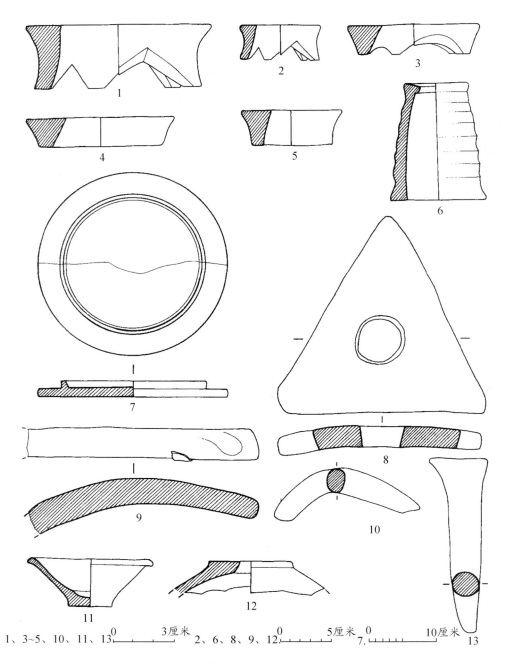

图二八　窑具

1. Aa 型支钉（07DYFY17T1②：301）　　2. Ab 型支钉（07DYFY17T1③：338）　　3. B 型支钉（07DYFY17T1③：345）　　4. A 型垫圈（07DYFY17T1③：341）　　5. B 型垫圈（07DYFY17T1②：303）　　6. 支柱（07DYFY17T1②：292）　　7. A 型垫板（07DYFY17T1③：339）　　8. B 型垫板（07DYFY17T1②：279）　　9. A 型垫条（07DYFY17T1②：295）　　10. B 型垫条（07DYFY17T1③：343）　　11. Ⅰ式支顶具（07DYFY17T1⑤：80）　　12. Ⅱ式支顶具（07DYFY17T1②：314）　　13. 测试锥（07DYFY17T1②：298）

三、年 代

玉堂窑十七号窑包的代表性器物有白釉A型斜腹碗、白釉B型斜弧腹碗、白釉六出筋花口碗、白釉小碗、白釉A型和B型花口盘以及白釉B型盘、白釉A型盏、绿釉碗、酱釉小碗等。其中T1④层的器物主要有白釉B型碗、Ac型I式和Cb型盏、Bb型盘，酱釉A型器盖等。③层的器物主要有白釉A型I式和C型碗、B型花口碗、小碗、Ba型盘、A型和B型花口盘、Aa型I式盏、B型和C型盏；绿釉II式花口碗、B型和Ca型I式碗；酱釉Bb型II式小碗等。②层的器物主要有白釉A型II式碗、B型碗、B型花口碗、小碗、Aa型II式和Ab型盏，绿釉类和酱釉类的大部分器物，并可见少量乳浊釉类器物。

白釉C型碗、A型花口碗、Bc型花口盘、Aa型花口盏、A型注壶，绿釉Da型、Db型碗，酱釉双系罐、B型注壶，乳浊绿釉碟、B型注壶等器物具有较为明显的时代特征和断代意义。其中白釉C型碗敞口、斜直腹略弧、圈足较高的形态与辽宁义县清河门M2（辽清宁三年，公元1057年）[1]、江苏镇江北宋熙宁二年（公元1071年）章岷墓[2]、内蒙古宁城辽咸雍八年（公元1072年）萧府君墓[3]、内蒙古库伦旗M1（辽大康六年，公元1080年）[4]及安徽全椒西石北宋元祐七年（公元1092年）张之纥墓[5]所出影青瓷碗（盏）极为类似；A型I式花口碗（Y17T1③：78）内壁模印的荷叶形象与浙江杭州北大桥南宋墓[6]、北京通县金大定十七年（公元1177年）石宗壁墓[7]、吉林农安金代窖藏[8]等遗迹单位出土的定窑白瓷盘、洗、钵内壁刻画纹样一致，莲花的形象则可于广东梅县瑶上区南宋瓷窑[9]烧造的刻花碗内；另一件A型II式花口碗（Y17T1②：34）内壁模印缠枝团花图案，其花瓣弧部朝向同一方向的特点也见于12至13世纪的陶瓷作品上，可举者如河北曲阳北镇村定窑遗址"大定二十四年"（公元1184年）款缠枝菊纹碗模[10]、英国戴维德中国艺术基金会（Percival David Foundation of Chinese Art）藏"大定二十四年"（公元1184年）款缠枝菊凤纹盘模[11]及江西吉水南宋嘉熙元年至宝祐二年（公元1237～公元1254年）张重四墓白瓷印花碗[12]等；Bc型花口盘侈口、上腹微收束、下腹折收的特点与江苏江阴夏港北宋晚期至南宋墓白瓷刻画花盘[13]、河北宣化下八里村金皇统四年（公元1144年）张世本夫妇墓[14]白瓷碟及成都西郊外化成小区南宋端平二年（公元1235年）墓酱釉盘[15]相仿；Aa型花口盏的造型则与福建建阳芦花坪窑址出土的南宋黑釉兔毫盏接近[16]，类似的建窑系黑釉油滴作品还见藏于日本静嘉堂（Seikado）文库美术馆中[17]。乳浊绿釉A型注壶的通体形制与四川遂宁金鱼村南宋窖藏[18]、浙江慈溪寺龙口越窑址[19]南宋早期地层出土的影青及青瓷同类作品接近。绿釉Db型碗内壁刻画游鱼水波纹样，相同的装饰另见于吉林农安金代窖藏内一件定窑白瓷钵上。酱釉双横系罐是成都平原一带南宋墓葬中常见的随葬品之一[20]，而B型注壶的形态则可与四川绵竹雒城一座北宋元祐年间（公元1086～公元1094年）墓（87GLGM1）所出青灰釉作品[21]相对应。乳浊绿釉碟通体呈斜方唇口、浅腹、小平底，与成都双流华阳镇绿水康城小区南宋中晚期墓（2001CSLM 16）出土物[22]近同；乳浊绿釉B型注壶曲流、壶身近卵形，可作为这一形制年代参考的考古材料数量不少，如前述遂宁金鱼村窖藏、四川剑阁宋井周围遗址[23]、达川白岩村宋墓[24]、河北宣化辽张匡正墓[25]、内蒙古昭乌达盟辽尚暐符墓[26]、北京海淀南辛庄金墓（M1）[27]、河南禹州刘家门钧窑址第一期前段遗物[28]及河北磁县观台磁州窑址第二期后段遗物[29]中均有不同釉色品种的发现，其年代大体相当于北宋晚期至南宋之际。

由此推断，T1③层的年代大致在 11 世纪后半叶及 12 世纪中叶，T1②层的年代在 12 世纪中后期至 13 世纪中叶前后，T1④的地层中没有较为明确的断代器物，其年代大致在 11 世纪早中期。⑤层、⑥层的出土器物很少，且没有废品堆积的迹象，故地层中的出土器物不见得代表了十七号窑包的生产情况，在此仅作相对年代的排比，其年代当在北宋早期之际。据此，十七号窑包的烧造年代约在北宋中期至南宋之际，即 11 世纪后半叶至 13 世纪中叶前后，与六号窑包的后期时代基本吻合。

十七号窑包的 T1 和 T2，分别位于窑包的不同区域，T1 是窑包的废弃产品堆放区域，T2 为窑包的作坊区域，在地层上难于完全统一，但比较 T1、T2 的出土器物，可以大致判定两处仍具有一定的对应关系。其中 T2 的②层、③层、④层大致与 T1 的②层相对应，T2 的⑤层与 T1 的③层对应，T2 的⑥层、⑦层则与 T1 的④层对应。

四、初步认识

玉堂窑停止生产后，人们在十七号窑包附近长期的生产、生活对窑包地表及埋藏于浅表的遗迹破坏较大，此次试掘前已经明确了十七号窑包存在龙窑遗迹，但破坏较为严重，根据以往的考古资料可知，这里主要还是采用南方窑场常见的长条斜坡状龙窑。其次，Y17T2 的地层堆积较为平整，且地层结构较为紧密，加之在②层和⑥层下均发现了疑似排水沟的遗迹，结合村民曾在这里开挖出石条、石板的事实，可以初步推断十七号窑包的作坊区即位于 T2 附近，但由于后期的耕作，典型的作坊遗迹已经被破坏殆尽。

通过对出土窑具及器物表面残留痕迹的观察，我们初步将该窑陶瓷器的装烧方法总结为以下几种：①支圈间隔的仰烧法。在十七号窑包的 T1 发现了数以万计的小垫圈，结合出土的器物上垫圈粘连等情况分析，十七号窑包使用最多的就是支圈间隔的仰烧法。同时，这里几乎没有发现匣钵（仅在 T1 的③层发现了一枚类似匣钵的窑具残片），则表明这样的仰烧采用的是裸烧法。结合较多的支顶具，应该在叠装器物的顶部采用了支顶类窑具保护瓷器，尽可能少地受到窑渣、窑灰等的污染。②垫圈砂堆釉口覆烧，即先在筒形支柱或支顶钵上正置一枚垫圈，再于垫圈之上放五六堆砂粒，并将碗的坯件反扣在砂堆上，然后在碗圈足上又放五六堆砂粒，接着将下一个碗坯反扣在砂堆上，以此类推，重叠数层或十几层。这种方法同四川彭州磁峰窑器物装烧所采用的釉口砂堆覆烧通底匣钵技术[30]比较接近，后者流行于南宋中晚期之际；③支钉间隔的仰烧法。这种方法的使用与支圈间隔的仰烧法一致，但支钉的使用在十七号窑包并不多见。④垫板与支柱配合装烧，即支柱正立于窑床面，将柱体的上端穿于三角垫板圆孔内，保持平衡后在垫板的拐角位置分别摆放坯件，或先放一枚泥饼后再置坯件，然后用另一个支柱的下端与其下支柱上端相套，并依上述方法再安放垫板、泥饼和坯件，由此重叠数层。这种方法类似所谓的"伞形支烧"技术，后者的相关窑具遗物在固驿瓦窑山南朝晚期至隋代窑址[31]、邢窑北朝时期遗存[32]、广西桂林隋代窑址[33]以及福建德化南宋时期窑址[34]均有发现，日本山口县江户时代的萩烧窑也曾采用这种装烧工艺[35]。⑤支钉釉口覆烧，即在筒形支柱或支顶钵上正置一枚支钉，然后将碗或盘的坯反扣在支钉上，再于器足底放置支钉，依次反扣坯件。这种方法约在南朝晚期至隋代已应用于四川地区的青瓷窑场，典型如邛崃固驿瓦窑山窑址。根据六号窑包的地层判断，玉堂窑的"釉口覆烧"技术产生于中晚唐时期。但根据支钉和支柱的出土数量和共出情况判断，这种方法也只是有可能在十七号窑包少量地使用过。总的来说，前两种方法在玉堂窑的十七号窑包应用得更为普遍，尤其是支圈间隔的仰烧法，是本窑包装烧方法的主流。

从本窑包地层中出土大量的垫圈而少见支钉的情况表明这里的装烧方法与六号窑包大量使用支钉的装烧方法存在较为明显的不同，这样的现象或可以归结为生产者的不同所造成的，而从其出土少量的支钉、一种面多呈方形、通体略弯曲的条状支垫，以及六号窑包也仅出土少量垫圈等习见于十七号窑包的现象看，这些窑具的使用也透露出不同窑包之间并不强烈的相互影响。

十七号窑包出土了数件泥质锥形器，类似的遗物曾在都江堰金凤窑[36]、重庆涂山窑[37]、山西临汾窑[38]等处窑场有发现，常被称为"测温锥"，也可能属测坚锥一类的测试工具。通常是在耐火板或耐火砖上挖出小孔，将不同配方的制坯黏土或瓷土搓制成细长的锥体插入孔中，试验者根据锥体弯曲的程度来判断各种配方在高温中的耐火性能。过去有研究者已经注意到测坚锥的使用范围与釉口覆烧技术的分布窑场十分接近[39]，而玉堂窑同样是流行釉口覆烧技术的窑口，故两者之间的关系值得予以重视。

十七号窑包最主流的产品是白釉类瓷器，其次是呈草绿色的绿釉瓷器，尽管有少量乳浊釉类器物的出土，但它们并非主流产品，结合窑具的出土状况所表现的强烈的差异性，共同说明了十七号窑包与六号窑包之间生产状况的明显不同。十七号窑包出土白釉瓷器中亦不乏诸多精美作品，这也是四川地区继彭州磁峰窑[40]、都江堰瓦缸坝窑[41]、金凤窑之后又一处生产白瓷器的古代大型窑场。模印花卉图案是该窑白釉、绿釉瓷器上较常见的装饰技法之一，与地理位置上相距不远的磁峰窑产品之间应当存在着某种窑业技术与产品形态的相互影

响的关系，同时其产品造型与装饰花纹也可能受到过来自景德镇影青瓷、陕西耀州窑青瓷及河北南部窑场（如定窑、井陉窑等）白瓷器的影响。至于不少白瓷碗、盏口沿处还装饰有一周酱黄釉边，则无疑是刻意模仿金银扣瓷器的做法[42]，也是宋代瓷器的一个特色。

十七号窑包出土碗类器物底部有不少模印的文字和符号，最常见的是"＊""＋""王""李""全"等字符，这与成都平原的琉璃厂窑等窑场的出土器物具有极为相似的特征[43]，不难推测，这样的符号与商品的销售有很大的关联，具有一定的广告、宣传作用。但这样的广告行为在玉堂窑主要见于十七号以及七号、十号窑包，而少见于其他的窑包，又是值得我们关注和思考的一个问题。

发　掘：黄晓枫　易　立　樊拓宇　李　平
　　　　王志勇　杨　丽　高志春
执　笔：黄晓枫　易　立　樊拓宇
绘　图：曹桂梅　卢引科

注　释

[1] 李文信：《义县清河门辽墓发掘报告》，《考古学报》1954年第8期。

[2] 镇江市博物馆：《镇江市南郊北宋章岷墓》，《文物》1977年第3期。

[3] 内蒙古文物考古研究所、赤峰市博物馆：《宁城县岳家杖子辽萧府君墓清理记》，《内蒙古文物考古文集》（第1辑），北京：中国大百科全书出版社，1994年，第548~552页。

[4] 王建群、陈相伟：《库仑辽代壁画墓》，《文物》1973年第8期。

[5] 滁县地区行署文化局、全椒县文化局：《安徽全椒西石北宋墓》，《文物》1988年第11期。

[6] 浙江省文物考古研究所：《杭州北大桥宋墓》，《文物》1988年第11期。

[7] 北京市文物管理处：《北京市通县金代墓葬发掘简

报》，《文物》1977年第11期。

[8] 吉林省博物馆、农安县文管所：《吉林农安金代窖藏文物》，《文物》1988年第7期。

[9] 杨少祥：《广东梅县市唐宋窑址》，《考古》1994年第3期。

[10] 妙齐浩、薛增福：《河北曲阳县定窑遗址出土印花模子》，《考古》1985年第7期。

[11] 刘涛：《宋辽金纪年瓷器》，北京：文物出版社，2004年，第12页。

[12] 陈定荣：《江西吉水纪年宋墓出土文物》，《文物》1987年第2期。

[13] 高振卫、邹红梅：《江苏江阴夏港宋墓清理简报》，《文物》2001年第6期。

[14] 张家口市文物事业管理所等：《河北宣化下八里辽金壁画墓》，《文物》1990年第10期；河北省文物研究所：《宣化辽墓——1974～1993年发掘报告》，北京：文物出版社，2001年，第12～14页。

[15] 成都文物考古研究所：《成都市外化成小区南宋墓发掘简报》，《成都考古发现》（1999），北京：科学出版社，2001年，第248～249页。

[16] 福建省博物馆等：《福建建窑芦花坪窑址发掘简报》，《中国古代窑址调查发掘报告集》，北京：文物出版社，1984年，第55页。

[17] ［日］座右宝刊行会（后藤茂树）：《世界陶瓷全集·12》（宋），东京：小学馆，1977年，第63～67页。

[18] 遂宁市博物馆、遂宁市文物管理所：《四川遂宁金鱼村南宋窖藏》，《文物》1994年第4期。

[19] 浙江省考古研究所、北京大学考古文博学院等：《寺龙口越窑址》，文物出版社，2002年。

[20] 陈云洪：《试论四川宋墓》，《四川文物》1999年第3期。

[21] 四川省文物考古研究所、广汉县文物管理所：《四川广汉县雒城镇宋墓清理简报》，《考古》1990年第2期。

[22] 成都文物考古研究所、双流县文物管理所：《成都市双流县华阳镇绿水康城小区发现一批砖室墓》，《成都考古发现》（2003），北京：科学出

版社，2005年，第365页。

[23] 母学勇：《剑阁发现宋代砖井》，《四川文物》1999年第1期。

[24] 马幸辛、王平、李建琪：《达川市发现宋代墓葬》，《四川文物》1999年第1期。

[25] 张家口市文物事业管理所等：《河北宣化下八里辽金壁画墓》，《文物》1990年第10期；河北省文物研究所：《宣化辽墓——1974～1993年发掘报告》，北京：文物出版社，2001年，第15～23页。

[26] 郑隆：《昭乌达盟辽尚暐符墓清理简报》，《文物》1961年第9期。

[27] 北京市海淀区文化文物局：《北京市海淀区南辛庄金墓清理简报》，《文物》1988年第7期。

[28] 北京大学中国考古学研究中心、河南省文物考古研究所：《河南省禹州市神垕镇刘家门钧窑遗址发掘简报》，《文物》2003年第11期。

[29] 北京大学考古系、河北省文物研究所等：《观台磁州窑址》，北京：文物出版社，1997年，第201～204页。

[30] 陈丽琼、魏达议、丁祖春：《四川彭县磁峰窑调查与试掘的收获》，《中国古代窑址调查发掘报告集》，北京：文物出版社，1984年，第303～306页；除磁峰窑外，观台磁州窑从第四期前段（金末至元初）开始也采用过这种装烧技术。

[31] 四川省文物管理委员会、四川省文物考古研究所等：《四川省邛崃县固驿瓦窑山古瓷窑遗址发掘简报》，《南方民族考古》（第三辑），成都：四川科学技术出版社，1990年，第358～361、364～365页。

[32] 河北省文物研究所、内丘县文物保管所等：《邢窑遗址调查、试掘报告》，《考古学集刊》（第14集），北京：文物出版社，2004年，第208页。

[33] 李铧：《广西桂林窑的早期窑址及其匣钵制烧工艺》，《文物》1991年第12期。

[34] 福建省博物馆：《德化窑》，文物出版社，1990年；曾凡：《关于德化窑的几个问题》，《中国古陶瓷论文集》，北京：文物出版社，1982年，第245～262页。

[35] 熊海堂：《东亚窑业技术发展与交流史研究》，南京：南京大学出版社，1995 年，第 301 ~ 303 页。

[36] 成都文物考古研究所、都江堰市文物局：《都江堰市金凤窑址发掘简报》，《文物》2002 年第 2 期；成都文物考古研究所、都江堰市文物局：《都江堰市金凤窑址发掘报告》，《成都考古发现》（2000），北京：科学出版社，2002 年，第 238 ~ 246 页。

[37] 重庆市文物考古所：《重庆涂山窑》，北京：科学出版社，2006 年，第 354 页。

[38] 水既生：《山西古代窑具及其装烧方法的初探》，《中国古陶瓷研究》，北京：科学出版社，1987 年，第 336 ~ 341 页。

[39] 熊海堂：《东亚窑业技术发展与交流史研究》，南京：南京大学出版社，1995 年，第 190、198 ~ 199 页。

[40] 陈丽琼、魏达议、丁祖春：《四川彭县磁峰窑调查与试掘的收获》，《中国古代窑址调查发掘报告集》，北京：文物出版社，1984 年，第 298 ~ 303 页；成都文物考古研究所、彭州市博物馆：《2000 年磁峰窑发掘报告》，《成都考古发现》（2000），北京：科学出版社，2002 年，第 176 ~ 211 页。

[41] 成都文物考古研究所、都江堰市文物局：《都江堰市金凤乡瓦缸坝窑发掘报告》，《成都考古发现》（2001），北京：科学出版社，2003 年，第 281 ~ 288 页。

[42] 谢明良：《金银金口瓷器及其有关问题》，（台北）《故宫文物月刊》1986 年第 4 卷第 2 期。

[43] 蒲存忠：《成都琉璃厂窑北宋窑工印记》，《四川文物》2004 年第 6 期。本文中记述的成都琉璃厂窑器物足底的印记虽然不是正式发掘或考古调查采集的器物，但对作者所见的、发现于成都地区的相关印记进行了总结性的描述，对于我们认识成都平原及周边的窑场所生产的该类器物有一定的借鉴作用。

1. 左：A 型 I 式白釉花口碗（07DYFY17T1③：78）
右上：Dd 型白釉碗（07DYFY17T1⑤：37）
右下：A 型 II 式白釉花口碗（07DYFY17T2②：76）

2. Aa 型白釉碗（07DYFY17T1②：25）

3. Aa 型白釉盆（07DYFY17T1③：297）

4. 白釉匜（07DYFY17T2⑦：14）

5. 白釉瓶（07DYFY17T2④：76）

6. 左：Cb 型绿釉碗（07DYFY17T2②：24）
右：I 式绿釉花口碗（07DYFY17T1③：248）

图二九　玉堂窑十七号窑包出土瓷器

（原文发表于《南方民族考古》第六辑）

都江堰市玉堂窑遗址马家窑包（六号）2013年试掘简报

成都文物考古研究所　都江堰市文物局

玉堂窑遗址位于四川省都江堰市西南的玉堂镇凤岐村、凤凰山浅丘山地之中（图一），距都江堰市区约10公里，山地地势西高东低，海拔715～825米。在距离遗址约5公里处，岷江的支流金马河由西北向东南从遗址的东北面流经。遗址西隔金井沟与龙门山脉的赵公山、卧牛山和青城山对望，环山堰环绕遗址的北面和东部，北距遗址1公里，折向南流后经过遗址东沿，在遗址南边与金井沟汇合。遗址区域内地势较为平坦，植被茂密，分布着竹林和大量的观赏、经济类果树林木，以银杏树、桂花树和猕猴桃树为主，山间平地和凹地基本被开辟为农田，在不同的季节以种植玉米、油菜、小麦、水稻等为主。遗址内现存窑包17座，散布在约2.5平方公里的范围内，自古就有"上九堆、下九堆"的传说，2002年被公布为四川省文物保护单位，2013年被公布为全国重点文物保护单位（图二）。目前各窑包的具体名称和编号分别为：张家窑包（一号）、上罗家窑包（二号）、唐家窑包（三号）、何家窑包（四号）、西杨家窑包（五号）、马家窑包（六号）、东杨家窑包（七号）、西罗家窑包（八号）、东罗家窑包（九号）、尚家窑包（十号）、李家窑包（十一号）、瓦子凼窑包（十二号）、范家窑包（十三）、下刘家窑包（十四号）、瓦子坡窑包（十五号）、上刘家窑包（十六号）、宋家窑包（十七号）。

1977年春，四川省文物管理委员会（四川省博物馆）获悉灌县玉堂公社五七干校附近出土大量瓷片和窑具，随即前往调查，初步证实是一处规模较大的古瓷窑址。同年10～12月，四川省文物管理委员会（四川省博物馆）联合灌县（今都江堰市）文物管理所对玉堂窑的上罗家窑包（二号）、何家窑包（四号）和马家窑包（六号）分别进行了试掘，揭露面积共计约100平方米，出土大量的瓷器和窑具标本，并且在上罗家窑包西侧清理了一座龙窑。通过试掘工作，发掘者认为马家窑包的年代始于唐代中期，废于北宋；上罗家和何家窑包的遗存可分为三期，第一期为唐代，第二期为晚唐至北宋初，第三期为北宋中晚期[1]。2007年5月，由于环青城山旅游路线的规划与建设，成都文物考古研究所联合都江堰市文物局对玉堂窑遗址进行了全面的考古调查，确认遗址内共保存有大小窑包17座，通过对比和分析各窑包采集的标本，并依据产品的造型、釉色等方面差异，将其分成了4组，对17座窑包的产品面貌、装烧工艺和时代有了较为清晰的认识[2]。随后又对马家窑包（六号）和宋家窑包（十七号）开展了小规模试掘，但未能找到窑炉和作坊区的位置。通过整理研究，发掘者认为马家窑包的遗存可分为两期，第一期约在晚唐五代，第二期为北宋中晚期至南宋，其间存在较明显　　　年代约在北宋中晚期至南宋[3]。
的年代缺环；宋家窑包的遗存面貌较晚，烧造

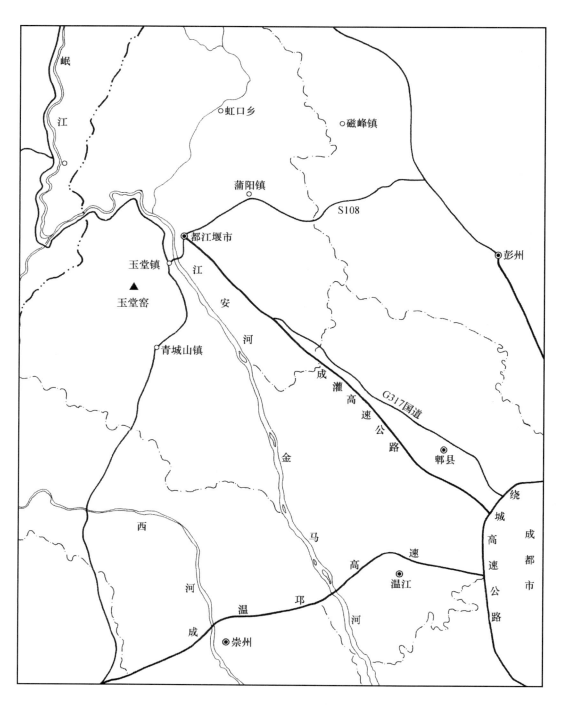

图一　玉堂窑位置示意图

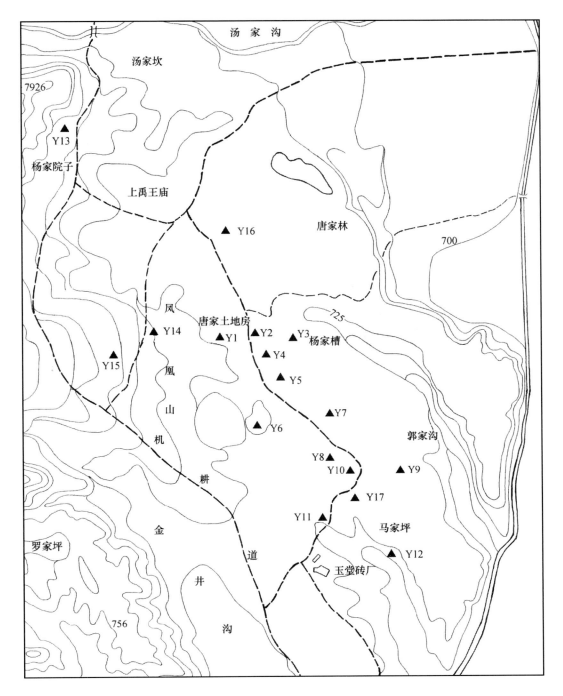

图二　Y1～Y17 分布图

2013 年 7 月 9～31 日，为配合制定玉堂窑的大遗址保护工作规划，成都文物考古研究所与都江堰市文物局组成联合考古队，再次对玉堂窑遗址开展了考古调查工作。此次工作的主要目的是进一步确认各窑包的位置和遗存分布范围，但由于时值雨季和汛期，加之窑包内植被茂密，做全面试掘的条件尚不具备，故我们将工作重点选择在保存状况较好、周边地势较平坦的马家窑包，开挖了一个 3 米 ×5 米探方（编号 2013YY6T1，以下简写为 "T1"），加上局部扩方，实际试掘面积约 28 平方米，揭露出

建筑活动面、灰坑、灰沟等遗迹现象，同时获得了一批重要的出土物（图三）。现将此次试掘的主要收获简报如下。

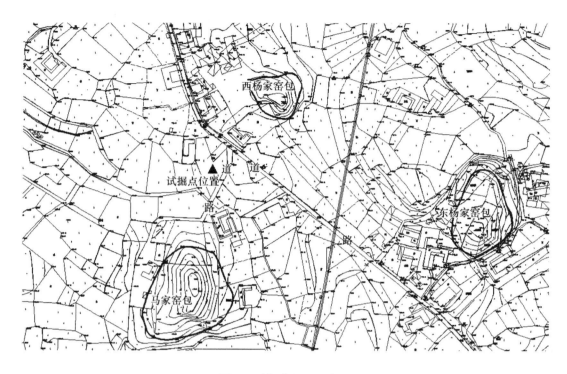

图三　试掘点位置示意图

一、地层堆积

T1 位于马家窑包以北约 90 米处，北面和南面与村公路相邻，所在地势平坦，地表种植桂花树、烟叶、玉米、蔬菜等作物。中心地理坐标为东经 103°35′34.4″、北纬 30°56′47.8″，海拔约 744 米。T1 的地层堆积情况可以探方南壁剖面为例说明如下（图四）：

第 1 层：耕土层，灰黑色土，堆积较松软。厚 0.18 ~ 0.2 米。夹杂草木根茎、碎石瓦砾等。

第 2 层：青灰色土，暗黄色黏土的含量较高，堆积较松软。厚 0.1 ~ 0.14 米。夹杂烧土块和瓷器残片，瓷器残片中见有少量的青花瓷。

第 3 层：青灰色土，包含少量的暗黄色黏土，堆积较松软。厚 0.08 ~ 0.14 米。夹杂烧土块和大量的陶器、瓷器和窑具残片，瓷器可辨器形有碗、盘、盏、盆、瓶、器盖、急须、罐、器柄，窑具可辨器形有支钉、支柱、垫具、匣钵、测温锥等。G1、F1 叠压于该层下。

第 4 层：暗黄色黏土与灰白色黏土的混合堆积，堆积较松软。厚 0.06 ~ 0.15 米。夹杂的陶器和瓷器残片数量较少，可辨器形与第 3 层变化不大，主要增加了瓷炉和瓷注壶。H1 叠压于该层下。

第 5 层：暗黄色黏土与灰白色黏土的混合堆积，堆积较松软。厚 0.2 ~ 0.3 米。夹杂碎小的瓷器残片，数量很少。

第 5 层以下为生土。

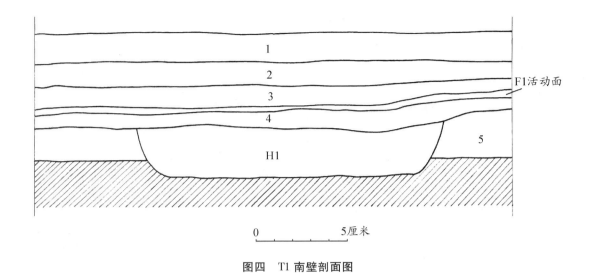

0 _____ 5厘米

图四　T1 南壁剖面图

二、遗迹单位

由于此次发掘的 T1 面积很小，揭露的遗迹现象并不丰富（图五），仅发现灰沟 1 条（编号 G1）、灰坑 1 座（编号 H1），另外在探方的东北部揭露出一片房屋建筑的瓦砾活动面（编号 F1）。

G1　位于 T1 西北部，东北—西南走向。叠压于第 3 层下，打破第 4、5 层和 F1。开口距地表深约 0.36 米。受发掘面积所限，仅揭露了局部一小段，沟口平面呈长条形，斜壁，弧底。揭露部分长 4.89 米，宽 0.7 米，深 0.11 米。

沟内填土呈灰黑色，出土少量碎小的瓷器残片（图六）。

H1　位于 T1 南部。叠压于第 4 层下，打破第 5 层和生土。开口距地表深约 0.6 米。受发掘面积所限，未完整揭露，南面一部分位于探方之外，坑口平面形状不规则，斜直壁，平底。揭露部分南北长 2 米，东西宽 1.9 米，深0.34 米。坑内填土呈暗褐色，包含少量青灰色黏土，夹杂炭屑、烧土块、砖瓦、陶器、瓷器和窑具残片，瓷器可辨器形有碗、盘、器盖、炉、罐、盆等，窑具可辨器形有支钉、垫具等（图七）。

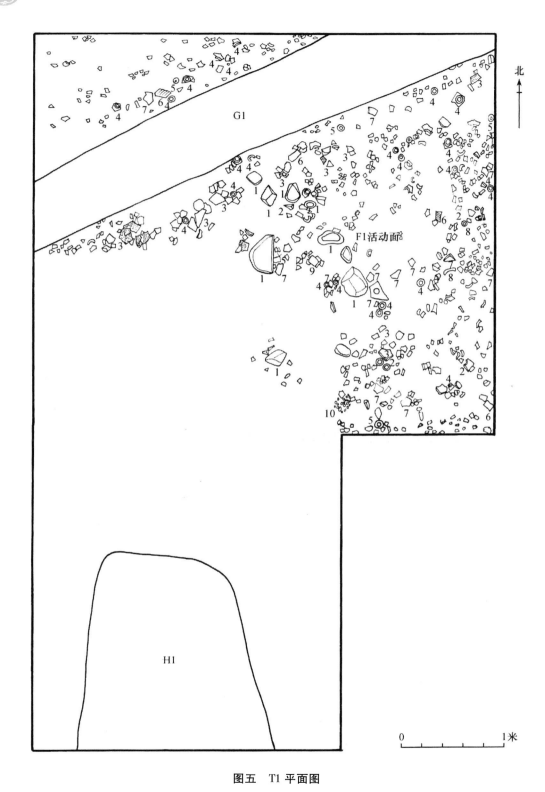

图五　T1 平面图

1. 石头　2. 砖　3. 瓦　4. 碗足　5. 垫圈　6. 支柱　7. 垫板　8. 壶流　9. 注壶　10. 石英

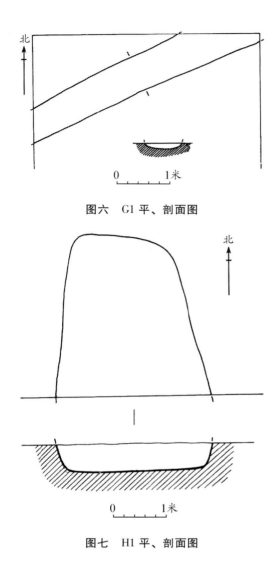

图六　G1 平、剖面图

图七　H1 平、剖面图

F1　位于 T1 东北部。叠压于第 3 层下，打破第 4 层，其西北部被 G1 打破。开口距地表深 0.32～0.48 米。受发掘面积所限，未完整揭露，往东向探方外延伸。属于人工铺筑的瓦砾活动面，可能属于房屋建筑的一部分，堆积紧密，厚 0.03～0.05 米。表面可见到密集的陶器、瓷器和窑具残片以及砖瓦残块，可辨器形有碗足、壶流、垫圈、支柱、垫板等，中间部分有一处用大小不一的卵石堆积形成的环状体（图五）。

三、出土遗物

出土遗物可分瓷器、陶器、窑具、建筑材料四类，以瓷器的数量最多，类型最丰富。

1. 瓷器

瓷器可辨器形有碗、盘、盏、盆、碟、罐、器盖、炉、急须、瓶、注壶、器柄等，均为日常生活用具。瓷胎一般选用当地黏土，制备胎料后拉坯成型，胎体烧结程度都很高，质地坚硬。胎色有灰、灰褐、黑、黑灰、红、棕等之分，有的胎体表面挂有白、灰色等化妆土，外壁化妆土多挂半截不及底。施釉的范围仅覆盖化妆土，釉色有淡青、青黄、青绿、酱、酱黄、白、黑等色，大部分釉面呈乳浊失透状。瓷器表面以素面无纹饰居多，极少数可见到绿色彩绘和出筋等装饰做法。此外，碗、盘的内底通常残留有支钉痕或石英垫烧痕。

碗 14件。圈足。按口、唇、腹及足部形态的差异，分为四型。

A型 6件。侈口，圈足较高。按唇部和腹部形态的变化，分为二式。

Ⅰ式：2件。圆唇，圆弧腹，腹部较矮。H1：3，灰褐胎，淡青釉，釉面呈乳浊失透状，内底残留支钉痕。口径16.4厘米、足径6.2厘米、高5.4厘米（图八，1）。H1：4，灰胎，淡青釉，釉面呈乳浊失透状，内底残留支钉痕。口径16.5厘米、足径6.6厘米、高5.3厘米（图八，2）。

Ⅱ式：4件。尖唇，斜弧腹，腹部增高。T1③：16，灰胎，挂灰色化妆土，酱釉，釉面大部分脱落。口径13.6厘米、足径4.6厘米、高4.5厘米（图八，3）。T1③：57，红胎，挂白色化妆土，釉面脱落。口径17.2厘米、足径6.2厘米、高6.9厘米（图八，4）。T1③：58，红胎，挂粉黄色化妆土，酱釉，内底残留石英垫烧痕。口径19厘米、足径6.5厘米、高6.6厘米（图八，5）。T1④：5，灰胎，挂白色化妆土，白釉，釉面光洁，内底残留石英垫烧痕。复原口径19厘米、足径6.2厘米、复原高度6.8厘米（图八，6）。

B型 5件。侈口，尖唇，斜直腹，矮圈足。H1：1，黑灰胎，挂灰色化妆土，淡青釉，釉面呈乳浊失透状，内底残留支钉痕。口径17厘米、足径6.4厘米、高4.7厘米（图八，7）。H1：2，灰胎，淡青釉，釉面呈乳浊失透状，口沿一周饰绿彩，内底残留支钉痕。口径16.6厘米、足径6厘米、高5.4厘米（图八，8）。H1：40，灰胎，挂灰黄色化妆土，淡青釉，釉面呈乳浊失透状，内底残留支钉痕。口径18厘米、足径6.1厘米、高5厘米（图八，9）。T1⑤：1，灰胎，挂粉黄色化妆土，青绿釉，釉面呈乳浊失透状，内底残留支钉痕。口径15厘

米、足径6厘米、高4~5.2厘米（图八，10）。T1④：17，灰胎，挂白色化妆土，釉面脱落，内底残留石英垫烧痕。足径4.5厘米、残高4.4厘米（图九，2）。

C型 1件。直口，圆唇，圆鼓腹，腹部呈瓜棱形，圈足。H1：22，灰胎，青绿釉，内底残留支钉痕。口径12.6厘米、足径6.1厘米、高5.4厘米（图一〇，1）。

D型 2件。敞口，尖唇，斜直腹，圈足。T1③：56，灰胎，挂白色化妆土，白釉，釉面光洁，内底残留石英垫烧痕。口径15~16.6厘米、足径6厘米、高4.8~6厘米（图一〇，2）。T1④：7，红胎，挂粉黄色化妆土，白釉，釉面脱落，内壁有出筋纹。足径6.6厘米、残高4厘米（图一〇，3）。

盘 7件。按腹部形态的差异，分为三型。

A型 3件。折腹。T1②：10，黑灰胎，挂白色化妆土，白釉，釉面光洁。口径16.2厘米、复原足径5.6厘米、残高3厘米（图一〇，4）。T1③：2，黑灰胎，挂白色化妆土，白釉，釉面有脱落，内壁有出筋纹。口径16.2厘米、足径5.2厘米、高4.8厘米（图一〇，5）。T1③：7，灰胎，挂白色化妆土，白釉，釉面有脱落。口径13.8厘米、残高4厘米（图一〇，6）。

B型 3件。斜直腹。按口部形态的变化，分为二式。

Ⅰ式：2件。侈口。T1④：21，灰胎，淡青釉，釉面呈乳浊失透状。口径16厘米、足径6.4厘米、高3.6厘米（图一〇，7）。T1⑤：2，灰胎，挂灰色化妆土，淡青釉，釉面呈乳浊失透状。口径17.4厘米、足径7厘米、高5厘米（图一〇，8）。

Ⅱ式：1件。敞口。T1③：3，红胎，挂白色化妆土，白釉，釉面光洁，内底残留石英垫烧痕。足径5.6厘米、残高3.4厘米（图一〇，9）。

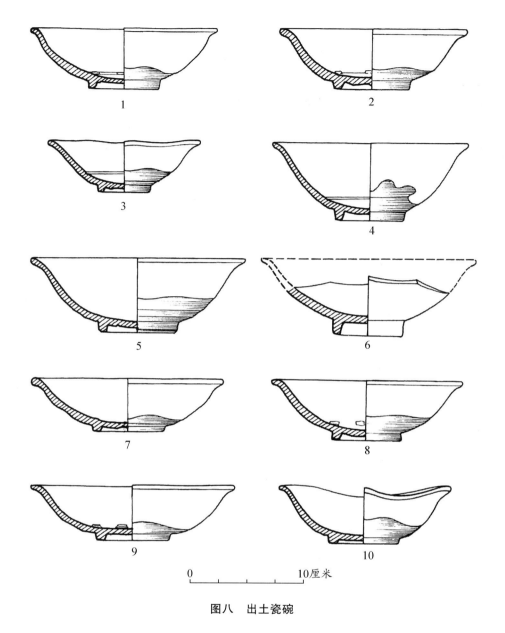

图八　出土瓷碗

1、2. A I 式（H1：3、H1：4）　3 ~ 6. A II 式（T1③：16、T1③：57、T1③：58、T1④：5）　7 ~ 10. B 型
（H1：1、H1：2、H1：40、T1⑤：1）

C 型　1 件。斜弧腹。H1：26，灰胎，淡青釉，釉面呈乳浊失透状。口径 13.8 厘米、足径 5.2 厘米、高 4 厘米（图一〇，10）。

盏　8 件。按口、唇、腹及足部形态的差异，分为三型。

A 型　3 件。侈口，尖唇，斜直腹，腹、足部交接处斜削一刀，饼足。T1③：14，红胎，酱釉。口径 11.6 厘米、底径 5 厘米、高 3.3 厘米（图九，3）。T1④：6，灰胎，挂灰色化妆土，淡青釉，釉面呈乳浊失透状，内底残留支钉痕。口径 11.2 厘米、底径 5.2 厘米、高 3 厘米（图九，4）。

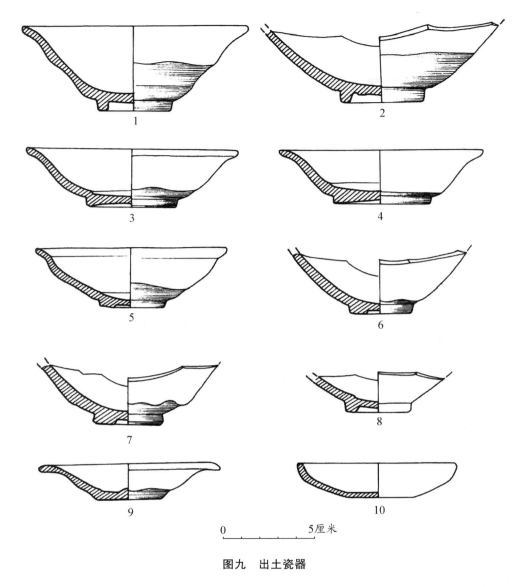

图九 出土瓷器

1、8. C 型盏（T1③：22、T1②：18）　2. B 型碗（T1④：17）　3、4. A 型盏（T1③：14、T1④：6）　5～7. B 型盏（T1.③：11、T1③：17、T1②：26）　9. B 型碟（T1③：1）　10. A 型碟（T1②：20）

B 型　3 件。束口，尖唇，斜直腹，小圈足。T1③：11，棕胎，酱釉，釉面大部分脱落。口径 10.5 厘米、足径 3.6 厘米、高 3.3 厘米（图九，5）。T1③：17，白胎，黑釉。足径 3.4 厘米、残高 3.3 厘米（图九，6）。T1②：26，白胎，黑釉。足径 3.6 厘米、残高 3.2 厘米（图九，7）。

C 型　2 件。敞口，尖唇，斜直腹，小圈足，即斗笠盏。T1③：22，红胎，挂白色化妆土，釉面脱落，内底残留石英垫烧痕。口径 12.4 厘米、足径 4.1 厘米、高 4.8 厘米（图九，1）。T1②：18，灰胎，挂白色化妆土，白釉，内底残留石英垫烧痕。足径 3.6 厘米、残高 2.3 厘米（图九，8）。

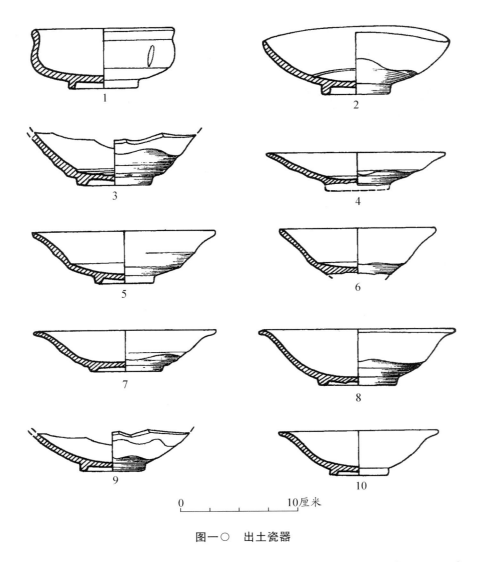

0 _____ 10厘米

图一○　出土瓷器

1. C 型碗（H1：22）　　2、3. D 型碗（T1③：56、T1④：7）　　4～6. A 型盘（T1②：10、T1③：2、T1③：7）
7、8. BⅠ式盘（TI④：21、T1⑤：2）　　9. BⅡ式盘（T1③：3）　　10. C 型盘（H1：26）

盆　5 件。敞口，斜直壁。按唇、底部形态的差异，分为二型。

A 型　2 件。尖唇，圈足。T1③：28，灰胎，淡青釉，釉面呈乳浊失透状，内底有绿色彩绘。足径 12.4 厘米、残高 2.6 厘米（图一一，1）。H1：15，灰胎，挂灰黄色化妆土，绿釉，釉面呈乳浊失透状。口径 30 厘米、足径 12 厘米、高 9.6 厘米（图一一，2）。

B 型　3 件。厚圆唇，平底。T1②：11，红胎，挂粉黄色化妆土，青黄釉。口径 39 厘米、残高 6 厘米（图一一，3）。T1④：11，红胎，挂粉黄色化妆土，釉面脱落。口径 40 厘米、残高 10 厘米（图一一，4）。T1④：15，红胎，挂粉黄色化妆土，青黄釉。底径 18 厘米、残高 4.2 厘米（图一一，5）。

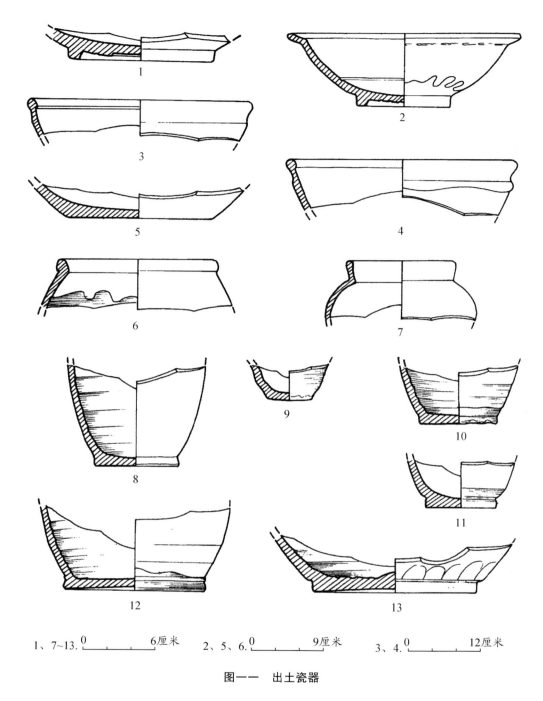

1、7~13. 0 ____ 6厘米   2、5、6. 0 ____ 9厘米   3、4. 0 ____ 12厘米

图一一 出土瓷器

1、2. A 型盆（T1③：28、H1：15）   3~5. B 型盆（T1②：11、T1④：11、T1④：15）   6. A 型罐（T1③：25）   7. B 型罐（H1：25）   8~13. 罐底残片（T1②：2、T1②：17、T1③：10、T1④：20、T1③：6、T1④：23）

碟　2件。均为浅斜直腹，平底。按口部形态的差异，分为二型。

A 型　1件。敞口，口沿微内折，尖唇。T1②：20，黑灰胎，挂白色化妆土，釉面脱落。口径9厘米、底径3.2厘米、高2厘米（图九，10）。

B 型　1件。侈口，圆唇。T1③：1，黑灰胎，釉面脱落。口径10厘米、底径3.4厘米、高2厘米（图九，9）。

罐　2件。按形态差异，分为二型。

A 型　1件。敛口，厚圆唇，溜肩。T1③：

25，红胎，挂粉黄色化妆土，酱黄釉。口径20.8厘米、残高6厘米（图一一，6）。

B 型 1 件。敞口，圆唇，丰肩。H1：25，灰胎，绿釉，釉面呈乳浊失透状。口径9.2厘米、残高5厘米（图一一，7）。

罐底残片 6 件。平底或饼足。T1②：2，灰胎，淡绿釉，釉面呈乳浊失透状。底径7厘米、残高9厘米（图一一，8）。T1②：17，黑胎，白釉。底径3.8厘米、残高3厘米（图一一，9）。T1③：10，灰胎，白釉。底径6.4厘米、残高5.4厘米（图一一，10）。T1③：6，红胎，绿釉，釉面呈乳浊失透状。底径12厘米、残高7.5厘米（图一一，12）。T1④：20，灰胎，酱釉。底径6厘米、残高4.2厘米（图一一，11）。T1④：23，灰胎，白釉。底径14厘米、残高5.6厘米（图一一，13）。

器盖 11 件。按形态差异，分为五型。

A 型 3 件。子口，折沿，盖面隆起，顶部带圆纽。T1③：45，棕胎，青绿釉，釉面呈乳浊失透状。直径13.2厘米、高3.5厘米（图一二，1；图二五，1）。T1③：18，灰胎，绿釉，釉面呈乳浊失透状。高3.6厘米（图一二，2）。H1：21，灰胎，青绿釉，釉面呈乳浊失透状。直径11厘米、高3厘米（图一二，3）。

B 型 5 件。通体似平底碟，中部带圆纽。T1③：19，红胎，无釉。直径7.2厘米、高2.4厘米（图一二，4）。T1③：4，黑灰胎，挂灰白色化妆土，釉面有脱落。直径8厘米、高2.1厘米（图一二，5）。T1③：20，灰胎，挂灰白色化妆土，釉面有脱落。直径5.4厘米、高1.5厘米（图一二，6）。T1③：1，红胎，绿釉，釉面呈乳浊失透状。高2.5厘米（图一二，7）。T1④：22，黑胎，挂白色化妆土，釉面脱落。直径6.7厘米、高1.9厘米（图一二，8）。

C 型 1 件。通体呈斗笠形。H1：28，红胎，无釉。口径9厘米、高3.2厘米（图一二，9）。

D 型 1 件。母口，斜直壁，盖面微隆起。

T1②：1，棕褐胎，挂白色化妆土，釉面泛青黄色。口径6.5厘米、残高4.2厘米（图一二，10）。

E 型 1 件。平顶，顶中部带宝塔形纽。T1③：21，红胎，绿釉，釉面呈乳浊失透状。残高3厘米（图一二，11）。

炉 6 件。直口，宽折沿，筒形腹。按足部形态的差异，分为二型。

A 型 1 件。平底，腹下部带五只兽蹄形足。H1：5，灰胎，淡青釉，釉面呈乳浊失透状。口径10.9厘米、底径8.2厘米、残高7.2厘米（图一三，1）。

B 型 5 件。高足柄，足柄中部带莲瓣贴饰，下接喇叭形座。T1④：2，灰胎，绿釉，釉面呈乳浊失透状。复原口径7.9厘米、复原底径7.6厘米、复原高度12.6厘米（图一三，2）。H1：11，灰胎，青绿釉，釉面呈乳浊失透状。口径6.6厘米、底径6.5厘米、高9.1厘米（图一四，1）。H1：10，灰胎，绿釉，釉面呈乳浊失透状。口径6.2厘米、底径6.4厘米、高8.3厘米（图一四，2；图二五，5）。H1：8，灰胎，绿釉，釉面呈乳浊失透状。口径12厘米、底径6.3厘米、高8.5厘米（图一五，1）。H1：9，灰胎，酱青釉，釉面呈乳浊失透状，釉面有青白色窑变。口径11.3厘米、底径7.2厘米、高9厘米（图一五，2）。

急须 6 件。直口，折沿，折腹，腹部一侧带椭圆形短柄，柄部中空。T1③：23，灰胎，绿釉，釉面呈乳浊失透状。口径21厘米、残高5.6厘米（图一六，1）。T1③：5，灰胎，釉面脱落。口径20厘米、残高5.8厘米（图一六，2）。T1③：26，灰胎，绿釉，釉面呈乳浊失透状。口径22厘米、残高4.6厘米（图一六，3）。T1③：40，灰胎，绿釉，釉面呈乳浊失透状。残长6.9厘米（图一六，4）。T1③：42，灰胎，绿釉，釉面呈乳浊失透状。残长4.3厘米（图一六，5）。T1④：8，灰胎，绿釉，釉面呈乳浊失透状。残长4.4厘米（图一六，6）。

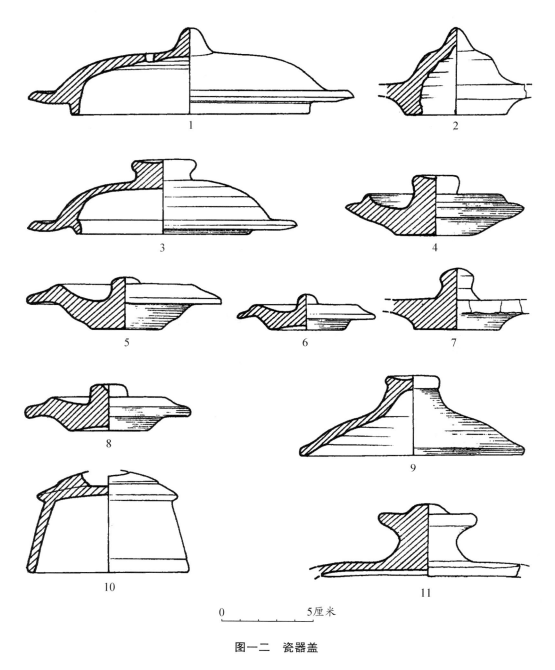

图一二　瓷器盖

　　1～3. A 型（T1③：45、T1③：18、H1：21）　　4～8. B 型（T1③：19、T1③：4、T1③：20、T1③：1、T1④：22）　9. C 型（H1：28）　　10. D 型（T1②：1）　　11. E 型（T1③：21）

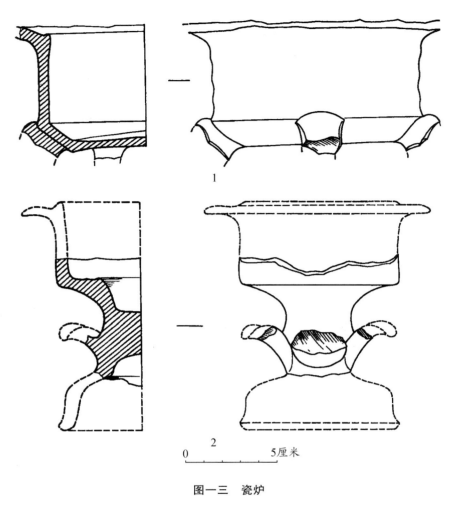

图一三　瓷炉

1. A 型（H1：5）　　2. B 型（T1④：2）

瓶　2 件。按形态差异，分为二型。

A 型　1 件。侈口，尖唇，长颈。T1③：24，灰胎，挂白色化妆土，釉面微泛黄。口径 4.2 厘米、残高 7.2 厘米（图一七，1）。

B 型　1 件。直腹，腹部装饰盘索状凸棱。T1③：30，灰胎，青灰釉。残高 4.8 厘米（图一七，2）。

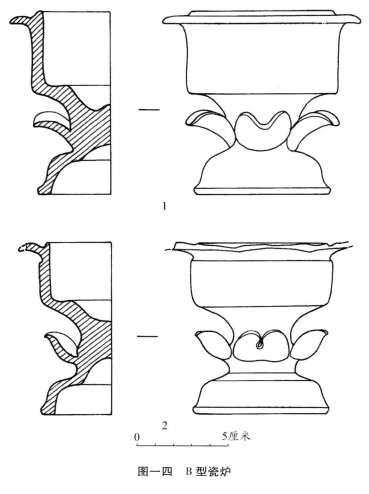

图一四　B 型瓷炉

1. H1：11　2. H1：10

注壶　2 件。喇叭口，长颈，椭圆形腹，饼足，肩部一侧带环形柄，一侧带流。T1④：1，红胎，挂灰黄色化妆土，酱青釉，釉面呈乳浊失透状，局部因窑变呈青蓝色。腹径 11.6 厘米、底径 7 厘米、残高 17 厘米（图一七，4；图二五，6）。T1②：4，红胎，釉面脱落。底径 6.5 厘米、残高 7.8 厘米（图一七，3）。

壶流　7 件。按形态差异，分为二型。

A 型　4 件。曲形长流。按流部数量的差异，分为二亚型。

Aa 型　1 件。双流。T1②：12，灰胎，酱蓝釉，釉面呈乳浊失透状。残长 9 厘米（图一七，5）。

Ab 型　3 件。单流。T1④：12，灰胎，淡青釉，釉面呈乳浊失透状。残长 7.9 厘米（图一七，6）。T1④：16，灰胎，淡青釉，釉面呈乳浊失透状。残长 7.6 厘米（图一七，8）。T1④：18，灰胎，淡青釉，釉面呈乳浊失透状。残长 10 厘米（图一七，7）。

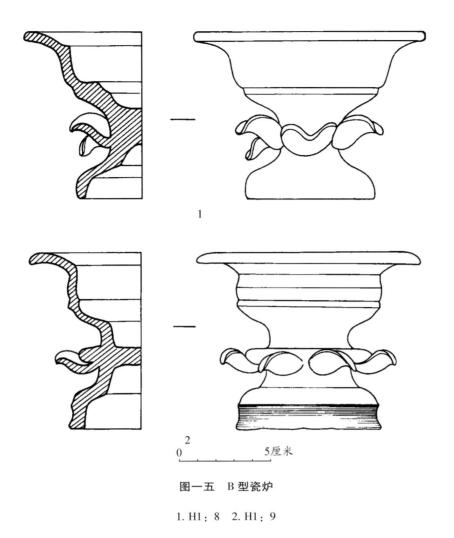

图一五　B型瓷炉

1. H1：8　2. H1：9

B型　3件。短直流。T1④：10，棕胎，挂灰白色化妆土，酱釉。残长6.7厘米（图一八，1）。T1④：14，棕胎，挂米黄色化妆土，酱釉，釉面大多脱落。残长8.2厘米（图一八，2）。H1：8，灰胎，淡青釉，釉面呈乳浊失透状。残长6.7厘米（图一八，3）。

器柄　4件。按形态差异，分为二型。

A型　1件。通体呈马鞍形。T1③：13，灰胎，青灰釉，釉面呈乳浊失透状。残长10厘米（图一八，4）。

B型　3件。通体呈圆柱形。T1②：14，灰胎，酱釉。残长6.3厘米（图一八，5）。T1③：34，红胎，酱釉。残长9厘米（图一八，6）。T1③：59，红胎，酱釉。残长9厘米（图一八，7）。

2. 陶器

陶器数量很少，器形几乎只见有盆、罐两类，泥质灰陶，夹杂少量石英砂颗粒，个别陶胎表面施有黑色陶衣。

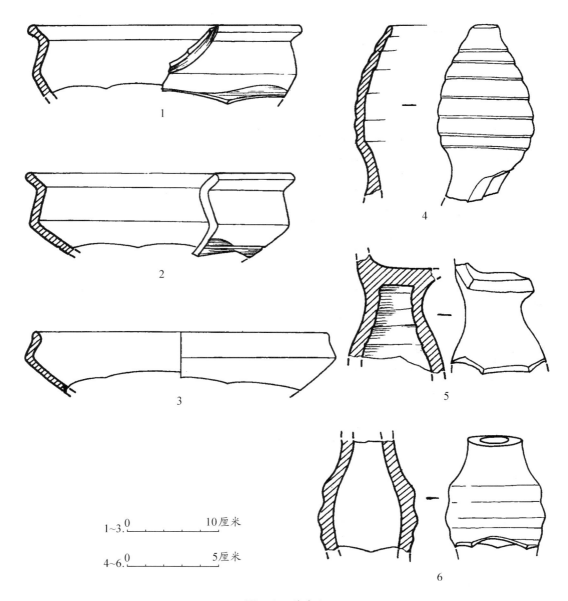

图一六　瓷急须

1. T1③：23　2. T1③：5　3. T1③：26　4. T1③：40　5. T1③：42　6. T1④：8

盆口沿残片　5件。按口沿形态的差异，分为二型。

A型　4件。敛口。按沿及唇部形态的差异，分为二亚型。

Aa型　3件。沿面外卷下翻，斜方唇。T1④：9，泥质灰陶。口径52厘米、残高6厘米（图一九，1）。T1⑤：5，泥质灰陶。口径40

厘米、残高3.6厘米（图一九，2）。H1：47，泥质灰陶。口径54厘米、残高5厘米（图一九，3）。

Ab型　1件。无沿，凸唇。H1：49，泥质灰陶，表面施黑色陶衣。口径43厘米、残高10厘米（图一九，4）。

302

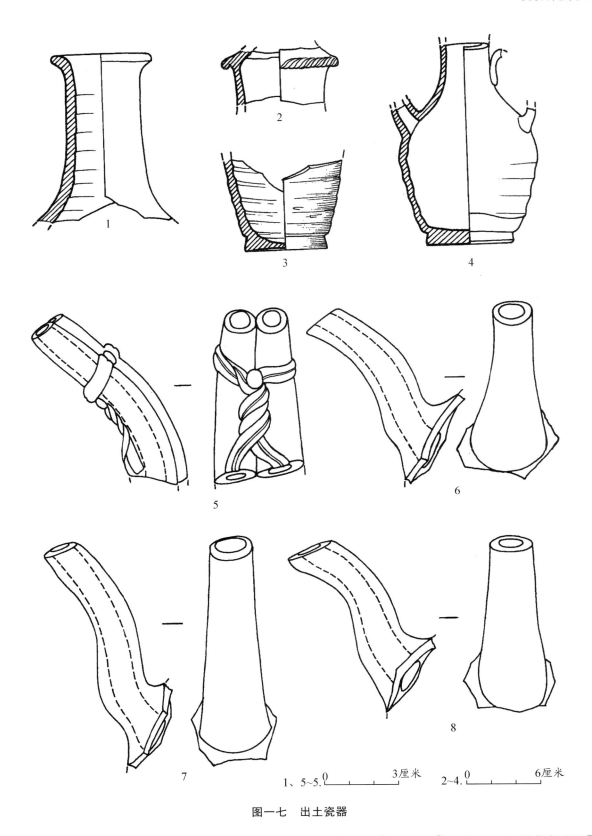

图一七　出土瓷器

1. A 型瓶（T1③：24）　　2. B 型瓶（T1③：30）　　3、4. 注壶（T1②：4、T1④：1）　　5. Aa 型壶流（T1②：12）　　6～8. Ab 型壶流（T1④：12、T1④：18、T1④：16）

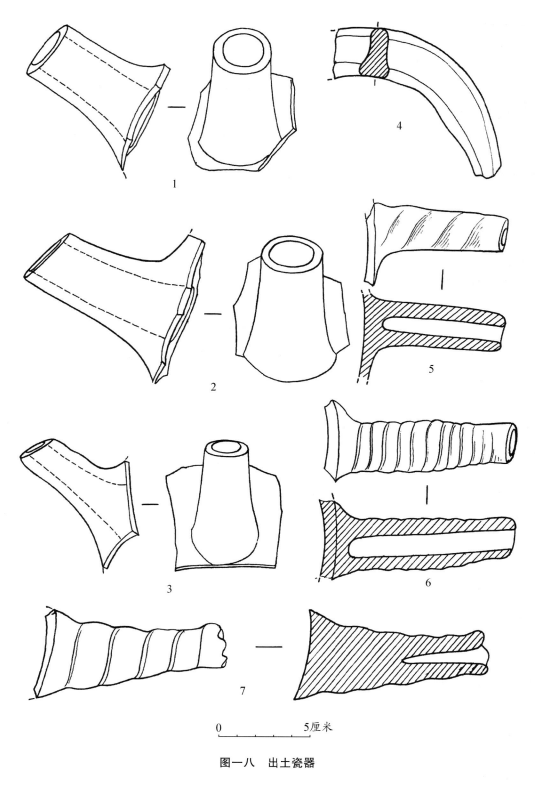

0   5厘米

图一八　出土瓷器

1～3. B 型壶流（T1④：10、T1④：14、H1：8）　　 4. A 型器柄（T1③：13）　　 5～7. B 型器柄（T1②：14、T1③：34、T1③：59）

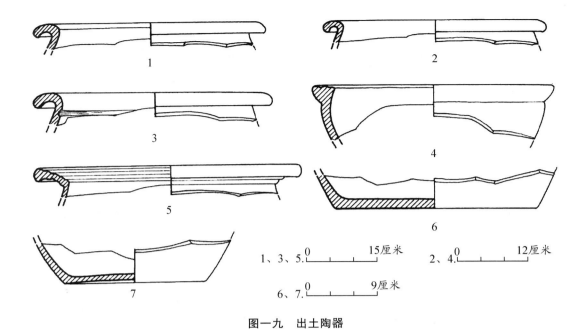

图一九　出土陶器

1～3. Aa 型盆（T1④：9、T1⑤：5、H1：47）　4. Ab 型盆（H1：49）　5. B 型盆（T1③：35）　6. 盆底残片（H1：48）　7. 罐底残片（H1：37）

B型　1件。敞口。T1③：35，泥质灰陶，表面施黑色陶衣。口径59厘米、残高5.5厘米（图一九，5）。

盆底残片　1件。平底。H1：48，泥质灰陶，表面施黑色陶衣。底径27厘米、残高4.2厘米（图一九，6）。

罐底残片　1件。平底。H1：37，泥质灰陶。底径19厘米、残高6厘米（图一九，7）。

3. 窑具

窑具出土数量较多，可辨支钉、垫具、支柱、匣钵、测温锥等几类。

支钉　10件。按形制差异，分为三型。

A型　6件。通体扁平，五齿。按齿部差异，分二式。

Ⅰ式：4件。齿部较长略外翻。H1：35，灰胎。直径6.4厘米、高2厘米（图二〇，1）。T1②：23，灰胎。直径7.6厘米、高2.2厘米

（图二〇，2）。T1③：37，灰胎。直径8.6厘米、高2.6厘米（图二〇，3）。T1③：54，灰胎。直径8.5厘米、高2厘米（图二〇，4）。

Ⅱ式：2件。齿部较短。T1③：50，灰胎。直径7.5厘米、高1.4厘米（图二〇，5）。T1③：52，灰胎。直径7厘米、高1.4厘米（图二〇，6）。

B型　3件。通体较高，呈皇冠形，五齿或六齿。H1：32，红胎。直径10.6厘米、高5.7厘米（图二〇，7）。H1：33，灰胎。直径11.6厘米、高4.3厘米（图二〇，9；图二五，3）。T1③：39，灰胎。直径9.7厘米、高4.1厘米（图二〇，8）。

C型　1件。通体较高，亚腰，五齿，底端粘连一件AⅠ式支钉。T1③：48，灰胎。直径6.7厘米、高6厘米（图二〇，10）。

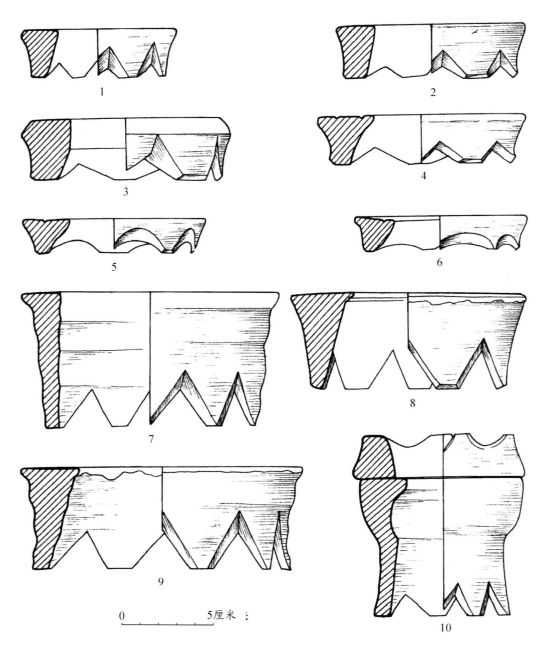

0   5厘米：

图二○　支钉

1~4. A I 式（H1：35、T1②：23、T1③：37、T1③：54）　　5、6. A II 式（T1③：50、T1③：52）　　7~9. B 型（H1：32、T1③：39、H1：33）　　10. C 型（T1③：48）

支柱　6件。通体呈圆筒形，底径大于顶径。T1③：43，灰胎。底径 14.5 厘米、残高 10.6 厘米（图二一，1）。T1④：24，灰胎。顶径 6.4 厘米、底径 9.8 厘米、高 12.6 厘米（图二一，4；图版二五，4）。H1：29，灰胎。底

径 9.2 厘米、残高 9.8 厘米（图二一，3）。H1：30，灰胎。顶径 5.3 厘米、底径 9.6 厘米、高 12 厘米（图二一，2）。H1：31，灰胎。底径 14 厘米、残高 11 厘米（图二一，5）。

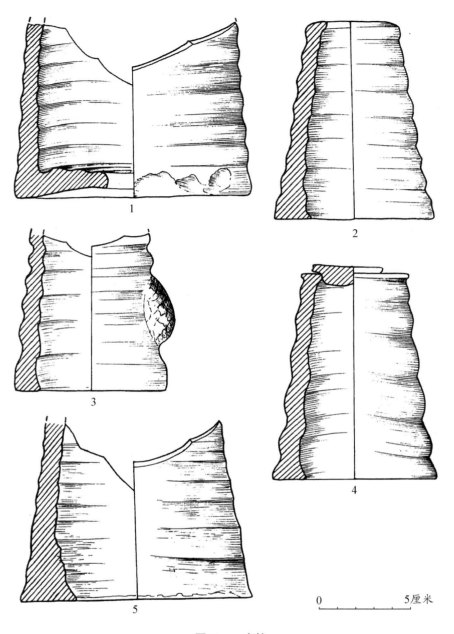

图二一　支柱

1. T1③：43　2. H1：30　3. H1：29　4. T1④：24　5. H1：31

　　垫具　15 件。按形制差异，分为四型。

　　A 型　9 件。通体矮小，圆环形，底径小于顶径。T1②：21，红胎。直径 6.3 厘米、高 1.6 厘米（图二二，1）。T1②：22，灰胎。直径 6.4 厘米、高 1.6 厘米（图二二，2）。T1③：

53，红胎。直径 5.2 厘米、高 1.3 厘米（图二二，3）。T1③：49，红胎。直径 5.7 厘米、高 1.5 厘米（图二二，4）。T1④：25，红胎。直径 5.6 厘米、高 1.5 厘米（图二二，5）。

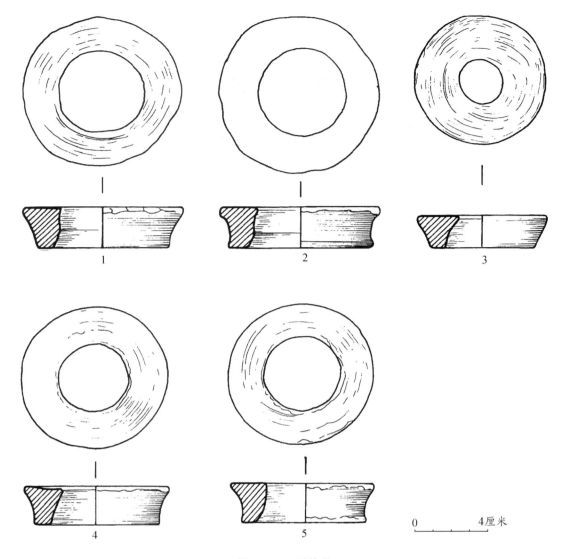

图二二　A 型垫具

1. T1②：21　2. T1②：22　3. T1③：53　4. T1③：49　5. T1④：25

B 型　4 件。平面呈三角形，中间带穿孔。T1②：3，灰胎。厚 1.7 厘米（图二三，1）。T1③：55，灰胎。厚 2.6 厘米（图二三，2）。T1④：4，灰胎。厚 2 厘米（图二三，3）。H1：36，灰胎，表面粘连绿釉。厚 2.2 厘米（图二三，4；图二五，2）。

C 型　1 件。圆饼形。H1：38，红胎。直径 11 厘米、厚 2.9 厘米（图二三，5）。

D 型　1 件。长条形，截面为方形。T1③：41 厘米，残长 15.2 厘米、厚 3.5 厘米（图二四，4）。

匣钵　1 件。圆筒形。T1③：44，灰胎。底径 22 厘米、残高 7.8 厘米（图二四，1）。

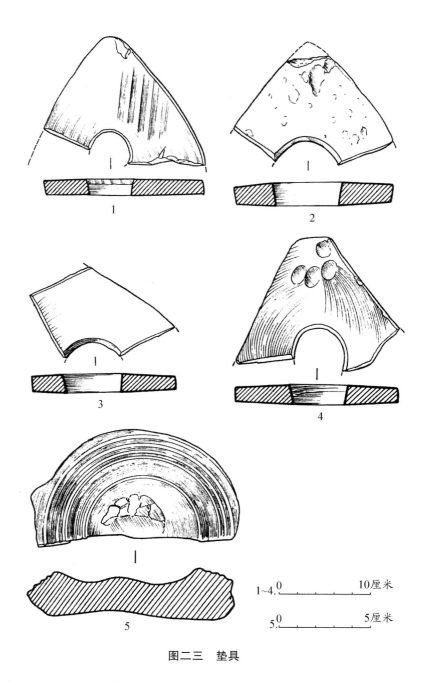

图二三　垫具

1~4. B 型（T1②：3、T1③：55、T1④：4、H1：36）　5. C 型（H1：38）

测温锥　4 件。T1②：16，红胎。残长 5.8 厘米（图二四，2）。T1③：36，红胎。残长 7.8 厘米（图二四，3）。T1③：37，红胎。残长 8.3 厘米（图二四，5）。T1③：32，红胎。

残长 10.7 厘米（图二四，6）。

出土遗物中另见有少量的砖瓦构件，兹不赘述。

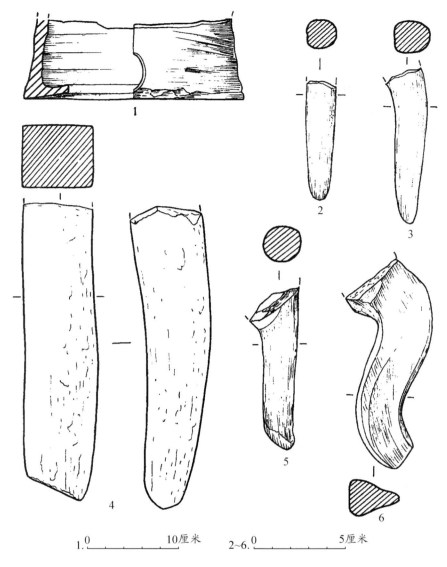

1.0 ————— 10厘米   2~6.0 ————— 5厘米

图二四　窑具

1. 匣钵（T1③：44）　　2、3、5、6. 测温锥（T1②：16、T1③：36、T1③：37、T1③：32）　　4. D 型垫具（T1③：41）

四、地层与遗迹年代

　　T1 第 2 层虽出土了较多玉堂窑的瓷器和窑具标本，但还包含有少量清代晚期的青花瓷片，故地层堆积的形成年代很晚，与玉堂窑的烧造历史无关。

　　T1 第 3 层的出土遗物中，白釉瓷器占有相当重要的比例，这些白釉瓷器以碗、盘为主，化妆土呈灰白色，釉面呈透明状，但脱落现象十分普遍，内底常见有一圈石英砂堆的垫烧痕，器表一般以素面为主。根据以往玉堂窑址的调查和试掘情况，马家窑包（六号）的产品以透明青釉和乳浊釉瓷器为主，后者的釉色大致可辨绿釉、青白釉、绿釉釉下彩绘三种。相比而言，透明白釉瓷器的产量很小，且出现时间最晚，几乎只存在于北宋晚期至南宋阶段。又从器形的时代风格看，年代较晚的遗物以 A Ⅱ 式碗、BⅡ式盘、B型盏、C型盏、A型瓶等为代表，其中B型盏为束口，尖唇，深斜直腹，小圈足，属于典型的斗茶盏，类似的考古材料多出自南宋中晚期墓葬，因而有学者将它们全部断为南宋制品，具体的流行时间集中在孝宗、宁宗、理宗三朝约百年时间里[4]。此外，据日本学者对福冈博多遗址所出中国黑釉茶盏的整理研究，造型呈倒三角形的敞口式茶盏年代出现最早。约从12世纪前半期开始，深腹的黑釉茶盏已占据主流，从12世纪后半期开始，黑釉茶盏的口沿明显折曲上立，即出现了束口式茶盏[5]。C型盏即所谓斗笠盏，与成都琉璃厂窑址出土的斗笠盏造型相同，琉璃厂窑的斗笠盏属于第二期遗存，年代约在北宋末至南宋中期[6]。A型瓶即所谓玉壶春瓶，侈口，颈部较细长，具有12世纪后半叶至13世纪前半叶此类长颈瓶的典型特征，对比材料可参见江西余干南宋绍兴二十年（公元1150年）墓[7]、北京通县金大定十七年（公元1177年）墓[8]、辽宁朝阳金大定二十四年（公元1184年）墓[9]、山西大同金大定二十九年（公元1189年）墓[10]出土的长颈瓶。综合考虑，第3层的形成年代可界定在南宋中晚期。

T1第4层的出土遗物也包含有白釉瓷器，但所占比例明显较小，乳浊绿釉瓷器占据主体地位，器形组合亦较为丰富，可辨碗、器盖、炉、注壶、急须等。第4层与第3层的出土遗物相比，无论在釉色品种还是器形组合上均存在不容忽视的差异，说明两者的形成年代不同。又从该层瓷器的具体器形考察，曲流注壶为喇叭口，长颈，椭圆形腹，与四川新津方兴M4出土的Ⅰ式壶相同，该墓葬的年代为北宋末至南宋早期[11]。B型炉为筒形腹，高足柄，足柄中部带莲瓣贴饰，下接喇叭形座，与江西德兴北宋元祐七年（公元1092年）墓[12]、安徽无为北宋大观三年（公元1109年）墓[13]出土湖田窑青白瓷炉相同，类似的带座炉在景德镇湖田窑址主要属于第三期遗存，约相当于英宗至钦宗年间的北宋后期[14]。综合考虑，第4层的形成年代可界定在北宋末至南宋早期。

G1和F1均叠压于第3层下，打破第4层，形成年代可界定在南宋早中期。

H1叠压于第4层下，坑内出土遗物与第4层相比存在明显变化，首先是釉色品种上，透明白釉瓷器基本不见，几乎全部为乳浊绿釉和青釉瓷器，其次是器形组合上，炉的数量较多，包括了带座炉和蹄足炉两类。从具体器形考察，H1出土的AⅠ式碗的腹壁较厚，呈圆弧状，侈口的唇部显得圆润，与T1第3、4层所见的AⅡ式碗差异较大，应该视为制作年代早晚所留下的风格特征，可作为AⅠ式碗年代参考的材料有四川成都三圣乡花果村M1左室出土的碗（M1左：40、M1左：54）[15]、四川成都青龙乡海滨村M5出土的碗（M5：34）[16]，花果村M1的年代为北宋靖康元年（公元1126年），海滨村M5的年代为北宋绍圣元年（公元1094年）。此外，H1出土的带座炉也发现于T1第4层，蹄足炉则是四川地区自五代以来流行的瓷器造型之一。综合考虑，H1的年代可界定在北宋晚期。

T1第5层被H1打破，但出土遗物无论从釉色品种还是具体器形上都与H1有很强的一致性，故形成年代应当接近。

五、结 语

总体而言，玉堂窑马家窑包此次试掘的地点可能处在该窑包的作坊区范围内，其文化遗存可以分作两期：第一期以T1第5层和H1为代表，年代在北宋晚期；第二期以T1第3、4层和G1、F1为代表，年代主要在南宋。在装烧工艺上，第一、二期的共同特征是瓷器大量采用明火叠烧，匣钵的使用量很小，两者的差异则体现在釉色品种和间隔窑具的使用方式上：

第一期大量生产乳浊釉瓷器，器物之间通常以齿状支钉作间隔，第二期主要生产透明白釉瓷器，通常以垫具和石英砂堆作间隔。乳浊釉瓷器在晚唐五代之际首先在十方堂邛窑一带出现，并且在整个两宋时期都很兴盛，齿状支钉也是十方堂邛窑从始至终一直流行的窑具，因此玉堂窑马家窑包的第一期文化遗存应与十方堂邛窑存在十分密切的联系。透明白釉瓷器以垫圈和石英砂堆作间隔，这种方式在都江堰金凤窑、彭州磁峰窑和成都琉璃厂窑极为普遍，因此玉堂窑马家窑包的第二期文化遗存应与上述三座窑场存在一定程度的联系。

调查、试掘及整理：

（成都文物考古研究所）

刘雨茂　易　立　李　平

（都江堰市文物局）

徐　军　傅　浩　刘文强

龙　刚　杨　莉

（广西师范大学历史文化与旅游学院）

樊博琛　梁　优　李世佳

绘　图：卢引科

执　笔：易　立　徐　军　傅　浩　杨　莉

注　释

［1］四川省文物管理委员会、灌县文物管理所：《灌县马家古瓷窑遗址试掘记》，《考古与文物》1984年第6期；四川省文物管理委员会、灌县文物管理所：《四川灌县古瓷窑遗址试掘简报》，《中国古代窑址调查发掘报告集》，文物出版社，1984年。

［2］成都文物考古研究所、都江堰市文物局：《2007年玉堂窑遗址调查报告》，《成都考古发现》（2007），科学出版社，2009年。

［3］成都文物考古研究所、都江堰市文物局：《2007年玉堂窑遗址六号窑包试掘简报》，《成都考古发现》（2007），科学出版社，2009年；成都文物考古研究所、都江堰市文物局：《2007年四川都江堰玉堂窑遗址17号窑包试掘简报》，《南方民族考古》（第六辑），科学出版社，2010年。

［4］李民举：《建窑初论稿》，《"迎接二十一世纪的中国考古学"国际学术讨论会论文集》，科学出版社，1998年。

［5］［日］森本朝子：《福冈博多遗址群出土的天目瓷》，《唐物天目——福建省建窑出土天目と日本伝の天目》，福建省博物馆、日本MOA美术馆、京都茶道资料馆，1994年。

［6］成都文物考古研究所：《成都市琉璃厂古窑址2010年试掘报告》，《成都考古发现》（2010），科学出版社，2012年。

［7］彭适凡：《宋元纪年青白瓷》，庄万里文化基金会，1998年。

［8］北京市文物管理处：《北京市通县金代墓葬发掘简报》，《文物》1977年第11期。

［9］辽宁省博物馆：《辽宁朝阳金代壁画墓》，《考古》1962年第11期。

［10］大同市博物馆：《大同金代阎德源墓发掘简报》，《文物》1978年第4期。

［11］成都文物考古研究所、新津县文管所：《成都市新津县方兴唐宋墓群发掘报告》，《成都考古发现》（2009），科学出版社，2011年。

［12］孙以刚：《江西德兴流口北宋墓》，《南方文物》1994年第3期。

［13］巢湖地区文物管理所：《安徽省无为县发现宋代石室墓》，《文物》1987年第8期。

［14］江西省文物考古研究所、景德镇民窑博物馆：《景德镇湖田窑址1988～1999年考古发掘报告》，文物出版社，2007年。

［15］成都市文物考古工作队：《成都市成华区三圣乡花果村宋墓发掘简报》，《成都考古发现》（2001），科学出版社，2003年。

［16］成都文物考古研究所：《成都市青龙乡海滨村墓葬发掘简报》，《成都考古发现》（2003），科学出版社，2005年。

1. A 型器盖（T1③：45）　　　　2. B 型垫具（H1：36）

3. B 型支钉（H1：33）　　　　4. 支柱（T1④：24）

5. B 型炉（H1：10）　　　　6. 注壶（T1④：1）

图二五　都江堰市玉堂窑遗址马家窑包（六号）2013 年出土瓷器

（原文发表于《成都考古发现 2012》）

都江堰市金凤窑址发掘简报

成都文物考古工作队　成都文物考古研究所

1999 年 12 月～2000 年 5 月，成都市文物考古工作队在配合四川省都江堰市拉法基水泥厂的建设中，发现一处完整的宋代窑址。窑址位于都江堰市东北部约 8 公里的蒲阳镇金凤乡金凤村，建于名叫窑沙坡的小山丘上，背靠金凤山，由于史料中没有这处宋代窑场的记载，依据地名称之为"金凤窑"（图一）。

通过考古调查、勘探和发掘，确认金凤窑遗址面积约 30 000 平方米。共布探方、探沟 124 个，发掘面积 9 000 多平方米，探明金凤窑共有宋代窑炉 33 座、作坊区 10 处、废品堆积场 6 处。现将发掘情况简报如下。

一、地层堆积

以 T44 的南壁剖面为例（图二）。

第 1 层：灰黑色沙土，厚 5～25 厘米为现代农耕土层。

第 2 层：灰色土层，厚 0～130 厘米。出土器物以黑瓷为主，器种主要有盏、香炉、瓶以及各类窑具。

第 3 层：灰黑色土层，厚 0～300 厘米。出土器物以黑瓷为主，其中有不少酱色釉瓷器，器种有盏、瓶、小碗、香炉、罐、器盖和大量的窑具等。

第 4 层：灰黄色土层，厚 0～150 厘米。出土器物中白瓷所占比例较大，器种主要有碗、盘、碟、樽等。

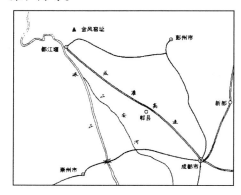

图一　金凤窑址位置示意图

二、遗　迹

1. 窑炉

金凤窑的窑炉数量众多，其中馒头窑 32 座，斜坡式龙窑 1 座。除龙窑外，窑炉的保存状况良好。这些窑炉主要分布在窑沙坡东侧和东南侧，一级台地有 7 座，二级台地有 6 座，三级台地有 20 座。窑炉有成组分布的现象，每一组窑炉相距 15～30 米。

窑炉均利用山坡地势修建而成。龙窑是直接利用山坡的倾斜地势稍加修整而成。馒头窑是利用台地边缘的地势修建而成，即先在上一级台地边缘开挖一与窑炉形状基本相近的坑，再在坑内砌砖而成窑炉；利用下一级台地的平面稍加修整而成工作面。

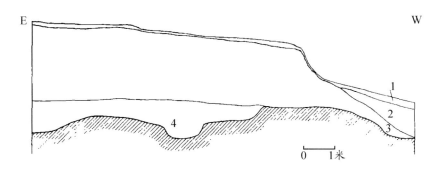

E　　　　　　　　　　　　　　　　　　　　　　　W

0　　1米

图二　T44 南壁剖面图

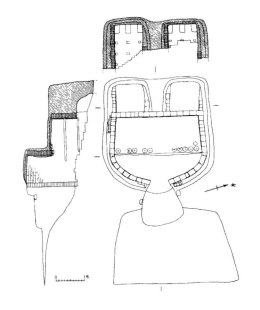

图三　Y11 平、剖面图

馒头窑平面大体都呈圆形，直径 4～5 米，保存高度多在 3～3.5 米，由窑门、火膛、窑床、双烟囱、护墙和工作面组成。很多窑炉经过数次修缮和重建。窑门均只保留了两侧壁，宽 0.5～0.7 米。窑炉内壁抹有一层黄泥。火膛呈半月形，其内大多有覆置的排列规整的匣钵柱，在底部均发现炭渣和烧结面。

根据 Y28 火膛内保留的部分烧结面来看，其烧制方法是在火膛内先铺设覆置的匣钵柱，其上架木柴，最后在上面铺一层煤炭和沙的混合物，点燃木柴后，经过一定时间的火烧，其上的煤炭和沙的混合物便形成一个烧结面，这个烧结面就起着窑箅和炉桥的作用，覆置的匣钵柱则起着支撑烧结面的作用。烧结面一般高于火膛 0.2～0.3 米。

窑床平面均呈梯形，其上多有一层铺底匣钵，一般为 9 排或 7 排，有个别极小的窑炉为 5 排；其周壁有三至四道凹槽，可能是烧制不同瓷器的高度标志。通过解剖可知，窑床先是用砖头、石块和泥土铺平，窑床的最前面用石块和砖头砌成，再在其上铺细沙，最后在细沙上铺一层匣钵。

每座窑炉一般有 2 个烟囱，多呈半圆形，少数为圆角方形；不少烟囱的中间又有一道隔墙将烟囱一分为二。

在 4 座窑炉的工作面上发现有通风设施和排水系统，通风道和排水沟直通窑门。另有 2 座窑炉在窑床下有用半块匣钵铺就的排水设施。有 3 座窑炉在工作面上发现房屋建筑遗迹，1 座窑炉的右侧还有上窑的踏步。在窑炉的工作面上普遍发现有煤渣。

金凤窑的馒头窑是半倒焰式间歇窑，窑炉的成组分布是为了弥补间歇窑不能连续生产的缺陷。

Y11　在窑沙坡二级台地的东侧，位于 T81 的西南角。开口于第 2 层下，直接打破生土。平面呈马蹄形，由窑门、火膛、窑床、烟囱、护墙和工作面六部分组成。窑门向东，窑炉南北长 3.24～3.44 米、东西宽 1.5～2.6 米厘米、通高 2.86 米（图三、四）。

窑门两侧壁用平砖砌成，宽 0.7 米、残高 2 米。

火膛呈半月形，长 3.44 米、宽 0.7 米、低于窑床面 1 米。火膛内的匣钵柱已全部被破坏，底部有散落的煤渣和厚 0.05～0.1 米的烧结面。火膛壁上的窑汗距离火膛底部的高度为 0.2～0.28 米。

窑床呈梯形，南北长 3.24～3.44 米、东西宽 1.5 米，高出火膛底部 1 米。窑床内残存少量的铺底匣钵，在匣钵下还铺有一层厚 0.02～0.03 米的沙子。挡火墙及窑炉的周壁上有三道凹槽。窑床后的挡火墙上有三排烟火孔，下面一排较大，共 6 个，大小基本相同，宽 0.2 米、高 0.36 米；上面两排较小，残存的 8 个烟火孔

宽 0.1 米、高 0.08 米。

图四　Y11 发掘现场

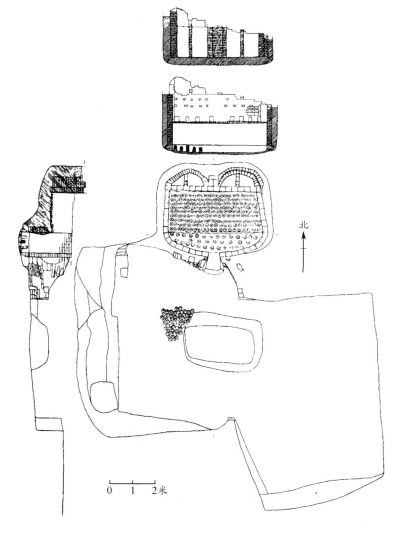

图五　Y4 平、剖面图

烟囱2个，呈圆角方形。南、北烟囱各与8个和6个烟火孔相通。北烟囱东西长1.2米、南北宽1.14米、残高1.6米；两侧壁用砖砌成，后壁用黄泥抹成。

护墙在窑壁的北侧，用大块卵石和炭渣砌成。

窑门外的工作面呈梯形，南北长4～4.9米、东西宽3.2米，高于火膛0.65米，其表面较为平整，有0.01～0.02米厚的炭渣痕迹。

Y4 在窑沙坡三级台地的东侧，位于T15、T36、T11三条探沟内。开口于第2层下，直接打破生土。平面呈马蹄形，由窑门、火膛、窑床、烟囱、护墙和工作面六部分组成。窑门向南，窑炉东西长4.04～4.4米、南北宽2米、窑体通高3米（图五、六）。

窑门两侧用平砖砌成，宽0.5米、残高2.3米。

火膛呈半月形，长4.4米、宽0.96米，低于窑床面1.4米。在火膛的底部有排列规整的覆置匣钵柱，共有34个，每个匣钵柱由5～6个匣钵叠垒而成。在火膛底部的匣钵址间还存有大量的炭渣痕迹，底部烧结面厚0.05～0.1米，火膛的两侧壁有厚0.05～0.1米的窑汗，距离火膛底部的高度为0.36～0.4米。

窑床呈梯形，东西长4.04～4.4米、南北宽2米。窑床是先用砖头、匣钵碎片和沙子垫平后，在上面再铺一层厚0.02～0.03米的细沙，最后在细沙上面铺一层匣钵。有9排铺底匣钵，每排20～23个不等，以22个居多，共有194个铺底匣钵。窑床壁残高1.3米，壁上有三道凹槽。两侧壁上有厚0.05～0.1米的窑汗。挡火墙上有三排烟火孔，下面一排较大，共8个，大小基本相同，宽0.1～0.16米、高0.36米；上面两排较小，残存有16个烟火孔，有两种形制，一种为方形，为0.08～0.1米见方；另一种为长方形，宽0.14～0.16米、高

0.08米。

烟囱2个，呈半月形，每个烟囱又从中间一分为二。东、西烟囱各与10个和14个烟火孔相通。东烟囱经过两次修建，第一次修建的南北长0.8米、东西宽2米、残高1米；第二次修建的南北长0.6米、东西宽1.6米、残高1.44米。

图六 Y4发掘现场

护墙在窑炉的前面，窑炉的左侧护墙用不规则的石头砌成；右侧护墙用石头和青砖砌成。

窑门外的工作面呈长方形，南北长8.2～12米、东西宽11.7～13.4米，高于火膛0.5米。工作面的表面较为平整，在窑门的正前方有一煤炭堆，东西长3.6米、南北宽2.6米、高0.9米。这堆煤炭是由沙子和煤混和而成，在这堆煤炭的东部曾发现过一层煤和一层沙互相叠压的现象，这说明沙子是人为掺合而成，目的在于控制窑温。在煤炭堆的西北角有一大堆匣钵。在窑炉左侧的护墙下也发现一堆匣钵。在整个工作面上有一层0.01～0.02米厚的炭渣痕迹。

Y4的修建是在窑沙坡东侧的山顶边缘挖了一个长方形的平地，平地长约14.2米、宽度在8米以上。在这块平地的北部修建窑炉，中部和南部则为工作面。

2. 作坊区

金凤窑共发现10处作坊区，分布在窑沙坡

的各级台地上。在作坊区内发现有房址、瓷土坑、淘洗池、沉淀池、排水沟、轮盘车坑、釉料池、釉缸以及晾晒瓷坯的场所等遗迹。这些遗迹较为完整地反映了金凤窑制作瓷器的工艺流程。

ZF6 在窑沙坡南侧的三级台地上，位于T62、T79、T116 三个探方内。ZF6 内发现一个淘洗池、两条排水沟、一个沉淀池、三个轮盘车坑和一些房屋建筑遗迹以及两个瓷土取土坑（图七）。

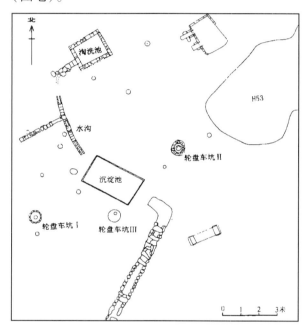

图七 ZF6 平面图

淘洗池平面呈梯形，直壁平底。坑口长1.55 米、宽 1.08 ~ 1.18 米、深 0.32 米。四壁用砖砌成，壁宽 0.15 ~ 0.2 米；底部为灰色土。淘洗池的西壁有一用青瓦作底的小孔与外面的排水沟相通，孔径为 0.31 米。在淘洗池的西南侧有一排水沟通向沉淀池。排水沟平面形状呈一"人"字形，先是向西南，后折向东南；局部残缺，总长约 6.8 米、宽 0.1 米、深 0.12米。在排水沟的中部有一向西南的支水沟，长2.56 米、宽 0.12 米、深 0.1 米。排水沟的两侧用砖和不规则的石块砌成，上面用石块和砖

覆盖。

沉淀池平面呈长方形，斜壁平底，四壁和底部用膏泥抹平。坑口长 2.86 米、宽 1.6 米、底长 2.63 米、宽 1.38 米、深 0.8 米。沉淀池外面有一排水沟，先是向东南，后折向西南，总长 12.3 米、宽 0.24 米、深 0.33 米。排水沟的两侧用覆置的匣钵柱砌成，上面用炭渣覆盖。

轮盘车坑 I 平面呈圆形，剖面为倒"凸"字形。坑口上部用砖砌成，坑口直径 0.55 米、深 0.4 米。坑底中部有一圆孔，孔径 0.25 米、深 0.6 米。

轮盘车坑 II 平面呈圆形，剖面为倒"凸"字形。坑口上部用砖砌成，直壁平底。坑口直径 0.42 米、深 0.38 米。坑底中部有一圆孔，孔径 0.22 米、深 0.6 米。

轮盘车坑 III 平面呈圆形，剖面为倒"凸"字形。坑口上部已被破坏，仅存底部；坑口直径约 0.7 米。坑底中部有一圆孔，孔径 0.15米、深 0.8 米。

在 ZF6 的东部及其扩方内还发现有 H53 和H37，这两个灰坑可能因取土而形成，内出有大量的瓷片。现以 H53 为例加以说明 H53 平面呈不规则形，直壁，底部高低不平：坑口直径约 3.38 米、深 0.6 ~ 1 米。填土分为两层，第一层为灰黑土，厚 0.43 ~ 0.51 米，出有大量瓷片，以黑釉瓷为主，器种有盏、瓶、盂和匣钵等。第二层为灰色土，厚 0.16 ~ 0.61 米。出有黑釉瓷片和白釉瓷片，器种有盏、瓶、樽和匣钵等。

此外，在 ZF6 内还发现有 10 个柱洞、1 个础石和门道，推测 ZF6 应有建筑，作坊可能是在屋内，而不是在户外。

ZF6 的功能较为清楚，应是淘洗瓷土、制作瓷坯的场所。

ZF9 在窑沙坡东南侧二级台地上，位于T5 内。ZF9 内发现两个石圈遗迹和三个釉缸，

每一个石圈遗迹的旁边都有一个釉缸与之相配（图八）。

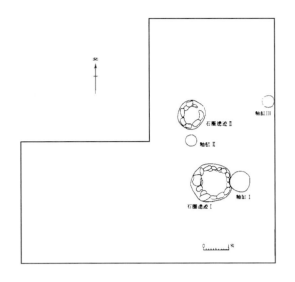

图八 ZF9 平面图

石圈遗迹 I 平面大体呈圆形，直壁平底。坑口内径 1.08 米、外径 1.5 米、深 0.69 米。周壁用不规则的石块砌成；底部为黄色生土。坑内填土为灰黑色，质地较硬，呈块状；含有少量的炭渣和红烧土，出有少量的碎瓷片。釉缸 I 平面呈圆形，斜弧壁、平底。残口径 0.8 米、底径 0.2 米、壁厚 0.02 米、残深 0.42 米；缸内填有黑灰色土，夹杂少量烧土、炭渣。

石圈遗迹 II 平面大体呈圆形，直壁平底。坑口内径约 1.3 米、外径约 1.88 米、深 0.38 米。周壁用不规则的石块砌成；底部用青砖平铺而成，砖的表面有明显长期受外力作用而压碎的痕迹。坑内填土为灰色土，土质较硬，呈块状，含有炭渣，出有少量的碎瓷片，以黑釉瓷为主，器种有盏、碗等。釉缸 II 平面呈圆形，仅保存底部，底径为 0.1 米、残深 0.26 米，缸内填有较纯净的黄土。

釉缸 III 平面呈圆形，斜弧壁、平底。残口径 0.46 米、底径 0.1 米、壁厚 0.02 米、残深 0.26 米，缸内填有黄灰色土，质地较硬，无包含物。

这两处石圈遗迹应是加工捣碎釉料的地方，旁边的釉缸是用来盛釉的，因而 ZF9 很可能是加工釉料的场所。

三、分期及出土遗物

发掘出土的各种完整的或可以复原的瓷器 5 000 多件，瓷片数十万片。出土遗物大致可分为生活、陈设用具和窑具两大类，生活、陈设器的器种有碗、盏、盘、碟、樽、瓶、双耳小罐、钵、罐、盒、盒盖、三足香炉、器盖、盏托、樽形碗、圈足炉、注壶、匜、提梁罐、灯、玩具、小葫芦瓶、鸟食罐、擂钵、高足小杯以及庙钱钵、鼓形器、筒形器等，窑具有匣钵、匣钵盖、托座、支圈、支顶钵、支垫、荡箍以及一些间隔用具。出土瓷器按釉色主要分为白瓷和黑瓷两大类，其中黑瓷由于窑变和施釉厚薄的原因，呈现出黑色、黑褐色、酱褐色、褐色、酱红色、赭黄色、酱绿色等不同的釉色，以黑色、黑褐色、酱褐色、褐色为主。依据地层的叠压关系和出土器物的异同、演变以及釉色、胎质和装烧工艺的变化，将遗址出土的遗物分为三期四段。

第一期，以 T13③B 层为代表。出土瓷片以白釉为主，其次是黑釉，也有部分酱釉、赭黄釉。白釉瓷器一种为浅灰白色胎，胎质较为细腻，另一种为浅灰色、浅灰黄色砂质胎。白釉略泛黄或偏青，通体施釉居多。釉面多有开片，釉下施化妆土、不及器物外壁下部和足部代表性器物有白釉六出葵口圈足大碗（图九，1）、白釉六出葵口斜壁大碗、白釉六出葵口圈足盘（图九，2）、白釉圈足小碗（图九，3）、白釉六出葵口斗笠碗（图九，4）、圆口和葵口的白瓷碟等，以及圆口的白釉圈足大碗、圈足盘、斗笠碗，形制与六出葵口的同类器相同。较为常见的器物还有白釉刻花露胎樽（图九，5）、白釉三足樽（图九，7）、白釉子母盒（图九，

9；图一七，左）、白釉盒（图九，8）、白釉花口盘（图九，6）等。黑釉瓷器多为砂质胎，胎内夹石英砂粒，胎色以深灰色为主，有一些为浅灰色、砖红色。釉色以黑色为主，釉面光洁，盏的釉色以黑色为主，有一些不太规整的窑变花纹。器物主要有斜腹敞口的厚胎盏、薄胎盏，盏的内壁中部有的有一道凸棱（图一〇，1~4），薄胎弧腹盏（图一〇，5），薄胎斜直腹敛口盏（图一〇，6）、细长颈胆形瓶（图一〇，7）、黑釉樽形碗（图一〇，8、9）等，出现了一些酱色釉的盏和瓶。此外，小罐以横双耳小罐和瓜棱小罐为主（图一〇，10、11），器盖有大型的弧顶盖和小型的碟形盖（图一〇，16、17）。各类窑具中以小平底漏斗形匣钵（图一〇，12）、各形的托座（图一〇，13~15）为主，并出土不少测温锥。白瓷碗、盘等器物多用叠烧法，出土的粘连在一起的叠烧白瓷碗多达14个，碗、盘等器物之间以白色的石英砂粒间隔，黑釉瓷器则多以匣钵装烧，匣钵与器物之间以黄色的细砂作间隔的材料。出土少量的生烧器，白釉器物的粘连情况较多。

第二期，以T13③A层为代表。此期显著的特点是器物类型丰富，黑釉瓷器的数量大大增加，特别是黑釉瓷器中的酱釉、酱褐色釉、酱绿色釉等比例呈明显上升趋势。白釉瓷器仍占有一定比例。白釉瓷器的胎质和釉色与第一期差别不大，葵口的碗、盘、碟减少，代之以圆口的碗、盘（图一一，1、2、3），葵口的白釉斗笠碗仍然流行，口部外侈十分明显（图一二，4），白釉樽以五足为主，除露胎刻花装饰外，还有绘花装饰，绘花以铁锈色和黑色为主（图一八；图一一，5、6）。白釉盒形制较第一期浅（图一一，7），有一些小盒（图一一，8），盒盖多以铁锈色和黑色的绘花装饰（图九）。出现白瓷的深腹钵、圈足钵。黑釉瓷器仍为夹砂胎，胎色有深灰色、紫红色，有不少盏

的胎色近乎黑色，有的光亮度很高，釉面以窑变纹为主，此期的窑变纹集中体现在盏的装饰上，出现了大量兔毫纹、星点纹、酱色斑彩纹、油滴纹等，其中又以酱色斑彩纹的变化最为丰富（图一九）。瓶、三足香炉多以黑釉和酱色釉做装饰。此期流行的器物有各类厚胎盏、薄胎盏，其中尤以内壁中部有一道凸棱的斜弧腹敞口盏（图一二，1、2）、薄胎弧腹盏（图一二，3）、斜腹敛口的薄胎盏（图二〇，左；图一二，4）、束口盏（图二〇，右；图一二，5、6）、内壁近口沿处有一道凸棱的薄胎盏（图一二，7）最为流行。此外，酱釉、酱绿釉、酱褐釉、绿釉的盏数量大增，器形以斜腹敛口的薄胎盏和束口盏为主。同时，出现一些形体较大、胎壁较薄的大盏（图一二，8、9）。黑釉的樽、樽形碗、盘数量增多（图一二，10~12），有一些黑釉和酱釉的斗笠碗（图一二，13、14），黑色釉和酱褐釉的瓶较为流行（图一二，15、16），第一期的圆圈式纽的大型器盖仍在流行，圆腹双耳小罐（图一一，9、10）、各种小纽的黑瓷器盖（图一一，12~14）以及相同形制的白釉器盖、黑釉和酱色釉的各式小碗（图一一，16~19）、酱色釉和黑色釉的三足香炉（图一三，6~8）、酱釉圈足钵（图一三，9）、花口酱色釉的盏托（图一三，10）开始大量出现，此外，还有一种夹粗砂质的无釉注壶出现。窑具的种类也十分丰富，有各种规格的小平底漏斗形匣钵（图一三，1~3）、桶形匣钵（图一三，5）、钵形匣钵（图一三，4）、各型匣钵盖以及垫板（图一四，1~3）、垫圈（图一四，4、5）等间隔用具，还有支圈（图一四，11~13、16、17）、支顶钵（图一四，14、15）和各类支烧具（图一四，6~10），出土大量的测温锥。白釉的碗、盘仍以叠烧为主，出现白釉盏与黑釉盏、白釉樽与黑釉樽等同类型的、不同釉色的器物用匣钵套烧的情况，黑釉盏仍以

一匣一器的匣钵装烧法为主，生烧器的数量进一步减少。

第三期，以 T44③ 为代表。此期典型器物主要以盏、瓶、三足香炉、小碗、器盖等为主，器种较第二期减少。其中白釉瓷器种类和数量锐减，黑釉瓷器中的酱色釉明显增加，同时黑釉类的各种釉色大大丰富。第二期流行的白瓷碗、碟在本期仍有发现，但数量已大为减少。黑釉盏仍是出土器物中的大宗，黑釉盏以薄胎盏为主，基本不见单一的黑釉釉色，而以酱釉、酱绿釉、赭黄釉、棕红釉、绿釉、棕色釉等各种釉色的盏为主，束口盏和内壁近口沿处有一道凸棱的斜弧腹盏为大宗（图一五，1、2）。此外，此期小盏（图一五，3～6）特别盛行，第二期流行的各类小碗（图一五，7～9）继续

流行，其中的折腹圈足小碗釉色仅见酱色釉一种。各类瓶（图一五，10～14）、香炉（图一六，1～4）、各型器盖（图一六，5～10）以及酱色釉的花口盏托（图一六，11、12）大量流行，其中瓶多为高圈足，腹部造型以纺锤形、葫芦形为主；三足香炉的颈部与腹部较第二期短、矮，有的三足香炉在颈部及口沿处出现两个立耳；器盖以花式盖较为流行，器形有所减小。樽形碗和双耳小罐继续流行。窑具的种类和第二期基本相同，数量有所减少。除一匣一器的匣钵装烧法外，套烧的情况大大增加，在同类器物套烧的基础上，又出现了不同类型的器物的套烧，如三足香炉与小罐、盏托、瓶，樽与樽形碗、小罐等。由于套烧以及每次套烧的器物数量的增多，黑釉器的粘连有所增加。

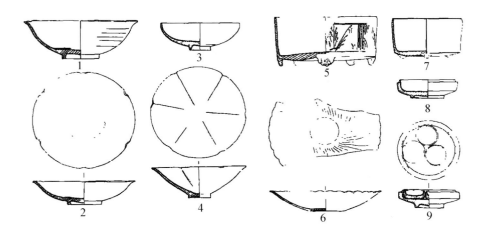

图九　一期典型器物

1. 白釉六出葵口圈足大碗　2. 白釉六出葵口圈足盘　3. 白釉圈足小碗　4. 白釉六出葵口斗笠碗　5. 白釉刻花露胎樽　6. 白釉花口盘　7. 白釉三足樽　8. 白釉盒　9. 白釉子母盒（均1/6）

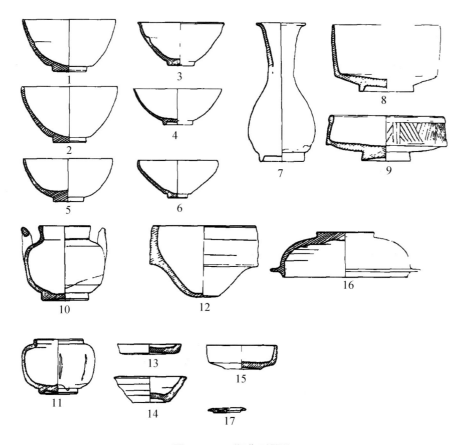

图一〇　一期典型器物

1. 厚胎斜弧腹敞口盏（内壁有棱）　　2. 厚胎斜弧腹敞口盏　　3. 薄胎斜弧腹侈口盏（内壁有棱）　　4. 薄胎斜弧腹敞口盏　　5. 薄胎弧腹盏　　6. 薄胎斜直腹敛口盏　　7. 胆形瓶　　8. 黑釉素面樽形碗　　9. 黑釉樽形碗　　10. 横双耳小罐　　11. 瓜棱小罐　　12. 小平底漏斗形匣钵　　13～15. 托座　　16. 黑釉大型弧顶盖　　17. 白釉碟形器盖（均为1/5）

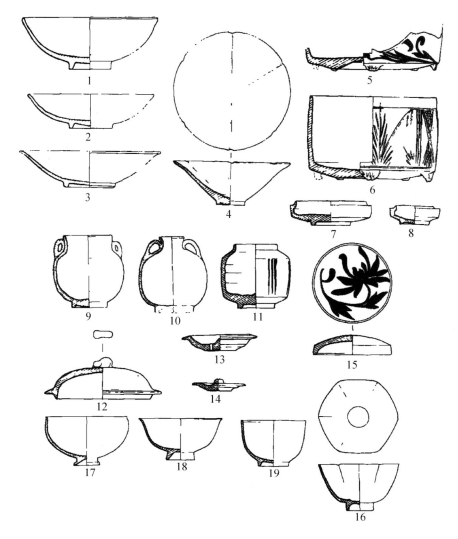

图一一 二期典型器物

　　1. 白釉碗　2、3. 白釉盘　4. 白釉六出葵口斗笠碗　5. 白釉绘花五足樽　6. 白釉刻花露胎五足樽　7、8. 白釉盒　9、10. 圆腹双耳小罐　11. 瓜棱小罐　12. 黑釉弧顶盖　13、14. 黑釉蝶形盖　15. 白釉绘花盒盖　16. 六棱小碗　17. 小碗　18. 圈足小碗　19. 杯形小碗（均为1/5）

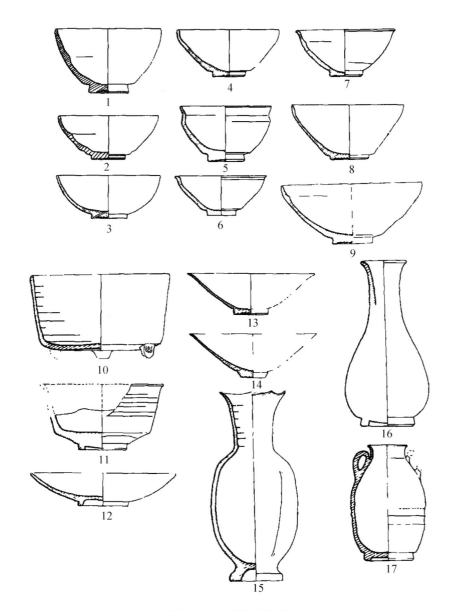

图一二　二期典型器物

　　1. 厚胎斜弧腹敞口盏　2. 薄胎斜弧腹敞口盏　3. 薄胎弧腹盏　4. 斜腹敛口盏　5. 厚胎束口盏　6. 薄胎束口盏　7. 薄胎斜弧腹侈口盏（近口沿处有棱）　8、9. 薄胎大盏　10. 黑釉樽　11. 黑釉樽形碗　12. 黑釉盘　13. 黑釉斗笠碗　14. 酱色釉斗笠碗　15. 酱褐釉花口瓜棱瓶　16. 黑釉胆形瓶　17. 双耳短颈瓶（均为1/5）

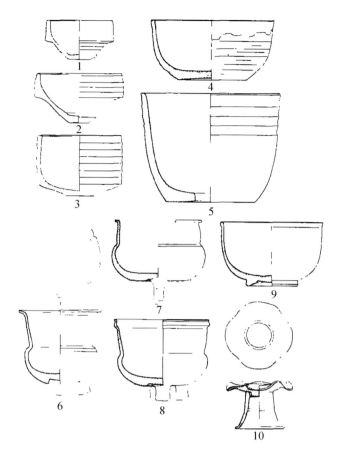

图一三　二期典型器物

1~3. 小平底漏斗形匣钵　4. 钵形匣钵　5. 桶形匣钵　6. 酱色釉花边口三足香炉　7、8. 黑釉三足香炉　9. 酱釉圈足钵　10. 酱色釉花口盏托（均为1/6）

图一四　二期典型器物

1~3. 垫板　4、5. 垫圈　6~10. 各式支烧具　11~13、14、15. 支顶钵　16、17. 支圈（均为1/6）

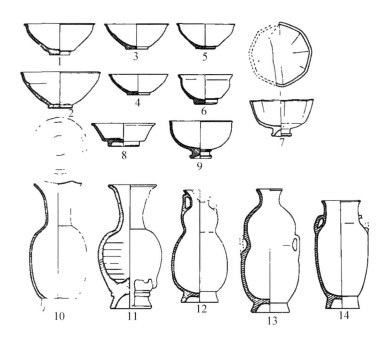

图一五　三期典型器物

　　1. 束口盏　2. 薄胎斜弧腹盏　3～6. 小盏　7. 八棱小碗　8. 折腹圈足碗　9. 圈足小碗　10～14. 各式瓶（均为1/6）

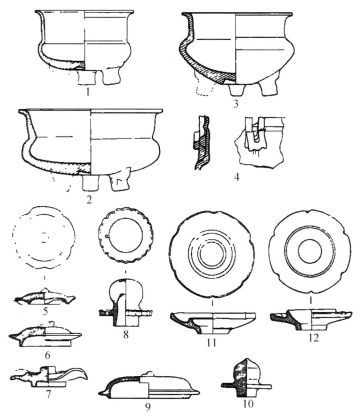

图一六　三期典型器物

　　1～3. 三足香炉　4. 香炉耳　5～10. 各式黑釉和酱色釉器盖　11、12. 花口盏托（均为1/6）

图一七　左：白釉子母盒（第一期）
右：白釉盒盖（第二期）

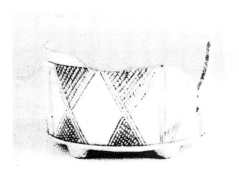

图一八　白釉刻花露胎五足樽（第二期）

图一九　黑釉酱色斑彩釉盏

图二〇
左：薄胎斜腹敛口盏（二期）
右：束口盏（二期）

四、结　语

第一期的 T39③层的灰坑内出土了 63 枚瘦金体"崇宁通宝"，为宋徽宗时所铸钱币。第一期流行的白釉六出葵口斜壁大碗、圆口碗与耀州窑北宋晚期至南宋初期的青 Cb 型Ⅳ式碗造型相似，盘与青 Ib 型盘相同，斗笠碗与青 C 型碗造型一致；黑釉瓶与北宋晚期的青Ⅰ型瓶类似[1]。第一期的年代应在北宋晚期—南宋前期。

第二期没有纪年材料出土，地层出土的白釉瓷器与第一期的器物差别不大，葵口器物大大减少，仍以仿定器为主。此期出土的白釉盒盖造型与磁州观台窑三期的白釉仿定器中的Ⅲ型器盖相似，圆圈式纽的弧顶器盖与三期的白釉Ⅳ型 3 式相近，弧腹小碗与磁州窑三期的 XXⅣ型小碗接近[2]，本期流行的薄胎弧腹盏、斜腹敛口盏与重庆涂山窑的同类盏相同[3]。第二期的年代大致当在南宋中期—晚期。

第三期出土的瓶大多为高圈足器，与元大都出土的同类器物相近。本期流行的双耳圆腹小罐与观台磁州窑四期的Ⅰ型 3 式小罐相同[4]。本期的年代当在南宋末—元代。

金凤窑是一处以烧造民间日用器为主的地方民窑，产品的种类按用途大致分为食器和陈设器，其中尤以食器的碗、盏、瓶和陈设器的三足香炉、樽为主要器种。其产品多为砂质胎，胎色有深灰色、灰色、黑灰色、砖红色、浅黄色、灰白色等，不一而足，反映出瓷土淘洗不精的民窑特征。由于以煤作燃料，器物的釉色多光洁，特别是黑釉瓷器，釉色光洁明亮，纹饰变化丰富。

从地层和器种分析，金凤窑的创烧时期应当在北宋晚期的徽钦时期。第二期器种的丰富和产品数量的大大增加都体现出在南宋中、晚期金凤窑进入了它的繁荣期，从第三期的器物特征观察，金凤窑停烧于元代中晚期。

金凤窑在窑炉技术和产品风格上同时受到了同时期北方和南方名窑的影响，而其本身特点的形成原因则是多方面的。金凤窑的窑炉绝大多数为砖砌馒头窑，与北方的耀州窑、磁州窑等的窑炉十分接近。这种窑炉的应用，除了北方窑工因避战乱南逃而带来北方窑炉技术的原因以外，金凤窑所在地出产原煤也是重要的原因之一。在产品的种类上，早期的白瓷以仿定窑的产品为主，而在其繁荣期则以生产黑釉盏为主，盏的造型和纹饰与南方的建窑产品有着密切的关系。黑瓷盏的流行，除了建窑"建盏"的盛名外，斗茶之风的盛行、四川地区在宋、元时期为重要的产茶地以及四川地区当时的人口数量与经济的繁荣都是不可忽视的因素。

发掘表明，金凤窑的窑炉集中分布在窑沙坡东、南方的三层台地上，并且有成组分布的迹象。这种现象与此处的窑炉为半倒焰的间歇式窑炉有关，同时对探讨该处窑场的生产方式、生产规模以及不同组群在时代上的关系有重要的意义。

参加发掘的人员有：张擎、黄晓枫、陈剑、周志清、倪林忠、陈平、徐石、程远福、陈西平、李广军等。

绘　图：董红卫　李付秀　卢引科
执　笔：黄晓枫　张　擎

注　释

[1] 陕西省考古研究所、耀州窑博物馆：《宋代耀州窑址》，文物出版社，1998年。

[2] 北京大学考古系、河北省文物研究所、邯郸地区文物保管所：《观台磁州窑》，文物出版社，1997年。

[3] 重庆市博物馆：《重庆涂山窑小湾瓷窑发掘报告》，《四川考古报告集》，文物出版社，1998年。

[4] 北京大学考古系、河北省文物研究所、邯郸地区文物保管所：《观台磁州窑》，文物出版社，1997年。

（原文发表于《文物》2001年第2期）

都江堰市沿江村唐五代灰沟及宋代墓葬发掘简报

成都文物考古研究所　都江堰市文物局

都江堰市位于成都平原西北边缘，距成都市区48公里，以著名的都江堰水利工程而得名。地理坐标为东经103°25′42″～103°47′、北纬30°44′54″～31°22″9″。东西宽54公里，南北长68公里，地跨川西龙门山地带和成都平原岷江冲积扇扇顶部位。该市境内地势西北高、东南低，全市山地丘陵面积占65.79%，平坝面积占34.21%。地势从高山、中山到低山再到平原逐级降低，海拔592～4 582米，相对高差3 900米。都江堰市在地质构造体系上，属华夏构造体系，跨成都平原和龙门山地区两个不同自然地理区，地貌单元属岷江冲积扇一级阶地。

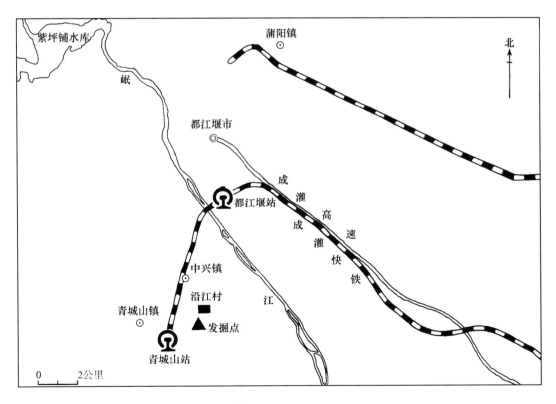

图一　发掘点位置示意图

2013 年 1 月，都江堰市文物局考古队在对中国水电地产"青云阶"项目工地实施基建考古勘探时发现大量古代瓷片和砖块，随后由成都文物考古研究所与都江堰市文物局组成联合考古队进入现场勘查，并开展了抢救性发掘，工地编号2013DZY。该项目位于中兴镇沿江村，西临 S106 省道，南临东软大道，西南方向距成灌快铁青城山站约 800 米，中心地理坐标为东经103°36′43″、北纬30°53′48″（图一）。发掘过程中清理出灰沟、墓葬等重要遗迹，出土了瓷器、陶器等大量生活遗物。现将此次发掘的基本情况简报如下。

一、地层堆积

发掘区的地层堆积较为简单，现以 TG27 西壁剖面为例说明如下（图二）：

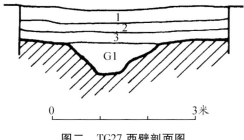

图二　TG27 西壁剖面图

第 1 层：表土层，黑褐色黏土，土质较硬。厚 0.25 ～ 0.3 米。夹杂较多植物根茎及少许近现代瓷片、碎砖粒。M1 叠压于该层下。

第 2 层：青灰色黏土层，土质较硬，极少包含物。厚 0.2 ～ 0.25 米。

第 3 层：黑褐色黏土层，较致密。厚 0.2 米。仅于 G1 东半部分沟内堆积上发现少量覆盖，无包含物。G1 叠压于该层下。

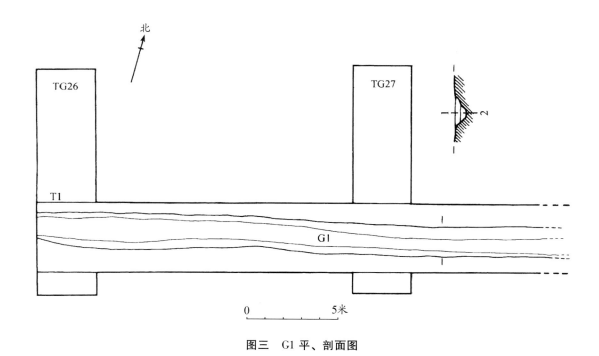

图三　G1 平、剖面图

二、灰沟及出土器物

G1　叠压于第 3 层下，打破生土。西南—东北走向，平面呈长条带状，斜直壁，锅底，剖面近漏斗形。揭露部分长 36.2 米，最窄处 1.75 米，最宽处 2.5 米，残深 0.75 米。沟内堆积可分上、下两层：上层为灰黑色淤土层，遍布全沟，土质致密，夹杂少量炭屑及些许植物根茎，出土瓷片较少，以瓷碗口沿、瓷盏腹部碎片等为主，多为青釉灰胎，亦有部分黄釉红胎瓷片及极少酱釉瓷片；下层为深灰色沙土层，遍布全沟，土质较疏松，含有大量细沙及些许炭屑，大部分瓷器瓷片均出土于此层。沟内出土遗物有瓷器和陶器两类，瓷器器形可辨有碗、盘、盏、钵、盆、罐、注壶、盘口壶、灯碟、甀、灯座、炉、急须、盒、盖等，陶器可辨器形有釜、器座、缸等（图三）。

1. 瓷器

碗 29 件。足部多为饼足，有少量的圈足。按腹部和足部形态的差异，分为四型。

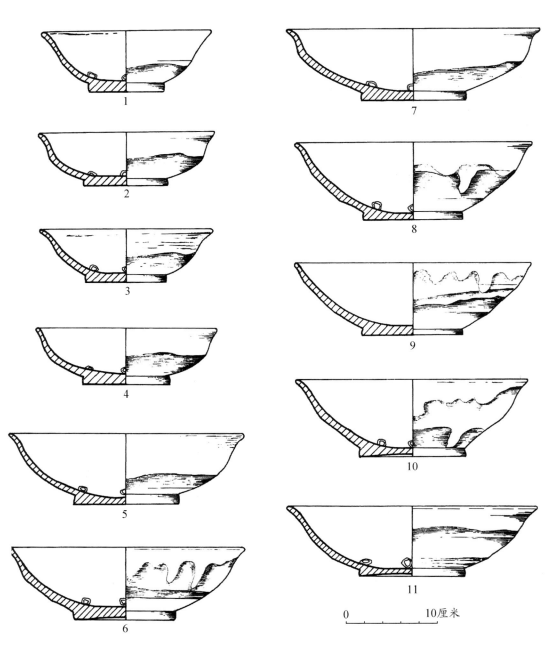

图四　G1 出土瓷碗

1~5. Aa 型（G1：140、G1：84、G1：3、G1：11、G1：120）　6~11. Ab 型（G1：263、G1：269、G1：238、G1：2、G1：100、G1：116）

A 型　11 件。侈口，尖圆唇，弧腹，饼足。按腹部形态的差异，分为二亚型。

Aa 型　5 件。腹部略圆弧。G1：84，红胎，挂灰白色化妆土，淡青釉，内底残留支钉痕。口径 13.4 厘米、底径 6.4 厘米、高 4.2 厘米（图四，2）。G1：140，灰胎，挂灰白色化妆土，淡青釉，内底残留支钉痕。口径 13 厘米、底径 5.7 厘米、高 4.8 厘米（图四，1）。

G1：3，灰胎，淡青釉，内底残留支钉痕。口径 13.2 厘米、底径 6.2 厘米、高 4.2 厘米（图四，3）。G1：11，灰胎，挂灰白色化妆土，青黄釉，内底残留支钉痕。口径 13.8 厘米、底径 7 厘米、高 4.4 厘米（图四，4）。G1：120，灰胎，挂灰白色化妆土，淡青釉，内底残留支钉痕。口径 18 厘米、底径 7.8 厘米、高 5.6 厘米（图四，5）。

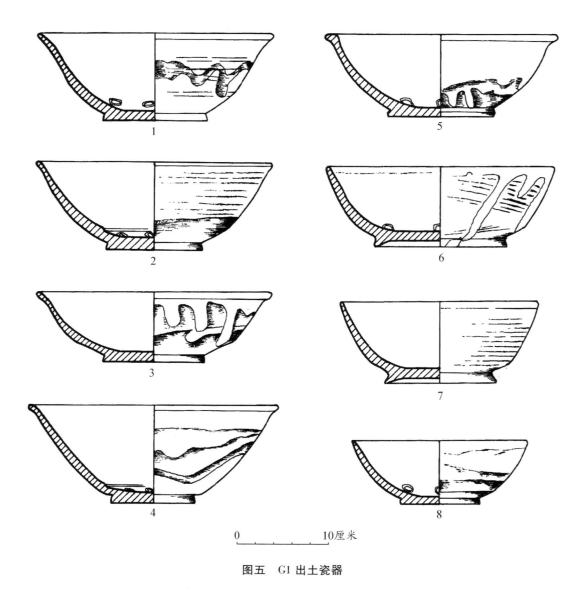

0　　　　　　10厘米

图五　G1 出土瓷器

1～4.Cb 型碗（G1：12、G1：311、G1：83、G1：312）　5.Cd 型碗（G1：117）　6、7.B 型碗（G1：159、G1：221）　8.C 型盏（G1：4）

Ab型 6件。斜弧腹。G1：2，灰胎，挂灰白色化妆土，淡青釉，内底残留支钉痕。口径18厘米、底径7.8厘米、高5.8厘米（图四，9）。G1：100，红胎，挂灰白色化妆土，釉面大部分脱落，内底残留支钉痕。口径17.6厘米、底径8厘米、高6厘米（图四，10）。G1：263，灰胎，挂灰白色化妆土，釉面大部分脱落，内底残留支钉痕。口径18厘米、底径7.6厘米、高5.6厘米（图四，6）。G1：116，灰胎，挂粉白色化妆土，淡青釉，内底残留支钉痕。口径19厘米、底径8厘米、高5.4厘米（图四，11）。G1：269，粉黄胎，挂米色化妆土，淡青釉，内底残留支钉痕。口径19.2厘米、底径8厘米、高5.6厘米（图四，7）。G1：238，灰胎，挂灰白色化妆土，淡青釉，内底残留支钉痕。口径18厘米、底径7.6厘米、高6厘米（图四，8）。

B型 5件。侈口，尖圆唇，上腹斜直，下腹弧收，圈足。G1：159，黑胎，挂灰白色化妆土，淡青釉，内底残留支钉痕。口径17.4厘米、足径10厘米、高6厘米（图五，6）。G1：164，灰胎，挂灰白色化妆土，釉面大部分脱落，内底残留支钉痕。残口径16厘米、足径8厘米、残高6.8厘米（图六，1）。G1：303，灰胎，挂灰白色化妆土，淡青釉，内底残留支钉痕。口径14.2厘米、足径7.6厘米、高6.4厘米（图七，13）。G1：236，灰胎，挂灰白化妆土，淡青釉。口径14厘米、足径7.4厘米、高6.4厘米（图七，12）。G1：221，黑胎，挂灰白色化妆土，釉面大部分脱落。口径15厘米、足径8.6厘米、高6.4厘米（图五，7）。

C型 12件。尖圆唇，斜直腹，饼足。按口部形态的差异，分为四亚型。

Ca型 6件。直口。G1：19，灰胎，挂浅灰色化妆土，釉面大部分脱落，内底残留支钉痕。口径17厘米、底径7.2厘米、高6.6厘米（图六，8）。G1：9，灰胎，挂灰白色化妆土，淡青釉，内底残留支钉痕。口径14.4厘米、底径6.4厘米、高4.6厘米（图六，3）。G1：14，灰胎，挂灰白色化妆土，淡青釉，内底残留支钉痕。口径15厘米、底径6.4厘米、高4.6厘米（图六，4）。G1：175，灰胎，挂米色化妆土，釉面大部分脱落，内底残留支钉痕。口径14.6厘米、底径6.8厘米、高4.6厘米（图六，7）。G1：8，灰胎，挂米色化妆土，淡青釉，内底残留支钉痕。口径15厘米、底径6.4厘米、高4.6厘米（图六，5）。G1：13，红胎，挂粉黄色化妆土，釉面大部分脱落，内底残留支钉痕。口径14.2厘米、底径6.6厘米、高4.6厘米（图六，2）。

Cb型 4件。侈口。G1：312，灰胎，挂米色化妆土，青黄釉，内底残留支钉痕。口径19厘米、底径6.6厘米、高7.7厘米（图五，4）。G1：83，灰胎，挂米色化妆土，青灰釉，内底残留支钉痕。口径17.8厘米、底径7.8厘米、高5.6厘米（图五，3）。G1：311，粉白胎，淡青釉，内底残留支钉痕。口径18厘米、底径7.4厘米、高6.8厘米（图五，2）。G1：12，灰胎，挂灰白色化妆土，淡青釉，内底残留支钉痕。口径18厘米、底径8厘米、高6.8厘米（图五，1）。

Cc型 1件。敞口。G1：305，灰白胎，挂米色化妆土，淡青釉，内底残留支钉痕。口径18.4厘米、底径8.2厘米、高6.8厘米（图六，9）。

Cd型 1件。敞口，沿面平折。G1：117，灰胎，挂灰白色化妆土，淡青釉，内底残留支钉痕。口径17.8厘米、底径8厘米、高6.4厘米（图五，5）。

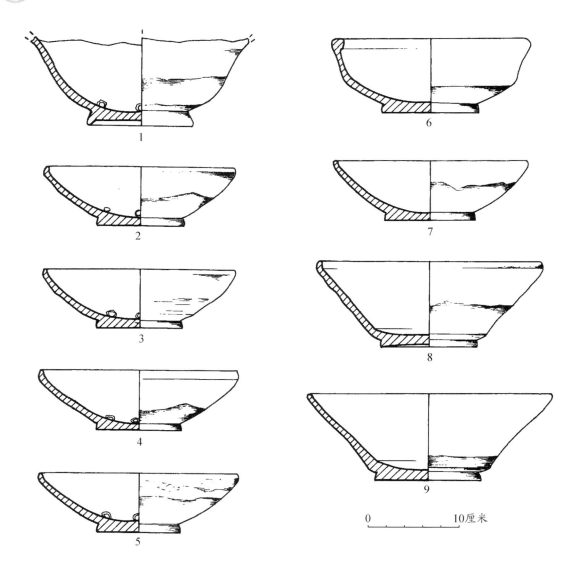

图六　G1 出土瓷碗

1. B 型（G1：164）　　2～5、7、8. Ca 型（G1：13、G1：9、G1：14、G1：8、G1：175、G1：19）　　6. D 型（G1：118）　　9. Cc 型（G1：305）

D 型　1 件。敛口，圆唇，折腹，饼足。G1：118，红胎，挂粉黄色化妆土，釉面大部分脱落，内底残留支钉痕。口径 15 厘米、底径 7.4 厘米、高 5.8 厘米（图六，6）。

盏　12 件。尖圆唇，饼足。按口部和腹部形态的差异，分为三型。

A 型　4 件。口微敛，斜直腹。G1：115，灰胎，挂灰白色化妆土，淡青釉，内底残留支钉痕。口径 14.8 厘米、底径 6.2 厘米、高 4.6 厘米（图七，8）。G1：180，黑胎，挂灰白色

化妆土，淡青釉，内底残留支钉痕。口径 14.2 厘米、底径 6.2 厘米、高 4.4 厘米（图七，11）。G1：228，灰胎，挂灰白色化妆土，淡青釉，内底残留支钉痕。口径 13.6 厘米、底径 6 厘米、高 4.8 厘米（图七，9）。G1：92，灰胎，挂灰白色化妆土，釉面大部分脱落，内底残留支钉痕。口径 13.6 厘米、底径 6 厘米、高 4.8 厘米（图七，10）。

B 型　6 件。侈口，斜弧腹。G1：289，灰胎，挂灰白色化妆土，淡青釉，内底残留支钉

痕。口径14厘米、底径6厘米、高4.4厘米（图七，2）。G1：10，红胎，挂米色化妆土，

釉面大部分脱落，内底残留支钉痕。口径13.6厘米、底径5.8厘米、高4.8厘米（图七，1）。

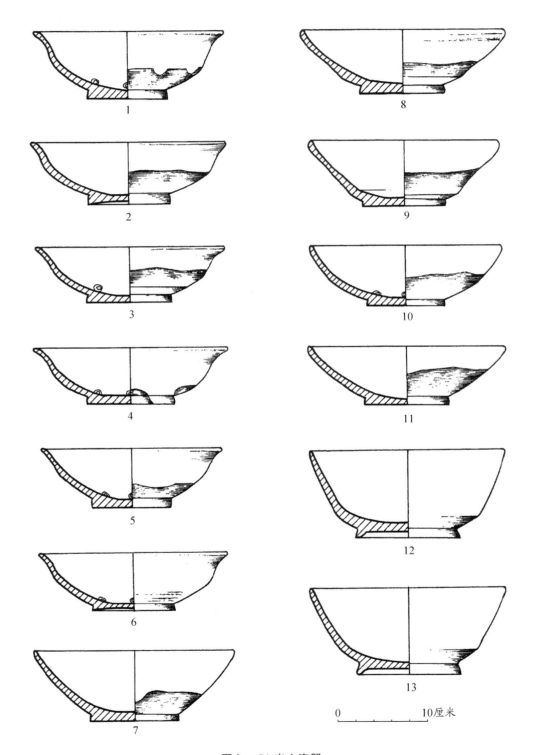

图七　G1 出土瓷器

1～6.B型盏（G1：10、G1：289、G1：122、G1：168、G1：257、G1：113）　7.C型盏（G1：73）　8～11.A型盏（G1：115、G1：228、G1：92、G1：180）　12、13.B型碗（G1：236、G1：303）

G1：122，灰胎，挂米色化妆土，釉面大部分脱落，内底残留支钉痕。口径 13.6 厘米、底径 6.2 厘米、高 4 厘米（图七，3）。G1：168，灰胎，挂灰白色化妆土，淡青釉，内底残留支钉痕。口径 14 厘米、底径 6.4 厘米、高 4.2 厘米（图七，4）。G1：113，灰胎，挂灰白色化妆土，青灰釉，内底残留支钉痕。口径 13.6 厘米、底径 6 厘米、高 4.2 厘米（图七，6）。

G1：257，红胎，挂米色化妆土，釉面大部分脱落，内底残留支钉痕。口径 13 厘米、底径 5.8 厘米、高 4.3 厘米（图七，5）。

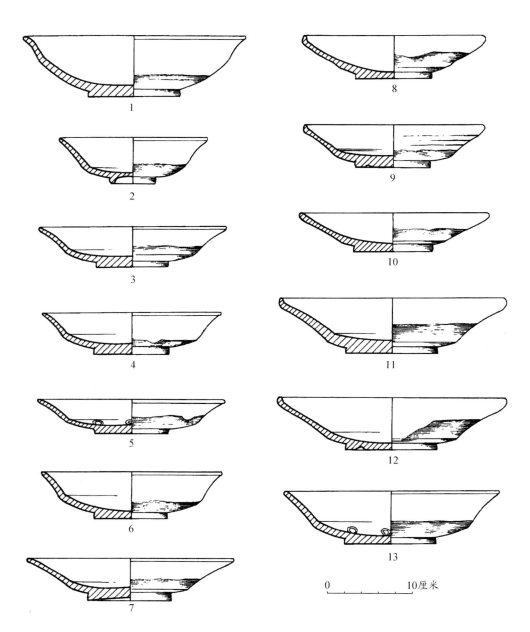

图八　G1 出土瓷盘

1. A Ⅰ 式（G1：279）　　2. A Ⅱ 式（G1：106）　　3～6、13. C 型（G1：205、G1：281、G1：317、G1：219、G1：299）　　7. Bb 型（G1：227）　　8～12. Ba 型（G1：6、G1：229、G1：203、G1：213、G1：177）

C型 2件。敞口，斜直腹。G1：4，口沿一周做成六曲花瓣状。灰胎，挂灰白色化妆土，淡青釉，内底残留支钉痕。口径13.4厘米、底径6厘米、高5厘米（图五，8）。G1：73，黑胎，挂灰白色化妆土，釉面大部分脱落，内底残留支钉痕。口径13.6厘米、底径6.4厘米、高5.2厘米（图七，7）。

盘 13件。按口部和腹部形态的差异，分为三型。

A型 2件。侈口，尖圆唇，浅弧腹。按足部形态的变化，分为二式。

Ⅰ式：1件。饼足。G1：279，灰胎，挂白色化妆土，釉面大部分脱落，内底残留支钉痕。口径19.6厘米、底径8厘米、高5.4厘米（图八，1）。

Ⅱ式：1件。圈足。G1：106，红胎，酱釉。口径13厘米、足径4.2厘米、高4.2厘米（图八，2）。

B型 6件。尖圆唇，折腹，腹部转折处靠近足部。按口部形态的差异，分为二亚型。

Ba型 5件。口沿微上翘近直口。G1：177，灰胎，挂浅灰色化妆土，釉面大部分脱落，内底残留支钉痕。口径20.2厘米、底径8厘米、高4.6厘米（图八，12）。G1：213，灰胎，挂浅灰色化妆土，淡青釉，内底残留支钉痕。口径19.8厘米、底径8.2厘米、高5厘米（图八，11）。G1：203，灰胎，挂米色化妆土，釉面大部分脱落，内底残留支钉痕。口径16.6厘米、底径7厘米、高3.4厘米（图八，10）。G1：6，灰胎，挂浅灰色化妆土，釉面大部分脱落。口径16厘米、底径6.6厘米、高3.8厘米（图八，8）。G1：229，足底刻画一周凹槽。黑胎，挂灰白色化妆土，淡青釉，内底残留支钉痕。口径16厘米、底径6.6厘米、高3.8厘米（图八，9）。

Bb型 1件。侈口。G1：227，灰胎，挂浅灰色化妆土，釉面大部分脱落，内底残留支钉痕。口径18.2厘米、底径7.4厘米、高3.8厘米（图八，7）。

C型 5件。侈口，尖圆唇，折腹，腹部转折处在中部。G1：219，灰胎，挂灰白色化妆土，釉面大部分脱落。口径16厘米、底径6.4厘米、高4.2厘米（图八，6）。G1：281，灰胎，挂灰白色化妆土，釉面大部分脱落。口径15.6厘米、底径6.6厘米、高3.8厘米（图八，4）。G1：299，灰胎，挂灰白色化妆土，淡青釉，内底残留支钉痕。口径19厘米、底径8厘米、高4.8厘米（图八，13）。G1：317，灰胎，挂灰白色化妆土，淡青釉，口沿处施深绿釉斑，内底残留支钉痕。口径16.4厘米、底径6.4厘米、高3厘米（图八，5）。G1：205，灰胎，挂灰白色化妆土，青灰釉。口径16.4厘米、底径6.4厘米、高3.6厘米（图八，3）。

钵 3件。敛口，圆唇，丰肩，弧腹内收。G1：217，灰胎，挂米色化妆土，釉面大部分脱落。口径23厘米、残高8厘米（图九，1）。G1：153，灰胎，挂灰白色化妆土，淡青釉。口径23厘米、残高6厘米（图九，2）。G1：284，灰胎，挂灰白色化妆土，淡青釉。口径20厘米、残高7厘米（图九，3）。

盆 10件。按口部、腹部和底部形态的差异，分为三型。

A型 4件。敞口，折沿，圆唇，斜直腹，饼足。G1：127，红胎，挂浅灰色化妆土，淡青釉，内底残留支钉痕。口径27.6厘米、底径10厘米、高7.4厘米（图一〇，1）。G1：98，红胎，挂浅灰色化妆土，淡青釉，内底残留支钉痕。口径28厘米、底径11厘米、高7.2厘米（图一〇，2）。G1：30，灰胎，挂浅灰色化妆土，淡青釉，内底残留支钉痕。口径27厘米、底径10厘米、高6.8厘米（图一〇，3）。G1：171，灰胎，挂浅灰色化妆土，淡青釉，内底残留支钉痕。口径27厘米、底径10厘米、高6.6厘米（图一〇，4）。

B 型　2 件。敛口，折沿，尖圆唇，弧腹，饼足。G1：211，灰胎，挂灰白色化妆土，釉面大部分脱落。口径 24.6 厘米、底径 11 厘米、高 10.3 厘米（图一〇，6）。G1：204，足底刻画一周凹槽。灰胎，挂灰白色化妆土，淡青釉，内底残留支钉痕。口径 26.8 厘米、底径 10.8 厘米、高 10.4 厘米（图一〇，7）。

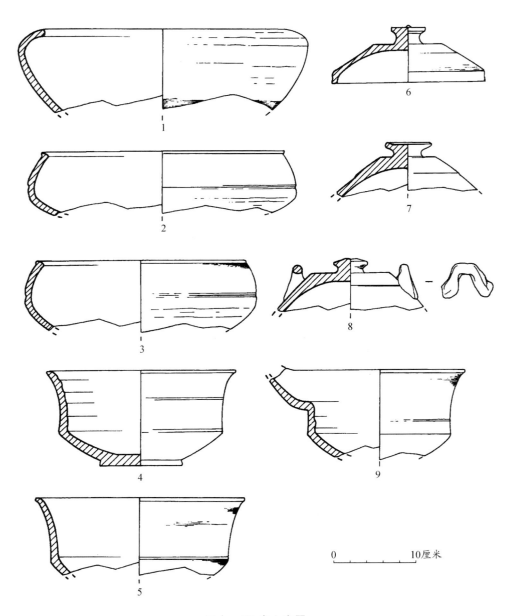

图九　G1 出土瓷器

1～3. 钵（G1：217、G1：153、G1：284）　　4、5、9. 急须（G1：151、G1：129、G1：263）　　6～8. 盖（G1：20、G1：266、G1：94）

C 型　4 件。敞口，折沿，圆唇，口沿下附加一周凸棱，斜直腹，平底。G1：245，灰胎，挂灰白色化妆土，釉面大部分脱落。口径 44.4 厘米、底径 30 厘米、高 12 厘米（图一〇，10）。G1：249，灰胎，挂灰白色化妆土，釉面大部分脱落，内底残留支钉痕。口径 26.2 厘米、底径 17.4 厘米、高 7.2 厘米（图一〇，5）。G1：218，灰胎，挂灰白色化妆土，青灰釉。口径 44 厘米、底径 30 厘米、高 9 厘米（图一〇，9）。G1：192，灰胎，挂米色化妆土，淡青釉，内底残留支钉痕。口径 34 厘米、底径 22 厘米、高 10 厘米（图一〇，8）。

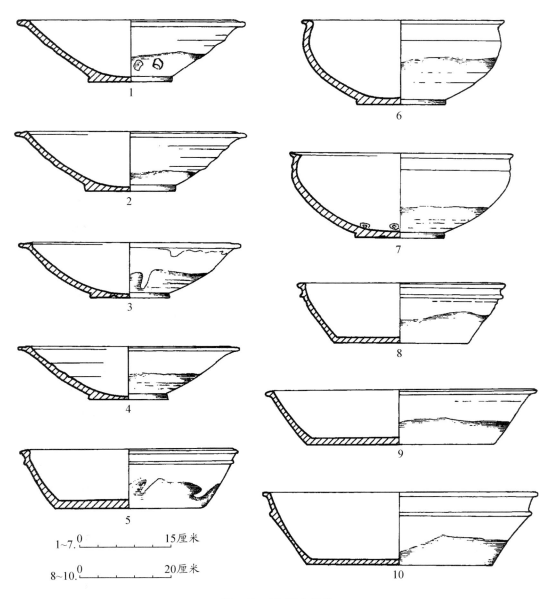

图一〇　G1 出土瓷盆

1~4. A 型（G1：127、G1：98、G1：30、G1：171）　5、8~10. C 型（G1：249、G1：192、G1：218、G1：245）　6、7. B 型（G1：211、G1：204）

罐 8件。按口、颈、肩部形态的差异，分为四型。

A型 3件。直口，圆唇，短颈，颈部饰凸弦纹，溜肩，肩部一周带耳形系。G1：110，褐胎，挂粉白色化妆土，淡青釉。口径12厘米、残高6.4厘米（图一一，4）。G1：132，红胎，挂粉白色化妆土，釉面大部分脱落。口径11.6厘米、腹径25.6厘米、残高15.2厘米（图一一，6）。G1：313，红胎，挂粉白色化妆土，淡青釉。口径8厘米、残高9厘米（图一二，6）。

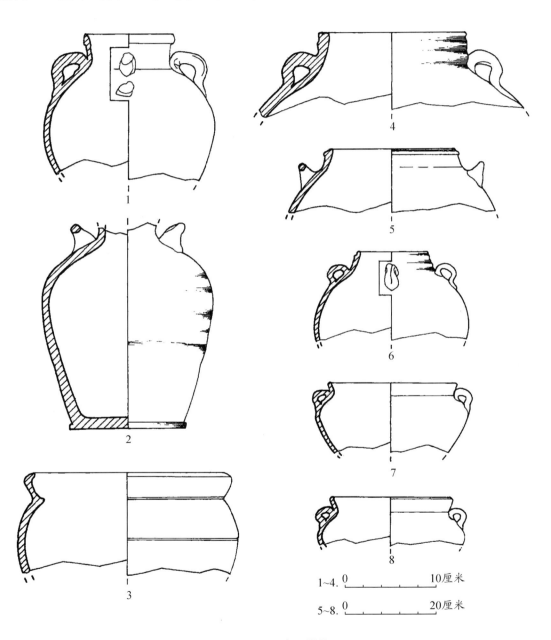

图一一 G1 出土器物

1. B型陶罐（G1：17） 2、5. B型瓷罐（G1：15、G1：208） 3. C型瓷罐（G1：195） 4、6. A型瓷罐（G1：110、G1：132） 7、8. D型瓷罐（G1：241、G1：240）

B 型　2 件。直口，圆唇，短颈，溜肩，肩部一周带方桥系。G1：15，褐胎，挂粉白色化妆土，淡青釉。腹径 14 厘米、底径 9.6 厘米、残高 17.4 厘米（图一一，2）。G1：208，灰胎，挂粉白色化妆土，釉面大部分脱落。口径 20 厘米、残高 10.6 厘米（图一一，5）。

C 型　1 件。敛口，尖唇，短颈，溜肩。G1：195，黑胎，挂粉白色化妆土，酱釉。颈腹部刻画弦纹。口径 16 厘米、残高 8.6 厘米（图一一，3）。

D 型　2 件。直口，平唇，短颈，丰肩，肩部一周带耳形系。G1：240，灰胎，挂灰白色化妆土，青灰釉。口径 20 厘米、残高 8 厘米

（图一一，8）。G1：241，灰胎，挂灰白色化妆土，青灰釉。口径 21 厘米、残高 12 厘米（图一一，7）。

注壶　5 件。按颈部形态的差异，分为二型。

A 型　4 件。盘口，细颈。G1：19，灰胎，酱釉。腹径 12.6 厘米、残高 11.8 厘米（图一三，3）。G1：21，灰胎，挂灰白色化妆土，淡青釉。口径 7.4 厘米、残高 8.2 厘米（图一三，2）。G1：22，红胎，挂粉白色化妆土，淡青釉。口径 7.4 厘米、残高 7.6 厘米（图一三，4）。G1：71，红胎，酱釉。口径 7.8 厘米、残高 9.4 厘米（图一三，1）。

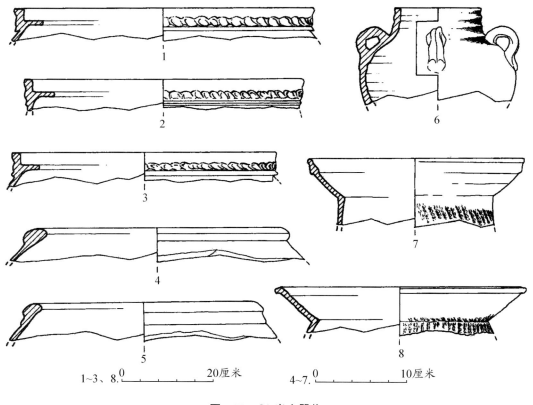

1~3、8.　0 ————————— 20厘米

4~7.　0 ————————— 10厘米

图一二　G1 出土器物

1~3. 陶器座（G1：324、G1：322、G1：323）　　4、5. A 型陶罐（G1：51、G1：53）　　6. A 型瓷罐（G1：313）　　7、8. 陶釜（G1：63、G1：69）

B型　1件。粗颈。G1：18，灰胎，酱釉。底径6厘米、残高11厘米（图一三，5）。

壶流　3件。按形态的差异，分为二型。

A型　2件。流部短直。G1：155，红胎，挂灰白色化妆土，釉面大部分脱落。残长4厘米（图一三，8）。G1：274，灰胎，挂灰白色化妆土，淡青釉。长3.4厘米（图一三，7）。

B型　1件。流部细长。G1：152，红胎，挂米色化妆土，淡青釉。长9厘米（图一三，6）。

盘口壶　2件。G1：80，红胎，挂灰白色化妆土，釉面大部分脱落。残高9厘米（图一四，3）。G1：107，红胎，挂灰白色化妆土，酱釉。口径34厘米、残高10.4厘米（图一四，1）。

灯碟　5件。敞口，厚圆唇，浅斜腹，小饼足。G1：72，红胎，釉面大部分脱落。口径8厘米、底径3厘米、高2.8厘米（图一五，4）。G1：235，红胎，酱釉。口径12.2厘米、底径3.6厘米、高3.8厘米（图一五，1）。G1：5，灰胎，釉面大部分脱落。口径9.8厘米、底径4.6厘米、高3.1厘米（图一五，2）。G1：296，灰胎，酱釉。口径11.2厘米、底径2.8厘米、高2.8厘米（图一五，3）。G1：128，灰胎，釉面大部分脱落。口径8.8厘米、底径3.4厘米、高2.7厘米（图一五，5）。

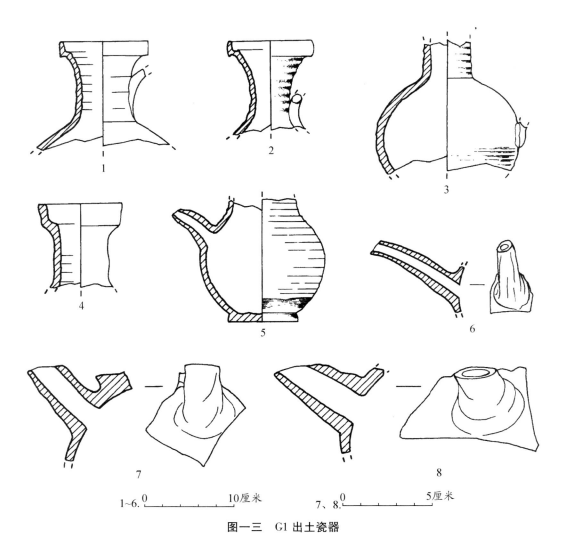

图一三　G1 出土瓷器

1～4. A 型注壶（G1：71、G1：21、G1：19、G1：22）　5. B 型注壶（G1：18）　6. B 型壶流（G1：152）
7、8. A 型壶流（G1：274、G1：155）

急须 3件。侈口，尖圆唇，折腹，上腹略内曲，下腹斜直内收，饼足，口沿一侧带"U"形流。G1：151，红胎，挂灰白色化妆土，釉面大部分脱落。口径18厘米、底径7.8厘米、高9.6厘米（图九，4）。G1：129，灰胎，挂灰白色化妆土，淡青釉。口径20厘米、残高

7.7厘米（图九，5）。G1：263，灰胎，挂灰白色化妆土，淡青釉。口径16.6厘米、残高9厘米（图九，9）。

炉 1件。卷沿外翻，圆唇，矮筒形。G1：301，灰胎，釉面大部分脱落。口径13厘米、残高6.4厘米（图一四，5）。

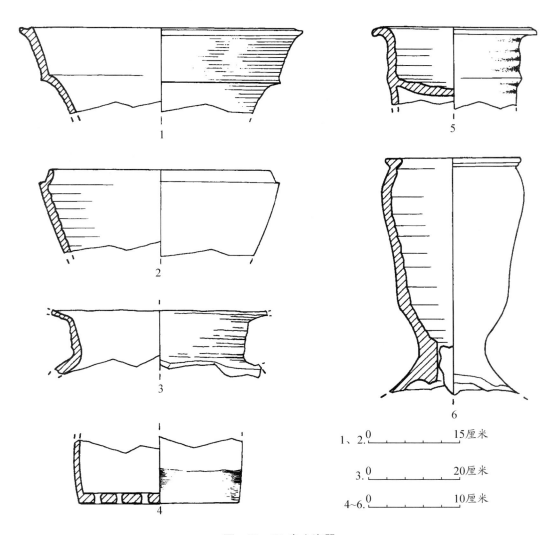

图一四 G1出土瓷器

1、3. 盘口壶（G1：107、G1：80） 2. 盒（G1：131） 4. 甑（G1：108） 5. 炉（G1：301） 6. 灯座（G1：290）

盒 1件。子口，矮筒形。G1：131，红胎，挂米色化妆土，釉面大部分脱落。口径26.4厘米、残高10.4厘米（图一四，2）。

盖 3件。均为盒盖，母口，斜直壁，平

顶，顶部带圆纽，有的盖面附加两只方桥系。G1：20，灰胎，酱釉。顶径6.4厘米、口径14.6厘米、高5.4厘米（图九，6）。G1：94，红胎，挂米色化妆土，釉面大部分脱落。顶径

6.6 厘米、残高 5 厘米（图九，8）。G1：266，红胎，挂灰白色化妆土，淡青釉。残高 4.6 厘米（图九，7）。

甑　1 件。平底，底面密布漏孔。G1：108，灰胎，酱釉。底径 12.4 厘米、残高 5.4 厘米（图一四，4）。

灯座　1 件。亚腰，筒形。G1：290，红胎，酱釉。残高 19 厘米（图一四，6）。

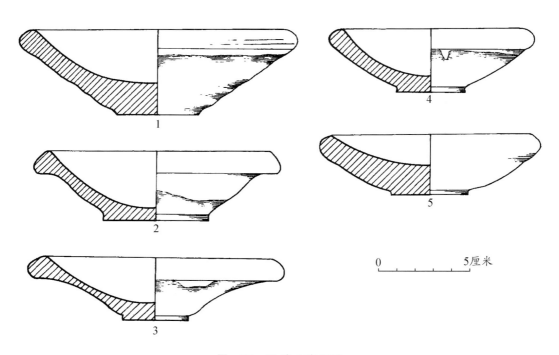

图一五　G1 出土瓷灯碟

1. G1：235　2. G1：5　3. G1：296　4. G1：72　5. G1：128

2. 陶器

盆　3 件。敛口，折沿，圆唇。G1：35，灰胎，器表施黑色陶衣。口径 46 厘米、残高 13.2 厘米（图一六，1）。G1：300，灰胎，器表施黑色陶衣。口径 35.6 厘米、残高 10 厘米（图一六，2）。G1：38，灰胎，器表施黑色陶衣。口径 50 厘米、残高 7 厘米（图一六，3）。

罐　3 件。按口部、颈部形态的差异，分为二型。

A 型　2 件。敛口，圆唇，无颈。G1：53，灰胎，器表施黑色陶衣。口径 20.4 厘米、残高 3.8 厘米（图一二，5）。G1：51，粉白胎，器表施黑色陶衣。口径 23.4 厘米、残高 3.4 厘米（图一二，4）。

B 型　1 件。直口，尖唇，短颈，肩部带耳形系。G1：17，红胎。口径 7.2 厘米、残高 12.4 厘米（图一一，1）。

釜　2 件。G1：63，灰胎。腹部饰绳纹。口径 20 厘米、残高 6.4 厘米（图一二，7）。G1：69，灰胎，器表局部呈黑色。腹部饰绳纹。口径 47.2 厘米、残高 9 厘米（图一二，8）。

器柄　2 件。细长柱状，截面呈方形。G1：56，褐胎，器表呈黑灰色。残长 4.5 厘米（图一七，5）。G1：52，褐胎，器表呈黑灰色。残长 7.6 厘米（图一七，4）。

器耳　3 件。G1：47，灰胎，器表施黑色陶衣。残高 4.4 厘米（图一七，2）。G1：64，灰白胎。残高 2.8 厘米（图一七，1）。G1：327，灰胎，器表施黑色陶衣。残高 6.2 厘米（图一七，3）。

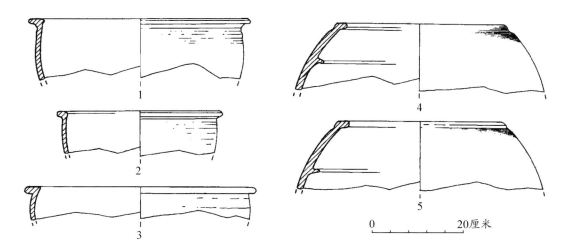

图一六　G1 出土陶器

1~3. 盆（G1：35、G1：300、G1：38）　　4、5. 缸（G1：134、G1：26）

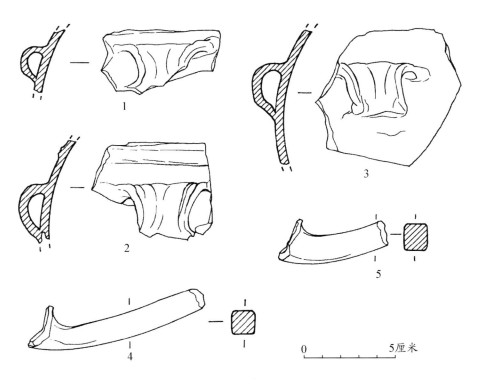

图一七　G1 出土陶器

1~3. 器耳（G1：64、G1：47、G1：327）　　4、5. 器柄（G1：52、G1：56）

　　器座　3件。G1：322，灰胎，器表施黑色陶衣。外壁有泥条贴饰。残高5.4厘米（图一二，2）。G1：323，灰胎，器表施黑色陶衣。外壁有泥条贴饰。残高5.4厘米（图一二，3）。

G1：324，灰胎，器表施黑色陶衣。外壁有泥条贴饰。残高6.2厘米（图一二，1）。

　　缸　2件。敛口，方唇，内壁有一周凸棱。G1：134，灰胎，器表施黑色陶衣。口径37.2

厘米、残高 15 厘米（图一六，4）。G1：26，灰胎，器表施黑色陶衣。口径 36 厘米、残高 15.4 厘米（图一六，5）。

三、墓葬及出土器物

M1 斜坡墓道双室券顶砖室墓，坐北朝南。叠压于耕土层下，券顶已自然坍塌。墓葬由墓圹、墓道及东、西两个墓室组成。方向5°。南北残长5.6米，东西宽2.98米（图一八）。

墓圹形状不甚规则，略呈长方形，墓道西侧又有为方便进入西墓室的掏挖处理。墓圹壁面稍经修整，整体加工较粗糙。南北总长5.6米，东西宽2.98米，残深0.92米。墓圹填土为黄褐色五花土，未夯打。

墓道分东、西两条，以东墓道为例，平面呈长方形，直壁，较为平整，斜坡底，坡度28°。残长1.65米，宽1～1.05米，坡长1.75～1.8米。墓道填土为黄褐色五花土，土质较硬，内含少量植物根茎及些许墓砖碎块，填土未经夯打。

墓室分为东、西两室，东墓室长2.78米，宽0.98米，残高1.02米，西墓室长2.78～2.8米，宽1.04米，残高1米。两墓室结构基本一致，均为长条形青砖错缝垒砌并宽向弧起形成券顶，东、西两墓室亦各用四道两层砖墙压缝堆砌至券顶，构成简单肋拱结构。差别仅在于

东墓室封门墙为长条形砖以宽向多层错缝平砌，而西墓室封门墙则为单列宽向平砌与双列长向竖砌相间。墓室用砖均为长方形青砖，规格较为统一，长31厘米，宽16厘米，厚3厘米，个体之间长度差异在1厘米以内。两墓室底部结构均一致且较为复杂：最上层为单层长方形铺底墓砖，均为南北向铺底；其下东西两侧为长方体红砂条石垫铺，条石加工较为规整，宽8.2～9厘米，厚15.5～17厘米，长度不等，南北两侧为墓砖宽向单列围砌，中间部分由上至下分别垫厚约7厘米的灰色垫土层及厚约10厘米的白色石灰层两层；最底层为南北向铺砖一层，其下为墓圹底部生土层，未见腰坑。

M1 的出土遗物共11件，陶俑10件、陶指环1件。所有遗物均出土于西墓室，由于客观原因，具体的出土位置不详。东、西两墓室亦均未发现人骨。陶俑均为泥质陶，中空。分人俑和动物俑两种。其中人俑6件，均为男性俑。动物俑4件，分别为陶龟、陶鸡、陶狗以及陶鸟形俑残件各1件。

立俑 1件。M1：1，泥质红陶，通体施釉。头裹布巾，双目圆睁，神态较威严。身施黄绿二彩，着交领右衽长衣，双足外露。由于中部残缺，推测通高27～29厘米（图一九，1）。

武官俑 1件。M1：6，泥质红陶，未施釉。仅余部分上身及头部，头戴武士盔，五官随意刻画，神态不清。残高13厘米（图一九，6）。

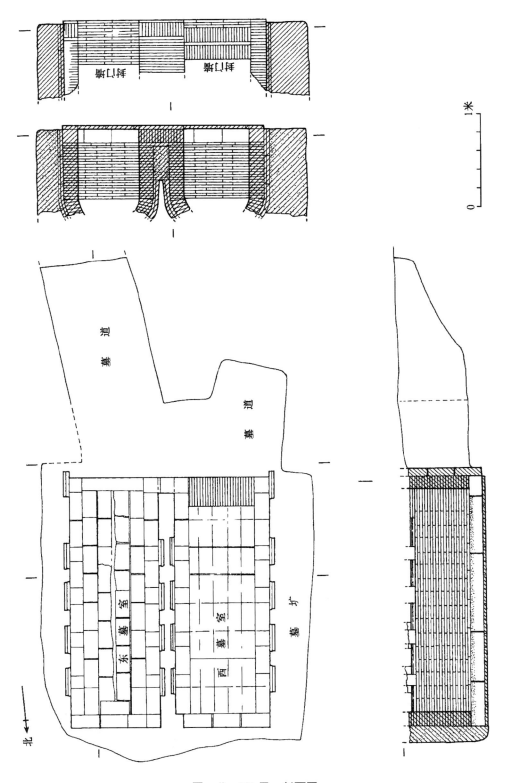

图一八　M1 平、剖面图

图一九　M1 出土陶器

1. 立俑（M1：1）　2~5. 文官俑（M1：2、M1：5、M1：3、M1：4）　6. 武官俑（MI：6）　7. 指环（M1：

7）　8. 鸡（M1：8）　9. 龟（M1：9）　10. 鸟形俑（M1：10）　11. 狗（M1：11）

文官俑 4件。M1：2，泥质灰陶，未施釉。头戴幞头，面部朝左上方稍斜，神情自然，身着公服，双手交握于胸前，右臂残缺。通高23.7厘米（图一九，2）。M1：3，泥质红陶，未施釉。头戴幞头，双手交握于胸前，五官刻画较为粗率，表情怪异，下半身残缺。残高22.1厘米（图一九，4）。M1：4，泥质红陶。仅存头部，戴幞头，双眼圆睁，表情怪异。残高7厘米（图一九，5）。M1：5，泥质红陶。仅存头部，戴幞头，双目微闭，神态安详。残高5.9厘米（图一九，3）。

陶龟 1件。M1：9，泥质红陶，中空。头部伸出，微微上扬，四足抓地，尾巴自然向下，整体造型呈爬行状，较为生动。头部及龟壳施酱釉，四足及尾巴施黄釉，底部裸胎。长11.5厘米、通高6.7厘米（图一九，9）。

陶鸡 1件。M1：8，泥质红陶，中空。头部上扬，微挺胸，头顶堆塑冠和喙，冠喙合一，不易区分，头部两侧阴刻凹槽，泥贴双眼，两翅及尾均一体成形，未加刻画装点。长10.6厘米、通高13厘米（图一九，8）。

陶狗 1件。M1：11，泥质红陶，中空，稍残。呈蹲踞状，头部稍前倾，一耳竖起，一耳残缺，双眼贴塑而成，头部前方阴刻鼻和嘴，尾巴贴塑于身，仅尾尖部分翘出。正面身前有两道竖向阴刻线。长10.1厘米、通高13厘米（图一九，11）。

陶鸟形俑 1件。M1：10，泥质红陶，中空。仅存鸟形身体及少许颈部，身体两侧阴刻两翅。通体施黄、绿彩釉。残高6.4厘米（图一九，10）。

陶指环 1件。M1：7，泥质灰陶。外径3.1～3.4厘米、内径2.9厘米（图一九，7）。

四、结　语

G1的出土遗物基本都属于生活日用器具，以青釉瓷器占绝大多数。其中Aa型碗侈口，尖圆唇，腹部略圆弧，饼足，与成都东郊保和公社后蜀张虔钊墓出土的瓷碗相同，张虔钊墓的年代为广政十一年（公元948年）[1]；C型碗为尖圆唇，斜直腹，饼足，具有唐代中、晚期的造型特征，如成都南郊桐梓林村唐贞元二年（公元786年）爨公墓[2]、西郊红色村唐元和十年（公元815年）王怀珍墓[3]、金沙村唐大中四年（公元850年）鲜腾墓[4]出土的青瓷碗等；Ba型盘和急须的造型分别与成都金牛区城乡一体化拆迁安置房5号A地点唐代晚期至五代水井（J5）[5]出土的青瓷盘和匜也相同；A型罐为直口，圆唇，短颈，颈部饰凸弦纹，溜肩，肩部一周带耳形系，与前蜀王建墓[6]及洪河大道南延线M1[7]出土的青瓷四系罐相仿，王建墓的年代为光天元年（公元918年），洪河大道南延线M1的年代也在唐末五代之际；酱釉盘口壶的盘口较大，束颈短粗，与双流籍田竹林村后蜀徐公墓出土的盘口罐相同，徐公墓的年代为广政二十七年（公元964年）[8]。综合考虑，G1的年代约在五代至北宋初年。受发掘面积所限，灰沟的具体走向、性质及其周边是否有共存的其他建筑遗迹，目前还无法做出判断。

灰沟内出土的瓷器制作规整，胎体一般偏灰色，挂灰白色化妆土，施釉较均匀，釉色呈淡青、青灰等，器表通体素面无纹饰，内底常残留五至六枚支钉痕，具有都江堰玉堂窑青釉瓷器的基本特征。玉堂窑是成都平原著名的古代民间窑场，地处都江堰市区西南的玉堂镇凤岐村，东南方向距此次发掘地点约6公里，窑址内现存大小窑包17座，以考古工作开展较多的六号窑包（即马家窑包）为例，该窑自中、晚唐时期开始大量烧造青釉瓷器，类型见有碗、盘、盏、罐、盆、急须、注壶等[9]。由于玉堂窑的瓷器在装烧过程中不使用匣钵，且碗、盘、盏类常使用支钉作间隔，故内底面都留有一周支钉痕，其产品主要满足普通大众的日常生活需求，G1 出土的这批瓷器为研究唐末、五代时期玉堂窑产品的行销与流布状况提供了重要的考古材料。

M1 未出土钱币、墓志或买地券等年代性较强的遗物，绝对年代不得而知，其大体时代只能通过类型学分析加以框定。从其墓葬形制而言，M1 符合四川地区北宋晚期至南宋初期的长方形单层券顶双室墓的形制特点[10]。从所出遗物而言，M1：5 文官俑所戴幞头与二仙桥南宋早期墓所出陶俑（二仙桥 M1：43）[11] 所戴幞头颇似，M1：1 男立俑所戴头巾与成都东北郊海滨村北宋晚期墓[12] 陶俑（M5：33）及汽车配件厂北宋晚期墓[13] 陶俑（M1：4）的巾顶形象接近，外加双手交握于胸前是北宋时期及南宋早期文官俑的典型手势。因此综合推测，此墓葬的大体时代为南宋早期。

发掘与整理：
（成都文物考古研究所）
刘雨茂　王天佑　程远福　易　立
（都江堰市文物局）
徐　军　刘文强　龙　岗　杨　莉
绘图：钟雅莉
执笔：刘文强　易　立　徐　军　傅　浩
　　　杨　莉　王天佑

注　释

[1] 成都市文物管理处：《成都市东郊后蜀张虔钊墓》，《文物》1982 年第 3 期。

[2] 成都文物考古研究所：《成都市南郊桐梓林村唐代爨公墓发掘》，《成都考古发现》（1999），科学出版社，2001 年。

[3] 成都文物考古研究所：《成都市西郊红色村唐代王怀珍墓》，《成都考古发现》（2005），科学出版社，2007 年。

[4] 成都文物考古研究所：《成都市金沙村唐墓发掘简报》，《成都考古发现》（2004），科学出版社，2006 年。

[5] 成都文物考古研究所：《成都金牛区城乡一体化拆迁安置房 5 号 A 地点唐—五代墓葬、水井发掘简报》，《成都考古发现》（2007），科学出版社，2009 年。

[6] 冯汉骥：《前蜀王建墓发掘报告》，文物出版社，2002 年，第 64 页。

[7] 成都文物考古研究所、龙泉驿区文物保管所：《成都市龙泉驿区洪河大道南延线唐宋墓葬发掘简报》，《成都考古发现》（2001），科学出版社，2003 年。

[8] 成都文物考古研究所、双流县文物管理所：《成都双流籍田竹林村五代后蜀双室合葬墓》，《成都考古发现》（2004），科学出版社，2006 年。

[9] 成都文物考古研究所、都江堰市文物局：《2007 年玉堂窑遗址六号窑包试掘简报》，《成都考古发现》（2007），科学出版社，2009 年。

[10] 陈云洪：《试论四川宋墓》，《四川文物》1999 年第 3 期。

[11] 成都文物考古研究所：《成都市二仙桥南宋墓发掘简报》，《成都考古发现》（1999），科学出版社，2001 年。

[12] 成都文物考古研究所：《成都市青龙乡海滨村墓葬发掘简报》，《成都考古发现》（2003），科学出版社，2005 年。

[13] 成都文物考古工作队：《四川成都市北郊战国东汉及宋代墓葬发掘简报》，《考古》2001 年第 5 期。

（原文发表于《成都考古发现 2012》）

沿江村宋代墓葬发掘简报

都江堰市文物局

2013 年 1 月 13 日，都江堰市文物局考古队在对中兴镇沿江村一处项目工地实施配合基建考古勘探时发现若干宋代墓砖。随后文物局会同成都文物考古研究所工作人员进行了现场勘查，认定其为一座宋代墓葬，编号 M1（图一），并对其进行了抢救性发掘。现将 M1 发掘情况简报如下。

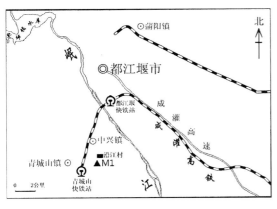

图一　M1 墓葬位置图

一、墓葬形制

M1 为斜坡墓道双室券顶砖室墓，坐北朝南。墓葬开口于耕土层下，券顶已自然坍塌。墓葬由墓圹、墓道及东西两墓室组成，南北残长 5.9 米、东西 3.1 米。方向 175 度（图二）。

墓圹　形状不甚规则，略呈长方形，墓道

西侧又有为方便进入西墓室的掏挖处理。墓圹壁面稍经修整，整体加工较粗糙。南北总长 4.65 米，东西 3.1 米、残深 1.1 米。墓圹填土为黄褐色五花土，未夯打。

墓道　平面呈长方形，残长 1.65 米、宽 1～1.05 米。斜坡底，坡度 28 度，坡长 1.75～1.8 米。墓道壁为直壁，较为平整。墓道填土为黄褐色五花土，土质较硬，内含少量植物根茎及些许墓砖碎块，填土未经夯打。

墓室　墓室分为东、西两室，东墓室长 2.9 米，宽 1.12～1.15 米，残高 1.05 米。西墓室长 2.9～2.95 米，宽 1.15～1.2 米，残高 1.06 米。两墓室结构基本一致，均为长条形青砖错缝垒砌并宽向弧起形成券顶，东西两墓室亦各用四道两层砖墙压缝堆砌至券顶构成简单肋拱结构。差别仅在于东墓室封门墙为长条形砖以宽向多层错缝平砌，而西墓室封门墙则为双列宽向平砌与单列长向竖砌相间。墓室用砖均为长方形青砖，烧制规格较为统一，平均长度约 31 厘米，宽为 16 厘米，厚 3 厘米，个体之间长度差异在 1 厘米以内。两墓室底部结构均一致且较为复杂：最上层为单层长方形铺底墓砖，均为长向南北向铺底；其下东西两侧为长方体红砂条石垫铺，条石加工较为规整，宽 8.2～9 厘米，厚 15.5～17 厘米，长度不等，南北两侧为墓砖宽向单列围砌，中间部分由上至下分别垫厚约 7 厘米的灰色垫土层及厚约 10 厘米的白色石灰层两层；最底层为长向南北向铺砖一层，其下为墓圹底部生土层，未见腰坑。

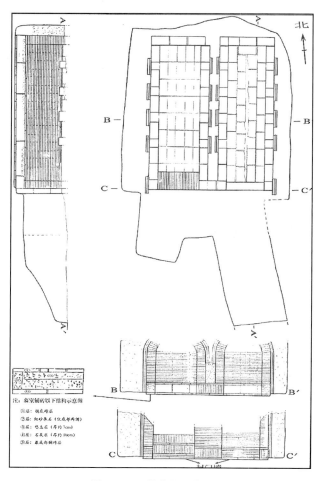

图二　M1 墓葬平、剖面图

二、出土遗物

M1 共出土遗物 11 件，分为陶俑 10 件，陶指环 1 件。所有遗物均出土于西墓室，由于客观原因，出土具体位置不详。东西两墓室亦均未发现人骨。

陶俑均为泥质陶，中空。分人俑和动物俑两种。其中人俑 6 件，可分三式，均为男俑。动物俑 4 件，分别为陶龟、陶鸡、陶狗以及陶制鸟形俑残件各一。

Ⅰ 式俑，1 件（M1：1）。立俑，泥质红陶，通体施釉。头裹布巾，双目圆睁，神态较威严。身施黄绿二彩，着交领右衽长衣，双足外露。由于中部残缺，推测通高 27 ~ 29 厘米（图三，1）。

Ⅱ 式俑，1 件（M1：6）。武官俑，泥质红陶，未施釉。仅余部分上身及头部，残高 14.3 厘米，头戴武士盔，五官随意刻画，神态不清（图三，6）。

Ⅲ 式俑，文官俑，4 件。M1：2、泥质灰陶，未施釉。头戴幞头，面部朝左上方稍斜，神情自然，身着公服，双手交握于胸前。右臂残缺，通高 25.7 厘米（图三，2）。M1：3、泥质红陶，未施釉。头戴幞头，双手交握于胸前，五官刻画较为粗率，表情怪异。下半身残缺，残高 22.1 厘米（图三，3）。M1：4、泥质红陶，仅存头部，戴幞头，双眼圆睁，表情怪异，残高 6.3 厘米。M1：5、泥质红陶，仅存头部，戴幞头，双目微闭，神态安详。残高 8.5 厘米（图三，4）。

陶龟，1 件（M1：9）。泥质红陶，中空。头部及龟壳施酱釉，四足及尾巴施黄釉，底部裸胎，陶龟头部伸出，微微上扬，四足抓地，尾巴自然向下，整体造型呈爬行状，较为生动。通高 6.7 厘米，长 11.5 厘米（图三，9）。

陶鸡，1 件（M1：8）。泥质红陶，中空。头部上扬，微挺胸，头顶堆塑冠和喙，冠喙合一，不易区分。头部两侧阴刻凹槽，泥贴双眼。两翅及尾均一体成形，未加刻画装点。通高 14.5 厘米，长 12.2 厘米（图三，8）。

陶狗，1 件（M1：11）。泥质红陶，中空，稍残。呈蹲踞状，头部稍前倾，一耳竖起，一耳残缺，双眼贴塑而成，头部前方阴刻鼻和嘴。尾巴贴塑于身，仅尾尖部分翘出。正面身前有两道竖向阴刻线。通高 14.6 厘米，长 10.1 厘米（图三，11）。

陶鸟形俑，1 件（M1：10）。泥质红陶胎，中空。仅存鸟形身体及少许颈部，身体两侧阴刻两翅。遍体施黄、绿彩釉。残高 7.1 厘米（图三，10）。

陶指环　编号 M1：7，泥质灰陶。外径 3.1～3.4 厘米，内径 2.9 厘米（图三，7）。

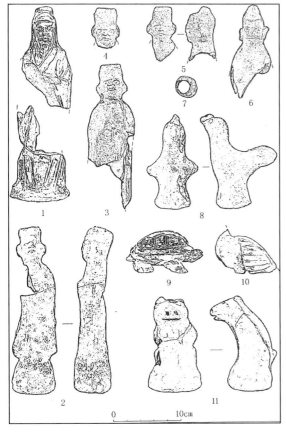

图三　出土遗物

1. Ⅰ式俑（M1：1）　2～5. Ⅱ式俑（M1：2～5）
6. Ⅲ式俑（M1：6）　7. 陶指环（M1：7）　8. 陶鸡（M1：8）　9. 陶龟（M1：9）　10. 陶鸟形俑（M1：10）　11. 陶狗（M1：11）

三、结　语

此墓葬未出土钱币、墓志等年代比较强的遗物，绝对年代不得而知，其大体时代只能通过类型学分析加以框定。从其墓葬形制而言，

M1 符合四川地区北宋晚期至南宋初期的长方形单层券顶双室墓的形制特点[1]。从所出遗物而言，M1：5 文官俑所戴幞头与二仙桥所出南宋早期陶俑（二仙桥 M1：43）所戴幞头测以[2]，M1：1 男立俑所戴头巾又处于北宋晚期海滨村陶俑（M5：33）所戴头巾巾顶无髻[3]至南宋中晚期汽车配件厂陶俑（M1：4）巾顶高髻[4]的中间阶段。外加双手交握于胸前是北宋时期及南宋早期文官俑的典型手势[5]。因此综合推测，此墓葬的大体时代应为南宋早期。

墓葬所处位置为一缓平荒地，周围未再发现任何墓葬。但其北侧仅 1 米有余发现宋代水沟遗迹 1 处，与该墓葬开口于同一层位下。且沟内出土大量瓷器，瓷器年代亦与该墓葬年代相当。然而仔细勘察，再无其他有关迹象可以表明两者之间的具体联系，因此水沟遗迹同 M1 究竟是何关系，现在尚不明确。

发　掘：王天佑　程远福　龙　岗
绘　图：程远福　刘文强
执　笔：刘文强　龙　岗　杨　丽

注　释

[1] 陈云洪：《试论四川宋墓》，《四川文物》1999 年第 3 期。

[2] 成都文物考古研究所：《成都市二仙桥南宋墓发掘简报》，《成都考古发现1999》，科学出版社，2001 年。

[3] 成都文物考古研究所：《成都市青龙乡海滨村墓葬发掘简报》，《成都考古发现2003》，科学出版社，2005 年。

[4][5] 颜劲松：《成都地区宋代墓葬出土陶俑服饰研究》，《四川文物》2006 年第 1 期。

（原文发表于《成都文物》2013 年第 3 期）

聚源镇导江遗址及迎祥遗址范围调查工作简报

龙　岗　杨　丽

一、缘　起

2014 年 4 月初，都江堰市文物局遗产科拟定对都江堰市聚源镇导江遗址及迎祥遗址划定遗址保护范围，编订遗址保护规划。在此背景下，都江堰市文物局考古队 3 位同志及遗产科 2 位同志一起对导江、迎祥两遗址进行了范围调查。

二、工作目的

通过考古学方法，试图通过 1 个月左右时间找寻并在图上划定导江遗址及迎祥遗址的核心保护范围及建设控制地带。

三、既往资料

导江遗址位于四川省成都市都江堰市聚源镇导江村（驻地玉皇观）东。遗址面积达 1 500 000 平方米，西南临走马河、东北有徐堰河，城址袒露在二河之间及徐堰河以东的平原上；根据《灌县志·舆地书》："导江废县在治东二十里，即汉都安县故址。唐置盘龙县并改导江，宋仍之。元至元间废，今为导江铺。"1954 年，四川省博物馆根据县志调查，认为它即是唐宋时的导江县。20 世纪 70 年代农民在改土时发现有条石基础，上有夯土并杂以汉代陶器残片及砖瓦、下水道管残块，宋代八角井等，挖出 1 个元代青瓷窖藏，出土龙泉窑系列青瓷器 74 件。采集有唐代花瓶、宋砖及其他器物残片。1986 年，四川省文物普查队调查时在马路桥地段发现了城垣、护城河遗迹 100 余米，并发现夯土城墙基，基内夹杂有汉陶器碎片及砖瓦残块，还发现了汉井等遗迹。该遗址为复查文物点，市（县）级文物保护单位，为研究汉、唐、宋时期成都平原城址规划建设、居民分布和制陶制瓷技艺的发展变化提供了依据。

迎祥遗址位于四川省成都市都江堰市聚源镇迎祥村 3 组、村驻地迎祥寺东 750 米、走马河西岸。该点于 1986 年文物普查时发现。遗址分布面积约 200 000 平方米，中心为一呈近似圆形的人工水池，深约 3 米，面积达 300 多平方米，俗称"落妃池"。据《增修〈灌县志〉》记载："杨妃池，一名落妃池，在县东二十里。"《太真外传》："杨元坚为蜀州司户参军，生贵妃于此。妃儿时误坠此池。"池壁发现汉、唐、宋时期的文化层，厚约 0.5 米，距地表 0.5 米。出土有汉、唐、宋陶瓷残片等，采集有"开元通宝" 1 枚。为复查文物点，市级文物保护单位，为研究汉、唐、宋时期成都平原城址规划建设、居民分布和居住环境、陶瓷烧造技术提供了宝贵资料。

四、实际问题

1. 没有遗址所在地图纸以供实际图上作业,没有 GPS 以供钻探定点定位。

2. 因为当地村民对价钱不满意,找不到工人进行考古钻探。

3. 遗址地表几无古代陶瓷片标本可供地面调查确定范围。

4. 遗址地大范围覆盖油菜花田,无法进入其中进行考古钻探及其他方式的考古调查。

5. 可供钻探的少量林地,村民要求必须在钻探之后进行就地填埋。

五、工作方法

鉴于以上实际问题,首先想尽一切办法找

到合适比例的图纸,之后只有都江堰市文物局 5 位同志在可供钻探的林地地带自己钻探,找出地下古代陶瓷片或地层堆积的散落范围或地层分布地带,以图上作业确定大致范围。

六、工作过程

4 月 3 日起至导江遗址实地勘察,后与聚源镇政府部门接洽并索要导江村地形图,之后去新元科技打印图纸。至此,前期准备工作已就绪。

4 月 4 日以导江遗址现存老白果树为中心定原点,沿现存道路向四个方向各拉 150 米定桩。并在图上换算出地图比例尺及方向并予以标注,至此图上准备作业已就绪。

调查采集庙界石碑及钻探所出青砖及瓷片

4 月 5 日起在导江遗址原点附近中心范围内打眼钻探，熟悉导江村遗址中心地层及地层包含物情况，熟悉后至各个方向扩展打眼，找寻遗址地层边缘地带以及古陶瓷片散落大致范围。截至 4 月 15 日，导江遗址古陶、瓷片及青砖碎片范围已找到并于图上标注完备。

4 月 16 日转战至迎祥遗址，发现 4 月 3 日所打地图范围不全，再找当地村委会索要当地地形图并打印。

4 月 17 日起对迎祥遗址采取与导江遗址相似方式进行钻探调查，并兼顾与当地上了年纪老年人交谈，了解大致状况并于交谈中征集到石质庙界界碑一块。至 4 月 25 日，迎祥遗址亦调查完毕，并已在图上标注完毕。

七、初步结论

1. 关于导江及迎祥两遗址的分布范围，现遗址分布图上所标注范围是以两遗址地下陶、瓷片及青砖碎块散落范围大致确定，其范围并不完全等同于原有遗址范围，但一定程度上反映了历史上遗址规模最大时期的大致范围。

2. 迎祥遗址所出土界碑的位置与探眼所打的陶、瓷片及青砖碎块散落范围相吻合；迎祥遗址的钻探最终范围与村民所述迎祥寺庙产范围大致一致。此两点均证实了迎祥遗址考古调查的科学性，也间接证明了导江遗址调查方式的可行性。

3. 导江遗址调查过程中仅钻探出宋代瓷片、宋砖残块及近现代遗物，未发现旧资料所示汉、唐、辽金及元代遗物，亦未发现城垣及护城河遗迹。迎祥遗址钻探多为宋代瓷片及宋代青砖碎块，未发现汉代遗物，仅在村民口中听到以往耕作过程中出土过菱形纹汉砖。

4. 两遗址具体核心范围及控制地带范围详见原图。

八、工作中存在问题

1. 由于没有 GPS 定位，没有富足人力对每个探眼编号并测量深度等实际情况，每个探眼钻探过程中所出土遗物无法装袋后填写详细出土坐标及深度的出土标签，因此本着短时间内仅标记范围的工作要求，加之考古钻探过程中没有完整实物资料出土，钻探所得遗物无甚标本价值等原因，未对钻探出土陶、瓷片及青砖碎块予以收集。

2. 由于没有 GPS，采集所得界碑没有详细标签予以标注位置。

3. 以上问题均深刻检讨并将在下次工作中予以改进。

学术研究类

成都平原早期城址及其考古学文化初论

江章华 王 毅 张 擎

成都平原位于四川盆地西部，西面是龙门山、邛崃山，东面是龙泉山，面积约9 500平方公里；地势西北高，东南低，海拔 400～750米，坡降为千分之三至四；为岷江、湔江、石亭江、绵远河等河流出山口冲积的扇形地连接而成。平原地区河网结构成辐射状，从扇顶向周围辐散成许多分支，至金堂、新津又汇合入沱江、岷江。平原周围分布有小片丘陵。气候属亚热带温润气候区，热量丰富，雨量充沛，四季分明，自然条件十分优越，适宜于人类的生存繁衍。成都平原相对独立的地理环境，造就了这一区域的先秦古文化有其自身的特点及发展演进序列。三星堆、十二桥等遗址的发现，基本可以建立起这一区域商周时期的文化序列与编年，但商周以前的原始文化虽然有三星堆遗址一期遗存的发现，终究因为遗物太少，认识得不够清楚与深刻。1995 年以来，成都平原相继发现了新津宝墩、都江堰芒城村、崇州双河村和紫竹村、郫县古城村和温江鱼凫村 6 座早期城址（图一），并进行了不同程度的勘探与发掘，基本证实了这些城址是早于三星堆文化（不含三星堆遗址一期）的早期城址，对这批早期城址群的文化内涵也有了较为清楚的认识，它们的时代早晚虽略有差异，但其文化的总体面貌基本一致，它们有一组贯穿始终而又

区别于其他考古学文化的器物群，当属同一考古学文化遗存。这些早期城址中以新津宝墩遗址的面积最大，文化内涵最丰富，最具有代表性，因此，我们认为将这一考古学文化命名为"宝墩文化"较为合适。本文拟对上述早期城址群及其考古学文化作初步探讨，以求证于学术界。

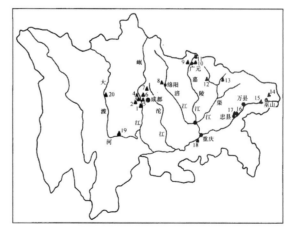

图一　四川盆地新石器时代遗址分布示意图

1. 新津宝墩 2. 崇州紫竹村 3. 崇州双河村 4. 都江堰芒城村 5. 温江鱼凫村 6. 郫县古城村 7. 广汉三星堆 8. 绵阳边堆山 9. 广元张家坡 10. 广元邓家坪 11. 广元中子铺 12. 巴中月亮岩 13. 通江擂鼓寨 14. 巫山魏家梁子 15. 奉节老关庙 16. 忠县哨棚嘴 17. 忠县中坝 18. 江津王爷庙 19. 汉源狮子山 20. 丹巴罕额依

一、城址概况

1. 新津宝墩遗址

宝墩遗址位于新津县城西北约5公里的龙马乡宝墩村（图二），当地老百姓俗称"龙马古城"，传说为三国时期诸葛亮七擒孟获的"孟获城"。遗址东北距西河约4公里，西南约500米有铁溪河由西北流向东南。遗址区地面见有明显的人工修筑城墙，平面呈长方形，东北—西南向，方向约45°。以东北墙、东南墙北段、西北墙的北段保存较完整；东南墙南段残存有蚂蟥墩一段；西北墙南段残存有李埂子，断断续续，较低矮，尚能看出；西南墙尚存一定高度，称"余埂子"；西南墙与西北墙的拐角保存较好，夯土清晰可见，其上建有一座现代砖瓦窑。按城墙计算，该遗址长约1 000米，宽约600米，整个城址面积约60万平方米，城墙宽窄不一，最宽处约25米，最高处约有5米。1995年由成都市文物考古工作队和四川联合大学考古教研室等单位对该遗址进行了钻探、试掘，并对真武观段城墙（东北墙的东段）进行了解剖发掘[1]。1996年9~12月，中日联合考古调查队又对该遗址进行了两次发掘，并对蚂蟥墩段城墙（东南墙的南段）进行了解剖发掘[2]。发现有房基、灰坑、墓葬，出土了大量的陶片、石器。该遗址可分为两期三段（以

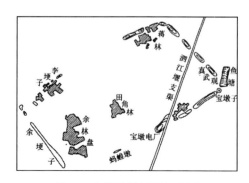

图二　宝墩遗址平面示意图

1996年11~12月发掘的资料为代表）：第1段包括Ⅲ区第⑦层和第⑥层下的灰坑（以H5和H16为代表）以及Ⅳ区的第⑦⑥层；第Ⅱ段包括Ⅲ区的第⑥层和Ⅳ区的第⑤层；第Ⅲ段包括Ⅲ区的第⑤层和Ⅳ区的第④层。第Ⅱ段无论从陶质、陶色，还是器形来看，都与第1段比较接近，而与第Ⅲ段有较大的差别，因此，我们将第1、Ⅱ段归并为早期；第Ⅲ段为晚期。Ⅲ区的第⑧⑨层从陶质、陶色、纹饰看与早期有所差异，但其所出的器物与第1段的基本一致；加之考虑到其出土遗物较少，面貌不甚清楚，故暂归入第1段。

两次城墙的解剖发掘表明，城墙的构筑方法为斜坡堆筑。其中真武观段城墙保存较好，揭露出的墙体现存顶宽7.3~8.8米、底宽29~31米、高4米。墙体建在高出当时周围地面约3米的台地边缘，系用黏土筑成，堆筑得较紧密。墙体无垮塌和二次增补的迹象，可能为一次性筑成。两次解剖城墙都在墙体之下和墙体之上发现有宝墩时期的文化层，这为我们推断城墙的年代提供了依据。两个地点的墙体之下的文化层皆属遗址的第Ⅰ段，而墙体之上的文化层都属遗址的第Ⅱ段，因此城墙的修筑年代应是在第Ⅰ段末或第Ⅱ段初，使用年代应是在第Ⅱ、Ⅲ段。

2. 都江堰芒城村遗址

芒城村遗址位于都江堰市南约12公里的青城乡芒城村（图三），当地老百姓俗称"芒城子"，传说为明末张献忠于匆忙中修建的"忙城"。该遗址地处成都平原西部边缘，西距青城山支脉药王山山体2.5公里，东距泊江河1.4公里，城址平面呈长方形，方向10°，平行于泊江河。城址分内外城垣，内圈保存较好，内圈南北长300米，东西宽约240米，城垣现存宽5~20米，高1~3米；外圈城垣保存较差，北垣残长180米，南垣残长130米，城垣现存宽5~15米，高1~2米。内外城垣相距15~20米，其间地势低洼，似为城壕。整个遗址面积

约10万平方米。1996年11月和1997年3月前后，成都市文物考古工作队对该遗址进行了两次试掘，发现有房屋基槽，出土了大量的陶片和石器[3]。该遗址堆积较为单纯，出土的陶器中泥质陶约占60％，夹砂陶约占40％。泥质陶中灰黄陶又占了绝大部分，约占整个陶片总数的35％。器类与宝墩遗址的相一致，器形上有所变化；石器不论是在器类上，还是在器形上都与宝墩遗址的相近，应属同一考古学文化的范畴。

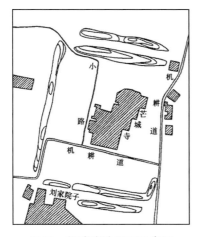

图三 芒城遗址平面示意图

3. 郫县古城村遗址

古城村遗址位于郫县县城北约9公里的三道堰镇古城村，处于成都平原的腹心地带（图四）。当地老百姓有传说为三国时期诸葛亮养马的"养马城"。遗址北约3.2公里处为青白江（蒲阳河），南距柏条河2.5公里。城垣呈长方形，长约637米，宽约487米，总面积约31万平方米。城垣走向与河流方向一致，呈西北—东南向。该城址是诸城址中城垣保存最为完整的一处，除东南垣北端有一宽约10米的缺口外，四垣相连几无间断，城垣地表现存宽度为10～30米、高1～4米。该城20世纪五六十年代即已发现，但推测其年代为汉代或汉代以前。1996年，成都市文物考古工作队对该遗址进行了试掘[4]，1997年秋再次对该遗址进行较大规模的发掘[5]。两次发掘面积共约1 600平方米，

发现有灰坑、房址、墓葬，其中房址8座、墓葬1座。该遗址可分为早、中、晚三段。早段以1996年发掘的T1～T3第⑩～⑫层和T4、T5的第⑭层为代表；中段以1996年T1～T3第⑨层和T4、T5第⑪～⑬层为代表；晚段以1996年T1～T3第⑧A层和T4、T5第⑩层为代表。

经对西南城垣中段进行解剖，证实城墙的构筑方式仍为斜坡堆筑。揭露出墙体现存顶宽7.1米、底宽20米、高3米。整个墙体分两次筑成，第一次修筑的墙体现存顶宽1.9米、底宽10米、高2.4米，墙体下叠压有较早的文化层，说明在建城前该遗址就已有聚落存在；在墙内侧发现有文化层和灰坑（H14、H15）叠压和打破第一次修筑的墙体，其中H14出土了大量的陶片，有绳纹花边口罐、敞口圈足尊、盘口圈足尊和喇叭口高领罐等，这些遗物属该遗址的早段。第二次筑墙是在第一次的基础上增筑，在城内侧发现两层属该遗址中段的文化层叠压在墙脚之上，推测第二次筑墙的时间是在遗址的中段偏早阶段。墙体的最中心部分为河卵石和河沙堆筑，为了使之堆筑到一定高度，在城内侧一面向下挖了深约40厘米，从而形成一道坎，以防止河卵石和河沙的向下滑动。再在其上堆土，土质沙性较大，较疏松；然后是内外侧斜坡堆筑。

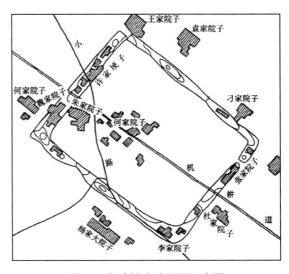

图四 古城村遗址平面示意图

4. 温江鱼凫村遗址

鱼凫村遗址位于温江区城北约 5 公里的万春镇鱼凫村，地处成都平原的腹心地带（图五）。当地老百姓的传说是古蜀王——鱼凫王的都邑所在地，习称"鱼凫城"。20 世纪 60 年代以后，考古人员曾多次对该遗址进行调查，基本上认为属汉代或汉代以后的城址。1996 年春，成都市文物考古工作队重新对该遗址进行调查，在南城垣中部水沟墙体残壁采集到泥质灰陶片及夹砂陶片，初步推测当为早期遗存；同年 10～12 月，成都市文物考古工作队等单位又对该遗址进行了详细的调查、钻探和试掘[6]。结果表明，该城址的城垣呈不规则的多边形，是 6 座城址中保存最差的 1 座，但残存的最完整最长的南城垣走向与遗址南面约 1.6 公里的江安河的流向相一致，呈西北—东南向。南垣现存长 480 米、宽 10～20 米、高 0.5～1 米；西垣南段残长约 350 米、宽 10～15 米、高 0.5～1.5 米，北段已被破坏；西北垣西段残长 370 米、高 1～2 米，东段地表已不存；东南垣残长 150 米、宽 10～30 米、高 0.5～3 米；东北垣地表已无痕迹，但经钻探予以确认。经复原，土垣周长约 2 100 米，城址面

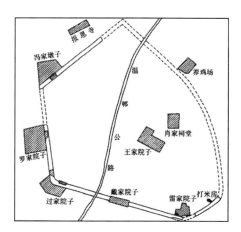

图五　鱼凫村遗址平面示意图

积约 32 万平方米。从地表看，尚未发现有护城

壕的迹象，在城的北部有由西向东流向的宽约 20 米的洼地，应为一古河道，河道的形成年代与城的关系尚不十分清楚。该遗址可分为两期三段：第Ⅰ段以 1996 年发掘的 H18、H28 为代表；第Ⅱ段以 H15、H10 为代表；第Ⅲ段以 H73、T9 第⑤和④层代表。第Ⅱ段与第Ⅰ段联系较紧密，一脉相承，而与第Ⅲ段差别较大，其间可能有缺环。我们将第Ⅰ段和第Ⅱ段归并为早期；第Ⅲ段为晚期。

在东南垣进行的墙体解剖表明，墙体顶宽 18～19 米、底宽 28～29 米、残高 3.7 米。筑墙的方式仍为斜坡堆筑，在墙体中部为平地堆土夯筑；内侧墙体使用土质紧密的黏土；外侧墙体的土质较疏松，但夹有较多的河卵石，有加固的作用。对照遗址的地层，遗址第Ⅰ段早于城墙的修建，第Ⅱ段大致是城墙的使用年代，第Ⅲ段除陶器器类发生了较大的变化外，其地层又叠压在城墙之上，此时城墙有可能已经废弃。

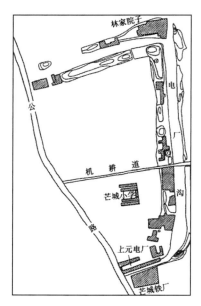

图六　双河村遗址平面示意图

5. 崇州双河村遗址

双河村遗址位于崇州市区北约 16 公里上元

乡芒城村双河场（图六），当地俗称"下芒城"。遗址西距味江约 500 米。地表城垣现存北、东、南三面，分内外两圈，西垣已被河流冲毁。东垣内圈保存较好，长约 450 米、宽 20～30 米、高 3～5 米，北垣和南垣内圈残长均约 200 米、宽 15～30 米、高 2～3 米；外圈保存较差，断断续续保存残宽 3～10 米、高 0.5～2 米，内外圈之间的壕沟宽 12～15 米，现存城垣范围的遗址面积约 10 万平方米。1997 年 3 月，成都市文物考古工作队对该遗址进行了试掘[7]。发现有人工柱洞 14 个，柱洞内有的有础石，平面大致呈"十"字形，面积超过 60 平方米，与挖沟槽埋柱的木骨泥墙式房屋有较大的差别。该遗址地层堆积较薄，遗物较单纯，陶器变化较小；较有特色的是一件三孔石钺和呈透明状的燧石质石片石器。

6. 崇州紫竹村遗址

紫竹村遗址位于崇州市区西南约 2.5 公里处的隆兴镇紫竹村（图一）。该遗址是在 1997 年秋由成都市文物考古工作队调查时发现的。遗址东距西河约 2 公里，地表保存的城垣平面呈方形，分内外垣，内垣边长 400 余米，城垣宽 5～25 米、高 1～2 米；外垣多被破坏，部分地段尚存宽 3～10 米、高 1～2 米的墙体；内外垣相距 10～15 米，城址面积超过 20 万平方米。该遗址尚未正式发掘，但采集的陶片与宝墩遗址的相似[8]。

二、城址特点

成都平原迄今已发现有 6 座早期城址，除紫竹村遗址外，其余各遗址均做过不同程度的试掘，宝墩和古城村遗址还进行过较大规模的发掘，并且宝墩、古城村和鱼凫村遗址的城墙还进行过解剖发掘，使我们对上述城址的特点有了一些初步的认识：

1. 城墙布局比较规整

这 6 座城址中除鱼凫村遗址的城墙不太规则外，其他 5 座城址均呈方形或长方形。四面的城垣较直，拐角处为圆弧形。从城的布局来看，这 6 座城址可分为三种类型：第一种是方形或接近方形，且有双重城垣，内外垣间相距 10～20 米，有芒城村、双河村、紫竹村 3 座城址；第二种是长方形，有宝墩和古城村两座城址；第三种是不规则形，有鱼凫村古城 1 座。第一种城址均分布在平原边缘近山地带；后两种城址均分布在平原的腹心地带或河流的下游地区。

2. 城址的布局受地理环境的制约

这 6 座城址均建在平原冲积扇河流间的相对高地上，其中鱼凫村、古城村两座城址位于成都平原的腹心地带，面积较大，都在 30 万平方米以上；宝墩古城位于河流的下游地区，面积约 60 万平方米；而芒城村、双河村、紫竹村 3 座城址均在河流上游近山地带，城址的面积都较小，为 10 万～20 万平方米。

前面我们已经提到，成都平原是由岷江、湔江、石亭江、绵远河出山口后形成的冲积扇连接而成，地势是西北高、东南低。平原上河流众多，呈辐射状分布，由于平原地势低平，自古以来，河流不断改道，但是在平原内部形成的一些平行于河流的垄岗状台地没有多大变化。这些分支河流有两种流向：一是河流上游近山地带多为南北向，形成的台地也多为南北向；二是下游或腹心地带的河流多为西北—东南向，形成的台地也多为西北—东南向。而目前成都平原所发现的早期城址都与各自的河流和台地方向相一致，如宝墩、鱼凫村、古城村 3 座城址都位于平原的腹心地带或河流的下游地区，方向均为西北—东南向；而芒城村、双河村、紫竹村 3 座城址都位于平原近山地带或河流的上游地区，方向均为近南北走向。城址与河流、台地的方向一致的最大特点就是利于防洪，增强了城址的抗洪能力。这种因应水势和台地利于防洪的特点一直是数千年来成都平原城市规划的基本思想，如广汉三星堆古城走向与鸭子河的流向相同，两千多年后唐代末期修筑的成都罗城的城墙走势也顺应河流和台地的走向。

3. 城墙的构筑方式为斜坡堆筑

宝墩、鱼凫村、古城村 3 座城址的城墙经过解剖发掘揭露出的墙体底部宽度都为 20～31 米、顶宽 7～19 米、高 3～4 米。由此可以看出城墙的底部大大宽于城墙的顶部，整个城墙的断面犹如一个梯形，这与现在所看到的城墙的地面保存状况相一致。

这 3 座城址的城墙的解剖发掘表明，城墙的修筑方法均为平地起建斜坡堆筑，即边堆土，边拍打或夯打，每次堆筑一大层。拍打又分水平和斜面拍打两种。水平拍打用于各小夯层；斜面拍打施于各小夯层堆筑至一定高度后形成的坡状堆积斜面，此斜面即各大层层面。各大层层面倾斜度（坡度）由中心向两边逐渐增大。修筑城墙首先是在墙的中部平地堆土夯筑，中心部位一般都只堆筑有四五个大层。当墙体堆筑到一定高度，再往上堆筑便不容易了，于是就从城墙的内外两侧进行斜坡堆筑。从发掘的情况看，城内侧斜坡堆筑的层次较多，且堆筑的坡度较缓；城外侧堆筑的层次较少，坡度较陡。城墙堆筑的紧密程度与该遗址区的黏土发育有关，如宝墩和鱼凫村两座城址由于该区域的黏土发育较好，城墙堆筑得较紧密，河卵石用得较少；尤其是 1995 年发掘的宝墩古城真武观段城墙夯筑得相当紧密，夯面发现有用板状夯具拍打的痕迹，一般长多在 50 厘米、宽 10 厘米左右；夯面还发现有沙和草木灰，以防止泥土粘连夯具。而古城村遗址由于当地的黏土发育不好，于是就大量采用河卵石来加固城墙，

夯筑痕迹亦不甚清楚。在堆筑墙体中心部分时，用料是河卵石和河沙，为了不让其垮塌并使之堆筑到一定高度，还特意在城内侧面挖有一深约 40 厘米的高坎来阻挡河卵石的下滑；城墙的表层大量采用河卵石，尤其是城内侧全部采用河卵石夹杂少量沙性土来堆筑，且堆筑得相当紧密，以防止城墙因日晒雨淋而垮塌。

4. 城址的中心部位发现有大规模的建筑遗存

在经过较大面积发掘的宝墩和古城村遗址中，在城址的中部都发现有大规模的建筑遗存。1997 年在古城村遗址的中部发现有一座面积达 550 平方米的大型礼仪性建筑，其方向与城墙的方向基本一致；且其周围也发现有较多的建筑遗存。1996 年在宝墩遗址的中部（鼓墩子）也发现有房屋基槽和大量的柱洞，这些建筑遗存是建在一高出当时周围地面约 1 米、面积约 3 000 平方米的台地上；有迹象表明，鼓墩子台地上的建筑遗存可能是一组规模较大的建筑群。

此外，所有这些城址的文化堆积较薄，城址的年代跨度不长，其中的兴废原因值得探讨。

三、宝墩文化的特征及初步分期

这 6 个遗址除紫竹村遗址未发掘外，其余各遗址都经过试掘或发掘，这为我们更深入研究这些遗址间的相互关系和进行文化分期提供了有利的条件。

1. 宝墩文化总体特征

（1）生活用具

生活用具主要是陶器。陶器的制作方法是泥条盘筑加慢轮修整，很多陶器内壁可见泥条盘筑的痕迹。圈足和器底均为二次黏接，许多圈足黏接处的内外壁有加固的戳痕。夹砂陶器底多为外接，形成器壁线近底处外折似假圈足。此外，有些夹砂陶器物的口沿也有明显的黏接痕迹；泥质陶壶的颈部也见有两次黏接的情况。

陶系分夹砂陶和泥质陶两种，夹砂陶多羼白色石英砂，有粗细之分，以细者居多，有灰陶、外褐内灰陶和褐陶；泥质陶以灰白陶、灰黄陶和黑皮陶为主。其中泥质灰白陶的火候一般较高，也有火候较低、表面呈粉末状者；灰黄陶的火候较低，但大多施有黑色陶衣，出土时多脱落。宝墩遗址的陶器制作得最为精细，敞口圈足尊和盘口圈足尊的内壁上半部多磨光，出土时黝黑发亮；其上的划纹、戳压纹、附加泥条戳印纹等和喇叭口高领罐上水波划纹制作得尤为精美。其后的陶器及其上的纹饰制作得越来越粗率。

从纹饰来看，宝墩文化是愈早愈发达，纹饰种类也多，制作得也很精美；愈晚愈不发达，纹饰种类较少，制作也显粗糙。夹砂陶以绳纹为主；泥质陶以划纹、戳压纹、附加泥条戳印纹和施黑衣为主。绳纹装饰部位有唇部、沿面、颈腹部和器底，其唇部、沿面和器底装饰的绳纹颇具特色；纹样有竖向、斜向、交错和网状等。划纹多水波纹和平行线纹以及由平行线纹组成的几何形纹，多施于泥质陶器的颈腹部。戳压纹的纹样主要有坑点纹、长条纹、新月形纹、圆圈纹和指甲纹等，多施于颈腹部。唇部压印成锯齿状的喇叭口高领罐和壶很有特色。附加泥条戳印纹多见于腹部。黑衣主要施于灰黄陶和陶质较软的灰白陶。

宝墩文化的器类盛行平底器和圈足器，不见圆底器和三足器。器形多宽沿、大翻口的风格；流行器物口沿或唇部压印绳纹或作锯齿花边口作风。典型器物有绳纹花边口罐、敞口圈足尊、盘口圈足尊、喇叭口高领罐、宽沿平底尊、壶、宽沿盆和浅盘豆等，它们是贯穿这一文化始终的器物群。另有少量的卷沿罐、筒形罐、深腹罐、窄沿罐、窄沿盆、曲沿罐、折腹钵、矮领圆肩罐、敛口罐、敛口瓮等。

（2）生产工具

生产工具主要是石器。石器多为通体磨制，偏于小型化，以斧、锛、凿为主，另有少量的刀、铲、钺、镞和矛等。斧的数量最多，有长方形和梯形两种，长度多在 6～10 厘米，其中梯形石斧很有特色。锛比斧小，磨制比斧精细，形制较单一，直刃、弧顶，整个平面形状呈梯形。凿磨制得最为精细且规整，石质也较好，个别似玉质，有扁平长条形、圭形和刃口内凹的窄长形等，还有一端为圭形，一端为直刃的双端刃形。铲和刀均有穿孔，系双面钻孔，但发现极少且残。石刀为横长方形，上下均有刃。石镞为扁平棱形，磨制也较精细。另外还发现有数量较少的纺轮和网坠等陶质生产工具。

（3）建筑遗存

目前除紫竹村遗址外，其他经过试掘和发掘的遗址中都发现有建筑遗存。大体可分为两类：第一类为挖沟槽埋木柱的木骨泥墙式建筑；第二类是没有基槽，只有柱洞。

第一类木骨泥墙式建筑可分为大小两种类型。小型房基的面积大多为 10～50 平方米。其建筑方法为先挖基槽，基槽宽 10～30 厘米、深 20～30 厘米，基槽内有密集的小柱洞。在宝墩遗址Ⅲ H5 中发现有大量的红烧土块，土块的一面常有棍状痕迹。据此我们推测房屋的构造方式可能为"木骨泥墙"式，并经火烘烤。古城村 F6 保存较好，长 8.3 米、宽 5.6 米，面积约 46 平方米。有门道和灶坑，门道开在北墙的西侧。大型建筑基址仅有古城村 F5 一座。F5 位于古城村遗址的中部，平面呈长方形，方向为西北—东南向，与城墙的方向基本一致，长约 50 米、宽约 11 米，面积约 550 平方米。该房址西部在汉代遭到较大程度的破坏，尽管如此，建筑的规模和总体轮廓还是比较清楚的。建筑方法是先挖一大型基坑，在基坑周围埋设木柱，铺设卵石，形成以卵石加固的柱基础。卵石直径以 4～6 厘米者居多；卵石面宽 0.9～1 米，现存厚度 10～28 厘米；卵石基础中的柱洞排列整齐，直径 20～30 厘米、间距 70～120 厘米。基坑内的垫土中有意掺入人烧土，起防潮的作用。从墙体倒塌位置发现有较多竹炭痕迹推测，该房屋的墙体仍为木柱夹竹编笆，内外抹草拌泥而形成的木骨泥墙。房内柱洞，仅在房屋的东南端中部发现有一直径约 65 厘米近圆形的卵石堆积，推测可能为柱坑底部的础石，但未发现其他类似的础石。该房址未发现有隔墙遗迹，但在屋内发现有五处长方形呈台状有规律的卵石堆积，这五个台子横列于房址的中部，由东南往西北依次排列，分别编为 1～5 号台，台子间的距离在 3 米左右。1～3 号台保存较好，还尚存有 1～2 层卵石堆积，卵石较大，直径一般为 10～30 厘米。1 号台形状接近方形，东西长约 3.4 米，南北宽约 3 米；2、3 号台大小基本一致，东西长约 5 米，南北宽约 2.7 米；4、5 号台基在汉代已被破坏，卵石不存，但基槽痕迹尚存。两者的形状都接近方形，大小差不多，其中 4 号台东西长约 3 米，南北宽约 2.5 米；5 号台东西长约 2.75 米，南北宽约 2.35 米。每个台子的周围都挖有小基槽，槽内埋设密集圆竹，圆竹已炭化，但清晰可辨，基槽宽 10～13 厘米，深 15～19 厘米，可能起护壁的作用，推测是先埋设圆竹作护壁再填卵石，护壁外抹泥，从而形成台子。根据该建筑基址附近地层堆积比较纯净，出土的生活遗物极少，也未发现一般的生活附属设施的特点，初步推测当不是一般的居址，而可能是大型的礼仪性建筑，是举行重要仪式活动的场所。不过关于其性质和具体的用途还有待于将来对其周围进行发掘，发现更多的相关遗存才能最后确认。关于该建筑基址的时代，根据其开口于第⑥层下，打破第⑦层的层位关系来看，当建于该遗址的早段末期，废弃于遗址的中段[9]。

第二类房屋建筑形式在双河村遗址中有发现，共发现有 14 个柱洞，柱洞内有的有础石，

平面大致呈"十"字形，面积超过 60 平方米，没有发现有基槽的痕迹。此外在宝墩遗址的鼓墩子地点也发现有这种房屋的建筑形式。这种房屋的建筑方式与木骨泥墙式建筑有着较为明显的差别。

从整个宝墩文化所发现的房址来看，第一种木骨泥墙式建筑是房屋建筑形式的主流；第二种建筑形式目前还不多见。

（4）墓葬

在宝墩和古城村遗址中都有发现。这些墓葬均为长方形竖穴土坑墓，墓坑较浅；均无随葬品。头向不一，宝墩遗址有人骨架的两座墓葬，一座向西，一座向南[10]；而古城村遗址发现的一座墓葬，头向东北[11]。墓葬分成人墓和小孩墓，两者的差别表现为墓坑的大小，前者墓坑较大，后者墓坑较小。宝墩发现的成人墓葬的填土有夯实的现象。

总之，宝墩文化时期的居民过着定居的农业生活，兼有采集渔猎。宝墩文化居民不仅能建筑中小型的房屋，而且还能修建像古城村 F5 这样的大型礼仪性建筑；更为重要的是当时的人们已开始修筑高大城垣，像宝墩遗址这样周长达 3 200 米，宽 8～31 米以上，高度超过 4 米，土方量初步推算达 25 万立方米以上的大型城垣建筑当需要相当的人力和物力才能建成。这就是说当时的定居农业生活已达到相当高的水平。宝墩文化的陶器以泥条盘筑加慢轮修整为主，其中的敞口圈足尊、盘口圈足尊和喇叭口高领罐等器物及其上纹饰制作得相当精细，喇叭口高领罐的火候较高，叩之有清脆之声。说明其陶器制作技术达到一定的水平。石器多通体磨光，其中的石锛、凿和钺制作得相当精致，石钺上有双面钻孔，说明其石器制作技术也达到相当高的水平。

2. 宝墩文化的初步分期及各期特征

（1）宝墩文化的初步分期

宝墩文化的分期以新发现的宝墩、芒城村、古城村和鱼凫村遗址 1996 年发掘的材料为依据。就目前发掘所获得的资料来看，这四个遗址间都有不同程度的差异，而这种差异很明显不属地域原因，而是由于时间上的早晚造成的。因为这几个遗址均处于成都平原不太大的范围内，最远的距离也不过 30 多公里，近的仅 10 多公里。而相比之下，与宝墩遗址相距更远的三星堆遗址的一期，其较多的泥质灰白陶和发达的纹饰等特点却与宝墩遗址的很相近。这种情况足以说明宝墩遗址和其他几个遗址间的相互差异是基于时间上的原因。而且像成都平原这样一个相对独立的地理环境，同一时期的文化应该具有相当的统一性。

前面我们将宝墩遗址分成了两期三段，其晚期的文化面貌与芒城村遗址比较接近，应为同一阶段的文化遗存；古城村遗址分为早、中、晚三段，鱼凫村遗址的早期和晚期分别与古城村的早段和晚段比较接近。至于芒城村与古城村早段间的关系，目前还没有明确的层位依据，只有依靠这一文化发展的总趋势加以推定，好在该文化的发展演进脉络还是比较清楚的。从宝墩到芒城村遗址，泥质陶器的陶质有变软的趋势，首先表现在陶质较软的泥质灰黄陶的数量逐渐增多，在芒城村遗址中成为最主要的陶

系；灰白陶烧制的火候也有降低的趋势，宝墩第 I 段泥质灰白陶的火候相当高，叩之有清脆声，而其第 III 段和芒城村遗址中则出现了较多的表面呈粉末状的灰白陶，且泥质灰白陶的数量逐渐减少。在夹砂陶中，夹砂灰陶的数量减少，而褐陶和外褐内灰陶的数量增多。从纹饰的角度看，泥质陶中的纹饰不仅数量减少，而且制作得也越来越简单粗率。在古城遗址的早段，泥质灰白陶的数量进一步减少，其陶质都较软，灰黄陶仍占主要地位；夹砂外褐内灰陶成为夹砂陶中最主要的陶系，夹砂褐陶占有一定比例。到了古城遗址的中、晚段，夹砂褐陶成为夹砂陶中的主要陶系，而外褐内灰陶的数量有所下降，但仍占一定比例。在器类和器形上也可看出早晚变化的趋势。并且在郫县古城村遗址 1997 年发掘的 F5 的垫土中发现有喇叭口高领罐的残片，其卷沿较甚，颈部饰水波划纹的特点与宝墩遗址的晚期和芒城村遗址的同类器一致，依据晚期遗址出早期遗物，而早期遗址不出晚期遗物的原则，亦可推断古城村遗址所代表的时期应晚于芒城村遗址和宝墩遗址的晚期。而古城村遗址中晚段和鱼凫村遗址晚段已出现有三星堆文化的因素，依此也只能将其放在该文化的偏晚阶段。由此，我们将宝墩文化分成了四期六段（表一）。

表一　宝墩文化分期表

		宝墩		芒城村	双河村	古城村	鱼凫村		三星堆一期
一期	早段	早期	I 段						✓
	晚段		II 段						✓
二期		晚期	III 段	✓					✓
三期	早段				✓	早段	早期	I 、II 段	月亮湾
	晚段					中段			
四期						晚段	晚期	III 段	

第一期：以宝墩遗址的早期为代表。可分早、晚两段，分别以宝墩遗址的第 I 段和第 II

段为代表。

第二期：以芒城村遗址和宝墩遗址的晚期

为代表。

第三期：以古城村遗址的早、中段和鱼凫村遗址的早期为代表。可分为早晚两段，早段以古城村遗址的早段和鱼凫村遗址的早期为代表；晚段以古城村遗址的中段为代表。

第四期：以鱼凫村遗址的晚期和古城村遗址的晚段为代表。

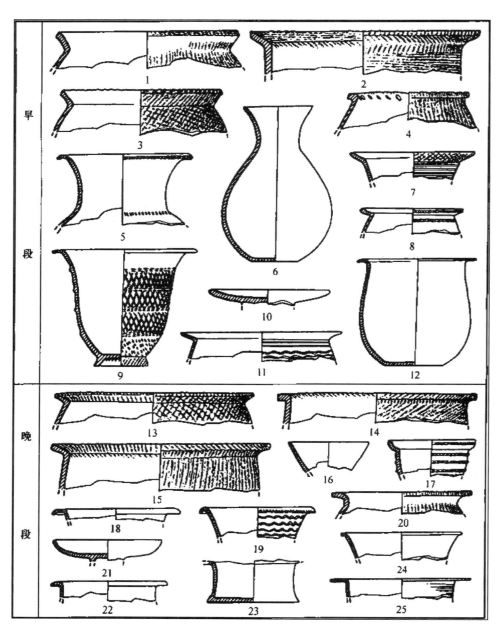

图七　宝墩文化一期典型陶器

1~4、13~15、20. 绳纹花边口罐（T2229⑦：17，T2029⑦：129，T2030⑦：147，H15：2，T2129⑥：40、21，T2030⑥：27，T1830⑥：59）　5、19、24. 喇叭口高领罐（T1929⑦：44，T2129⑥：15、39）　6、16. 壶（T1929⑦：2，T1930⑥：25）　7、8、17. 盘口圈足尊（T2129⑦：76，T1929⑦：85，T1830⑥：87）　9、18. 敞口圈足尊（T1929⑦：128，T1930⑥：62）　10、21. 豆（H5：59，T1830⑥：40）　11、25. 宽沿盆（T2030⑦：69，T1930⑥：6）　12、22. 宽沿平底尊（H16：57，T2129⑥：14）　23. 筒形罐（T1830⑥：42）（均出自宝墩遗址Ⅲ区）

（2）宝墩文化各期的特征

第一期：泥质陶的数量多于夹砂陶，约占陶片总数的 65%，夹砂陶仅占 35%。泥质陶中以灰白陶和灰黄陶为主，分别约占陶片总数的 37% 和 25%。夹砂陶中夹砂灰陶占了绝大多数，约占陶片总数的 30%。夹砂陶中基本上都有绳纹装饰；泥质陶的纹饰比例达 19%，以戳压纹、划纹、附加泥条戳印纹和施黑衣的较多，其他纹饰数量极少。主要器类有各式绳纹花边口罐、敞口圈足尊、盘口圈足尊、喇叭口高领罐和宽沿平底尊等，还有一定数量的宽沿盆、壶和卷沿罐等，另有数量极少的缸、宽沿高领器、浅盘豆和筒形罐等。早段和晚段的差别主要表现在以下几方面：从陶质陶色看，早段泥质陶略多于夹砂陶，约占总数的 60%；到了晚段泥质陶数量明显增加，所占比例达 70%。早段泥质灰黄陶所占比例不高，约占陶片总数的 20%；而晚段则增加到 32%，灰白陶所占的比例相当。从纹饰看，早段的纹饰较发达，泥质陶中的纹饰比例达 23%；而晚段的比例下降，仅占 14%。晚段的圈足上少见绳纹和戳压纹装饰，方形镂孔减少，圆形镂孔增多。在陶器制作上，早段陶器普遍制作较精细，晚段明显变粗糙；纹饰制作早段也较晚段精美。在器类上，早、晚段变化不大，晚段不见早段中的宽沿高领器，而新出现了浅盘豆和筒形罐。在器形上，早、晚段变化较为明显，总的趋势是沿由宽变窄、由不卷或微卷到卷甚，圈足由矮变高。如晚段的绳纹花边口罐口沿变窄，喇叭口高领罐和宽沿平底尊的口沿外卷较甚，锯齿花边喇叭口高领罐的数量减少，新出现有外叠唇的喇叭口高领罐（图七）。

第二期：这一时期泥质陶所占的比例有所下降，但仍多于夹砂陶，泥质陶占 60%，夹砂陶占 40%。泥质陶中灰白陶的比例下降，约占陶片总数的 19%；而灰黄陶成为最主要的陶系，约占陶片总数的 35%。夹砂陶中夹砂灰陶的比例下降，外褐内灰陶和褐陶的比例增加，三者的比例相当。泥质陶中素面陶增多，有纹饰的陶片仅占 10%，主要是划纹，次为戳压纹，其他纹饰极少，划纹中多平行线纹以及由平行线组合成的几何形纹，极少见一期中较发达的水波划纹。夹砂陶中素面陶增多，有纹饰的陶片仅占 30%，其中主要是绳纹。主要器类与一期差不多，新出现有深腹平底罐，比较明显的变化是各种器物的形式减少，如绳纹花边口罐主要是斜侈沿型，喇叭口高领罐主要是外叠唇型，锯齿口型极少见。此外，盘口圈足尊出现了两种情况，一种是器身变得矮胖，一种是器身变得瘦高；宽沿平底尊出现有直腹的形式；宽沿盆出现有宽沿平折敛口型；壶的最大径由腹部移至肩部，浅盘带柄豆和盆的数量增多（图八）。

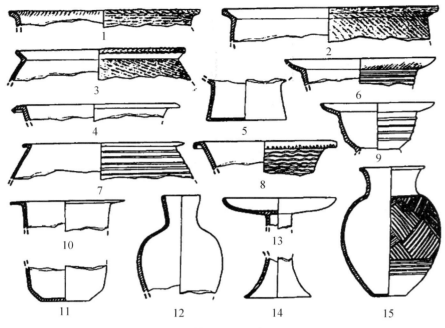

图八 宝墩文化二期典型陶器

　　1～3. 绳纹花边口罐（芒 H4：13，芒 T6④：22，芒 H1：41）　　4. 敞口圈足尊（芒 H11：15）　　5. 筒形罐（芒 G4：176）　　6、9. 盘口圈足尊（宝Ⅲ T2629⑤：11，芒 H4：9）　　7. 宽沿盆（芒 G4：165）　　8、15. 喇叭口高领罐（宝Ⅲ T2129⑤：1，芒 G4：265）　　10、11. 宽沿平底尊（芒 G4：215，芒 H5：1）　　12. 壶（芒 T7④：41）

　　13. 豆（芒 H4：1）　　14. 豆圈足（芒 H1：6）（6、8. 出自宝墩遗址，余皆出自芒城村遗址）

　　第三期：夹砂陶数量增加，约占总数的45％，泥质陶的比例进一步下降，约占55％。泥质陶中灰白陶的比例继续减少，以橙衣灰陶和黑衣陶为主。夹砂陶中灰陶的比例下降，外褐内灰陶和褐陶的数量增加，成为夹砂陶中的主要陶系。纹饰所占比例与二期相比有所回升，泥质陶中的纹饰比例约达20％，主要是平行线划纹，次为平行线交叉划纹，其他纹饰极少，一、二期中发达的戳压纹和附加泥条戳印纹很少见到；夹砂陶中的纹饰比例约达55％，主要是绳纹和平行线划纹。主要器类与二期基本相同，新出现有窄沿罐、曲沿罐、折腹钵、窄沿盆等。这一时期除斜侈沿型绳纹花边口罐、外叠唇型喇叭口高领罐、敞口圈足尊等与二期相

比没有太大的变化外，其他器形都或多或少有所变化：二期中出现的极少量的瘦高型盘口圈足尊、直腹型宽沿平底尊在三期中很典型；前两期中的锯齿花边喇叭口高领罐、矮胖型的盘口圈足尊在三期中消失了；宽沿盆和壶的数量减少。早、晚段的差异主要表现在以下几方面：从陶质陶色看，早段的夹砂陶以外褐内灰陶为主，褐陶次之；晚段则恰好相反，并且夹砂陶的数量较早段明显增多。早段泥质陶中的灰白陶占有一定比例，褐陶较少；晚段泥质褐陶的比例增加，灰白陶的比例明显下降。从纹饰来看，早段和晚段的纹饰种类基本相同，但早段的纹饰较晚段要发达一些。在器形上，三期中新出现的器物都是到晚段才出现的（图九）。

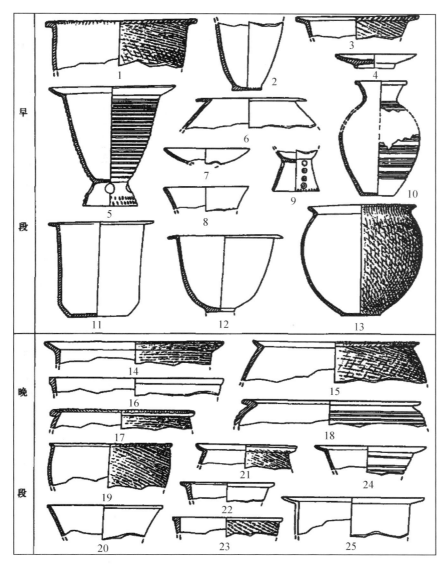

图九　宝墩文化三期典型陶器

1、3、13～15. 绳纹花边口罐（鱼 H5②：111、占 T3⑪：78、古 H14：1、古 T5⑬：92、占 H3：1）　2. 深腹罐（鱼 H15②：85）　4. 圈足盘（鱼 H36：5）　5、21、24. 盘口圈足尊（古 H22：36、古 H10：11、古 T5⑬：102）　6. 宽沿盆（鱼 H71②：74）　7. 豆盘（鱼 H48⑤：106）　8. 壶（古 H9：69）　9. 圈足（鱼 T5④：22）10、20. 喇叭口高领罐（古 T14：3、古 H4⑫：97）　11、25. 宽沿平底尊（古 H22：35、古 T4⑬：142）12. 敞口圈足尊（鱼 H15②：34）　16、23. 窄沿盆（古 T2⑨：49、古 T5⑫：31）　17. 曲沿罐（古 T5⑬：94）18. 敛口罐（古 T5⑬：129）　19. 窄沿罐（古 T4⑪：87）　22. 钵（古 T3⑨：29）（1、2、4、6、7、9、12. 出自鱼凫村遗址，余皆出自古城村遗址）

第四期：这一时期与三期相比，有了较大的变化。夹砂陶的数量有了较大的增加，超过了泥质陶的数量而成为陶器的主要部分。夹砂褐陶成为最主要的陶系，其他夹砂陶的数量很少；泥质陶中以灰陶、灰黄陶和黑皮陶为主。

纹饰所占的比例进一步下降，纹饰种类也减少。泥质陶绝大部分为素面，三期中发达的平行线划纹也很少见到；夹砂陶以绳纹为主。绳纹花边口罐、敞口圈足尊、盘口圈足尊、喇叭口高领罐、宽沿平底尊、壶等前几期中极为典型的器物在该期中极少见到，沿袭了三期晚段的窄沿罐、曲沿罐、窄沿盆、曲腹钵等，新出现有矮领圆肩罐、敛口瓮、敛口罐、折腹钵等，圈足变得更高更直（图一〇）。

3. 三星堆遗址一期的分析

三星堆遗址位于广汉市区西约 10 公里处，面积达 12 平方公里。该遗址先后经过多次发掘，出土了大量的陶、石器，其中遗址的一期与二期以后的文化面貌区别较大，我们所说的三星堆文化是指该遗址二期以后的遗存[12]。属于三星堆遗址一期的遗存有 1980 ~ 1981 年三星堆第⑧和⑥层[13]（以下简称 1980 年⑧和⑥层）、1984 年西泉坎第④层、1986 年发掘的 ⅢH19 和第⑬ ~ ⑭层[14] 以及 1963 年月亮湾第③层[15]。

1980 年⑧和⑥层的泥质陶器占了绝大部分，约占陶片总数的 86%，其中泥质灰陶又占了大多数，约占陶片总数的 65% 以上；此外，还有少部分的夹砂褐陶。"纹饰主要为平行线划纹，有的在平行线划纹上再竖戳成齿状。镂孔、锥刺纹和水波纹较少见。""陶器种类极为单调，仅见表褐里黑的镂孔圈足豆、翻口高领广肩细泥灰陶罐（应为喇叭口高领罐——笔者注）、灰陶盆、侈口深腹缸。"[16] 这与泥质灰白陶发达、划纹和戳压纹流行、喇叭口高领罐极为盛行的宝墩文化一期的特点比较接近，两者的时代应大体相当。

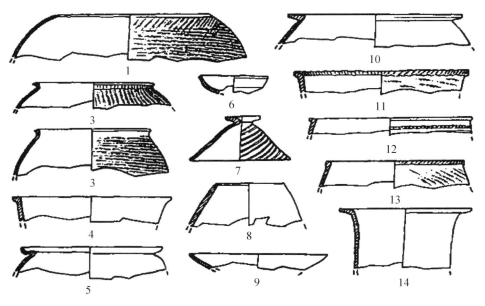

图一〇 宝墩文化四期典型陶器

1. 敛口瓮（鱼 H73④：80） 2、3. 矮领圆肩罐（鱼 H73③：154、鱼 H73④：172） 4. 窄沿盆（古 T3⑧a：4） 5. 曲沿罐（鱼 T9⑤：83） 6. 折腹钵（鱼 T9⑤：78） 7. 器盖（鱼 H73④：190） 8. 敛口罐（鱼 H73：122） 9. 豆盘（鱼 H73④：88） 10. 宽沿盆（古 T4⑩：19） 11. 绳纹花边口罐（古 T2⑧a：27） 12、13. 窄沿罐（古 T2⑧a：26、19） 14. 宽沿平底尊（古 T1⑧a：1）（1 ~ 3、5 ~ 9 出自鱼凫村遗址，余皆出自古城村遗址）

1984 年西泉坎第④层盛行宽沿器，还有个别的喇叭口形器和器盖（陈文的高圈足盘）等。其中的器盖与芒城村遗址的同类器很相近。其时代可能与宝墩文化一、二期相当。

1986 年发掘的 ⅢH19 出土的绳纹花边罐和镂孔圈足豆与鱼凫村遗址第 Ⅱ 段的同类器接近，时代应相当，大致相当于宝墩文化三期早段。第 13 ~ 16 层与 1984 年西泉坎第④层一样，亦盛行宽沿器。

1963年月亮湾第③层"以泥质灰陶为主，约占该层陶片总数的46.9%，泥质红陶占20.9%，夹砂红陶和灰陶分别为18.4%和13.8%"[17]。有纹饰的陶片约占44%，以绳纹为主，次为弦纹、划纹、篦纹、镂孔等，还有新月形纹和戳印连点纹等。代表性的器物有折沿小平底鼓腹罐、宽沿平底尊、斜壁觚形器、镂孔深腹圈足豆、浅腹圈足盘、敛口钵等，其中的宽沿平底尊、圈足盘和敛口钵等与宝墩文化三期早段的同类器相一致。但是从该层的陶质陶色来看，又与宝墩文化一期的特点接近。或许月亮湾第③层还可以再分。

从以上的分析可以看出，三星堆遗址一期应属宝墩文化的范畴，涵盖了宝墩文化一至三期，年代跨度较长。

4. 宝墩文化的年代推断

关于该文化的年代，我们主要依据文化因素的对比和[14]C测年数据来加以确定。

第一，宝墩遗址中有两个[14]C测年数据，其测年均在距今4 500年（经树轮校正，下同）左右，该遗址的年代上限当在距今4 500年左右。

第二，三星堆遗址一期中有三个[14]C测年数据。与宝墩文化一期相当的1980年AaT1灰坑中的ZK0973标本，[14]C测年代为距今4 500年±150年。属于宝墩文化的1986年ⅢT1416

第14层中的两个炭标本（BK86046和ZK2104），其测年分别为距今4 665年±135和4 615年±135年[18]。

第三，在边堆山遗址中有两个[14]C测年数据：标本ZK2349，采自T214第④层中，测年为距今4 020年±260年；标本ZK2346，采自T204第⑤层中，测年为距今4 505年±270年。其中T214第④层所出的器物，尤其是绳纹花边罐和宽沿平底尊与宝墩文化三期的基本相同，时代应相当，因此其测年当为宝墩文化三期的年代。

第四，宝墩文化一、二期中的筒形罐和川东地区巫山魏家梁子遗址早期的同类器极为相似；而魏家梁子遗址早期中的Ⅰ式深腹罐（T3⑤：38）与陕西武功浒西庄和赵家来遗址中的庙底沟二期文化遗存中的大口深腹罐[19]很相近（图一一），时代应相当，而后两者的绝对年代为距今4 700～4 400年左右[20]。这与《简报》作者推测的魏家梁子遗址早期的年代为距今4 700～4 300年差不多[21]。

第五，宝墩文化的四期正好与三星堆文化相衔接，而三星堆文化的年代上限与二里头文化四期相当，其绝对年代在距今3 700年左右[22]，也就是说宝墩文化年代的下限在距今3 700年左右。

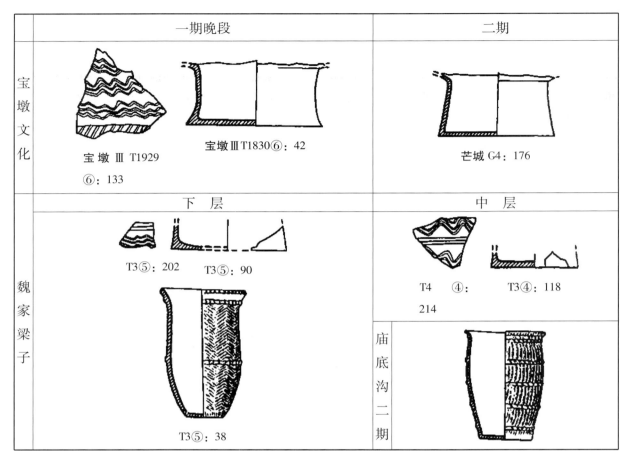

图一一　宝墩文化与魏家梁子遗址陶器比较

依据以上的分析，可以将宝墩文化大的绝对年代初步推定在距今 4 500～3 700 年间。

四、与周邻文化和遗址的关系

1. 与边堆山遗址的关系

边堆山遗址位于绵阳市区西约 7 公里处。1988 年对该遗址作了调查，1989 年又对该遗址进行了大规模的钻探和发掘。发掘者认为该遗址"石器小型化……磨制为主，也较多使用打制石器……大量的长方形或梯形的斧……锛和凿的数量也较多，而且形式多样……陶器可分为夹粗砂灰褐陶系和泥质灰陶系两大类，前者最多。还有少量黑皮陶、泥质红陶等。纹饰以绳纹、堆纹为常见，另有划纹、弦纹，其中许多锥点几何形纹很有特点。唇沿施绳纹或齿状

花边装饰，特点突出。器形多罐、缸、壶、盘、碗等平底器，圈足器有豆。"[23] 从这些特点看，边堆山遗址的文化面貌与宝墩文化有较多的相似之处。但是该遗址的内涵较复杂，一方面是该遗址泥质陶中多灰黄陶和灰白陶，其表面多呈粉末状，喇叭口高领罐比较流行，还有部分绳纹花边口罐和宽沿平底尊等与宝墩文化相近；另一方面是该遗址中有一种敞口折沿颈部饰附加泥条堆纹的夹砂陶罐，这种陶罐是哨棚嘴文化一期二段中的典型器物[24]。同时，我们也注意到该遗址没有发现宝墩文化的盘口圈足尊等典型器物；同时，在采集的陶片中有一种有花边或无花边的敛口罐在宝墩文化中还未发现过，倒是在川北地区的新石器时代文化遗存[25]和通江擂鼓寨遗址[26]中有存在，而且在器形上很相近。

2. 与川北地区新石器时代遗存的关系

川北地区是指四川盆地北部以嘉陵江上游流域为主的地区，主要包括广元地区。王仁湘和叶茂林先生在《四川盆地北缘新石器时代考古新收获》[27]一文中对该地区的新石器时代文化做了概括和总结，并将各遗存年代序列排定如下：中子铺细石器遗存（距今 6 000～7 000年）/张家坡遗址和中子铺晚期遗存（距今 6 000～5 500 年）/邓家坪遗址（距今 5 500～4 700 年）[28]。其中"邓家坪遗址的文化遗存可能分为两期。遗址下层以泥质灰陶等细泥陶居多，夹砂陶较少，上层则是泥质灰陶比例减少，夹砂陶系占了绝大多数。在器形、纹饰等方面也有小异，但差别不显著，总的说共性较强。该遗存总体特征是，以夹砂的灰褐陶为主，泥质灰陶总量较少，还有少量的黑皮陶和个别泥质红陶，纹饰以绳纹和堆纹最普遍，另有划纹、锥刺纹等，流行口沿和唇部施绳纹或花边波纹作风，陶器可辨器形的有深腹罐、鼓腹罐、钵、碗、器盖等。石器多趋小型化"[29]。从上面的叙述可以看出，邓家坪遗址中绳纹和堆纹发达，还有划纹和锥刺纹，流行口沿和唇部施绳纹或花边作风，尤其是下层中泥质灰陶在整个陶系中居于主导地位；石器小型化，以斧、锛、凿为主，这些特点都与宝墩文化相近。但是邓家坪遗址在器类和器形上与宝墩文化完全不同，两者似乎属不同的文化。比邓家坪遗址早一阶段的张家坡遗址以灰褐陶为主；纹饰简单，以绳纹和堆纹及划纹为基本形式，口沿外施附加堆纹较有特点；开始有个别口唇成波状的做法；以平底器为主，有个别圈足器（豆）；罐、盆较多；石器有圭形石凿等。从这些特点来看，张家坡遗址与宝墩文化也有着一定的联系，但两者的器类和器形完全不同，区别是明显的。邓家坪和张家坡遗址一方面与宝墩文化有一些相似的特征，另一方面在器类和器形上又有着

巨大的差别，这既有地域上原因，但更主要的可能是时间上的差异造成的。邓家坪遗址的¹⁴C测年数据表明，邓家坪遗址年代为距今 5 500～4 700 年，比宝墩文化早一阶段；张家坡遗址又较邓家坪遗址早一阶段，这似乎说明以张家坡和邓家坪遗址为代表的两种文化遗存或许就是宝墩文化的来源，但目前这种关系还不十分清楚。

3. 与哨棚嘴文化的关系

目前在川东长江沿岸地区发现的属哨棚嘴文化的遗址较多，有忠县哨棚嘴和中坝遗址[30]、奉节老关庙[31]、巫山魏家梁子[32]、江津王爷庙[33]等。我们暂将哨棚嘴文化分为两期五段，其相对年代大致在仰韶文化后期至龙山这一阶段，绝对年代在距今 5 000～4 000 年间。[34]陶器以夹砂褐陶、泥质灰陶和黑皮陶为主；纹饰有绳纹、方格纹、附加堆纹、划纹、戳压纹等；以折沿罐、侈沿深腹罐、花边口罐、盘口器、喇叭口高领罐、盆、钵和筒形罐等为代表。这与川西的宝墩文化有着显著的差别，属不同的文化。但是两者之间也有许多相似之处，如两者都盛行平底器和圈足器，圆底器极少见，不见三足器；陶器的制法都为泥条盘筑加慢轮修整，夹砂陶多属石英砂；器物的唇部喜作花边；纹饰都流行绳纹、堆纹、划纹、戳压纹等。在器形上，宝墩文化一、二期中的筒形罐在哨棚嘴文化晚期的魏家梁子遗址中多见；宝墩文化中极为发达的喇叭口高领罐和水波纹在魏家梁子遗址中有少量存在（图一一）。宝墩文化与长江中游地区、关中地区的同时期文化相比，文化内涵迥异，而与哨棚嘴文化相比，两者虽然存在着较大的差别，但同时又有着较多的联系和相似之处，应属一个大文化区系中的两个小的区域文化。

4. 与通江擂鼓寨和巴中月亮岩遗址的关系
通江擂鼓寨[35]和巴中月亮岩遗址[36]位于

川东北渠江流域上游地区。两遗址都经过调查，文化面貌相近，其中擂鼓寨遗址经过试掘，发掘面积为75平方米，这里仅以该遗址为例加以说明。《报告》将该遗址分为两期三段，其中早期有一^{14}C测年数据，年代为距今4 995年±159年。从笔者的分析来看，擂鼓寨遗址与巫山魏家梁子的面貌接近，时代相当，其^{14}C测年数据偏早。该遗址中泥质陶以灰陶和橙黄陶为主；纹饰以划纹最为发达；流行将器物口沿部做成水波纹样或锯齿状；部分器物器底与器身分制，接茬多为地包天，这些特点都与宝墩文化相似。部分器物与宝墩文化的同类器相近（图一二）。不过，擂鼓寨遗址在总体上还是应属于哨棚嘴文化的范畴。

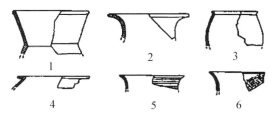

图一二　擂鼓寨遗址部分器物图

1、2. 喇叭口高领罐（T0302⑥：1，T0302⑨：23）

3. 折沿鼓腹罐（T0101⑨：22）　4. 宽沿盆（T0402⑨：15）　5、6 敞口圈足尊（T0101⑨：11，T0101⑧：8）

5. 与汉源狮子山遗址的关系

狮子山遗址位于大渡河下游的汉源县大树乡西南200米处的海拔约900米的山坡上。该遗址曾经过两次调查和一次发掘[37]，发掘的材料尚未发表，文化面貌不甚明晰。就目前材料看，该遗址的陶系"以夹砂陶为主，约占70%，泥质红陶和灰陶不足30%；纹饰有绳纹、划纹、方格纹等，附加堆纹也很发达，有波浪形、圆饼形、燕尾形等多种样式。另外，还发现十多片红底黑彩的彩陶片……器形有高领罐、大口花边罐、盆、钵、碗、甑、陶球、纺轮等""磨制石器有斧、锛、凿、箭镞……

另发现有几百件细石器"[38]。从这些叙述看，该遗址与宝墩文化有着较为密切的联系，如两者的纹饰都盛行绳纹、划纹、附加堆纹等；器形上两者都以高领罐、大口花边罐、盆等为典型器；石器都以斧、锛、凿为主。该遗址中还发现有木骨泥墙建筑，但是只发现柱洞和柱础，未发现有墙基槽；另有窝棚式建筑的存在，这又与宝墩文化不同。尤其是该遗址中发现有大量的细石器，在器形和制作技术上都与川北地区的细石器极为相似；十多片彩陶的发现足以说明该遗址与川西高原的同时期遗存有着较密切的关系。传播途径"是沿着与四川盆地交界的川西声原东部地区进行，未进入四川盆地腹部"[39]。其^{14}C测年数据为距今4 500～4 000年[40]。因此，我们认为狮子山遗址在总体上可能属于宝墩文化的范畴，只不过，由于地理位置和环境的原因，受到川西高原和川北丘陵地区同时期文化的强烈影响，地域性特点较为浓厚。我们的分析是否正确还有待于发掘材料的全面公布。

五、宝墩文化与三星堆文化的关系

前面我们已经指出宝墩文化的后续文化是三星堆文化，两者紧密相连。具体地说：在宝墩文化三期晚段之时，夹砂陶的数量增多，超过了泥质陶而占据了主要地位；在夹砂陶中，外褐内灰陶剧减，褐陶增多，成为主要的陶系。纹饰中划纹发达，但极少见水波纹；在器形上，绳纹花边罐已很少见，新出现有窄沿罐、曲沿罐、窄沿盆、钵等。由此可以看出，宝墩文化的典型因素，如大量的泥质陶（以灰白陶和灰黄陶为代表），发达的纹饰（以划纹、戳压纹、附加堆纹等），以绳纹花边口罐、敞口圈足尊、盘口圈足尊、喇叭口高领罐、宽沿平底尊、壶、宽沿盆等为代表的典型器物群，正在日趋减少；

而一种新的文化因素，以窄沿罐、曲沿罐、窄沿盆、钵为代表，正在孕育和发展之中，宝墩文化正在经历着一种变化。到了宝墩文化四期之时，宝墩文化的典型因素更是日落西山。夹砂陶的数量继续增加，褐陶成为最主要的陶系，约占陶片总数的近一半；素面陶增加，有纹饰的陶片所占比例不超过30%；在器形上，绳纹花边口罐、盘口圈足尊、喇叭口高领罐、宽沿平底尊、壶等极为少见，沿袭了三期晚段的窄沿罐、曲沿罐、窄沿盆、钵，新出现敛口瓮、敛口罐、矮领圆肩罐、折腹钵等。到了三星堆文化之时，夹砂陶更是占据了绝对的主导地位，约占陶片总数的72%，夹砂褐陶是最主要陶系，约占总数的45%；素面陶猛增，纹饰所占比例急剧下降，仅占18%；其代表性的器形中的小平底罐、深腹罐、矮圈足豆、杯形纽器盖等都与宝墩文化中的矮领圆肩罐、折沿深腹罐、镂孔圈足器有着继承和发展关系。三星堆文化盛行的小平底风格与宝墩文化流行小平底器有着直接的联系。由此我们看见了一个宝墩文化的典型因素日趋消失，三星堆文化典型因素逐渐孕育、形成和发展的过程。也就是说，宝墩文化的发展去向是三星堆文化，这在地层学上也能得到证明，在三星堆遗址中多次发现有三星堆文化的早期遗存叠压在宝墩文化层之上。

六、结　语

目前，成都平原城址群的发掘工作才刚刚开始，对于各城址内的情况还不十分清楚；并且还没有发现同时期的其他相关遗址。因此，要分析各城址的性质及其相互关系，还为时过早；但是在郫县古城村遗址1997年的发掘中，在城址内的中心部位发现了一座面积达550平方米的长方形建筑基址，该基址内横向排列有较为规整的用卵石砌成的五个长方形台子，并且该基址与城垣的方向一致，我们推测可能是

大型的礼仪性建筑，是举行重要仪式活动的场所。在宝墩遗址1996年鼓墩子的解剖发掘中，发现鼓墩子在宝墩文化时期就是一个明显高于四周的台子，其上有密集的建筑遗存，且鼓墩子恰好位于宝墩遗址的中心。这似乎说明成都平原城址群各城址内有着相当的内涵，等待着我们去揭示和了解。三星堆遗址所揭示出的巨大城垣和高度发达的青铜文化显示其早已进入文明社会，苏秉琦先生认为其已处于文明社会发展进程中的方国时期[41]，并且早在成都平原早期城址群发现以前，就高瞻远瞩地看到"四川有自己的治水时代——古国时代"[42]，那么我们今天发现的比三星堆文化早一阶段的成都平原早期城址群则无疑验证了苏先生的远见卓识。

成都平原早期城址的筑城方法为斜坡堆筑法，这与长江中游地区的筑城方法相同，而同时期的黄河中下游地区的早期城址已经普遍采用版筑法和堆筑法相结合的方法来夯筑城垣[43]。这说明成都平原早期城址的筑城方法带有一定的原始性和自身特点。

苏秉琦先生早在1987年考察三星堆遗址时，就已经指出"成都与广汉有时间跨度相同的阶段，约从五千年到三千年，上下可以串起来，成系统，有特征"。"巴蜀文化自成体系，特征不只是表面的，而是内在的特征"[44]。后来又提出"四川古文化是中国古文化的中心之一"[45]。宝墩文化的发现则对苏先生的这一看法提供了有力的佐证。近年来由于修建三峡大坝，三峡地区的考古工作取得了辉煌的成果，特别是新近已公布了部分材料的哨棚嘴遗址[46]尤为重要，哨棚嘴文化与成都平原的宝墩文化大体同时或略早，而哨棚嘴遗址第二、三期文化遗存则分别属于成都平原地区的三星堆文化和十二桥文化的范畴。川东地区的战国时期文化遗存与川西地区则基本上完全相同。由此，我们看到了一个四川盆地的西部和东部的先秦

文化序列和发展脉络，在距今 5 000～3 700 年间两地还分属两支文化；到了三星堆文化之时，两地的文化面貌基本趋同。史书中记载的"蜀"和"巴"便有了考古学上的较为明显的证据，现在我们不妨这么说，从三星堆文化到战国时期的遗存，在川西地区是"蜀"人的考古学遗存；而川东地区的则可能是"巴"人的考古学遗存。蜀和巴的考古学遗存属同一考古学文化，这与两地居民的密切交往是分不开的，所以，史书上的记载往往是"巴蜀"连称。以前学者常把四川盆地商周阶段的考古学文化遗存笼统地称为"巴蜀文化"也是有一定道理的。那么，早于三星堆文化的宝墩文化和哨棚嘴文化则可能是蜀文化和巴文化的直接渊源。

注　释

［1］成都市文物考古工作队、四川联合大学考古教研室、新津县文管所：《四川新津宝墩遗址调查与试掘》，《考古》1997 年第 1 期。

［2］成都市文物考古工作队、四川联合大学考古教研室：《四川新津宝墩遗址 1996 年鼓墩子地点试掘简报》，待刊；中日联合考古调查队：《四川新津宝墩遗址 1996 年发掘简报》，《考古》1998 年第 1 期。

［3］成都市文物考古工作队、都江堰市文物局：《四川都江堰市芒城遗址发掘简报》，《考古》1999 年第 7 期。

［4］成都市文物考古工作队、郫县文管所：《四川郫县古城村遗址 1996 年发掘简报》，《文物》1999 年第 1 期。

［5］笔者是郫县古城村遗址 1997 年发掘的参加者。

［6］成都市文物考古工作队、四川联合大学考古教研室、温江县文管所：《四川温江鱼凫村遗址 1996 年发掘简报》，《文物》1998 年第 12 期。

［7］成都市文物考古工作队、崇州市文管所：《四川崇州市双河村遗址 1997 年发掘简报》，待刊。

［8］调查资料现存成都市文物考古工作队。

［9］笔者是郫县古城村遗址 1997 年发掘的参加者。

［10］中日联合考古调查队：《四川新津宝墩遗址 1996 年发掘简报》，《考古》1998 年第 1 期。

［11］笔者是郫县古城村遗址 1997 年发掘的参加者。

［12］孙华：《试论广汉三星堆遗址的分期》，《南方民族考古》第 5 辑；王毅、张擎：《三星堆文化研究》，待刊。

［13］四川省文物管理委员会、四川省博物馆：《广汉三星堆遗址》，《考古学报》，1987 年第 2 期。

［14］陈显丹：《广汉三星堆遗址发掘概况、初步分期——兼论"早蜀文化"的特征及分期》，《南方民族考古》第 2 辑。

［15］马继贤：《广汉月亮湾遗址发掘追记》，《南方民族考古》第 5 辑。

［16］四川省文物管理委员会、四川省博物馆：《广汉三星堆遗址》，《考古学报》1987 年第 2 期。

［17］马继贤：《广汉月亮湾遗址发掘追记》，《南方民族考古》第 5 辑。

［18］中国社会科学院考古研究所编：《中国考古学中碳十四年代数据集（1965～1991 年）》，文物出版社，1992 年。下面的 [14]C 年代未加以说明的，都引自该书。

［19］中国社会科学院考古研究所编著：《武功发掘报告》，文物出版社，1988 年。

［20］中国社会科学院考古研究所编著：《武功发掘报告》，文物出版社，1988 年。

［21］中国社会科学院考古研究所长江三峡考古工作队：《四川巫山魏家梁子遗址的发掘》，《考古》1996 年第 8 期；吴耀利、丛德新：《论魏家梁子文化》，《考古》1996 年第 8 期。

［22］王毅、张擎：《三星堆文化研究》，《四川文物》1999 年第 3 期。

［23］中国社会科学院考古研究所四川工作队：《四川绵阳边堆山新石器时代遗址调查简报》，《考古》1990 年第 4 期。发掘报告待刊。

［24］王鑫：《忠县善井沟遗址群哨棚嘴遗址分析——兼论川东地区的新石器文化及早期青铜文化》，《四川考古论文集》，文物出版社，1996 年；江章华、王毅：《川东长江沿岸史前文化初论》，《四川文物》1998 年第 2 期。

［25］王仁湘、叶茂林：《四川盆地北缘新石器时代考古新收获》，《三星堆与巴蜀文化》，巴蜀书社，1993 年；中国社会科学院考古研究所四川工作队：《四川广元市张家坡新石器时代遗址的调查与试报》，《考古》1991 年第 9 期；中国社会科学院考古研究所四川工作队：《四川广元邓家坪新石器时代遗址的发掘简报》，待刊。

［26］四川省文物考古研究所、通江县文物管理所：《通江县擂鼓寨遗址试掘报告》，《四川考古报告集》，文物出版社，1998 年；雷雨、陈德安：《巴中月亮岩和通江擂鼓寨遗址调查简报》，《四川文物》1991 年第 6 期。

［27］王仁湘、叶茂林：《四川盆地北缘新石器时代考古新收获》，《三星堆与巴蜀文化》，巴蜀书社，1993 年。

［28］邓家坪遗址有四个 ^{14}C 数据：T8⑥层为距今 5 225 年 ±180 年；T2⑤层为距今 4 760 年 ±160 年；T1③层为距今 4 640 年 ±150 年；T8③层为距今 4 175 年 ±180 年。除第四个标本偏晚外，其余的碳测年代距今 5 500 ~ 4 700 年间。

［29］王仁湘、叶茂林：《四川盆地北缘新石器时代考古新收获》，《三星堆与巴蜀文化》，巴蜀书社，1993 年。

［30］王鑫：《忠县善井沟遗址群哨棚嘴遗址分析——兼论川东地区的新石器文化及早期青铜文化》，《四川考古论文集》，文物出版社，1996 年。

［31］吉林大学考古系、四川省文物考古研究所：《奉节县老关庙遗址第三次发掘》，《四川考古报告集》1998 年；赵宾福、王鲁茂：《老关庙下层文化初论》，《四川考古论文集》，文物出版社，1996 年。

［32］四川省文物考古研究所、通江县文物管理所：《通江县擂鼓寨遗址试掘报告》，《四川考古报告集》，文物出版社，1998 年；雷雨、陈德安：《巴中月亮岩和通江擂鼓寨遗址调查简报》，《四川文物》1991 年第 6 期。

［33］重庆市博物馆：《重庆市长江河段新石器时代遗址调查与试掘》，《考古》1992 年第 12 期。

［34］江章华、王毅：《山东长江沿岸史前文化初论》，《四川文物》1998 年第 2 期。

［35］四川省文物考古研究所、通江县文物管理所：《通江县擂鼓寨遗址试掘报告》，《四川考古报告集》，文物出版社，1998 年。

［36］雷雨、陈德安：《巴中月亮岩和通江擂鼓寨遗址调查简报》，《四川文物》1991 年第 6 期。

［37］重庆博物馆：《汉源县狮子山大树乡发现新石器时代遗址》，《文物》1974 年第 5 期；中国社会科学院考古研究所四川工作队：《四川汉源县大树乡两处古遗址调查》，《考古》1991 年第 5 期；马继贤：《汉源县狮子山新石器时代遗址》，《中国考古学年鉴·1991》，文物出版社，1992 年。

［38］马继贤：《汉源县狮子山新石器时代遗址》，《中国考古学年鉴·1991》，文物出版社，1992 年。

［39］张强禄：《试论白龙江流域新石器文化与川西地区新石器文化的关系》，《四川大学考古专业创建三十五周年纪念文集》，四川大学出版社，1998 年。

［40］中国社会科学院考古研究所实验室：《放射性碳素测定年代报告（一九)》，《考古》，1992 年第 7 期。

［41］四川省文物考古研究所编：《四川考古论文集》《序》（苏秉琦），文物出版社，1996 年。

［42］四川省文物考古研究所编：《四川考古论文集》《序》（苏秉琦），文物出版社，1996 年。

［43］张学海：《浅说中国早期城的发现》，《长江中游史前文化暨第二届亚洲文明学术讨论会论文集》，岳麓书社，1996 年。

［44］苏秉琦：《西南地区考古——在四川广汉三星堆遗址考古座谈会上的讲话》，《华人·龙的传人·中国人——考古寻根记》，辽宁大学出版社，1994 年。

［45］四川省文物考古研究所编：《四川考古论文集》《序》（苏秉琦），文物出版社，1996 年。

［46］王鑫：《忠县普井沟遗址群哨棚嘴遗址分析——兼论川东地区的新石器文化及早期青铜文化》，《四川考古论文集》，文物出版社，1996 年。

（原文发表于《成都考古研究（一)》）

成都平原的早期古城址群——宝墩文化初论

江章华　颜劲松　李明斌

1995 年起由四川省成都市文物考古队与四川联合大学考古教研室等单位在新津宝墩、温江鱼凫城、郫县古城、都江堰芒城，然后又在崇州双河（下芒城）等遗址调查发掘，证实成都平原首次发现了相当于中原龙山时代、距今四五千年的古城址群[1]。它们的发现对了解夏商时代三星堆（古城）文化的渊源关系提供了直接证据，为探索长江上游地区文明起源有重要意义。资讯传出，引起海内外学术界的高度重视，国家文物局曾邀请专家学者将其评选为 1996 年全国十大考古新发现之一[2]。

目前经过初步整理，对这些古城址群的文化内涵有了较为清楚的认识：它们的时代早晚虽略有差别，而其文化的总体面貌却是较为一致的；它们互有一组贯穿始终而又区别于其他考古学文化而独具特征的器物群（详见附图），当属同一考古学文化遗存；并与三星堆文化的发展脉络也清晰可见；它们之中又以新津宝墩遗址的面积最大，文化内涵最丰富、最具代表性。因此，我们认为将这一古城址群的考古学文化命名为"宝墩文化"是合适的。谨述浅见，以求教于诸方家。

一、文化特征

根据目前掌握的材料可将该文化的特征概述如下：

1. 这一时期的人们过着定居的农业生活，兼营采集渔猎。发现的小型房屋为方形的地面木骨泥墙建筑，在宝墩遗址、芒城遗址、古城遗址、鱼凫村遗址都发现有木骨印痕的红烧土块，推测墙体经火烘烤。更为重要的是，当时的人们已开始修筑高大的城垣，鱼凫村古城平面呈不规则的多边形。宝墩、芒城、郫县古城均呈长方形，城垣的构筑方法为堆筑，呈斜坡状堆积，夯筑的方法为拍打。

2. 生产工具主要是石器，石器多为通体磨制，偏于小型化，以斧、锛、凿为主，少量的石刀、石铲、箭镞和矛。斧平面形状多为顶窄刃宽的长条形，弧刃、弧顶，是几种工具中最大的一类，长 6～10 厘米。锛比斧小，磨制比斧精细，形制较单一，直刃、弧顶，刃明显宽于顶。凿磨制最为精细且规整，石质也较好，个别似玉质，有扁平长条形、圭形和刃口内凹的窄长形等，还有一端为圭形，一端为直刃的双端刃形。铲和刀均穿孔，但发现极少且残，刀为横长形，上下均有刃。石镞为扁平棱形，磨制也较精细。另外发现的陶质生产工具有纺轮和网坠。

3. 陶器制作方法主要是手制加慢轮修整，圈足和底均为二次粘接，许多圈足内粘接处有加固戳痕。夹砂陶的器底多外接，形成器壁线近底处外折似假圈足。另外有些夹砂器物的口沿有明显的粘接痕，泥质陶中的壶领部也见有二次粘接的情况。陶系为夹砂和泥质两种，夹砂陶多屬白色石英砂，有精细之分，以细者居多，陶色分灰、褐、外褐内灰等。泥质陶分灰白、灰黄、褐和一定数量的黑衣灰陶、黑衣褐陶。其中灰白陶一般火候较高，也有火候低、表面呈粉末状者；灰黄陶显得火候较低，但大多施黑色陶衣，出土时多脱落。夹砂陶器的纹饰以绳纹为主，其次是戳印纹、附加堆纹，少量的划纹和弦纹。绳纹的装饰部位有沿面、唇部、颈部、底及整个器身，其沿面、唇部和器底装饰绳纹颇具特色，纹样有斜向、交错和网状等，某些器物的口沿压成波浪形。戳印纹主要是戳印的坑点纹、新月纹、圆圈纹等。附加堆纹多为附加小泥条上施戳印。夹砂圈足上多镂孔装饰。泥质陶中以划纹、戳印纹、附加泥条戳印纹和黑色陶衣为主，个别有少量的细线纹、瓦棱纹和弦纹。划纹中多水波纹和平行线纹及由平行线组合成的几何纹。水波纹多见于领部，腹部少见。平行线纹、几何纹多见于腹部。戳印纹多为坑点纹或长条纹，见于唇部、肩部、腹部，唇部戳成锯齿状。附加泥条戳印纹多见于腹部。

4. 陶器器形多宽沿、大翻口风格。主要是小平底器和圈足器，不见三足器和圆底器。代表性的器物有绳纹花边口罐、圈足罐、敞口圈足尊、盘口圈足尊、缸、喇叭口高领罐、浅盘豆、矮领圆肩罐、敛口瓮、曲沿罐、深腹罐、窄沿盆、窄沿罐、壶、宽沿平底尊、宽沿盆、宽沿罐、钵、器盖等。其中绳纹花边口罐、敞口圈足尊、盘口圈足尊、喇叭口高领罐、壶、宽沿平底尊、宽沿盆是贯穿这一文化始终的器物群。为了对这一文化有一个比较清楚的认识，也为下一步分期打下基础，首先对典型陶器作如下特征描述：

绳纹花边口罐：数量较多，类型丰富，有平折沿型、斜侈沿型、斜折沿型、大翻口型、小翻口型、折沿厚方唇型等，其中的平折沿型、斜折沿型和折沿厚方唇型沿面多装饰绳纹。

敞口圈足尊：数量较多、大敞口、沿外折、唇微下垂、弧腹、圈足，器内壁多磨光。

盘口圈足尊：数量较多、敞口、宽沿弧曲呈盘口状、斜弧腹、圈足。器身多装饰有纹饰，有凹凸弦纹、附加堆纹等，圈足多镂孔，器内壁多磨光。

矮领圆肩罐：数量较少、侈口、束颈、鼓肩，颈以下饰绳纹。

深腹罐：数量较少、口微敛、侈沿、弧腹较深、小平底，底部多装饰旋转绳纹。

曲沿罐：数量较少，敛口，沿下凹，鼓肩。

喇叭口高领罐：数量较多，根据唇部的不同分锯齿口、无锯齿口、外叠唇三种。颈部有装饰水波纹，腹部多戳印纹、附加泥条戳印纹和平行线划纹组合成的几何纹。

宽沿平底尊：数量较多，沿外折或微卷，腹深而微下垂，素面陶。

壶：有一定的数量，喇叭口高领，小平底，素面陶。

宽沿盆：有一定数量，沿有斜侈、平折、微卷，腹部多饰凹弦纹，少量水波划纹。

浅盘豆：数量较少，喇叭状圈足带短柄。

筒形器：数量极少，斜直腹，大平底。

窄沿盆：数量少，斜腹。

钵：数量少，窄沿、弧腹或直口折腹。

敛口瓮：数量少，敛口，广肩。

窄沿罐：数量少，敛口，溜肩。

二、初步分期

主要以新发现的宝墩、芒城、古城和鱼凫村遗址 1996 年发掘的材料作为分期依据。根据地层学与类型学分析，可将文化分为四期七段的早晚关系：

一期：以宝墩遗址为代表，分早、晚2段。

二期：以芒城遗址为代表。

三期：分3段，早段以鱼凫村遗址早段和古城遗址早段为代表。中段以鱼凫村遗址中段为代表。晚期以古城遗址晚段为代表。

四期：以鱼凫村遗址晚段为代表。

下面将各期段的文化特征分述如下：

一期早段：泥质陶略多于夹砂陶；泥质陶中灰白陶占63%，灰黄陶占33%。少量褐陶。夹砂陶中以灰陶为主，占夹砂陶80%以上，少量褐陶和外褐内灰陶。纹饰种类较多，以绳纹、戳印纹、划纹和附加泥条戳印纹为主，少量凹弦纹、凸弦纹、瓦棱纹和细线纹。划纹中多水波纹和平行线纹。器物种类较多，制作较好，这一阶段的绳纹花边口罐数量多，形式多样，有平折沿型、斜侈沿型、斜折沿型、大翻口型、小翻口型等。另一类数量较多的是唇部戳成锯齿状的喇叭口高领罐。此外无锯齿装饰的喇叭口高领罐、宽沿平底尊、壶、敞口圈足尊、盘口圈足尊也有一定的数量。少量的宽沿盆，圈足罐、缸等。这一时期的圈足低矮，多绳纹、戳印纹装饰，镂孔中方形镂孔多见（图一）。

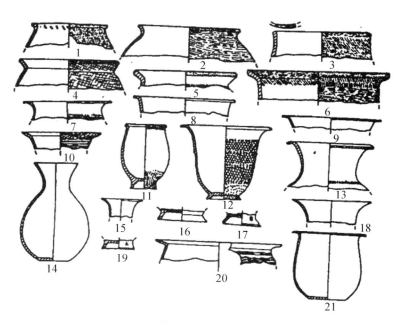

图一　宝墩文化一期早段典型陶器

1、2、4～7.绳纹花边口罐　8、12.敞口圈足尊　3.缸。　9、13、18.喇叭口高领罐　10.盘口圈足尊　11.圈足罐　14、15.壶　16、17、19.圈足　20.盆　21.宽沿平方尊　1.宝墩遗址H15、2、11、5、16.宝墩遗址H16，其余均为宝墩遗址第⑦层

一期晚段：这一时期泥质陶仍多于夹砂陶，泥质灰黄陶明显增多，在泥质陶中比例增至41%～46%，灰白陶相应减少。夹砂陶中仍以灰陶为主，少量的褐陶和外褐内灰陶。与前一阶段相比，陶器制作不如前一阶段精细，纹饰也有衰落的趋势。仍以绳纹、戳印纹、划纹和附加泥条戳印纹为主，少量的凹弦纹、凸弦纹、瓦棱纹、细线纹等。圈足上少见绳纹和戳印纹装饰，方形镂孔少见，多圆形镂孔。这一阶段的器物类别基本沿袭前一阶段的，但绳纹花边口罐的口沿变窄，喇叭口高领罐的口沿多卷，锯齿喇叭口高领罐的数量减少，外叠唇的喇叭口高领罐、浅盘豆主要从这一时期开始出现，还见个别筒形器，圈足开始变高直（图二）。

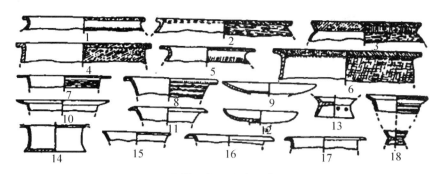

图二　宝墩文化一期晚段典型陶器

　　1～6. 绳纹花边口罐　7、10. 盆　8、11、15. 喇叭口高领罐　9、12. 浅盘豆　13. 圈足　14. 筒形器　16. 敞口圈足尊　17. 宽沿平底尊　18. 盘口圈足尊　8. 宝墩遗址第⑤层，其余均为宝墩遗址第⑥层

　　二期：这一时期的泥质陶仍多于夹砂陶，泥质陶占60％，夹砂陶约占40％。夹砂陶分灰、褐和外褐内灰几种，三种所占比例接近。泥质陶中以灰黄陶为主，其次是灰白陶和褐陶，泥质陶表面多呈易脱落的粉末状。纹饰已远不如一期发达，仍以绳纹、划纹、戳印纹为主，少量附加堆纹、凹弦纹、凸弦纹，圈足上多圆形镂孔装饰。划纹中多平行划纹以及平行线组成的几何纹，极少见水波纹。器物类型明显减少，比较明显的变化是绳纹花边口罐形式单一，主要是斜侈沿型，喇叭口高领罐主要是外叠唇型，锯齿口型极少见，盘口圈足尊器身变矮，出现细高领壶，浅盘带柄豆和盆增多等。其他还见有少量的卷沿罐、筒形器和器盖（图三）。

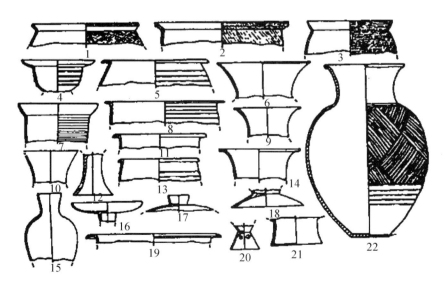

图三　宝墩文化二期典型陶器

　　1～3. 绳纹花边口罐　4、7. 盘口圈足尊　5、8、19. 盆　6、9、14、22. 喇叭口高领罐　10. 宽沿平底尊　11、15 壶　12、16. 浅盘豆　13. 卷沿罐　17、18. 器盖　20. 圈足　21. 筒形器（均为芒城遗址出土）

　　三期早段：这一时期泥质陶减少，夹砂明显增多，两者比例相当。夹砂陶中以外褐内灰和褐陶为主，夹砂灰陶较少。泥质陶中以泥质褐陶和黑衣陶为主，灰白陶较少。纹饰大大

减少，泥质陶器多素面，夹砂陶器多绳纹，此外还见有附加泥条戳印纹、划纹、凹凸弦纹、戳印纹，圈足上多镂孔装饰。这一时期的绳纹花边口罐主要是沿袭二期的斜侈沿型，喇叭口高领罐主要是外叠唇型，敞口圈足尊、宽沿平底尊仍然存在，壶、盘口圈足尊和浅盘豆少见，新出现口沿根部较厚的折沿罐（图四）。

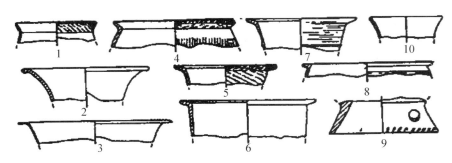

图四　宝墩文化三期早段典型陶器

1、4、5. 绳纹花边口罐　2. 喇叭口高领罐　3、7. 敞口圈足尊　6. 宽沿平底尊　8. 折沿罐　9. 圈足　10. 壶

1、3、9. 鱼凫村T5H18　2. 鱼凫村T9H71　3. 鱼凫村F5H28　4、6、7、10. 郫县古城H9　5、8. 郫县古城T3⑪

三期中段：陶质仍以夹砂外褐内灰和褐陶为主，其次是泥质灰陶和黑衣陶。少量泥质褐陶。泥质陶仍多素面，夹砂陶多绳纹，此外见有附加泥条压印纹、戳印纹、划纹、瓦棱纹、凹凸弦纹等。划纹主要是平行线纹，戳印纹有新月纹、圆圈纹等。这一时期的绳纹花边口罐多见外折厚方唇型，斜侈沿型开始消失，敞口圈足尊、宽沿平底尊、喇叭口高领罐、壶等仍然存在，但壶和喇叭口高领罐数量极少。敞口圈足尊器身变矮胖，圈足变高直，镂孔增大。新出现深腹罐，其中的小平底似假圈足，底部饰旋转绳纹很有特色（图五）。

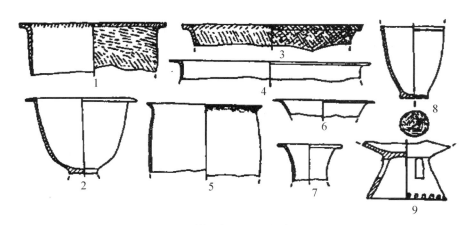

图五　宝墩文化三期中段典型陶器

1、3. 绳纹花边口罐　2. 敞口圈足尊　4、6. 宽沿平底尊　5、8. 深腹罐　7. 壶　9. 圈足（均为鱼凫村遗址出土 3. T5⑤）　4. T9⑥（其余均为H15）

三期晚段：以夹砂陶为主，夹砂陶中的褐陶剧增，外褐内灰陶剧减，少量夹砂灰黑陶。泥质陶中以泥质灰陶为主。其次是褐陶，少量黑衣陶。泥质陶仍以素面为主，夹砂陶以绳纹

为主，此外见有平行线、弧线、交叉、网状等划纹，偶见水波纹，戳印纹有新月纹、三角纹、坑点纹等，其他有少量附加堆纹和凸凹弦纹。绳纹花边口罐已很少见，新出现曲沿罐、窄沿

罐、窄沿盆、钵等。敞口圈足尊、宽沿平底尊和喇叭口高领罐仍然存在。敞口圈足尊的器身变矮，腹壁斜直，圈足增高（图六）。

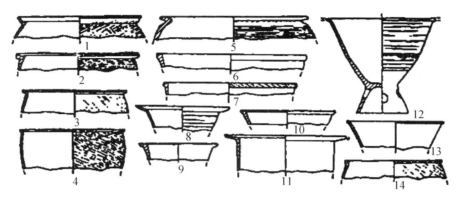

图六 宝墩文化三期晚段典型陶器

1、2. 曲沿罐 3、4、14. 窄沿罐 5. 敛口罐 6、7. 窄沿盆 8、12. 敞口圈足尊 9、10 钵 11. 宽沿平底尊 13. 喇叭口高领罐（均为郫县古城遗址出土 1、12. H10 2、5、8. T5⑬ 3、7. T5⑫ 10、11. T4⑬ 13. T4⑫ 4. T4⑪ 6.12⑨ 9. T3⑨ 14. T2⑧a）

四期：这一时期与前期相比有较大的变化。陶质以夹砂褐陶为主，泥质陶中有灰陶、褐陶和黑衣陶。泥质陶仍多素面，夹砂陶以绳纹为主。少量的戳印纹、划纹、凸凹弦纹等。绳纹

花边口罐、壶和喇叭口高领罐极少见，沿袭了三期晚段的曲沿罐、窄洞盆。新出现敛口瓮、矮领圆肩罐、折腹的钵、器盖等，圈足更高直（图七）。

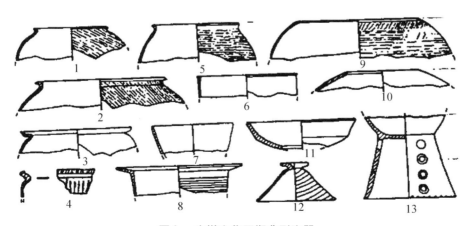

图七 宝墩文化四期典型陶器

1、2、5. 矮领圆肩罐 3、4. 曲沿罐 6. 窄沿盆 7. 壶 8. 宽沿盆 9、10. 敛口瓮 11. 钵 12. 器盖 13. 圈足 （3、11. T9⑤，8、13. T5④，余均为 H73，均为鱼凫村遗址出土）

这样的分期可从三星堆遗址的发掘中得到印证，三星堆遗址最下层根据 1963 年发掘的月亮湾第③层特征：泥质陶占 60%，尤以泥质灰（白）陶居多，纹饰陶片占 44%，绳纹较多，另有弦纹、划纹、篦纹、镂孔等，代表性器物有宽沿平底尊、喇叭口高领罐、镂孔圈足和足缘呈齿状的泥质陶圈足等[3]。均是宝墩文化期的特征。1980 年发掘的⑥、⑧层也是以泥质灰白陶为主，约占 65% 以上，有流畅的水波纹、平行线划纹、戳印纹等，也可早至一期。但 1986 年发掘的Ⅲ区 H19 出土的绳纹花边口罐和镂孔圈足[4]与三期中段接近。因此推测三星堆遗址原分的一期，年代跨度较长，还可分期，1980 年发掘的第⑥、⑧之间有间歇层似可说明问题，但就目前所能见到的材料无法作更细致的分析，某些材料可能早晚混杂。

关于古城址群文化的年代上限有以下几个 [14]C 测定数据可以参考：

1. 宝墩遗址北城垣真武观处城垣内的碳标本测定年代为距今 4 405 ± 95 年[5]，与碳标本共存的遗物为一期早段。

2. 1980 年发掘的三星堆Ⅲ区⑥、⑧层的碳标本，这两层的文化内涵前面已述及与宝墩文化一期的一致，测定年代为距今 4 500 ± 150 年[6]。

3. 1986 年发掘的三星堆Ⅲ T1416⑭的碳标本的测定年代为距今 4 615 ~ 4 665 ± 135 年[7]。

依据以上 [14]C 测年数据，我们可以将该文化的年代上限推定在距今 4 500 年左右。关于其年代下限，可以根据该文化末期正好与三星堆文化衔接的情况，那么三星堆文化的年代上限正好是宝墩文化的下限，而三星堆文化的年代上限有众多的 [14]C 年代依据，一般认为在距今 3 700 年左右，可以作为宝墩文化的下限。这样我们就把宝墩文化的年代范围大致推定在距今 4 500 年 ~3 700 年之间，前后发展约 800 年。

三、与周邻及三星堆文化的关系

宝墩文化的内涵比较独特，是一个以成都平原为中心，同时也波及周邻一些地区，相当于中原龙山时代的地方性文化；与同一时期周邻的其他考古学文化区别是非常明显的。首先与岷江上游的新石器时代文化[8]区别很大，这两个区域地理环境不同，经济类型迥异，文化上存在巨大的差异也是很正常的，至少目前看不出其间有什么明显的联系。与长江中游的屈家岭文化和石家河文化也判然有别。同一时期的川东、川东北丘陵山地的考古学文化，由于其特殊的地理环境、山川阻隔，文化面貌呈现出复杂多变的特点，目前也没有一个遗址的文化面貌与宝墩文化基本一致。尽管如此，我们仍然可以看出，宝墩文化与周邻地区的某些文化有或多或少的联系，如广元发现的中子铺、张家坡、邓家坪[9]诸遗址，其文化的总体特征虽然与宝墩文化区别很大，但上述遗址石器均以小型化为主，以斧、锛、凿工具为多，陶器纹饰以绳纹最普遍，流行口沿和唇部的装饰风格，几何的划纹和戳印纹，偏晚的遗址还有瓦棱纹、弦纹等，盛行平底器和少量的圈足器，几乎不见圆底器等特征与宝墩文化相似，其间应有某种联系。1989 年调查发现的巴中月亮岩遗址[10]，陶器多宽沿，口沿唇面流行锯齿纹和波状纹呈花边状等与宝墩文化有相似之处。1994 年中国社会科学院考古研究所长江三峡考古队发掘的巫山县魏家梁子遗址[11]，该遗址文化特征鲜明，发展脉络清楚，发掘者将这一文化命名为"魏家梁子文化"。该文化与宝墩文化区别较大，但在魏家梁子遗址中所见的水波纹与宝墩文化一期的非常接近，魏家梁子所见的泥质黑皮陶，腹斜直平底的筒形罐与宝墩文化一期晚段和二期所见的筒形器很相近，说明两个文化间也有一定的联系。

宝墩文化在时间上先于三星堆文化是无可辩驳的事实,三星堆遗址已有明确的层位依据,且在宝墩文化的四期已出现三星堆文化的因素,说明时间上也相衔接。从三星堆文化中也能找到许多从宝墩文化继承来的印记,如生产工具以小型的斧、锛、凿为主,房屋均为地面的方形木骨泥墙建筑,城墙构筑方法采用斜坡拍打的形式。在宝墩文化的三期晚段,夹砂褐陶就开始增多,到四期变为以夹砂褐陶为主,而三星堆文化正好是以夹砂褐陶为主。陶器的小平底风格是从宝墩文化以来到三星堆文化一直盛行的传统,三星堆文化的镂孔圈足豆与宝墩文化的镂孔圈足器也有一定的继承关系。

四、结　语

城,作为一种具有明确功能标志的聚落形态,于龙山时代在黄河、长江流域如雨后春笋般拔地而起,预示着这一时期的社会正处于重大的变革时期,文明伴随着城的出现发展而孕育发展成熟。三星堆夏商古城呈现的高度发达的青铜文化显示其早已进入文明社会,而宝墩等古城址群所处的却正是文明的孕育时期。鉴于这一时期文化内涵独特,与三星堆文化既有区别,又有发展的关系,因此,按考古学文化命名的惯例,我们即以一个典型遗址——新津宝墩遗址来命名这一文化,即"宝墩文化"。

注　释

[1] 成都市文物考古工作队、四川联合大学考古教研

室等:《四川新津宝墩遗址的调查与试掘》,《考古》1997 年第 1 期;中日联合考古调查队:《四川新津宝墩遗址 1996 年发掘简报》,《考古》待刊。其他资料均存成都市文物工作队,待刊。

[2] 见《中国文物报》1997 年 2 月 2 日(总 520 期)。

[3] 马继贤:《广汉月亮湾遗址发掘追记》,《南方民族考古》第 5 辑。

[4] 四川省文物管理委员会等:《广汉三星堆遗址》,《考古学报》1987 年第 2 期。

[5] 日本文化国际研究中心利用加速器质法测定。

[6] 四川省文物管理委员会等:《广汉三星堆遗址》,《考古学报》1987 年第 2 期。

[7] 北京大学考古系碳 14 实验室:《碳十四年代测定报告(八)》,《文物》1989 年第 11 期;中国社会科学院考古研究所实验室:《放射性碳素测定年代报告(十四)》,《考古》1987 年第 7 期。

[8] 徐学书:《岷江上游新石器时代文化的初步研究》,《考古》1995 年第 5 期。

[9] 王仁湘、叶茂林:《四川盆地北缘新石器时代考古新收获》,《三星堆与巴蜀文化》,巴蜀书社,1993 年。

[10] 雷雨、陈德安:《巴中月亮岩和通江擂鼓寨遗址调查简报》,《四川文物》1991 年第 6 期。

[11] 中国社会科学院考古研究所长江三峡考古队:《四川巫山县魏家梁子遗址的发掘》,《考古》1996 年第 8 期。

(原文发表于《中华文化论坛》1997 年第 4 期)

"芒城" 联想

杨正苞

近期，对芒城的发掘，不禁牵出许多日久的联想。昔年读古蜀史，关于蜀王杜宇的记述，有《蜀王本纪》说："后有一男子名杜宇从天堕，止朱提。有一女子名利，从江源井中出，为宇妻。乃自立为王，号曰望帝，治岷山下邑曰郫，化民往往复出。"这段话《华阳国志·蜀志》去其不雅驯者，更为："后有王曰杜宇，教民务农，一号杜主。时朱提有梁氏女利游江源，宇悦之纳以为妃。移治郫邑，或治瞿上。"据此，近期有学者认为，杜宇来自朱提，习稻作，又名蒲卑，因定其为汉人。

上二说，无论其所谓"止朱提"或"朱提有梁氏女利游江源"，皆令人难以置信。按"朱提"，西汉置，治今云南昭通。自彼至蜀江源，需越山高谷深的横断山脉、凉山山脉，渡过波汹浪阔的金沙江、大渡河。在当时，不说梁氏女来游属神话，即杜宇带领族人，跋涉1000余公里，通过许多民族地区至蜀，而能占有一方之地，也是难以想象的。因此，笔者坚信：若《纪》《志》所记确有杜宇其人，则所止之"朱提"，必当在江源附近。后再查《华阳国志·蜀志》，发现江源县下记"有青城山……朱邑出好麻，……小亭有好稻田"。又在《水经注·江水》江源县下发现记有"有朱亭，亭南有青城山"，乃悟出问题当出在《纪》《志》所载"朱提"的"提（dí）"字传读音误

上。其当为邑（yì）"或"亭（tíng）"字之讹。这样来看，《纪》《志》有关的记载便得以合乎实际；而据此我们也便知晓了朱亭的位置其实是在江源境内青城山附近，约当今都江堰市西部，岷江西侧泊江、羊马两河中游的玉堂、中兴一带。江源县，西汉置。辖今崇州市及都江堰市岷江西南之地。

杜宇"从天堕"，自属神话，但却反映了自岷江上游山区下到平原这一事实。"止朱亭"，即出山后在朱亭停留了一段时期。这不仅反映了他们行动谨慎，虽已出山，却在基地不远处停留先行观察，再定进退；同时也反映出作为一个以畜牧为主、农业为辅的部族，将向以农业为主、畜牧为辅的生产、生活转换所需要的过渡。当他们掌握了平原农作技术，站稳足跟以后，即再次南下，与相距不远早在那里农作的蜀族女首领梁利婚盟，壮大了实力。以上认识，笔者和刘玉珊先生早在1995年撰写的《古蜀的"三王""二帝"别说》（载《成都大学学报·社科版》1996年第1期）一文中有述及。遗憾的是当时我们没有能得到有关考古资料的印证。1996年下半年成都平原古城址群的发现，其中芒城和双河古城所显示出的地理位置，则补上了我们《别说》所需要的考古资料。

关于"芒城"之名的由来，笔者曾为此进

行过一番思考。后来，从当地居民呼"芒城"为"忙城"中得到启示。其传城为张献忠所建，自是误说，但以"忙"会"芒"，却使笔者想到杜宇来自岷江上游，王蜀以后又"化民往往复出"，从而得出杜宇必氐羌后裔的结论。而其时岷江上游地区为主的民族是冉駹部落，此城既为駹人所建，自当称"駹城"。"駹（máng）""芒（máng）"同音，传写致误。群众呼双河古城为"下芒（駹）城"，足见两城的密切关系。杜宇与梁利婚盟后，其部族自亦随之下到"江源（双河）"，并又新建了另一座城池，且较"上芒城"增大了约一半的面积。这片位于味江河中下游的地区，就其气候、水利条件及《山海经》《华阳国志》的有关记载来看，极有可能就是长江上游稻作文明的发祥地，而它的早期种植人即蜀女梁利。后来杜宇之所以能"教民务农"，也是受到蜀人农作生产收获丰盈实效显著影响的结果。后人祭祀纪念杜主君，实不应忽略了蜀女梁利的丰功伟绩。杜宇与梁利结合后，进一步熟悉了平原的农作技术，人力、物力都得到了发展，因而准备继续南下，进行新的、范围更大的开拓，以至初建的上芒城渐被冷落。随着部族的实际南下，上芒城终于被荒弃了，这或许是至宋长达3 000 余年的"沉睡"之因吧？

对"芒城"和"双河古城"之谜，算是基本上猜中了。其余的"宝墩""鱼凫"和"三道堰古城"又是怎么一回事呢？笔者根据这几座古城建立时期的连续性和文化内容的共同性，推断其仍为杜宇部族所建；根据杜宇部族向南发展的趋势和与北面鱼凫部族争胜的形势，明白了其为何建此数城的原因；并推断其沿今西河西岸向南拓展的路线。笔者曾于《从成都平原考古新发现看古蜀历史》（载《文史杂志》1997 年第 3 期）一文中对此有所阐述。后来，

崇州市隆兴"紫竹古城"的发现，则更有力地证明南下之说。不过，笔者也因此要对前文所推断的拓展路线进行调整。杜宇和梁利婚盟后，新建"双河城"而居，实力进一步壮大，遂南下扩展。他们沿今味江河而下，渡过西河，沿今桤木河继续而下，经过今道明镇而达桤木河西岸的隆兴镇。在此建立了继续南下的行营——其建筑形式与上芒城相同的"紫竹城"。上芒城至下芒城，距离不上 25 公里；下芒城至紫竹城，距离亦不上 50 公里；看来杜宇部族行军相当谨慎，大有步步为营之势。在休整储备充裕后，又沿桤木河、斜江河南下，到达今崇州市与新津县交界处的小南河北岸，并继续沿小南河北上，向平原拓展。可能为大南河及五津汇合的大水所阻，遂西北上到附近今新津龙马镇北高地，建立了规模巨大的"宝墩"王城。此后，就是折而北上与鱼凫部族争胜，进而完成统一全蜀的事了。上述过程延续时期长逾千年，其中有数点颇值得今人思考：

一是杜宇和鱼凫王朝并非系列传承，而是各有其根据地，时期约略相当的并行发展。

二是古史说杜宇王蜀百余年，如果说自杜宇（也非杜宇一世）统一全蜀后计，尚可考虑；如果说自杜宇"自立为王"后计，就相差悬殊了；按杜宇称王，至迟应在建宝墩城时。

三是在岷江流域，即岷江上游部族的势力范围，为何出现了一个对立势力的温江"鱼凫城"？此城的建立时期与岷江流域的双河等城接近，文化内容不见鱼凫部族的特征（以三星堆为代表）而同于双河等城。因此，笔者颇疑其名称乃误传（成都五代的王建墓亦曾误为汉代司马相如的抚琴台，何况史前的事情呢）。这是否是杜宇部族所采的"厌胜"之术呢？

（原文发表于《文史杂志》1999 年第 1 期）

"芒城"再想

杨正苞

　　"芒城"是成都平原古城址群中最先发现的一座。1999年初，我在《"芒城"联想》[1]一文里提出，这座位于都江堰市的芒城即应为《蜀王本纪》里"杜宇从天堕"（从岷江上游山区下到平原）所止的朱提。不过，芒城的"芒（máng）"字当为同音的"駹（máng）"字之误。因为此城为岷江上游氐羌支裔的駹人杜宇部族所建，故名。又朱提的"提（tí）"字也为音近的"邑（yì）"字或"亭（tíng）"字之误。因今所称之芒城，其位置即古江源青城山附近的朱邑或朱亭所在[2]。芒城，当地人旧称"蛮子城"[3]。这说明在旧时平原居民眼里，这座古城为岷江上游少数民族所建。芒（駹）城南下不足25公里的崇州双河城，当地人称下芒城，而称芒城为上芒城。这更明白地告诉人们两座古城的关系：它们俱为駹人所建。

　　《史记·大宛传》载："天子发问使出駹出冉"，《史记·司马相如传》也载有"朝冉朝駹"之事。虽出于武帝时期，但駹族的出现应为时很早了。《山海经·五藏山经》载："凡岷山之首，自女儿山至于贾超之山，凡十六山，三千五百里，其神状皆马身而龙首。"据罗世泽称，羌族巫师唱经中有"戈基供神马头龙，马王神主能上天"。一些羌族部落称"冉駹"为"戈基"，他们所尊奉的神——马头龙或龙头马就是"駹"[4]。其部族分布在今茂县土城大坝

南部至别立一带，后并迁徙到杂谷脑河、大渡河流域。大坝是冉、駹两部的结合地带，也是他们联盟的中心。所以汉武帝设置汶山郡时，郡治设于汶江县城，在今茂县城北约1公里处。笔者在1997年初所撰《从成都平原考古新发现看古蜀历史》[5]一稿中，提出芒城、双河、宝墩、鱼凫、三道堰五座古城（时崇州市的紫竹古城尚无报道）俱为杜宇部族所建。因为它们的建城时期和考古文化特征都很接近。

　　去秋再次翻阅宝墩古城调查试掘资料，又有新发现——原来，当地人们旧称宝墩古城为"龙马古城"，今宝墩所在之乡仍名"龙马"。这当是以龙马为图腾的古駹人所建的又一座"駹城"。

　　1997年，崇州市隆兴镇发现的紫竹古城，其城垣的建筑模式与芒城相同，建城时期与考古文化特征也接近；它上距双河，下距宝墩均不足50公里，位于两座駹城之间，自当亦为又一座駹城。平原上所发现的六座古城中的芒城、双河、紫竹、宝墩四座推定为駹人杜宇部族所建，所依理据较为可信。其余鱼凫及三道堰两座，笔者亦推定其为杜宇部族所建，除上述建城时期、考古文化特征接近外，还因为它们在杜宇北上与鱼凫争胜途中所担任的重要行营作用。从杜宇部族到达新津龙马后建立起庞大的王城看，似有以此为基地而转向东北夺取今温

江、郫县之地以进逼鱼凫部族势力范围之势。他们之所以选定宝墩，极有可能是由紫竹下到羊马、黑石两河与西河汇流处的今新津顺江附近，因被南河等五津汇合的大水所阻而选择了西面的高地。他们在站稳脚跟、实力进一步增强后，遂北上与鱼凫部族争胜，为统一全蜀而进军。

若然，则杜宇部族的开拓路线，先是出山下到芒城，南下与蜀女梁利婚盟建双河城，继续南下建紫竹城。再南下折西建宝墩城，最迟在此时期自立为王。此后就是北上与鱼凫争胜再建"鱼凫城"与三道堰古城了。六座古城建城的先后次序即由此而定。郫县三道堰古城建在最后，似已可定[6]。但芒城与宝墩的建城早晚则尚有分歧。有学者认为芒城建城晚于宝墩。其依据主要有以下四点：

一、宝墩的泥质灰黄陶和泥质较软的灰白陶从早到晚有明显的增多趋势，而芒城正是以泥质灰黄陶为主，灰白陶增多同宝墩。

二、宝墩陶器的纹饰从早到晚有逐渐简单粗率的趋势，而芒城的纹饰远不及宝墩发达。

三、芒城中所见最多的 C 型（外叠唇、沿斜直或沿外翻或平沿）见于宝墩晚期。

四、宝墩早期圈足上有方形镂孔的比例较大，晚期则圆形镂孔明显增多，芒城则几乎全为圆形[7]。

笔者认为芒城建城早于宝墩，其主要依据也有四点：

一、如上所述，六座古城俱为岷江上游的骁人所建，其建城次序自当由北及南。

二、芒城的城垣厚度较其他五座逊色，边坡稳定度也较差，可能属最早的原始构建模式。以后，龙马、鱼凫、三道堰等古城有了一些改进[8]。

三、宝墩陶器的纹饰远较芒城发达，正说明了它是在芒城基础上的发展。

四、芒城灰白陶增多的趋势同于宝墩。至于芒城主要的灰黄陶和圈足的圆形镂孔，多出现在宝墩的晚期这一问题，还不能做出定论。因为芒城的陶片过于破碎[9]，尚难做出全面正确的对比。同时，还须考虑到宝墩文化晚期，杜宇部族的主力已经北上，故其文化特征可能出现的"返祖现象"。

注　释

[1] 杨正苞：《芒城联想》，《文史杂志》1999 年第 1 期。

[2] 参见《华阳国志·蜀志·江源县》，《水经注·江水·江源县》。

[3] 参见冯广宏：《成都平原古城址的发现及其意义》，《巴蜀文化与四川旅游资源开发》，四川人民出版社，1999 年。

[4] 李汝能：《骁水考》，《西羌文化》1996 年第 1 期。

[5] 杨正苞：《从成都平原考古新发现看古蜀历史》，《文史杂志》1997 年第 3 期。

[6] 参见周其俊：《掀开长江上游历史新篇章》引江章华：《关于宝墩文化分四期的谈话》，《文汇报》1999 年 7 月 31 日。

[7] 参见《四川都江堰市芒城遗址调查与试掘》，《考古》1999 年第 7 期。

[8] 参见冯广宏：《成都平原古城址的发现及其意义》，《巴蜀文化与四川旅游资源开发》，四川人民出版社，1999 年。

[9] 参见《四川都江堰市芒城遗址调查与试掘》，《考古》1999 年第 7 期。

（原文发表于《文史杂志》2001 年第 1 期）

芒城遗址与舜禹时代古蜀文化初探

卞再彬

1996 年秋，都江堰市文物局配合成都市文物考古工作队，对位于该市青城乡的芒城遗址进行为期 15 天的考古试掘。在 100 多平方米的范围内出土了石斧、石锛、石凿等 10 多件石器和数以万计的陶器残片，发现了灰沟、木骨印痕的红烧土块和残存的内外城墙等遗迹，堆积最厚处约 60 厘米。初步证实了芒城是一处相当于中原龙山时代，距今约 4 500 年的新石器晚期遗址[1]。其时间相当于史前舜禹时代。芒城等成都史前城址已被评为 1996 年全国十大考古发现之一[2]。它们的发现为揭示夏商时代三星堆古城文化的渊源关系提供了证据，对进一步探明长江上游地区文明起源，推动古蜀文化研究具有重要价值[3]。

芒城遗址处在岷江古河道与青城五里沟交汇冲击形成的台地上，四周原为低洼的沼泽和平原。遗址坐西向东，背山环水，南北长约 360 米，东西宽约 340 米，面积约 12 万平方米，略呈方形。由于该遗址的四周原有内外两层残高 1～2.5 米，间隔约 20 米的城墙围护，整个遗址最初像阳刻在平原上的一个"回"字。这种具有双层护墙、形状方正规整、保存较好的史前遗址在全国也不多见，它蕴含着古蜀文化的丰富内涵[4]。

一、芒城遗址是古蜀人鱼耕劳作，生息繁衍的聚居地

据童恩正先生《古代的巴蜀》一书考证论述："在远古时代，有一支氏族从川西高原进入成都平原的边缘地带，这就是蜀族的祖先了。"[5]在秦汉时蜀郡置有"湔氐道"，该书根据对其地理环境和"始皇时务力并六国、兵不西行"等历史考证，认为"湔氐道"的确切地点在今都江堰至松潘一带。因"湔氐道"得名之湔江，是从灌县西北汇入岷江后流向都江堰。在古代，芒城遗址正处在成都平原进出川西高原的入口处，至 20 世纪四五十年代，芒城遗址紧邻的青城乡、泰安古镇仍是进入羌藏地区的商贸古道。

又据《史记·三代世表·正义》等书记载："蜀之先肇于人皇之际。黄帝与子昌意娶蜀山氏女，生帝喾，立，封其支庶于蜀，历虞，夏，商。周衰，先称王者蚕丛。"[6]由此说明蜀族的祖先是黄帝，并经历了舜、禹、夏、商时代。而四千多年前居住在芒城遗址的古蜀人，虽然不能确定就是"封其支庶于蜀"的蜀山氏族，但芒城遗址确实是舜禹时代古蜀人鱼耕劳作，生息繁衍的聚居之地。

二、这一时期的古蜀人过着定居的农耕渔猎生活

古代的成都平原由于地势低洼、沼泽密布、水患无常，如果没有较高的生产技能和开沟排水的经验与能力，要在这些地方定居农耕是相当困难的。据《魏略·西戎传》记载，古蜀人入"俗能织布，善种田，畜养豕、牛、马、羊等"。在芒城试掘调查中，考古队在遗址内布点打探洞 200 多个，探明遗址内土质均匀肥沃，适合农作物生长，在试掘中，不仅发现大量的陶片和石器，而且还有灰坑、水沟和房舍木骨印痕的红烧土块。这些都是古蜀人定居生活在芒城的遗物和遗迹。在新津宝墩、郫县古城、温江鱼凫城等遗址的考古发掘中也有类似遗迹，还出土陶纺轮、石刀、石铲、箭镞和矛等生产生活工具。这些都充分证明成都平原在四五千年前的舜禹时代，古蜀人已降丘宅土定居在芒城等遗址上，以农耕、渔猎、采集、畜牧、纺织等为生。几处遗址的兴建，说明当时成都平原人口不断增加、生产力不断提高。人口的增加和生产力的提高加快了巴蜀文明的进程，为巴蜀地区由原始社会向夏商奴隶社会过渡奠定了物质基础。正如恩格斯在《家庭、私有制和国家的起源》中论述的那样："一切部门——畜牧业、农业、家庭手工业中生产的增加，使人的劳动力能够生产出超过维持劳动力所必需的产品。……在既定的总的历史条件下，必然地带来了奴隶制。"[7]

三、芒城的城垣是古蜀人防洪避灾的人工屏障

为了解芒城城垣的功能与构筑情况，考古人员对遗址西南角的内城垣进行断面考古发掘，看到城垣是采用人工夯筑的方法，从下到上呈斜坡状堆筑成的。土质黄褐，其中夹杂大量的木炭和夹砂陶片，夯层不规整，是经过不同时期、多次加高加宽堆筑形成的。尤其引人注目的是在内墙外侧有经洪水冲击形成的砂石层，砂石层外还有人工堆土层，由此证明舜禹时代的古蜀人已具有修筑高大的城垣，用以防避山洪和岷江洪水冲击的经验和能力，以长期维护其较安定的农耕渔猎生活。又因为芒城处在岷江和五里河沟双重洪水冲击交汇处，遗址采用修筑内外两层城垣进行围护的方法，以保遗址万无一失。同时说明当时居住在芒城遗址内的蜀人人数较多。否则不能完成其双层护墙的宏大工程。

四、芒城古蜀人在生产和生活中大量使用石器和陶器

在芒城遗址考古发掘中，先后出土了斧、锛、凿等石器 10 多件和数以万计的粗陶残片。石器都经磨制，石质较好，磨制精细，刃部大多残缺，器型偏小（图一）。陶器大多为泥质灰陶，夹砂陶次之，陶质较软，火候不高（图二）。器型有罐、壶、豆、宽沿器等，纹饰以绳纹、平行线几何纹、戳印纹为主，代表性器物有喇叭口高领平底罐（图三）绳纹花边口罐等。[8]

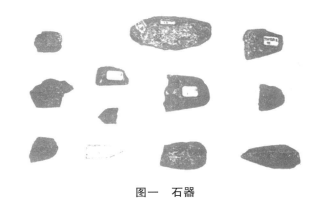

图一　石器

图二　陶片

图三　修复后的喇叭口高领平底罐

中外考古资料揭示，磨制石器是古代人为适应农耕的需要逐步发展起来的劳动工具。磨制石器与农业的发展进步之间这种紧密关系，无论在我国黄河流域、长江流域还是世界上其他上古农耕文化遗存中，情况都大体一致[9]。芒城遗址中发现的石器生产工具也证实了这一点。

考古界认为，陶器是古代人为适应炊煮谷物鱼肉类食物的需要而逐步产生和发展起来的原始炊具。在芒城小范围的发掘中就出土了数以万计的陶器残片，足以说明当时陶器使用十分普遍，而且根据不同的用途又有多种器形。其纹饰简单、制作粗糙，说明制陶技术尚处于不成熟阶段，但陶器的大量制作和使用，为巴蜀地区陶瓷的发展和三星堆灿烂的青铜文化的产生奠定了基础。这也许就是芒城等古蜀遗址与夏商三星堆文化的渊源关系。它们的发现对研究古蜀文化具有重要价值。

注　释

[1]《成都平原发现一批史前城址》，《中国文物报》1996 年 8 月 18 日。

[2]《96 全国十大考古新发现评选揭晓》，《中国文物报》1997 年 2 月 2 日。

[3] 江少青、颜劲松：《都江堰史前城址调查获重大收获》，《成都晚报》1996 年 11 月 20 日。

[4] 卞再彬：《叩访芒城遗址》，《成都晚报》1997 年 1 月 27 日。

[5] 童恩正：《古代的巴蜀》，《四川人民出版社》。

[6] 蒙文通：《巴蜀古史论述》，《四川人民出版社》。

[7] 中共中央马克思恩格思列宁斯大林著作编译局：《马克思恩格斯选集》（第四卷），人民出版社，第 157 页。

[8] 江章华、颜劲松、李明斌：《成都平原的早期古城址群——宝墩文化初论》，《中华文化论坛》1997 年第 4 期）

[9] 段渝：《古代蜀国的农业经济》，《成都文物》1992 年第 3 期

（**原文发表于《中国文物学会传统建筑园林委员会第十二届学术研讨会会议文件》1999 年**）

东汉李冰石像与都江堰"水则"

王文才

1974年3月3日，在都江堰灌溉工程新的修建基地上发现了一千八百多年前的石刻李冰造像。

石像完整无缺，袖手直立，意态雍容，面目清晰，衣纹犹存。前部刻有题铭三行："建宁元年闰月戊申朔廿五日，都水缘（石像左袖）。尹龙长陈壹造三神石人，珎水万世焉（石像右袖）。"中行八字题："故蜀郡李府君讳冰"（图一），故称为李冰石像。石像和题记为我们提供了探索秦汉湔堰和水利管理的直接资料。

（一）

这座造像是现存都江堰水利工程最早的文物，根据其出土遗址，我们可以确定秦汉旧堰的基地，并了解部分筑堰情况。

《风俗通》载："秦昭王使李冰为蜀守"，未记何年。据《华阳国志·蜀志》："秦孝文王以李冰为蜀守"，昭王在位五十六年，孝文王仅一年（公元前250年），李冰任蜀守，自然很难尽历昭、孝两代，但从这里，可以约略知道他在蜀的时间。造像的时间是东汉灵帝建宁元年闰三月，即公元168年，距李冰为蜀守、筑湔堰约400年。

图一　李冰石像　东汉（公元168年）造

古代关于湔堰工程（都江堰水利工程古称）的记载比较简略，《华阳国志》只说"冰乃壅江作坍，穿郫江、检江"；《水经·江水注》叙湔堰分江的情况是："李冰作大堰于此，壅江作坍。坍有左右口，谓之湔坍，江入郫江、检江。"并引任豫《益州记》解释左右江口："江至都安，堰其右，检其左。"坍右北江堰流为内江，总称郫江，坍左南江检（即楗）水为外江，总称检江。堰在湔山南麓，故名湔堰。秦时湔堰遗址（见图二），旧说以为在后世都江鱼嘴与金刚堤的部位，但无实物作证。李冰石像的发现，给我们提供了资料。设置石人用于测水（详后文），宜在堤岸附近，水深可以没膝之处。现石像出土恰在鱼嘴前、外江的金刚堤侧，故知古代堋左检江金堤亦在此地，证实了秦汉时作堋分江的故址，与现在的鱼嘴金堤几乎一致。前蜀武成三年（公元910年）岷江泛涨，"大堰移数百丈"，堰堋曾被冲溃，重建后的渠首未改移位置，石人仍埋堤下。湔堰经历两千多年而未废，至今还为社会主义建设发挥着效用，这是我国古代劳动人民的智慧结晶之一。

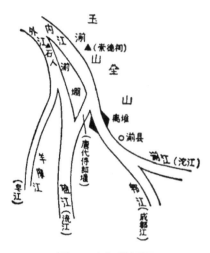

图二　秦汉湔堰图

湔堰工程足以说明秦王朝的统一事业在历史上所起的进步作用。战国时期，四川和西南广大地区被各民族奴隶主贵族分割盘踞，长期保持大大小小的独立王国，内战不休，严重阻碍社会前进。秦惠文王后九年（公元前316年）灭蜀，"取其地足以广国，得其财足以富兵缮兵"。从秦的政治路线和军事战略上看，"得蜀则得楚"，凭借四川的人力财力，"因蜀攻楚"，更有助于秦的统一事业。秦并巴蜀，也推进了西南地区社会的发展。史载：惠王并巴中，实行封建税租"赋钱"，使土地所有制起了根本的变化。十一年（公元前341年）即置巴郡和蜀国守。昭襄王二十二年（公元前285年）司马错第四次平蜀，废去蜀侯，把四川统一在秦新兴政权的直辖之下。秦的统一给川西南发展水利创造了条件，蜀地人民随着新的形势要求，把兴建农田水利提上了重要日程。"李冰为蜀守"，根据当地劳动人民的治水经验，采用先进的修渠技术，通盘整理崛江水道，引灌川西平原，使之对全国的统一贡献了应有的力量，成为"沃野千里"，奠立了两千多年都江灌溉工程的基础。

（二）

造像本称"石人"。古代设置石人和石犀，分别用于测量水位，疏浚渠道，进行科学管理。秦时"壅江作堋"，穿导两江，为保证堰渠的使用效率，已注意到了经常观察水位，发挥人力控制流量。常璩《华阳国志》记录这项措施较为详细：

"外作石犀五头，以厌水精；穿石犀溪于江南，命日犀牛里。后转置犀牛二头：一在府市市桥门，今谓石牛门是也；一在渊中。乃自湔堰上，分穿羊摩江灌江西，于玉女房下白沙邮作三石人，立三水中。与江神要：水竭不至足，盛不没肩。"

这段叙述，虽带有迷信色彩，但却分别指明了石人和石犀的作用与所在位置。李冰"作三石人"，陈壹也"造三神石人"，都是测量水位的"水则"。常志叙述石人测水，是以它的肩足表示水位的上下准点。旧称《誓水碑》，因在石人上刻有"竭不至足，盛不没肩"的文字说明；汉制石人虽无此文，作用相同。新出土的石人造像，高2.9米，其底部制作留有石榫，像下石座尚待发掘。仅据石像，已不难推测秦汉时岷江水位的涨落差距。它生动而科学地反映了当时水位变化的一般情况，并基本掌握了它的规律，才能定出上下两个极限。靠石人测水，上下准点差度较大，唐宋以后又分刻尺划立置水标，更趋精确。《宋史·河渠志》

载："离堆之趾，旧镵石为水则，则盈一尺，至十而止。水及六则，流始足用。"元人《蜀堰碑》所记的"斗鸡台水则"为："尺为之画，凡有十一。水及其九，其民喜；过则忧，没其则则困。"宋元尺度差距不大，元分十一画，似从零点起，画为十一，即宋时的十尺。汉代的石人如按当时十尺制成，只有今市尺七尺左右，约合宋尺八尺。粗略计算，石人的足底相当于元时水标的第三画，即宋则的第二尺；足下二尺，应属石座。石人腹部，当宋之六尺，元之七画，"流始足用"，水近八尺、九画，已到石人胸部，更"喜"流量饱足；"过（九）则优"，约当石人肩部，已在宋则九尺左右；大水没顶，超过十尺、十一画，则"困"于洪灾了。由此足见，当时管理水位已经有了较完整的经脸：外江小水时，内江分入六成；大水时只容四成。所谓"分四六，平撩旱"，便是从秦汉时代的石人身上逐步摸出来的规律，总结成珍贵的经验。内外两江干渠和支流所至，"沟恤脉散"，构成渠网。"旱则引水浸润，雨则杜塞水门"。大小水口都安置了斗门，用以蓄水和调节流量，使"水旱从人"，在这一地区开始初步地科学地治服了洪水。汉时更推广使用岷江斗门于各湖泊，充分利用了秦时的经验。石人和斗门，正是李冰治水时期劳动人民的创造发明！

秦时把三石人分"立三水中"，此三水即上文所指的湔堰、羊摩江和玉女房下的白沙河。《舆地纪胜》成都府路永康军云："白沙水在导江县西三十余里。李膺记云：玉女房西五里有白沙溪，源出灌口。"宋永康军导江县在今灌县东10余公里，白沙河在大堰上游约5公里，横冲岷江，也属于控制管理的范围，所以立有石人。羊摩江，《汉书补注》以为"李冰所穿之羊摩江，即今羊马河"。今外江水系以金马为主流，上游另一干渠为黑石河，即古皂江，分出羊马河，即古羊摩江。是外江两大干渠，秦时便已形成。外江南流，羊马河位在其正流之西，地望相合。穿羊摩江不仅为外江排洪泄水，亦可用于灌溉，所谓分穿羊摩以"灌江西"；为了调节外江流量，也置设了石人。秦时的石人，到建宁初已400年，或被淹没，陈壹重造三人立置水中，是很可能的。新造石人固不必放置原处，唯湔堰石人首当冲要，故东汉立石仍在堰首。其他记载，如赵抃《成都古今集记》："李冰使其子二郎作三石人以镇湔江"，是专置于内江水系上的，《太平寰宇记》青城县下引《蜀志》，又说三石人在县北水中，与常志所指方位不尽相同，可见古代设置水则不止此三处。

石犀和石人的作用不同，石犀类似后代的"卧铁"，作为淘河深度的标志。五犀的位置，扬雄在《蜀王本纪》中分别叙述其所在处云："江水为害，蜀守李冰作石犀五枚，二枚在府中，一枚在市桥下，二枚在水中，以厌水精，因名石犀里也。"原来移到成都的本是三枚，一在市桥下面渊中，另"两枚在府中"的，都不在水里，被供为神物：一置市桥门，相传在石牛寺内，宋明人笔记皆曾见寺中遗物，至清犹存，"长一丈一尺，高五尺，宽二尺"。另一枚在城北，《太平寰宇记》益州石犀条引李膺《益州记》："市北有石牛，李冰所造。"唐时成都少城西北隅锦浦里有李冰祠，七家注杜诗引《成都记》谓"石犀在李太守庙内"，恐即指此。还有"二枚在水中"，是指留在犀牛里（即石犀里）内江之中，内江因此又名石犀渠。犀牛里在今郫县犀浦，唐设犀浦县即因犀牛里而得名。

古代普遍使用石犀安置河底，原是作为淘河标准。后来经过千百年的实践，积累了丰富的认识，掌握了客观实际，终于得出一条规律——"六字诀"，即《金石古文》收录的《湔堋堰碑》"深淘潭，浅包鄂"，文字甚古，似唐宋间遗文。元人则更通俗地把它大刻于斗鸡台岩上"深淘滩，低作堰"作为治水之法；

《四川总志·水利考》谓：明正德时"疏濬直抵铁板，得秦人所书六字诀云云"，或杨慎尚及见其古文，以后便按释文改写了。但刻有六字诀的铁板，定非"秦人所书"，《益都杂抄》已疑此项经验是"后人所为，非古词也"。前人记载中，有的误"石犀"为"石人"，混淆了两者的作用。

（三）

造像人署衔为"都水掾尹龙、长陈壹。"这里的都水长和都水掾是专职管理蜀郡水利和湔堰工程的官吏，陈、尹二人同是蜀郡的掾史。这类职官，西汉时本属于中央的大司农，东汉后便下放给郡县了。郡属的都水官虽无治地，秩次却相当于县道的令长，故称陈壹为都水长。按都水的意义，是"总治水之工"，所谓"置水官，主平水，收渔税"就是他的职务。他有权征用所在郡内的属吏、民工，淘浚河道，修筑渠堰，监督施工，派款收税。都水掾是在都水官下"置吏随事"分设掾属；尹龙应是专管湔堰的属吏，有如唐代的"堰典"。

汉代官制"大抵皆袭秦故"。湔堰修成后，"益用溉田畴之渠以亿计"，更关系"川西南十数州县稻田"的生产。秦国的政策是大力提倡农耕，可能在湔堰也设有专职的水官，为两汉承袭下来，于郡都水官下另置属掾，专管湔堰。到了蜀汉统治时，"诸葛亮北征，以此堰农本，国之所资，以征丁千二百人护之，有堰官"。从此便不再专靠所在诸县给差吏，而是有了千二百人的专门队伍，经常管理渠道。两汉时湔堰所在本是蜀郡绵虒道（今汶川县南）的辖地，造石像的都水长掾是蜀郡属官；蜀汉时设都安县（今灌县东 10 余公里，后称导江）属汶山郡，堰官便是汶山郡属掾史了。诸葛亮设都安县后又增置湔县，应在今灌县，就近便于管理。从三国以后的堰官，不但专管河工，更有了治地。这种管理制度，在历代封建王朝，变动不大。至于疏浚工程，至迟在宋时已办到每年岁修，"春正月则役工浚治"。《通志·艺文略》著录张题《岷江渠堰谱》10 卷，或有诸渠管理制度和排灌范围的记载，惜已不存。元代堤防 133 处，每年淘治 70 日，所役兵民多至万余人。明代的《堤堰志》历记各水口淘河深广的详细尺度，正是千百年来劳动人民治理水患的结晶！

（原文发表于《文物》1974 年第 7 期）

关于李冰石像的几个问题

唐光沛

"李冰石像"是举世闻名的大型圆雕,自1974年在都江堰外江河床出土后,有关单位的同志著文对于它在石刻艺术上的成就,已经作了适当的评价[1]。但其中对于题记的说明,有一部分还值得商榷;此外,文中提出了尚待考查的问题,这里略抒管见,仅供参考。

陈壹是什么长?

石像题记"都水掾尹龙长陈壹"。文中说明:"这个郡的都水掾,名叫尹龙,都水长是陈壹,都水二字是省略了。"这里有一点疑问,即照"说明"所述:"都水长是秦汉时'主陂池灌溉,保守河渠'的官吏,掾是办事的官吏",则都水掾是都水长下面的办事人员,地位比都水长低得多。如果认为陈壹是"都水长",那为什么"题记"会把地位低的任都水掾的尹龙的名次排在他的前面呢?这是和当时重视封建等级秩序的习惯不相容的。实际上汉代碑文里面,如洪适《隶释》搜集汉碑中的真定《白石神君碑》及《无极山碑》所刻造碑人国相、长史、令、掾的名字,都是按官位高低顺序排列的。因此从情理上讲,陈壹不可能是都水长。

从水官制度上看,汉代都江堰设都水长,至今还缺乏直接的论据。据陈直先生著的《汉书新证》说,西汉时郡国设都水"长"的可考

者有"安定右水长""张掖水长""张掖属国左卢水长",而在蜀郡,仅有都水机构名称,如西安汉城出土,有"蜀都水印"封泥,没有"都水长"的职位。东汉时蜀郡都江堰的都水掾之上是否设有都水长呢?这就必要考查当时都水掾是什么长官的掾史和它的职责、地位。如果认为都水掾是都水长的掾史,那么它的上司除都水长外,还有都水丞,仅仅是一名小小的办事人员而已。但是我们从《后汉书·许扬传》所载许扬在东汉时任汝南鸿却陂都水掾的情况看来,却不是这样。许扬在西汉末年为酒泉都尉,秩比二千石,因王莽篡汉,不愿做官,逃归乡里。东汉王朝建立后,汝南太守邓晨因鸿却陂毁败,打算修复,听说许扬"晓水脉,召与议之,……大悦,因署扬为都水掾,使典其事。扬因高下形势,起塘四百余里,数年乃立"。可见许扬所任的都水掾是由郡太守直接辟署的掾史,是太守派去主管大型水利工程的官员,并不是都水长、丞下面的办事人员,所以他当过郡一级的地方大员才会去就任。都江堰是当时一项有名的水利工程,与成都平原的农业生产休戚相关,东汉的蜀郡太守是要负责管理的,这和清代的成绵道负责管理都江堰水利,甚至四川总督也有管理责任的情况相同,因此汉代造"三神石人"的都水掾,也应当是蜀郡太守下面的掾史,但对都江堰来说,却是主管

人员，也是历史上最早的确凿可考的主管都江堰水利的堰官，而不是办事人员。它的上司不会有都水长、丞，正是这样，李冰石像题记首先刻上了它的职称，这和明水利佥事卢诩刻"深淘滩，低作堰"，清水利同知胡均刻"遇弯截角，逢正抽心"的治水经验的碑文，是一样的道理。

东汉时都江堰既然未设都水长，陈壹亦未担任此职，他又是什么长呢？这个问题要从都江堰管理情况来进行探索。都江堰水利工程要进行维修才能发挥它的效益，历史上都江堰堰官仅仅是负责工程技术方面的指挥，而筹集经费，征调民夫来进行深淘滩碛，修建堤岸，则是由都江堰所在地的县一级的地方官负责。如唐五代的导江令，宋代的知永康军，明清的灌县知县，都有维修都江堰的职责，在东汉末年也不会例外，陈壹就是这样一位都江堰所在地的县一级的职称为"长"的地方官，因其地位在蜀郡太守派来的堰官"都水掾"之下，所以他的名次才会排在任都水掾的尹龙的后面。

"三神石人"是谁？

题记中"三神石人"与李冰石像有无关系？其他两个石像是谁？笔者认为，"三神石人"既然是传说中汉以前在岷江治水功绩很大，人们当作神来供奉的人物，那必然包括李冰石像在内。因为李冰在秦统一巴蜀后，为蜀郡守，率领劳动人民兴建都江堰，使成都平原成为"沃野平原，号为陆海"。人们当然是要造像、盖庙来供奉他。其他两个"神石人"，可以推测是夏禹和开明。根据民间传说，"夏禹生于汶山郡广柔县石纽村刳儿坪，他在岷山导江，东别为沱"，导江的地点，有人认为发迹于茂州汶川县西北的铁豹岭[2]，后世称为"神禹"。蜀相开明，亦名鳖灵，传说"玉山出水，若尧之洪水，望帝不能治，使鳖灵决玉山，民得陆

处"[3]。由于传说中这两位英雄人物在岷江治水有功，过去曾在灌口为他们修盖祠庙。中华人民共和国成立前二王庙东有一个禹王宫，是过去奉祀夏禹的祠庙，现在的二王庙，在南朝肖齐以前为开明祠[4]。既然过去在灌口江边曾经为在岷江治水有功的夏禹和开明修盖祠庙，则东汉末年"造三神人"，除李冰石像外，大概是夏禹和开明的石像了。

李冰石像与水文测量有无关系？

李冰石像与水文测量有无关系，至今还存在分歧，尚待进一步考查。有的同志认为石像实际上起着水则的作用，或者说石像是测量岷江水位的水则。此说还值得商榷。因为石像既然是三神石人之一，当时岂可冒渎神灵，立在江边，任水冲刷，作为观测水位的工具。如果真是这样，石像必然会年久剥蚀，但为什么出土后基本完好，胸前题记还很清楚呢？更何况把石像当作水则，这与当地洪枯水位变幅的高度不符。李冰石像仅高 3.05 米，而旧鱼嘴以下内江二王庙水文站基尺水位变幅为 4 米，石像作为水则，也不能达到"竭不至足，盛不没肩"的目的[5]。

石像出土与岷江在灌口以下通航的关系

李冰石像出土的地点是在索桥下外江河底深至 4.5 米处。当东汉末年四川吏治极端腐败的情况下，不可能调集民夫，把江水弄干，将石像深埋河底。可以推测，石像原来是在江边一祠庙中，后来发生特大洪水，冲毁祠庙，把石像冲沉河底，因年代久远，以致泥沙覆盖有 4 米多深，现在从外江河底深处挖出，可见当时灌口以下的岷江水位，比现在要深得多，从而可以说明岷江在灌口以下通航的情况。秦并巴蜀以后，装载五十人和三个月粮食的"方

船"，可以从汶山下启程，浮江而下，不过十日可至扞关。李冰修都江堰时，"穿二江成都中，……此渠皆可行舟，有余则用溉浸"[6]。这时所穿二江，一为郫江，自灌县经新繁界，流入成都；一为检江，即流江，唐代称为大江，自灌县经温江界流入成都。唐代诗人杜甫作《西山》诗"蚕崖铁马瘦，灌口米船稀"[7]。可见唐代以前"大江"自灌口经温江界流入成都，可以通行舟船。至于成都以下的河道，在唐宋以前可在成都造大船顺流而至江南。如西晋平吴，益州刺史王浚曾"伐蜀山川神祠松柏，大作舟船，自成都率水陆军伐吴"[8]。宋太祖平后蜀，下令拆毁后蜀宫殿木材造船，"装载物帛铜器等应付江南军前"[9]后来因都江堰灌区扩大，灌溉用水增加，由灌口经温江县界流至成都这条"大江"以及成都至彭山江口这条河道的水量逐渐减少，就没有这种现象了。

图一　李冰石像（陈湘华摄影）

图二　李冰石像题记
（拓片）（江聪　摄影）

(1) 故蜀郡李府君讳冰

(2) 建宁元年闰月戊申朔
廿五日都水掾

(3) 尹龙长陈壹造三神
石人珍水万世焉

注　释

[1]《东汉石刻李冰像在都江堰出土》，《光明日报》
1974年6月6日。《文物与考古》第23期。

[2]《舆地广记》卷30。

[3]《太平御览》卷88引《蜀王本纪》。

[4]《灌记初稿》卷3："丛帝祠，按祠旧址在崇德庙，
齐建武时，刺史刘季连移置于郫，而以祠建崇德
庙祀李公，后世相沿，至今不改。"

[5]见徐慕菊著：《都江堰历史和泥沙》第56页，《四
川省水利水电勘测设计院》打印本。

[6]《史记·河渠书》。

[7]《杜诗镜铨》卷13。

[8]《华阳国志》卷3。

[9]《十国春秋》卷40。

（原文发表于《四川文物》1984年第1期）

从东汉李冰石像谈起

张　剑

李冰石刻造像于 1974 年 3 月 3 日在四川省都江堰市安澜索桥附近（外江三号桥河床下 4.5 米处）出土，为东汉灵帝时物。此造像为灰白色砂石琢成，通高 2.9 米，肩宽 0.96 米，为石刻圆雕。石像头戴冠冕，面带笑容。石像底有一方榫，残长 0.18 米。两臂及胸前皆有隶书刻字。左臂刻字"建宁元年闰月戊申朔廿五日都水掾"；右臂刻字"尹龙长陈壹造三神石人珍（镇）水万世焉"；胸前刻字"故蜀郡李府君讳冰"。现陈列在都江堰市离堆公园伏龙观内。

一、石像刻字与恒灵书风

石像两臂及胸前刻字 38 个，隶书，字经约 6.7 厘米。据刻字记载为东汉水官尹龙、陈壹造。

隶书刻字用笔兼得方圆，左臂 15 字，体近《张迁碑》（中平三年即公元 186 年）与《受禅表》（黄初元年即公元 220 年），虽不及《张迁碑》之方整劲挺，不及《受禅表》之斩截爽利，且别有一种含浑质朴，宽扁丰厚。右臂 15 字，上七下八各殊体例。上七字有近《封龙山颂》之率直者，有酷似《张迁碑》承左臂刻字余味者；下八字有瘦挺如《礼器碑》（永寿二年即公元 156 年）者，然波画飞动，侧锋挑出，逸态顿生。胸前 8 字，形有倚侧，各尽其态，

古拙朴茂，浑穆至刚地见拙藏。如此说来，三行之书，尽能兼得众妙之风规么？尽变化出如此之意态么？尽能将方整谨严与疏放拙朴冶于一炉，含蓄凝重又神采飞扬么？这书者本事真是太大了。纵横内厌，波撇外拓，或近古隶，或似八分，既有恒灵二帝所倡官方书体之形貌，又具古隶之自然与舒展。况且，如此之官书尽刻于建宁元年（公元 168 年），北方隶体已是法度森严，左规右矩，已成汉隶之"馆阁"，而在此历来被视为蛮荒之地的西川，尽还保留如此之生气。官书皆然，俗书（民间书体）更富朴茂古拙之意态美，当不在话中。

北宋赵明诚《金石录》载四川曾有汉碑数通，后毁于明末清初碑学大兴，一孔之见者，窃以为四川无汉碑。至清道光年间《汉故领校巴郡太守樊府君碑》（以下称《樊敏碑》，此碑《碑帖叙录》认为是后来仿刻）在四川雅州芦山县出现，此说才不攻自破。况且尚有渠县的《沈君神道碑》，郫县的《王孝渊碑》《簿书碑》，雅安的《高颐阙》（建安十四年即公元 209 年）刻字等。

若以上二碑形神体貌再论恒灵书风对四川之影响，便可理解李冰石刻隶字这种官书与恒灵风行书体的不和谐情调。

《樊敏碑》刻于东汉建安（献帝刘协）十年（公元 205 年），体貌丰厚，结构端严，行间

茂密，因石质粗砺，风化剥蚀，共苍莽雄浑古穆之气终不可磨灭。总体而论，共气象风神离桓灵后书风且远，距西汉古隶布局风规且近。

再者如《沈君神道碑》，虽无记年，似可推断为东汉中期之后作品，用笔细劲，乘势挑出，奔放自然，类于公元前后简牍中具有波画夸张而又有强烈装饰效果之书体。

仅此二三例，足见四川偏远，且有褒斜石栈，虽桓灵时风披靡，亦且徐徐拂来。

二、石像造型与人伦教化

李冰石像为官造，共审美理应合于"成教化，助人伦"的儒家经学在文学艺术领域中反映出来的现实功利职责。这种狭隘的功利信条，直接影响和束缚了它的造型风格，尽管体态端严肃穆，造型圆浑，线条简洁单纯，但仍然与整个汉代艺术中的浪漫情调合拍。表现为一种愉快乐观，积极开朗的美学基调。它雕刻精细，表面打磨得较光滑，

斧凿之痕不甚明显。这般石雕工艺，似乎在汉注重整体一气呵成的大趋势中实属少见。

膜拜李冰石像，有一种如对至尊贤圣的感觉电击全身。他头戴冠冕，宽额圆脸，面带笑容，恬静虚和。其笑里敦厚于外，喜色于中，含而露，露能隐。舒眉展目抿嘴处，两颊丰满，嘴角深陷。拱手而立，且头大肩窄腰长腿短。

与其说是一尊"神像"，倒不如说是一尊实实在在、血肉丰满、情态可鞠、令人崇仰的儒者像。他是汉人（及以后）心目中的神明，但同时又是一个生活在他们中间的一员。这种人神的合一，不仅让人从神灵中寻找到自我价值的体现，而且让人从神明中直接获得一种精神力量的支柱，从而去分享神的快乐。

这种神的人化较为充分地展示在汉代艺术家认识宇宙人生的艺术思维活动中，形成一种璀璨琳琅的世界。在这个世界里，尽可神思缥缈，翔于太玄之上；也尽可匿迹潜藏，游乎瀚海之中。或沉湎于东市沽酒之乐，寄情思妇盼郎之忧，慕仰壮士慷慨悲歌之举，陶然于弋射收获田猎之喜，领略车马出巡时得意忘形之威风……

这种艺术不仅浸透了人的思想感情，也充满天上人间的无限乐趣。它既是理想的化身，更是现实的反映。特别是四川的汉代画像砖石艺术，更为直接地脱胎于现实生活，是西汉末年及东汉北方战乱，四川盆地相对安定的写照：表现生活，反映现实，"成教化，助人伦"。因此，李冰石像的这种儒者规范，便可起到这种积极作用——一种典范儒雅的君子风的人伦教化。

（原文发表于《文史杂志》1991 年第 5 期）

有关都江堰出土石像的几个问题

刘星辉

1974 年和 1975 年，都江堰渠首先后出土两个石像。第一个是李冰石像，于 1974 年 3 月 3 日修建外江闸时，在北距原有索桥 130 米，东距外金刚堤 40 米的外江河床中挖新索桥墩基至 4.5 米深处被发现。石像横卧江心，头向西，背朝天，出土后运到伏龙观陈列。石像高 2.9 米，肩宽 0.96 米，头戴冠，腰束带，宽衣垂袖，拱手而立，底部有榫头，衣襟中间和两袖之上有隶书铭文题记三行。出土时，铭文上所填朱砂颜色尚鲜明可辨。衣襟中间的铭文是：

故蜀郡李府君讳冰

两袖之上的铭文是：

建宁元年闰月戊申朔廿五日都水掾

尹龙长陈壹造三神石人珍水万世焉

第二个石像是 1975 年 1 月 18 日扩建外江闸护坦时，在下距李冰石像 37 米，东距外金刚堤 40 米的外江河床 3.5 米深处发现的。石像也横卧江心，头向西，背朝天，出土后运到伏龙观陈列。石像高 1.85 米，肩宽 0.7 米，双手持锸而立，底部也有榫头，但衣襟和两袖都无铭文。

这两个石像出土后，水利史学界许多人都作过研究，并发表了一些研究文章。本文拟在现有基础上，就如下问题再作一些探讨。

一、两个石像之间的关系

对于两个石像之间的关系，水利史学界已有如下共同认识：两石像底部都有榫头，说明都是供在庙里的神像，两石像都是灰色沙石雕凿的，雕凿工艺无大差异，说明是同一庙里的神像；两石像的出土地点都在鱼嘴稍下的外江河床中，说明是在同一次洪水中被埋入河底的。有了这个基础，我们就可以根据李冰石像铭文题记，对此两石像之间的关系作进一步探讨。

李冰石像上的铭文题记可分为两个部分：衣襟中间部分，其作用在于说明这个石像人物的姓名，与其他石像关系不大；两袖之上的铭文乃是一个石像群的题记，因而涉及其他石像。铭文的主要内容说明这个石像群共有三个石像，李冰石像仅是其中一个。除此之外，还有以下内容：①石像建造时间是东汉灵帝建宁元年（公元 168 年）；②石像建造者是"都水掾尹龙长陈壹"；③建造石像的目的是借石人神威玲（镇）水。从文书常识讲，李冰石像上的题记是一个石像群的完整题记，其衣襟之上所题石像的建造者和建造时间等内容，不可能同样出现在另外两个石像上。故李冰石像虽是"三神石人"之一，却是"三神石人"的主像。主像自应有姓名，而从像有无姓名，就在于所指人物有无姓名了。再从出土的两个石像来看，刻有李冰姓名的石像较高大，正面拱手而立，无题记的石像较矮小，侧面持锸而立。这说明此两石像是同一石像群中不同身份的人物。且无题记的石像双手持锸，是铲土作业者的形象。这就说明它是"三神石人"中李冰石像的从像，代表李冰指挥下的水利建设大军。可以预言，如果这个地方再出土第三个石像，就很可能是"三神石人"的第三个，其身份与持锸者相当。

或以为"三神石人"并无主像从像之分，其他两位应是大禹和开明，这一见解与李冰石像上题记的意思不合。因为这个题记是以李冰石像为主像的"三神石人"题记，不可能从中引出与李冰身份相当的人物甚至李冰的老前辈来。

又或以为持锸石像是"三神石人"主像李冰的童男童女中的童男，另一个尚未出土的应是童女。这一见解在"三神石人"应有主像从像之分且以李冰为主上是可取的，但童男童女之说太"神"，无实际意义。

二、"三神石人"出土在古都江堰渠首位置在研究上的意义

关于"三神石人"出土在古都江堰渠首位置研究上的意义，可从以下几个方面来看：

从"三神石人"建造的目的看，李冰石像上的题记说，"三神石人"是用来镇水的。这里所说的镇水，当然特指为都江堰渠首的安全而镇水。既然如此，"三神石人"就应建在都江堰渠首最要害的地方。如镇山的山王庙建在老虎出没之处，镇江的龙王庙建在江边，为保桥而镇水的甚至建在桥的中点一样，都江堰渠首的要害，东汉时主要是飞沙堰的安全和江心洲前端岷江左右两漾分水的稳定。从保工程安全、保分水稳定的目的看，"三神石人"系建在飞沙堰之前的江心洲上。

从"三神石人"的姿势和题记的形式看，李冰石像是站立的，这与题记所说"三神石人"是为镇水而建之目的一致。题记不言供"三神石人"之庙堂而直书"三神石人"，且将"三神石人"题记刻在李冰石像上，可见这座庙堂并不是有房有庭，让李冰坐在大殿正中神位上受膜拜、吃供献的，很可能只有两三间房子，或者就是一个亭子，使"三神石人"能避雨雪而已。这个庙堂的基地不需很宽，江心洲前端就完全可以了。

从"三神石人"出土的地点看，两个石像均出土在东距今外金刚堤40米的外江河床中。埋深相差1米，水平距离37米，都横卧江心，头向西。从这一情况判断，"三神石人"的庙堂原来就在其出土地点东边的江心洲上。埋葬"三神石人"的乃是一次特大洪水，一般年不会淹没的江心洲，这次也处于惊涛骇浪之中。洪水先在盐井滩弯道上直流趋左，抵今百丈堤后山脚，然后为山脚所通，折而偏右，横扫江心洲，并借江心洲与外江河床间的落差，将外江河床掏深，"三神石人"也就随着这股洪流进入外江河床深处，掩埋于沙石之中。石像横卧江心，说明搬走他们的洪水流向是自东北而西南。两个石像距37米，则说明石像并不是在原来的位置，而是被洪水稍稍冲散了。

由此可见，东汉时内外江分水处，就在今鱼嘴附近（见示意图）。

或以为石像出土的地方应是原来的江心洲中心，并从而得出东汉时外江在大面山脚下，内外江分水处在白沙河附近的结论。笔者的看法是，在漫长的岁月中，都江堰渠首某些工程设施的具体位置、形状和尺寸，不可避免的有或大或小的变化，故不可认为东汉时的都江堰渠首与今天完全一样，东汉时外江左岸也不一定与今天的外金刚堤在同一条线上。不过都江堰工程是利用岷江出山口一段山河形势建成的，

"三神石人"出土位置示意图

只要这一段山河形势没有大的变化，都江堰渠首工程布局也就不会有大的变化。如果东汉时内外江分水处在白沙河口附近，外江在大面山脚下，"三神石人"出土处怎会变成外江河床呢？有人遂以清光绪丙戌年（公元1886年）《四川成都水利全图》上二王庙前的丁公祠在1933年叠溪洪水中冲掉为例，证明内江河床逐渐东移，都江堰渠首在两千年间变化很大。这是没有意义的。按丁宝桢1876年任四川总督，1877年至1879年主持大修都江堰，1886年卒，故丁公祠也应为1886年所建，并非古建筑物。地基很窄，不类老堤岸，只类挑水坝，连接丁公祠，以下还有石埂，看来这些都是后人为保护二王庙一段河岸和减小水流与张扞崖的文角，减轻飞沙堰的压力而设，不是这一段河道的基本形势。故不可因其变迁而说基本形势有变迁。必须指出的是，这幅《四川成都水利全图》，虽经过水利同知宋兆熊"考证"，却掩盖不了绘制的随意性。如果这幅图能作岷江河床东移的证据，那这幅图上，崇宁（唐昌）在柏条河之北，郫县在清水河以南，与今天的实际完全相反，不是也可以用来作这两条河百年间变迁或这两个城镇百年间位移的证据吗？

三、《华阳国志》"三石人"与"三神石人"是什么关系？

经过以上分析，已很清楚，"三神石人"是东汉时建造的用来镇水的李冰石像及其从像，其位置在今鱼嘴附近。但东晋常璩《华阳国志》说："（李冰）于玉女房下白沙邮作三石人立三水中，与江神要，水竭不至足，盛不没肩。"是不是早在东汉"三神石人"建造之前约420年，李冰建都江堰时就在白沙河口附近的岷江中竖立有三石人呢？笔者以为，李冰不可能在白沙河口附近建三石人，《华阳国志》"三石人"很可能是东汉"三神石人"的讹传。根据如下：

东汉"三神石人"距今鱼嘴不远，说明东汉时内外江分水处距今鱼嘴不远。由此也就知道晋代都江堰不会在白沙河口附近起水，战国时李冰建都江堰也不会在白沙河口附近起水，《华阳国志》"三石人"说首先在地点上就没有意义。

东汉建造"三神石人"为的是借李冰神威镇水，也是为纪念李冰兴建都江堰的功绩，如果说李冰造三石人像，就难以指出其目的意义。或以为是纪念大禹、开明和另一位贤君圣主，那全是想当然，照《华阳国志》所说，李冰所立三石人是当水尺用的，用大禹、开明石像做水尺，岂非亵渎神灵。且白沙河口这一段岷江，水位变幅达5米，要做到"水竭不至（石人）足，盛不没（石人）肩"，石人身高不计头足也必须在5米以上，而且必须有一个相当大的与石人不可分离的底座。这样的庞然大物，其雕凿、运物和竖立之难度，应该说不难想象，能否在洪流中立稳，更无把握。历代都刻岩壁为水尺，或立条形水尺于岩壁之下，又怎能说李冰在两千多年前建都江堰，会如此浪费人力、财力去做这种既难做成，又无意义的事呢？

《华阳国志》成书时间比东汉"三神石人"建造时间约晚 180 年，比李冰建都江堰约晚 600 年，如果白沙河口附近有李冰立在水中的"三石人"，鱼嘴附近又有东汉时供在庙里的"三神石人"，常璩为何舍近求远，只记 600 年前的"三石人"而不记 180 年前的"三神石人"呢？且常璩是江原人，出生地距都江堰不远，又著书言都江堰兴建史，根据常识判断，他不应该不知道这东汉"三神石人"。他之所以未记，很可能是"三神石人"建成后不久即被埋入河底，这从李冰石像铭文所填颜料尚鲜明可辨得知。日久之后，"三神石人"被讹为"三石人"；其人物由李冰等三人讹为李冰所立三人；其建造时间被提前 420 年，其地位由镇水之神讹为测水位的工具，其安放地点由鱼嘴附近讹为白沙河口附近。常璩所记者，这些讹传而已。

常璩之后，北魏郦道元作《水经注》，也说李冰在白沙邮作三石人。郦道元是北方人，来到过南方，其"三石人"说虽与《华阳国志》有个别文字出入，但系抄自该书，当无疑问，故同样不可信。清王来通《灌江备考》言："灌县西去五里白沙堆，江岸立三石人。"这就好像作者亲眼见过一样，但稍一考究，就知道这不过是附会《华阳国志》与《水经注》"三石人"说的想当然。因为：①东晋以后，自南北朝至于明清，又经明清至于现在，从未有人说看见过白沙堆（与白沙邮系同处夕江岸）有三石人，难道唯独《灌江备考》的作者看见过？②《灌江备考》所记三石人立于江岸，与《华阳国志》《水经注》所记立于水中的三石人理应各有所指。诚如此，那白沙邮除了立在水中的三石人外，还有立在江岸上的三石人，好不热闹。但《灌江备考》对江岸三石人的来历、形状、尺寸和用途全无交代，其可信程度，就不待说了，所谓以讹传讹，即此类也。

四、"都水掾尹龙长陈壹"是什么官员？

对李冰石像铭文题记中"三神石人"的建造者——"都水掾尹龙长陈壹"是什么官员这个问题，水利史学界现有两种见解：一种认为，"都水掾"是蜀郡主管水利的官员，"长"是湔氐道主管水利的官员"都水长"的简称。由于郡大于道，故"都水掾"排在前面；由于两个官职都是主管水利的，故陈壹的官职前面省去了"都水"二字。另一种认为，"都水掾"是蜀郡主管大型水利工程的官员，"长"是县一级称为"长"的地方官，不应附会"都水掾"而把"长"解释为"都水长"，因为蜀郡并没有"都水长"这一官职。以上两种见解俱见 1987 年四川省社会科学院出版社出版的《都江堰史研究》。笔者分别赞同前一种认为"都水掾"是蜀郡主管水利的官员部分和后一种认为"长"是县一级称为"长"的地方官部分，不赞成其他部分。理由如下：

先说"都水掾"。蜀郡的水利工程，应以都江堰为代表，都江堰之外，并没有什么大型水利工程，都江堰的堰务，据《水经注》说，蜀汉诸葛亮才设堰官，可见东汉时蜀郡并没有什么主管大型水利工程的官员。"都水掾"一职，确切地说，应是蜀郡水利主管部门的首长。

再说"长"。因为蜀郡实际上没有"都水长"这一官职，故不应说"长"是"都水长"的省称，从常理讲，题记上的陈壹，也不应是县一级主管水利的官员。建造"三神石人"，在东汉是湔氐道的一件大事，也是蜀郡的一件大事，湔氐道如果真有主管水利的官员，也只能协助办些具体事务，起不了主导作用，没有条件撇开道的政府首脑去表示自己是工程的建设者在李冰石像上与郡的主管官员共同署名。

那么，"长"是什么官呢？《后汉书·百官志》载，两汉时，县一级行政区如为少数民族聚居区，另名为"道"，故今日之都江堰市，在秦为湔氏县，在汉为湔氏道，又，县的政府首脑名令，不满万户的县、道，政府首脑名"长"。看来陈壹的官职应是湔氏道政府首脑，相当于后来的灌县县长或今日之都江堰市市长。再从元、明由灌县县长兼理都江堰堰务的事实推测，东汉时都江堰的堰务很可能由湔氏道政府首脑兼理，因都江堰在湔氏道境内，湔氏道人视都江堰为本道的堰，故其政府首脑在都江堰署名时，不必再提湔氏道，只消一个"长"字，就表明自己是湔氏道政府首脑了。

笔者以为，东汉"三神石人"是当时蜀郡水利主管部门决定建造的，主持其事的则是湔氏道政府，"三神石人"建成之后，理应由郡主管部门首长和湔氏道政府首脑共同署名。因此，"都水掾尹龙长陈壹"的解释应该是：

蜀郡水利主管部门首长（都水掾）尹龙。

湔氏道政府首脑（长）陈壹。

（原文发表于《四川水利》1997年第6期）

都江堰李冰石像题铭浅释

周九香

1974 年 3 月 3 日，在都江堰外江闸下游出土的李冰石像，前胸及两袖有题刻隶书文字："故蜀郡李府君讳冰""建宁元年闰月戊申朔廿五日都水掾""尹龙长陈壹造三神石人珍水万世焉"。

学者们对以上三条文字的解释有一定差异，本文试图对这三条铭刻文字作一简要的解释。

一、"故蜀郡李府君讳冰"

"府君"，汉代称郡守为府君。

东汉初，士人高获，因郡守鲍昱未亲自出面请他，拒绝与之会见。并说："府君但为主簿所欺，不足与谈。"见《后汉书·高获传》。

东汉末，名医华佗为广陵郡守陈登治病。华佗说："府君胃中有虫，欲成内疽，腥物所为也。"见《后汉书·华佗传》。

二、"建宁元年闰月戊申朔廿五日都水掾"

汉灵帝刘宏 12 岁当皇帝，当时社会危机四伏，政治腐败，改年号为建宁，希望社会安宁的意思，建宁元年为公元 168 年。

"闰月戊申朔"，这是闰几月呢？

《后汉书·灵帝本纪》："闰月甲午，追尊皇祖为孝元皇帝。"

《后汉纪·灵帝纪》："夏四月甲午追尊祖解渎亭侯淑为孝元皇帝。"

可见，《后汉纪》的夏四月，即《后汉书》的闰月，应该是闰三月。

陕西省博物馆长周天游同志在他校注的《后汉纪校注》本条史料下，引《朔闰考》曰："闰月戊申朔。谷雨丁未在三月晦日。小满戊寅在四月朔日。"

李冰石像铭文，证实了这条史料，闰三月的初一是戊申日，谷雨就在三月最后一天"晦日"。当然清明就在三月初了。闰三月初一是戊申日，廿五日应是壬子日，立石像的日子。

"都水掾"。汉代的郡守将他治理的事情，分成若干个职务不同的部门，各个部门叫作曹。每个曹的官吏叫掾史，协助郡守处理郡内不同的事务。如东汉汝南郡太守邓晨任命水利专家许杨为都水掾。《后汉书·许杨传》又据《隶释》十五《绵竹江堰碑》，广汉郡有都水掾（参阅安作璋《秦汉官制史稿》）。

李冰石像铭刻说明在蜀郡也设置有都水掾曹，管理现今都江堰的水利事务。都水掾也就是今天水利局的意思。

三、"尹龙长陈壹造三神石人珍水万世焉"

"尹"，就是郡守的另一称呼，始于王莽时期。

西汉末年，王莽改制，以爵位等级不同的人当郡守，官称也不同。以公爵为郡守的，称牧。以侯爵当郡守的，称卒正。以伯爵当郡守的，称连率。没有爵位的当郡守，称尹。

《后汉书·马援传注》："莽法：典郡者，公为牧，侯称卒正，伯称连率，其无封爵者为尹也。"

其实，早在西汉时期，就将京师所在地区相当于郡一级的行政区，称为"京兆尹"。京兆尹和各郡郡守同一行政级别，都是二千石。东汉光武建国后，各郡长官仍称郡守。长安地区仍为京兆尹。在他建都洛阳的河南郡，改称"河南尹"。可见在汉代人的心目中，"尹"是地方长官的美称。

应劭生活在汉灵帝汉献帝时期，他是研究汉代官制的专家。他在《汉官》一书中说："尹，正也。郡府听事壁诸尹画赞，肇自建武，讫于阳嘉，注其清浊进退，所谓不隐过，不虚誉，甚得述事之实。后人是瞻，足以劝惧。"（《后汉书·郡国志（一）注》）

应劭认为尹是堂堂正正的地方长官。当时郡政府的议事厅的壁上，都有历任郡守的画像，和述其功过的评语，用以鼓励和告诫以后的郡守。应劭在这里提供了东汉人认为尹就是郡守的证据。清代学者王先谦在《后汉书集解》中说，当时全国各郡，都有郡守画赞。东汉时期，对当代的郡守要评论其功过。对前代有功的郡守，要刻石纪念，也就是十分自然的事。

"尹龙长"就是蜀郡郡守姓龙名长。陈壹就是都水掾的名字。

"珤水万世焉"。"珤"字，在汉代隶书，又写作"珤""珎"；就是现代"珍"字。

由汉语大辞典字形组编的《秦汉魏晋篆隶字形表》的王字部"珍"字下面，载有李冰石像的"珤"字。但《字形表》的文字说明部分，认为"珤水万世焉"，应为"珤（镇）水万世焉"。珍假借为镇字，立三神石人为镇水之用。除去水害，永保水利之意。

"珤水万世焉"，的"珤"字，就作"珍"字讲。我请教我校古汉语专家赵振铎教授，他也同意我的看法。"珤"是动词，在这里是意动用法，以内外二江的水为珍宝，千秋万世，造福人民。赵先生说，这同周代铜器铭文的结语，"其万年，子子孙孙永宝用"一样。我们不同意将"珤水"解释为"镇水"。

四川省水利研究所冯广宏先生据《尔雅·释诂下》"珍，献也"认为，若将"珤水"作"献水"（供水之意）解，也能说得圆满。较之假"珤"为"镇"，更胜。谢谢冯先生的提示。

几点认识

1. 立三神石人，这在蜀郡是一件大事。由蜀郡主管水利的都水掾来执行，但不是都水掾一个下级官吏能完成的。所以署名郡守龙长和属吏陈壹。

2. 在闰三月清明过后，立此纪念李冰的石像，说明早在东汉时，都江堰流域人民就在春耕用水时节，祭祀李冰，希望农田足水，风调雨顺，人寿年丰。

3. 蜀郡百姓，希望以李冰开创的内外二江的水利为珍宝，千秋万世，造福人民。

如今，都江堰已成为全世界人民宝贵的遗产，又将在新的世纪里得到发展，"珤水万世焉"，是都江堰流域人民的神圣使命。

4. 我们向在1974年出土李冰石像时，及时发现，最后完整地保护好李冰石像的同志们，致以崇高的敬礼。

（原文发表于《四川文物》2002年第5期）

都江堰渠首出土汉石刻人像探讨

李绍明

自 20 世纪 70 年代以来，在都江堰的岁修工程中，在渠首鱼嘴附近先后三次发掘出汉代的石刻像共四尊。1974 年 3 月 3 日发掘出土的石刻像为李冰像，其石刻题记为"故蜀郡李府君讳冰。建宁元年闰月戊申朔廿五日，都水掾尹龙长、陈壹造三神石人，珎水万世焉"。1975 年 1 月 18 日发掘出一尊持锸石刻人像，无题记。2005 年 3 月 4 ~ 5 日又发掘出无头石刻人像二尊，亦无题记。以上四尊石刻人像均属同一风格，年代为东汉时期。同时，还出土汉建安四年堰功碑一通。此实为都江堰历史上的最重要的发现，可补史籍记载的不足。

图一　都江堰出土的李冰像

关于此四尊汉石刻人像，除其中一尊有题记的可确认为李冰的像以外，其余的三尊现有几种不同看法：有的认为可能是李冰所做的三石人，系作为水则之用；有的认为系汉代所做的神像，作为镇水之用；有的认为有两尊无头，可能系牺牲，作为祭祀之用（诸说均见 2007 年 4 月 2 ~ 3 日"都江堰渠首石刻与水文化研讨会"的发言）。

笔者认为，此四尊汉石刻人像应为石神像，其一，为李冰像。李冰虽是历史上真实人物，但依照昔日传统观念"生而有功于民，死后尊之为神"，因之在后人的心目中李冰即神。何况历朝均对他有所封赠，有的封赠还付以灵异的性质。如《宋史·礼志八》："永康军李冰庙，已封广济王，近乃封灵应公。"其实，这是与民间附会李冰有神异相关的。如《华阳国志》卷三《蜀志》谓："时青衣有沫水出蒙山下，伏行地中，会江南安，触山胁溷崖，水脉漂疾，破害舟船，历代患之。冰发卒凿平溷崖，通正水道。或曰：冰凿崖时，水神怒，冰乃操刀入水中与神斗，迄今蒙福。"此李冰斗水神的传说还见于《水经注》引应劭的《风俗通》，可见是当时较为流行的传说。其二，另三尊石刻人像亦应为三尊神像，因其所立之处应为渠首原有的一座神庙之中的神像，但究竟是何神像？由于未有题记，故今不可确指。此或与李冰原在岷江白沙邮处"作三石人"有某些关系。《华阳国志》卷三《蜀志》谓："冰乃雍江作堋……外作石犀五头以厌水精。……于玉女房下白沙邮作三石人，立于水中，与江神要：水竭不至足，盛不没肩。"可见此李冰所做的三石人主要是作水则之用，同时也兼有以神镇水的功能，故此三石人像亦可称之为三石神像。现今渠首非古白沙邮，故此三石神像并非李冰所做是显而易见的，但其功能的传承与引申也是没有疑义的。由此可见，无论是李冰的石刻神像或是另外的三尊石刻神像之立于渠首，其功能应是多方面的，即既有纪念和祭祀李冰的性质，也有付之以神性的镇水的功能。其三，何以造李冰石像之外还要造三尊石神像？这应与中国传统文化有关，因国人传统尚三，以三为吉祥数字，况三者为众，代表一种集体力量。这为镇水即平息水患提供了一种强大的精神力量的支持。

图二　都江堰渠首新出土汉碑

从上述秦代李冰的造三石神像以作水则及镇水至汉代的造四神像以镇水及作为祭祀的对象，就都江堰所处地理位置及人文环境而言，尚有其值得考虑的特殊意义。都江堰市这一带及其以上的岷江上游一直是少数民族的聚居区，具体而言即秦汉之时氐羌民族的地区。汉代以后虽然汉民逐渐成为这里的主要居民，但岷江上游的氐羌民族仍然经常下来从事修渠、作堰、打井、砌墙这一类劳作，从而对都江堰的岁修等事项做出应有的历史贡献。诚如《华阳国志》卷三《蜀志》所言："汶山郡（按：基本相当于现在的阿坝藏族羌族自治州），本蜀郡北部冉駹都尉，孝武元鼎六年置（公元前111年）。……土地刚卤，不宜五谷，惟种麦。而多冰寒，盛夏凝冻不释。故夷人冬则避寒入蜀，庸赁自食，夏则避署反邑，岁以为常，故蜀人谓之作五百石子也。"此事《太平寰宇记》卷七八"茂州下"等亦有记载，可知此习俗相沿下来为时远久。现我们得知氐羌民族素有石崇拜的习俗（参见李绍明：《从石崇拜看禹羌关系》，载《夏禹文化研究》文集，巴蜀书社2000年出版），视石为民族的保护神，所谓"作五百石子"，"五百"言其多，而"石子"言系石之子孙。这正是这些到成都平原为庸的氐羌少数民族的他称。可见他们对石有一种特殊感情。因为，历史上造神像的原材料甚多，诸如泥塑、木雕、金属、崖石等等，而都江堰一带在秦汉时则多用石刻的神像，这不能不说与当时这一带的民众的石崇拜的信仰有关。其赋予石头以灵性，以之造神像，不仅体现了他们对李冰等的崇敬心情，也是当时民间石崇拜的具体体现，有着深刻的民族与文化背景，再次证明了华夏文明是由我国各民族所共同创造的这一客观真理。

以上仅系笔者个人管见，不妥之处，请同行先进予以指正。

（原文发表于《四川文物》2008年第2期）

都江堰渠首外江新出土汉碑的初步考察

林　向

2005 年 3 月，都江堰渠首鱼嘴外江河床新出土文物 78 件，内有东汉石像 2 尊、东汉碑刻 1 通。其中的汉碑标明立碑于"建安四年"。"建安"为东汉第 13 代献帝刘协年号，"建安四年"的干支纪年为"己卯"，为公元 199 年。这是一通完整的汉隶碑刻，是一篇从未见著录的、最新发现的、距今 1 808 年前的、长 400 余字的原装汉代文献，实在难得。

汉碑包涵丰富的历史信息，尤其对研究都江堰的历史文化，有划时代的历史文化价值，需要考古、历史、水文、宗教、艺术等各学科的协同研究，才能尽其所用。在 2007 年 4 月 2 日的"都江堰渠首石刻与水文化研讨会"上，这批资料正式向学术界公布，是迈开多学科协作研讨的第一步。笔者愿先就汉碑的碑目等做一点肤浅的考察，求教于诸位专家学者，共同切磋。

此碑现仅见到碑首、穿眼、碑身三部分（图一）。碑身字体为规整的隶书，波磔分明、蚕头燕尾、方正流利。首行 22 字，碑文 14 行，行 27～29 字，应有 400 余字（414），但因破损泐灭，可识别者约 354 字，此碑既是为郭择、赵汜两人"勒石纪行，刊示后贤，以劝为善"的，依例可定名为《郭择赵汜碑》（或以为"赵汜"，误。说详下）。

我国汉代的石刻文字存世不多[1]。西汉的石刻文字有拓本可见者十余种，如曲阜孔庙所藏的五凤二年（公元前 56 年）《鲁孝王刻石》等。

图一　《郭择赵汜碑》碑文

东汉时石刻文字有所增加，可分为 4 类：（a）摩崖较著名的十余种，多数是通道记，如《石门颂》《西狭颂》等。（b）碑刻包括残石在内，已发现 300 余通。可分为墓碑、祠庙碑、纪念碑、记事碑等，歌颂怀念前人一直是碑文主流，故《初学记》称："碑，所以悲往事也。"（c）石经的镌刻始见于东汉，如西安碑林的《熹平石经》。（d）画像题刻。东汉时崇尚厚葬，墓内多刻画像，有的有石刻文字，著名的如山东孝堂山与武梁祠画像石，河南南阳画像石等。准此，都江堰《郭择赵汜碑》应属第（b）类，属于歌颂怀念前人"德行"的纪念碑，或纪事碑。

四川的汉代石刻碑志，据《四川文物志》著录有 30 通[2]，加上 2000 年芦山新出土的《赵仪碑》[3]，加上都江堰新出土的这通《郭择赵汜碑》，应共计 32 通。

都江堰的汉代石刻文字，已著录的计有《蚕崖碑》《三处阁石刻》《李冰石像铭刻》《怀君石刻》，加上这通《郭择赵汜碑》，共计 5 通。其他 4 通的情况如下：

《蚕崖碑》，原石在紫坪铺岷江岸边，隶书 29 字："建平五年六月郫五官掾范功平石工更夋徒要本长卄五丈贾二万五千。"这是西汉哀帝时（公元前 2 年）的通道石刻，可惜原石、拓本均已佚。宋《隶续》《舆地碑记目》有著录，明《古刻丛抄》认为是摩崖石刻。

《三处阁石刻》原石在紫坪铺西 25 公里，文曰"攻此石省三处阁直钱万二千永元六年"，这是东汉和帝时（公元 94 年）的摩崖通道石刻，可惜也已佚，明《古刻丛抄》著录（林向按：此石刻拟作《省三处阁石刻》为宜）。

《李冰石像铭刻》，1974 年也是在都江堰渠首河床发现圆雕李冰石像，胸前隶书刻"故蜀郡李府君讳冰"，右袖刻"建宁元年闰月戊申朔廿五日都水掾"，左袖刻"尹龙长陈壹造三神石人珎水万世焉"。建宁为东汉灵帝年号，其元年为 168 年，镌刻的时间比新出的《郭择赵汜碑》早 30 年。

《怀君石刻》，清咸丰年间在青城山发现的残石 2 块，仅存字 8 行，行 7 字，邓少琴《益部汉隶集录》曾据拓片双钩著录。新编《青城山志》释文："为怀君皆下要公进而□作自古以□固去而立……冷风。"仍不能通读。

可见，都江堰地区是汉代石刻文字的富集之地，内容都有关乎成都平原的水利与通道。

故把都江堰看成是天府之国的命脉和交通的管钥，恐不为过。

此《郭择赵汜碑》的首行据会议提供的文本隶定为："建安四年正月中旬故监北江场太守守史郭择赵汜碑。"[4] 其中"场"与"汜"两字，我以为可以商榷。

先说"汜"字，明显是从"水"、从"巳"而不从"㔾"，故不能释为"汜"字，只能释为"汜"字。而且它的字形与汉《孔彪碑》及北魏《司马显姿墓志》的"汜"字的字形相同[5]，即可证其不谬。故而是"赵汜"而非"赵汜"明矣！（图二）

图二　左为《郭择赵汜碑》的"汜"，中、右为汉、魏碑的"汜"

《郭择赵汜碑》"场"字，从"土"、从"山"、从"匆（朋）"；汉代《桐柏庙碑》与北魏《解伯达造像》的"场"，却从"土"、从"昜"，与今隶楷书同（图三）。可见两者的字形显然不同，故《郭择赵汜碑》的这个字是不能释为"场"的。

图三　左为《郭择赵汜碑》的"塴"，中、右为汉、魏碑的"场"字的比较

我们再来看《郭择赵汜碑》的这个字。左偏旁从"土"，汉隶习惯在"土"的右侧加点；右偏旁上从"山"，也是清楚的；右偏旁下的字形近"匆",我以为乃"朋"字由篆变隶的变体。请看秦、汉时留下的"朋"字字形,特别是与之时间更近的三国时的"朋"字(图四)。可见,《郭择赵汜碑》的这个字确实是从"土"、从"山"、从"朋"的"堋"或"塴"字。而不是从"土"、从"易"的"场"字。十分清楚。

图四 《郭择赵汜碑》的"塴"字右下的"朋"与秦、汉、三国的"朋"的比较

这一字之差关系重大,试申其说。若释为"场",于史无证。查东汉并无"场"的建置,据《续汉志·百官志》记载:地方行政建置有州、郡、属国;县、道;乡、亭、里等名目。而且遍查《汉书》《后汉书》均不见有"场"这一级的建置。因此若认为需要由郡守的属官"守史"来"监"守这个"北江场",实在是不知从何说起。

若释为"堋",则于史有据。据《华阳国志·蜀志》载:"(李)冰乃壅江作堋,穿郫江检江,别支流,双过(成都)郡下,以行舟船。"《水经注·江水》更载明"作堋"的史实:"李冰作大堰于此,壅江作堋,堋有左右口,谓之湔堋,江入郫江、检江以行舟……俗谓之都安大堰,亦曰湔堰,又谓之金隄。左思《蜀都赋》云:西逾金隄者也。"《太平寰宇记》载:"李冰壅江作堋,蜀人谓堰为堋。郫江、检江即下成都二江,谓之北江、南江者也。"

这个"北江堋"是都江堰渠首最重要的组成部分,每年岁修任务繁重,故需由蜀郡太守派出其属官"守史"来"监北江堋"。由此碑可见:郭择、赵汜实乃两位不见于经传的东汉

时期的监守都江堰的堰官,这真是千年以后的一大新闻也。

我们既释为"北江堋",再来重读碑文,就能通顺达意了。如碑文曰:"择汜受任监作北江堋,堋在百京之首,冬寒凉慄,争时错作……"京,高岗也,《尔雅·释丘》:"绝高谓之京。"北江堋地处高岗之地,故"冬寒凉慄",不利冬修,所以郭、赵两位堰官才会提出要"争时错作"。此事还引来蜀郡都尉高靖的亲临督察,事体重大,高还带来"都水郭荀、任南、杜斯"等郡水利官员。碑文记其事:"陈留高君下车,闵伤黎庶,民以谷食为本,以堋□作……"这个"陈留高君"正是东汉献帝建安时任蜀郡都尉的陈留高靖,事见《续汉志·百官志》。另外,汉末高靖之孙高柔曾到蜀郡来迎其丧,事见《三国志·魏志·高柔传》。据《续汉志·百官志》记载:"边郡往往置都尉,稍有分县治民比郡。"又说:"景帝时更名都尉,有时不置太守,并职于都尉,比二千石。"所以,当时都江堰渠首北江堋的事务正该蜀郡都尉高靖主管,"监北江堋"的郭择、赵汜乃其责任下属也。

那么为什么碑文会称"太守守史郭择、赵汜"呢?这是因为,一则《续汉志·百官志》载:"每郡置太守一人,二千石,丞一人,郡当边戍者,丞为长史。"下属为"史",故可称"太守守史"。二则,既然都尉比二千石,从西汉开始有时还不设郡守,并职于都尉,所以,都尉的下属也同样可称"太守守史"。

在都尉督导后,经郭择、赵汜的努力,堋功告成,碑文曰:"择、汜以身帅下,志……作……旬日之顷,堋□竞就备毕。"于是属下们以为"宜建碑表"。郭、赵之下属"时堋吏李安、傅阳,作者赵□卿、郑□、□□、彦□、苏子邛、定卿、杨叔财等百余人,报服恩施……出家钱勒石纪行,刊示后贤,以劝为善",这就是立碑的缘起。

原来，立此碑是为都江堰渠首北江堋的堰功事，以留示继任官员的。前面碑文所说的："择、汜体履仁义，结发修善""轻财重义，乡党所称""兄弟和雍"等等，无非是表功前的铺垫，犹如后代流行的"德才兼备"之类的褒词耳。

综上所述，（1）东汉《郭择赵汜碑》是一件最早直接记述都江堰堰史的珍贵文物。它的发现是继《李冰造像铭刻》后，又一次重大考古发现。同时，也向人们揭示都江堰地下还会有更多惊人的考古新发现。

（2）此碑的发现，第一次公布了东汉时期"监北江堋"的堰官姓名郭择和赵汜，以及他们的上下级官吏的姓名、职务，记述了他们有关堰功的活动。为世界文化遗产都江堰的历史填补了空白。

（3）此碑提供了巴蜀地区东汉末年极珍贵

的有关社会历史信息，如有关于汉代经学史、郡县建制、乡党孝悌、刑狱幽厄……，有待于进一步的多学科协作发掘。我们正翘首以待。

注　释

［1］徐自强、吴梦麟：《代石刻通论》，紫金城出版社，2003 年。

［2］《四川文物志·上册·石刻碑志卷》，巴蜀书社，2005 年。

［3］赵仪碑：《雅安新出汉碑二种》，巴蜀书社，2005。

［4］四川省历史学会、成都文物考古研究所等，都江堰渠首石刻及水文化研讨会邀请函所附石刻释文。

［5］张又栋主编：《书法字海（修订版）》，新时代出版社，2006 年。

（**原文发表于《中华文化论坛》2007 年第 3 期**）

都江堰渠首新出土汉碑及相关问题

宋治民

2005 年 3 月，都江堰渠首新出土石刻雕像 2 尊、汉碑 1 通（图一）及其他石构件等共计 78 件。蒙四川省历史学会、成都市考古研究所、都江堰市人民政府联合召开的"都江堰渠首石刻与水文化研讨会"之邀，笔者参与研讨，会上聆听了各位专家的发言，受益良多，同时也产生了一些想法。现将汉碑有关问题论述如次。

此碑已有学者作了释文，为了叙述方便，先将释文抄录如下：

建安四年正月中旬故监北江场太守守史郭择赵汜碑/惟择产广都汜郫县人择汜体履仁义结发修善择袭父固业治春秋谷梁/兼通孝经二奉东诏京师治事府县故府郭君召署文学师薄兵曹史县/□政□□择父同生兄文孤无子姓文以寿终择箪尽家财收葬文以文/所□奴婢二人□□合直卅五万让与文养女珠行衰三年又择前署县/长□□主记掾□□部郡所隐切卤薄广汉绵竹择为要证幽厄成都狱/□□□毋辞封不□□轻财重义乡党所称又汜故县主薄劝农僵于政/□□□顾分明□□收养孤嫂齿兄累子二人兄弟和雍行之难馨三/□□□□间择汜受任监作北江场场在百京之首冬寒凉慄争时错作/□□□□□不克□□持陈留高君下车闵伤犁庶民以谷食为本以场/□作□□□□□公掾史都水郭苟任南杜斯履历平旬择汜以身帅下志□□□□□作旬日之顷场□竞

就备毕佐直修身契白不文水牺分/□□□□□不足淤□不汝罚亦不□宜建碑表时场吏李安傅阳作者赵/□卿郑□□□彦□苏子邛定卿杨叔财等百余人报服恩施比方先后/治造超□□□冬□兴意推盛出家钱勒石纪行刊示后贤以劝为善

碑文多有漫漶之处，不能全部读通，但仍大体能释读。

都江堰渠首新出土汉碑

关于碑名在第一行已说得很是清楚，定名

为"郭择、赵汜碑"即可，不必另命名为"堰工碑"。赵汜之汜之《说文》作"汜"，汜，滥也，定为汜字较妥。此碑立于东汉献帝建安四年，"故监北江场"之场字与会专家一致释为"塴"字是正确的，是说曾监护维修北江塴，碑文中有"受任监作北江塴"可证。"太守守史"为太守府的史，汉代郡府、县廷中分设各曹，为郡府、县廷中的职能部门。各曹设有掾、史、属，分司各项事务，他们均为太守或县令、长的属吏，郭择和赵汜就是太守府中的史。"守史"的守字犹如现在的试用，汉制初除官试守一岁方能为真，这种情况多见各级官员，文献颇有记载，在属吏中记载不多但也不是没有，如《汉书·王尊传》："尊给事太守府……除补书佐、署守属。"即为试守太守之属。郭择、赵汜二人作为太守的史，受太守委派代表郡府负责维修北江塴工程，汉制郡内有重大事情，太守可以委派掾史负责办理。如2004年重新发现的荥经县"尊楗阁"摩崖石刻，"蜀郡太守平陵何君，遣掾临邛舒鲔将徒治道，造尊楗阁袤五十五丈，用功千一百九十八日。建武中元二年六月就道。史任云、陈春主"[1]。像这类工程的负责人是临派遣事毕而罢，故碑文称"故监北江塴"，谓曾经监作北江塴。汉代往往以"旧""以往""曾经"为故。《汉书·昌邑王髆传》："髆天汉四年立，十一年薨。子贺嗣，立十三年，昭帝崩元嗣，大将军霍光征王贺典丧……王受皇帝玺绶袭尊号，即位二十七日……废贺归故国，故王家财物皆与贺，国除为山阳郡。"先是贺即帝位后，龚遂谓贺曰："宜进先帝大臣子孙亲近以为左右，如不忍昌邑故人信用谗谀，必有凶咎，颛诡祸为福，皆放逐之。"宣帝即位后，心内忌馈，命山阳太守张敞监视刘贺，张敞上奏曰："四年九月中臣敞人视居处，故王年二十六七，为人青黑色……"这里所说的故王家、故王皆

谓刘贺曾为昌邑王，故人谓贺为昌邑王时的旧臣。《资治通鉴》卷四十三光武帝建武二十年"夏四月庚辰大司徒载涉坐入故太仓令奚，涉下狱死。"胡三省曰："无罪加以罪曰入。"这里的故太仓令奚也是指奚曾任太仓令。《资治通鉴》卷五十三"桓帝建和元年梁冀诛杀李固、杜乔，暴固、乔尸于城北四衢……杜乔故掾陈留杨匡号泣星行……守护尸葬……"杜乔生前曾为太尉，杨匡曾为太尉掾，所以称故掾。同书建和三年"（高）伦谓众人曰吾前为侯常侍用吏……此咎由故人畏惮疆御"。注曰："故人伦自谓也，汉人于门生故吏之前自称故人。"《后汉书·杨震传》：震"四迁荆州刺史、东莱太守、当之郡道经昌邑，故所举荆州茂才王密为昌邑令，谒见。至夜怀金十斤以遗震，震曰故人知君，君不知故人何也"。这里是说杨震在荆州刺史任上举荐王密，所以杨震自称故人。《后汉书·胡广传》：胡广"凡一履司空，再作司徒，三登太尉，又为太傅。其所辟命皆天下名士，与故吏陈蕃、李咸并为三司，蕃等每朝会辄称疾避广，时人荣之"。因此，碑文中的"故监北江塴"只能理解为曾经监护维修北江塴。汉代郡府的掾史的职秩不高，不过百石吏或斗食之禄，但这些人多为经术之士，社会地位较高，多为太守、县令礼请。汉代许多名臣都是掾史出身，如西汉名相魏相、丙吉，东汉四世三公的袁安、杨震等。

此碑是郭择、赵汜二人监作北江塴完工之后为吏民所立，碑文从"三□□□间，择汜受任监作北江塴"开始，到"塴□竟就备毕"这一段叙述了维修工程的艰苦，择、汜以身帅下努力工作。碑文中的"间"字，从照片看似应为旬字，如为旬字不误，则"三"字后面的四字应该是 年、□ 月 □，可释为"三年某月某旬"，应是维修工程开始的时间。

碑文中"陈留高君下车"之前一字释

418

"持"，从照片看更像"时"字，"时陈留高君下车"较为通顺，高君是陈留人高姓为蜀君太守，"下车"即到任，《后汉书·循吏列传·卫飒传》："飒迁桂阳太守。郡与交州接境颇杂其俗，不知礼则，飒下车修庠序之教，设婚姻之礼，期年间邦俗化从。"同上书《刘宠传》："又三迁拜会稽太守……征为将作大匠"，有五六老人为刘宠送行，曰："自明府下车以来，狗不夜吠，民不见吏。"《后汉书·酷吏列传·周䌷传》："徽拜洛阳令，下车先问大姓主名。"高君到任以后，考虑到百姓以食为本，派遣郭择、赵汜以郡府的名义维修北江堋。

此前的一大段碑文，为追述郭择、赵汜二人的生平及善行、义举。

郭择曾东诣京师，应和求学有关，汉代许多人都曾到京师求学。释文"二奉东诏京师"，照片上"奉"字已不能辨认。"诏"字应为诣字之误，当时郭择尚未为吏，不可能奉诏，释为诣字较为通顺，"东诣京师"合情合理。之后"给事府县"，"给"字释文作"治"有误，照片"给"字左边"乡"傍比较清楚，应为给字，且"给事府县"为汉代文献记载常见，而"治事府县"不可通。前引《汉书·王尊传》：尊"年十三求为狱小吏，数岁，给事太守府，问诏书行事，尊无不对，太守奇之"。《汉书·卫青传》："其父郑季河东平阳人也，以县史给事侯家。"郑季以县史的身份给事平阳侯家。又《资治通鉴》卷十九。"初平阳县吏霍仲孺给事平阳侯家。"所以"给事府县"应无误，是说郭择曾供职于郡府、县廷。郭择曾在郭姓太守府中任过文学、主簿、兵曹史等，释文将"主簿"之"主"字释为"师"字也有误，汉代太守、县令的属吏只有主簿而无师簿。

其善行如安葬其"父同生兄文"，文应是郭择的伯父，同生在文献中往往作同产，其意义是一样的。《后汉书·秦彭传》："彭同产女弟显宗时入掖庭为贵人，有宠。永平四年以彭

贵人兄，随四姓小侯、擢为开阳城门候。"并让财产与伯父的养女珠，珠应为郭择的堂姐妹。像这样的行为是汉代社会所提倡的。释文中"择箪尽家财"的"箪"字，从照片看其上部为两个叶分清楚，此字乃"单"字即单。单尽也。

其义举指的是郭择任县廷主记掾时，县令因事被郡切责，因而郭择被传考对簿广汉绵竹，并被幽于成都狱。而郭择毋辞对，大约县令因之未获罪，所以为"乡党所称"。汉代各级长官被人举告有罪，可以传考其属吏以取证。《后汉书·陈禅传》："州辟治中从事，时刺史为人所上受纳臧赂，禅当传考。它无所蒲但持丧敛之具而已。及至笞掠无算，五毒毕加，惮神意自若，辞对无变，事遂散释。车骑将军邓骘闻其名而辟焉。"《后汉书·独行列传·缪彤传》："仕县为主簿，时县令被章见考，吏皆畏惧自诬，而彤独证据其事，掠考占毒，至乃体生虫蛆。因复传唤五狱，蹢涉四年，令卒以自免。太守陇西梁湛召为决曹史。"同书《戴就传》所记也为此类事迹，大体相似。汉代郡、县之吏视太守、县令为君，自身为臣，《后汉书·戴就传》：就"仕郡仓曹掾，扬州刺史欧阳参奏太守成公浮臧罪。遣部从事薛安按仓库簿领，收就於钱唐县狱……"戴就指责薛安曰："令臣谤其君，子汪其父。"是其证明。这段释文"部郡所隐切卤簿广汉绵竹""幽厄成都狱□□□毋辞封"，其中"卤"字不确，应为"对"或"上"，对簿、上簿为汉代决狱之辞，《汉书·李广传》：李广为前将军随大将军卫青击匈奴，广失道后期，大将军"因问广、食其失道伏，曰青欲上书报天子失军曲折，广未对。大将军长史急责广之莫府上簿，广曰诸校尉亡罪，乃我自失道，吾今自上簿……渭其麾下曰广年六十余，终不能复对刀笔之吏矣，遂引刀自刭。"又《汉书·周勃传》：勃子亚夫，有人上告亚夫之子，"事连汀亚夫，书既闻上下吏，

吏簿责亚夫，亚夫不对？”颜师古曰：“簿谓文状也”“簿问者书之于簿一一问之也”，如淳曰：“簿音主簿之簿，簿问其辞情。”释史中之“卤簿”应为“对簿”或“上簿”。又释文中“毋辞封”之“封”字于义不通，“封”应为“对”。“毋辞对”谓不作县令有罪之辞对，就像周亚夫“不对”，因之“为乡党所称”。

赵汜曾为县主簿、劝农，仅于政。主簿为县令之属吏，劝农为劝农掾，《续汉书·百官志》县“各署诸曹掾史，本注曰：诸曹略如郡员，五官为延掾，临乡部，春夏为劝农掾，秋冬为制度掾”。“仅于政”释文作“僵于政”，按照片此字左为“亻”旁，右为“重”，很明显不是“僵”字，释“僵于政”也不可通，《说文》：僵偃也，段注：按僵所谓仰倒。《后汉书·周坊传》：“绣免归田里，后窦氏贵盛，笃兄弟秉权，睚眦旧怨无不僵仆”注曰：“僵偃也，仆踣也。”“仅”即“僅”，可通勤，“勤于政”较为合适。《后汉书·王涣传》：王涣为洛阳令有政绩，永初二年“邓太后诏曰……今以涣子石为郎中，以劝劳勤”。此处之勤即为勤于政事。汜收养孤嫂、兄子等，为其善举。

碑文最后叙述城吏、作者出钱为郭择、赵汜立碑的经过。埏吏自然是具体管理北江埏的官吏，作者为参加维修工程的劳动者，在汉代从事这种体力劳动的人是卒和徒。卒为更卒，汉制兵役和劳役结合，《汉书·食货志》：“又加月为更卒，已复为正一岁，屯戍一岁，力役三十倍于古。”说的是一个成年男子一年为正卒，一年为戍卒，每年有一个月为更卒。更卒者，颜师古曰：“更卒为给郡县一月面更者也。”也就是说除担任正卒、戍卒而外，每年有一个月给郡县服劳役。徒者为刑徒。这两种人是为官府提供劳动力的主要者。由于郭择、赵汜在维修工程中“以身帅下”，且“佐直修身、契白不义”，所以这些人出钱为之立碑。碑文中说“作者赵□卿……杨叔财等百余人”，是说

作者之中出家钱者有百余人，并不是指参加维修者仅百余人。参加维修工程劳动者当不止百余人。

通观全部碑文，此碑乃维修工程结束之后所立，并且此时郭择、赵汜尚在，即生为立碑。汉代为活着的人立碑，文献颇有记载。《汉书·于定国传》：“其父于公为县狱史、郡决曹，决狱平，郡中为之生立祠。”《后汉书·何敞传》：“敞为汝南太守……又修理鲖阳旧渠，百姓赖其利，垦田三万余顷，吏人共刻石颂敞功德。”后坐其子与窦环厚善免官，说明刻石颂功德时何敞尚在世。同书《任延传》：任延为九真太守，“九真俗以射猎为业不知牛耕，民常告耀交趾，每致困乏，延乃令铸作田器，教之垦辟田畴，岁岁开广，百姓充给……九真吏人生为立祠。”同书《王堂传》：堂拜巴郡太守，“堂驰兵赴贼，斩虏千余级，巴庸清静，吏民为生立祠”。又同书《循吏列传·仇览传》：览弟翊“除须昌长，化有异政，吏人生为立碑”。都证明汉人有此习俗。

从碑文可知，都江堰在汉代名曰北江埏，《史记·河渠书》：“蜀守李冰凿离堆，避沫水之害，穿二江成都之中，此渠皆可行舟，有余则用溉浸。”《汉书·沟洫志》所记相同。《华阳国志·蜀志》：“周灭后，秦孝文王以李冰为蜀守……冰乃雍江作埏，穿郫江、检江别支流双过郡下。”江水正流曰外江，穿过宝瓶口流经成都者为内江，有学者指出：“岷汀于都江堰分为内江，又称北江，或名都江”[2]。大约是内江在岷江之北。蒙文通先生在《成都二江考》中说：“顾氏引章如愚《山堂杂论》云‘外江、内江之名，前后凡三见：大江为外水，涪为内水，此小易者也。湔水入雒为外江，流江入江为内江，此自成都府言之也。郫江对大江而言，则大江为南江，郫江为北江，对流江而言，则流江又为外江，郫江为内江，此即成都一城言之也。流江实兼内外之称，各因所指立名，似

相杂而实不相溷也。'"蒙先生又指出："郫流二江原在城南，流又在郫南，以距城远近言之，郫内流外斯不移之理。"[3]可见江之内外、南北皆据不同地点以其相对位置而言，所以对岷江正流来说鱼嘴分水后流经宝瓶口之水称内江、北江，这大约是都江堰在汉代称为北江堋的原因。

郭择、赵汜碑出土地点，距1974年出土的李冰石像、1975年出土石像仅几十米[4]，可以说是同一地点，它们可能系同一庙中之物。推测李冰石像为东汉时人们为纪念李冰，在北江堋岸边建立祠庙，奉李冰于庙中，其后有关北江堋的纪念物，包括郭择、赵汜碑均立于庙中，后被水冲毁，遂沉于江中。

关于水利工程的管理，在汉代是以郡为主管机构。郭择、赵汜即是以太守史的身份代表太守负责督造维修工程。汉代水利工程较大或较多的郡设有都水长、丞，《汉书·百官公卿表》：在三辅均设有都水长、丞，可能是关中地区先有郑国渠，后有白渠、龙首渠等。据《汉书·刘向传》和《息夫躬传》记载：刘向和息夫躬皆曾领护三辅都水。其他如临时有事，则设置相应的主管官员，如成帝时为治理黄河任命王延世为河隄使者。东汉时有关的郡设都水掾，以郡掾的身份管理水利有关事宜。《后汉书·方术列传·许杨传》：建武中邓晨为汝南太守，"汝南旧有鸿却陂……太守邓晨欲修复其功，闻杨晓水脉，召与议之……因署杨为都水掾，使典其事。"鸿却陂之修复是以郡为主管的水利工程，安徽省寿县发现东汉时期的芍陂水堰遗迹，出土1件铁锤，锤上铸有"都水官"铭文[5]，都水官为管理水利的机构，就像铁官管理冶铁手工业，盐官管理盐业手工业，工官管理漆器等手工业，田官负责屯田事业一样。《续汉书·百官志》："其郡有盐官、铁官、工官、都水官者，随事广狭，置令长及丞，秩次皆如县道。"都水官有长、丞，相当县一级，寿

县出土铁锤上的铭文"都水官"，应为汉代庐江郡所辖的负责管理水利的机构。

郭择、赵汜碑提到有"堋吏""都水"。堋吏是具体负责北江堋的官吏。汉代官和吏虽然区别明显，但有时也称官为吏，《汉书·郑当时传》："武帝即位，当时稍迁为鲁中尉、济南太守、江都相至九卿为右内史，以武安、魏其时议贬秩为詹事，迁为大司农。当时为大吏，戒门下，客至亡贵贱，亡留门下者。"郑当时历位二千石、中二千石，而称为大史。又《汉书·杜周传》："至周为廷尉，诏狱亦益多矣，二千石系者新故相因，不减百余人，郡吏大府举之廷尉。"如淳曰"郡吏太守也"。二千石之太守可称郡吏。则此碑文中之堋吏，可能为主管北江堋的长官，即都水官之长。碑文中提到的"都水"，有可能是都水官之属吏，而非太守之掾，如是太守之掾，自应负责北江堋之维修，而不应在太守守史的监护率领下。1974年发现的李冰石像铭文中有"都水掾尹龙、长陈壹"，一般认为都水掾尹龙为太守之掾，长陈壹为都水长，相当于县长，所以都水掾以郡吏勒名于长之前，是正确的。同样的格式见于出土汉代工官生产的漆器，排在最前面的是护工卒史，以后才是工官长、丞等，正是因为护工卒史是太守派驻工官的郡吏，所以排名最前[6]。

都水官相当县一级，汉代水利工程之管理为郡、县两级，郡是主要管理者。《汉书·邵信臣传》：信臣为南阳太守，"时行视郡中水泉，开通沟渎，起水门提阏凡数十处，以广溉灌，岁岁增加，多至三万顷，民得其利，畜积有余。信臣为民作均水约来，刻石立于田畔，以防纷争。"《后汉书·杜诗传》：杜诗为南阳太守"又修治陂池，广拓土田，郡内比室殷足。"前引《后汉书·邓晨传》，以及碑文中提到的"陈留高君"都是太守兴修水利的例子。这是太守的职责之一，《续汉书·百官志》："每郡置太守一人，二千石……本注曰，凡郡国皆掌

治民、进贤劝功、决讼检奸、常以春行所主县、劝民农桑。"水利和农业关系密切,所以太守重视水利工程的建设。

郭择、赵汜碑立于东汉末年,这时北方军阀混战,益州相对比较安定,刘焉死于献帝兴平元年。建安四年,益州为刘璋割据。建安十九年刘备入成都。《三国志·蜀志·诸葛亮传》:刘备屯新野,往见诸葛亮问计,诸葛亮曰:"益州险塞,沃野千里,天府之土。"都江堰水利工程的修建,为蜀地经济发展提供了条件,经济发展又使人们对水利建设重视,促使郡主持对都江堰(北江堋)维修。这些就是建安四年郭择、赵汜碑出现的历史背景。

此碑关于都江堰工程记叙尚嫌简略,却是目前发现的有关都江堰的最早的第一手资料,诚为可贵。应和建宁元年李冰石像及其他石像等作为一个整体深入地进一步研究。

注　释

[1] 雅安市文物管理所:《〈何君尊楗阁刻石〉发现及考释》,《四川文物》2004 年第 6 期;魏启鹏:《跋〈何君阁道铭〉再发现》,《四川文物》2004年第 6 期。

[2] 魏达议:《成都平原古代人工河流考辨》,《都江堰史研究》,四川省社会科学院出版社,1987 年。

[3] 蒙文通:《成都二江考》,《巴蜀古史论述》,四川人民出版社,1981 年。

[4] 四川省灌县文教局:《都江堰出土东汉李冰石像》,《文物》1974 年第 7 期;四川省博物馆:《都江堰又出土一躯汉代石像》,《文物》1975 年第 8 期。

[5] 殷涤非:《安徽寿县安丰塘发现汉代闸坝工程遗址》,《文物》1960 年第 1 期。

[6] 宋治民:《汉代铭刻所见职官小记》,《考古》1979 年第 5 期。

(原文发表于《四川文物》2007 年第 4 期)

关于《建安四年北江堋碑》的几点认识

罗开玉

2005 年 3 月初，在加固都江堰渠首安澜索桥桥墩时，河床中出土两尊东汉石像和一方东汉石碑。从内容看，碑可定名为《建安四年北江堋碑》。该碑为了解古都江堰名称、岁修制度，为研究秦汉"李冰祠"的具体位置，为研究汉代地方水利管理机构，为佐证刘璋的"暗弱"及有关奴婢问题等都提供了新的资料。本文欲对此作一初步研究，欢迎指正。

一、碑文释读

《建安四年北江堋碑》碑长约 1.8 米、宽 1.5 米、厚 0.2 米左右，局部残缺。笔者曾多次观看此碑，碑文释读如下：

"建安四年正月中旬，故监北江堋太守守史郭择、赵氾碑/惟择产广都、氾郫县人。择、氾体履仁义，结发修善。择袭父固业，治《春秋谷良》，/兼通《孝经》。二奉东诏京师，治事府县。故府郭君召署文学、□薄、兵曹史，县/□政□□。择父同生兄文孤无子姓，文以寿终。择单尽家财，收葬文，以文/所□奴婢二人，□□禽直卅五万，让与文养女琮，行丧三年。又择前署县/□□□主记掾□□部郡所隐切功薄、广汉绵竹。择为要证，幽□成都狱/□□□丑辞封不□□，轻财重义，乡党所称。又氾故县主簿，劝农，僵于政/□□□□□分明□□，

收养孤嫂齿、兄累子二人，兄弟和雍。行之难罄三/□□□□间。择、氾受□□作北江堋。堋在百京之首，冬寒凉慄，争时错作/□□□□□不□□□时，陈留高君下车，闵伤黎庶，民以谷食为本，以堋/□□□□□□□□掾史、都水郭荀、任南、杜斯履历不旬。择、氾以身帅下，志/□□□□□作□旬日之顷，堋□竟就备毕，佐直循（修?）身，契白不文。水将（牺?）分/□□□□□不足。淤（游?）□不汝罚（罪?）亦不□，宜建碑表。时堋吏李安、傅阳、作者赵/□卿，郑□、□□、彦□、苏子邛、定□、杨叔财等百余人，报服恩施，比方先后，/治造超□□□冬，□兴意推盛，出家钱勒石纪行，刊示后贤，以劝为善。"（图一）碑文中：北江堋，堋即堋；筆尽，即殚尽；僵于，即强于；错作，即措作；百京，即百津。百京之首，指大堰之下"溉田畴之渠以万亿计"[1]之首。建安四年，益州牧刘璋已接替其父刘焉，割据蜀中 5 年。

碑文说：建安四年正月，郡府派守史郭择、赵氾"监北江堋"，即临时监管北江堋的大修工程。又说郭择、赵氾受命后，虽"堋在百京之首，冬寒凉栗"，仍"以身帅下""争时错作"，刚好 10 天，完成了大修工程。这是有关都江堰大修的最早实录资料。古文献中有"岁暮水落，筑堤壅水上流，春正月则溶治，谓之

穿淘"[2]的记载。

图一

二、"北江堋"为东汉时期都江堰的堰名

在过去的古文献中，都江堰在历史上至少有以下9种名称：

1. 离、离堆，始见于司马迁《史记·河渠书》；

2. 湔堰，始见于《华阳国志·蜀志》；

3. 金堤，始见于左思《蜀都赋》《水经·江水注》说都江堰"又谓之金堤"；

4. 湔堋，始见于《水经·江水注》；

5. 都安堰、都安大堰，见于《水经·江水注》，任豫《益州记》；

6. 楗尾堰，始见于唐《元和郡县志》；

7. 侍郎堰，始见于《新唐书·地理志》；

8. 都江堰，首见于《宋史·宗室传》；

9. 乡安堰，见于雍正《四川通志》卷13《水利》[3]。

这表明都江堰在历史上的名称变化很大。

这里简单讨论一下"湔堋"之称。《水经·江水注》载："江水又历都安县，……李冰作大堰于此，壅江作堋，堋有左右口，谓之湔

堋。"堋，蜀人古方言，意义同堰。过去一些学者据"堋有左右口"，认为"堋"只是"堰"中的某一局部，即鱼嘴部分。笔者在《壅江作堋新解》[4]中指出："壅江作堋"包括修筑鱼嘴、飞沙堰和开宝瓶口在内，包括整个都江堰渠首工程。此碑文进一步印证了此说。碑文中的"堋吏李安、傅阳"，是指官府任命的负责整个"堋"，即整个大堰的官吏，而不只是负责大堰某一局部工程的官吏。因此，北江堋为都江堰在东汉时期官府使用的正式名称。

北江堋碑证明，都江堰在东汉时期的官名又叫北江堋。这是已知的古代都江堰的第10个名称。碑文中的"堋吏李安、傅阳"，是指官府任命的负责整个"堋"，即整个大堰的官吏，而不只是负责大堰某一局部工程的官吏。在过去的文献中，都江堰上曾有"北江"之名。"北旧无江，冰凿以辟沫水之害，中为都江堰，少东为大、小钓鱼，又东跨二江为石门，以节北江之水，又东为利民台，台之东南为侍郎、杨柳二堰，其水自离堆分流入于南江。""北江少东为虎头山，为斗鸡台。""北江三石洞之东为外应、颜上、五斗诸堰，外应、颜上之水皆东北流，入于外江"[5]。这里，北江即内江。都江堰的基本功能便是将岷江水引入内江，灌溉成都平原。故将都江堰名之为"北江堋"，正如将其名之离堆、湔堰、金堤、湔堋一样，都有其根据。

三、《建安四年北江堋碑》与"李冰祠"

1974年3月在都江堰外江水闸发现李冰石像，上有官刻铭文。1975年又在其相距37米的同一河底发现持锸堰工石像。2005年3月初在对都江堰安澜索桥桥墩加固时，河床中又出土两尊东汉石像和《建安四年北江堋碑》。这两尊石像相差无几，均没有头部，经过测量，两尊石像均高约2米、宽1.1米厘米、厚0.55米。另一尊石像表面已经被水和泥沙冲刷得很

光滑、边缘也模糊不清；另一尊石像背部衣服纹路还十分清楚。灰白的石像身穿袖口宽大的长袍、两手放在胸前。接连数次在此地发现东汉石像，绝非偶然。它表明东汉时期，在都江堰渠首岷江岸边有官建的专门祭祀李冰的祠堂。上述石像、石碑原皆是李冰祠中之物。

从现有资料看，东汉及其以前，在都江堰渠首有两座祠堂。

一座是李冰时期修建的蜀王祠。李冰决定接手马都江堰工程后，为调动蜀人建堰的积极性，在建堰前，先建三祠，大祭蜀神。史载李冰"遂从水上立祀三所，祭用三牲，珪璧沉湳。汉兴，数使使者祭之。"在都江堰渠首，有李冰立的三祠之一，祭祀对象为蜀王鱼凫、杜宇，其地在今"二王庙"处。相传蜀王鱼凫田于湔山，得仙，今庙祀之于湔。时蜀民稀少[6]。一说鱼凫王田于湔山，忽得仙道，蜀人思之，为立祠[7]。秦汉时期的望帝祠即后世崇德庙，"二王庙"之前生。

另一座是秦始皇时期修建的主祭李冰的祠堂。李冰开成都两江，"始皇得其利以并天下，立其祠"[8]。这是秦时官建的专门祭祀李冰的祠堂。西汉建立后，多次派使者到都江堰渠首祭祀李冰等。此庙具体在什么地方，过去并不清楚。从都江堰渠首外江水闸附近屡屡出土东汉石像、石碑的情况看，这座以祭祀李冰为主的祠堂，应在当时鱼嘴后面不远的大堤上。此堤当时属都水部门管理。能在此建庙，也进一步证明此庙只能是官建。官府在此堤上建李冰庙，首先含有借李冰之神，来镇水之意。又此地是各类游客来参观大堰的核心位置，也含有官府欲借李冰教育各类官员之意。也正因是官建祠堂，堋吏李安、傅阳等才能轻易将吹捧太守守史郭择、赵氾的此碑堂而皇之地立在祭祀李冰的祠庙中。

齐建武时（公元494～497年）益州刺史刘季连将望帝祠于迁移至郫，将原祠改祀李冰[9]。要改变一个古祠的神主，无论古今都不

是一件简单、轻易的事。为什么会改祠？我认为答案只有一个，即当时鱼嘴后面大堤上的李冰祠已毁于洪水。由于李冰的威望远高于杜宇等蜀王，故将李冰时建的祭祀蜀王祠迁出，改祭李冰。将原在大堤上的李冰祠搬迁至山上"二王庙"处，将望帝祠迁移至郫县今望丛祠。可以推断，近年先后出土的李冰石像、"北江堋碑"等原李冰祠中的石像和碑刻等，至迟在齐建武年间已埋入江中。

另外，还有一点值得注意。过去，我们一般认为内地祠堂只设神位，不塑神像；认为我国庙里塑像祭神是佛教影响所致，且主要是从唐代才开始。但蜀地从李冰"于玉女房下自（白）沙邮作三石人，立三水中，与江神要（邀约）：水竭不至足，盛不没肩"[10]开始，东汉官府又在都江堰渠首李冰祀庙里造"三神石人，珎（镇）水万世焉"，石刻李冰像等，开我国庙里造像祭神的先河。

四、《建安四年北江堋碑》与东汉水利管理

关于汉代都江堰的管理体制、组织机构，近年出土的李冰石像铭文和《建安四年北江堋碑》碑文中皆提供了全新的、可靠的资料。

"故蜀郡李府君讳冰。建宁元年闰月戊申朔，廿五日，都水掾尹龙、长陈壹造三神石人，珎水万世焉"。（图二）

这段铭文清楚地表明，东汉蜀郡郡府内置有"都水"衙门，专门管理全郡的水利事务。"长陈壹"，是"都水长陈壹"的略称（前文中有都水，可略），其级别相当于县长，秩"五百石"至"三百石"。都水，是东汉郡府管理水利的部门。东汉相当多的郡都设有此职。已发现的汉印中见有"浙江都水""温水都监"等[11]。各地水利条件不同，都水职责当略有差异[12]。蜀郡都水，直属郡府，衙门设在成都，负责全郡的水利事务，管理都江堰也是其重要任务之一。

图二

《建安四年北江堋碑》中出现的涉及水利的官员有：监北江堋太守守史郭择、赵氾；都水郭荀、任南、杜斯；堋吏李安、傅阳。可分三个层次：

监北江堋太守守史郭择、赵氾，为郡守临时指定的、代表郡府对此次工程的监管全权代表（类似今之省长秘书）；碑文中的"掾史"，也应代表郡府，但可能是郡府中较老的负责水利方面的代表，此次有调整。这种重复任命，当或与刘璋时期蜀中政局混乱有关。李冰石像铭文中的"都水掾尹龙"即属此类，为郡守掾吏班子中专门负责"都水"事务的掾吏，为郡太守的专职水利秘书、办事人员。都水掾是郡太守府的掾吏。掾吏的级别较低。都水掾的品级为秩"百石"，品级虽低，却是代表郡太守，权势却重。故石刻铭文将他的名字排在都水长之前。

都水郭荀、任南、杜斯，为郡府中专门负责水利的部门（类似今水利厅）的一般官员。李冰石像铭文中的"都水长陈壹"为该部门的首长。

堋吏李安、傅阳，是北江堋（类似今都江堰管理局）的堰官。

我国古代专门的水利管理行政机构，早在秦朝已设有都水官。《汉书·百官公卿表》说："奉常，秦官，……属官有太乐、太祝、太宰、太史、太卜、太医六令丞，又均官、都水两长丞。"如淳曰："《律》，都水治渠堤水门。《三辅黄图》云三辅皆有都水也。"三辅，西汉早期称京畿之地为三辅。可见秦不仅在朝廷中设有都水官，在郡府中也设有都水官，专管水利事务。秦都水官的设立，从其名称中带"都水"二字看，从李冰治水的规模、范围、时间看，从成都"二江"又有"都江"之名的情况看，有可能是由蜀郡首创其制，后来秦朝廷、各郡皆学其经验，沿用了蜀地水利管理机构的旧名。

汉承秦制，各郡仍设"都水"衙门，直属郡府领导，独立于所在地的县（道）、专司全郡水利建设等。《百官公卿表第七上》奉常属官有"都水两长丞"如淳曰："又郡国诸仓农监、都水六十五官长、丞皆属焉。"《晋书·职官志》说："汉又有都水长、丞，主陂池灌溉，保守河渠，属太常。"西汉法律上明确规定，都水衙门的职责是"治渠、堤、水门"。水门即水利工程。全国郡国、郡府下都置有"都水"衙门。西安汉城曾出土西汉时期的"蜀都水印"封泥。都水衙门在行政上受郡领导，在业务上受大司农指导。"蜀都水"是西汉时期，管理蜀郡水利的专职部门。西汉制度，蜀都水长，由郡府任命，行政级别上相当于县长；蜀都水丞，由郡府任命，为都水长的主要助手。《百官公卿表》说：有一万户人家以上的大县，设县令，其秩一千石至六百石不等，不到一万户人家的小县，设县长，其秩五百石至三百石。县令、县长下皆有丞、尉，秩四百石至二百石，是为长吏。蜀都水长的级别，从全国统一规定看应在五百石至三百石之间，但从蜀地的实际情况看，应为五百石。蜀都水丞的级别应为四百石。西汉时期，成都平原的几项大型活动，如文翁"穿湔江口溉灌繁田"的工程、蒲江大堰（通济堰）的修建工程，再就是西汉两百余年间，都江堰的岁修、抢修、特修等工程，都应是由"蜀都水"具体负责。

两汉时期，都江堰的岁修工程，由郡守过问，都水衙门和堰官主持日常事务。完工后的祭祀活动则由高级官吏出面主持。东汉一代，封闭、割据式的豪族经济高度发展，但整个都江堰灌溉水系并没有因此受损。这反映出当时"都水"管理体系独立于县地方行政部门，具有相当的权力。

都江堰能延续近2 300年，一个重要原因便是每年必须岁修、三五年一大修。但过去有关都江堰岁修、大修的史料，最早的只到宋代。《建安四年北江堋碑》记录的是东汉时期都江堰大修的情况，它大大补充了史料的不足。

五、《建安四年北江堋碑》对刘璋"暗弱"的佐证

在《三国志》中，刘璋以"暗弱""懦弱"而闻名。如董和任成都令时，严格取缔豪强妄为。豪强们联合要求刘璋调董和转任它地；刘璋即准备调董和为巴东属国都尉；同时成都的一些外来势力，相携请愿，要求留任董和，刘璋又听命将其留任。为满足土著豪族欲望，刘璋先后新置了巴东、巴西、固陵、江阳数郡和分置了临江、南充国数县，增多了官吏名额，任用土豪为官吏。故诸葛亮在著名的《隆中对》中曾专门对刘备指出："刘璋暗弱，张鲁在北，民殷国富而不知存恤，智能之士思得明君。"后来又在制定《蜀科》时，对法正分析道："刘璋暗弱，自焉已来有累世之恩，文法羁縻，互相承奉，德政不举，威刑不肃。蜀土人士，专权自恣，君臣之道，渐以陵替。宠之以

位，位极则贱，顺之以恩，恩竭则慢。所以致弊，实由于此。"本碑文更佐证了文献中的这些记载。

从碑文看，当时北江堋（都江堰）由蜀郡管辖，而非由益州直辖（此后不久的蜀汉朝廷便直接管辖都江堰）。建安三年对北江堋的大修，应是蜀地的重大工程，州府也没直接过问。太守守史郭择、赵汜，负责监管北江堋此次大修工程。他二人在工地上前呼后拥，派头十足，但在工地上实际指挥的却是掾史，都水郭苟、任南、杜斯，堋吏李安、傅阳。完工后，堋吏李安、傅阳等"百余人，报服恩施，比方先后"，认为这是前无古人、后无来者的伟大工程，又"兴意推盛，出家钱勒石纪行，刊示后贤，以劝为善"。并堂而皇之地将碑立在祭祀李冰的祠庙中。碑文中不见州牧刘璋，也不见蜀郡守的名字，却始终都在歌颂职位甚低的"太守守史"郭择、赵汜。可见以刘璋为代表的外来统治者，其统治是浮在面上的，实际上控制益州的却是入仕的当地土著豪族。此碑形象地再现了当时"蜀土人士，专权自恣，君臣之道，渐以陵替"。以刘璋为代表的州政府连北江堋这样关系着蜀地国计民生的大堰都不直接管理，刘璋连此次大修都不去视察一下，既是不重视经济建设，也是懦弱无能的表现。

六、碑文中涉及的奴婢问题

《建安四年北江堋碑》碑文中有"择箪尽家财，收葬文，以文所□奴婢二人，□□合直卅五万，让与文养女珠，行丧三年"。蜀郡太守守史、广都（今双流地）人郭择，其兄郭文无子，老死后，郭择将其收葬，然后又将其生前的两名奴婢全给郭文的养女珠。即使原主人死了，奴隶仍不能获得自由。

秦汉三国时期，成都地区的奴隶在全国具有典型意义。司马迁在《史记》、班固在《汉

书》中，都一再强调，贩卖奴隶是巴蜀地区因此殷富的重要原因之一。而巴蜀最大的奴隶市场便在成都。王褒《僮约》是我国专门描写奴隶的最早、最翔实、最可靠的第一手资料，而它也写于成都。另外，在考古发现中也有大量涉及奴隶的资料，如在成都犀浦发现的东汉残碑[13]。现北江堋碑的发现，进一步证明当时成都地区确有大量人员拥有奴婢。成都地区私人奴隶的主要来源：一是市场购买，二是奴产子。市场购买，其中便以西南各族各部相互掠奴转卖为主要来源。另外，历次全国性大战乱之时，各地流民纷纷避入巴蜀、避入成都。他们中的许多人，因种种原因，最终沦为奴隶。奴产子是成都地区奴隶的重要来源，也是成都地区奴隶价格能炒得极高的因素之一。王褒《僮约》说当时（西汉晚期）成都地区一名奴隶值 1 万 5 千钱。犀浦残碑说东汉晚期，成都地区农家水牛 1 头价值 1 万 5 千钱，而奴婢 1 人平均值 4 万钱。本碑也涉及奴婢价格，但因有脱文而不清楚。

注　释

［1］《史记》卷 29《河渠书》。

［2］《宋史》卷 95《河渠志》岷江都江堰条。

［3］《四库全书》版。

［4］罗开玉：《壅江作堋新解》，四川省水利史研究会：《四川水利史研究》第二、三辑合刊，1985 年 10 月；《都江堰史研究》144～145 页，四川省社会科学院出版社，1987 年。

［5］《元史》卷 66《河渠志三·蜀堰条》。

［6］宋《太平御览》卷 166、913 引《蜀王本纪》。

［7］《华阳国志》卷 3《蜀志》。

［8］《北堂书钞》卷 74 引东汉应劭《风俗通》。

［9］清·孙琪：《岷阳古帝墓祠后志》也说：蜀人祀李冰，考其遗迹，灌口之李冰庙即杜宇之故址，齐建武中自灌徙郫。

［10］《华阳国志》卷 3《蜀志》。

［11］罗福颐：《汉印文字征》"都"字条，文物出版社，1978 年。

［12］《后汉书》志第 28《百官五》说：其郡有盐官、铁官、工官、都水官者，随事广狭置令、长及丞，秩次皆如县，道，无分士，给均本吏。上书《百官五》本注说：有水池及鱼利多者置水官，主乎水，收渔税，在所诸县均差吏更给之，置吏随事，不具县员。

［13］谢雁翔：《四川郫县犀浦出土的东汉残碑》，《文物》1974 年第 4 期。

（原文发表于《四川文物》2011 年第 3 期）

北江堋碑释文证都江堰史

冯广宏

一、发现北江堋碑

在都江堰首部枢纽鱼嘴处，有一道跨越岷江的安澜索桥，沟通东西两岸的交通。由于历时久远，构造俭朴，隔若干年就需要检查、维修一次，以加固桥墩、立柱和桥面。2005 年 3 月正是大修之期，利用冬季枯水季节在岷江河床中进行施工，忽在鱼嘴西侧外江河床中挖出一块东汉石碑。由于当时民工误以为是河中孤石，曾经用锤猛击；及至发现是块石碑时，上部左侧已断裂了一小块，中间几个重要的字迹便有所损毁，十分可惜。同时出土的还有残头石像两尊，与 1975 年外江出土的石像相近。考古人员来到后，便一一用吊车从江心取出，运至都江堰市文物局内，加以清理、保护。

随后，文物考古人士及时检视了这块古碑，发现上面皆为汉隶所书，补步判读后，得知此碑是东汉建安四年（公元 199 年）堰区吏民所刻，至今已历时一千八百年有余，十分宝贵。后来进行了墨拓、照相，进一步释读文字，得知碑文意在表彰"监作守史"郭择、赵氾之功，遂称《监北江堋守史碑》，简称"北江堋碑"。这一碑文的发现，可说填补了汉末堰史的空白，留下极其宝贵的历史信息。因为字体古奥，笔画不太清楚，文物人员起初还把"堋"字认成了"场"字，直到后来召开学术研讨会才做了纠正。不过，不同专家的碑文释读结果也并不完全相同。笔者根据文字、义理、史料各方面信息的综合，也做出自己的判读，略加校订如下。读者可与照片上的原文进行对比，赐予指正。

建安四年正月中旬故监北江堋太守守史郭择赵氾碑

惟择，产广都；氾，郫县人。择、氾体履仁义，结发修善。择袭父固业，治《春秋》榖氏，兼通《孝经》二业，东诏京师，给事府县。故府郭君召署文学、师薄、兵曹史、县史，□政□。择父固生兄文，孤无子姓。文以寿终，择单尽家财收葬文，以文所□奴婢二人□鬻，合直卅五万，让与文养女珠，行丧三年。又择前署县长□□主记掾□□，部郡所隐切多，薄广汉、绵竹；择为要证，幽厄成都狱。氾□□毋辞，对不□□；轻财重义，乡党所称。又氾故县主簿，劝农仅于政□，□□□顾。收养孤嫂函、兄累子二人；兄弟和雍，行之难鳌。

三年□□□间，择、氾受任监作北江堋。堋在百京之首。冬寒凉慄，争时错作，□刃□□□，不克□□。时陈溜高君下车，闵伤黎庶；民以榖食为本，以堋当作。□□□与□公，掾史、都水郭苟任畜；杜期履历平司；择、氾以身帅下，志□□□，□□作堋，旬日之顷，堋鄢竟就备毕。佐直修身，絜白不文，水将分□□□，□□不足，于□不汝，众亦不咋，宜建碑表。

时堋吏李安、傅阳，作者赵□卿、郑□□、□彦□、苏子印、□定卿、杨叔财等百余人，报服恩施，比方先后，治造趋□□冬，与意推盛，出家钱勒石纪行，刊示后贤，以劝为善。

二、碑文分段释义

《监北江堋守史碑》的字体，应属东汉时期通行的隶书，狃于当时风气，文中用了不少假借字，于是就增加了释读方面的困难。

碑文内容可分三段：第一段讲郭择、赵汜的人品和行为；第二段讲他们二人担任“监作守史”时，为冬季维修工程做出了贡献；第三段讲当时堋吏和农民工对二人的感谢之情，从而出钱立碑。

古代都江堰史料相当缺乏，《史记·河渠书》记载得非常简略，枢纽工程仅有“离堆”二字，情况基本不详；《华阳国志》虽然比《史记》详细，但涉及枢纽亦仅有“壅江作堋”四个字。关于科学管理部分，简直是一片空白。现在《监北江堋守史碑》把当时、当地的具体维修活动和盘托出，呈现出一幅冬季施工的全景图，其文化价值和历史意义自不待言。

现将碑文各段内容，详加解释和分析。

第一段

“择，产广都；汜，郫县人。”先交代郭择、赵汜两人的籍贯，表明他们都是蜀人，广都就是现在的双流。对他们总的评价是：“礼履仁义，结发修善。”礼与体字相通，如《周易·系辞》“知崇礼卑”，蜀才本礼即作体；“行其典礼”，姚本礼亦作体。

下面专讲郭择的学术和道德。他不但继承其父郭固的《春秋》穀梁氏学，并且又通《孝经》，有了两门学业。重要的是他人品还非常好，首先表现在他哥哥郭文“孤无子姓”，这里“姓”与“甥”通，证据是《老子》里“百姓”一词，帛书都写成“百甥”。郭文死后，没有后代，“择单尽家财收葬文”，这里的“单”字与“殚”通，意思是用尽家财来葬其兄。汉代最重孝道，考虑兄死无人守孝，又把其兄奴婢二人卖了三十五万钱，交给哥哥的养女郭珠，让她去守孝三年，可算得仁至义尽了。

后面再举出郭择又一事迹：他以前工作过的县中，有个主记掾存在不法行为，“部郡所隐切多，薄广汉、绵竹”，意思是影响面很大。汉代四川政区划分在益州刺史部名下，朝廷派有“部刺史”坐镇；下辖若干郡，成都位于蜀郡，郡裹有太守主政；郡以下再分各县，县有县令；故碑文称上级为“部、郡”。“择为要证，幽厄成都狱。”这两句文意不很清楚，或可解为郭择是主要证人，陷入这场难缠的官司中；但也可以解为郭择自己受到要挟，反而被陷害关押在成都监狱坐牢。从那个“厄”字来看，似乎后一种解释比较合理，此时社会混乱，黑白不清。

郭择的事迹讲完，下文应该讲到赵汜了，但碑文断烂，前三字不清，笔者根据下面“又汜”的提法，在这里补充了一个“汜”字。赵汜的人品是“□□毋辞，对不□□；轻财重义，乡党所称”。他的地位是“故县主簿，劝农仅于政”，原先是县级主簿，但抓农业很认真。这里“仅”字与“勤”“谨”相通。此人轻财重义，表现在他“收养孤嫂函、兄累子二人”：“函”应是嫂嫂之名，称“孤”，可见她没有子女；“累”应是另一哥哥之名，他有两个儿子，但仍然由赵汜收养。下文“兄弟和雍，行（此为误字，应作竹）之难罄”，表明他们兄弟情义之深。

当时风气，对官员自身的修养非常重视，因而碑文以很大篇幅来叙述二人品行。这相当于如今文人的名片，印上一大堆“客座教授”“博士导师”“学术带头人”等等头衔，加以衬托。

第二段

"三"字以下文缺，由于碑名有"建安四年"（公元199年）字样，并为正月所刻，则文中所记应该是建安三年之事，故补一"年"字。这一年，郭择、赵汜"受任监作北江堋"。由于他们已有兵曹史、主簿这些职务，因此可称"太守守吏"，表明是蜀郡太守之所任命。汉代州郡官制，郡内最高长官是太守，可以任命掾史，如郭择因为通《榖梁》《孝经》，就被前任蜀郡太守郭君署为"文学、师（即司）簿"。汉代郡丞，或称从事，如治中从事、祭酒从事之类；或称史，如功曹史、仓曹史之类；或称掾，如文学掾、五官掾之类。"守史"一名不见于《百官志》，可能属于临时性职务。

"堋"是"堋"的古写，自《华阳国志》指出李冰"壅江作堋"以后，还没有多少现成古文献用这个字，现在碑文大书特书，说明这个字当时很流行。"堋在百京之首"，所谓京，就是大型粮食仓库。元王祯《农书》说："京，仓之方者。""今取其方而高大之义，以名仓曰京，则其象也。"那么"百京之首"就等于是农业的命脉了。

"冬寒冰慄，争时错作。"这里"错作"，是"措作"的借字，意为筹措修理。可见每年冬季都要计划修堰，因为洪水期必然会冲毁一些竹笼，淤积一些沙石。下面两句有缺字，从"不克"一语得知，可能是说当年冬修发生了一定困难，不外乎政治动乱，或者是经济问题。

此时，"陈溜高君下车"，文中"溜"字借为"留"，说明新任太守高君是陈留人，其地在今河南开封。清嘉庆《四川通志》卷一〇一所记历代职官题名，东汉蜀郡太守有"高躬，陈留圉人。高眹，陈留人"。下面注说："躬见

《魏志》，而眹不见史，或是一人。"所以高君必然就是这个人了。"下车"，是高级官员刚刚上任的代词，这位太守"闵伤犂庶"，关心老百姓。这里"犂庶"又是"黎庶"的借字。他认为"民以榖食为本，以堋当作"，必须安排修堋，可见他是一位关心民众的好官。

他做出的布置是："掾史、都水郭苟任舌；杜期履历平司；择、汜以身帅下。"那时凡有重要水利工程的州郡，均设有"都水掾"的职务，此时郭苟、杜期二人即任此官。所谓"任舌"，就是负责动钎，钎为掘土工具，意思是主持施工。"履历"，就是实地查勘；"平司"，意思是安工，即分配工程任务。这两人是具体执行冬修工作的工程负责人。而郭择、赵汜作为冬修的上级领导，相当于现在的监理指挥长，但他们"以身帅下"，亲临前线，身先士卒。下面"志□□□"，应是描写二人工作的辛劳。结果，"作堋，旬日之顷，堋鄢竟就备毕"。一旬就是十天，鄢是"堰"的假借字；堋是总体工程；堰是各个局部。整句意为工程十天内全都修理妥当。

关于成绩的描述，碑文用词生僻，又有借字和缺文，不过意思还算明白。"佐直修身"，说的是堋修得笔直、绵长，"佐"应读为作；"修"意为长。"絜白不文"，是说工程光洁、朴素，"絜"借为絜。"水将为□□□，□□不足"，意思是说堰水按照常规分流，农田不患来水不足。后面两句"淤□不汝，众亦不咋"，应读为"淤而不洳，众亦不疰"。淤沙没有胡乱堆积，民众也没有受到惊扰。正因为他们努力为民造福，于是回到关键词上："宜建碑表。"

第三段

决定建碑纪念的人主要有两类：一是"堋

431

吏"，即直接管堰的官员；二是"作者"，即直接投工的农户。堋吏只有李安、傅阳二人列名，他们与郡县官员一样，都是单名，可能文化层次较高，基本上属于吃皇粮的人物。农户投工有一百余人，但只写了赵□卿、郑□□、□彦□、苏子印、□定卿、杨叔财等六个名字，他们都是双名，而且比较土俗，显示出城乡差别。可见当时姓名也从单名向双名过渡，看来民间是走在前头的。他们"报服恩施，比方先后，治造趋□"，所谓"比方"，是互相攀比之意，意思是大家争先恐后。"与意推盛，出家钱勒石纪行，刊示后贤，以劝为善。"拿"出家钱"，来刻这一通碑，其目的是昭示后人，劝善述德。

三、碑文补充历史

因为汉代还没有科举制度，选拔官员全靠基层官吏推荐，其标准主要是："贤良、方正"和"孝、廉"，其次才是"文学"。元马端临《文献通考》卷九《选举志》中，罗列了一系列材料：

孝武（帝）元光元年（公元前 134 年）冬，初令郡国举"孝、廉"各一人。

元光五年（公元前 130 年），征吏民有"明当世之务，习先圣之术"者，县次续食，令与计偕。

元朔五年（公元前 124 年），制：诏补"博士弟子"。郡国县官，有"好文学、敬长上、肃政教、顺乡里、出入不悖"，所闻，令相长丞、属所二千石、二千石谨察可者，令与计偕诣太常，得受业为弟子。

孝昭（帝）始元五年（公元前 82 年），诏举郡国"文学、高第"各一人。

地节四年（公元前 66 年），诏令郡国举

"孝悌有行、义闻于乡里"者各一人。

元康元年（公元前 65 年），诏博举吏民"厥身修正，通文学，明于先王之道、宣究其意"者，各二人。

元康四年（公元前 62 年），诏遣大中大夫循行天下，举"茂材、异伦"之士。

建昭四年（公元前 35 年），临遣谏大夫博士循行天下，举"茂材、特立"之士。

哀帝建平元年（公元前 6 年），诏大司马、列侯、将军、中二千石州牧、守相，举"孝悌淳厚、能直言、通政事、延于侧陋可亲民"者，各一人。

建武六年（公元 30 年），诏举"贤良、方正"各一人。

安帝永初五年（公元 111 年），举"至孝、与众卓异"者。

元初元年（公元 114 年），诏三公、特进、列侯、中二千石、二千石郡守，举"淳良、质直"各一人。

桓帝建和元年（公元 147 年），诏大将军、公卿、郡国举"至孝、笃行"之士各一人。

延熹九年（公元 166 年），诏公卿、校尉、郡国举"至孝"。

从上述材料得知，汉代当官并不靠学八股文以应科考，而是行孝、行善，让地方官员知道那些事迹，正式推荐上去。难怪碑文写了那么一大堆郭择、赵汜的善行，原来那就是他们做官的资本。由此也证实了汉代的具体选拔制度。

《后汉书》论道："汉初，诏举贤良、方正，州郡察孝廉、秀才，斯亦贡士之方也。中兴（指东汉）以后，复增淳朴有道、贤直能言、独行高节、质直清白淳厚之属。荣路既广，缺望难裁。自是　名为服，浸以流竞。权门贵

仕，请谒繁兴。"既然善行是一条升官的捷径，便有人伪装道学，甚至踏破地方官的门槛，钻营谋荐。

张衡说过："自初举孝廉，迄今二百岁矣。皆先孝行，行有余力，始学文法。"所以那时当官的，多半因有"孝子"的帽子，才被推荐上来，学习古文和法律的人才并不多。因此既有道德又有学问的官员，比较稀少，像郭择那样既通《春秋》《孝经》，又有良好的人品，很不多见。

既然为官的人全由道德标准来录取，于是社会风尚就会以道德高尚为荣，道德败坏为耻，那是显而易见的。尽管汉献帝在位时朝中受董卓、曹操挟制，地方州牧各自坐大，混战不息；加之黄巾起义，风波又起，但各地秩序仍然井然，北江堋仍能按部就班地修缮，就是一个实证。这一点，对今天的社会也有一定教育意义。

都江堰的名称，《史记》上的"离堆"，只能说是一个外号；《华阳国志》称为"湔堋"，过去觉得很难理解，现在才知"堋"实是蜀地民间流行的名词。

"北江"一词，见于元《蜀堰碑》："北旧无江，（李）冰凿以辟沫水之害。"李冰时的都江堰头，并不在今天索桥那个位置，而是远在白沙河口下游附近，而且岷江的位置与今天也大不相同，偏于西面；因此李冰能够在岷江东岸平地开出一条巨大的北江，与宝瓶口相连。这一北江，可能就是现在的内江前身，而岷江正流，还远在现在的外江的西北。出土此碑和石像的外江江心，那时应该还是一大片陆地。了解这些沧桑变化，便对当时把都江堰称为"北江堋"，完全充分地理解了。这一名称首先表明"堋"是个通用名词，包括整个引水枢纽；其次表明"北江"是工程的主体，全靠它

引水到成都平原，使之成为"百京之首"，而岷江西岸引水灌溉区，绝不是什么重点。

从碑文得知，东汉管理北江堋最基层的官员，称为"堋吏"，从碑上只有两人得知，应属于专管人员，其所以不是一人，因为两人有事可以互相商量，并且彼此也好有所监督。从他们的名字颇为文雅来看，应该是由都郡任命的县里人，有一定治水经验，而且在群众中也有一定威信。他们既是管理者，同时也是劳动者。他们直接接触和指挥的，就是那些参与修堰的农户。由于碑上称百余人，可能是官方专门指定的堰堋维修专业户，这些农户可以免除其他各种杂役，专攻于此。碑上只点了六个人的原因，也许因为"六"这个数字是水利的吉祥数，也许因为他们分住在六个村子；但他们一定是水利受益者，则无可疑。由于人数并不很多，而且工期也只有十天左右，因此他们维修的对象，仅限于枢纽核心那一段，属于官方关注的部分。其余分支渠道的枢纽，肯定不会如此正规。

都江堰史在汉代发生了缺环，我们只知道北魏郦道元《水经注》补充记述诸葛亮建立了堰官，但三国以前是否就没有专管官员也不很清楚。现在北江堋碑出土，对这些问题做出明确回答：一是汉末通俗的堰名，正是"北江堋"；二是历来有管理堋堰的"堋吏"，每年冬季基本要对工程进行修理。不过施工期相当短，因此不必兴师动众。

堋吏的上级，就是郡县派来的掾吏和都水官。掾吏是不大懂技术的监管者；而都水官就相对懂行，如何修理，需要听他的安排和建议。他们的职责可能侧重于建设方面，因而代表官府来抓工程，年年如此。除了冬修之外，掾吏还有许多其他行政事务要管；而都水官在北江

埂以外，一定也有不少水利业务要办，只不过冬修是其中一桩大事而已。

由此可见，两汉时并非没有专管人员，只不过没有专门设立州郡一级的堰官而已，具体管堰的基层干部还是有编制的。领导施工的官员，不仅有专业的都水官，而且还有郡中特派的掾史。建安初年已进入汉末，是个政治动荡的时代，蜀郡从上而下，对作堋如此重视，可见这项工作早已深入人心。同时也能看出，修堰已成为一种惯性的民俗，反过来也可证明都江堰对农业经济的巨大支撑作用。因此古代都江堰管理史应该补写，后来管理的一切基础，汉代人早已基本打好。

最值得注意的，是碑文主人公这两位"监作"守史。从"守"字看，他们的任务是临时性的；而从"史"字看，他们的地位却高而超脱，但工程成败的关键又在于他们身上。由此推测，以往冬修的专管人员官僚主义比较严重，没有郡太守派出的守史监督，或许会马虎敷衍，甚至还可能对农户敲诈勒索。农户要为二人立碑，便说明这一年没有遭遇祸害，而且工程修得到位。换言之，其他年份大概比较黑暗。

最高的管堰职责，当然就是太守所有了。北江堋在汉代的经济地位，只要看看太守高躬刚刚"下车"，就关注"作堋"一事，便会明白。尽管当时还没有"岁修"一词，但从碑文中能够看出，每年冬季修堋已初步形成习惯。在这里，我们对"壅江作堋"一语有了新的理解。过去理解"壅江"是为抬高水位，以利引水，这在开敞式无坝引水工程上，说法比较勉强；可是按碑文内容来思考，"壅江"似乎是用杩槎断绝上游的来水，类似现在的截流工程，以便修理堋的损坏部分，这一套行动就叫做"作堋"。那时可能只修理北江上的枢纽工程，

再就是清淤，工程量很小，一百多家农户即能负担全役，上阵的劳力可能只有两百人左右。

四、岷江环境改变

当1974年外江出土东汉李冰石像时，笔者就曾推测过，石像背朝上，面朝下，因此胸部文字未被磨损；而且从石像倒下去一直原地没动，应当是连庙子一起倾覆的现象。1975年同样地点又出土残头小石像，倒的姿势与李冰石像相同，显然是同一时间所倾覆。根据石像铭文得知，大石像是汉灵帝建宁元年（公元168年）所造，而且属于都水掾、长的主动供奉，所以当初绝不会放在露天，而要立在一座祠庙里。祠庙的位置，应该就在现今鱼嘴堤的端部，后来发生某次特大洪水，冲毁了庙宇，石像才埋到现在那个地方。现在出土北江堋碑的外江江心，在汉代还是很大一片陆地。

刻制建宁李冰石像31年后，东汉建安吏民又刻了北江堋碑。而我们发现这块汉碑，距离发现李冰石像的时间间隔，恰巧也是31年！这历史性的巧合，完全可以成为一段佳话。

从北江堋碑字迹来看，除了锤击断开部分以外，大部比较清晰，这又证明了此碑也是放在庙子里的，并未立在露天坝里。随着庙的冲毁，石碑与之同归于尽，2005年同时发现的两尊石像，就是一个铁证。它们与31年前石像的倾倒姿势也很相似。但最令人不解的是，前后出土的三尊小石像，全都缺头，而且还步调一致地残了右肩，斜的方向也如出一辙。难道当初刻制的模型就是几个无头人？且不说世界上并没有这种无头人存在，再说《山海经》里的"刑天"也不是这个样子，此外更无文献能够提供此像的依据。如此看来，只能推测小像在

庙里原本完整，后来才遭遇破坏。如果是洪水造成的破坏，怎么大家都整整齐齐断了石肩，而不是有左有右？那么结论只有一条——它们遭遇的是人为破坏。

笔者考察过汉末以后最接近公元 2 世纪的岷江最大洪水，相当于千年一遇者，应该就是发生在五代前蜀武成三年的那一次，具体时间是公元 910 年 8 月 5 日。杜光庭《录异记》说，都江堰被洪水冲移了数百丈，1 公里左右。李冰时代堰首格局发生了彻底改变，岷江河床也局部改了道。笔者认为那个祠庙，包括里面的碑、像，被这次洪水所毁的可能性极大。

既然小像头肩致残，并非洪水之过，我们就能断定在公元 2 世纪后五百年间的某一年，它们忽然被人为地齐齐打烂。人们为什么要这样做？考古专家刘雨茂便猜想过：难道会有一种祭祀方式，把石像头肩打掉，丢进水里？看来古代并没有那种礼数，少数民族也没有此种规矩。除此之外，只能推测是仇杀性质了。

笔者有个大胆的猜想：莫非那些小像，是汉代地方官员的肖像？他们的右肩上分别刻上姓名，立在庙里，与李冰大像一起被人供奉。当初刻立它们，也许要在民间摊派资金，弄得民不聊生。也许它们对修堰有那么一点贡献，便想方设法挤进这座庙里来享受香火，而老百姓却是非常反感的。一旦风吹草动，比如魏晋以来改朝换代，无政府主义思潮泛滥，就有群众起来砸像：不仅砍下它们的头，还把它们刻在肩上的名字打掉，于是便产生了那么多奇怪的残头石像。

（原文发表于《蜀学》第六辑）

读建安四年《郭择、赵汜碑释文》的几点浅见

周九香

2007 年 4 月，在参加了"都江堰渠首石刻与水文化研讨会"后，受到与会学者发言的启发，获益良多，现将我的发言稿再次修改、充实，仅向诸位先生请教。

2005 年 3 月在都江堰渠首发现的汉建安四年（公元 199 年）《郭择、赵汜碑》是都江堰水利史的一件非常重要的文物，也是研究东汉社会历史文化的第一手资料。由于大自然的风风雨雨加上都江堰岷水的冲洗，许多字迹已模糊不清，在逐字逐句研读全文时，除了辨清字形结构外，还应运用"理校法"，结合东汉末年社会和蜀郡地区具体历史情况，加以考辨，推测。现提出几点看法，仅供参考。

（一）"北江场"应为"北江棚"。

这是与会大多数学者的共识。东晋常璩云："冰乃壁江作棚。"[1]

北宋地理学家乐史云："都江堰，一名湔堰，李冰拥江作棚。蜀人谓堰为"棚"。"[2]

"北江棚"就是"北江堰"。这是都江堰最原始的名称。

岷水从峨山河谷自北向南流入平原渠首处，人们在这里修棚作堰，向着水流的方向故名"北江棚（堰）"。岷江水从秦代的湔氐县（今松潘县北）流下来，故又称湔堰。

学者们认为棚的故义是"一种阻水的长长的矮堤"，或者说是"一种鸟翼形的壅水低坝。"[3] "棚有左右口谓之湔棚。"[4]

（二）"太守守史"。汉代地方政权，实行郡县制。郡的长官为郡守，又称太守，傣禄等级为二千石。郡守掌治一郡，职大任重，故有许多佐治人员，除了郡都尉、郡墨、长史由朝延任命之外，众多的属吏都是由太守自己选拔的，一般是任用本郡人士担任。这些各种名称的小吏，统称之为"守属"。分别为书佐、循行、干、小史等。这些属吏称太守为府君，他们与太守之间又形成一利二重君臣关系。碑文称，广都（双流）郭择，郫县的赵汜为太守守史。说明他们正是由蜀郡太守提拔的本地人，职位为小史，故称守史，专门负责监督都江堰北江棚的修建与维护的工作。

应当说明，这类"守属"，可以说是在太守府直接受差遣的小吏。太守还管辖各个办事部门，如户曹，用菌，水曹，仓曹，将作曹，兵曹，学宫……。一曹相当于一个局或科，各曹又有一定数量的小吏，均由太守选拔[5]。

（三）"择、汜体履仁义""体亲自遵循""履"实践也。一言一行符合仁义标准。

（四）"结发"男人从儿童进入青年期，束发于顶谓之"结发"。东汉灵帝于建宁元年（公元 168 年）12 岁即皇帝位，建宁四年（公元 171 年）15 岁"帝加元服"，"元服"就是皇帝的皇冠，行成人礼。说明 15 岁、16 岁是

"结发"之年[6]。

（五）"二奉"，似应为"二业"。汉代经师是一种职业。郭择承其父业，既通今文经学的《春秋穀梁传》，又是《孝经》师。

（六）"东诏京师"之"诏"，似应为"诣"字。

西汉平帝时，"征天下……以五经论语、孝经、尔雅教授者，……造诣京师。至者数千人。"[7]这一史实，可供参考。至于郭择东去洛阳是学经深造，还是当经师呢？情况不明。

（七）"治事府县"，宋治民先生云，应为"给事府县"，甚是。"给事"，供职也。

（八）"故府（郭）君召署文学师簿。"碑文中之（郭）字，刻在2行，3行之间，疑为后人妄加刻于上，十分草率。

郡学官中之属吏有文学掾，文学史（师）。据《蜀学师宋恩等题名碑》所记，当时有《易》掾二人，《尚书》掾三人，《诗》掾二人，《礼》掾二人，《春秋》掾一人，文学掾一人，文学孝掾一人，孝义掾一人，（授孝经）文学师四人，《易》师三人，《尚书》师三人，师二十人。师或史之代称[8]。

"故府君"，疑指高眹，详说见后。

（九）"同生兄"。汉人称同一母亲所生之兄弟姐妹为"同产"。汉简和两汉书中，常有"同产""男同产""女同产"之记载。"产"生也。"生"，产也，相互为训。

（十）"择单尽家财"。"单"字似应为"啴"字，通"殚"，竭尽家财也。汉朝人文章经常使用这一词组。

（十一）"□奴婢二人，□□合直三十五万。"□似应为"退"字，□□似应为"田宅"二字。汉代奴婢，一般价格为一万五千左右，二个奴婢最多折价四万，还有三十余万应为田宅价。汉人计算家财，常以"奴婢田宅"并称。

仲长统认为，当时豪强大地主，"豪人之室，连栋数百，膏田满野，奴婢千群，徒附万计。"[9]相形之下，郭泽家只是中产之家而己[10]。

（十二）"隐切卤薄"。按"卤薄"是皇帝皇后外出的车马仪仗。此处"卤"字疑为"书"字，即隐藏一切文书薄子之意。

（十三）"都水郭苟"。汉代管水利的官，叫都水。东汉时期，各个郡，设有都水掾或水曹（水务科），有都水掾和都水史，负责兴修水利。

《隶释》十五《绵竹江堰碑》，广汉郡有都水掾及水曹掾、吏各一人。

这儿记载负责都江堰水利的有都水郭苟等人，而郭择和赵汜又是太守派来行使监督水利工作的办事员，故称守史。

（十四）"百京之首"似应为"百原之首"。原字本义为今日之源，汉代都江渠首第一县为江原县是也。百源者，由峨山河谷上百的山沟水汇成也。百原者言水源众多也，不必拘泥，不知当否？

碑文之第一个"京"字一点一横，甚长，很像《曹全碑》之一横。第二个"京"字，一横甚短，很像一模糊之"原"字。

（十五）"陈留高君下车"。高君即高府君，为河南开封附近陈留郡的人。"下车"即被任命为蜀郡太守。据《大清一统志》293卷记载，高眹（音舜）是在汉灵帝光和中任蜀守的，即公元179年到184年之间，也许在他任蜀守时，就提拔了郭择和赵汜为守史吧。过去学者们据《华阳国志》和《大清一统志》等的记载，知道在汉安帝时期，文翁石室遭遇火灾，高太守在任时，不仅振兴文教、修复了文翁石室，还新修了《用公礼殿》，成为当时全国有名的历史名人纪念堂。

"下车"，国君初即位和官员上任为"下车"。

"及光武中兴，爱好经术，未及下萃，而先访儒雅。"[11]汉光武刘秀还未即帝位，就注意招来儒学之士。

"太守弘农成瑨下车，欲振威严，闻（岑）晊高名，请为功曹。"[12]说明太守上任也叫"下车"。

（十六）"契曰不文"。勤劳、清白，毫不浮夸。"佐直修身"应为"位直修身"。位，正也。

（十七）由于碑文脱落了许多字，给我们留下许多想象的空间，提出了许多值得探讨的问题。

首先，建安四年（公元199年），是怎样一个大环境和小环境呢？

"中平以来，天下乱离，民弃农业，诸军并起，率乏粮谷，无终岁之计，饥则寇略，饱则弃余，瓦解流离，无敌自破者，不可胜数。""民多相食，川里萧条。"[13]

"是时，长安城空四十余日，强者四散，赢者相食，关中无复人迹。"[14]

这是一个军阀混战，天下大乱，大饥荒，大瘟疫的时期。

当时益州地区，已为刘璋所控制。从青城山上走下来的张陵的孙子，张衡的儿子张鲁，已在汉中地区建立了政教合一的政权。刘璋因而与以汉献帝为首的中央政权采取一种貌合神离的态度，以"米贼断道"为借口，保境安民。

请问，此时的蜀郡太守是否还是高眹呢？东汉的官吏同西汉一样是可以久任的。如冯肪为魏郡太守二十七年，王霸为上谷太守二十余岁，祭肜为辽东太守将近三十年[15]。如果高眹在公元182年为蜀郡太守，到了建安三年（公元198年）已是十五六年的光景了，这完全是很正常的事情。何况在兵荒马乱之际，中央对地方官吏的考核任免已形同虚设了。

但是，我们发现有一位知名人士，他叫苟攸，原来在中央为官，在董卓专权时，当上了汝南太守，因此公元192年董卓被杀之时，幸免于祸。不久，可能在公元195年，也许这时蜀郡太守高府君不在人世了，苟攸向朝廷提出申请，到蜀郡当太守，据说朝廷同意了。但是，到蜀郡的道路不通，苟攸只能在荆州待命。《资治通鉴》建安元年条云：

"建安元年（公元196年），曹操以苟彧为侍中，守尚书令，操问彧以智谋之士，彧荐其从子蜀郡太守攸。"（胡三省注曰：攸既免董卓之祸，复辟公府，举高第，迁任城相，不行；以蜀险固，人民殷盛，求为蜀郡太守，道绝，不得至，驻荆州。）从此，苟攸成为曹操的军师。

《后汉书·王堂传》云：王堂的曾孙，王商，"益州牧刘焉以为蜀郡太守，有泊声"。王商是广汉人，可能在高眹去逝后，朝廷任命的苟攸未及上任，刘焉便自行任命王商为蜀郡太守吧。刘璋又任命许靖为蜀郡太守。

诸葛亮与苟攸真是英雄所见略同，他们都看到了蜀州天府沃野千里，地形险固，人民殷富。在大混乱的时代，一个相对安定的地区，都江堰流域的农业生产，即是其经济基础。

如果我们的推测成立，则碑文第三行的"故府君"就是指高太守，二行和三行之间，刻划的"郭"字为后人无意加上的。

至于"陈留高君下车，闵伤黎庶，民以谷食为本，以棚□作"更是怀念高府君的至理名言。□应似"务"字。

在公元198年，郭择和赵汜这两位都江堰流域的子弟和群众一道，他们以身帅下，完成了北江堋的岁修工程，受到同事和群众的称赞。他们是因公殉职的呢？还是遭遇什么突发性的变故而辞世的呢？

也就在公元198年，曹操和刘备等人联手，杀死了吕布。到了公元199年，蜀中人民在新春正月，为郭择、赵汜立碑，表彰他们的治水功绩。

这一年，驻军徐州一带的曹操，在一次宴

会上，对刘备说，只有他和刘备才是天下的英雄。

15 年后，"建安十九年（公元 214 年）先主（刘备）克蜀。蜀中丰富盛乐，置酒大会，飨食三军，取蜀城中民金银颁赐将士，还其谷串。"英雄们占有了都江堰流域人民创造的财富[16]。其中，"赐诸葛亮、法正、飞及关羽金各五百斤，银千斤，钱五千万，锦千匹。"[17]

《郭择、赵氾碑》的书法艺术，的确可以同《曹全碑》相比美。然而要想用四百余字，述叙两个人一生的重要事迹，必然出现文字简略，很不流畅。加上脱落了几十个字，这更令人很难理解其全部内容。岁月悠悠，浪淘千古，我们相信他们是踏着李冰的足迹前进的。

在清明节，放水节到来时，召开这次学术讨论会，的确是很有意义的。不过我的这些意见，可能是主观臆说，只有请诸位先生鉴谅了。

注　释

［1］《华阳国志 · 蜀志》。

［2］《太平寰宇记》卷七三。

［3］《华阳国志校补图注》《都江堰水利史研究》《李冰与都江堰》。

［4］《水经 · 江水注》。

［5］安作璋、熊铁基：《秦汉官制史稿》下册。

［6］《后汉书 · 灵帝纪》。

［7］《汉书 · 平帝纪》。

［8］《秦汉官制史稿》下册。

［9］《后汉书 · 仲长统传》。

［10］林甘泉：《中国经济通史 · 秦汉经济卷》下册。

［11］《反汉书 · 儒林传》。

［12］《后汉书 · 党锢列传》。

［13］《资治通鉴》建安元年条（公元 196 年）。

［14］《资治通鉴》兴平二年条（公元 195 年）。

［15］《后汉书 · 冯传 · 王传 · 祭传》。

［16］《华阳国志 · 刘先主志》。

［17］《三国志 · 张飞传》。

略说都江堰伏龙观汉代石刻水塘

付三云

在都江堰景区离堆伏龙观一殿中陈列有多件汉代石刻，其中 20 世纪 70 年代中期出土的汉代李冰石像和持畚石像，是惯常人们参观时重点关注的对象，旁边另一展柜内的 4 件石刻却常被人忽略，当中有一件石刻水塘同样属于一级文物。该石刻水塘又被称为"淡水养殖画像石"，1964 年 10 月出土于都江堰市崇义镇罗桥村，长 1 510 毫米、宽 852 毫米厘米、厚 170 毫米，与之同时出土的还有石人一对、石马一匹及一些汉砖。石刻水塘内容丰富，充满生活气息，展现了东汉时期川西平原的社会形态和农业状况等。石刻水塘被分成了三个部分：左侧较大，雕刻有树木 1 株、船舶 1 艘、人物 10 位、秧团 3 束、劳作者 8 人，另有一位妇女撑伞怀抱婴儿；右侧上半部为陂池，内刻莲蓬 5 朵、鸭子 3 只、螺丝 3 个、青蛙 2 只、梯级水闸 1 处；右侧下半部也为陂池，内刻莲叶两朵、螃蟹 1 只、鳖 1 只、鱼 5 尾、水闸和水栅栏各 1 处。

一、发现过程

1964 年 10 月，原崇义公社（今崇义镇）罗桥村在改土过程中发现一处墓葬，在其中挖出了石人、石马等陪葬品。当时灌县（今都江堰市）县委驻村干部得到消息后，因知晓文物保护的重要性，遂赶到县文管所进行了口头汇报。文管所干部文景良听闻后，敏锐觉察出该墓葬内出土器物有着重要的价值和意义，随即赶赴现场，发现墓葬已被破坏，经现场判断，确认是一座汉代砖室墓，立即予以了保护。经过抢救发掘，在墓中出土汉代石刻水塘一方、石马一匹、石人一对，榫头汉砖、花边汉砖一批。文景良即时雇用大板车将四件重要的石刻文物运回文管所保管存放。1965 年 3 月移入佛学社陈列。1966 年下半年"文革"开始后为保护这批重要文物，文管所工作人员将它们再次运回文物库房严密保管。1989 年 5 月，为充实离堆公园和伏龙观文化旅游资源，又将它们调入伏龙观一殿陈列，供游人观瞻鉴赏。1998 年 5 月 26 日，采用玻璃罩保护陈列至今。

二、意义和价值

该石刻水塘年代久远、体量巨大、内容丰富生动，为国内同类文物中的珍品。对研究我国汉代农业、渔业及水利发展有着重要的参考和佐证价值，也对研究人类社会前进过程中雨伞的普及、人类家庭分工、妇女护肤等有着重要的实物佐证意义，还对我国汉代门阀制度和庄园经济发展有着重要的研究价值。

通过观察该件石刻文物上的水闸，我们可知在公元 1 世纪至 2 世纪时，四川平原已在使用自流灌溉方式和环保循环养殖技术，且水闸（栅）根据用途的不同出现分类。右上角陂池以养殖牲畜为主，采用梯级水闸蓄水沟通下一陂池。右下角陂池主要养殖鱼、鳖、蟹等，为防止开闸放水时鱼鳖随水进入下一级稻田，故在水闸前安制了特殊的水栅用于拦阻鱼鳖。陂池内鱼类品种不同，有草鱼、有鲢鱼，证明汉代四川已采用了综合混养繁殖模式。左侧水田中 8 位俯身劳作者正用手耘田，其中 7 人整齐排列成两行，头前臀后，1 人在旁头左臀右，在旁边的农人左侧田地内有秧团 3 束，可见我国汉代水稻育秧已采用移栽技术，和今天川西平原农田水稻栽培方式一模一样。水田旁撑伞怀抱婴儿的妇女一方面反映了汉代四川农业家庭中男女的分工和感情状况，另一方面反映了汉代雨伞已经普及到民间，成了广大平民百姓

的日常生活用具，同时还反映了汉代四川女性已经懂得遮阳护肤的道理，与今天广大女性在阳光强烈的天气下撑伞遮阳完全相同。该石件印证了汉代门阀制度下，四川庄园经济已经高度发达，已掌握了生态循环种养殖技术，利用牲畜粪便和植物烂叶作为肥料饲养鱼鳖发展水产，又利用鱼鳖粪便作为农业水稻种植的沤肥，种植出的农作物废弃边叶等又可作为饲养鸡鸭等牲畜的饲料，完全就是一个高效的生态环保农场。

三、未解之谜

虽说是"未解之谜"，事实上是有待专家进一步解读的地方。其一，左侧水塘若说是田地，为何有船？我国部分地域的冬水田可放置平底小船，但此时田内通常无庄稼，且川西平原当代农田无此现象。川西平原农田移栽秧苗有使用秧船的现象，但秧船多为体量较小的圆形，而该件石刻上的"船"体量大，呈长条形。若说是水塘，为何有大树生长其中，且劳作人群排列整齐。在川西平原水塘内直接栽种大树的情况未曾有见，塘内捕鱼也无须众人首

尾相接整齐排列；若是采藕作业，又未见船舶内有存放，且船舶距离人群较远，塘内石刻未见有莲藕图案。其二，左侧水塘最顶端的"田埂"上采用线刻方式刻画了一处极像飞机的图案。那时绝不可能有飞机的出现，难道是 UFO 出现的例证，但 UFO 仅是人们的猜想，并无实物考证，从可能的角度出发，只能解释为飞鸟，但其体量巨大，似又不妥。其三，右侧上下陂池内均有类似青蛙正在从水塘内向田埂上攀爬的雕刻，但形态不明确。其四，左侧撑着伞、怀抱孩子的妇人是田地内劳作者的家属还是庄园主的家人，若是庄园主的家人更有可能与庄园主一起监工，但未见有庄园主。其五，该石件是在当地土改过程中发现出土的，缺少专业人士参与，未能发掘出更多佐证墓主身份的实物，对进一步研究留下遗憾。

四、类似文物

1961 年广东佛山澜石大松岗出土带船东汉陶水田 1 个。水田长 39 厘米、宽 29 厘米、厚 1.2 厘米，船长 21.2 厘米、宽 7 厘米、高 6.8 厘米。水田被田埂分成 6 块，田内有 6 人在劳作，其中 1 人坐在田埂上磨刀、2 人犁田、1 人弯腰插秧，另 2 人也在田中劳作，田地内刻画出成行的秧苗。

1965 年陕西汉中市烈火村出土汉代陶制陂池模型 1 件，通长 59 厘米，高 9 厘米，宽 37

厘米，池分两半，一半为水田，一半为水库，库内有蛙、螺、菱造型物。

1975 年云南呈贡小松山出土的一具东汉时期的长方形陶质水田模型。模型长 32 厘米，宽 20 厘米，从中间被分割成两大部分，一端是一个完整的大方格，其中没有任何东西，应该是池塘（蓄水池），另一端是代表水田的 12 块小方格，池塘和水渠的沟槽相连，形象地再现了蓄水以浇灌水田。

1975 年至 1976 年贵州兴义、兴仁两县汉墓出土的陂塘模型，塘田相连，中间由带有"通水涵洞"的堤坝相隔，塘内养莲、鱼、菱。其中最大者长 72 厘米、宽 56 厘米、高 4 厘米。

1977 年四川省博物馆在峨眉县清理一处东汉砖室墓时，出土了一件石刻水塘模型，模型长 810 毫米、宽 490 毫米、高 100 毫米。左面雕刻水塘、右部再中分为二，上部为水田，水田内有俯身的两农夫，正在薅秧；下部田内，其中有两堆堆肥；左边水塘中雕刻较为复杂，有青蛙、龟、鸭、鲢鱼、鲫鱼，一鸭正浮游水面，追赶着一尾小鱼。

2015 年贵州习水黄金湾遗址出土 1 个小型带船陶水塘。

佛山陶水田

国内出土了不少同类水塘、水田模型，上述仅罗列其中几处。笔者在 2010 年参与岷江流域水利文物调查时，曾走访过川内部分博物馆和文物管理所，结合网络上公开的此类文物，发现多为陶制，仅峨眉县和都江堰市出土的水塘为石制。纵观这些石制、陶制水塘、水田文物，伏龙观内的这方石刻水塘是其中尺寸最大、内容最丰富生动的一件，它从一个侧面反映了汉代四川农业经济的发达程度、发展水平和社会生产形态，是一件非常珍贵的石刻文物，因此在 1991 年被评定为一级文物。

陕西勉县陶水田

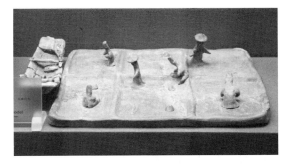

广东陶水田

四川峨眉石刻水塘

注：石刻砖瓦类一级文物定级标准——时代较早，有代表性的石刻；刻有年款或物主铭记可作为断代标准的造像碑；能直接反映社会生产、生活，神态生动、造型优美的石雕；技法精巧、内容丰富的画像石；有重大史料价值或艺术价值的碑碣墓志；文字或纹饰精美，历史、艺术价值特别重要的砖瓦。

论都江堰与蜀文化的关系

罗开玉

都江堰创建于 2 200 多年前，至今不衰，是一重要水利工程与珍贵文物的结合体。都江堰创建之时，正是蜀文化继续发展之时。蜀文化中的水利科学、宗教意识、神话传说，在都江堰身上都有反映。通过对都江堰的研究，我们可进一步认识蜀文化的内涵。这一课题，以前无人进行过研究，这里首先提出不成熟的意见，以求引玉。

一、李冰建堰时对蜀神的借助

根据文献记载、考古发掘资料的映证，李冰在带领蜀人创建都江堰时，曾大力借助于蜀文化中的宗教意识、神话传说，来号召、组织、鼓励蜀人，来指导水利建设。下面即将谈到的都江堰工程布局指导思想、一系列的镇水石神，都是其内容之一。这里先看在创建都江堰之初，李冰是怎样利用蜀神的。

《蜀王本纪》说："李冰以秦时为蜀守，谓坟山为天彭网，号曰天彭门，云亡者悉过其中，鬼神精灵数见。"[1]《华阳国志·蜀志》载此事详而完整，曰："冰能知天文地理，谓坟山为天彭门，乃至湔氐县，见两山对如网，因号天彭网。仿佛若见神，遂从水上立祠三所，祭用三牲，珪璧沈濆。汉兴，数使使者祭之。"李冰在修建都江堰之前，在勘察堰址时，首先宣称他

"仿佛若见神"，接着在江边建立庙祀三所，隆重祭祀蜀人信奉的有关神灵。天彭，是古蜀方言，最早或是一古蜀人一支或数支的部落之名，在他们的居处逐渐出现天彭之称，今都江堰、彭县、松潘等地皆有叫"天彭"之地。汉山，又叫蜀山、渎山，包括整个岷山山脉在内，都江堰渠首附近的的湔山（唐代以后又名玉垒山）也在其范围之内。湔氐，今都江堰、彭州西部地区[2]，此指今都江堰渠首附近。李冰在江边立祠祭祀之事，曾有人表示怀疑，把它列入神话范畴。此事虽有一些神秘色彩，但在当时确属事实，确曾发生。《史记·封禅书》载秦并天下之后，令负责祭祀的官员，将各地所信奉所祭祀的、并有利于秦统一的名山、大川之鬼神编排为序，上奏朝廷，统一规定祭祀级别和祭礼。当时全国四十六郡，经朝廷议定通过的，只有十八座，蜀郡就占了二座："汝山，蜀之坟山；江水，祠蜀。"

古代蜀文化属"西南夷"文化范畴。大量考古、民族资料证明，早期西南夷文化中的祭祀，都是野祭（即设祭神于野外丛林之中、坟墓之旁、山洞之中），而不庙祭。蜀王开明九世吸取了秦文化的因素，设"青、赤、黑、黄、白帝"五庙[3]，仅限于宗庙，未及山川鬼神。《封禅书》所载渎山、江水二祠，显为秦人所立；并从它们能够顺利地得到中央政府承认这

一点看，当为官府所立。从文献记载看，在秦统治蜀地期间，仅李冰时立祀三所，可进一步认为湔山、江水二祠皆是李冰所立。湔山祠，祭汶山山神，具体位置已不可确考；从当时的形势看，我认为在都江堰渠首以上不远的崛山山脉上，即在湔山上。江水祠，又叫江读祠，据唐李泰《括地志》等文献，在成都县南八里，具体位置在当时的流江（检江）岸边；该庙至明清仍存，历代多有记录，据说毁于民国初年。李冰所立江神，本是男身，这从他岁取民女二人和李冰欲嫁女与他的传说，便可看出；但到后来，江神竟变成了女身，亦是趣话。李冰立的另一祀，我认为是望帝祀，祭蜀王杜宇，在今灌县二王庙处。《灌县乡土志》说：西路古有望帝祠，旧址在今崇德庙（即今二王庙）；齐建武时益州刺史刘季连移望帝祠于郫，原祠改祀李公，相传至今。《崛阳古帝墓祠后志》也说：蜀人祀李冰，考其遗迹，灌口之李冰庙即杜宇之故址，齐建武中自灌徙郫。

李冰祭三祠，用中原祭礼的最高级别，祭用三牲（羊猪牛）。硅壁沉演，渍为古蜀方言，指大漩涡[4]，巫师在祭祀仪式和舞蹈后，将手中的神器硅壁投人大漩涡之中。《说文》："灵，巫也，以玉事神。秦《诅楚文》一开头便说"大秦嗣王敢用吉玉宣璧……"古代蜀人也以玉器为神器，在早期蜀文化的中心地之——广汉，曾出土大量玉器[5]，我认为其中不乏巫师使用的神器。

李冰同时立三祠祭蜀神，其规模、其气魄、其影响，显然都很大。李冰的这些作法，有何目的、有何功能呢？首先，这是欲向蜀人说明他与神有特殊关系，他能仿佛若见他们，甚至欲说明他就是神（这在他与水神相斗的传说中表现得更清楚）。其显示功能，是说明他尊重蜀人的山神、水神、祖宗，并试图争取这些神灵对他的支持。其潜隐功能，则是向蜀人表现他与蜀神之间的谐合，说明建堰已得到了蜀神的

许可；既然他与蜀神已取得了妥协，一般百姓就更应支持。这种仪式，还具有在蜀人心目中改变李冰身份的功能。本来，李冰是一个外来统治者，是秦国势力统治蜀土、秦文化统治蜀文化的代表；但通过大祭蜀神，使蜀人意识到李冰已接受了蜀文化，由秦国派来的统治者，转变成了自己认可的首领。单独看，是否要设这么多蜀祠，是否要举行这么隆重的祭礼，是否要采用这么高的级别，似乎都是小问题；然而把它放在秦在巴蜀的整个统治大业中看，把它放在建堰大业中看，就会发现它具有协调科学与土著宗教的关系，借神力统治蜀人，借神力号召、组织大家建堰的整合功能。李冰这些带有巫术性质的作法，与蜀人的传统巫术、原始宗教都相符，易为蜀人接受。

二、都江堰的建堰民族

要认识都江堰的文化内涵，首先必须搞清都江堰的建堰民族。

蜀地本属"西南夷"，故张仪说蜀国是"戎翟之长"[6]。秦、西汉时期，包括成都平原在内的整个蜀地居民，以土著民族为主，外来移民只是极少数。近年在成都、都江堰、新都、双流、广汉、绵阳等地发现的大量船棺、大量典型的蜀文物，以及在成都十二桥发现的干栏建筑等，都证明了土著在蜀地的广泛分布。在都江堰发现的东汉石棺上，有干栏式房屋纹饰，说明都江堰在东汉还居住着大量的土著民族。西汉王褒《律约》说他在湔氏买了一名叫"便了"的獠奴，从他喜爱"夷蹲"、多俘和他的名字看，显然是一土著民族。1966年在郫县犀浦发现一东汉残碑[7]，碑文表明当地居民普遍蓄奴；从那些奴隶的名字看，也主要是当地的土著民族。我们曾经指出，包括今都江堰、彭州西部地区在内的湔氏道居民，主要是氐人[8]。汉晋时期，氐人以杨为大姓。晋张华

《博物志》卷三说："蜀山南高山上有物,如称猴,长七尺,能人行健走,名曰猴獾,一名化,或哪段月瞿,同行道,妇女有好者,辄盗之以去,……为室家……有子者,辄俱送还其家,产子,皆如人……及长,与人无异,皆以杨为姓,故今蜀中西界多谓杨,率皆猨獾化之子孙,时獾爪者也。"汉晋时期,留居平原上的氐人普遍汉化,仍以杨为大姓。《华阳国志·蜀志》载成都大姓有杨氏,武阳(今彭山)大姓多达七杨,什邡大姓有杨氏,郫县有杨伯侯,新都有名士杨厚等,他们中不少有氐人的血源。从有关资料看,氐人杨氏与都江堰的关系最密。

五代著名学者杜光庭在《治水记》中说:"杨磨有神术,于大皂江侧决水雍田,与龙为誓者。磨辅李守,江得是名,嘉阔绩也。"据《华阳国志·蜀志》记载,李冰曾"自湔堰上,分穿羊摩江,灌江西"。《水经·江水注》也有相同记载。湔堰即都江堰,"穿羊摩江"即《治水记》所说"于大皂江侧决水雍田",大皂江即眠江,江西即崛江西岸地区。根据这些记载可知,杨磨曾协助李冰治水,并重点担负了"穿羊磨江"及"与龙为誓"两项任务,最后为了纪念杨磨的功绩,将他负责领导开凿的人工渠命名为羊摩江。这个杨磨,从他"与龙为誓"即《华阳国志·蜀志》所载"与江神要(约):水竭不至足,盛不没肩"的情况看,当为土著巫师,也是当地民族的首领之一。从其姓氏看,应是氐人。又相传为李冰之子的"二郎",又称杨二郎。明吴承恩《西游记》说二郎庙食灌州灌江口,由"玉帝妹子思凡下界,配合杨君"所生;据《封神演义》,杨二郎叫杨俄。二郎的塑像,最大特征是三目,中间为纵目,这也与《华阳国志·蜀志》载蜀地西部有作石棺石撑的纵目人的记载相吻合;又二郎"架鹰牵犬""踏弩张弓",与氐人的猎人形象也相吻合。传说中,二郎事迹甚多,最主要的是协助李冰治水。二郎当然只是一个神化人物,

剥开神话的外衣,它却反映了当地土著民族氐人曾协助李冰治水这一历史事实。李冰治水时,在成都"二江"上修建的"七桥"中有"夷桥,又称毕桥[9],也表明李冰曾调动大量土著民族参加治水活动。

三、都江堰工程中的蜀文化因素

有比较才有鉴别。把都江堰工程与古代中原地区的水利工程相比,便容易看出二者的差别。古代中原地区,在传说中鲧的时代,治水以"塞"为主;到大禹时代,又发展为以疏导为主,实行"高高下下,疏川导滞,钟水丰物"[10],即视地势高低,疏导川流蔽泽的积水,主要目的是防洪。在这先秦时代的中原地区,一直被视为先进的治水方法,当时的一些政治家,如周厉王时的召公、春秋郑国的子产,还主张用这种疏导方法来统治百姓。与中原水利工程相比,都江堰工程在构思设计上、总体布局上,以及若干具体技术上,皆独具匠心,自树一帜,浓具地方文化特征。

古代蜀文化的一个重要特征,就是重视阴阳五行学说,主张人与自然的协合统一。汉代蜀学的集大成者扬雄曾在《太玄》第四中说:"夫作者,贵其有循而体自然也。其所循也:大则其体也,壮其所循也;小则其体也,痔其所循也;直则其体也,浑其所循也;曲则其体也,散故不惧。"凡事不论大小曲直,都必须循其自然,都江堰工程的基本特征也正在于此。扬雄还总结道:"水顺则无败,无败故可久也。"都江堰的若干重要工程,如鱼嘴、百丈堤、飞沙堰等,其特征皆是"顺"水势而非逆水或阻水。都江堰的主导思想是变水害为水利;主体布局特征是无坝分水、奎江排沙,因地制宜,自流灌溉;主要效能是综合利用,防洪、灌溉、水运和社会用水相结合,最大特征是历2 200多年经久不衰[11]。

都江堰工程中的若干重要技术，如笼石技术、鱼嘴技术、火烧崖石凿崖技术、都江堰渠首和有关河渠上的若干索桥建筑技术，都不同于中原地区的传统技术，具有明显的地方风格和民族文化特征。都江堰的一些古名，如离堆、湔堰、湔绷等，也具有地方文化特征。都江堰工程中，鱼嘴、飞沙堰、离堆、"二江"彼此依存，互为制约，缺一不可；这种相互依存的关系，可以说正是阴阳五行的物莫无合、各有阴阳、彼此相生相克学说的绝妙应用。都江堰工程中讲究以水排沙，塑江飞石；正是阴阳学中"刚柔相推而生变化"学说的具体表现。都江堰工程中，按不同季节"分四六"进水，即在汛期内江吞进四成水，枯期吞进六成水的功能，正是阴阳学中"损刚益柔有时，损益盈虚，与时偕行"[12]的形象解释。

都江堰工程中，一系列镇水石神尤为引人注意。在渠首，李冰设计了三个奇怪的水则——石人。《华阳国志·蜀志》说："李冰于玉女房下白沙邮作三石人，立三水中，与江神约：水竭不至足，盛不没肩。"这三个石人，分立于岷江、内江、外江三江交叉口，实际上是三个水则，可观察、测定水位。当时我国古代度量衡早已发展成熟，若直接刻标尺于崖边，既简单省事，又便于观察，李冰为何去简就繁，改用石人呢？

李冰还在渠首埋石马，作为"深淘滩"的标准。宋《堤堰志》说："都江口旧有石马埋滩下，凡穿淘者必以离堆石记为准，号曰水则。其下滩深二丈二尺，水则下亦深七、八尺。"这也是以石马为水则。

在修建都江堰水利工程时，李冰还下令刻了五只石犀，置于成都和灌县江中，《蜀王本纪》说："江水为害，蜀守李冰作石犀五枚，二枚在府中，一枚在市桥下，二枚在水中，以厌（压）水精，因曰犀牛里。"《华阳国志·蜀志》所载略异，说李冰："外作石犀五头以厌

水精，穿石犀溪于江南，名曰犀牛里。后转置犀牛二头：一在府市市桥门，今所谓石牛门是也，一在渊中。"这五条石犀实际上也是水则，同时又是镇水石神。李冰所立的这些水则，将古代蜀中科学与神话相混合，促成了古代蜀中水利科学与宗教神话同样延续、同步发展的局面。

石人、石马、石犀的共同特征，都是以石为原料。古代蜀人有崇拜大石、崖石的原始宗教意识。《华阳国志·蜀志》说："蚕丛氏死作石棺石撑；开明氏每王葬，辄立大石，长三丈，重千钧，为墓志，今石笋是也；蜀王妃死，蜀王遣五丁作家，盖地数亩，高七丈，上有石镜。"这些都在一定程度上反映了当时蜀人的大石崇拜意识。从有关资料看，蜀人尤其认为石神可战胜水神。当人们看见滔滔洪水卷走房屋，摧毁村庄，刮倒大树，荡平田野，却对巍然屹立的巨石、山崖莫可奈何，便相信石神能战胜江神，能镇住水怪。李冰之时，青铜冶炼仍很发达，冶铁业已发展到相当水平，制陶业兴盛不衰；用这些原料造像，都很有条件，如秦始皇兵马俑坑便造了大量陶人、陶马。李冰弃铜、铁、陶不用，全用石造像，主要是为了适应蜀人的大石崇拜意识，另外在阴阳五行学说中也包含着更为深层的意义。

石头，早在李冰之前的新石器时代晚期已出现于蜀中。近年在成都方池街新石器时代遗址中，便发现一具石人俑。在李冰之后，以石人镇水的作法仍保留下来。近年在都江堰江中鱼嘴后部，发现了东汉刻的李冰石像，铭文说当时一批便造了"三石人"，目的是为了"踪（镇）水万世"[13]；不久之后，在那里又发现了一具石俑。这些说明了李冰刻三石人并非新创，乃是对蜀文化的承继和适应。

石犀、石马，也是具有地方特征的神物。《风俗通》载李冰曾变作苍牛，与水神相斗。在他们相斗的地方，世称"斗犀台"，至今不

变。李冰变苍牛事不足信，但揭开神话的外衣，可看出在古蜀人的意识中，犀牛神可以战胜水神。蜀地有关犀牛的神话颇多，如广汉有"沉犀江""沉犀桥"[14]，宜宾（戎州）有"伏犀滩"[15]。《蜀王本纪》《秦惠王本纪》曰："秦惠王欲伐蜀，乃刻五石牛，置金其后，蜀人见之，以为牛能大便金，牛下有养卒，以此为天牛也，即发卒千人，使五丁力士拖牛成道。"战国时蜀文化已发展到相当高度，蜀国同楚国、中原诸国、秦国都有外交往来，绝不致于无知到如此地步。此实为秦史官捕风捉影，对蜀人的嘲讽。剥开神话的外衣，我们可以看到的事实是：蜀人以石牛为神或为图腾。秦、蜀以国相交，秦惠王在正式伐蜀前，为了打蜀一个措手不及，故作友好，特制蜀神五石牛赠蜀国。正因为石牛是蜀神，蜀王才派大批人马前去迎接。古代氐人、现代阿坝嘉绒藏族群众每年七月三十日都要举办极为隆重的"牛王会"，进行斗牛比赛，古代蜀人每年祭祀李冰时，也要举行斗牛表演；这些也佐证了神牛为蜀神。蜀文化认为牛（犀）神可制服江神，反映了它早期受牧业文化的影响，这也是它与南方其他地区以龙为最尊水神的文化区别。李冰造石牛、石马镇水，也映证了前面说的他曾任用土著巫师、土著水利师（很可能也是巫师）来负责水利设计。

需要特别讨论的是这些石牛、石犀的数字。我认为，"五石牛""五石犀"，都反映了浓厚的阴阳五行意识。《华阳国志·蜀志》说："九世有开明帝，始立宗庙，以酒曰醴，乐日荆，人尚赤，帝称王。……未有谥列，但以五色为主，故其庙称青、赤、黑、黄、白帝也。"开明氏尚赤崇五，在这一段文字中已基本表现出来。这在考古资料中，也有反映。近年在新都发现的蜀王墓，腰坑中出土器物一百八十八件，各种器物的组合数字，主要是五件或其倍数（如十件、十五件），少数是两件，不见其它组合数

字[16]。这显然与当时蜀中流行的阴阳五行有密切的关系。近年在阿坝汉代石棺墓出土的陶器中，发现一陶盖上有朱书"赤帝"二字[17]，正是古蜀人"尚赤"的反映。据当时七国流行的五行学说，五色、五方、五德、度数等五行关系，可互配如表。

五行关系，相生相克，互为制约。从该表中很容易看出李冰以"五石犀"镇水怪的五行含义。石犀，质料上属"土"；五，度数上亦属"土"；从五行相克的关系看，土胜水，石神有镇水的含义。这也是都江堰工程中以"三石人""二石马"为水则的五行含义所在。同时这又与蜀人崇石的原始宗教意识相统一。从五行相生的角度看，土生金，蜀土著氏人自视属土，秦属金，这就暗含着蜀该归秦。秦惠王送"五石牛"予蜀王，正包含着这一层政治含义。李冰造"五石犀"，则暗含着秦统治蜀地的合理性。

五色	黄	黑	赤（炎）	青	白
五方	中	北	南	东	西
五德	土	水	火	木	金
度数	五	六	七	八	九
朝代	虞 蜀土著	秦 （始皇起）	周 蜀开明氏	夏	商 秦

不过，当时蜀中的阴阳五行学说尚没有上表那么标准化。杜宇氏王朝（即后来的土著势力）、开明氏王朝所奉行的阴阳五行略有小别，又互相渗透。开明氏"尚赤"，当以七为度数，但又以五为度数。究其因，其统治阶层中或保留了不少杜宇氏时期的巫师及其学说；开明氏统治的民族，曾长期受杜宇氏统治，保留一些过去的意识也在情理之中；开明氏为了统治他们，作一些灵活的文化适应，乃势所必然。以杜宇氏为代表的蜀土著民族，自以为居天下之

中，这种意识正如一些中原人自以为居天下之中一样，都是民族自我中心意识的反映，是可以理解的。吕子方先生通过对《山海经》的系统研究后，认为《海内经》是蜀国的作品，并认为《山海经》所说的"天之之中"指的是川西平原[18]。蒙文通先生也曾指出：《山海经》全书三个部分所说的天下之中，都与中原文化所说的天下之中迥不相同；它所指的是巴蜀、荆楚地区，或者只是巴蜀地区[19]。开明氏本是楚人，《蜀王本纪》称其为"荆人鳖灵"，他们在蜀中奉行的阴阳五行学说，表现出受家乡文化影响的痕迹。《吕氏春秋·有始》说："西南曰朱天。"高秀注："西南，火之季也，为少阳，故日朱天。"朱即赤，开明氏尚赤，即自以为居天下之西南。这与楚人自称"南蛮"，大体一致。

秦人也奉行阴阳五行学说。《史记·封禅书》载秦襄公至献公，先后作西畤、郝畤、密畤、加畤、下畤，祭白、青、黄、炎帝。秦水德说兴起较晚，萌于秦孝公之后，成于始皇之时。秦曾把自己的水德、尚黑、度数六的五行说强迫推行于巴郡。秦昭王时规定板机君长每年出赋二千一十六钱，三岁一出义赋一千八百钱，百姓户出橡布八丈二尺，鸡羽三十候[20]。二千一十六钱，是六的三三六倍，三三六又是六的五十六倍，一千八百钱是六的三百倍，三十谁候是六的五倍。李冰不像巴郡那样强制推行秦人的体系，主要是尊重蜀人自己的体系。这正是他比一般地方官更高明之处。李冰所以奉行蜀人的思想体系，除了他认为这套思想体系确有可取之处外，主要是为了安抚蜀人、稳定民心。秦、蜀毗邻，统治者之间曾多次通婚[21]，民间经济文化广泛交流，互有影响；又都受"西戎、氐羌文化影响极深。战国时期，秦、蜀流行的原始宗教意识，都以阴阳五行为重要内容，彼此近似"。所以，蜀人的宗教观念能为李冰所理解，李冰的作法，能为蜀人所接受。

部分汉移民也参加了修建都江堰的行列。在李冰之前，见于文献记载的移民，只有一次。《华阳国志·蜀志》说：周赧王元年（公元前314年）因蜀中戎伯尚强，移秦民万家实之。不过，从我国历史上向边地移民的惯例看，零星移民始终存在。他们中的一部分必然也参加了修建都江堰。但从都江堰工程的总体布局和各个环节看，外来文化因素表现得不多。看来外来移民没有参予总体布局设计和重大技术指导，至少没起关键作用。都江堰工程中较清楚的外来文化因素，主要表现在采用了一些当时较先进的工具上，如大量铁质工具、马车、牛车和船、舫船的使用方面。我们知道，秦国是最先采用铁器的国家之一，春秋时期已开始使用，战国时已普遍应用到生产、生活的许多领域。牛车、马车也发明于中原地区。在有关"西南夷"文化的大量考古资料中，根本不见马车、牛车的影子。中原地区的船，一般以木板制成；舫船就是并两木船为一体，在楚、越文化中较多。"西南夷"文化系统中的"船"，一般都是独木舟，见于巴蜀图语符号、铜器纹饰、古彝文、纳西文字中。蜀地的独木舟较为有名。《淮南子·椒真训》说："越铃蜀艇不能无水而浮。"高诱注："蜀艇，一板之舟。"上述较先进的生产工具和运输工具，主要是通过移民带进西蜀。正是这些较先进文化因素的传入，为提出和建成都江堰工程带来了可能性。

综上所述，我认为都江堰工程中虽有汉文化因素，但主要成份还是土著的蜀文化。毫无疑问，都江堰是中国文化的灿烂结晶，是中国文明的划时代杰作；如果再细分，我们也可明确指出，都江堰是蜀文化滋润的硕果，它凝结了蜀文化的科学技术和朴素的宗教意识。

注　释

[1]　[8]《太平寰宇记》卷七二引。

［2］［9］［21］《华阳国志·蜀志》。

［3］详见拙作《秦汉三国濮氏道、濮县考》,《四川师范学院学报》1985 年第 3 期。

［4］《蜀典》卷七,《方言》。

［5］冯汉骥、童恩正:《记广汉出土的玉石器》,《文物》1979 年第 2 期。

［6］《战国策·秦策三》。

［7］《文物》1974 年第 4 期。

［10］《国语·周语下》。

［11］参见拙作《"塑江作埋"新考》,《四川水利史研究》第二、三辑合刊,1985 年。

［12］《周易·系辞上》。

［13］四川省灌县文教局:《都江堰出土东汉李冰石像》,《文物》1973 年第 7 期。

［14］清同治《读汉册志》,卷二一。

［15］《太平寰宇记》卷七九。

［16］四川省博物馆、新都县文管所:《四川新都战国木撑墓》,《文物》1981 年第 6 期。

［17］承阿坝文管所徐学书同志转告。

［18］《中国科学技术史论文集,读〈山海经〉杂记》,四川人民出版社,1984 年。

［19］《巴蜀古史论述》,第 163 页。

［20］《后汉书·南蛮西南夷列传》。

（原文发表于《四川文物》1988 年第 3 期）

成都平原先秦时期的水工遗产与古蜀文明进程

黄晓枫　魏　敏

水利工程作为人类文明进程中对人类生存环境、社会经济发展都会产生重大影响的建造物，其起源、发展又受地区环境、区域文明的深刻影响。因此，都江堰在成都平原的出现绝非偶然，这与成都平原历史地理环境和文明进程息息相关。

一、宝墩时期的防洪设施

大约在距今 6 000 年前，成都平原边缘地带的岷江上游、大渡河上游、川北丘陵、川东峡江岭谷都集中发现了新石器时代人类活动的遗迹。它们的文化面貌各异，却又在不同阶段、不同层面上发生过联系，存在着一种从成都平原边缘向平原内部发展的趋势[1]。一方面，河谷地带的山前洪积扇和河谷阶地，虽然面积狭小，但是地势较为平坦，而且阶地距离河道有一定距离，洪水侵袭的危险相对较小，同时丰富的自然资源为人类制作工具和发展农业创造了有利条件。营盘山遗址内所发现的原始农耕工具和从遗址出土的炭化黍、粟谷物颗粒以及各种石刀，暗示着当时的以种植粟、黍为主的旱地农业的存在[2]。这与古文献中古蜀国的第一代蜀王蚕丛氏居住在岷江上游地区，从事着高地农业的记载不谋而合[3]。另一方面，原始农业的发展使人们难以继续满足于河谷地带的

狭小环境，平原成为一个更令人向往的生存空间，长期临水而居的生活也为人们进入洪水四溢的平原积累了初步的防治水害的经验。宝墩文化便在这样的背景下应运而生。

（一）河流与城址布局

宝墩文化古城群的时代为距今 4 500 ~ 3 700年前，是成都平原迄今为止能追溯到的最早的考古学文化[4]。此期气候变动幅度增大，旱灾、水灾交替频繁，成都平原上突发的洪水常常冲毁人们的定居点。

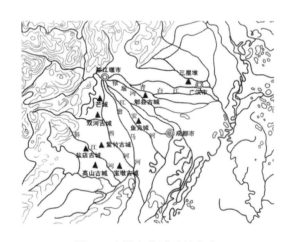

图一　宝墩文化城址的分布

宝墩时期城址大都选择在河流台地上，这些台地"远支流，近干流"，既能避免水患，也便于取水和渔猎。因此，进入平原地区的人们，首先把自己的定居地安排在了平行于河流

的垄岗状台地，形成与河流平行的格局。且城内地面高于城外，利用地势，沿台地边缘筑垣，城址附近均有河流，城址方向多与河流平行[5]（图一）。

此期的城址还具有海拔高，则城址面积小，海拔低，则城址面积大的特点。海拔相对较高的山地和丘陵限制了筑城的规模，地处平原腹心地带的低海拔地区则地势开阔、地貌平坦，适宜建造更大规模的城址[6]，为古代文明发展创造了有利条件。

（二）城墙的防洪功能与古城兴衰

宝墩时期各城址的发掘情况表明[7]，古城城垣的建筑方法均是在地面起建，采用斜坡堆筑法，即在堆土的同时进行拍打、夯打。城墙横剖面呈梯形，变化在 30°~40° 之间，外侧较内侧更为缓和，且没有城门。这种形如防洪堤岸的城墙，明显与防御洪水有关[8]，有别于历史时期城墙的构筑方式[9]。

郫县古城的城垣已经采用了大量河卵石来加固城墙，并发明了挖高坎的方法来防止河卵石下滑，这种方法与后期的干砌卵石技术有较大相似性。此外，郫县古城大房子内的五座大型卵石方台，其建筑方式为先在台子周围挖基槽，再在槽内密集埋设圆竹作为护壁，最后填充卵石做台子，这种独特的"竹木护石"技术被视作其后竹笼络石技术的萌芽。这些大量使用的卵石建筑，说明在城墙防水体系中，卵石作为一种重要的建筑材料已经受到古蜀先民的重视。

古史治水传说尧帝时期鲧受荐治水，动用民力大兴土木，筑成环绕居住地的方形城，以建造高堤坝的方法抵挡洪水，传说中鲧所造的堤坝即为中国最早的城墙。宝墩古城群的建造年代与传说中鲧筑城的年代相当，宝墩时期各个城址的防洪功能，是鲧的治水理论在成都平原得到广泛运用的印证。在鲧之后，禹的治水事迹也与成都平原有着密切的关系，《尚书·禹贡》中载禹"岷山导江，东别为沱"，从岷江的治理开始，变堵截为疏导，其顺应自然、因势利导的治水理念首先应用在了与成都平原息息相关的岷江，对其后蜀地水工技术的发展产生深刻的影响。

人与水的关系深刻影响着宝墩文化的聚落布局和遗址形态，也成为文明演进进程中的重要内容。宝墩时期诸城址表现出明显的先后继承关系：形成期，以最早诞生的宝墩古城为代表，稍晚出现了都江堰芒城，形成并列关系；演变期，有双河古城、郫县古城、鱼凫古城等并存；衰落期，以三星堆遗址第一期为代表，最终被三星堆文化的古城文明所取代[10]。这一时空变迁与族群的"迁徙、分化或扩张"的关系尚需进一步的研究与探讨，但可以肯定的是，洪水是引发古城变迁不可忽视的重要因素之一。

二、水环境与商周时期的古蜀文明

从距今 3 700 年开始，宝墩文化走向衰落，而在此基础上的形成的另一个强大的文明——三星堆文化（距今 3 700~3 200 年）兴起，它与之后的金沙、十二桥文化（距今 3 200~1 500 年）共同构成了商周时期蜀地青铜文明的高峰。此期环境因素，尤其是水文变迁仍然是影响蜀文化发展最强大的外在因素之一。

（一）聚落布局与建筑形态

三星堆文化，金沙、十二桥文化时期，影响宝墩文化聚落布局和建筑形态的自然因素仍然持续影响着古蜀文明的进程，三星堆文化及其后的金沙、十二桥文化，明显继承了宝墩文化在聚落布局和建筑形态上的特点，并有所发展。

1. 聚落布局

三星堆古城遗址面积达 12 平方公里，不仅与郑州商城的规模相当，与中原地区其他城址相比也不逊色。城墙分布于三星堆遗址中心区域的西泉坎、月亮湾、真武村、三星堆一带，城墙系用土建筑，经夯打锤拍而成；下层还采用了斜面夯筑方法，城址的规模和夯筑技术都表明古蜀先民已经熟练地掌握了城墙夯筑技术。三星堆城墙使用期长达600～1 000年，证明这一重要都邑曾经有一段长期而稳定的繁荣时期（图二）。

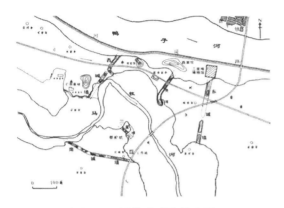

图二　三星堆遗址聚落布局

三星堆古城的走向与鸭子河相同，各城壕与城址内外的马牧河与鸭子河的互相沟通，既有防御的功能，又兼具水上交通的功能[11]。保护城区的城墙特别高大、厚实，城墙内外侧的地层堆积情况截然不同，城墙内侧含有大量陶片，显然是人类活动形成的文化堆积，外侧为厚约1米的淤沙堆积，多层的淤沙堆积反映出洪水的多次冲击。城墙内、外侧地层的差别显示了城墙除了具有抗御外敌侵略的作用外，还具有抵御洪水的功能。

金沙、十二桥文化时期的各遗址在聚落布局上也呈现出城址与河流、台地的方向一致的特点[12]（图三）。金沙遗址建在四条西北—东南向的河流之间相对较高的台地上，摸底河由西向东横穿遗址中部，将遗址分为南北两半。十二桥遗址在古西郊河、摸底河与南河之间，也正濒临古河道。十二桥文化时期的其他遗址也呈现沿古郫江西岸分布的特点。这种滨河而居的聚落布局方式，具有生活取水和渔业捕捞的最大优势，同时也需要城体具备很强的抗洪能力。

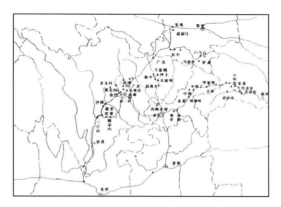

图三　三星堆、十二桥文化遗址分布图

2. 建筑形态

早在宝墩文化时期，蜀人已开始利用杆栏式建筑来抗洪和防潮。郫县古城发现的杆栏式建筑遗迹（F13、F14）[13]，温江鱼凫古城发现的杆栏式建筑（F16）[14]，平面均呈长方形，房屋内有卵石柱础，推定为杆栏式建筑的基础部分。

十二桥遗址Ⅰ区出土了大量木结构杆栏式建筑遗迹，这些建筑普遍选用下端削尖的小圆木打入土中，形成密集桩网，在木桩上端露出土面15～30厘米处纵横排列绑扎主、次龙骨，形成居住平面。木构建筑的基础部分、墙体部分和屋顶部分都选用不同的圆木构件，使用竹篾绑扎、辅之以原始榫卯的方法将圆木构件联结成方格状的骨架，组合成框架式的主体结构。在遗址Ⅱ区揭露出一组较完整的房顶结构遗存，脊檩长约3.5米，由掾子与另一根平行的掾子搭接，其上堆积有大量茅草。根据脊檩两侧的椽子呈倾斜状的现象推测十二桥商代木结构建筑的

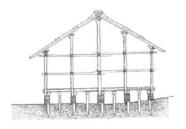

图四　十二桥遗址小型杆栏式建筑 F1 结构图

屋顶可能为两面坡的形式，屋顶铺盖上层层的茅

草，因地制宜地建造出了木结构建筑。这种木结构建筑的居住面高于户外地面，在房屋居住面与地面之间形成了一个空间，有利于防潮抗洪[15]（图四）。

竹木材料在十二桥遗址的建筑遗迹中大量出现，在Ⅰ区遗址中还能看到当时倒塌的墙体，残高3米、宽1.75米，其做法是用小圆竹和竹篾编织成竹笆，绑扎在方格、网状的木骨架上形成墙体（图五）。圆竹、竹篾等材料在建筑中大量运用，承接了郫县古城的"竹木护石"技术，是日后蜀地独特的竹笼卵石技术的先声。

图五　十二桥遗址小型杆栏式建筑F1复原图

此外，堆砌卵石埂的方法开始出现在城市与聚落的防水防洪设施中，金沙遗址金煜地点发现了两条由卵石砌成的埂子，这是成都现存最早的以堆砌卵石建筑河道护坡的水利工程，卵石埂宽约1米，残存数十米长，砌在一条古河道的东侧，其防洪功能非常明显，这是干砌卵石技术在水利工程中的初步应用（图六）。

图六　金沙遗址金煜地点出土的卵石埂子

（二）成都平原的农业发展

农业发展伴随着文明进程，与水的利用息息相关。在宝墩文化之前，成都平原周边存在两种不同的农业形态。长江中游的湖南地区在距今8 000年前已经发现了发达的稻作农业遗存，而此期在四川盆地东部平行岭谷地区已出现了史前人类的活动，重庆丰都县玉溪遗址、邻近的湖北巴东县店子头遗址以及巴东县楠木园遗址等新石器遗存很可能也是以水稻为主的农业经济体系[16]。距今6 000年前，川东平行岭谷地带及鄂中南的大溪文化遗存中已体现出强烈的稻作文明色彩。同时，在距今6 000～5 000年前，岷江上游河谷地带出现了原始农业，哈休遗址和营盘山遗址出土的炭化黍、粟谷物颗粒说明它们存在以种植粟、黍为主的旱地农业，这与古文献中古蜀国的第一代蜀王蚕丛氏居住在岷江上游地区、从事高地农业的记载不谋而合（图七）。

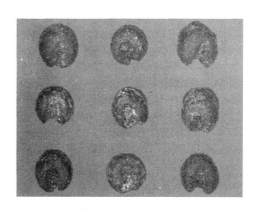

图七　营盘山遗址出土碳化粟粒

距今4 500年左右，随着人类居住地向成都平原的迁移，两种截然不同的农业传统在此相遇。从气候条件上分析，以粟、黍为主的旱地农业更适合半干旱地区，成都平原温暖、湿润，平原上河道纵横，显然更合适对水源要求较高的稻作农业的发展，加之平原台地位于海拔相对较低的河边台地或江河冲积平原上，城址面积较大，周围为平坦开阔的沃野，土壤发育良好，为水稻生产提供了便利。在1998年都江堰芒城遗址发掘中，灰坑H3内发现有水稻硅酸体的存在，1999年考古人员又在都江堰芒城遗址晚期的灰坑中发现了水稻硅酸体。2009年在宝墩遗址浮选的所有植物种子中，水稻占45%，显示水稻生产已经初具规模。然而，由于此期气候极不稳定，灾变气候频繁出现，洪水和干旱交替影响着成都平原，而此期的水工技术仍主要停留在抗洪防潮的层面上，尚难以合理地调剂水源进行大规模的引水灌溉，难以维持对水源和环境要求较高的稻作农业的稳定发展，直接导致了成都平原史前农作物的多样化发展。2009年宝墩遗址的浮选标本中存在少量粟、黍，占所发现植物种子的1.6%，表明古蜀人并没有放弃旱作农业的生产方式[17]。

金沙遗址金牛区5号C地点出土植物遗存中，水稻和粟这两种谷物合计出土数量达259粒，占所有出土植物种子总数的87%，在出土的绝对数量上，稻米仍然占有优势（图八），但粟的存在说明十二桥文化时期成都平原的粮食作物种植仍采取水旱并行、稻粟并存的农业生产方式[18]，印证了古文献中的记载。《华阳国志·蜀志》载："杜宇教民务农。"[19]童恩正认为，杜宇统治的末期约为公元前666年左右[20]。考古学上与之相对应的考古材料是十二桥时期的文化遗存。从考古材料看来，所谓"教民务农"并不是指在杜宇时代蜀地才开始了农业起源，而是指在杜宇统治时期，可能采取了一些有利于促进农业生产的措施[21]，使得农业有了长足的发展。成书于西周时期的《山海经·海内经》中也说："西南黑水之间有都广之野，后稷葬焉，爰有膏菽、膏稻、膏黍、膏稷。""都广"即今成都平原，说明西周时期成都平原的粮食作物仍呈现出多样化的发展趋势[22]。

大规模的农业生产要求有稳定的水源，因此当农业开始在人类社会生产中日益重要之时，水利工程对人类的意义就不仅体现在城池与居所的安全与舒适上，也体现在农业经济的稳定与发展中，伴随古蜀文明进程的水利工程有了更高层级的意义。

图八　金沙遗址出土碳化水稻

（三）文明转移的环境动因

三星堆文化与金沙、十二桥文化之间有着紧密的内在关联[23]。三星堆文化在距今3 000年左右突然中断，继而金沙、十二桥文化兴起，期间并无较大的时间断层，且三星堆与金沙遗址均位于成都平原，相距不过40多公里，学者们普遍认为从三星堆到金沙村，是同一文化内两个中心间的转移。争议的焦点在于：究竟是什么导致了这次文化中心的转移？

战争说是最早的解释。三星堆二号器物坑埋的是代表权位的金杖、生活中使用的贵重铜器、代表祖先的神位和代表财富的象牙，都是十分贵重的物品，因战争突发与溃败导致蜀人匆忙掩埋的解释不无道理[24]。不过，通过对地层堆积、气候因素的综合考察，环境因素，尤其是水文变迁对于三星堆、金沙、十二桥文化转移的影响显得更为突出。

水源的变化可能是促使宝墩人"迁徙""分化""扩张"乃至最后走向衰落的重要因素之一，也可能是促使商周时期古蜀文明中心转移的重要因素之一。三星堆位于四川盆地腹心地带，在多条河流出山形成的复合冲积扇上。这里夏雨集中，且盆地四周高、中间低，迫使水系向盆地中心汇集，冲积扇平原上的河流具有易迁徙性，经常改道，一旦遭遇频繁的暴雨，便成"江水初荡潏，蜀人几为鱼"的泽国。由此推断，三星堆文化的中心区域出现了环境恶化的趋势，具体体现为洪水流量呈经常性的、突发性的变幅增大，致使山前冲积扇上河流的摆动迁徙加强[25]。三星堆遗址第 8 层有厚达 0.2～0.5 米的富水淤泥层，即为当时洪水过境的遗迹[26]。洪灾成了文明中心迁移的潜在动因。距今 3 000 年左右，龙门山一带一次突发的强烈地震，导致山崩、滑坡，岷江光光山峡谷被堵塞，古岷江光光山以下河道几近枯竭，三星堆人赖以生存的河流陡然消失，则可能是三星堆人迁徙的直接原因[27]。虽然它远非三星堆文化中断和金沙、十二桥文化兴起的唯一动因，但环境灾害必然引起社会资源的极大消耗，在人力、物力已经被洪水、干旱消耗殆尽的情况下，战争等形成的综合因素势必促使古蜀文明中心的迁徙。

（四）水源管理与蜀地早期国家起源

美国学者威特福格尔的水源与早期国家和专制政体出现关系的理论认为，虽然水和农业生产的其他必须条件，如土壤、地形、气候一样重要，但唯有水源易于被人操纵。在缺乏先进技术的情况下，原始人群必须协调一致、有领导地进行劳动，才有可能通过对水源的合理管理来发展农业生产，这就需要有权威性的组织机构来进行协调。一旦这种机构建立起来，它就会承担起监督其他社会活动的职责，建立社会制度和防务，而这种多功能机构的首领就是具有国家水平的专职人员[28]。因此，环境因素，尤其是水源，可能是导致文明起源和早期国家产生的直接动力。

这一理论对于研究成都平原文明和早期国家起源也具有适用性。古蜀文明处于多灾害性气候的全新世江北期，要对抗洪水和干旱等自然灾害，保证生产活动的顺利进行，必须依靠群体协作，修筑大型防洪水利设施。宝墩古城址面积约 276 万平方米，与良渚、陶寺古城的规模相当，是目前发现面积最大的具有内、外双重城墙的龙山时代城址。修建这样规模巨大的古城需要有统一的机构调配人力和财力，这表明成都平原在距今 4 500 年前可能已出现高度集中的政治和权力中心[29]。郫县古城的大型

礼仪性建筑[30]（图九）、双河古城所出的三孔石钺等遗迹遗物均为权力集中化的体现。

图九　郫县古城大房子的卵石方台遗迹

三星堆、金沙遗址的发现向人们揭示出一个与中原商周文明发展水平相当的文明古国。规模巨大的古城址、功能明确的分区、大型宫殿建筑，大量青铜、玉质、金质礼器和各种祭祀遗迹的发现，表明商周时期的蜀地已进入到早期国家的范畴。其中最为引人注目的是三星堆祭祀坑和金沙遗址祭祀区所表现出来的强烈的神权色彩。根据威特福格尔的理论，组织管理水源的个人或集体享有至高的权力，这种权力在水患频发的地区比其他权力更为重要，早期往往归神庙所有，到后来才转移到世俗的国家机构。因此，早期的专制往往由神职人员执行，带有强烈的神权政体色彩。

图十　三星堆遗址出土面具人头

图十一　三星堆遗址出土青铜神树

三星堆祭祀坑发现了大量青铜人面具、青铜神树和金杖等，无不与宗教神权息息相关，共同构成了古蜀神权政治体系。目前中国学术界的主流认为，三星堆青铜面具在宗教活动中应主要是用于祈祷[31]（图十）。而金杖则代表了至高无上的权力，神树可能是传说中的众神或巫师来往天上人间的通道或称为"天梯"[32]（图十一）。同时，大量制作精良的青铜酒器与众多大型青铜器同出于祭祀坑中，可见酒在三星堆祭祀活动中的重要性[33]，它帮助神职人员进入通灵状态，通过"超自然力"对目的物施加影响或控制。而古蜀人希望借助这些"道具"和相应的仪式控制目的物，很可能就是洪水或干旱等自然灾害。

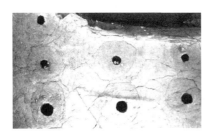

图十二　金沙遗址祭祀区九柱遗迹[36]

金沙遗址出土的大量金器、玉器、青铜器、象牙等祭祀用品以及专门的祭祀建筑，说明当时蜀王国神权政治的色彩不但没有减弱，反而愈加强烈。金沙遗址祭祀区是一个沿用了两千多年的滨河祭祀区，"九柱建筑"遗存是该祭祀区迄今发现的唯一建筑遗迹（图十二）。杨洪勋先生认为它是一种杆栏式祭祀建筑——古蜀大社，是伴随农业发展而出现的祈求丰收的祭祀建筑（图十三）。在水利技术尚不发达的时期，祭祀是为了祈求上帝神灵保佑风调雨顺，以取得丰收，繁衍永续[34]。羊子山土台是另一处商周时期的祭祀建筑，直径140米、高10米，濒临凤凰河（图十四）。林向先生明确指出它应当是"古蜀国用于宗教祀典的场所"[35]。

（图十五）此外，在金沙遗址祭祀区出土的大量卜甲也证明了古蜀金沙时期巫术活动的盛行。

图十三　古蜀大社复原图①

图十四　羊子山地形图[37]

图十五　羊子山土台复原图[38]

金沙、十二桥文化时期所表现出来的更完整的祭祀和神权政治色彩可能与杜宇时期更频繁的洪水有关。距今3 000年的大地震导致河流改道，岷江出山口处水量大大增加，这可能诱发了杜宇时代严重的洪灾。成都十二桥遗址地层中洪水冲积的痕迹非常明显。十二桥遗址内商代建筑构件均城西北至东南向倒塌，一些大圆木构件也发生了明显的位移现象。遗址中不见火烧痕迹，又较好地保存了许多木建筑屋顶的茅草和作为墙体的编织茅草遗迹，可以排除火灾造成木结构建筑倒塌的可能性。十二桥遗址位于西郊河、摸底河与南河之间，濒临古河道，正好处于洪水漫溢侵害的区域[39]。木构件在遗址中堆叠走向一致，又存在着一条略带弧形的通道，许多木构件就顺着这条弧形通道发生了位移，可以判断造成这一现象的原因与洪水有关（图十六）。

图十六 十二桥遗址商周时期木构件堆积情况

另外，成都方池街、岷山饭店、指挥街、金河街等十二桥文化遗存也多是被洪水冲后的二次堆积，表明古蜀人居住区多次被洪水冲毁又多次重建[40]。洪水的压力促使了更大规模的宗教祭祀活动，也促进了神权政治的高度繁荣。同时，它也成为蜀人因地制宜开展大量治水实践的背景，长于治水的族属和领导者完全有可能颠覆原有的政治权威，取而代之并建立新的政权。开明王朝就是在这样的背景下出现的。

三、开明王朝的治水遗迹

从春秋后期开始，成都平原进入传说中开明王朝的统治时期，是古蜀文明中与治水联系得最为紧密的一代王朝。

（一）船棺葬与开明治水的传说

船棺葬以其船形棺具而得名，是战国时期

蜀文化中最具特色的考古遗址。有学者将四川地区的船棺葬分为成都平原区、川西南地区、川东地区三大区域[41]。其中成都平原区出现船棺葬的时代最早，早在战国早期就已经出现。数量众多的船棺葬揭示了蜀文化与水的密切的关系，尤其是成都商业街发现的大型船棺葬引发了人们对于开明氏的诸多猜想。

商业街船棺葬是高等级的大型土坑多棺合葬墓，墓坑长30.5米、宽20.3米，面积达620平方米，保存船棺等葬具17具，不仅规模、体量大，而且棺木制作精致，伴出多具陪葬匣形棺，非一般船棺所能比拟。更为重要的是，墓葬表面曾有宏伟的地面建筑，从保存下来的巨大的木质柱础可以看出该建筑的规模巨大，推测为与古代陵寝制度相关的地面祭祀建筑基础（图十七）。

图十七 成都商业街船棺葬全景

大型船棺、规模宏大的地面建筑、精美的漆器以及陪葬制度，表明商业街船棺葬的主人生前地位显赫。在商业街船棺葬出土的船棺上有许多"十"字形的刻画符号，可能是太阳或上帝的抽象符号，也可能是一株符号化的太阳栖息的树木。根据汉晋时的文献资料，蜀王开明王朝以太阳作为王朝和王族的命名，所以刻有这种符号的船棺葬很有可能与蜀开明氏族有密切关系[42]（图十八）。同时，墓葬年代为战国早期，正是开明王朝的统治时期，因此推测该墓葬可能是开明王族甚至就是蜀王的墓地。

图十八　商业街船棺棺木上的刻画符号[43]

汉晋文献记载开明氏来自于荆楚地区，能够在成都平原立足，缘于其治水之功。《华阳国志·蜀志》中也说杜宇时"会有水灾，其相开明决玉垒山以除水害"。《水经注校·江水》载："来敏《本蜀论》曰：'荆人鳖令死，其尸随水上，荆人求之不得，鳖令至汶山下复生，起见望帝。时巫山峡而蜀水不流，帝使鳖令凿巫峡通水，蜀得陆处，望帝自以德不若，遂以国禅，号曰开明。'"[44]十二桥文化时期的严重水患使得治水成为当时古蜀社会的要务，也契合了古文献中将两个王朝的更替与治水相联系的观点。

（二）独特水工技术的形成

春秋晚期至战国时，蜀地水工技术有了极大的发展，成都平原出现了专门的水利工程，独特的水工技术也逐渐形成。

1985 年，在成都市方池街发现了一处东周时期的防洪、支水、护岸工程，这是到目前为止川西平原上发现最早的专门的水利工程。1985 年的发掘发现有东、西、中三条大的有规律的卵石石埂，形状呈"工"字形。卵石埂多局部打破砾石层，选用材料均是天然的河中卵石，混杂埂间使用，无严格区分。从其建筑特点还可以看出，石埂不是用卵石垒砌而成，也未使用任何粘接材料，卵石间空隙为流水穿漏时沉淀下来的沙质土填塞。堆积的卵石重心极不稳定，或倒或立或斜，许多卵石的最大面与沙砾层平面呈 30° 至 50° 倾斜，有的直立呈 90°

而不倒。如此屡遭水流冲击，既无黏合剂，重心倾覆又大，而石埂历数千年而不废，必有外力作用，推测为使用竹笼的结果。在中埂下面，还可看到有早、晚两层石埂的残迹。从这三条石埂重叠的痕迹看，上面的石埂是经过几次洪水冲毁后的最晚期水工建筑[45]。

1990 年初，在方池街以西又发现了一处类似工程，为大小两条靠得很近、修筑在沙砾石层上的砾石埂子。沙砾石层之上，砾石埂子的两侧是完全不同的两种堆积，南侧是人类活动形成的文化堆积，土层中含有陶片；北侧是自然的河相沉积，纯净的淤沙中没有任何包含物。埂子之上的地层为战国晚期到秦时的堆积，两侧相同，由此判断这是一处东周时期的沿河岸修筑的护岸和改正水流方向防洪工程，在它之下还叠压着另一处方向与之相反的石埂。同年秋，在这里又发现了多条东周时期的砾石埂子，方向均顺古河道方向，推测为沿河修筑的护河堤，并数度重修。这几条堤埂有的建在沙砾层之上，有的建在沿河床的淤沙上，埂子两侧或为自然河相沉积，或为洪水突发形成的淤沙堆积，是洪水对居住区冲击后的结果。以上这几处护岸工程，河床内外侧地层堆积的差异揭示了它们支水护岸的防洪功能，也说明了当时的居住区距这里不远。它们具有防洪排涝的功能并兼具引河灌溉的功能[46]。

此外，在成都市区指挥街遗址出土东周时期的 6 根柱桩和竹木编拦沙筐等遗迹。柱桩共 6 根，从东向西编号为 1~6，柱桩 1~5 为木桩，都是柏木，柱桩 6 为竹桩。柱桩 1~5 排列在一条直线上，基本上呈正东西向走向，桩间距为 0.72~1.06 米不等，柱桩 6 紧靠在柱桩 5 的南面，与其他柱桩的夹角成 145°。柱桩上部都已残，原高度不详。柱桩下部为人工砍成尖形，从其遗迹观察，柱桩是受重力后插入沙砾中，可能木桩排列，为用于堤埂、护岸埂基脚的坝体工程；竹木编拦沙筐为平编、纬篾为竹，经篾竹木都有，应为竹笼技术最早的实物资料[47]（图十九）。

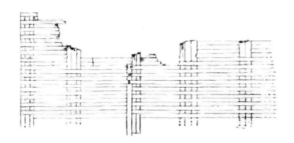

图十九　指挥街竹编物展开图[48]

上述治水遗迹表明，在春秋晚期，古蜀治水技术已经形成了独特的工艺，开始普遍使用笼石技术、干砌卵石埂与木桩技术。同时，这些工程可能已经从之前单纯的防水、排水而逐渐向引水灌溉的系统工程发展。

四、结　语

环境因素、水文与水源的变迁是导致史前和商周时期蜀地文明中心转移的重要因素之一，并促成了成都平原史前水旱并行、稻粟并存的农作物生产面貌，因治理水患出现的社会组织机构可能是导致成都平原文明和早期国家起源的直接动力之一。伴随古蜀文明进程的治水技术出现在春秋战国时期，竹笼卵石、干砌卵石埂等水工技术均体现了本地取法自然的治水理念，不仅成为日后都江堰水利工程技术的重要内容，也对中国古代水工技术的发展有着极为重要的意义。

注　释

［1］赵殿增：《四川古文化序列概述》，《中华文化论坛》2003 年第 2 期。

［2］［8］［9］阮荣春、罗二虎：《古代巴蜀文化探秘》，辽宁美术出版社，2009 年。

［3］［19］任乃强：《华阳国志校补图注》，上海古籍出版社，2007 年。

［4］［5］李明斌：《长江上游的巴蜀文化》，湖北教育出版社，2004 年。

［6］孙吉：《成都平原更新世：全新世中期的地理环境与文明进入和选择》，《成都大学学报》，2006 年第 1 期。

［7］陈云洪、颜劲松：《成都平原宝墩文化史前城址群初步分析》，《中国古都研究（第十九辑）——中国古都学会 2002 年年会暨长江上游城市文明起源学术研讨会论文集》，2002 年。

［10］［29］段渝：《政治结构与文化模式——巴蜀古代文明研究》，学林出版社，1992 年。

［11］张耀辉：《长江上游文明进程略论——以成都平原先秦文化为中心》，《中华文化论坛》，2006 年第 1 期。

［12］李明斌：《长江上游的巴蜀文化》，湖北教育出版社，2004 年。

［13］成都文物考古研究所：《四川省郫县古城 1998～1999 年度发掘收获》，《成都考古发现 1999》，科学出版社，2000 年。

［14］成都文物考古研究所：《温江鱼凫村遗址 1999 年发掘》，《成都考古发现 1999》，科学出版社，2000 年。

［15］［39］成都文物考古研究所：《成都十二桥》，文物出版社，2009 年。

［16］孙华：《四川盆地史前谷物种类的演变》，《中华文化论坛》，2009 年第 5 期。

［17］成都文物考古研究所：《新津宝墩遗址 2009 年度考古试掘浮选结果分析简报》，《成都考古发现 2009》，科学出版社，2010 年。

［18］姜铭等：《成都市城乡一体化工程金牛区 5 号 C 地点考古发掘出土植物遗存分析报告》，《南方文物》，2011 年第 3 期。

［20］［21］童恩正：《古代的巴蜀》，重庆出版社，2004 年。

［22］姜世碧：《成都平原先秦农业初探》，《农业考古》，2002 年第 3 期。

［23］成都文物考古研究所：《金沙考古发现——走进古蜀都邑金沙村》，四川文艺出版社，2006 年。

［24］徐鹏章：《关于三星堆两个祭祀坑地下文物的认识》，《四川历史考古文集》，四川大学出版社，2005 年。

［25］付顺等：《三星堆文明消失原因的古环境因素探讨》，《地质科技情报》，2005 年第 3 期。

［26］林向：《论古蜀文化区》，《三星堆与巴蜀文化》，巴蜀书社，1993 年。

［27］范念念等：《地震导致河流改道与古蜀文明的变迁》，《山地学报》，2010 年第 3 期。

［28］陈淳：《文明与早期国家探源——中外理论、方法与研究之比较》，上海世纪出版社，2009 年。

［30］段渝、陈剑：《成都平原史前古城性质初探》，《中国古都研究（第十八辑下册）》，2001 年。

［31］陈德安、魏学峰等：《三星堆——长江上游文明中心探索》，四川人民出版社，1998 年。

［32］林向：《中国西南出土的青铜树——巴蜀文化区树崇拜的源流》，《巴蜀考古论集》，四川人民出版社，2004 年。

［33］林向：《巴蜀酒文化比较研究》，《巴蜀考古论集》，四川人民出版社，2004 年。

［34］［36］杨鸿勋：《蜀大社（明堂·昆仑）考——金沙郊祀遗址的九柱遗迹复原研究》，《文物》，2010 年第 12 期。

［35］林向：《羊子山建筑遗址新考》，《巴蜀考古论集》，四川人民出版社，2004 年。

［37］［38］四川省文物管理委员会：《成都羊子山土台清理报告》，《考古学报》，1957 年第 6 期。

［40］［46］雷玉华：《考古所见川西先秦两汉水利》，《古今农业》，1992 年第 1 期。

［41］江章华、张擎：《巴蜀墓葬的分区与分期初论》，《四川文物》，1999 年第 3 期。

［42］成都文物考古研究所：《成都市商业街船棺、独木棺墓葬发掘报告》，《成都考古发现 2000》，科学出版社，2002 年。

［43］成都文物考古研究所：《成都商业街船棺葬》，文物出版社，2010 年。

［44］陈桥驿：《水经注校正（卷三十三）》，中华书局，2007 年。

［45］成都市文物考古研究所：《成都方池街古遗址发掘报告》，《考古学报》，2003 年第 2 期。

［47］［48］四川大学博物馆、成都市博物馆：《成都指挥街周代遗址发掘报告》，《南方民族考古（第一辑）》，四川大学出版社，1987 年。

（原文发表于《中华文化论坛》2014 年第 2 期）

中国早期水利工程的"堵"与"疏"

刘文强

中国早期的水利工程较多，如芍陂、郑国渠、漳河渠、灵渠等。但完美地诠释了"堵"与"疏"两种治水理念的则是两个水利工程：一个是近些年考古发现的建造于距今 5 000 年左右的良渚水利工程，另一个是公元前 256 年修建成的都江堰。

2009 年以来，良渚古城外围水利工程系统经过几年的系统考古调查，被基本认定[1]，经过 14C 测年及地层学出土遗物观察等多重证据，得出了其年代为距今 5 000 年左右的良渚文化早期[2]，确定了它是我国历史上目前发现的年代最早的大型水利工程项目。良渚水利工程简而言之其实是一个高低坝系统。通过人工垒筑的高低错落的土坝群阻水于山间及平原的地势低矮处，起到阻挡洪峰等作用。其中岗公岭水坝群组成高坝系统，现坝顶海拔 25 ~ 35 米，坝体宽 60 ~ 80 米。鲤鱼山水坝群组成低坝系统，现坝顶海拔 9 ~ 10 米，坝体宽 50 ~ 100 米。塘山水坝群现坝顶海拔 12 ~ 20 米，坝体宽 20 ~ 50 米，既能和低坝系统配合起到蓄水的作用，其建造形制又似排水的水道，或也有一定的导水和泄洪作用。当山洪和暴雨来临时，高坝系统可首先阻水于山谷中，低坝系统亦可阻水于低地。通过此种高低坝的配合，不仅可以有效地应对暴雨和山洪，高低坝形成的两个水面也都能起到很好的水上运输等作用。

都江堰是战国时期秦国郡守李冰率众修建的古代大型水利工程。其以无坝引水闻名世界。其工程主体实际上是一个疏导和分流系统。主要是通过打通玉垒山宝瓶口以及筑造分水堤起到分流和引水的作用，实现了江水流向以及流量上的控制，进而起到集分洪、引水灌溉和航运等于一身的作用。现工程主体为鱼嘴分水堤、宝瓶口和飞沙堰。《华阳国志》《水经注》等典籍中记载的"壅江作堋"即是在江中筑分水堤，其主要起到将岷江水流分向内外二江的作用；宝瓶口位于玉垒山角，由开凿玉垒山而形成，是内江进水的咽喉；飞沙堰是位于分水堤下段和宝瓶口之间的一段低堰，主要起到泄洪和排沙的作用[3]。

图一　良渚水利工程示意图
（据刘斌《良渚，一个五千年前的神秘古国》，三联中读微信端）

中国早期的这两个水利工程从建造理念而

言，有着明显的一"堵"一"疏"的理念侧重。良渚水利工程的多处堤坝体现了对"堵"的执着，都江堰的分水引水很好地展示了"疏"的理念。然而，客观而言，这两个水利工程的理念侧重不同更多的是由于地理环境的差异形成。一个地方的地理环境状况对于该地古代文明的形成和发展有着非常重要的影响，而这两个水利工程修建最重要的出发点之一便是改变原区域不适宜文明发展的原有自然及水文地理环境。

良渚水利工程所在的天目山系是浙江省最大的暴雨中心，夏季极易形成山洪[4]。山洪的肆虐一方面直接威胁着地处下游平原的良渚先民的人身安全，另一方面对农作物等也有着毁灭性的破坏。因此，对当地这一极易引发山洪的自然地理环境的改变便显得尤为重要。成都平原在都江堰修建之前有着水患与干旱两方面的自然环境问题。以岷江河道为界，岷江以西外江区域在多雨季节经常受到洪涝灾害等水患威胁，时常冲毁农田及民居，人民生活苦不堪言；而岷江以东区域又经常连年干旱，农作物灌溉用水及民众生活用水均较为缺乏，对农业发展及人民生活有着很大的负面影响。也因此，对岷江河道进行引水分流也便极为迫切。

良渚水利工程利用天目山系之中较大的两个天然谷地，在谷口狭窄位置筑以堤坝，巧妙地形成了一高一低两个容水库区，直接可以拦截多雨季节的暴雨，避免了夏季暴雨对于下游古城区域的直接冲击。都江堰则是在岷江流出山地进入平原的出山口，用火烧冷水浇的自然方法开凿了异常坚固的玉垒山山体，形成了可供分流引水的宝瓶口，而后又在宝瓶口上游的岷江河道内用与修筑良渚水坝相通的方式筑了金刚堤以改变水的流向，使更多的合适的水量进入宝瓶口。都江堰的修建重新分配了原岷江河道东西两侧的水量，使得原来容易发生洪涝灾害的西岸不再易涝，亦使得原来较为干旱的

东岸得到了有效地灌溉。

表面来看，良渚水利工程和都江堰似乎是截然相反的两种设计和建造理念。良渚水利工程相较而言更类似于文献记载中鲧惯用的"堵"的做法，都江堰则和鲧之子大禹常用的"疏"的治水方法颇为相合。然而从另一方面考量，这两个水利工程的建造理念一定程度上又是相通的。

良渚水利工程利用多个坝体组成了高低坝两个系统，进而形成了高低两个容水库区，可以阻挡洪涝于其库区之中，以达到防洪和航运等目的。其做法初看是堵，然则两个库区的容量毕竟有限，不可能永远只进水而不出水，也因此，塘山一段的堤坝更像是兼具引水及泄洪功能的泄洪道，或者在其他堤坝区域也可能另有泄洪槽，只是目前的考古工作暂未发现或确定而已。因而，良渚的水利工程系统不可能仅仅是"堵"，它的堵从另一方面看也可能是为了有目的有方向的"疏"。

图二　都江堰水利工程宝瓶口段示意图
（据《都江堰志》第 176 页图 2 - 2 修改）

都江堰水利工程以因势利导、无坝引水而闻名。如今二王庙的墙壁之上还有着"深淘滩，低作堰"的古法水则，将治水方法中的一个"疏"字体现得可谓淋漓尽致。然而，其竹笼中装石砌筑而成的位于岷江中心的分水堤从某种意义上来说也是一种"堵"，堵水之外江去

路以引之内江，当然这种"堵"的目的也是为了更好的有目的性的"疏"。

良渚水利工程据最新的测年结果显示，其建造于距今 5 000 年左右，最晚持续至距今 4 300 年左右[5]。其晚期和太湖流域良渚文化末期年代一致。也便是说，良渚水利工程的废弃时间与良渚人群在太湖流域消失的时间是相同的。从良渚水利工程的高低两个水坝的蓄水库容来看，其若是发生溃坝事件，那对于良渚古国的人群来说将是致命的，而良渚人群在太湖流域能一直持续到距今 4 300 年左右，至少说明在这约 700 年的时间内，良渚水利工程的运行是安全稳定的，也即其至少延续 700 年左右一直在发挥着功用。都江堰则是通过历代不断的修缮与维护，持续两千余年不停地造福着四川盆地的人民。

良渚水利工程系统和都江堰因为自然环境及治水目的的差异，从而在建造理念侧重方面有着不同的体现。然而从深层次考虑，良渚水利工程的"以堵控疏"及都江堰的"为疏而堵"在实质上是相通的。都是根据当地实际情况而践行的很成熟的治水理念。而通过中国早期这两个水利工程所体现的"堵"与"疏"也可以看出，无论是鲧的"堵"还是大禹的"疏"，从治水方法上来说其实也并无孰优孰劣。无论是侧重于"堵"还是侧重于"疏"，只要前期妥善建造，后期合理维护，均能持续数百年而不溃。

注　释

[1] 刘斌、王宁远：《2006～2013 年良渚古城考古的主要收获》，《东南文化》2014 年第 2 期。

[2] 浙江省文物考古研究所：《杭州市良渚古城外围水利系统的考古调查》，《考古》2015 年第 1 期。

[3] 四川省地方志编纂委员会：《都江堰志》，四川辞书出版社，1993 年。

[4] 刘斌、王宁远、陈明辉、朱叶菲：《良渚：神王之国》，《中国文化遗产》2017 年第 3 期。

[5] 屈婷、仝小书：《吴晓红：为文明探源提供一把精确的时间"标尺"》，中国社会科学院考古研究所中国考古网公众号，2018 年 6 月 5 日。

金凤窑址异地复原及相关问题

李存信 弋良胜

随着经济建设的发展，配合基建，随工清理等考古工作越来越多。其中一些具有极高学术价值的遗迹需要就地或异地保存，这是摆在我们面前的一项新任务。本文介绍的宋代窑址的异地搬迁就是其中一例。

2000 年，成都文物考古研究所在配合四川省都江堰市拉法基水泥厂的建设中，发现一处较为完整的宋代窑址（图一）。这一宋代遗址位于都江堰市金凤乡金凤村附近一座名为窑沙坡的山丘上，古窑均是按不同角度方位背靠金凤山、依地势傍山而建。窑址有十分明确的布局，有窑炉区、作坊区和废品堆积场，并出土了大量的窑具和精美瓷器。

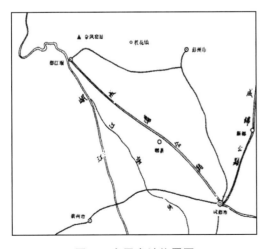

图一 金凤窑址位置图

通过数月的考古调查、勘探和发掘，确认金凤窑址面积（厂区范围内）约 3000 平方米，是目前西南地区发掘规模最大、保存最完整、遗迹最丰富、遗物最多的一处宋代窑址，并且有保存完好的作坊遗址。该窑址的考古发掘对了解这一地区窑炉的结构和瓷器的制作方法、烧造工艺及外销等都具有十分重要的意义，同时对成都、四川乃至西南地区的陶瓷研究提供了宝贵的实物资料，极具维护保存价值和学术研究价值。

这些古窑的结构型制大体相同，古窑四周墙体的上部已经残破，呈不规则状，平面上多是圆状形态，直径从 4 至 5.4 米不等。现存高度也有所区别，保存稍为完整的局部距窑室底部 3.2 米，其余部分在 2.5 至 3 米之间。多数窑址的窑门、窑壁、火膛、窑床、烟道等部位保存完好。窑床上有一层铺地匣钵，很有规律地顺序排列。窑炉内壁均抹有一层黄泥，周壁有三至四道横向凹槽，可能是烧制不同瓷器的高度标志。火膛内多数发现有覆置的排列规整之匣钵。每一座窑炉一般都有两个半圆形烟道，部分还在其中间设置隔墙将烟道一分为二。根据土质文物异地保护的原则和要求，我们对古代窑址分别进行了必要的实地考察和准确测绘，依据不同窑址的外形特征、内部结构与地层现象，加之考古部门提供的测绘图表，经过充分的论证推敲，结合以往起取遗址、墓葬的成功经验，实施切割套箱方式方案对窑址进行异地搬迁和组合复原。

一、起取程序

首先，将窑门两侧窑墙外部的护围石块自上而下依次编号造册，拍摄和绘制必要的图样，明确掌握每一石块的详细位置与角度，拆除后需加以妥善集中保管，防止遗失（图二）。

图二　搬迁前护围石块正视图

其次，确保尽可能地减少对窑体的损坏和便于下一步组合工作的前提下，合理地划分每一切割组块的规模和范围（图三），使各组块之间的比例和重量基本趋于均衡。切割口按设计要求严格控制于10厘米左右。同时，在窑址四周于窑室底部下方10厘米处设定一根标准基线，在不影响窑址底部的基础上，此基线是衡量起取每一切割组块的唯一标准。此后，对其准备切割的第一、第二组块，针对该区域窑墙固有的弧度及倾斜度，以设定的基线为标准，丈量出具体的长宽高度，并根据上述获得的数据，制作与之相适应的木质套箱。

其三，于窑体切割前期，因窑墙具有相应

的高度，并且向内有角度倾斜，需要在窑墙两侧设立支撑点，使用适当的物体予以支撑，防止窑墙于切割过程中（脱离窑体，成为独立部分）因角度倾斜出现坍塌损坏。此后，按设定的宽度在靠近窑床一端将墙体自上而下加以切割，切割下来比较完整的墙体块需编号保存，以待后用。操作中需始终注意观察墙体是否发生松动变化，保证整个窑体的绝对安全。

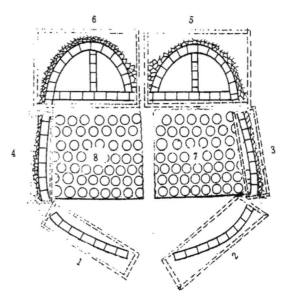

图三　切割平面图

墙体套箱在制作时，四侧面需按要求分别制作成独立的板块，短面板块用角铁连成一整体，长面板块则需做成高度为1米左右的几个组成部分，暂时不予连接，但要准备好相互连接与套箱高度一致的数根5厘米×5厘米的三角铁，并于角铁一侧钻出若干与螺丝钉互为匹配的孔眼。还需准备呈90度角的扁铁若干条及与套箱长度一致的5厘米×14厘米的槽钢两根。

以上准备环节完成之后，将第一、第二组块墙体底部四周修置平整，使之形成与基线呈同一水平，开始进行组装套箱。将呈一体的短面板块竖立于墙体两端，协调正确相互之间的各种位置，把两长面的下部板块与之互为衔接，使用扁铁将两者的四角实施固定，这样所形成的边框就把墙体下部围裹起来了（中、上部有物体支撑，需分层段进行）。此时，因墙体固有的弧度，套箱不能与之相随。那么，窑墙壁和套箱之间肯定有许多缝隙，使用稍厚的聚苯板予以充填，置纳不下聚苯板厚度的，可以就地取材，利用潮湿的细土填其间，填土到一定程度时，要用适当的工具锤打夯实，不让出现任何小面积的空虚，保证墙体于吊装运输等过程的绝对安全。待铺垫至下部板块顶端平行时，把中部板块按顺序扣合至下部板块之上，依照上述方式方法固定四角，慎重地填充物体，再把泥土锤打平整。围裹在墙体四周，其高度约占窑墙的三分之二，此时的墙体已经达到了十分稳固的程度，可以撤下两侧的支撑物体，随之把上部板块与两端竖立的板块相互连接固定。将准备好的角铁从底部开始与上、中、下板块用螺丝连接，使套箱成为一个完整的整体，然后，于墙体顶部铺设一层彩条布或塑料薄膜，以保护墙体上部的结构不被破坏，也有利于后期组装过程中的墙体清理。多余的空间缝隙填充之后，以四周木箱柜为标准，把填充物修造成与其高度在同一水平线上，再用螺丝钉固定顶部板块。

第四步，对箱体底部的泥土进行掏挖。按照箱体的实际长度，于箱体的下部外侧，挖掘出宽 80 厘米、深 60 厘米的长形沟槽，以便利掏挖过程时的操作。底板的长度与箱体的厚度互为一致，宽度一般设计为 20 厘米左右。首先从箱体的一端开始，根据底块的宽度由外向内进行掏挖，操作过程注意箱底之泥土上方要与周围的边框在同一水平，不能使箱内的泥土量出现亏缺。第一块底板的实际面积掏挖完毕后，需要及时地将底板穿置过去，码放正确位置和角度，使用加工呈一定形状的木板块迅速地将底板支垫起来，两侧支垫力量要分布均匀，并且须十分稳妥。此后用定做的槽形抓钉呈八字状，将底板与边框连接在一起，让其牢牢地固

定于箱体上。因底板的下方已被物体支垫，整个箱体底部的支撑面积没有因此而缩小，它的稳固程度是有把握的。接着进行第二块底板所属面积的掏挖，操作形式、方法手段与上同。进行第三块……以此类推，直到整个箱体下部的底板全部穿设就位（图四）。箱体底板两端被稳妥的物体支垫着，中间部位则形成了相应的距离空间，利用该空间把裁切完成的槽钢放置进行，槽钢的平面朝上，增大与底板的接触面积，槽形口向下，使用抓钉呈八字状固定于箱体上，使两者也形成一个整体。槽钢铁之凹槽向下，为起吊时穿设钢铁丝绳提供了便利条件。然后根据箱体的具体位置，以周围相关联的物体作为参照物，如窑床左右两侧窑墙等，测定两者之间的准确距离角度，在箱体相应的位置上予以标明。划定彼此之间的连接关系，为组合就位程序打好基础。

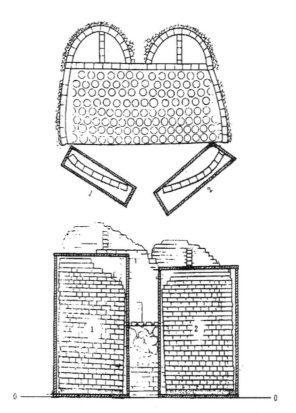

图四　第一、第二组块定位图（0－0 为基线）

第五步，第一、第二组块被吊装起运后，按照设计要求进行第三到第八组块的切割起取，

方法和程序与上述相同。只是要根据起取内容的不同，都以设定的基线为标准。如第三、第四组块之两侧窑墙，其起取高度距离基线130厘米（图五），而第五组块的基线是向上提高了135厘米（图六）。而第七、第八组块的基线

与第一和第二组块的基线则属于同一平面（图七）。第一组块的一系列套箱、封盖、底部掏挖等结束后，底板距离基线的实际高度就是箱体定位组合的唯一依据。

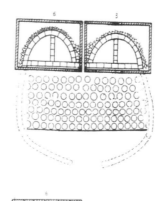

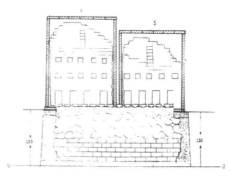

图六　起取第五、第六组块定位图

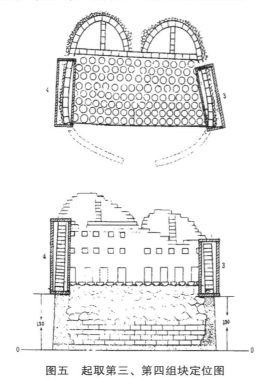

图五　起取第三、第四组块定位图

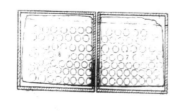

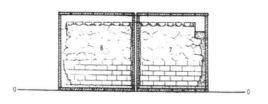

图七　起取第七、第八组块定位图

二、组合复原

窑址切割起取—窑址组合复原，两者比较而言，后者之操作程序要复杂得多，难度也大得多，每一细小步骤都要考虑得十分精确与到位。存放古代窑址的场所一定要进行隔水防潮处理，防止地下水向上蒸发侵蚀，使窑体在干燥环境中得到长期保护。

按照预定的窑址安放位置，便可按编号的倒顺序将箱体就位，首先是第八和第七组块箱体，目前，窑址存放场所的地平面就是该窑址的基点，被称作零点基线，核实准确与周围各边的前后距离，用醒目的墨线划定范围，因为此后的诸个箱体都以该位置为衡量标准，箱体就位和拆解后一旦出现偏差，就没有任何可供

调整的机会了。第八、第七组块箱体就位后，窑床底部木板和槽钢作为承担该部分的基托，被稳妥地固定在基线水平上，槽钢范围之外的所有空余部分都要支垫与其厚度相适应的砖块及其他替代物，使之底板与地面的接触区域增大，增加窑床组块的稳定性。随后撤除顶部盖板及四周部分填充物，揭开铺设在窑址上的隔离布层，仔细观察窑床表层是否发生松动变化。确定无误后把周围固定箱体的角铁拆下，再将四侧挡板自上而下一块一块地依次取出，每拆除两块左右挡板，需将裹贴在窑体上的填充物小心慎重地取除。在整个拆除过程当中，尽可能避免产生过分的振动，防止土质文物出现裂缝与坍塌。

经过上述按照设计要求组合起来的第八、第七组块，使窑床部分恢复到搬迁之前的状态。窑床后上方是第六、第五组块烟道的位置，依顺序目前要进行第六组块。因它的固定底线高出基线135厘米，所以要按烟道下方的形状及高度用砖块砌垒而成。待墙体凝固之后，标示出第六组块的具体前后位置及和窑床之间的组合关系，进行吊装就位。此后的操作程序和方法与上述相同。烟道四周木板拆除时，因其有一定的高度，与其他组块还没有组合为一体，是孤立地单独存在，缺少稳定性，需要用物体于四周进行支撑，给予适当地保护。接着，对第五组块实施就位处理。

随着组合过程的一步步进展，每进行完成一组块的工作之后，对其切割缝线应及时地把记录有编号的切割部分填补处理，没有形成填补块的缝隙部分，需参照原始图表和照片进行补配复原，增加整个窑体的综合牢固程度。复原部分要根据缝线两侧固有的形态，予以合理的补填，使缝线区域与周边的形态互为一致，过渡合理。

待全部窑体组合复原连接定位和切割部分

补配完成之后，将窑门两侧、窑墙外侧的护围石块按照原有的码放规则，依据图表标出的具体位置角度砌垒成形，与窑墙外侧的原始状态浑然一体。对窑址内壁切割复原部分使用矿物质颜料进行颜色效果处理，直至达到理想程度。

三、作坊遗址复原

经过发掘，在窑沙坡东侧、北侧和南侧共清理出数个作坊区，作坊区之间的相互关系是既有合作又有分工。作坊（ZF1）发现有瓷土坑和堆放瓷土的场所，说明该区域是炼制瓷土的地方。ZF4内有一座约300平方米的大型房屋基址，在其附近发现釉缸，说明是施釉和晾晒瓷坯的场所。ZF7房屋基址内发现有转盘车坑、釉缸、火膛等遗迹、该作坊可能是制作瓷器和施釉的场所。ZF6内发现一个陶洗池、两条排水沟和沉淀池、三个转盘车坑和部分房屋建筑遗迹及两个取土坑，该作坊的功能比较典型，就是淘洗瓷土、制作瓷坯的地方，等等。在窑炉的工作面上大多发现有煤渣，并且在煤炭中有意渗入了部分砂粒，证明金凤窑已经大规模开始使用煤炭做燃料。

从作坊区发掘清理的实际现场观看，每二至四座窑炉附近地域为该部分的作坊区，组成一个较为独立的作坊单位。现在需要将所迁移的四座窑址（Y2、Y4、Y11、Y24）全部置放于长不足30米、宽13米左右、面积约380平方米的范围内（博物馆窑址陈列区），使其区域成为一个完整的窑址作坊单位，再现迁移前的原始状态。根据成都文物考古研究所、成都市文物管理委员会等部门领导和学者的建议和意见，参考作坊区发掘时的具体情况和测绘图表、照片等共同拟定设计出作坊区的复原方案（图八）。

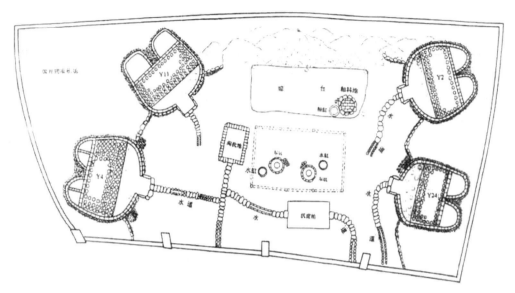

图八　都江堰古窑博物馆窑址及作坊区分布平面图

窑炉均是依山而建，利用地势坡度完成窑炉的建设，因此窑炉前后方，高度存在有很大的差距，为适当表现当时的地貌环境概况，同时也要兼顾突出重点的表现窑炉本体，于窑炉的后侧方模拟成山峦起伏状态，相当程度上恢复了窑炉周围原有的实际形态，模拟复原出应有的排水设施。排水道多是用废弃的匣钵砌码而成，上铺排列呈一定形状的鹅卵石块，顶部与周围地面同一水平。作坊区域内的地面基本持平，在其周边范围按照发掘时的原始布局及长宽比例，使用原有窑砖将淘洗池和沉淀池砌垒成形，并于池内模拟出具体的过程和内容。在作坊区内制作了两个转盘车坑，车坑附近设置了两口水缸，还有专门晾晒瓷坯的晾台，另外还有釉料池和釉缸。根据遗址现场柱洞排列的具体情况，于作坊区内模拟掏挖了若干个排列规律的柱洞，并在其底部放置相应的础石，说明作坊区上方有搭建的房屋。而窑炉与窑炉之间的空余地方要比作坊区操作面高出许多，将一些已经烧制损坏的瓷器和窑具堆放于一起，形成废弃物堆积场。

四、结　论

我们国家是一个文物大国，每年发掘的遗址和墓葬等数以百计，其中不乏大量填补史料空白、具有重要研究价值的遗迹和遗物，如何处理和有效保护这部分珍贵的文化遗产，是目前需要进行研究和探索的一项重要课题。

按照田野考古的常规，经过发掘整理之后的遗址和墓葬，一般都要进行回填，使土地重新恢复利用。一旦遇到重大考古发现，如：早期的半坡遗址、秦时的兵马俑坑、汉时的南越王墓等，针对如此规模的有重大考古学术价值的大型遗址和墓葬，文物部门便会根据具体保护措施和设计要求投入大量的人力、物力、财力，依据出土古迹的时代特征和地貌概况，实行就地保护。而我们这次所搬迁的金凤窑址，位于都江堰市东北约8公里处，该范围内正在修建一座现代化的水泥厂。地理位置比较偏僻，就地保护存在相当大的难度。经过有关部门专家、学者的现场考察和论证研究，决定以服从经济建设为大局，将其中保存最为完整的四座窑炉从生产区迁移至办公区，并在办公区内修建一个以古窑为专题的博物馆。对此，窑炉如何进行搬迁，怎样组合复原，根据窑炉的现存状况及具体要求，拟就了窑地迁移复原的设计方案。对于任何时期的古物古迹实施就地保护，尤其是针对土质（砖砌）文物，能够保证其整体的组织结构形态特点不发生变化，并可以在适宜的环境中得到长期保存。而异地迁移，则会涉及切块分割，任何土质文物的切割，在一定程度上可能会造成窑炉整体结构的变化和破坏，如果采用的加固保护方法手段比较合理得当，把不安全因素和损失降到最低限度，使文物恢复到原有状况，并且能够保证文物不因异地迁移而受到某种不利之影响，那么我们所做的工作才会得到大家的认可和肯定。

前面讲过，需要搬迁的窑炉均有一定高度，底部直径在 5 米左右，一座窑炉的搬迁面积为 40 至 45 立方米，每立方米的重量约为 1.7 吨，就是说每座窑炉的实际重量在 70 吨上下，这样的重量采取一次性搬迁肯定是不现实的，那就只能采取分块切割的方式来加以解决。一座窑炉最终需要分割成多少块，于什么部位进行切割最为合理，切割线的宽度又应该是多少，这些都要根据窑炉的形状特征、倾斜角度、现场位置具备的条件（处于山体腰部）和起运设备的吊装能力及便于操作等综合前提认真考虑，结合上述情况来制定窑炉的切割数量和切割规模。切割数量愈少愈好，既能够保证窑炉相对的完整性，又可以在较为顺利的前提下安全地吊运分割套箱。为此把准备起取的窑炉分成了八个部分，使每一部分的体积重量趋于相应均衡，也便于后期组合复原。如果为了减少相对的切割数量，让两个及两个以上部分合二为一，增大箱框的体积，是否可以减少几条切割缝线，使局部区域面积更具备一定的完整性，例如：

第七和第八组块呈一整体，或者将第五和第六组块合并为一，那么套箱的体积虽然扩大了一倍，重量也翻了一番，四周外围的包装板材也需要相应地加厚，达到能够承担其固有重量的保险系数，只要条件具备和允许，也是未尝不可的。但是现场的回旋余地过于狭小，吊装机械也达不到应有的吨位起重水平，后期组合块的就位复杂操作也存在不可预料的难度，对上述没有安全保证的方案作了放弃处理。

切割缝线的宽度设置：缝线过窄仅仅只能容纳箱体挡板是不够的，虽然在一定程度上减少了切割面积，尽可能多地保护了原有的形状特征，但是给后续工作设置了种种不利的因素，无法在这狭小的空间施展各项操作功能，并在吊装时难以避免的微小晃动都有可能造成连接墙体的破裂或倒塌。缝线太宽则过多地损坏了文物本体，违背了我们处理文物、保护文物的原则和宗旨，同时于后期窑体缝线填补复原时由于切割面积过大，有可能是该部分的形态和效果与周围原始状况存在较大反差，也是在文物处理过程中所不允许的。所以将切割缝线的宽度控制在 10 厘米左右，既能够在确保安全的前提下顺利地开展起取的各项工作，又可以保护窑体最大面积的完整性。

古代窑址的异地迁移与组合复原的过程及实施方案，大多是引用以往起取遗址和墓葬的经验，只是于操作过程上进行了个别调整和补充，应是目前起取窑址的较为成功有效的一种方式。是否还有更佳的形式和方法？就此问题可以展开多层面多角度的探讨和研究。希望文物考古界的同仁不吝赐教。

（本文插图工作由卢引科先生绘制，写作中得到张擎先生的大力协助。在此一并表示衷心的感谢！）

（原文发表于《四川文物》2003 年第 6 期）

试论玉堂窑遗址考古发掘的文物价值

杨 丽

2007 年 5 月 ～ 7 月，由成都文物考古研究所与都江堰市文物局组成的联合考古工作队，对都江堰市玉堂窑遗址进行了一次全面的考古调查和小范围试掘。我作为一名联合考古工作队队员，有幸参加了这次考古调查和试掘工作，并从中学到了很多有益的知识，现根据考古发掘的成果，试论玉堂窑遗址的文物价值。

一、玉堂窑遗址的历史文化价值

玉堂窑址位于都江堰市玉堂镇赵公山、卧牛山、凤凰山环抱的浅山丘陵地区。遗址南北长 2.15 公里、东西宽 1.75 公里，占地面积约 2.5 平方公里。在窑址分布范围内，散布着大量废弃的窑炉，民间早有"上九堆、下九堆"之说。隔着薄薄的一层耕土，到处是废弃的碎瓷片和窑具，有的地方堆积厚达 5～10 米。

1977 年，四川省文物考古研究所和原灌县文物保护管理所（现都江堰市文物局），在罗家窑包、马家窑包和何家窑包进行局部发掘，并在罗家窑包清理斜坡式龙窑 1 座。2007 年 5 月，成都文物考古研究院与都江堰市文物局组成联合考古工作队，再次对玉堂窑址进行了全面的地面踏勘与文物复查，并对新发现的十七号窑包和六号窑包进行考古发掘（图一）。

图一 2007 年十七号窑包发掘场景

通过 2 次考古发掘，探明玉堂窑址现有 17 座窑包，不仅出土了唐"开元通宝"、北宋"皇祐通宝"等钱币，还发现了刻有"咸通十年""广明□年十月五日"和"淳熙十四年季冬"的器物，它们为确定这个窑址的时代，提供了可靠依据，玉堂窑的烧造年代应为唐代早期至南宋末期，历经唐、五代、北宋、南宋各朝代，时间长达 600 多年。

玉堂窑遗址曾经出土过一件带有 70 多个字铭文的宋代白釉香炉，有这么多字的高古瓷器实属罕见。尽管香炉的盘口有残缺，但大部分文字仍可辨识，该香炉盘口上的铭文为"成都府路永康军青城县广济（乡）（磁）窑居住男弟子苟字少察（乾）（道）（庚）（寅）岁三月二十八日生发心造焚（乾）（坤）（炉）"。据此推断，该炉的烧制时间为南宋孝宗乾道六年庚寅岁，即公元1170年。该器物对研究都江堰市在宋代时的经济、文化、宗教、生产生活、民风民俗等都有很大的帮助，具有很高的历史文化价值（图二）。

图二　玉堂窑出土刻铭香炉

图三　玉堂窑出土执壶

酒壶为古代的一种盛酒器，是酒肆、饭馆、家居和宴席上的必备器物，相当于现代的酒瓶或分酒器，因有壶把便于手持，又称为执壶。玉堂窑出土了数量较多、器形多样、大小不一的各类执壶，证明唐宋时川西地区饮酒成风，酒器盛行。古人饮酒时，既可将执壶中的酒注入小杯慢慢品饮，也可手握壶把，将酒从壶嘴直接倒入口中开怀豪饮，常言说"文人品酒诗画来，壮士豪饮胆气升"也不过如此吧（图三）！

二、玉堂窑遗址的艺术价值

通过考古发掘和调查采集，我们收集了数量较多，年代不同，造型各异的玉堂窑陶瓷器。主要为碗、盘、洗、盆、碟、盏、杯、执壶、提梁壶、罐、双耳罐、四系罐、钵、瓶、盂、盒、炉、灯、匜、纺轮、圆球、管饰、瓷枕、陶俑、飞鸟禽兽等多达20多个种类的生活瓷器、文房用品、玩具、祭祀明器等，这些出土的器物种类齐全，器形精美，具有很独特的艺术价值。

花瓶为插花观赏与装饰把玩型器物，历来被文人雅士和老百姓所喜爱和珍藏。玉堂窑出土的花瓶样式很多，有的是瓜棱形，有的是椭圆形，有的是高腰，有的为鼓腹，有的为大盘口，有的为小圈口；有的是绿釉，有的是白釉，还有的是酱釉……林林总总，数量众多。不仅体现了玉堂窑制陶、施釉与烧窑的精湛技术和绘画艺术，而且表明当时社会繁荣和老百姓追求美好生活。这些花瓶都具有较高的历史价值、艺术价值、观赏价值和收藏价值（图四）。

图四　玉堂窑出土花瓶

玉堂窑器物的釉色多样，发色淡雅，沉稳朴素，有青釉、灰白釉、深黄釉、浅黄釉、深绿釉、浅绿釉、酱釉、褐釉、黑釉等。有的器物施全釉，有的器物施半釉。为了美观好看，多数器物在胎釉之间先施白色或浅黄色化妆土，以增加器物的美观，使烧出的器物釉色更加均匀、明亮。

玉堂窑器物的装饰方法主要有印花、划花、堆贴、点彩、彩书、彩绘等。釉下彩书是以酱色或褐色釉料书写于器物内底或腹部，书写自然，是工匠们随手写上去的标记和符号。如，"好""大""古""日月""元"等。釉下彩绘内容有花、草、虫、鸟、莲瓣、云朵、波浪、圆弧、条线纹等。广泛用于碗、盘、钵、罐等器物身上，构图简单、线条粗放、自然醒目，富于早期釉下彩的特色，艺术效果尤佳。

三、玉堂窑遗址的科学价值

陶瓷器是我国古代的伟大发明之一，中国陶瓷器对人类的文明做出了巨大的贡献，在世界历史上放射着灿烂的光芒，因此，中国被世界誉为"瓷器的祖国"。在唐宋时代，玉堂窑址是都江堰市分布范围最广、生产规模最大、烧窑时间最长、器型最多、釉色装饰最佳、目前保存最好的古窑遗址，其烧制的瓷器不仅具有很高的历史、文化和艺术价值，而且还具有一定的科学价值。

灯盏是古代百姓民众家中必不可少的夜间照明工具，而读书人尤为喜爱邛窑和玉堂窑的省油灯。玉堂窑不仅烧制各种样式的灯盏，也烧制省油灯。省油灯又称"夹瓷灯盏"，中空，可将清水注入夹腹中降低油温，减少燃油挥发，比普通灯盏省油近半。据陆游在《老学庵笔记》中记载，"省油灯盏，盖夹灯盏也，一端作小窍，注清冷水于其中，每夕一易之，寻常盏为火所灼而燥，故速干，此独不然，其省油几半"。省油灯不仅体现了古代人勤劳节俭的美德，更表现了古代玉堂窑窑工的聪明与智慧（图五）。

图五　玉堂窑出土灯盏

匜为古代的盥洗器，其形如瓢，有流、有柄，老百姓用于厨房内盛水、注水或煎熬中草药。水匜也是玉堂窑的代表性器物之一，其釉色有黄釉或绿釉，器型有深腹或浅腹，手柄有竹管型柄或螺纹橄榄型柄等不同样式。玉堂窑水匜不仅是古代老百姓生产和生活中的器物，更是古代窑工们聪明和智慧的成果（图六）。

图六　玉堂窑出土匜

由于都江堰市处于川西高原与盆地交界地区，气温寒冷，玉堂窑创烧一种扁圆形双系紧口罐，是专用于冬天取暖的陶瓷罐，老百姓称它叫"水烘笼儿"。它形体扁圆，重心稳定，腹大口小，盛水不溢。冬季时，将热水灌入壶中，用干玉米芯插入壶口，以防热水外溢，将它放入布袋中包裹保温，白天放在杯中暖手，夜间放在被窝里暖脚，相似于现在的热水袋，在1 000多年前的唐宋时代，这也算是一种创新产品（图七）。

图七　玉堂窑出土双系罐

玉堂窑发掘中出土了大量的五齿支钉、三角垫板等窑具，说明玉堂窑采用的是垫柱支撑、垫板承托、支钉间隔的重叠敞烧法，这种装窑法，增加了窑炉内部空隙，有利于炉火畅通，有利于窑温火候均匀，器物受热一致，采用柴火燃烧，窑温也可达到1 000度左右，对提高产品质量有一定的作用。也有的器物采用砂粒隔烧法，如碟、盘、盏等轻小的器物就采用这种方法，砂粒隔烧法减少了支圈的加工和装窑的空间，可大大提高产品数量，节约工序，降低成本，这是宋代窑工的又一发明创造。

综上所述，玉堂窑遗址是一处距今1 000多年前的古窑址群，具有较高的历史价值、科学价值、艺术价值，文化内涵十分丰富。玉堂窑是四川盆地最大的窑址群之一，处于青瓷发展繁荣阶段，是青瓷向其他颜色瓷发展过程中的一个重要环节，其唐代釉下彩与邛窑、长沙窑同时代，是釉下彩发源地之一。玉堂窑遗址它不仅丰富了四川盆地陶瓷文化，而且再次证明了成都平原是西南地区陶瓷业的中心，使蜀地瓷业的轮廓更加清晰，为研究四川陶瓷的发展、繁荣和衰亡过程提供了实物例证。2002年12月27日，玉堂窑遗址由四川省人民政府公布为省级文物保护单位。2013年5月，国务院将玉堂窑址公布为第七批全国重点文物保护单位，国家文物局将玉堂窑遗址纳入全国文物大遗址保护规划。

灌县古城河街子

付三云

在世界文化遗产都江堰风景名胜区内的玉垒山腰，有一段保存完好的茶马古道，古称"冉駹山道"，据传为秦时蜀郡太守李冰在修建都江堰时开辟的山道。古道负山面水，风景独好，林木森森，雄关漫道，四季葱翠，鸟语花香。在昔日的晚霞里或晨曦中，时常会听见马蹄声声，铃响叮当，那是茶马古道上早起晚归的马帮在行走奔忙。在这段繁忙的古道上，还有一条低矮简陋的古城街道，它是古代川西平原通往茂县、松潘及甘肃青海一带的茶马古道起始段，它的名字叫河街子。

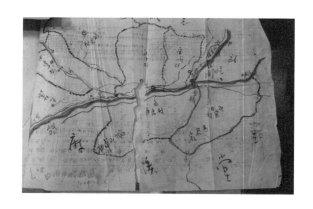

一、史志诗书记载的河街子

据 1982 年版《四川省灌县地名录》记载："河街子从西门（宣威门）外至二王庙，沿河的山间小道，长 1 公里。"1985 年版《灌县城市建设志》记载："街道滨临内江修建，故名。此街是通往松、理、茂、汶的古道，人马络绎，驼铃叮当，街内饮食、客店等铺面较多，生意兴隆。每年农历六月二十四日朝二王庙，游人也多走这条路。"街区范围内，历史文化厚重，文物古迹甚多，不仅有秦时的斗犀台、唐时的玉垒关（镇夷关）、明代的宣威门及古城墙、淘滩治水的凤栖窝，还有二王庙、禹王宫、安澜索桥（夫妻桥）、敬修之德政坊等文物古建筑。

河街子原本是灌县古城的街道之一，20 世纪 60 年代，曾更名为"向阳路"，后又恢复了原名。20 世纪 90 年代，仍属于都江堰市灌口镇管辖的第十三居民委员会，在 20 世纪末，为了申报"双遗产"，此街被拆除，从此，这条古老的街道便从古道上消失，并逐渐被人们淡忘。现在，游人们只能欣赏到沿途的自然风景和名胜古迹，但古街上那些商家店铺、古朴民居、神秘故事和人流如潮，熙熙攘攘，"山间铃响马帮来"的繁华景象早已坐封在历史长河之中。

"三垴九坪十八关，一锣一鼓到松潘"，这是松茂古道上脍炙人口，传唱千年的民谣，也是清末西蜀才子董湘琴（公元 1843 年～1900 年）编写的自由体"边塞长诗"《松游小唱》中的经典诗句，其中"十八关"中的第一关"玉垒关"即在河街子上。董老先生在长诗中对河街子的景色十分赞赏，唱颂有加："镇夷关高踞虎头，第一程江山雄构。大江滚滚向东流，恶滩声，从此吼。灵岩在前，圣塔在后，伏龙在左，栖凤在右，二王宫阙望中浮。好林峦，蔚然深秀，看不尽山外青山楼外楼。近夷犹，故乡风景谁消受？"这段文字简洁明了，音韵朗朗上口，不仅点出河街子的众多古迹和壮丽景色，同时也表达了诗人对家乡山水依依不舍的情怀。

宣威门是灌县古城的西门，也是河街子的起始点，始建于明代洪武年间。宣威门城楼与城墙相连，城门有重兵把守，早开晚闭，是护卫古城的重要关隘，出行晚归的商人旅客也只能在城门外的河街子上吃饭、投宿。

二、风景秀美的河街子

宣威门城楼外的山坳被称为凤栖窝，传说在古时，曾有珍稀美丽的凤鸟在此地作巢栖息，因此得名。还有一说，是因为在旧社会时，曾有少数青楼女子在河街子这一带租房招揽生意，以凤引凰，此为民间传闻，无从考证。但不管怎样，这里是河街子风景最好，位置最佳的一段。凤栖窝左邻宣威门，右靠玉垒关，是两关护卫之地；又因三面环山，一面临江，而具有山水之灵气。街道俯视下的内江河段，就是都江堰，每年要"深淘滩，低作堰"，埋放有四根"卧铁"的地方。难怪清初进士，灌县的首任知县马玑，会将凤栖窝列入《灌阳十景》之中的第二美景："青城描不尽，客赏意何穷。翠竹窝栖凤，寒潭住伏龙……"由此可见凤栖窝风景的壮观美丽。

据曾在河街子上居住的老年人讲，20世纪50年代前，来自松潘、茂汶及甘肃、西藏信奉佛教的藏族同胞，在途经灌县古城前往峨眉山朝圣时，他们不住县城内的旅馆，常常会在凤栖窝的林地里，或河街子的路边搭建简易帐篷，过夜歇脚。那时的人们，出于对藏族同胞的敬畏、恐惧或排斥等原因，都避而远之，即便藏族同胞离开后，当地人也不会去占用他们露营过的地盘，因为他们第二年仍然会再来歇脚。

凤栖窝弧形弯道上的河街子，由于坡地狭窄，不能修建高楼大户和四合院，是一排依山而建的低矮瓦房，街房为穿斗式木结构民居建筑，单层小开间，屋檐低，窗户小，面积不大，大多为一间两进，或一间三进的结构，前面为经商铺面，后面为卧房和厨房。临街铺面中除有小食店、小茶馆、小旅店外，还有铁器、蓝货、棉麻、草鞋、棕衣棕绳等日用品商店和手工艺作坊。

从前，河街子的居民吃水很困难，要从山下的河边挑水上山，家中无劳力的老弱病残，还要请人挑水或出钱买水。后来，居民们在街道靠山的右侧，修建了一个蓄水池，便于积蓄山泉水和雨水，不仅解决了街道住户们饮水问题，而且还可以为到此的游客和背夫、马帮们提供免费的饮用水。同时，蓄水池还是河街子上唯一的一处消防取水设施，避免了一旦街房发生火灾后，山下的远水救不了山上近火的尴尬场面。又听老人们说，蓄水池建好后，居住在河街子靠近玉垒关的赵家铁器铺，在店铺旁放置了一个大水缸，每天会有附近的居民，将家里烧好的茶水倒入缸内，供过往商旅和行人免费饮用，这便是河街子的居民们方便路人，积德行善之举。

三、玉垒雄关下的河街子

沿河街子前行绕过凤栖窝便是玉垒关，此关雄踞虎头崖上，一侧临江，一侧靠山，近揽都江堰水利工程于脚下，远眺巍巍千里岷山于西边，居高临下，地势险要，具有"一夫当关，万夫莫开"之地利，被誉为"川西锁钥"。

唐时，西南吐蕃势力逐渐增大，长期呈现时战时和的僵持局面，并对益州（成都府）构成威胁。当年流寓成都的诗圣杜甫，在赞美"锦江春色来天地，玉垒浮云变古今"的同时，也写出了"北极朝廷终不改，西山盗寇莫相侵"，"玉垒虽传檄，松州会解围"等忧虑时局的诗句。为防吐蕃入侵，贞观末年（公元649年），在城西的咽喉要塞虎头崖处，修筑了防卫关隘，初名玉垒关，又称七盘关。

据《旧唐书·吐蕃》记载：唐大历十四年冬（公元779年），"十月，吐蕃率南蛮二十万来寇：一入茂州，过汶川及灌口；一入扶、文，过方维、白坝；一自黎、雅过邛崃关，连陷郡邑。乃发禁兵四千人及幽州兵五千人同讨，大破之"。说明当时曾有一支吐蕃兵队，已经攻破茂州和汶川，打到灌县城了，蜀州危急，朝廷急令剑南节度使领兵抗击。唐大中十年（公元856年），白敏中帅蜀时，在原址上扩大规模，用砖石修建玉垒关。后历宋元明清，各代都在维修加固。清乾隆年间（公元1736～1795年），大金川土司莎罗奔起兵造反，乾隆皇帝多次派遣部队，从玉垒关出兵进山平叛，并运送粮草

军需物资进山，为此，将此关更名为"镇夷关"。同治八年（公元1882年），知县柳宗芳主持培修，又恢复"玉垒关"原名。现关门两边石刻楹联为："玉垒峙雄关，山色平分江左右；金川流远派，水光清绕岸东西。"清代，灌县的知县缪延祺也曾写诗赞颂玉垒关的雄伟和秀美："玉垒浮云际，巍然第一关。东流千派水，西去万重山。浅草牧野马，雄图控百蛮。青城峰六六，应不在尘寰。"

20世纪80年代，电视剧《西游记》不仅在都江堰市的青城山、二王庙和岷江河拍摄，而且还在玉垒关、凤栖窝和河街子取景。在《西游记》每一集的片尾，伴随着字幕和蒋大为《敢问路在何方》高亢激昂的歌声，都会出现唐僧师徒牵着马，挑着担从河街子出发，穿过玉垒关门洞前往西域取经，美丽的风景和壮丽的雄关给观众们留下了深刻的印象。当年，紧临玉垒关内的一排排低矮木屋和河街子街道上布满了车辙和马蹄脚印的石板路，都见证和记载了历史的沧桑和回忆。但是，在20世纪90年代末，这些街道和建筑全部在"双申环境整治"中拆除了，如今，只能去电视剧《西游记》的片尾里寻觅河街子当年的模样。

四、禹王宫旁的河街子

出了玉垒关下坡前行约半里，有一处通往山上的岔路口，这里原本立着三通石碑，俗称

"三通碑",如今碑座还隐约可见,但因时代久远,三通碑记载的内容众说纷纭,已无从考证。

因三通碑地处繁华古道上,每年都会有古城内和河街子一带居住的人,带着自家年幼的小孩和烟酒礼品,来这里撞拜干爹,俗称"撞拜寄",即不管贫贱富贵,只要是被最先遇见的人,就会被小孩拜为"干爹"。在父母的陪伴下,"干儿子"会向"干爹"献烟敬酒,行祝揖跪拜之礼,新"干爹"要为"干儿子"取名字或打发钱物,祝愿孩子健康成长。"撞拜寄"是过去的一种传统民间习俗,如同广汉市每年春季都要集中举办的"拉宝宝"庙会一样,因此"三通碑"也就成了灌县古城百姓口中的一个专属地名。

三通碑地处弯道,两三米开外的路对面是一处垂直上下的百米悬崖,悬崖下过去是一处内江河段的回水沱。据传在中华人民共和国前,常常有孤身带货的商贩,在夜间途经此地时被强盗拦路抢劫,谋财害命后推入崖下毁尸灭迹。因此,很多人夜间由此经过时,都会前瞻后顾,胆战心惊,或结伴而行。

过了三通碑再下坡,便是禹王宫和河街子的又一段商家店铺。禹王宫是纪念大禹的专祠,据《夏本纪·正义》《蜀王本纪》等古籍记载,"大禹生于西羌",大禹治理江河是由岷江开始,史称"岷山导江,东别为沱",继后才"陂九泽,通九道,度九山",治水十三年,三过家门而不入,最后建立了我国第一个奴隶制王朝夏朝。为了纪念大禹功绩,人们在河街子上修建了禹王宫专祠祭祀。禹王宫是建在山坳中的一处四合院,三面环山,一面临河,四周林木葱郁,环境古朴清静。房屋为清代建筑,小青瓦悬山顶屋面,正中大殿供奉大禹塑像,院内的钟楼、鼓楼秀气典雅,小巧玲珑。20世纪60年代,禹王宫的神像被毁坏,庙宇空废,有部分居民搬入庙内居住,形成河街子最大的居民院落,灌口镇第十三居委会的牌子也挂在禹王宫的大门上。

如今,禹王宫前面的几间商铺,是河街子唯一保存至今的原有街面建筑,它们诉说着河街子昔日的繁华与兴衰。很多游客到此后都会留影拍照,或进庙参观祭拜大禹神像。

紧邻禹王宫有一小门,门联"道院有尘清风扫,玄门无锁白云封",该处便是纯阳观,道观很小,抗日战争时期四川省水利厅曾将禹王宫和纯阳观作为办公地点。纯阳观西侧山崖俗称张扉岩,岩上原有一山洞,是抗战时期挖掘的防空洞,抗战时期日本飞机曾多次经灌县飞往成都、重庆狂轰滥炸,每当敌机来临,城内就会拉响防空警报,河街子附近的居民和过往的游客行人就会躲进防空洞,警报解除后才出来。洞内还有一条细小的山泉水沟流出,泉水清澈甘甜,不仅可供防空避难时饮用,还可为附近的居民提供生活用水。如今和平年代,防空洞已失去其存在的价值和意义,2008年5·12汶川特大地震中防空洞坍塌,洞口已被荒草湮没。

五、最热闹繁华的河街子

张扉岩下古道上有一座方形凉亭,为明清时的西瞻亭旧址,如今人们称其为凉亭子或张扉亭,传说三国时张飞途经此处前往白沙邮找马超喝酒曾在此休息,所以人们称其为张扉亭。

河街子道路从亭内穿过，亭内四周设有围栏座板，供游客行人观景或休息。山崖西侧有几龛佛像残窟，其间镶嵌了两方石碑，左侧石碑上刻写的是明代《治水记》碑，上部为治水记事的碑文，下部刻"深淘滩，低作堰"六个大字，这是明代四川水利按察史卢翊，在大修都江堰时，挖到一个铁板，据说上面有李冰治水时所遗传的六字诀，便将其重刻立于古道岩壁上，以示后人，因年久，风雨侵蚀，字迹模糊残缺不全，1978 年 3 月，文物管理所将碑复制后立于二王庙灵官殿中。

过凉亭子不远，便是清光绪三十三年（公元 1907 年）修建的"修之敬治水德政坊"，据《灌县志》记载，敬修之是内蒙古乌兰察布盟人，清光绪间任成都水利同知时，"察民无力负重，会详大府，撤销竹园档"，将每年岁修时给老百姓摊派的竹料，改由官方采购，工料费由厅、县平摊，减轻了大家的负担，老百姓感恩戴德，捐钱为他修建了"德政坊"。

过了德政坊，便是二王庙前最热闹，最繁华的一段河街子。这里临河临庙，地段宽阔，街道从庙前绕过，一直延伸到都江堰鱼嘴河岸的倒马坎附近。早前，街道两侧饭馆旅馆、商铺林立，往来商贩游客络绎不绝，白天人声鼎沸，夜晚灯火通明，好一派繁华景象。尤其是每年六月二十四日的李冰生日庙会，这里更是人山人海，水泄不通。这段河街子在 20 世纪末最甚时，不仅将观光缆车索道修建到河街子，还将 20 世纪 60 年代废弃的火车洞打造成人造景观的"水宫"，其出入口就在街道临山一侧，临河岸边搭建了几十家餐馆饭店和旅游商铺，20 世纪 90 年代被称为李冰街。后来，为了"申报双遗产"，因该街道上的各式餐馆商铺存在用火用电的安全隐患，环境卫生也是一大治理难点，所以将这些新老建筑物、观光缆车和"水宫"等拆除，只保留二王庙、索桥等文物建筑，河街子和李冰街的街名也就跟这段昔日

热闹繁华的街道一样，逐渐消失在人们的记忆中。

在二王庙的东山门外，原有纪念清代四川总督丁宝桢的丁公祠，1933 年被叠溪堰塞湖洪水冲毁，现仅存"东流不尽秦时水，西望长陪太守祠"的石门联。在丁公祠对面靠山一侧，过去还有娘娘殿，是一处求拜生儿生女的地方，殿虽不大，但据称很灵验。殿旁曾居住过一位姓杨的还俗老道士，虽然无儿无女，但能编一手好草鞋，且生意很好，收入不少。每年的清明与七月半时，他会编织一大堆草鞋，用来焚烧给死亡了的"阴间士兵"们，以此来积"阴德"。"杨道士"年纪大，牙口不好，每次吃肉，都会将肉放入砂罐中，用小火慢炖一天一夜，直至肉烂入汤，他炖肉的香味半条街内都能闻到，把很多人的口水都要香出来，会令人情不自禁地产生买肉回家"打牙祭"的想法。这些不同常人的生活方式，让他成为河街子上一位传奇人物，只要说到"杨道士"，街坊邻居们就会立刻想到被烧毁的草鞋和浓香的肉汤。

六、夫妻桥头的河街子

过了二王庙，便是被桥梁专家茅以升称为"中国古代四大名桥"之一的安澜索桥，始建于清以前，几经废毁和重建，清嘉庆八年（公元 1803 年），由何先德夫妻倡议捐款再次重建，

因此民间又称其为"夫妻桥"。1974 年为加固鱼嘴堤防，将索桥下移约 150 米，桥头上下路段即是河街子。此段老街原有许多商铺，以铁匠铺为最多，有专门打造马蹄钉、马镫的，有专门打造锄头、铁铲等农具的，有专门打造铁锅、铁壶等生活用品的，这些铁器中一些是商贩在旅途中自身需要使用的，一些是用作向藏羌同胞交换马匹、药材、山货等商品的。当年的老街上还有几家"幺店子"，只为过往商贩提供歇脚（住宿）和打尖（吃饭），不看管寄养牲口，条件虽简陋，但收费低廉，生意也不错。在上河街子现在的景区北大门处，原有一小庙叫杨泗庙，该庙不大，只是一处小四合院，但它却是历年清明放水节当天，省县来的祭水官员人等必须叩拜的庙观，因为庙内供奉杨泗将军和历代维修都江堰的有功人员。20 世纪 50 年代，该庙被拆除。

河街子上段还有一处盐井滩，据称在古代，此处曾经打井汲取卤水熬制食盐。20 世纪世纪 80 年代出版的《四川省水利志》记载，大跃进时期，人们在盐井滩拦江修建鱼嘴电站，后因电站拦水大坝造成泥沙淤积，严重影响都江堰下游的春灌和防洪，1961 年 3 月，在时任国务院副总理邓小平同志的关心下，炸掉了拦江大坝，只残留了大坝两端的局部建筑物。2012 年，景区管理局利用鱼嘴电站北岸残坝，编演了大型山水实景节目《道解都江堰》，向五湖四海的游客展示都江堰传统的非物质文化遗产——放水节的盛况。

由上河街子出发，过石厂湾逆岷江而上，便踏上西去阿坝藏族羌族自治州汶川、理县、茂县、松潘等地的茶马古道了。河街子当年的盛况，伴随着社会的发展已消失在历史长河中，成为老灌县人记忆深处渐趋模糊的一条古城老街。正可谓：古城河街子，伴随古堰生，美景依然在，老街不复存。

注：本篇内容除查阅各种文献资料外，还利用工作之余耗时半年多走访了原河街子、西街老住户周桂蓉、曹桂兰、亢玉华、杨宗福、张照群等 10 余位老人。其中存在争议的内容有：河街子的起始点位、三通碑的碑刻内容等。

关于三通碑的碑刻内容主要分为三种说法：一是认为其中一通石碑上雕刻的是徐悲鸿所绘制的回头马；二是认为三通石碑中并无刻绘"马"图；三是认为有刻绘"马"图，但并非徐悲鸿所绘制的回头马。除此外，还有 1 人持三通碑在中华人民共和国成立前就被毁坏的说法。经再三努力查找翻阅资料，均未查到任何有关三通碑的记录。

为弄清楚河街子的准确起始点位，我在走访中专门就此分别询问了原河街子所在居民委员会正副主任周桂蓉、曹桂兰和河街子老住户亢玉华等多位老人，得到的答案均称河街子的门牌号就是从出古城西门（宣威门）开始编号的，直至今二王庙与石厂湾之间的倒马坎一带结束。

特别鸣谢：都江堰市文物局原副局长卞再斌、都江堰市档案馆及一众受访人员。

南街清真寺古匾的前世今生

付三云

因两千多年前的水利工程而名扬中外的都江堰市，有一处居闹市但清幽古典的宗教圣地——南街清真寺。该寺也称清真南寺，位于灌县古城玉垒山下，紧邻西街，是灌县古城内原有三处清真寺之一，也是古城保护最完好的一处清真寺，属于县级文物保护单位。该寺始建于明朝嘉靖年间，距今已有400余年历史。寺内老物件除部分古建筑外，还藏有不同时代的古匾数通，分别为雍正年间（公元1734年）果亲王允礼题写的"世守良规"、乾隆十四年（公元1749年）的"教隆真一"、咸丰七年（公元1858年）钦赐五品蓝翎安阜营把总尽先千总陈天柱题写的"原有独尊"、同治辛末年（公元1871年）的"清真古寺"、光绪十九年（公元1904年）四川一品提督马维骐题写的"无为而成"及1946年白崇禧题写的"兴教建国"等牌匾。在岁月流转、历史演进中，伴随世事变迁，南街清真寺也经历了种种变故。

果亲王题写的"世守良规"匾颇有些来历。前两年电视连续剧《甄嬛传》的热播，将尘封在历史烟尘中的清代果亲王推到人们面前。才华横溢、英俊潇洒、用情专一的高富帅爱新觉罗·允礼顿时成为众多美女们的男神。不过电视剧的情节多有虚构，不可全信。作为康熙皇帝第十七子，雍正帝异母弟的允礼，因其聪明能干，在雍正即位当年即受赏识，先被封为果郡王，6年后又被封为果亲王，协助雍正帝整治朝务、开疆拓土，成为雍正死后的托孤重臣之一。雍正十二年（公元1734年），受皇帝委托，果亲王允礼护送七世达赖及达赖生父从四川返回西藏拉萨，并顺路巡视各省驻防及绿营兵。在经过成都时，果亲王为成都鼓楼清真寺题写了"世守良规"四字。当时灌县南街清真寺首事因与鼓楼清真寺阿訇交好，将果亲王墨宝复制成牌匾带回灌县悬挂于清真寺大殿门上，让寺院沾染皇家之气。故此，南街清真寺就有了这道外镶贴金龙纹木雕边框的果亲王手书牌匾。

"世守良规"匾

"清真古寺"匾

同治年间的"清真古寺"牌匾原本是玉垒山脚下陕西巷清真寺（俗称西寺）的牌匾。清朝咸丰十年（公元1860年），今阿坝藏族羌族自治州松潘县发生以反抗茶税而起的"庚申民族纠纷"，松潘回族死伤4 000余人，部分松潘回族群众为避乱迁入灌县，导致灌县回族人口激增，南街清真寺已嫌窄小，无法容纳更多的信教徒。同治年间，松潘籍回族群众集资在灌县城陕西巷购地新建了陕西巷清真寺，因位于南街清真寺西面，所以又称为西寺。后来，西寺做礼拜的信徒日渐稀少，1951年与南街清真寺合并，1960年建灌县人民医院时西寺被拆除，只保留下"清真古寺"这块牌匾悬挂于南街清真寺二门。

旧匾归位

"兴教建国"匾

"兴教建国"牌匾是1946年国民革命军陆军一级上将白崇禧到灌县看望他侄子白先义[1]的老丈人马剑青时题写的。据南街清真寺老阿訇张伯夫先生回忆，白崇禧来灌时在南街清真寺吃饭，所有菜肴均由他家开在南街的餐馆提供，因白将军饭后兴致高涨，应首事之邀为南街清真寺题写了"兴教建国"四字。

1982年南街清真寺在灌县统战部的主持下恢复了往日的清幽典雅。当时负责清真寺恢复建设的张伯夫阿訇从民众家中找出了原有古匾，并加以修复后重新悬挂于清真寺各处重要位置。其中果亲王题写的"世守良规"在大殿左侧柴

房内找到时，牌匾外圈龙纹木雕已损坏一多半，于是张阿訇请来技艺高超的木匠师傅参照原样恢复了牌匾外圈的龙纹木雕。由于"教隆真一"匾被找到时左侧落款部分已被锯掉，查阅各种资料未能证实题写者姓名，成为一大遗憾。白崇禧将军题写的"兴教建国"匾和清代四川提督马维骐题写的"无为而成"匾分别在居民家中地板和隔墙板上找到。

作为文物保护建筑的南街清真寺，这些古匾也是重要的文物保护对象，它们的后面都承载着时代的印记和岁月的故事，它们见证了灌县古城的时光变迁。

注：①白先义是白崇禧六弟白崇祜的儿子，由于白崇祜去世早，白先义由白崇禧抚养长大。

奎光塔修建人周因培考①

付三云

周因培（公元 1789～1845 年），原名周瞻渭，字椿园，一字梦熊，广西桂林人，嘉庆十二年（公元 1807 年）中举人，道光六年（公元 1826 年）中进士，旋即通过掣签获得到四川任职机会。他在四川先后历任庆符（旧址在今宜宾高县庆符镇）、崇宁（旧址在今郫县唐昌镇）、灌县（今都江堰市）、阆中（今阆中市）等县知县，在灌县任职期间主持修建了百尺堤和奎光塔。道光十八年（公元 1838 年），周因培返回故乡广西，先后出任桂林榕湖经舍山长和武宣县（又称仙城，今属广西壮族自治区来宾市）教谕。

周因培勤于政事，明于听断，体察民情，讼无久稽，所有案件不超过六天必予以处理。

周因培在庆符县任职时，有寡妇罗氏到县衙状告其小叔子（丈夫的弟弟）。周因培接案后经调查发现，她丈夫在临终时交代过继他弟弟的儿子来继承遗产，但她丈夫的堂兄为争夺利益，打算过继自己的儿子继承遗产，于是怂恿她状告其小叔子，后来该案在周因培的调解下得到圆满解决。

周因培在崇宁县任职时，有一年轻人，因其母亲年老，家又负债，于是以行窃为生，被抓进官府。周公训导年轻人说："以偷窃来的财物赡养母亲是不孝的行为；以偷窃来的财物偿还债务是不礼貌的行为，怎能以此为理由行窃

呢？"在晓之以理的前提下又惩罚了该年轻人，使年轻人非常惭愧。后来，周因培返乡途经崇宁县时，忽一人跪伏于道路旁边自称是以前行窃的年轻人，感谢周公的谆谆教诲，他已改过自新，当年被盗主家不仅免予对自己的责罚，还把女儿嫁给了他，使他能在母亲膝前尽孝，这一切都拜周公大恩大德，因此在听说周公将要途经此地时，专门来此等候跪拜感谢。

周因培先后两次出任灌县知县，他在任职期内针对县域水文情况，主持修建了百尺堤，又针对灌县从顺治以来没有人考中进士的现象，主持恢复重建了明代的文风塔——奎光塔，筹建书院文舍培养人才。道光十三年（公元 1833 年），周因培又主持重修了建福楼（又名观风楼）和蟠龙桥（一名锁龙桥，即今走江桥）。这一年，国家内乱，需加征钱粮供应前线，在四川按照每丁条粮银（清代税收名称）一两加征三两银的比例收缴税费②。周公感念灌县民生艰困，报请上级乞求减免税赋，随后又以县府积余银钱一千两送到省府，但仍未能获准减免，见此情形，周公捐出自己多年积蓄下的一千两银钱交上，并诚恳说明灌县情况，终得上级认可，减免了灌县额外的税赋。灌县人一直牢记周公恩情，鉴于他为官清廉，替灌县老百姓办了不少实事，所以百姓们将他在奎光塔旁边修建的一处题名"蜚英"的文舍改建为纪念

周公的生祠，人称"周公祠"。如今，当年他主持重建的奎光塔及奎光塔的附属建筑周公祠已成为全国重点文物保护单位。

道光十六年（公元 1836 年），周因培到阆中赴任，下轿第一件事就是要求查看前任留下未办理的事项卷宗，并当场依次判结，人们见此情形，纷纷奔走相告，导致街巷拥挤，在阆中一时传为佳话。为解决偏远乡镇百姓到县城告状办事长期滞留导致开销增加的问题，周因培安排差役按照路程远近计算出发时间，作为到案早迟依据，并按此排序，使到县衙告状的百姓再未出现在县城滞留超过 10 日的情况，大大减轻了百姓负担。不仅如此，周公还专门准备了一厚一薄两种竹杖，厚的竹杖专门针对吃拿卡要害民的差役等官府人员，薄的竹杖用来惩戒犯事百姓，百姓均佩服称颂。道光十八年（公元 1838 年），周因培因"性情迂拘"被降职。离任时，百姓倾城出动哭送，多年后阆中百姓在谈及周因培时都还在流泪为他惋惜。

周因培出身官宦人家，在川任知县 12 年，为政清廉，离任时家中无积财，"行李萧然，书数卷，篾数肩"，连返乡路费都不够，还是在他的门生故吏捐资下才得以返乡。

道光二十六年（公元 1846 年），周因培因病在武宣教谕任上离世，100 多名学生护送其灵柩归葬桂林市临桂区周家坟山。

【注】

① 全文依据周因培墓碑文、广西郑献甫著《四川灌县知县椿园周君家传》、灌县举人陈炳魁撰《周椿园先生祠堂碑》及《阆中县志》涉及内容。

② 原文为："是年全蜀派捐津贴，每粮一两，捐输三两。"即当年四川，在正式税赋以外，按照田亩赋税（丁条粮银）上缴比例，粮税一两加征三两杂捐赋税。据考，嘉庆、道光时期，灌县中下田地共四千一百九十二顷九十二项四十七亩，四分八厘。每年应上国家丁条粮银为五千六百零五两七钱八分四厘，遇闰年照加。由于当时国家内乱，正常情况下，加征津贴，每正粮一两，岁收库平银一两一钱五分，遇闰照加；咸丰年间又以江南军务加征捐输，每正粮一两外收库平银六钱五分，遇闰照加。周因培当政时，若照每年丁条粮银总数五千六百零五两七钱八分四厘计算，则灌县应另上缴派捐津贴银两为一万六千八百一十七两三钱五分四厘。

（特别鸣谢：广西桂林临桂文管所蒋桂英女士、阆中市志办杨朝志主任、都江堰市施廷俊老师）

离堆伏龙观的那些龙

付三云

伏龙观又名老王庙、李公庙、李公祠、灌口庙等，位于都江堰市玉垒山余脉离堆之上，是纪念战国时期主持修建都江堰水利工程的秦国蜀郡太守李冰的专祠。传说李冰父子治水兴建都江堰水利工程时擒获岷江孽龙，将其锁于离堆之下伏龙潭中，后人依此立祠祭祀，故名"伏龙观"。《宋蜀文集成》记载："李冰去水患，庙食于离堆。"北宋景德年间知永康军冯伉撰写的《移建离堆山伏龙观铭并序》中有："不革旧名，惟崇新宇"等语，表明北宋前已经专祀李冰，并称为伏龙观，沿用至今。

在中国"龙"文化和"龙"崇拜历史悠久，据考古发现目前我国最早的"龙"当属距今约8 000年前的辽宁"前红山文化"遗存中的"龙形堆塑"。作为"望娘滩"故事的起源地，都江堰市少不了与"龙"有关的故事、建筑和地名，如：龙池、龙洞子、龙溪、龙王庙等，伏龙观是都江堰市关于"龙"的建筑中名气最大者。伏龙观历代均有修葺，建筑中处处体现出厚重的"龙"文化色彩。经笔者历时小半年逐一统计，离堆伏龙观共有"龙"不少于461处。

伏龙观内木雕龙的样式丰富，共有近60种不同的造型。其中木质圆雕全龙6条；彩绘全龙18条；廊柱、屋檐下的雀替、斜撑、角撑计有木雕龙头298只；廊道驼峰等处计有木质浮雕龙10条；琉璃浮雕龙3条；屋顶与建筑的飞檐翘角上计有脊兽堆塑的龙62处；石雕龙头5只；观内牌匾上计有木雕龙8条；各类碑刻、木匾、摩崖文字中计有龙字22个；古代皇帝年号13处；观内陈列文物上计有龙15处；靠宝瓶口一侧崖壁间堆塑龙头1只。

接下来让我们一起来欣赏一下伏龙观的"龙"。

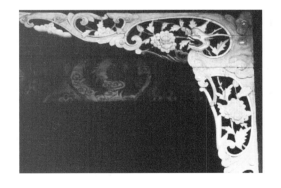

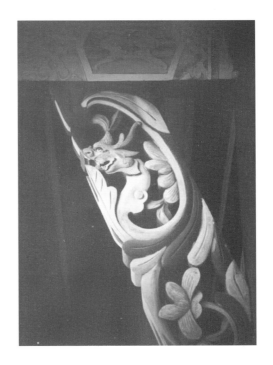

探访王小波、李顺陈列馆

周　怕

在峰峦叠嶂、四季葱翠的都江堰青城后山沙坪村，有一座环境清幽、风格典雅的古朴庭院。其大门的牌楼上，挂有"大蜀流芳"的大幅题匾。门的两边有一副长联，上联为："是茶乡起义第一人，敢均贫富，敢诛豪强，敢摧毁封建根基，直向赵宋王庭拼血战"；下联是："有味水悲歌传千载，应在碑祠，应修史志，应宣扬英雄业绩，莫教大蜀美政付劫灰"。该联热情歌颂了北宋农民起义军前赴后继，视死如归的英雄气概；同时赞赏建碑立祠，教育后人要缅怀英烈，传承历史，热爱家乡，热爱祖国，共建和谐社会。这里就是青城后山著名的文化旅游景点、成都市爱国主义教育基地——王小波、李顺陈列馆。

陈列馆坐落在马蹄形的锅圈岩中，占地约6 000平方米，为木结构仿古建筑，由牌楼、山门、正殿、厢房、耳房、客房、餐厅、厨房及观景亭等组成，建筑面积3 000多平方米，布局严谨，设计精巧，院内几十棵桂花、蜡梅郁郁葱葱，遮天蔽日，香气袭人。在路边牌坊的大理石刻上，记述了此次起义的时间、地点、原因、进军路线及其在历史上的意义和影响。正殿为王小波、李顺率民揭竿起义的彩色雕塑群，24个人物塑像，生动地再现了起义时的壮烈情景，大殿两边展出宋、元、明、清各代相关的历史资料、照片、图书、绘画和实物。此外，还在全国范围内征得楹联五百余副，匾额百余道，精选刻制后悬挂于殿宇亭阁，使陈列馆具有浓厚的文化氛围。该陈列馆不仅是我国唯一的王小波、李顺农民起义纪念馆，而且是旅游度假、疗养避暑的休闲场所。

据史籍记载，青城山由于山高林密，气候温润，适宜茶树生长，自汉唐以来就是茶叶的主产区和集散地，在唐代，青城山贡茶已名闻天下，每年除了向皇宫及官府进交贡茶外，还要向藏、羌、回等少数民族地区销售大量的边茶、马茶。因此，种茶、贩茶是青城山茶农、佃户赖以生存的职业。

北宋初年，宋王朝把川峡地区作为人力、财力、物力的主要供给地之一，在其他地区已废除"榷茶"（茶叶专卖）制度后，反而在川峡地区实行"榷茶"，并设置大批茶税官吏，严禁边茶出境，私卖者处以重罪。官僚地主乘机兼并土地，贱买贵卖，对茶农大肆盘剥、榨取，加之官府徭役、税捐等巧取豪夺，老百姓更是饥寒交迫，雪上加霜，茶农们纷纷破产，无以为生。

淳化四年（公元993年）二月十五日，家住味江河畔的王小波、李顺，在这种走投无路的情况下，乘青城山庙会之机，向广大群众宣传："吾疾贫富不均，今为汝均之"（据《老学庵笔记》），毅然高举造反的大旗，发动了以茶农为首的农民起义，在我国农民起义的历史上第一次提出了"均贫富"的政治主张，并赢得了广大贫苦农民的拥护。之后，纵横数十里的青城山味江河畔，到处都是"均贫富"的吼声，在"均贫富"口号的鼓舞下，王小波、李顺率领起义军首先攻克了青城县城（今都江堰市徐渡乡杜家墩子一带），从而为起义奠定了坚实的基础。

起义军首战大捷，占领了青城县后，声威大振，投奔者不计其数。为了严惩贪官，激励群众，起义军突袭彭山县，活捉了以贪残著称的县令齐元振，将他"杀而剖其腹，实以钱刀，大快其意"（据《隆平集》）。公开为民除暴，将他的赃物、赃款分给穷苦农民，十多天后，参加起义军的人数已增加到数万人。

十二月二十五日，王小波率众与西川都巡检使张玘在江源激战时，不幸额头中箭，在受伤严重的情况下，仍坚守战场，顽强拼搏，奋力将张玘诛杀，但因伤势过重，当晚壮烈牺牲，真是"壮志未酬身先亡"。义军将士们悲痛万分，又推举王小波的妻弟李顺为主帅，继续高举"均贫富"的大旗。起义军在新主帅李顺的率领下，通过发动群众，壮大队伍，迅速攻陷邛州、雅州、新津、永康军（都江堰市）等地，并利用寒冬腊月、河道干枯的有利条件，兵分两路，形成了对成都的钳形包围。

北宋王朝惊恐万状，匆忙调集汉源、绵阳、梓潼、遂宁等24州县的官兵，妄图据守成都，但在官军还未得逞时，李顺已攻克了汉州、彭州，并立即率十万大军杀向成都，于淳化五年（公元994年）正月十六日攻克了成都，建立了"大蜀"国，李顺称大蜀王，改年号为"应运"。为了巩固大蜀政权，李顺不仅建立了军政机构，委派官吏，又采取一系列"均贫富"措施；还铸造并发行了"应运元宝"与"应运通宝"钱币，在社会上流通交易。淳化五年，是"大蜀"政权胜利发展时期，李顺指挥义军四出攻打州县，"所向州县，开门延纳；传檄所至，无复完垒"（据《梦溪笔谈》），农民起义军的战火燃遍了川峡广大地区。

北宋王朝为了维持其统治，先后多次更换川峡地区的主要文武官员，调集各路官军，对起义军采取血腥镇压和"招安"等政治欺骗手段，同时又四处联合地主武装，对成都进行疯狂反扑。最后，起义军因兵力分散，救援不及，致使成都失陷，李顺等十多位首领和三万多将士也英勇牺牲，他们用生命和鲜血实践了"均贫富"的政治主张，为这次规模宏大，影响深远的北宋农民起义流尽了最后一滴鲜血，在我国反封建、反压迫的农民起义史上写下了光辉的一页。

朋友！当你离开喧嚣的城市，漫步在通往陈列馆银杏石梯道上的时候，你会感受到青城山的青幽与宁静；当你闲坐在陈列馆桂花树下品尝盖碗茶的时候，你会享受到一种休闲与返璞归真；但是，当你在大殿前凝望那揭竿起义的壮烈情景时，你心中就会油然而生一种凝重和敬佩。特别是当你解读完那场轰轰烈烈的农民起义后，你会身临其境地感受到一种历史的震撼，一千多年前，起义军将士们悲壮而又铿锵的"均贫富"吼声，会在你的脑海里久久回荡……

纪要通讯类

都江堰建堰历史研究的新视野
——都江堰渠首石刻与水文化研讨会侧记

陈　剑

在一年一度的清明放水节放水大典举办前夕，世界文化遗产都江堰又迎喜事。2007 年 4 月 2 日至 3 日，由四川省历史学会、成都文物考古研究所、都江堰市人民政府联合主办，青城山—都江堰景区管理局、都江堰市文化广电新闻出版局、都江堰市社科联承办，都江堰市文物局、都江堰市历史文化研究中心协办的"都江堰渠首届石刻与水文化研讨会"在风景优美的都江堰市月亮湾酒店圆满召开。参加会议的有来自四川大学、四川省社会科学院、四川师范大学、四川省民族研究所、四川省文物考古研究院、成都市社会科学院、成都武侯祠博物馆等单位，长期从事历史学、考古学、民族学、文化艺术学研究的近 40 位专家学者。李绍明、林向、谭继和、张勋燎、宋治民等知名学者及都江堰市委常委、宣传部部长陈扬杰、都江堰市人民政府副市长严代雄等领导出席会议。研讨会由四川省历史学会会长谭继和研究员、成都文物考古研究所副所长江章华研究员共同主持，四川省历史学会名誉会长李绍明研究员作学术总结。

研讨会期间，与会人员赴都江堰市文物局石刻文物库房，仔细观摩了出土石碑、石人等遗物。会上，都江堰市文物局、成都文物考古研究所的业务人员分别介绍了 2005 年 3 月在都江堰渠首鱼嘴内江河床配合维修施工进行的考古清理的工作过程及收获情况。

一、都江堰渠首石刻出土情况概述

自 20 世纪 70 年代以来，都江堰渠首附近先后三次发现汉代石刻。

1974 年 3 月 3 日，维修都江堰枢纽工程的民工，在渠首鱼嘴附近的外江里，发现一座李冰石像（四川省灌县文教局：《都江堰出土东汉李冰石像》，《文物》1974 年第 7 期）。石像的出土地点，北距安澜索桥（即珠浦桥）130 米，东距外金刚堤 40 米，埋在河床面以下 4.5 米深的卵石层中。出土时，石像横伏江心，面部朝下，头顶向西。石像除个别地方碰伤稍有剥落外，基本保存完好，风化程度也不严重。石像背部有些冲蚀痕迹，前身线条仍很清晰。李冰石像是一座直立全身的大型圆雕，身高 290 厘米，肩宽 96 厘米，肩至足高 190 厘米，用灰白色砂岩琢成，重约 4 吨。像的底部有一个方榫头，残长 18 厘米。石像头上戴冠，冠带系至颈下。面部肌肉丰满，微带笑容，神态自然，身穿长衣，腰间束带，两手袖在胸前，衣袖宽大下垂，双脚前部露出衣外。整个石像造型粗壮稳重，雕刻朴实洗练，线条简洁有力，唯头部比例略大。这是四川发现的最早一座大型圆雕人像，是我国古代石刻艺术的优秀作品之一。在石像的两袖和衣襟上，有浅刻隶书题记三行，字内填朱色，大部已剥落，题记为"故蜀郡李府君讳冰（衣襟中间）建宁元年闰月戊申朔廿五日都水掾（左袖上）尹龙长陈壹造三神石人珎水万世焉（右袖上）"。"建宁元年"为东汉灵帝在位第一年，即公元168年。都水长丞是秦汉时"主陂池灌溉，保守河渠"的官吏，"掾"是帮助办事的官吏（见《通典》）。"珎"，古珍字。"府君"是东汉时对太守的一种称呼。题记表明，这是东汉后期都水掾尹龙长陈壹所造的"三神石人"中的一个，是过去蜀郡守李冰的像。古"珎"字又通"镇"，"珎水"有"镇江"的含意。更为重要的是，它实际上起着测量水位的"水则"的作用。

1975年1月18日，维修都江堰水利工程的民工在鱼嘴附近的外江中，发现了一躯持锸石人像（四川省博物馆、灌县工农兵文化站：《都江堰又出土一躯汉代石像》，《文物》1975年第8期）。当即进行清理，并将石像运至伏龙观大殿，与李冰石像存放在一起。这是当地继1974年3月3日出土李冰石像后的又一重要发现。持锸石人像在外江河床中心出土，北距外江闸约84米，东距金刚堤约40米，东南距李冰石像出土地约37米。石像横伏沙石之中，头部向西，距河床深3.5米。石像头已断缺，高185厘米，肩宽70厘米，像底宽90厘米，重约2吨。宽衣垂袖，腰束带，两足露出衣外，双手持锸而立。锸高28厘米、宽25厘米，有金属刃口的线条，锸全长162厘米，柄长134厘米。锸的形状，与马王堆三号汉墓填土中的铁口木锸相似。石像的背部和底部，冲蚀、磨损比较严重，唯正面的衣纹凿痕比较清晰。锸柄下部似有题记痕迹，但模糊不清，难以辨认。持锸石人像同李冰石像一样为灰白色砂岩琢成，

造型浑厚稳重，线条简朴有力。从造型、手法和石质上看，显然两躯石像是同时的作品。在同时期的四川汉墓中也有不少持锸陶俑和石俑出土，不过像这躯高达185厘米的持锸石人像还很少见。在石像旁边还发现有四块长方形的石块，长90～130厘米，宽72～75厘米，厚28厘米。其中与石像相距30厘米的一块石头的边沿上有四个凹形榫槽，并经过人工截角，平面上有直径为8厘米的小圆孔，这四块长方形石块的石质与石像一样是灰白色砂岩，可能是与石像同时的建筑物或祠庙中神台一类的基石。

2005年3月4日至20日，因都江堰渠首维修施工现场又发现了石刻像，成都文物考古研究所、都江堰市文物局联合在出土石刻的地点进行了清理，共布探方2个，出土文物共计78件，包括石像2尊，碑1通，铁锭榫5件（其中1件残），刻花青石条1块，有人工加工痕迹的石构件69件。3月4日出土的无头石像，残高221厘米、肩宽82厘米、厚57厘米、榫高14厘米。3月5日出土的无头石像，残高202厘米、肩宽79厘米、厚57厘米、榫高10厘米。出土的石碑通高216厘米、上宽78厘米、下宽103厘米、厚上部23～25厘米、下部24～27厘米，有穿、直径13厘米；榫头25厘米×13厘米×11厘米；半圆碑额无字，表面有浅浮雕凤鸟；碑阳呈竖长梯形，有浅刻隶书，竖排15行，每行28或29字，碑阴、碑侧无字，全碑共计415字。石像年代为东汉时期，与以前出土的李冰石像风格相似，从衣带分析其官阶在二千石以上。石碑年号为"建安四年"，碑文中的"北江堋"未见于文献典章的记载。其他出土文物多为石构件，大多与修造河堤有关。本次补充性发掘的地点与1974年、1975年两次出土石像的地点相邻。

上述三次出土的石像及石碑具有非常重要的学术价值，不仅堪称目前发现的汉代最大的

石雕像群，而且是都江堰建堰历史的最重要的佐证。

本次会议即以上述三次出土的文物为研讨对象，拟定议题包括都江堰渠首石刻群的考古、历史价值，都江堰渠首石刻与水文化，都江堰渠首石刻群的雕塑艺术与书法艺术的成就，"建安四年"碑劝善行孝思想与构建和谐社会，都江堰水文化与江源文明研究等。与会学者围绕"建安四年"碑的文字、学术意义、历史文化内涵、所反映的水利制度和修堰成果、书法艺术价值，以及渠首石刻群的性质、功能等问题，展开了详细研讨，并就一些问题取得了初步的共识。

二、"建安四年"碑文字的释读

这是会议研讨的首要基本问题。张勋燎（四川大学考古学系教授）指出，碑的文字与楷书区别大，书写非正规化，释读困难，别体、俗体字多，其中的"场（堋）"字较关键。去年对释文有初步校正，经重新释读，又有新认识。"场"字应为"堋"，"堋"最早不从"朋"，而是从"凤"，汉代《说文解字》中有"堋"字，但非现代"堋"堰之意，而是下棺、垒土的意思，后与"崩"通（《史记》的相关内容）。马王堆帛书中"崩"为"堋"，从"山"从"土"均可。碑文有"堋在百京之首"，"京"，人工垒土为高丘，释为"堋"则句意通顺。一旦确定了关键的"堋"字，其他问题则可迎刃而解。这一意见基本成为与会学者的共识。

宋治民（四川大学考古学系教授）赞同"故监北江堋大守守史"的释读。"氾"与"汜"，自古争议大。"太守"应为蜀郡太守，郭择、赴氾为太守下属的掾、史、属之类官员，但受太守尊敬，汉代高官多出自"掾史"，汉代有"守史"之制，尽管二人身份低，但他们

是代表太守来监修都江堰。"治事府县"即"给事府县"，"治"为"给"。"故府郭君召署文学口簿"宜为"文学（诸）簿"。"郭单家财收葬文"中的"单"即"箪"。碑文对二人的善绩、义举记载较多，郭择在上司遭受诬告时，不作伪证，曾人监。"毋繇封不□□"中的"封"为"对"。"劝农僵於政□□□□"中的"僵"为"谨（勤）"。

林向（四川大学考古学系教授）以原字图形为例，比较了《郭择赵氾碑》"场"与汉《桐柏庙碑》与北魏《解伯达造像》的"场"，可见两者字形显然不同：后者的"场"字从"土"、从"易"，与今隶同；前者从"土"、从"山"、从"匈（朋）"，故能不能释"场"，值得研究。此字左边从"土"是没问题的，汉隶习惯在"土"右侧加点，右上从"山"，也是清楚的，至于右下字形近"匈"，应为"朋"字由篆变隶的变体，与秦、汉时留下的"朋"字字形，特别是与之时间更近的三国时的"朋"字相近。可见，《郭择赵氾碑》的这个字确实是从"土"、从"山"、从"朋"的"堋"或"堋"字。而不是从"土"、从"易"的"场"字。这一字之差关系重大，若释为"场"，于史无证，查东汉并无"场"的建置，据《续汉志·百官志》记载：地方行政建置有州、郡、属国；县、道；乡、亭、里等名目，而遍查《汉书》《后汉书》均不见有"场"这一级的建置。因此若认为需要由郡守的属官"守史"来"监"守这个"北江场"，实在是不知从何说起。若释为"堋"，则于史有据。《华阳国志·蜀志》载："（李）冰乃壅江作堋，穿郫江检江，别支流，双过（成都）郡下，以行舟船"。《水经注·江水》更记载"作堋"的史实："李冰作大堰于此，壅江作堋，堋有左右口，谓之湔堋，江人郫江、检江以行舟。……俗谓之都安大堰，亦曰湔堰，又谓之金隄。左思蜀都赋云：西逾金隄者也。"《太平寰宇记》

载："李冰壅江作堋，蜀人谓堰为堋。郫江、掑江即下成都二江，谓之北江、南江者也。"由此可见，这个"北江堋"是都江堰渠首最重要的组成部分，每年岁修任务繁重，故需由蜀郡太守派出其属官"守史"来"监北江堋"。由此碑可见：郭择、赵汜实乃两位不见于经传的东汉时期的都江堰的堰官，真千年后的一大新闻也。既释为"北江堋"，再来重读碑文，就能通顺达意。他还以图为例指出"汜"字明显是从"水"、从"巳"而不从"已"，不能释为"汜"，而只能释为"汜"，图示其他汉隶的"汜"字的字形与之相同，即可证其不谬，故而是"赵汜"而非"赵汜"。

何崝（四川大学历史文化学院教授）对碑文全文进行了仔细校读，也认为原释"场"字皆误，应为"堋"，今通作堋，堋为堤堰，北江堋即都江堰。"监北江堰、太守守史"，意为直接由太守委派的管理北江堰的主管官员。"太守"不应与"北江堰"连读，而应与"守史"连读。"柔亦不茹，刚亦不吐"，语出《大雅·烝民》："柔则茹之，刚则吐之。"

周九香（四川大学历史文化学院教授）则认为碑文中1行、8行、11行原释读为"场"字应改作"堤"字。此二字均为土字旁，且字头，仅下部笔画不同，以致误读。但他在会后提交的论文中修正了这一看法，赞同与会大多数学者的共识，即"北江场"应为"北江堋"。东晋常璩云："冰乃壅江作堋"。北宋地理学家乐史云："都江堰，一名湔堰，李冰壅江作堋。蜀人谓堰为'堋'。"认为"北江堋"就是"北江堰"。这是都江堰最原始的名称。岷江水从岷山河谷自北向南流入平原渠首处，人们在这里修堋作堰，向着水流的方向，故名"北江堋（堰）"。岷江水从秦代的湔氐县（今松潘县北）流下来，故又称湔堰。学者们认为堋的故义是"一种阻水的长长的矮堤"，或者说是"一种鸟翼形的壅水低坝"。"棚有左右口谓之湔堋"。

"择、汜体履仁义"，"体"亲自遵循，"履"实践也，一言一行符合仁义标准。"二奉"，似应为"二业"，汉代经师是一种职业。郭择承其父业，既通今文经学的《春秋谷梁传》，又是《孝经》师。"东诏京师"之"诏"，似应为"诣"字。西汉平帝时，"征天下……以五经论语、孝经、尔雅教授者，……遣诣京师。至者数千人"。至于郭择东去洛阳是学经深造，还是当经师呢？情况不明。"故府（郭）君召署文学师簿"，碑文中之（郭）字，刻在2行、3行之间，疑为后人妄加刻于上，十分草率。郡学宫中之属吏有文学掾，文学史（师）。据《蜀学师宋恩等题名碑》所记，当时有《易》掾二人，《尚书》掾三人，《诗》掾二人，《礼》掾二人，《春秋》掾一人，文学缘一人，文学孝掾一人，孝义掾一人，（授孝经）文学师四人，《易》师三人，《尚书》师三人，师二十人。师或史之代称。"同生兄"，汉人称同一母亲所生之兄弟姐妹为"同产"。汉简和两汉书中，常有"同产""男同产""女同产"之记载。"产"，生也，"生"，产也，相互为训。"择草尽家财"，"草"字似应为"单"字，通"殚"，竭尽家财也，汉朝人文章经常使用这一词组。"□奴婢二人，□□合直三十五万"，□似应为"遗"字，□□似应为"田宅"二字。汉代奴婢，一般价格为一万五千左右，二个奴婢最多折价四万，还有三十余万应为田宅价。汉人计算家财，常以"奴婢田宅"并称。仲长统认为，当时豪强大地主，"豪人之室，连栋数百，膏田满野，奴婢千群，徒附万计"。相形之下，郭泽家只是中产之家而已。"隐切卤簿"，按"卤簿"是皇帝皇后外出的车马仪仗，此处"卤"字疑为"书"字，即隐藏一切文书簿子之意。"百京之首"似应为"百原之首"，原字本义为今日之源，汉代都江渠首第一县为江原县是也。百源者，由岷山河谷上百的山沟水汇成也。百原者言水源众多也，不必拘泥。碑文之第一个"京"字一点一横，甚长，很像《曹全碑》之一横。第二个"京"字，一横甚短，很像一模糊之"原"字。"契白不文"，勤劳、清白，毫不浮夸。"佐直修身"应为"位直修身"，位，正也。"陈留高君下车，闵伤黎庶，民以谷食为本，以㙍口作"是怀念高府君的至理名言，口应似"务"字。

三、"建安四年"碑的性质及学术意义

张勋燎认为本次石碑出土意义重大，可以说超出了以往关于都江堰的所有发现，碑虽有残损，且并非考古发掘出土品，但基本完整，为迄今所见当时人直接记载都江堰的实物之一。宋治民也赞同该碑为目前所见最早直接记载都江堰维修工程的实物资料，同时根据碑文"故监北江㙍……"的内容判断，此碑应为生人碑，即郭择、赵汜活着时所立，汉代人有立生祠的习惯。彭邦本（四川大学历史文化学院教授）赞同上述意见，认为文字材料在上古历史研究中具有特别重要的意义。

谭继和（四川省社会科学院研究员）认为"㙍"字的释读可成共识，故汉碑的定名应与"㙍"相关，主要内容记载"㙍"功，可定名"㙍功碑"，"㙍功"一名早于"堰功"。汉碑在意识形态内涵尤其是经学上的意义值得研究，"民以谷食为本"思想应予以重视。汉碑在探讨都江堰的由来、成都的得名以及江源文明的渊源方面，提供了新的启示和思路。"都水"与"成都"的由来有关，众水汇聚，水润天府，释"京"为"源"较为妥当，湔㙍—都江堰—成都，联系密切。"北江"有二：内江、外江；郫江、检江。或许还有"南江㙍"，"㙍"体现了蜀人水文化的重要特色。

李映福（四川大学历史文化学院教授）将汉碑的重大发现总结为八点：1. 为在都江堰地区发现大型汉碑，非常难得；2. 记载了都江堰的管理、维护制度和五级机构，都水掾为常设机构，郭择、赵汜仅为临时委派工作；3. 为记载都江堰岁修的时代最早的碑，表明汉代已有岁修；4. 为都江堰的劝善碑；5. 为都江堰水功碑，且为都江堰工程的最早记载；6. 以善治水，民以食为本，以堰为重，此传统一直延续至清代，体现治水以堰为重；7. 是称都江堰为"㙍"的最早记载，白沙邮、白沙街晚期才有，汉代仅设乡、亭、里，而无场（如果释为"场"，则与都江堰无关）。文献最早称都江堰为"㙍"当是《华阳国志》《水经注》，蜀人称堰为"㙍"，有左右口，堰口为㙍，此碑早于《华阳国志》160余年。"㙍"在《周礼》上已有，意为埋人封土，"㙍"有声无字，是否是常璩将就以"㙍"作此字，不得而知；8. 以实物证据表明都江堰又称"北江㙍"，意义重大。

许蓉生（成都市社会科学院历史文化研究所副研究员）探讨了碑本身的性质，实际应为堰功碑，尽管有"刊示后贤，以劝为善"等内容，文字中大半为道德、善行，与东汉重德行的时代风格有关，但其核心仍在修堰，"监北江㙍"表明"北江㙍"为都江堰的又一名称。郭择、赵汜作为郡太守特派员，"水将分□□□□□不足，於□亦不汝，罚亦不□，宜建碑表"。表明二人可能对都江堰的功能有所改进。历代堰功碑众多，但郭、赵之后少见重大革新。二人按常规主持工作，即予以刻碑纪事，体现了汉代人对堰功技术的崇敬。

四、"建安四年"碑的历史文化内涵

张勋燎指出，郭择、赵汜地位低，非"监北江㙍大守"，仅为守史。但二人维修都江堰有功，故百姓等为其嘉钱立碑。他还对碑文内容进行了总体分析，认为碑文可分三段：一段从"故监北江㙍……"至"兄弟和雍，行之难矣"，介绍二人籍贯、身世等内容。二段从

"三□□□旬……"至"宜建碑表",介绍二人维修都江堰的事迹,其中"三□□□旬",为二人维修都江堰的时间。三段从"时朔吏李安……"至完,主要介绍立碑过程。

周九香对碑文所反映的相关汉代史实进行了详细考证。关于"太守守史",汉代地方政权实行郡县制,郡的长官为郡守,又称太守,俸禄等级为二千石。郡守掌治一郡,职大任重,故有许多佐治人员,除了郡都尉、郡丞、长史由朝廷任命之外,众多的属吏都是由太守自己选拔的,一般是任用本郡人士担任。这些各种名称的小吏,统称之为"守属"。分别为书佐、循行、干、小史等。这些属吏称太守为府君,他们与太守之间又形成一种二重君臣关系。碑文称,广都(双流)郭择,郫县的赵汜为太守守史。说明他们正是由蜀郡太守提拔的本地人,职位为小史,故称守史,专门负责监督都江堰北江堋的修建与维护工作。应当说明,这类"守属",可以说是在太守府直接受差遣的小吏。太守还管辖各个办事部门,如户曹、田曹、水曹、仓曹、将作曹、兵曹、学官……。一曹相当于一个局或科,各曹又有一定数量的小吏,均由太守选拔。关于"结发",男人从儿童进入青年期,束发于顶谓之"结发"。东汉灵帝于建宁元年(公元168年)12岁即皇帝位,建宁四年(公元171年)15岁"帝加元服","元服"就是皇帝的皇冠,行成人礼。说明15岁、16岁是"结发"之年。关于"都水郭荀",汉代管水利的官叫都水,东汉时期,各个郡设有都水掾或水曹(水务科),有都水掾和都水史,负责兴修水利。《隶释》十五《绵竹江堰碑》,广汉郡有都水掾及水曹掾、史各一人。这儿记载负责都江堰水利的有都水郭荀等人,而郭择和赵汜又是太守派来行使监督水利工作的办事员,故称守史。关于"陈留高君下车",高君即高府君,为河南开封附近陈留郡的人,"下车"即被任命为蜀郡太守。据《大清一统志》

293卷记载,高眹是在汉灵帝光和中任蜀守的,即公元179年到184年之间,也许在他任蜀守时,就提拔了郭择和赵汜为守史吧。过去学者们据《华阳国志》和《大清一统志》等的记载,知道在汉安帝时期,文翁石室遭遇火灾,高太守在任时,不仅振兴文教、修复了文翁石室,还新修了《周公礼殿》成为当时全国有名的历史名人纪念堂。"下车",国君初即位和官员上任为"下车"。"及光武中兴,爱好经术,未及下车,而先访儒雅。"汉光武刘秀还未即帝位,就注意招来儒学之士。"太守弘农成瑨下车,欲振威严,闻(岑)晊高名,请为功曹。"说明太守上任也叫"下车"。

他还认为由于碑文脱落了许多字,故留下许多想象的空间,提出了许多值得探讨的问题。首先,建安四年(公元199年),是怎样一个大环境和小环境呢?"中平以来,天下乱离,民弃农业,诸军并起,率乏粮谷,无终岁之计,饥则寇略,饱则弃余,瓦解流离,无敌自破者,不可胜数。""民多相食,州里萧条。""是时,长安城空四十余日,强者四散,羸者相食,关中无复人迹。"这是一个军阀混战,天下大乱,大饥荒,大瘟疫的时期。当时益州地区,已为刘璋所控制。从青城山上走下来的张陵的孙子、张衡的儿子张鲁,已在汉中地区建立了政教合一的政权。刘璋因而与以汉献帝为首的中央政权,采取一种貌合神离的态度,以"米贼断道"为借口,保境安民。那么,此时的蜀郡太守是否还是高眹呢?东汉的官吏同西汉一样是可以久任的。如冯鲂为魏郡太守27年,王霸为上谷太守20余岁,祭肜为辽东太守将近30年。如果高眹在兴和五年(公元182年)为蜀郡太守,到了建安三年(公元198年)已是十五六年的光景了,这完全是很正常的事情。何况在兵荒马乱之际,中央对地方官吏的考核任免已形同虚设了。但当时的知名人士荀攸,原在中央为官,在董卓专权时,当上了汝南太守,因此董卓被杀之时，幸免于祸。不久，可能在兴平二年（公元195年），也许这时蜀郡太守高府君不在人世了，荀攸向朝廷提出申请，到蜀郡当太守，据说朝廷同意了。但是，到蜀郡的道路不通，荀攸只能在荆州待命。《资治通鉴》建安元年条云："建安元年（公元196年），曹操以荀彧为侍中，守尚书令，操问彧以智谋之士，彧荐其从子蜀郡太守攸。"（胡三者注曰：攸既免董卓之祸，复辟公府，举高第，迁任城相，不行；以蜀险固，人民殷盛，求为蜀郡太守，道绝，不得至，驻荆州。）从此，荀攸成为曹操的军师。《后汉书·王堂传》云：王堂的曾孙，王商，"益州牧刘焉以为蜀郡太守，有治声"。王商是广汉人，可能在高眹去世后，朝廷任命的荀攸未及上任，刘焉便自行任命王商为蜀郡太守吧。刘璋又任命许靖为蜀郡太守。诸葛亮与荀攸真是英雄所见略同，他们都看到了蜀州天府，沃野千里，地形险固，人民殷富。在大混乱的时代，一个相对安定的地区，都江堰流域的农业生产，即是其经济基础。如果这一推测成立，则碑文第三行的"故府君"就是指高太守，二行和三行之间，刻画的"郭"字为后人无意加上的。在建安三年（公元198年），郭择和赵汜，这两位都江堰流域的子弟和群众一道，他们以身率下，完成了北江堋的岁修工程，受到同事和群众的称赞。他们是因公殉职的呢？还是遭遇什么突发性的变故而辞世的呢？也就在同年，曹操和刘备等人联手，杀死了吕布。到了次年，蜀中人民在新春正月，为郭择、赵汜立碑，劝善，表彰他们的治水功绩。这一年，驻军徐州一带的曹操，在一次宴会上，对刘备说，只有他和刘备才是天下的英雄。15年后，"建安十九年（公元214年）先主（刘备）克蜀。蜀中丰富盛乐，置酒大会，飨食三军，取蜀城中民金银颁赐将士，还其谷帛"。英雄们占有了都江堰流域人民创造的财富，其中，"赐诸葛亮、法正、飞及关羽金各五

百斤，银千斤，钱五千万，锦千匹"。然而要想用四百余字，叙述两个人一生的重要事迹，必然出现文字简略，很不流畅。加上脱落了几十个字，这更令人很难理解其全部内容。岁月悠悠，浪淘千古，相信他们是踏着李冰的足迹前进的。

段渝（四川省社会科学院历史研究所研究员）也肯定了汉碑的重大价值，且碑文内容较广。文中有"都水"，西汉有此官，即水衡，东汉中央罢都水，有河池的郡才设"都水"（主管河池），秩次同于县令。表明中央及蜀郡均重视都江堰。碑文在经学史上的意义也不容忽视，郭择治《春秋谷梁》，汉代设五经博士，"公羊"有博士，但"谷梁"是否立博士则有争议。"袭父固业"，体现了巴蜀与中原的差别，中原重"公羊"，巴蜀则重"谷梁"。汉代"孝经"不立于学官，经师多讲"论语"（古文），而郭择"兼通《孝经》二卷"的原因值得深入探讨。

罗开玉（成都武侯祠博物馆研究员）认为"北江堋"指当时的都江堰，古代都江堰的名称多达11个之多，但不含"北江堋"。堋吏即堰吏，北江即内江，历史上都江堰多以局部工程命名。此碑反映了都江堰的岁修出现较早，而过去的文献记载较晚（《宋史》始有）。汉代岁修时间在正月，与后代相符，表明都江堰的岁修是一脉相承的。碑文也反映了都江堰水利的管理体制，历史上变化甚多，从碑文来看有三个层次的管理官吏：监北江堋守史，代表太守；都水及都水衙门；堋吏，堰吏。县管、郡管、朝廷管理等形式共存。本碑可与李冰石像题记互证。碑文反映了刘璋政权的暗弱，而土著豪族势力大，郭择、赵汜为土著豪强代表，级别虽低，但地位高，外来统治者重视土著豪族的势力。还反映了各级政府对都江堰的重视，都江堰堰史堰功歌功颂德，历来已久。

谭继和分析了"堋"的重要意义和"堋

"功"的水文化历史内涵。都江堰的管理体系有五层之多：监北江堋的守史，为太守直属；都水掾及都水、掾史、堋吏、作者（如同包工头）。

彭邦本指出，碑文表明都江堰当时已有制度化、组织化的一套管理、维修体系，以前文献记载最早仅有三国时诸葛亮派1 200兵丁维护都江堰的内容。碑文中有"都水掾"（堋吏与之有关系）、"作者"（具体承担工作的人员）等记载，可见当时的维修工程量较大。都江堰建成开始即有成制度的维修模式，都江堰工程使用材料虽然价廉物饶，但易毁，故以劳求量，都江堰的伟大，定期的维修工程起着重要作用。监作者也宜重视，表明维修制度由来已久，采用官方组织、民间结合模式。监作者应为本地人，且在官府中级别不高，但为地方上的重要家族，以经学传家，与汉代的意识形态相符。应为核心家庭（从社会形态学上观察），与大家不同，碑文中的家情况可表明，但与豪族有差距。郭、赵二人承担的重要工作"以卑凌尊"（与汉代的制度有关），为都维修体制，四川地方政治。碑文表明前年二人尚活着，但次年维修则称"故"，碑文撰写与维修活动间隔时间较长，"故"字背后的故事值得深究。

许蓉生对碑文中关于都江堰水务机构的记载进行了分析，认为都江堰开始不一定岁修，但有官府组织的定期维修活动，都江堰建成后即有机构负责维修。碑文中的官职，史书有载，其中"监北江堋"为政府临时派出机构，由太守派遣，身份较为特殊，而堰史、吏、作者均为所属的公务人员，这为研究都江堰水务机构提供了新材料。

李映福对碑文反映的郭择、赵汜维修都江堰的故事进行了还原。都江堰岁修均在冬季，春水前完工，"三□□□旬"表明维修时间为汉献帝建安三年（公元198年）冬十月间。此次维修非岁修，而是大修，或许为洪水冲毁后的大修，太守知此为大事，故派守史郭择，县主簿赵汜受命监修，后来高君视察，又增加人力、扩大规模，遂很快完工。一般岁修，太守之类高级官员可以不管，但大修受重视。为何急于立碑（公元199年）表彰二人功绩，立碑主持人应为郭择府上人，二人可能在大修中献身。汉碑还有极大的现实意义，"以劝为善"思想对于今天构建和谐社会有启示。

五、"建安四年"碑的书法艺术价值

邓代昆（成都博物院一级美术师）对《建安四年故监北江堋太守守史郭择、赵汜碑》在汉代碑刻书法中所具备的不同寻常的意义进行了详细评价，认为该碑在中国书法发展史、艺术史的研究上都必然地注入新的内容，铸造新的辉煌。其高妙的艺术风范对于当代书法艺术的创作与借鉴，更将带来新的推动和启迪。汉代书法，在整个中国书法发展史、书法艺术史中，在承接前代书法和开启后代书法，也即中国书法艺术的发展指向上有着至关重要的地位和作用。从该碑所镌立的时间"建安四年"看，从书法发展史的历史时间看，此时的汉分隶书已经步入了它的瓜熟蒂落的分娩期。而《郭择、赵汜碑》的书法，结字横匾形取势，左右波发，蚕头雁尾，所具备的也正是成熟汉隶书的形态表征。如果以"建安四年"为中点，向上下各延伸15年，在此短短30年间，就产生过如《三公山碑》《校官碑》《白石神君碑》《曹全碑》《张迁碑》《吹角坝摩岩刻石》为数不少的在书法艺术史上声名赫赫的名篇巨制。书法艺术不论发展到哪个时期，其书法的表现手段，也即其书写风貌，都一定存在着官方书法和民间书法两个营垒。官方书法，大都出于名手显宦，民间书法大多出于一般读书人、胥吏乃至工匠。民间书法往往趋向于一种率意自然、随心所欲的创造。其在点画用笔，以及结体布白上，都很少有刻意造势和经营安排的痕迹。更多体现出的是一种日常书写的随意和自然天真的形态，一种鸢飞鱼跃，海阔天空的美。汉代碑刻中，如《石门颂》《刘国平治路颂》《扬淮表记》《耿勋碑》《张迁碑》《郑季宣残碑》，都属于这类书风的代表。而官方书法，更多地表现出的是一种用笔上的精工，结字、章法上的严饬庄重，点画造型上的相对固定形态。体现出一种气象巍峨，法度森然，而又高华雍容的美。如汉碑刻中的《礼器碑》《史晨碑》《乙瑛碑》《曹全碑》，可视为此类书风的代表。《建安四年故监北江堋太守守史郭择、赵汜碑》的书法，尽管其点画被风化残损，但却未能掩其用笔的精审和镌刻的精功。成熟汉隶的蚕头雁尾，左右波发，在书写上都得到了很好的运用体现。而其结字构架，方正不苟，章法布白，阵列井然，应归于官方书法类属。而就其艺术价值来衡定，当为汉代碑刻书法中的上佳之品。既为如此佳品，理应不该出自常人手笔。写手既非寻常，以此而推测开去，那碑主人的社会地位或者社会名望也应是当不同寻常的。

现今存世的"建安"时期的碑刻甚少，不过数碑而已。而其中署为建安二年的《司徒政墓石题字》、建安十六年的《王晖伯昭墓表》、建安二十年的《破张郃铭》，以及署有建安字样的《魏三造宝刀记》，又均属伪刻。剩下的就仅有建安六年的《吹角坝摩岩刻石》、建安十四年的《汉益州太守高颐碑》。此二碑，一出在重庆綦江，一出在四川雅安。加上此《郭择、赵汜碑》，正好形成鼎足之势。此三刻石，在书风上有着迥然不同的差异。《吹角坝摩岩刻石》书风拙朴深浑，《汉益州太守高颐碑》书风磅礴雄放，《建安四年故监北江堋太守守史郭择、赵汜碑》书风清整秀逸。此三刻石，同时同地，相映成趣，实堪称中国书法史和碑刻文化史上的美谈。

六、渠首石刻群的性质和功能

李绍明（四川省民族研究所研究员）着重探讨了石人像的性质、功能及历史文化内涵：1. 出土的4座石人像应为石神像，其一为李冰像（李死后为神，历代王朝也封为神，民间尊为神，非现实的人），有明确的题记，另3人不一定为李冰像。也非李冰所造3石人，李冰所造3石人不在渠首，当时石人用于镇水，作水则、水标，故不在此。另3石人，2座无头，但风格同于李冰像，时代均为汉代。有人认为系打掉头的祭祀用品，但从实物来看，非人为砍头，而系自然损坏。2. 石神像的作用，有祭祀成分，人们祭祀均立于渠首，以平息水患，镇水现象历史上多见。石神像的纪念、镇水功能兼而有之。李冰造3石人（神）同样有祭祀、平息水患的功能，可用作水则，同时有镇水作用。何以造3尊、造哪3尊石神像目前不能确指。中国传统尚三，三为吉祥数字，三者为众，代表集体力量平息水患、镇水。3. 此地何以造石神？造神像的材料众多，摩岩、泥塑、漆木、金属等均可，都江堰渠首用石造神像具有特殊意义，以石造镇水神的原因：其一，石体现一种能量，有厚重感，人们的潜在理念使然；其二，本地4座石神像的出现与石崇拜有关，与氐羌古代民族的信仰习俗有关。都江堰及其以上地区古代为氐羌人聚居地，少数民族众多，氐羌民族石崇拜的传统很深，禹生石纽、启产于石等均为例证。灌口二郎神系氐神，三只眼，藏传佛教中也有三只眼保护神。氐羌民众夏则入蜀为佣，善于石工，在岷江上游等地修建了众多"邛笼"（碉楼），掌握了先进的砌堰、打井技术，故氐羌民众也参加了都江堰的岁修工程。文献记载"蜀人为之用五百石子"，氐羌民族有石崇拜习俗，视石为自己的保护神，五百石子言其多，自称为信仰石神的子孙。出土

4 尊石像与本地氏羌民族石崇拜信仰有关，赋予石头以灵性，有特殊含义。出土的 4 尊石神像为重要发现，不仅体现了当时对李冰的崇敬，也是当时民间石崇拜信仰的具体表现，有深刻的民族、文化背景，再次证明华夏文明是各民族共同创造的。都江堰渠首地区应有更多的考古发现。

段渝根据本次发现的 78 件石构件，1974、1975 年也有石构件发现，碑有榫槽，均面朝西，整齐倒下伏于江中等现象，推测应为从金刚堤方向冲来的洪水使然，而非人为破坏。4 尊石造像的年代不一，渠首不稳定，石人像易倒，故不断更换。表明金刚堤上原有石结构建筑，李冰像就置于其中，应为祭祀李冰的庙宇，李冰像非三祀。谭继和根据出土的石刻与石刻构件中有四个石人，认为包括李冰像及三个石神人，即文献所载李冰造的"三石人"，均系东汉末所造。罗开玉认为都江堰金刚堤首建有专门的寺庙，出土的石像可为佐证，但与文献记载的李冰三石人有差别，后者作为水文标志，形体高大。

彭邦本认为出土的 4 尊石像兼有神人二形，当时神的形象与当今不同，对李冰赋予了神形，曾经为历史上的人，后来经历了由人到神的演变。文献记载中用于水则的石人，非今日发现的石人，将作水则的石人埋于渠首不妥，水则石人应为江边的摩崖石刻，但经过长期的自然变化，现已不再可见。

此外，李祥林（四川大学文学院教授）探讨了都江堰水文化与江源文明的有关问题，认为水是都江堰文化乃至中国文化的关键词，过去偏重于技术角度谈水，还应从思想史、文化史角度谈水，道法自然，上善若水。江源文明是中国文化和都江堰文化的关节点，对于华夏文明研究具有重要意义，古人何以视岷江为长江源头，宜从文化理念上进行梳理，而以金沙江为长江源头是后来的事情。都江堰可为多族群文化研究的中界点，其上为少数民族聚居区，其下为华夏民族聚居区。研究江源文明宜史学、考古学、艺术学、文学多学科协作。

李绍明先生在大会学术总结时指出，尽管本次会时间短，但在实地考察了石碑、石人等出土文物的基础上进行了一天时间的研讨，与会者有备而来，发言务实，对石碑的研究有较大的推进作用。会前已有细致工作，会上集思广益，百花齐放，百家争鸣。会议研讨围绕拟定的五个议题进行，有较多创见。不仅对传统文化有发扬，又与现实相结合。以对"建安四年"碑、汉石人像的探讨为重点，同时对江源文明与水文化也有涉及。本次会议很有成效，对都江堰、成都市乃至四川的历史考古研究、文化产业有推动。但今后的研究还更多，与会同仁也将会有新认识。希望有关单位尽早发表考古发掘报告，以便更多学者进行深入研究。

（原文发表于《成都文物》2007 年第 3 期）

玉堂窑与文化旅游发展

陈 剑

2009 年 12 月 20 日，由四川省历史学会、四川省灾后专家服务团旅游文化组、成都文物考古研究所主办，都江堰市玉堂镇党委、政府承办的"玉堂窑与文化旅游发展专家论证会"在都江堰市玉堂镇境内的都江堰市旅游接待中心顺利举行。

一、玉堂窑遗址概况及考古工作收获

玉堂窑是成都平原上一个重要的青瓷窑场，发现于 20 世纪 50 年代，20 世纪 70 年代曾进行过调查与试掘工作。窑址位于都江堰市玉堂镇凤岐村，距市区约 15 公里，遗址区域内地势较为平坦，植被茂密，分布着竹林和各类观赏类经济林木和果林，以银杏树、桂花树和猕猴桃树为主。山间平地和凹地基本上被开辟为农田，在不同的季节种植油菜、玉米、小麦、水稻等农作物。玉堂窑的窑包分布在约 2.5 平方公里的山间低丘地带，窑包多呈圆丘状，散布在凤凰山浅丘山地中，当地素有"上九堆、下九堆"之说。山地地势西高东低，海拔约在 715～825 米。岷江的支流羊马河由西北向东南从遗址东北边流过。遗址西隔金井沟与龙门山脉的赵公山、卧牛山和青城山相望，环山堰环绕遗址的北面与东部，北距遗址 1 公里，折向南流后流经遗址东沿，在遗址的南边与金井沟

汇合。

图一 玉堂窑十七号窑包 T1 发掘现场

2007 年，经四川省文物局批准，成都文物考古研究所与都江堰市文物局组成联合考古队，对玉堂窑遗址进行了一次考古调查与试掘。5 月～7 月，完成地面考古调查范围约 3 平方公里，田野考古试掘面积 100 平方米。玉堂窑遗址在 20 世纪 70 年代发现了 16 座窑包，在 2007 年的地面考古调查中，在十号窑包与十一号窑包之间又发现了一座窑包，命名为十七号窑包。在确认了 17 处古代窑包的基础上，分别对各个窑包进行了现状拍摄、地面遗物的采选和面积测量。尽管绝大部分区域是农田、菜地和果园，但农业耕作基本没有深翻土地，所以目前整个遗址区域的保护状况良好。据称，最近玉堂窑

新发现一座窑包，其窑包总数达 18 处，即与当地民间盛传的"上九堆、下九堆"之说相吻合。

通过为期 80 天的考古调查与试掘，理清了诸如创烧时期、生产分区、产品特征、考古分期等玉堂窑生产的基本问题。分析、比对各个窑包调查采集的遗物，并结合试掘材料，对玉堂窑有了一些新的认识：

（1）关于玉堂窑的分期，其生产大致应该分为 3 期：早期为唐代早中期，即创烧期，典型地层是 07DYY6T2 的第 12 层～10 层。在其创烧时期，玉堂窑的瓷器产品是青釉瓷器，器物较为厚重，器型主要有碗、盘、盆、钵、罐等，胎有灰色、橙色，釉色以青色和黄色为主，不少器物有青釉散黄的特征，釉下施米黄色或白色的化妆土。有的器物胎釉结合不太紧密，出现脱釉、木光等现象。使用各类支丁、垫筒、垫板做间隔窑具，没有使用匣钵。中期为晚唐—五代，即发展期，属于发展期的地层是 07DYY6T2 的第 9 层～8 层。这个时期的玉堂窑产品制作规整，基本承袭了早期的胎釉特征和装烧工艺，器物中出现了大量的玉璧底器型，器物的厚度略微变薄。晚期为两宋时期，即鼎盛期。地层最为丰富，有 07DYY6T1 的第 4 层～2 层、07DYY17T1 的第 5 层～2 层以及 07DYY17T2 的第 8 层～3 层。玉堂窑在两宋时期产品特征发生了很大的变化，器物的器壁变薄。釉色种类丰富，前期的青釉还有少量的生产，绿色、浅绿色的乳浊釉和白釉大量流行，釉下普遍施化妆土，酱釉瓷器也很丰富。装烧方法变化不大，少量使用匣钵装烧盘等浅矮器类。

（2）关于玉堂窑的创烧期。在四号、六号和十六号窑包，考古人员均采集到了唐代早中期的器物，但未见比唐代早期更早的器型，鉴于此，认为玉堂窑的生产应始于唐代早中期。

在创烧期，玉堂窑的生产区域主要集中在四号、六号和十六号窑包的范围内。其窑业技术传统与成都平原的邛窑等窑场一致。

（3）关于玉堂窑的生产中心。从窑包的体量和产品形态上观察，四号、六号、十六号窑包堆积厚、堆积分布较为广泛，不但有大量早期的器物和堆积，而且在宋代这三处窑包出土的器物种类也较为丰富，以六号窑包为例，其宋代的废品堆积层厚度超过 4 米，也反映出两宋时期巨大的生产规模，同时也表明这三个窑包所在的区域一直是玉堂窑的中心区域。

（4）关于玉堂窑的分区。到了宋代，玉堂窑 17 座窑包普遍进行了较大规模的生产，而且在整个遗址范围内以产品形态为标准有较为明显的分区现象：遗址区的北部，包括一号至八号窑包以及十四至十六号窑包的产品以乳浊釉青瓷为主导产品，也生产较大量的酱色釉瓷器；南部区域，包括八号、九号、十号、十一号和十七号窑包，其产品则以白瓷为主，兼烧绿色釉、酱色釉瓷器。

（5）关于宋代玉堂窑产品的专门化与商品化。六号窑包的试掘表明，唐代到五代，该窑包的产品主要为青瓷，而到了北宋时期，六号窑包的生产出现了较大的改变，器物的造型、种类、釉色均出现了较大的变化，产量也急剧增加，器物种类单一，仅见碗、盘、注壶、碟等日用器皿，釉色以绿色和浅绿色的乳浊釉为主，釉面以釉下彩花纹和文字书写为主，装烧时主要是以五齿支丁和三角形垫板作间隔器具。十七号窑包的生产时间主要集中在两宋时期，产品主要是白瓷，以及部分绿釉产品，器物主要有碗、盘、碟、盏，器物的造型更接近定窑的风格，主要用垫圈、石英砂粒和泥饼为间隔器具。两处窑包的宋代地层和堆积在产品形态、装烧方法上有显著的差别，它们分别代表了宋代玉堂窑最主流的两类产品特征和生产传统，表明玉堂窑瓷器生产在宋代已经出现了较为明显的专门化趋势；两个窑包的产品种类都显得较为单一，也折射出该窑场商品化程度的加深。

（6）关于玉堂窑的技术源流。采用龙窑、使用间隔具、基本上无匣钵的使用。在玉堂窑的创烧期和发展期，它与成都平原的邛窑、青羊宫窑等本土青瓷窑场有着较深的渊源，胎质、釉色、器物造型等有着很多相类似的方面；在鼎盛期，玉堂窑与位于龙门山脉山前地带的本地窑场金凤窑、磁峰窑等有很大程度的相似性，一些窑包的生产显示出受北方定窑系、南方景德镇窑等外地窑口的产品形态与先进生产技术的强烈影响。

玉堂窑有着自身独特的发展途径和生产特征，是四川地区唐宋时期一个大型的本土窑场，它不仅是成都平原唐宋时期重要的青瓷窑场，是成都平原青瓷窑系的重要组成部分，也是本区域重要的宋代白瓷窑场。它丰富的生产技术源流和产品形态与特征是四川地区陶瓷史研究的重要实物资料。从南朝时期开始，成都平原的近山地带逐步形成了一个窑业生产区，到了宋代，玉堂窑与邛窑、金凤窑、磁峰窑等各大窑场大规模地生产着不同形态的产品，将成都平原窑业区的瓷器生产推到了高峰，对它们的考古学研究不仅是四川地区陶瓷史不可缺少的组成部分，也将为中国陶瓷史的研究提供更多、更新、更全面的材料。

二、玉堂窑的文化内涵、历史价值及旅游开发

谭继和（四川省历史学会会长、四川省社会科学院研究员、四川省灾后专家服务团旅游文化组组长）介绍了这次会议的由来和目的。玉堂镇是灾后重建重点镇，也是都江堰旅游接待服务中心和交通枢纽，境内拥有两个世界遗产地，不仅仅是旅游过境地。本次会议是为下一次的大型论坛作准备，会议需要论证的问题包括：弄清玉堂窑的性质与价值，含历史、文化、艺术及旅游、经济价值等，及其历史地位与特点。玉堂窑"上九堆、下九堆"之类的传说多，值得关注，玉堂窑本地民间还有"羌窑"之说，并非空穴来风，唐宋时期的岷山羌人常来平原佣工，从事包括打井、烧窑等工作，《蜀故》《蜀典》中记载明确。玉堂窑在唐宋成都窑系中的地位较为重要，唐宋成都处于社会转型的历史转折时期，汉代以来的成都精英文化在唐宋时期发生向世俗文化的转变，宋代为成都的古典工商文化发达时期，向民间、市场传播，瓷业起了举足轻重的作用，玉堂窑产品的用途甚广，其社会历史背景值得深入探讨。赵公山、唐宋窑及道教文化宜联动开发，玉堂窑瓷器盛行青玉绿色的釉，与道教尚青绿色传统吻合，玉堂镇的可持续发展应寻找特色与个性资源。

林向（四川省历史学会顾问、四川大学历史文化学院教授）指出，当前成都文物市场上多见玉堂窑的产品，这对文物保护提出了要求。玉堂镇的区位优势明显，文化旅游开发的资源非常丰富，规划思路要有前瞻性。玉堂窑遗址需做进一步发掘，争取发现窑场、加工作坊等遗迹。对遗址可以采用介入性活动进行展示，宜从小规模的陈列所开始着手。玉堂镇风景优美，旅游开发的前景看好。赵公山文化与玉堂窑文化应联动打造。

李明斌（四川省历史学会理事、成都博物院副院长、研究员）认为，玉堂窑还需开展进一步发掘和深入研究工作；其规划、保护等工作需联动展开；可以考虑建一座玉堂窑博物馆。

周科华（四川省历史学会常务理事、四川省文物考古研究院副院长、副研究员）在发言中指出，玉堂窑文化开发要做好文物保护工作，要利用应先保护，对村民的私自挖掘行为，政府应高度重视予以制止，玉堂窑目前为省级文物保护单位，应作好规划，打造窑址一条街等工作宜深入研讨；同时，田野考古工作应继续，

学术应研究，有助于进一步挖掘价值，可向国家文物局申报后配合遗址的保护规划进行考古工作，仅在1977年发掘出一座龙窑，目前的窑炉结构、作坊区等情况尚不明晰，考古研究还需深入；开发、规划不仅要重视经济指标，其社会价值也应重视；玉堂窑与赵公山的开发可以有机结合。

图二 玉堂窑晚期乳浊釉釉下彩绘文字

陈剑（四川省历史学会副秘书长、成都文物考古研究所副研究员）根据玉堂窑产品中酒具（如注壶、杯、碗等）的产量较大的情况，推测与唐宋时期成都酒业相关。龙门山脉山前地带唐宋时期窑场的窑业分工化倾向明显，都江堰瓦缸坝窑、金凤窑生产的产品以黑釉瓷器居多，黑釉瓷盏多为斗茶器具，故与茶业关系密切；彭州市磁峰窑出产的产品则以白釉瓷居多。

蔡清（四川省历史学会理事、四川茂县羌族博物馆馆长、副研究员）根据阿坝藏族羌族自治州包括茂县境内的唐宋时期墓葬曾多次发现过玉堂窑生产的瓷器的情况，认为玉堂窑民间有"羌窑"的传说，这是否意味着它是承担着专门为羌区生产产品的窑场？

任江（四川省文物考古研究所助理研究员）进一步指出，玉堂窑所处地域背靠川西北高原，面向成都平原，区位优势特点突出。考虑到川西北高原山地的交通运输条件，生产的

产品具有器形小型化特点。为适应地方民族的要求，产品多仿制民族地区金银器等用具的形式，宁夏灵武窑即有此特点。玉堂窑产品为釉下彩，表面的刻画符号可能与羌族有关，这也是专门为羌区生产产品的实物依据。

王冲（四川师范大学经济管理学院院长、教授）曾在邛崃市挂职任副市长，他结合邛窑遗址的经验教训对玉堂窑的旅游开发与运作提出了意见。邛窑遗址成果的经验是走专家路线，考古发掘、保护规划及保护经费均获得了上级支持，并列入了"十一五"大遗址保护规划项目（争取到国家文物局经费3 000万元），规划方案的评审得到了国家文物局的重视和专家的大力支持，学术研究工作具有长时段性，提倡"边研究、边开发、边利用"。但邛窑遗址开发工作进展缓慢的原因，需要统一认识，处理好可观赏度不足与历史文化价值高之间的冲突，适宜走量的路线，以仿瓷片建筑陈列形式进行展示；关于开发中的资金投入问题，邛窑遗址由D类上升为C类，保护经费得以较大额度增加，对于保护面积的问题，专家要求尽量大，但地方政府出于搬迁困难等方面的考虑，导致进度缓慢，而经费使用太慢影响了下一步的经费申报工作，可考虑开发土地价值，地方领导与专家意见的合拍与否非常重要。他还建议玉堂镇旅游开发的目标定位要结合城乡统筹改革试验区的建设工作，力争成为亮点，进入成都市政府的重视行列；打造独立景区的困难大，博物馆建设有难度，宜纳入世界文化遗产体系，成为都江堰与青城山AAAAA景区内的一个看点；仅靠政府负责不够，应引入市场运作机制；古窑文化宜与现代产业相结合，增强通俗化色彩；结合世界现代田园城市建设开展古村落打造工作；玉堂窑这类纯文化项目宜与赵公山生态休闲旅游开发工作相结合。

三、赵公山与玉堂窑文化旅游发展

据胡志金书记介绍，玉堂镇正在计划将玉堂窑申报为全国重点文物保护单位，将赵公山财神文化申报为国家级非物质文化遗产保护项目。玉堂镇的特色是旅游接待，既承担旅游服务，又有丰富的旅游资源，并将建设国际化社区，赵公山财神民俗文化景区与玉堂窑文化形成两区一带体系。

都江堰市建设局杨启明顾问详细介绍了玉堂镇赵公山景区的历史、现状，玉堂镇境内的赵公山长度达 28 公里，山间流水中有沙金移动，开采沙金的槽子工住地名为槽家坪。赵公山与唐宋瓷业文化关系密切，玉堂宜于打造文化产业基地。

彭邦本（四川省历史学会副秘书长、四川大学历史文化学院教授）也认为玉堂镇旅游资源很好，在镇政府规划的五个一工作中，可以增加"拍一部影视宣传作品"的计划，有利于留住游客。玉堂镇的赵公明文化具有唯一性、大众化，色彩浓郁，赵公山的道文化也值得重视，是景区打造的深厚基础。

贾银忠（西南民族大学民族研究院教授）认为，玉堂镇名即含"金玉满堂"之义，可以提出"要发财，赵公山上走一走"的宣传口号，认真打造策划，整合资源，实现赵公山财神文化的产业化。

蒋彬（西南民族大学民族研究院教授）对玉堂镇政府旅游开发的定位提出建议，玉堂镇在空间与场地上的区位优势明显，处于"拜水都江堰，问道青城山"之间，如何嵌入、依托还是创造等基本问题值得深入考虑。玉堂窑址作为景点可以成立，但打造为景区则有困难。非物质文化遗产的申报工作有严格的程序，定位可以倾重于"赵公山财神文化"。

高梧（绵阳师范学院民俗文化研究所所长、教授）建议玉堂镇旅游开发宜定位于财神文化的打造，联合性文化资源应寻找文化结合点，不宜分散，以便于吸取游客的注意力，成为亮点和生长点，旅游品牌注重持久性。玉堂镇正在开发高档住宅区，具有开发的优势，进行文化保护的同时切入旅游开发，据点的寻找结合环境、文化底蕴等条件，要考虑到窑场文化接受度不广的不足因素，财神文化的认同度较广，"金玉满堂"内涵丰富，体现了福禄财寿中的禄文化，可作为包装口号。

石应平在发言中指出，在上次部分专家现场考察玉堂窑达成的共识基础之上，今天召开的专家论证会取得了更为深入的成果。玉堂窑的保护、开发、利用工作可以同步进行，"边研究、边保护、边利用、边开发、边创建品牌"。从目前全省的现状来看，要抓机遇，谁抓住谁受益，玉堂镇应把申报全国重点文物保护单位、申报国家级非物质文化遗产保护项目和创AAAA景区工作视为重点的基础工作。"三重、五边"宜有轻有重。玉堂窑遗址要加强研究和发掘，赵公山财神文化为玉堂镇所独有，旅游开发前景较好。应先有策划，再有规划，五个一工作应进行前期调查，打造"财在山水间"，充分依靠四川省历史学会、四川省灾后专家服务团旅游文化组和赵公山民俗文化研究会三个专家顾问团队，提升物质和非物质文化遗产的研究层次。

四川省灾后专家服务团旅游文化组的其他专家还认为，玉堂窑文化与财神文化的开发与保护，宜充分尊重本地居民的意见，内发与外发动力并重，增强本地居民的文化自觉与认同感。玉堂镇旅游开发要注重特色与卖点（川西坝子特色）、价值（历史地位与开发价值）、保护、申报（瓷文化或财神文化古镇）、旅游策划（打休闲牌，客源应紧盯成都市场）、整体开发、阶段性进行不一哄而上、资金（市场运作方式）、取经学习、纪念品（以生活必需品为主）、宣传工作（加强力度）等内容。

（原文发表于《成都文物》2010 年第 2 期）

玉堂镇水泉村明墓发掘简报

龙 岗 刘彦平 周 恂

2008 年 10 月 3 日下午，都江堰市文物局接玉堂镇水泉村十组村民电话，称玉堂镇水泉村十组修建乡村公路时发现古代墓葬。我局迅速组织专业技术人员赴现场实地勘查，经查两座墓葬位于玉堂镇水泉村十组王福清承包地内，初步判定为明代石室墓。

次日，我局对墓葬进行了清理发掘，墓葬编号为 2008DYSM1、M2。因两墓多次被盗，共出土石件 3 个，少量陶片。

通过此墓葬的发掘和出土的器物的研究，使我们对都江堰市明代的丧葬习俗、葬式有了更进一步的了解。

天马镇禹王村十二组明代夫妻合葬墓抢救性发掘简报

王志勇　龙　岗　杨　丽

2009年3月5日下午，都江堰市文物局接到天马镇禹王村村民举报，称都江堰市天马镇禹王村十二组，在修建地震安置房时发现古代墓葬，我单位迅速组织人员进行实地勘查。

经勘查，墓室已被施工挖掘破坏，墓室内已被清空，为避免国有文物流失，我局商请保卫科调查并追回文物。通过清理认定，确认此墓葬为明代嘉靖年间夫妻合葬墓，出土买地券两方，其一长37厘米，宽34厘米，厚度2.5厘米；其二长38厘米，宽35厘米，厚度3厘米；酱釉碗1只，口径16厘米，底径6.5厘米，高5.5厘米，外折沿、大平底，红胎施酱釉碗，碗口有残缺。

紫坪铺镇白沙变电站古墓葬发掘简报

刘彦平　周　恂

2009 年 5 月 21 日上午 8 时，都江堰市文物局接紫坪铺镇政府工作人员电话，称都江堰市紫坪铺镇紫云村在修建白沙变电站时，发现一座古代墓葬，我局迅速组织人员前往紫坪铺镇实地勘查。

在紫坪铺镇党委书记刘怒海同志的带领下，我局工作人员来到由上海援建的紫坪铺镇白沙变电站内，经过对墓葬的初步勘探，确定其为宋代墓葬。在施工方的积极配合下，我局工作人员对墓葬进行了抢救性清理发掘。

该墓为卷棚顶砖室墓，坐北向南，长 3.5 米，宽 1.42 米，墓壁长 33.4 厘米、宽 16.5 厘米、厚 2.8 厘米，用灰砖砌筑，墓底亦用此砖铺成，墓室左右内壁两边分别有 4 个龛，每个龛中存放 1~3 座陶俑，靠近墓门内左右两边分别放置有武士俑。

此次发掘出土陶俑等随葬器物 30 余件（大部分残），双耳罐 1 件，铜镜 1 面，铜币若干（已腐烂）。此墓葬是研究岷江上游地区成都平原西北宋代丧葬习俗和墓葬的结构形制不可多得的实物资料；所出随葬品，特别是出土的陶俑，对研究都江堰市（原灌县）宋代陶艺具有一定价值。

附：主要发掘物品清单

编号	名称	描述
1	2009DZZM1 陶俑 1	男性，身高 29 厘米，肩宽 78 厘米，脚宽 75 厘米
2	2009DZZM1 陶俑 2	男性，身高 29 厘米，肩宽 75 厘米，脚宽 85 厘米
3	2009DZZM1 陶俑 3	男性，身高 29 厘米，肩宽 75 厘米，脚宽 80 厘米
4	2009DZZM1 陶俑 4	男性，身高 29 厘米，肩宽 75 厘米，脚宽 82 厘米
5	2009DZZM1 陶俑 5	男性，身高 24.5 厘米，肩宽 85 厘米，脚宽 75 厘米
6	2009DZZM1 陶俑 6	男性，身高 25.5 厘米，肩宽 80 厘米，脚宽 70 厘米
7	2009DZZM1 陶俑 7	男性，身高 22 厘米，肩宽 70 厘米，脚宽 70 厘米
8	2009DZZM1 陶俑 8	男性，身高 22 厘米，肩宽 70 厘米，脚宽 70 厘米
9	2009DZZM1 陶俑 9	女性，身高 21 厘米，肩宽 65 厘米，脚宽 65 厘米
10	2009DZZM1 陶俑 10	女性，身高 21.3 厘米，肩宽 60 厘米，脚宽 65 厘米
11	2009DZZM1 陶俑 11	女性，身高 27 厘米，肩宽 75 厘米，脚宽 65 厘米

编号	名称	描述
12	2009DZZM1 陶俑 12	男性，身高 29 厘米，肩宽 75 厘米，脚宽 80 厘米
13	2009DZZM1 陶俑 13	男性，身高 23 厘米，肩宽 75 厘米，脚宽 80 厘米
14	2009DZZM1 陶俑 14	男性，身高 23 厘米，肩宽 80 厘米，脚宽 85 厘米
15	2009DZZM1 陶俑 15	男性，身高 22 厘米，肩宽 80 厘米，脚宽 85 厘米
16	2009DZZM1 陶俑 16	男性，身高 23.5 厘米，肩宽 80 厘米，脚宽 80 厘米
17	2009DZZM1 陶俑 17	男性，身高 20 厘米，肩宽 80 厘米，脚宽 80 厘米
18	2009DZZM1 陶俑 18	男性，身高 17 厘米，肩宽 70 厘米，脚宽 74 厘米
19	2009DZZM1 兽面像 1	身高 21.5 厘米，头宽 9 厘米，底座宽 6 厘米
20	2009DZZM1 兽面像 2	身高 21.5 厘米，头宽 9 厘米，底座宽 6 厘米
21	2009DZZM1 陶犬	高 11.5 厘米，长 13.5 厘米，腹宽 5 厘米
22	2009DZZM1 盏	高 5 厘米，腹直径 8 厘米，圈足直径 4.5 厘米，沿口直径 5 厘米
23	2009DZZM1 陶鸡	高 11.5 厘米，长 13.5 厘米，腹宽 5 厘米，脚直径 7.5 厘米
24	2009DZZM1 陶鸽	高 19 厘米，腹宽 8 厘米，圈脚残
25	2009DZZM1 铜镜	直径 10.06 厘米，厚 2 厘米，背面带花纹
26	2009DZZM1 双耳罐	大圈脚，高 13 厘米，沿口直径 7 厘米，圈脚直径 6.6 厘米
27	2009DZZM1 残件若干	武士俑残片，陶龟残片，陶俑、陶鸡残片

聚源镇三坝村二组地下文物勘探发掘简报

龙 岗 刘彦平

2009 年 11 月 27 日，都江堰市文物局工作人员实施了聚源镇三坝村二组四川工商技术学院建设配合基建地下文物勘探工作，抢救性清理发掘两座宋代石室墓及若干近代墓葬。

通过对该石室墓的发掘，确定其为宋代夫妻合葬墓。墓座北向南，因早期破坏严重，发掘后 M1 号墓长 2 米，宽 1.1 米，M2 号墓残长 1.5 米。在 M1 号墓室内出土菱花行铜镜 1 方，直径 18.5 厘米，厚 0.7 厘米；双耳罐 2 件，口径 5 厘米，腹径 8.5 厘米，底径 6 厘米，高 9 厘米；另有铜币、铁币各 1 枚。在 M2 号墓中出土正方形铜镜 1 方，边长 13 厘米，厚 0.4 厘米。

此外，在该工地还出土双耳罐 1 件，口径 11 厘米，腹径 15 厘米，底径 7 厘米，高 12 厘米。

聚源镇迎祥村八组宋代古墓葬发掘简报

龙 岗 周 恂

2009 年 11 月 30 日，都江堰市文物局接市兴市公司人员电话，称聚源镇迎祥村八组西区供水工程六标段在修建自来水管道时发现有古代墓葬迹象。我局随即组织人员前往该处进行实地勘查。

经过现场初步勘探，确定其为宋代墓葬。在项目业主兴市公司、施工单位西区供水工程六标段项目部的积极配合下，我局工作人员对墓葬进行了为期三天的抢救性清理发掘。

该墓为卷棚顶双室墓，坐北向南，长 6.8 米，宽 6.4 米，由长 33 厘米、宽 17 厘米、厚 4 厘米的灰砖砌筑，分为甬道，左、右墓室。右墓室左右内壁两边分别有 4 个龛，靠近墓门内左右两边分别放置有武士俑。

此次发掘出土陶俑、陶兽等随葬器物数件（大部分残），四系黄釉罐 1 件，铜币若干。该墓葬的发掘对研究岷江上游地区成都平原，特别是聚源地区宋代丧葬习俗具有一定价值。

大观镇欣乐村八组宋代墓葬抢救清理简报

龙 岗 刘彦平

2010年2月7日，都江堰市文物局接群众举报，称大观镇欣乐村八组村民在整理土地时，发现有古代墓葬迹象。我局随即组织人员前往该处进行实地勘查。

在群众的带领下，我局工作人员来到大观镇欣乐村八组，经过初步勘探，确定其为宋代墓葬群。但由于发现后未及时上报，该墓葬群被严重破坏，导致部分出土文物流失。

我局人员及时与大观镇人民政府和大观镇派出所通报此事，在镇政府和派出所的大力支持和帮助下，我们向村民宣传文物法，给村民做思想工作，追回了部分流失文物。

追回的文物有：双耳罐1个，盏1个，铁钱21枚。

幸福镇发现宋代古墓葬

杨　丽　龙　岗

2010 年 5 月 7 日，都江堰市文物局在幸福镇永丰村四川奥林匹克运动学校基础建设工地进行地下文物勘探时，发现有古代墓葬迹象。我局随即组织专业人员对该墓葬进行了抢救性发掘。

经过对墓葬的发掘，确定其为宋代砖室火葬墓。该墓坐北向南，长 2.5 米，宽 0.8 米，分为前、后墓室。由于该墓葬早期多次被盗，墓室结构已遭破坏。发掘清理后，出土了圆形铜镜 1 方、盏 3 件、提梁盏 5 件（其中一件残损）、两系罐 3 件（其中一件残损）、瓷瓶 2 件（1 件白釉，1 件红胎青釉）、红胎青釉陶俑 1 件。

此次发掘出土的随葬器物数件，是研究岷江上游地区成都平原，特别是都江堰（原灌县）地区宋代古代丧葬（火葬）习俗和墓葬的结构形制不可多得的实物资料；所出随葬品，特别是其中一件双耳盏，为都江堰市首次发现，对研究都江堰市当地宋代陶艺具有一定价值。

墓葬出土遗物及现场

灌口镇发现宋代墓葬

杨　丽　龙　岗　王久良

　　2010 年 11 月 12 日，都江堰市文物局按照工作程序，启动对四川正国房地产开发公司位于灌口镇高埂村二、三组的国际名都工地施工前的地下文物勘探工作。由于该工地面积较大，勘探工作历时一个月，在勘探过程中，多次发现唐至清的器物残片；并于近日在 58 号探方发现一处墓葬。

　　经清理，该墓距地表 1 米，砖室墓。坐北朝南，长 2.5 米、宽 0.76 米、残高 0.6 米。从墓葬形制、出土器物判断其为北宋砖室墓。墓中出土器物共 8 件：分别为红胎黄釉盏 1 件，高 8 厘米、口径 15.5 厘米、底径 10 厘米；红胎半黄釉饼底碗 1 件，高 7 厘米、口径 13.5 厘米、底径 4 厘米；红胎半黄釉饼底碗 1 件，高 5 厘米、口径 9.5 厘米、底径 3 厘米。"开元通宝" 1 式 5 枚。

　　该墓出土的文物丰富了都江堰市馆藏，对宋代陶瓷等的研究也有一定价值。

紫坪铺镇发现明代墓葬

龙 岗 周 恂 王久良

2011 年 3 月 15 日，都江堰市文物局接到 110 报警中心通知：在紫坪铺镇岷江村三汇安置点工地施工中发现一处墓葬。接报后，文物局考古工作人员立即奔赴现场，在紫坪铺镇派出所的配合下进行了勘查，并对该墓葬进行了抢救性发掘，该墓葬的抢救性清理于 16 日上午结束。

墓葬为卷棚顶石室墓，坐北朝南，残长 2.4 米、宽 0.86 米、高 0.94 米。墓中出土器物两件：铜镜 1 枚，直径 7 厘米；买地券 1 件，高 29 厘米，宽 33 厘米，厚 3 厘米。墓主"涂本洪"，祖居"四川成都府灌县滋茂乡白沙镇"，葬于"明弘治十七年"。券文楷书、竖排，书写顺序为折返式。

该墓葬的清理发掘，尤其是出土买地券，对研究明代建置、行政区划及古今地名变迁等历史文化具有一定价值。

清理中的墓室

买地券

铜镜

幸福镇发现宋、明代墓葬

龙岗 杨丽 周恂

2011年3月21日，都江堰市文物局按照配合基建考古发掘工作程序，开始对都江堰市同心置业发展有限公司位于幸福镇永丰村三组的项目工地实施勘探发掘。在勘探过程中，发现宋、明及近现代墓葬群，发掘清理残墓3处，出土买地券、四系罐等文物共计5件。

墓一（M1）损毁严重，形制不详，出土黄砂石质买地券1件，长38厘米、宽31厘米、厚0.47厘米。据买地券记载为明代墓葬。

墓二（M2）为宋砖室墓，坐北向南，残长2.6米、宽1.1米、残高0.26米；砖长34厘米、宽18厘米、厚4厘米。出土红胎半酱釉鼓腹四系罐1件；口径10厘米、底径9厘米、高21厘米。

墓三（M3）损毁严重，形制不详。出土器物共3件：红胎黄釉鼓腹四系罐1件，口径11.5厘米、底径14.5厘米、高18厘米；红胎酱釉盏1件，口径10厘米、底径3.5厘米、高0.2厘米；红胎青釉饼足碗1件，口径14厘米、底径5.5厘米、高0.5厘米。从出土器物判断为宋墓。

此处墓葬清理发掘的出土文物丰富了我市馆藏，对幸福镇永丰村历史文化、民风民俗的研究具有一定价值。

M2

M3 出土陶罐

买地券

陶器

聚源镇大合村安置点发现唐代墓葬

龙 岗 周 恂 王久良

2011年6月13日，都江堰市文物局在聚源镇大合村安置点建设项目配合基建考古勘探中，发现一座已遭施工破坏的唐代砖室墓。随后考古工作人员对该墓葬进行了清理，出土四系罐、饼足碗等文物4件、钱币3枚。

该墓葬为砖室墓，坐北朝南，墓顶和墓葬南部已破坏。墓葬平面呈长方形，残长2.8米、宽1.2米、残高0.96米。墓地做法为先挖竖穴土坑，坑底平铺地砖，在铺地砖上修建四壁。东西两壁采用两横一竖砌筑方法，其南部留有对称的两个壁龛。北壁底部砖竖砌成直棂窗样式。南壁和墓顶已破坏，形制不详。墓砖规格统一，均为泥质青灰色砖。墓内出土四系红胎陶罐2件，形制基本一致，侈口、束颈、弧腹、平底，肩上有对称四系。碗2件，敞口、饼足，外施青釉。"开元通宝"铜币3枚。

从墓葬形制和出土器物来看，该墓时代为唐。

该墓葬虽然已被破坏，但墓葬形制基本清晰，为了解该区域的唐代墓葬形制、丧葬习俗提供了重要的线索，出土文物丰富了我市馆藏。

M1 清理情况

出土器物

大观镇桃源村安置点发现明代墓葬

龙 岗 周 恂 王久良

2011 年 10 月 18 日，都江堰市文物局接到群众举报，大观镇桃源村十一组基建工地发现古墓葬，文物局工作人员接报后立即奔赴现场，展开了为期 4 天的抢救性清理发掘。

经清理发掘，发现该墓葬为双券顶石室墓，坐北朝南，左侧墓室在该工地基建过程中被部分破坏，但墓葬形制基本清晰，同时发现部分陶器残片。根据墓葬形制及出土遗物初步判断该墓为明代墓葬。该墓葬的发现为了解我市明代墓葬形制、丧葬习俗提供了重要的线索和依据。

通过现场走访调查，该工地为大观镇桃源村安置点，动工前未报经文物部门进行地下文物勘探工作，致使该墓葬在工地基建过程中遭到人为的破坏，我局已对相关人员进行了严肃的批评教育。下一步我局将针对全市村民安置点基建项目工地进行拉网调查，确保我市地上地下文物的安全。

墓外部

墓门

中兴镇沿江村发现唐宋时期遗址

龙 岗 周 恂 杨 丽

2013 年 1 月 13 日，都江堰市文物局在对中兴镇沿江村一处项目工地实施配合基建的考古勘探时，发现大量唐宋时期瓷片及若干宋代墓砖。随后文物局邀请成都文物考古研究所专家进行了现场勘查，初步推定为唐宋时期遗址，并对其进行了抢救性发掘。发掘清理出唐宋时期水沟遗迹一段，宋代墓葬一座，并出土了一批有价值的唐宋时期遗物。

该次发掘的水沟遗迹流向为自东向西，沟内出土的遗物以宋代瓷片为主，最早可追溯到唐代晚期。墓葬为宋代双室券顶砖室墓，斜坡墓道，坐北朝南。出土了一批宋代瓷俑及陶制指环等随葬品。出土遗物正在进一步的修复整理之中。

本次水沟遗迹及墓葬的发掘为都江堰市唐宋时期遗迹遗物增添了新的实物资料，对研究都江堰市历史文化具有一定的价值。

水沟遗迹

沟内瓷器出土现场

墓葬

胥家镇高桥村发现宋代墓葬

王志勇　龙　岗　王久良

2013年4月15日，都江堰市文物局在对胥家镇高桥村都江花园福园项目工地实施配合基建的考古勘探时发现一座宋代墓葬，并对其进行了抢救性发掘。

该墓葬为双室砖室墓，墓向朝北。墓葬破坏较为严重，墓顶券顶及墓底大部分铺砖早已无存。墓室出土瓷罐、瓷碗各一件，咸平元宝铜钱一枚。瓷罐为直口鼓腹双系罐，较为完整。瓷碗为侈口斜直腹圈足碗，稍残。铜钱为"咸

平元宝"小平钱，旋读光背，品相一般。

咸平元宝为北宋真宗赵恒咸平年间所铸的年号钱，其绝对年代在公元998～1003年，可知该墓葬不会早于这个时期。该墓葬的墓葬形制、出土遗物均具有较明显的宋代特征，为都江堰市历史文化研究增加了一批新的实物资料，对研究都江堰市宋代历史有一定的意义。

墓室　　　　　　　　　出土瓷罐

"咸平元宝"铜钱　　　　　出土瓷碗

茶马古道都江堰段（松茂古道）考古调查取得阶段性成果

樊拓宇　傅　浩　龙　岗　高志春

2013 年 12 月 2 日到 12 月 11 日，成都文物考古研究所联合都江堰市文物局共同对茶马古道都江堰段进行了为期十天的考古调查。此次考古调查分为三条线路进行，共计调查了茶马古道都江堰段遗迹 300 余公里。第一条是以我市西街作为起点，经紫坪埔、虹口、龙池翻娘子岭达到汶川县映秀镇；第二条以我市中兴镇为起点，经青城山、太平、青城后山到达汶川县水磨镇；第三条是以我市玉堂镇为起点，经麻溪，到达汶川县漩口镇。调查过程中发现了完整的茶马古道遗迹 10 段、古茶坊 1 处、古桥 5 座以及娘子岭垭口古遗址等一批具有极高历史价值的遗迹和遗址。

茶马古道都江堰段又称松茂古道，是古代成都平原连接松潘和茂县的唯一通道。通过此次考古调查，我们基本确定了茶马古道都江堰段（松茂古道）的历史路线及保存状况，对整个茶马古道都江堰段（松茂古道）布局及主、支线的用途有了更进一步的认识，同时也为茶马古道都江堰段（松茂古道）申报全国重点文物保护单位奠定了基础。

调查现场

都江堰岁修渠首内江段发现石质文物

徐　军　付三云　龙　岗　杨　丽

2013年12月14日，都江堰市文物局有关同志在四川省水利厅都江堰管理局启动的都江堰水利工程岁修工程区域内发现有明显人为加工痕迹的石质建筑构件，初步判断为历史上修建都江堰水利工程及相关附属建筑使用。

都江堰管理局为全国重点文物保护单位都江堰的水利工程管理机构，由其主导的岁修工程历时30天，主要是对都江堰水利工程渠首内江河段的河堤、离堆护堤进行检查维修及基础加深加固处理，以应对岷江河道推移质减少在洪峰来临时水利工程的度汛安全。为确保岁修时不可移动文物得到有效保护，及时发现处理出土文物，都江堰市文物局与都江堰管理局达成工作一致，建立都江堰水利工程岁修文物保护巡查工作机制，成立工作组全程跟进岁修工作。此次出土的石构件主要分布于都江堰内江河段凤栖窝经宝瓶口至南桥河道内，均为自然冲刷后显露河床上，初步统计数量约有30件。石构件形制包括直径约1米厘米、厚0.3米的圆饼状构件，规格较一致的方形石块，规格较多的条形石块，部分条石边缘有榫口。该批构件自然显露的原因推测为紫坪铺水库建成投入使用后，岷江河道推移质减少导致洪水冲刷出河床深层沉积物，推断内江河床上应还有大量该类构件。

按照现场情况，文物局已派出考古工作人员对工程区域进行详细调查并绘制石制构件在河床上的分布图；同时与都江堰管理局进行初步衔接，拟合作将发现的石制构件运离河床进行异地保护，选取其中较具代表性的石制构件用于水利工程建筑技术展示。同时，市文物局将继续全程跟进岁修工作，争取上级考古业务部门的工作支持，在确保文物得到有效保护的同时，通过考古成果进一步深入都江堰水利工程的相关研究工作。

相关信息：

1974年3月，都江堰例行岁修时在外江入水口下游130米处出土李冰石像；1975年1月在水利工程岁修中再次在外江入水口下游100多米处出土持畚石人像；2005年在对现外江索桥桥墩加固挖掘基础坑时，出土无头汉代石人像两尊，汉碑一通，石制构件三十余件、铁榫头三枚。

《新建慰农亭碑》：近县城南，具离堆二十五丈许，有地一区，方广约十余丈，皆数年深淘沙石所积而成者。……乃鸠工庀材，建亭其中。对楹为厢房三间，缭以石垣……

丁公祠：光绪二年（公元1876年）丁宝桢任四川总督，奏请十万金，大修都江堰，还民十万田，时人建生祠于堰畔。后被洪水冲毁，今存石刻楹联一幅，联文"东流不尽秦时水，西望长陪太守祠"。

幸福镇观凤村发现宋代墓葬

龙　岗　王久良

2014 年 1 月 13 日至 1 月 20 日，都江堰市文物局在幸福镇观凤村金沙水立方项目实地配合基建考古勘探时发现宋代墓葬 4 座，随即对 4 座墓葬进行抢救考古发掘，出土四系罐、瓷碗以及古钱币等一批遗物。

所发掘 4 座墓葬均为竖穴土坑砖室墓，南北向，券顶均已塌陷，无盗扰现象，人骨均已腐朽。所出四系罐及瓷碗从形制初步判断应为北宋早期。出土 5 枚钱币均为"开元通宝"铜钱，光背，初步观察有唐"开元"和宋"开元"两种，与墓葬形制及四系罐及瓷碗年代基本一致。

此次发掘 4 座墓葬进一步丰富了都江堰地区宋代墓葬形制特点，出土遗物亦丰富了都江堰市历史文化内涵。同时也再一步证明，配合基建考古勘探工作能有效避免地下文物免遭施工损毁，对保护都江堰市历史文化的丰富性和完整性具有不可替代的作用。

所发掘墓葬

墓葬出土遗物

蒲阳镇花溪农场发现宋代墓葬

龙 岗 王久良

2014 年 1 月 24 日，都江堰市文物局接到蒲阳镇政府电话，该镇南溪村花溪农场在修整土地时发现古代墓葬。文物局考古工作人员随即赶赴现场进行勘查安排，并于 25 日、26 日对其进行了抢救性发掘。

此次发掘墓葬规格较小，长 1.5 米，宽 70 厘米，为双券顶砖室结构墓葬，南北向，南侧券顶已塌陷。墓葬共出土遗物五件，分别为墓室所出两个瓷碗，一个双耳瓷罐，一方买地券以及腰坑所出一个瓷罐。所出遗物从形制初步判断应为南宋时期，因买地券暂未清洗整理，具体年代暂不详。

此次发掘墓葬形制较为独特，墓葬虽小却有双券顶结构并出土了五件遗物。对研究都江堰宋代墓葬形制有着较大的意义。对于该墓葬到底是二次葬还是火葬墓的墓葬性质，有待于清洗完买地券后结合买地券文字再做进一步的研究。

所发掘墓葬

墓葬部分出土遗物

杨震宇教授芒城遗址天文观测进展顺利

龙 岗 王久良

2014 年 3 月中旬，都江堰市文物局按照市人大工作安排，配合国家天文台二部杨震宇教授实施了芒城遗址天文观测工作。

至 3 月 26 日，我局已配合杨震宇教授进行了十余次芒城遗址现场考察以及两次天文观测。根据杨震宇教授解释，天文观测实践，研究 4 300 多年前芒城遗址先民是否通过天文观测或以何种方式确定方向等内容。而通过半个月左右的工作，杨教授称工作进展顺利，希望进一步的观测继续开展下去。

杨震宇教授天文观测现场

都江堰紫坪铺镇发现一方明代买地券

徐 军 杨 丽

2014 年 3 月，都江堰市文物局于紫坪铺镇岷江村采集到明代买地券一方。此买地券为石质，长方形，上部两角截除，高 29 厘米，宽 33 厘米，厚 3 厘米。其正反两面均有阴刻楷书文字，记载墓主"涂本洪"相关信息及"买地"等事宜。

买地券正面

买地券背面

买地卷正面有不规整的阴刻八卦图案，八卦分别靠近买地卷四边中心及四角，八卦中部楷书阴刻 24 字，分为竖向 4 行（右侧两行相离

较近）。左侧竖行上部一字已破坏严重无法辨认，余字从左至右内容如下：

□保人今日直符收执

右付亡人涂本洪

正魂

知见人岁月主

背面除文字外别无装饰，除个别模糊不辨外，文字整体情况保存较好。14 行文字从右至左折返式书写，共计 233 字。其具体内容如下：

伏以生则安居死则安墓维大明弘治十七年岁次甲子闰四月初一辛酉朔初十日庚午值具奏四川成都府灌县滋茂乡白沙镇居住安葬孝男涂俸伏为明故考徐本洪正魂之□元命戊辰相正月初五日卯时受生祖系白沙祖地生长人氏享高受春光五十七岁亡于弘治十七年四月二十一日时分在家因告身故龟筮穴□相地坐子向午买地一考左止青龙右止白虎前止朱雀后止玄武内方勾陈分付导将军齐整千陌迁秋万岁永无殃咎何禁将军停长收付香茶酒果供为信警□财地交□□营安居以后主保清吉若有干犯地府主吏自尝其祸存亡悉皆安基吾奉女青急急律令

注：正反两面文字不辨者用"□"替代。

买地券是古人安葬亡人时使用的一种明器，又称冥契、幽契，是为死者购买阴间土地的凭证，券文刻写或笔写在金属、玉、砖、石、木、纸等多种材质上，作为随葬品放置在墓中。它的意旨或功用，是向地下神祇宣告亡人在阳世的生命已经结束、从而正式成为冥世的一分子，并通过"买地"取得了在阴间的居留权和居住地，而且此种权力受到诸如女青律令之类冥世律法的保护。买地券系由买地契约演变而来，最早源自战国晚期、西汉时代楚地墓葬所出的告地策，盛于东汉，至清历代皆有。通常来说，买地券除死者身份、姓名以及死亡日期、埋葬日期和地点是真实的以外，记载购买墓地的费用、墓地四至方位都是虚拟的，交易过程中所涉及的人员多为掌管土地及阴间的道教神仙，是具有鲜明道教文化特征的随葬文字材料。

此方买地券文体结构类似于明代同类买地券。但其背面文字书写方式较为少见，文首起至文尾均为一正一反的折返式书写，连续不断，或含有生死循环之意。目前了解到的苏州市档案馆馆藏明代正统十二年（公元1447年）黄氏买地券书写方式与此券相同。此方买地券所载内容除墓主本身信息及"买地"事宜外，文内所涉地名位置等对研究都江堰地区明代建置、行政区划及古今地名变迁等具有一定价值，同时也为我局馆藏明代买地券及了解买地券的书写方式增加了新的实物资料。

都江堰水利工程再次出土汉代文物

徐　军　付三云　龙　岗　杨　丽

2014 年 4 月 24 日，四川省水利厅都江堰管理局在实施都江堰水利工程外江河道疏浚施工时，在水利工程渠首外江闸第 7、8 孔下侧减力池内发现石刻圆雕人像一件，出土深度距河床地表约 50 厘米。参照 1974 年李冰石像，2005 年汉代碑刻、圆雕石像出土地点以及石像风格、纹饰等判断，初步推断该石像为汉代文物。针对下一步工作，都江堰管理局协助我局将石刻文物运至奎光塔文物库房暂存保护，并对施工区域再次进行清理，确保无遗漏文物。

此次出土的文物是都江堰水利工程考古的又一重要发现，也是研究《华阳国志·蜀志》都江堰水利工程"三神石人"记载的重要实物例证，同时也将成为我市水利工程历史文化研究的重要实物标本和珍贵馆藏，我局将及时组织专家学者进行有关研究。

出土遗物及现场

大观镇大通村抢救性考古发掘告罄

龙　岗　王久良

2014年5月13日下午，都江堰市文物局接到成都文物考古研究所电话，称接到村民举报，有人在挖掘乌木时挖出古代砖块及瓷片等物。文物局工作人员随即赶赴现场进行勘查，按实际情况布南北向4米×8米探沟一条，于14日至16日对其进行了抢救性发掘。

进过三天的考古发掘，工作人员发现探沟内地层较为简单，为耕土层下直接叠压宋代地层，其下即为生土层。耕土层及宋代地层下均未发现遗迹单元，地层出土少许宋砖亦为散乱分布，出土部分瓷片，大多为玉堂窑窑系，且宋代早期晚期均有，年代跨度稍大。在探沟周边钻探，亦再未发现任何遗迹遗物现象。因此，综合推断，此次挖掘乌木发现宋砖及瓷片现场非是古代墓葬及遗址类遗迹，初步判断有可能是宋代遗留地表的垃圾残留或少部分垃圾的倾倒地等。

至此，都江堰市大观镇大通村抢救性考古发掘基本完毕。

探沟发掘现场

地层出土遗物